méthode quotidienne

ASSIMIL

L'Arabe

Collection Sans Peine

par **Dominique HALBOUT**

et

Jean-Jacques SCHMIDT

Illustrations de J.-L. Goussé

ASSIMIL

B.P. 25

94431 Chennevières-sur-Marne Cedex

FRANCE

ISBN 2-7005-0274-4

Méthodes ASSiMiL®

Volumes reliés, abondamment illustrés et enregistrés sur cassettes ou compact discs

"Sans Peine"

L'allemand
L'américain sans peine
L'anglais
L'arabe
L'arménien sans peine
Le brésilien sans peine
Le bulgare sans peine
Le chinois sans peine (tomes1 et 2)
L'écriture chinoise
Le coréen sans peine
Le danois sans peine
L'espagnol
L'espéranto sans peine
Le finnois sans peine
Le nouveau grec sans peine
Le grec ancien
L'hébreu sans peine (tomes1 et 2)
Le hindi sans peine
Le hongrois sans peine
L'indonésien sans peine
L'italien
Le japonais sans peine (tomes1 et 2)
Le japonais : l'écriture kanji
Le latin sans peine
Le nouveau néerlandais sans peine
Le norvégien sans peine
Le persan
Le polonais
Le nouveau portugais sans peine
Le roumain sans peine
Le nouveau russe sans peine
Le serbo-croate sans peine
Le suédois sans peine (tomes1 et 2)
Le swahili sans peine
Le tamoul sans peine
Le tchèque sans peine
Introduction au thaï
Le turc sans peine
Le vietnamien sans peine

"Perfectionnement"

Perfectionnement allemand
Perfectionnement anglais
Perfectionnement espagnol
Perfectionnement italien
La pratique du néerlandais

"Langues régionales"

L'alsacien sans peine
Le basque unifié (initiation)
Le breton
Le corse sans peine
Le créole sans peine
L'occitan sans peine

"Affaires"

Le nouvel anglais des affaires
L'espagnol des affaires

"Civilisations"

Apprenez l'Amérique ! (Langue et civilisation)

Assimil "Plus"

L'anglais par l'humour

"Bilingues" (1 livre + cassettes)

Pour mieux connaître l'arabe

"Loisirs"

La guitare sans peine (cours en 2 cassettes et 24 fiches)
Le solfège sans peine (cours en 3 cassettes et un livret)

"Expressions idiomatiques"

Plus anglais que ça...
Plus espagnol que ça...

Sommaire

هذا الكتاب
تحيّة
للّغة العربيّة
وعمق كلماتها
وجمال
خطّها

Introduction

L'arabe est parlé aujourd'hui par plus de 300 millions de personnes dans le monde. Vingt-deux États l'ont adopté comme langue officielle et, du Maroc aux Comores, leurs habitants peuvent communiquer d'un pays à l'autre sans difficulté.
À côté de la langue vernaculaire – dialecte marocain, berbère, langues africaines, etc. – qui est leur moyen d'expression du quotidien, tous ceux qui sont en mesure de suivre une émission de radio ou de télévision, ou mieux encore de lire la presse, sont susceptibles de parler ce que l'on appellera "l'arabe moderne unifié" : c'est-à-dire celui qui est proposé dans cette méthode.
Un étranger utilisant cette langue pourra donc se faire comprendre partout dans le monde arabe, sauf peut-être dans les coins les plus reculés des territoires arabophones, là où les médias n'ont que peu d'impact. Il devra, en outre, insister auprès de ses interlocuteurs pour qu'ils emploient en retour la même langue.
L'arabe présente un autre avantage, c'est d'avoir traversé les siècles sans changements profonds, ce qui permet à tout arabophone d'accéder à des textes vieux de 1 000 ans, ou plus anciens encore. Un texte arabe du IXe siècle de l'ère chrétienne sera beaucoup plus facilement lisible et compris par un Arabe d'aujourd'hui que les Essais de Montaigne, pourtant du XVIe siècle, par un Français. Seul le vocabulaire, très riche et tombé en désuétude, nécessitera de temps à autre le recours au dictionnaire. On peut donc lire des versets du Coran, dont la consignation par écrit sur divers supports a permis de fixer cette langue dès les premiers siècles de l'Hégire, époque où l'arabe devint langue sacrée en tant que véhicule du message prophétique.

L'arabe est une langue sémitique, proche de l'araméen et de l'hébreu, dont elle partage le même type de structure consonantique. C'était avant tout une langue d'oralité, les Arabes excellant dans les joutes oratoires et poétiques.
La transmission du savoir et de la culture s'effectuait essentiellement par la voie de la tradition orale, l'usage de l'écriture ne s'étant pas encore répandu dans l'Arabie du nord.
L'alphabet arabe actuel est né de l'emprunt et de la modification des caractères nabatéens (tribu arabe du royaume de Petra, entre

le Iᵉʳ siècle avant J.-C. et le IIᵉ de notre ère), eux-même dérivés de l'araméen.
Si l'écriture arabe et la structure de la langue arabe sont intimement liées – c'est pourquoi on ne peut en dissocier l'apprentissage –, ce n'est pas le cas quand d'autres langues empruntent l'alphabet arabe. En effet, tout texte écrit en caractères arabes n'est pas forcément de l'arabe et, d'autre part, l'écriture arabe n'est pas toujours bien adaptée pour la notation d'une langue ni arabe ni même sémitique. Ce fut le cas jusqu'au début du XXᵉ siècle de l'ottoman (turc, d'origine ouralo-altaïque, mêlé de persan), qui était la langue de l'empire du même nom. Et c'est encore le cas aujourd'hui du persan et de l'ourdou, langues indo-européennes.

Après la conquête arabe et l'extension du monde islamique, tous les pays convertis à la nouvelle religion – depuis l'Espagne jusqu'aux confins de l'Inde – ont adopté l'arabe comme langue principale et surtout dans les domaines des sciences et de la théologie, phénomène qui s'est maintenu jusqu'au XVIᵉ siècle dans tout le bassin méditerranéen. Depuis les temps modernes, l'arabe – contrairement à ce qu'on prétend parfois – a su témoigner d'une grande souplesse pour s'adapter à l'évolution du monde et créer des néologismes répondant à de nouveaux concepts et à de nouvelles technologies.

Actuellement, on distingue l'arabe maghrébin et l'arabe oriental, (dont essentiellement le syro-égyptien), chaque branche regroupant les nombreux dialectes des pays de ces deux grandes zones territoriales. L'arabe littéral modernisé est la langue qui unifie linguistiquement et culturellement tous ces pays.

Caractéristiques de l'arabe

Langue consonantique

L'arabe est une langue qui ne note graphiquement que les consonnes et les voyelles longues. Il existe trois voyelles brèves, **a - ou - i**, qui peuvent être marquées par un petit signe au-dessus de la consonne ; ces trois voyelles sont aussi la marque des trois cas qui existent en arabe (cas sujet, direct et indirect) et qui se placent en fin de mot. Mais, en fait, pour celui qui a saisi la structure de la langue arabe, cette indication de voyelles n'est pas vraiment utile. En effet, les trois consonnes du mot (les mots trilitères sont les plus fréquents) sont pratiquement immuables, mais le mot se "distortionne", s'allonge avec des préfixes ou suffixes ou rajout de voyelles longues, de façon structurée, pour former des dérivés, noms d'action, participes, adjectifs ou pour la conjugaison. L'écriture arabe est donc intrinsèquement liée à la structure de la langue et le mot se lit aisément sans le recours à la notation des voyelles, sauf pour quelques cas particuliers. C'est pourquoi les textes littéraires ou de la presse ne sont pas voyellés ; on ne note une voyelle que pour lever une ambiguïté. Raison pour laquelle seul le Coran est entièrement vocalisé, ainsi que la plupart des textes poétiques.

Écriture et prononciation

On écrit de droite à gauche (sauf les chiffres). Certains caractères se lient au suivant, d'autres pas. Chaque lettre présente généralement de légères différences de forme selon sa place – isolée, en début de mot, au milieu ou à la fin du mot. L'apprentissage de l'écriture demande certes un peu de temps et de patience, mais c'est en général un obstacle vite franchi.

En ce qui concerne la prononciation, seules deux lettres peuvent présenter des difficultés : le **ʿayn** qui représente un son guttural, inhabituel à nos oreilles et le **qàf** qui est un son rauque au fond de la gorge.

Il faut savoir que l'arabe parlé a tendance à omettre de prononcer les voyelles finales des mots, surtout lorsqu'il y a une pause dans la phrase. Ces omissions ne sont pas régies par des règles strictes, mais dépendent d'un choix du locuteur et de la rapidité de son débit. Moins l'arabe sera "tenu", plus les voyelles finales seront escamotées. L'apprenant pourra peu à peu omettre, lui aussi, les finales des mots, pour se rapprocher au maximum de la langue du quotidien.

Pour vous amener à une prononciation proche de celle-ci, l'omission de ces voyelles se fait très progressivement dans l'enregistrement : jusqu'à la leçon 28, vous lirez le texte avec toutes les voyelles finales tel qu'il est enregistré. À partir de la vingt-neuvième, quelques voyelles seront omises et indiquées en caractères maigres dans le texte – qui est, lui, en caractères gras – de la leçon et des exercices. Vous pourrez, après avoir bien lu et compris le texte avec toutes ses voyelles, écouter l'enregistrement et répéter les phrases en omettant certaines finales. À chaque nouvelle série de leçons, les suppressions de voyelles finales augmenteront, pour arriver, à la dernière série, à une prononciation tout à fait courante.

Morphologie et syntaxe

Si la morphologie (verbes irréguliers et pluriels de noms essentiellement) de cette langue est assez complexe – et parfois déconcertante –, en revanche la syntaxe en est extrêmement simple. L'arabe affectionne les phrases dites nominales, sans verbe, qui permettent d'exprimer de manière concise un certain nombre de notions, telles que la localisation, l'identité, la possession, etc.
On peut donc très vite exprimer des notions élémentaires dans cette langue et se faire comprendre.

Celui qui aura à la fois goûté à la beauté de l'arabe classique et appris à utiliser un arabe moderne compréhensible dans tous les points du monde arabophone – ce à quoi le prépare cette méthode – saura apprécier la clarté et la souplesse de cette langue. Il sera armé pour découvrir les diverses cultures de ce vaste monde et s'y mouvoir avec aisance.

Caractéristiques de cette méthode

– *Apprentissage simultané de l'écriture et des premiers rudiments de langue* : l'apprenant est guidé pas à pas dans la découverte de l'alphabet grâce à un système de translittération ; l'alphabet est connu en entier au bout de 28 leçons et, à cette première étape, l'apprenant dispose déjà d'un certain nombre de moyens d'expression.

– *Texte arabe des leçons et des exercices entièrement voyellé et, en regard, la transcription* : ce qui évite tout doute concernant les voyelles finales, donc les cas du mot ou les terminaisons verbales.

– *Texte arabe non voyellé de la leçon* repris en fin de leçon (texte de “deuxième vague”), ce qui permet de s'entraîner à lire comme dans les livres et dans la presse.

– *Omission de la prononciation des voyelles ou syllabes finales indiquée en caractères maigres* dans le texte de la leçon et des exercices qui, lui, est en caractères gras ; ce qui correspond à l'enregistrement. Ceci à partir de la leçon 29.

– Progression simultanée de la longueur des textes, des apports grammaticaux, de l'enrichissement lexical et du niveau de langage.

– Un index grammatical, un appendice grammatical et un lexique arabe-français / français-arabe avec la référence aux leçons : ce qui permet de retrouver l'emploi d'un mot ou d'une notion dans son contexte, une règle de grammaire illustrée par des exemples et de vérifier du vocabulaire apparu dans les leçons – les pluriels internes commençant par une autre lettre que l'initiale du singulier étant classés à cette lettre pour faciliter la recherche. Ce lexique est riche d'environ 1400 mots et suivi d'une liste d'expressions.

Mode d'emploi de la méthode d'Arabe

La première vague

Elle constitue la partie dite "passive" de l'acquisition de la langue : la meilleure façon de suivre l'enseignement est, bien sûr, de le faire avec les enregistrements. Les phrases des 14 premières leçons sont dites deux fois : une première fois avec un "blanc" entre chaque phrase pour vous laisser le temps de répétition et une deuxième fois le dialogue complet. Ce temps de pause sera diminué à partir de la leçon 43 car les phrases deviennent plus longues mais nous vous laissons néanmoins quelques secondes pour vous permettre de mettre votre appareil en pause afin de répéter la phrase. Pour ceux qui ne possèdent pas les enregistrements, tous les textes sont transcrits phonétiquement. Comparez cette transcription – page de gauche de votre manuel – avec le texte en écriture arabe – à droite. Sous la transcription phonétique, vous trouverez le "mot à mot" correspondant en français afin de vous permettre de comprendre la structure de l'arabe, et en troisième ligne, une traduction en français courant. N'oubliez pas de consulter les notes explicatives qui sont là pour vous éclairer sur des éléments lexicaux, grammaticaux ou une structure particulière de la langue. Vous aborderez ensuite l'étude de l'écriture, expliquée point par point. Enfin, passez aux exercices ; ils constituent une application directe de ce que vous venez d'apprendre.

Toutes les sept leçons, nous vous proposons une leçon de révision pour faire le point de vos acquis et reprenant tous les éléments de grammaire abordés pendant les 6 leçons précédentes. Ces leçons font partie intégrante de la méthode. Consacrez-leur autant de temps qu'à une leçon nouvelle car elles sont conçues pour synthétiser toutes les particularités de la langue et rappeler toutes les informations introduites dans les notes explicatives de chaque leçon. Un dialogue de révision en fin de leçon – ou parfois un exercice spécifique des notions abordées dans le groupe de leçons concernées – constituera une petite "récréation" à ces leçons de révision.

La deuxième vague ou “phase active” de la méthode

À partir de la cinquantième leçon, lorsque vous aurez bien assimilé les bases et serez en mesure de construire vos propres phrases – même simples, au début –, vous passerez à l’étude dite “active” de votre apprentissage. Il s’agira alors de reprendre, à la suite d’une nouvelle leçon, le texte de “deuxième vague” qui se trouve à la fin de la toute première leçon et qui est en fait le dialogue de la leçon sans les voyelles. Cette “deuxième vague”, dont nous reparlerons plus en détail en fin de leçon 49, est un élément-clé de la méthode Assimil : elle vous permettra de constater tous les progrès que vous avez faits tout en vous aidant à les consolider.

N’oubliez pas d’apprendre les chiffres, qui vous sont donnés au début de chaque leçon (pour les ordinaux) et au bas de chaque page (pour les cardinaux)

Voilà, vous avez en mains toutes les clés pour réussir votre étude : une progression graduelle, des textes variés et une petite note humoristique donnée par les dessins qui accompagnent chaque leçon. Consacrez environ une demi-heure chaque jour à votre apprentissage. L’assiduité et la régularité sont les garants de la réussite.

Ancienne élève des Langues’O, je tiens à rendre hommage à l’enseignement de mes maîtres MM. Gérard Troupeau, † Gérard Lecomte et Mohamed Ben Abdesselem.

Dominique Halbout

L'alphabet arabe

Vous trouverez dans les trois pages qui suivent un tableau de présentation de l'alphabet arabe (dans l'ordre) avec les différentes formes que prennent les lettres suivant qu'elles sont placées en position isolée, initiale, médiane ou finale. Nous vous indiquons également un tracé des lettres afin que vous appreniez à les écrire (suivez les petites flèches). Vous remarquerez que certaines lettres ne se différencient que par les petits points qui les accompagnent au-dessus ou en dessous de la lettre. L'alternance de couleur vous indique les lettres qui suivent le même tracé.

Lisez, bien sûr, ce tableau de droite à gauche, comme l'écriture arabe.

La première colonne (à droite) vous donne le nom de la lettre avec sa transcription phonétique, choisie dans notre méthode.

* Il est coutume de désigner **alif** comme première lettre d'un alphabet qui en compte 28 : **alif**, **bà'**, **tà'** correspond au *abc* du français. Mais beaucoup de grammairiens indiquent en premier lieu – comme ici – **hamza**, caractère représentant une attaque vocalique ou un arrêt du son et qui, comme une consonne, porte une voyelle ou un **soukoùn**.

finale	médiane	initiale	isolée	nom et transcription
ء	ء	ء	ء	hamza * ’
ـا	ـا	ا/أ/ٱ/آ	ا/أ/ٱ/آ	alif a/à
ـب	ـبـ	بـ	ب	bà’ b
ـت	ـتـ	تـ	ت	tà’ t
ـث	ـثـ	ثـ	ث	thà’ th
ـج	ـجـ	جـ	ج	jìm j
ـح	ـحـ	حـ	ح	h̲à’ h̲
ـخ	ـخـ	خـ	خ	khà’ kh
ـد	ـد	د	د	dàl d
ـذ	ـذ	ذ	ذ	dhàl dh
ـر	ـر	ر	ر	rà’ r

finale	médiane	initiale	isolée	nom et transcription
ـز	ـز	ز	ز	zà' **z**
ـس	ـسـ	سـ	س	sìn **s**
ـش	ـشـ	شـ	ش	chìn **ch**
ـص	ـصـ	صـ	ص	s̲àd **s̲**
ـض	ـضـ	ضـ	ض	d̲àd **d̲**
ـط	ـطـ	طـ	ط	t̲à' **t̲**
ـظ	ـظـ	ظـ	ظ	z̲à' **z̲**
ـع	ـعـ	عـ	ع	^{c}ayn **c**
ـغ	ـغـ	غـ	غ	ghayn **gh**
ـف	ـفـ	فـ	ف	fà' **f**
ـق	ـقـ	قـ	ق	qàf **q**

finale	médiane	initiale	isolée	nom et transcription
ـك	ـكـ	كـ	ك / ک	kàf **k**
ـل	ـلـ	لـ	ل	làm **l**
ـم	ـمـ	مـ	م	mìm **m**
ـن	ـنـ	نـ	ن	noùn **n**
ـه	ـهـ	هـ	ه	hà’ **h**
ـو	ـو	و	و	wàw **w / ou**
ـي	ـيـ	يـ	ي	yà’ **y**

1 *Avant de commencer, il est absolument nécessaire de lire l'introduction qui précède, même si vous êtes faux débutant.*

1 Première leçon *(la-leçon la-première)* (ad-darsou (a)l-awwalou)

Cette leçon initiale, bien qu'elle ne soit composée que d'une seule phrase, vous livre les premiers secrets d'une langue dont vous apprendrez peu à peu à apprécier l'extraordinaire logique. Laissez-vous guider !

Kataba
Il a écrit

1 **Kataba‿(a)l-kàtibou.** ①② □
il-a-écrit l'-écrivain
L'écrivain a écrit.

Rappel

La première ligne vous donne la prononciation, la seconde la traduction mot à mot, et la troisième vous propose une traduction en français courant. Dans la traduction mot à mot, les mots reliés par un ou plusieurs traits d'union correspondent à un seul mot en arabe.

Remarques sur la prononciation

• Prononcez bien le **à** de **kà** entre un a long et un è français (et non pas un â avec accent circonflexe). N'hésitez pas à allonger la syllabe comme s'il y avait en fait deux "**àà**" : **(a)l-kààtibou**.
• Dans la prononciation, le **a** de l'article **al-** est confondu avec la dernière voyelle du mot précédent. Nous indiquerons toujours cette particularité par un **a** entre parenthèses et le signe ‿ qui indique la liaison.

١ أَلدَّرْسُ ٱلْأَوَّلُ

كَتَبَ

١ كَتَبَ ٱلْكَاتِبُ

Notes

① **kataba** كَتَبَ : *il a écrit, il écrivit.* En arabe, le verbe est généralement placé en début de phrase, devant le sujet. Le verbe contient en lui-même le pronom sujet, ici "il".

② **al-** ٱلْـــ est l'article *le*, fixé au mot. Nous y reviendrons dans la leçon suivante.

Vos deux premiers mots d'arabe

kataba...	كَتَبَ	*(il) a écrit, (il) écrivit*
... (a)l-kàtibou	ٱلْكَاتِبُ	*l'écrivain*

1 Translittération

Pour vous aider à déchiffrer l'écriture arabe, nous vous donnons ici (et nous le ferons systématiquement à chaque leçon, jusqu'au moment où votre maîtrise de l'écriture arabe sera suffisante pour que vous puissiez vous en passer) la correspondance en caractères latins des caractères arabes de chaque mot de la leçon. Pour vous faciliter encore davantage la lecture, nous avons alterné la couleur : ainsi le caractère arabe noir correspondra à la lettre (ou syllabe) latine noire qui se trouve à la ligne en dessous, et la même chose pour la couleur bleue.
Dans la translittération en caractères latins, les ***voyelles brèves*** *(c'est-à-dire celles qui ne sont généralement pas notées)* ***sont en minuscules*** *et immédiatement à droite de la consonne qui les supporte. Le sens de la lecture est celui de l'arabe : de droite à gauche.*

←
(sens de l'écriture)

ٱلْكَاتِبُ	كَتَبَ
Bou Ti À Ka - L A	Ba Ta Ka
al-kàtibou	**kataba**

soit كَتَبَ ٱلْكَاتِبُ **kataba (a)l-kàtibou**

Les premières lettres vues dans cette leçon

• **al-** ٱلْـ : vous retiendrez telle quelle l'écriture de cet article, que nous expliquerons dans la leçon suivante. Écrivez-le à plusieurs reprises seul, mais il faut bien noter qu'il se fixe toujours au mot qu'il accompagne :

• **kataba** كَتَبَ, écrit **KaTaBa**, est formé de trois consonnes (ici en majuscules) qui se prononcent comme en français. Chacune de ces consonnes porte la voyelle **a**, notée par le signe ـَ (le trait inférieur représentant la ligne d'écriture). Ces trois consonnes ont aussi une forme isolée, initiale ou finale que nous allons apprendre à tracer.

Nous vous indiquons ci-après leurs différentes formes. Ne retenez pour le moment que les formes encadrées, qui sont celles rencontrées dans la leçon. 1

finale	médiane	initiale	isolée	.transl	nom	
ـك	ـكـ	كـ	ک/ك	**K**	كَافْ	**kàf**
ـت	ـتـ	تـ	ت	**T**	تَاء	**tà'**
ـب	ـبـ	بـ	ب	**B**	بَاء	**bà'**

Remarquez que **B** et **T** ont la même forme et qu'elles ne diffèrent que par le nombre et l'emplacement du ou des points
La forme de la lettre se modifie légèrement lorsqu elle se lie au caractère suivant et selon sa place dans le mot.

Si vous voulez apprendre à écrire, nous vous conseillons d'acheter un cahier pour vous entraîner. Commencez par **KaTaBa**. D'abord les trois consonnes séparément, puis liées :

ك ت ب   كـــ ـــتـــ ـــب   كَتَبَ

• **(a)l-kàtibou**, écrit **AL-KaÀTiBou** *(l'écrivain)*. On retrouve ici les trois mêmes consonnes que dans **KaTaBa** *(il-a-écrit)*, mais avec des voyelles différentes. De plus, ce mot comporte une voyelle longue, un <u>a long,</u> qui est représenté par une barre qui, graphiquement, prolonge la lettre. Cette barre s'appelle **alif**.

Commencez par tracer **KaÀ (K + alif)** : كَا
Ensuite, écrivez à plusieurs reprises le mot entier ٱلْكَاتِبُ **AL-KaÀTiBou**.
Et, enfin, les deux mots qui constituent cette première phrase d'arabe :

كَتَبَ ٱلْكَاتِبُ   **KaTaBa AL-KÀTiBou.**
soit   **kataba (a)l-kàtibou**

<u>**Récapitulons :**</u>

Les consonnes
Ka Ta Ba, c'est-à-dire la 3e personne du masculin singulier du

passé du verbe, constitue en fait la **racine** du verbe et de ses formes verbales dérivées (formes conjuguées, participes, noms et adjectifs). Pour le moment, nous ne faisons qu'effleurer le sujet, mais vous pouvez déjà soupçonner quelle richesse de vocabulaire peut générer une racine en arabe. À partir de trois consonnes, rarement quatre, on peut fabriquer quantité de mots en modifiant seulement la structure du mot. Nous verrons comment plus tard, mais ces trois consonnes sont une constante, ce qui permet de reconnaître les mots d'une même famille.

Les voyelles de l'arabe

En arabe, il n'y a que trois voyelles : **a**, **i** et **ou**. Toutes trois peuvent être brèves ou longues. Quand elles sont brèves, elles ne sont pas écrites avec un caractère, mais représentées par :

- un trait oblique au-dessus de la consonne : ـَ = **a**
- un trait oblique au-dessous de la consonne : ـِ = **i**
- une petite boucle au-dessus de la consonne : ـُ = **ou**

- La voyelle longue **à** ا s'écrit avec une barre verticale appelée **alif**.

- Le petit rond au-dessus d'une lettre ْ (appelé **soukoùn**) indique que cette lettre ne porte pas de voyelle. Nous y reviendrons.

Le mot **(a)l-kàtibou** اَلْكَاتِبُ contient tous ces signes.

Cette toute première leçon ne comporte pas d'exercices.
Pour terminer, écoutez et répétez à plusieurs reprises votre première phrase en arabe en lisant d'abord les deux mots séparément, puis en veillant à bien lier le **a** final de **kataba** avec celui de **al**-. À l'oreille, vous aurez donc quelque chose comme "**katabalkaàtibou**".

Lecture de deuxième vague

Ce texte reprend le texte de votre leçon sans les voyelles brèves. Vous pouvez, si vous le souhaitez, y jeter **un bref coup d'œil** *dès à présent, mais nous ne vous demanderons de savoir le lire qu'au moment de la "phase active" de votre apprentissage. Nous en reparlerons.*

كتب

١ كتب ٱلكاتب

L'écriture arabe, avec ses courbes élégantes, se serait inspirée du tracé sur le sable des crottes de chameau. Il n'y a là rien de péjoratif, le chameau étant à l'époque anté-islamique l'élément essentiel de la vie du bédouin. Et il constitue constamment un point de référence, que ce soit pour les sons de l'arabe ou pour de nombreux mots du vocabulaire quotidien – nous le verrons à maintes reprises !
Cette écriture, empruntée au nabatéen (ancien peuple de l'Arabie du N.O.) au III*e siècle, a atteint sa forme définitive au* VIII*e siècle. Le premier type d'écriture fut le coufique (du nom de la ville de* **Koufa** *أَلْكُوفَة), aux caractères anguleux, puis vint le* **naskhi** *نَسْخِي, plus souple et plus arrondi.*

Eh bien, vous venez de franchir une étape non négligeable ! Avec cette première phrase, vous venez de vous engager sur le chemin de la découverte d'une langue fascinante par son système structural logique et rigoureux. Bienvenue !

2 Deuxième leçon (ad-darsou (a)th-thànì)

Al-kàtibou ①
L'écrivain

1 **Jalasa‿(a)l-kàtibou ①②.**
il-s'est-assis l'-écrivain
L'écrivain s'est assis.

2 **Jalasa ② wa kataba.** □
il-s'est-assis et il-a-écrit
Il s'est assis et il a écrit.

Remarque : Il n'y a pas de majuscules en arabe. Toutefois, nous en emploierons dans la transcription en caractères latins pour indiquer le début des phrases ou les noms propres.

Les mots nouveaux

jalasa جَلَسَ *(il) s'est assis, (il) s'assit*

wa وَ *et*

Notes

① **al-** أَلْـ est l'article défini qui se fixe au mot, comme nous l'avons vu dans la leçon précédente. Il peut accompagner tout nom, quels qu'en soient le genre et le nombre, et signifie donc *le, la, les*. Il a deux écritures : en début de phrase أَلْـ (voir titre) et en milieu de phrase ٱلْـ (voir phrase 1). Mais la deuxième écriture est également acceptable et couramment employée en début de phrase.

② **jalasa** جَلَسَ : *il s'est assis*. Comme tous les verbes en arabe, celui-ci est placé en début de phrase, devant le sujet. Il contient en lui-même le pronom sujet – ici *il* –, comme c'était le cas pour **kataba** dans la leçon précédente.

٢ أَلدَّرْسُ ٱلثَّانِي

أَلْكَاتِبُ

١ جَلَسَ ٱلْكَاتِبُ

٢ جَلَسَ وَ كَتَبَ

Translittération

Chaque majuscule correspond à un caractère arabe et en minuscule est indiquée la voyelle non écrite que porte la consonne. Si la voyelle **a** est allongée par un **alif**, nous le représentons par un **À**.

أَلْكَاتِبُ

Bou Ti À Ka-L A
al-kàtibou

← **1**

ٱلْكَاتِبُ	جَلَسَ
Bou Ti À Ka - L A	Sa La Ja
(a)l-kàtibou	**jalasa**

←**2**

كَتَبَ	وَ	جَلَسَ
Ba Ta Ka	Wa	Sa La Ja
kataba	**wa**	**jalasa**

2 Les nouvelles lettres

• **jalasa** جَلَسَ est formé de trois consonnes : جَـ ـلَـ ـسَ **j**, **l**, **s**, qui, ici, portent toutes la voyelle **a**. Notez que le **s** se prononce toujours comme *ss* en français (jamais *z*).
Entraînez-vous à écrire **jalasa**. D'abord les trois consonnes séparées, puis le mot entier :

Ces trois consonnes, qui s'appellent en arabe **jìm**, **làm** et **sìn**, ont aussi une forme isolée que nous allons apprendre à tracer dans le tableau plus loin.

• le mot **wa** وَ signifie *et*. Il est constitué d'une seule lettre, appelée **wàw**, accompagnée de la voyelle **a**. Dans d'autres mots, cette lettre peut porter d'autres voyelles, mais sa caractéristique est de ne jamais se lier au caractère suivant, contrairement à **kà'**, **tà'**, **bà'**, **jìm**, **làm** et **sìn**.
Cette lettre, transcrite **w**, se prononce comme le *w* de *water*.

• **alif**

Alif est un caractère particulier à l'arabe, sans équivalent en français. Il est fait d'une barre verticale et il a deux fonctions bien distinctes :
– il indique un **a** long comme dans **al-kàtibou** اَلْكَاتِبُ (voir leçon précédente) ;
– c'est une consonne, sans sonorité particulière, qui sert de support à une voyelle, principalement lorsque celle-ci commence le mot. Pour l'instant, il s'agit de la voyelle **a**, comme dans l'article **al-** أَلْـ.
Il est formé de deux lettres : **alif** ا, qui porte la voyelle **a**, et **làm** ـلْ.
Cet article a deux écritures :
– lorsque le mot est en début de phrase (avec un petit signe qui s'appelle **hamza**, nous y reviendrons).
– lorsque le nom auquel il est affixé suit un mot terminé par une voyelle, comme dans **kataba (a)l-kàtibou**. Le signe ٱ sur l'**alif** indique la liaison (**wasla**) avec la lettre qui précède. C'est l'écriture la plus fréquemment rencontrée, étant donné que les phrases commencent le plus souvent par un verbe.

Voici les différentes formes de chacune de ces lettres suivant leur place dans le mot. Ne retenez pour le moment que la lettre isolée, ainsi que la forme encadrée qui correspond à celle apparue dans la leçon.

finale	médiane	initiale	isolée	transl.	nom	
ـج	ـجـ	جـ	ج	**J**	جِيم	**jìm**
ـل	ـلـ	لـ	ل	**L**	لَام	**làm**
ـس	ـسـ	سـ	س	**S**	سِين	**sìn**
ـو	ـو	و	و	**W**	وَاو	**wàw**
ـا	ـا	ا	ا	**A**	أَلِف	**alif**

Remarque concernant l'écriture

La particule de coordination **wa** وَ est normalement collée au mot qui suit, mais comme le **wàw** ne se lie pas à la lettre suivante et pour que vous le distinguiez bien de la première lettre du mot qui suit, nous marquerons un léger espace entre les deux. Ceci dans un premier temps.

جَلَسَ وَ كَتَبَ

2 Exercice 1 : تَرْجِمْ Tarjim ! (Traduis)

Ce premier exercice vous permet de vérifier votre compréhension des premiers éléments d'arabe. Si vous disposez des enregistrements, écoutez chaque phrase et traduisez-la mentalement. Consultez ensuite le corrigé pour vérifier. Si vous n'avez pas les enregistrements, lisez le texte en phonétique puis traduisez mentalement. Dans les deux cas, essayez ensuite de lire chaque phrase en arabe. Ne soyez pas désorienté par le tutoiement employé en tête de cet exercice ! En arabe c'est la norme ! Nous en reparlerons bientôt.

❶ كَتَبَ ٱلْكَاتِبُ Kataba‿(a)l-kàtibou.

❷ جَلَسَ ٱلْكَاتِبُ وَ كَتَبَ Jalasa‿(a)l-kàtibou wa kataba.

Exercice 2 : كَمِّلْ Kammil ! (Complète)

Cet exercice – qui n'est pas enregistré – vous entraîne à retrouver des mots et des structures pour mieux les assimiler. Dans la transcription phonétique, chaque point représente une lettre. Faites d'abord l'exercice en phonétique. Ensuite, si vous avez l'intention d'apprendre à lire et à écrire, servez-vous de la phonétique pour écrire la phrase en arabe. N'oubliez pas qu'elle s'écrit de droite à gauche !

❶ Il a écrit et il s'est assis.
. . . . . . wa . . . .

❷ L'écrivain s'est assis *(s'est-assis l'écrivain).*
Jalasa . . - . . . .

En raison de son incomparable qualité esthétique, l'écriture arabe a toujours fait l'admiration des hommes, arabophones ou non. Langue du Coran, l'arabe prend un caractère sacré et orne les monuments religieux dès l'époque omeyyade (fin du VIIᵉ siècle). Élément primordial du décor architectural et des manuscrits, la calligraphie est un art toujours florissant, pratiqué par le **khaṯṯàṭ** *(celui qui trace la ligne, le trait).*
Dans la vie quotidienne, plus prosaïquement, on rencontre dans les

Corrigé de l'exercice 1

❶ L'écrivain a écrit *(il-a-écrit l'écrivain)*. ❷ L'écrivain s'est assis et il a écrit *(s'est-assis l'écrivain...)*.

Corrigé de l'exercice 2 - Les mots manquants

❶ Kataba كَتَبَ – jalasa جَلَسَ ❷ – (a)l-kàtibou ٱلْكَاتِبُ

Texte de l'exercice 2

❶ كَتَبَ وَجَلَسَ

❷ جَلَسَ ٱلْكَاتِبُ

Lecture de deuxième vague

ألكاتب

١ جلس ٱلكاتب

٢ جلس وكتب

rues de maints pays de langue arabe l'écrivain public, أَلْكَاتِبُ ***(al-kàtibou)*** *toujours prêt à rédiger une lettre manuscrite ou même à taper toutes sortes de documents à la machine.*

Ce terme désigne également, selon la croyance musulmane, un ange écrivain qui a pour mission d'enregistrer les bonnes et les mauvaises actions des hommes, en fonction desquelles ils seront rétribués au jour du Jugement Dernier.

3 Troisième leçon (ad-darsou (a)th-thàlithou)

Al-waladou ①
L'enfant

1 **Dakhala‿(a)l-waladou** ①②,
il-est-entré l'-enfant[suj.]
L'enfant est entré,

2 **kataba wa darasa.** □
il-a-écrit et il-a-étudié
il a écrit et il a étudié.

Notes

① **al-waladou** أَلْوَلَدُ désigne *l'enfant*, quel que soit son sexe. Cependant, on lui donne souvent le sens de "garçon", par opposition à "fille", qui a une appellation propre.

② En arabe, la terminaison des noms communs change en fonction de leur rôle dans la phrase : sujet, complément d'objet direct ou indirect. En d'autres termes, il y a une petite déclinaison. Le mot **(a)l-waladou** est terminé par la voyelle brève **ou** ـُ, parce qu'il est sujet et, de plus, déterminé par l'article **al-** أَلْـ, comme d'ailleurs **al-kàtibou** أَلْكَاتِبُ *l'écrivain*, aux leçons 1 et 2. Dorénavant, nous vous signalerons tous les mots déclinés dans la traduction mot-à-mot. De même que *[suj.]* indiquera que le mot est au cas sujet, *[dir.]* signalera le complément d'objet direct et *[ind.]* le complément d'objet indirect.

Les mots nouveaux

dakhala	دَخَلَ	*il est entré, il entra*
al-waladou	أَلْوَلَدُ	*l'enfant[suj.]*
darasa	دَرَسَ	*il a étudié, il étudia*

٣ أَلدَّرْسُ ٱلثَّالِثُ

أَلْوَلَدُ

١ دَخَلَ ٱلْوَلَدُ

٢ كَتَبَ وَ دَرَسَ

Les nouvelles lettres

د **dàl** transcrite **D**, se prononce comme en français.

خ **khà'** transcrite **KH**, correspond au *j* espagnol de *Juan* ou au *ch* allemand de *Achtung*. La bouche entrouverte, expirez en râclant légèrement la gorge. Cette lettre a le même tracé que **jìm** ; seul le point placé au-dessus la distingue de celui-ci : **khà'** خ et **jìm** ج.

ر **rà'** transcrite **R**, est toujours roulée comme le *r* espagnol, ou encore celui du Québec ou du Berry, en faisant vibrer la pointe de la langue contre le palais.

finale	médiane	initiale	isolée	transl.	nom	
ـخ	ـخـ	خـ	خ	**KH**	خَاء	**khà'**
ـد	ـد	د	د	**D**	دَال	**dàl**
ـر	ـر	ر	ر	**R**	رَاء	**rà'**

Remarquez que **dàl** د et **rà'** ر – à la différence de **khà'** – ne se rattachent jamais à la lettre qui suit. C'est le cas pour un certain nombre de lettres, nous vous le rappelons. Elles n'ont alors que deux formes : isolée ou attachée à la lettre précédente.
Khà' خَاء dans **dakhala** est en position médiane dans le mot, mais a sa forme initiale étant donné que le **dàl** ne se lie pas à la lettre suivante.

3 Remarque concernant l’écriture

Notez bien encore ici les deux écritures de **al-** en début et en milieu de phrase. Si vous écrivez une forme pour l’autre, sachez que ce n’est pas très grave et qu’au bout de quelques leçons, vous n’y penserez même plus tellement cela vous sera devenu naturel !

al-waladou أَلْوَلَدُ et **dakhala (a)l-waladou** دَخَلَ ٱلْوَلَدُ

Un grand nombre de mots français commençant par “al” sont d’origine arabe : alambic, almanach, algèbre, alcazar, alcali, etc. Autant de témoins des liens culturels et humains qui se sont tissés dès le haut Moyen Âge entre l’Europe et le monde arabe, à travers le creuset de civilisation que fut le Bassin méditerranéen.

Exercice 1 : تَرْجِمْ Tarjim ! (Traduis)

❶ دَرَسَ ٱلْوَلَدُ Darasa‿(a)l-waladou.

❷ دَخَلَ وَكَتَبَ Dakhala wa kataba.

❸ جَلَسَ ٱلْوَلَدُ Jalasa‿(a)l-waladou.

Exercice 2 : كَمِّلْ Kammil ! (Complète)

❶ L’enfant est entré et a étudié. *(est-entré l’enfant...)*
. . . . . (a)l-waladou . . . .

❷ Il s'est assis et l’enfant est entré.
. . . . . wa . . . . . . (a)l-waladou.

❸ L’écrivain est entré et il a écrit.
Dakhala . . - . . . . wa . . . . . .

Translittération

أَلْوَلَدُ

Dou La Wa - L A
al-waladou

← 1

ٱلْوَلَدُ	دَخَلَ
Dou La Wa - L A	La KHa Da
(a)l-waladou	**dakhala**

← 2

دَرَسَ	وَ	كَتَبَ
Sa Ra Da	Wa	Ba Ta Ka
darasa	**wa**	**kataba**

Corrigé de l'exercice 1

❶ L'enfant a étudié. ❷ Il est entré et il a écrit. ❸ L'enfant s'est assis.

Corrigé de l'exercice 2 - Les mots manquants

❶ Dakhala دَخَلَ – wa darasa وَ دَرَسَ ❷ Jalasa جَلَسَ – dakhala دَخَلَ – ❸ – (a)l-kàtibou ٱلْكَاتِبُ – kataba كَتَبَ

Texte de l'exercice 2

❶ دَخَلَ ٱلْوَلَدُ وَ دَرَسَ

❷ جَلَسَ وَ دَخَلَ ٱلْوَلَدُ

❸ دَخَلَ ٱلْكَاتِبُ وَ كَتَبَ

4 **Lecture de deuxième vague**

ألولد

١ دخل ٱلولد

٢ كتب ودرس

4 Quatrième leçon (ad-darsou (a)r-ràbiᶜou)

Durant ces premières leçons, les phrases vous paraîtront sans doute un peu artificielles. C'est que nous avons dû doser les difficultés tant au niveau de la langue que de l'écriture. Mais rassurez-vous, d'ici quelques jours nous pourrons passer à de véritables dialogues, intéressants et vivants !

Ar-rajoulou ①
l'-homme
L'homme

1 – **Mà kataba‿(a)r-rajoulou** ① **?**
quoi il-a-écrit l'-homme[suj.]
Qu'a écrit l'homme ?

Remarque sur la prononciation

• **ar-rajoulou** ٱلرَّجُلُ : veillez à bien prononcer les deux **r**, toujours roulés, bien entendu !

Pas si difficile, n'est-ce pas, cette troisième leçon ! Pas à pas, vous vous familiarisez avec les sonorités de l'arabe, l'écriture et la structure de la phrase. Si tout ne vous semble pas facile d'emblée, ne vous en inquiétez pas. Avancez à votre rythme. Demain, revenez une fois (brièvement) sur cette leçon avant d'entamer la suivante, et si certains points vous paraissent encore ardus, ne vous y arrêtez pas trop – dans quelque temps vous vous apercevrez que vous comprenez de mieux en mieux et que ce qui vous semblait difficile au départ vous paraît à présent tout à fait normal.

٤ أَلدَّرْسُ ٱلرَّابِعُ

أَلرَّجُلُ

١ مَا كَتَبَ ٱلرَّجُلُ ؟

Remarquez que le point d'interrogation s'écrit à l envers ؟ ; c'est logique, puisque l'arabe s'écrit de droite à gauche

Notes

① **ar-rajoulou** ٱلرَّجُلُ (titre) / أَلرَّجُلُ (phrase 1) : ce nom, précédé de l'article, est écrit **al-rajoulou**, mais est prononcé **ar-rajoulou**. Toutefois, un signe écrit – le **chaddà** ـّـ –, indique le redoublement de la première consonne du mot. En effet, lorsque l'article **al-** est suivi de certaines lettres comme **r** ou **d**, le **l** est "avalé" par celles-ci, qui sont alors redoublées. On dira de même **ad-darsou** أَلدَّرْسُ *la leçon* ; alors qu'on écrit **al-darsou**, mais avec l'indication du **chadda**. Notez que le **soukoùn** ـْـ au-dessus du **làm** disparaît alors.
Là aussi, contentez-vous de recopier tel quel le mot. La règle d'emploi, et donc le choix de l'écriture de l'article, s'imposera à vous très rapidement.

4 **2 – Kataba‿(a)l-kitàba** ②. □
il-a-écrit le-livre[dir.]
Il a écrit le livre.

Notes

② **(a)l-kitàba** ٱلْكِتَابَ *le livre* : la voyelle brève **a**, notée ـَـ, qui termine le mot **kitàb**, indique, comme nous vous l'avons signalé par l'abréviation [dir.], que ce mot est complément d'objet direct.

Les mots nouveaux

mà ?	مَا ؟	*quoi ? qu'est-ce que ?*
(a)r-rajoulou	ٱلرَّجُلُ	*l'homme[suj.]*
(a)l-kitàba	ٱلْكِتَابَ	*le livre[dir.]*

La nouvelle lettre

finale	médiane	initiale	isolée	transl.	nom	
ـم	ـمـ	مـ	م	**M**	مِيم	**mìm**

Remarque concernant l'écriture

• Veillez à bien différencier **kitàb** كِتَاب de **kàtib** كَاتِب :

tà : تَا = **ta** + **alif** **kà** : كَا = **ka** + **alif**

• Notez que dans cette leçon apparaît le **mìm** suivi de l'**alif** :
ا + مَـ = **mà** مَا *quoi ?*. Entraînez-vous également à l'écrire.

Exercez-vous : écrivez le texte de la leçon jusqu'à ce que vous soyez satisfait du résultat.

٢ كَتَبَ ٱلْكِتَابَ

Translittération

أَلرَّجُلُ

Lou Jou Ra - L A
Ar-rajoulou

←1

مَا — À Ma — **mà**

كَتَبَ — Ba Ta Ka — **kataba**

ٱلرَّجُلُ — Lou Jou Ra - L A — **ar-rajoulou**

←2

كَتَبَ — Ba Ta Ka — **kataba**

ٱلْكِتَابَ — Ba À Ta Ki - L A — **(a)l-kitàba**

Exercice 1 : تَرْجِمْ Tarjim ! (Traduis)

❶ مَا دَرَسَ ٱلرَّجُلُ ؟ Mà darasa‿(a)r-rajoulou ?
❷ كَتَبَ ٱلْوَلَدُ Kataba‿(a)l-waladou.
❸ دَرَسَ ٱلْكِتَابَ Darasa‿(a)l-kitàba.
❹ جَلَسَ ٱلْوَلَدُ وَ دَرَسَ Jalasa‿(a)l-waladou wa darasa.

Exercice 2 : كَمِّلْ Kammil ! (Complète)

❶ Qu'a étudié l'enfant ?
. . . . (a)l-waladou ?

❷ Il a écrit et l'enfant est entré. *(... est-entré l'enfant.)*
. . . . . . wa . . . . . . (a)l-waladou.

❸ L'écrivain est entré et il a écrit *(est entré...).*
Dakhala . . - . . . . . . wa kataba.

❹ L'homme a écrit le livre.
Kataba . . - . . . . . . (a)l- . . . .

*Le "Livre" (**Al-Kitàbou** أَلْكِتَابُ) par excellence, pour les Arabes musulmans et pour l'ensemble du monde islamique, est bien sûr le Coran, parole de Dieu révélée aux hommes.*
*Mais le **Kitàb** est en fait tout livre sacré révélé – la Bible, la Torah, l'Évangile, etc. Les musulmans appellent les juifs et les chrétiens "gens du Livre" (**ahlou (al)-kitàbi** أَهْلُ ٱلْكِتَابِ).*

Corrigé de l'exercice 1

❶ Qu'a étudié l'homme ? ❷ L'enfant a écrit. ❸ Il a etudié le livre. ❹ L'enfant s'est assis et il a étudié.

Corrigé de l'exercice 2 - Les mots manquants

❶ Mà darasa مَا دَرَسَ – ❷ Kataba كَتَبَ – dakha a دَخَلَ – ❸ – (a)l-kàtibou ٱلْكَاتِبُ – ❹ – (a)r-rajoulou ٱلرَّجُلُ – kitàba كِتَابَ.

Texte de l'exercice 2

❶ مَا دَرَسَ ٱلْوَلَدُ ؟

❷ كَتَبَ وَدَخَلَ ٱلْوَلَدُ

❸ دَخَلَ ٱلْكَاتِبُ وَكَتَبَ

❹ كَتَبَ ٱلرَّجُلُ ٱلْكِتَابَ

Lecture de deuxième vague

ألرّجل

١ ما كتب ٱلرّجل ؟

٢ كتب ٱلكتاب

5 Cinquième leçon (ad-darsou (a)l-khàmisou)

Fì‿(a)l-bayti ①
Dans la maison

1 **Dakhala‿(a)l-bayta** ②.
il-est-entré la-maison[dir.]
Il est entré dans la maison.

2 **Ar-rajoulou fì‿(a)l-bayti.** ③ □
l'-homme[suj.] dans la-maison[ind.]
L'homme est dans la maison.

Remarques sur la prononciation

• **fì‿(a)l-bayti :** souvenez-vous que la liaison entre l'article et la dernière voyelle du mot qui le précède se fait en avalant l'**alif**. Le **a** entre parenthèses ne se prononce donc pas et le **ì** de **fì** se lie au **l** de **al**. Il faut donc prononcer **fil-bayti** (fil-baïti).

Notes

① La voyelle brève **i** de **al-bayti** أَلْبَيْتِ est l'indice du complément d'objet indirect déterminé par l'article et voulu par la préposition **fì** فِي *dans*, qui est toujours suivie du cas indirect.

② **(a)l-bayta** اَلْبَيْتَ : **bayt + a** du cas direct, comme dans **(a)l-kitàba** أَلْكِتَابَ, que nous avons vu à la leçon 4. Ici, **(a)l-baytou** أَلْبَيْتُ *la maison [suj.]* devient **(a)l-bayta** parce que **dakhala** se construit avec ce cas : littéralement "il est entré la maison".

③ **Ar-rajoulou fì‿(a)l-bayti** signifie *l'homme [est] dans la maison*. Le verbe *être* est sous-entendu. La langue arabe affectionne ce genre de phrases sans verbe, que l'on appelle "phrases nominales" et qui sont très explicites.

٥ أَلدَّرْسُ ٱلْخَامِسُ

فِي ٱلْبَيْتِ

١ دَخَلَ ٱلْبَيْتَ

٢ أَلرَّجُلُ فِي ٱلْبَيْتِ

Les mots nouveaux

fì	فِي	*dans*
al-baytou	أَلْبَيْتُ	*la maison[suj.]*

Les nouvelles lettres

finale	médiane	initiale	isolée	transl.	nom	
ـف	ـفـ	فـ	ف	**F**	فَاء	**fà'**
ـي	ـيـ	يـ	ي	**Y**	يَاء	**yà'**

La lettre **yà'** ي est une consonne qui se prononce :
- *ye* comme dans *yoyo*, quand elle porte une voyelle (**ya**, **yi**, **you**).
- *i* quand elle est surmontée d'un ـْـ (**soukoùn** = silence), ce qui signifie qu'elle ne porte pas de voyelle, comme dans le mot **baytou** (prononcé "baïtou"). Nous préférons la transcrire **y** pour bien montrer qu'elle a valeur de consonne.

Cette lettre est aussi la marque de la voyelle longue **i**, comme dans **fì** فِي. Le **i** long sera translittéré **Y** et transcrit **ì**.

5 Translittération

ٱلْبَيْتِ فِي

Ti Y Ba - L A   Y Fi

(a)l-bayti   fì

← 1

ٱلْبَيْتَ دَخَلَ

Ta Y Ba - L A   La KHa Da

(a)l-bayta   dakhala

← 2

ٱلْبَيْتِ فِي أَلرَّجُلُ

Ti Y Ba - L A   Y Fi   Lou Jou Ra - L A

(a)l-bayti   fì   ar-rajoulou

Exercice 1 : تَرْجِمْ Tarjim ! (Traduis)

1 كَتَبَ ٱلرَّجُلُ وَ دَرَسَ

Kataba‿(a)r-rajoulou wa darasa.

2 جَلَسَ فِي ٱلْبَيْتِ

Jalasa fì‿(a)l-bayti.

3 دَخَلَ ٱلْوَلَدُ وَجَلَسَ

Dakhala‿(a)l-waladou wa jalasa.

*La langue arabe est très ancienne. Elle est apparentée aux plus vieilles langues sémitiques telles que le babylonien, l'assyrien ou le chaldéen. Elle est également très proche de l'hébreu et de l'araméen, qui fut la langue du Christ. Le mot **bayt** se retrouve par exemple, prononcé **bèt**, dans **Bethléem** – en araméen **bayt laḫm**,* la maison du pain. 5

❹ دَرَسَ ٱلْوَلَدُ فِي ٱلْكِتَابِ

Darasa‿(a)l-waladou fì‿(a)l-kitàbi.

Corrigé de l'exercice 1

❶ L'homme a écrit et il a étudié. ❷ Il s'est assis dans la maison. ❸ L'enfant est entré et s'est assis. ❹ L'enfant a étudié dans le livre.

6

Exercice 2 : كَمِّلْ Kammil ! (Complète)

❶ Le livre est dans la maison.
. . - . . . . fì . . - . . . . . .

❷ Il est entré dans la maison et s'est assis.
Dakhala . . - . . . . . wa . . . . . .

❸ L'homme et l'enfant sont dans la maison.
. . - . . . . wa (a)l-waladou . . (a)l-bayti.

Lecture de deuxième vague

في ٱلبيت

١ دخل ٱلبيت
٢ ألرّجل في ٱلبيت

6 Sixième leçon (ad-darsou (a)ṣ-sàdisou)

Al-wàlidou ①
le-père[suj.]
Le père

1 **Dakhala‿(a)l-wàlidou‿(a)l-bayta.** ②
il-est-entré le-père[suj.] la-maison[dir.]
Le père est entré dans la maison.

Remarque sur la prononciation

La phrase 1, formée de trois mots liés, se prononce comme suit : **"dakhalalwàlidoulbayta"** !
Par ailleurs, pensez à bien allonger le **à** de **(a)l-wà̲lidou** et de **(a)-kità̲ba**.

Corrigé de l'exercice 2 – Les mots manquants

❶ Al-kitàbou أَلْكِتَابُ – (a)l-bayti ٱلْبَيْتِ ❷ – (a)l-bayta ٱلْبَيْتَ – jalasa جَلَسَ ❸ Ar-rajoulou أَلرَّجُلُ – fì فِي –

Texte de l'exercice 2

❶ أَلْكِتَابُ فِي ٱلْبَيْتِ

❷ دَخَلَ ٱلْبَيْتَ وَجَلَسَ

❸ أَلرَّجُلُ وَٱلْوَلَدُ فِي ٱلْبَيْتِ

---

٦ أَلدَّرْسُ ٱلسَّادِسُ

أَلْوَالِدُ

١ دَخَلَ ٱلْوَالِدُ ٱلْبَيْتَ

Notes

① **al-wàlidou** أَلْوَالِدُ *le père* (celui qui engendre). Ce mot, vous l'avez remarqué, est de la même famille que **al-waladou** أَلْوَلَدُ, la racine étant constituée des trois lettres **W L D**. **Al-wàlidou**, avec son **a** long, est du même type que **al-kàtibou**, *l'écrivain* (leçon 2).

② **Dakhala (a)l-wàlidou (a)l-bayta** دَخَلَ ٱلْوَالِدُ ٱلْبَيْتَ *le père est entré dans la maison* : rappelez-vous que **dakhala** se construit avec le cas direct (leçon 5, note 2). Notez bien l'ordre des mots dans cette phrase : verbe, sujet, complément.

6 **2 – Mà wajada‿(a)l-wàlidou ?**
quoi il-a-trouvé le-père[suj.]
Qu'a trouvé le père ?

3 – Wajada‿(a)l-kitàba.
il-a-trouvé le-livre[dir.]
Il a trouvé le livre.

4 Al-wàlidou wa‿(a)l-waladou fì‿(a)l-bayti. ③ □
le-père[suj.] et l'enfant[suj.] dans la-maison[ind.]
Le père et l'enfant sont à la maison.

Notes

③ Cette phrase, dite nominale, est sans verbe (comme dans la phrase 2 de la leçon précédente).

Il n'y a pas de nouvelle lettre dans cette leçon. Vous allez retrouver dans ces quatre petites phrases les caractères que vous avez découverts peu à peu dans les précédentes leçons.

Translittération

أَلْوَالِدُ

Dou Li À Wa - L A
al-wàlidou

← 1

ٱلْبَيْتَ	ٱلْوَالِدُ	دَخَلَ
Ta Y Ba - L A	Dou Li À Wa - L A	La KHa Da
(a)l-bayta	**(a)l-wàlidou**	**dakhala**

6 ٢ – مَا وَجَدَ ٱلْوَالِدُ ؟

٣ – وَجَدَ ٱلْكِتَابَ

٤ أَلْوَالِدُ وَٱلْوَلَدُ فِي ٱلْبَيْتِ

Les mots nouveaux

al-wàlidou	أَلْوَالِدُ	*le père[suj.]*
wajada	وَجَدَ	*il a trouvé, il trouva*

← 2

ٱلْوَالِدُ	وَجَدَ	مَا
Dou Li À Wa - L A	Da Ja Wa	À Ma
(a)l-wàlidou	**wajada**	**mà**

← 3

ٱلْكِتَابَ	وَجَدَ
Ba À Ta Ki - L A	Da Ja Wa
(a)l-kitàba	**wajada**

← 4

فِي	ٱلْوَلَدُ	وَ	أَلْوَالِدُ
Y Fi	Dou La Wa - L A	Wa	Dou Li À Wa - L A
fì	**(a)l-waladou**	**wa**	**al-wàlidou**

ٱلْبَيْتِ

Ti Y Ba - L A

(a)l-bayti

6 **Exercice 1 : تَرْجِمْ Tarjim ! (Traduis)**

❶ مَا دَرَسَ ٱلْوَلَدُ فِي ٱلْكِتَابِ ؟

Mà darasa‿(a)l-waladou fì‿(a)l-kitàbi ?

❷ أَلرَّجُلُ وَٱلْوَلَدُ فِي ٱلْبَيْتِ

Ar-rajoulou wa‿(a)l-waladou fì‿(a)l-bayti.

❸ وَجَدَ ٱلْوَالِدُ ٱلْوَلَدَ فِي ٱلْبَيْتِ

Wajada‿(a)l-wàlidou‿(a)l-walada fì‿(a)l-bayti.

Exercice 2 : كَمِّلْ Kammil ! (Complète)

❶ Le père a trouvé l'homme dans la maison.
. . . . . . (al)-wàlidou . . - . . . . fì . . - . . . . .

❷ L'homme s'est assis et il a écrit le livre.
. . . . . . (a)r-rajoulou . . kataba . . - . . . . . .

❸ Qu'a trouvé l'enfant dans le livre ?
. . wajada . . - . . . . fì . . - . . . . . . ?

Lecture de deuxième vague

ألوالد

١ دخل ٱلوالد ٱلبيت

٢ — ما وجد ٱلوالد ؟

٣ — وجد ٱلكتاب

٤ ألوالد وٱلولد في ٱلبيت

6 ❹ دَخَلَ ٱلْوَلَدُ ٱلْبَيْتَ

Dakhala‿(a)l-waladou‿(a)l-bayta.

Corrigé de l'exercice 1

❶ Qu'a étudié l'enfant dans le livre ? ❷ L'homme et l'enfant [sont] dans la maison. ❸ Le père a trouvé l'enfant à la maison. ❹ L'enfant est entré dans la maison *(est entré la maison)*.

Corrigé de l'exercice 2 - Les mots manquants

❶ Wajada وَجَدَ – (a)r-rajoula ٱلرَّجُلَ – (a)l-bayti ٱلْبَيْتِ ❷ Jalasa جَلَسَ – wa وَ – (a)l-kitàba ٱلْكِتَابَ ❸ Mà مَا – (a)l-waladou ٱلْوَلَدُ – (a)l-kitàbi ٱلْكِتَابِ

Texte de l'exercice 2

❶ وَجَدَ ٱلْوَالِدُ ٱلرَّجُلَ فِي ٱلْبَيْتِ

❷ جَلَسَ ٱلرَّجُلُ وَكَتَبَ ٱلْكِتَابَ

❸ مَا وَجَدَ ٱلْوَلَدُ فِي ٱلْكِتَابِ ؟

7 *Les arabophones ont à leur disposition une langue très riche mais aussi, nous l'avons dit, d'une grande sobriété. Elle permet, grâce à des phrases sans verbe, les phrases nominales, d'aller à l'essentiel avec un minimum de mots. Cette possibilité "d'exprimer le plus en disant le moins" a rendu les Arabes célèbres pour leurs proverbes et leurs sentences lapidaires souvent empreintes d'une profonde sagesse. Ainsi l'expression "Le terrain [est] une démonstration" ou encore "Le mouvement [est] une bénédiction" (voir leçon 17).*

7 Septième leçon (ad-darsou (a)s-sàbi^c^ou)

مُرَاجَعَةٌ

Mouràja^c^atoun

Révision

1 L'écriture arabe

À l'issue de vos six premières leçons, vous voici familiarisé avec un certain nombre de lettres. Grâce à la transcription en caractères latins et aux enregistrements – si vous en disposez –, vous êtes en mesure, en quelque sorte, de les "photographier". À partir de ces lettres, vous pouvez vous lancer dans l'apprentissage de l'écriture. De plus, le simple fait de lire des yeux les mots tout en les entendant prononcer constitue déjà pour vous un premier pas encourageant et un grand progrès dont vous ne vous rendrez peut-être pas compte tout de suite.

Sur les 29 lettres que compte l'alphabet arabe, vous en connaissez déjà 14 :

ا	**alif**	أَلِف	A*/ À	leçon 1
ب	**bà'**	بَاء	B	1
ت	**tà'**	تَاء	T	1

٧ أَلدَّرْسُ ٱلسَّابِعُ

ک/ك	**kàf**	كَاف	K	1
ج	**jìm**	جِيم	J	2
س	**sìn**	سِين	S	2
ل	**làm**	لَام	L	2
و	**wàw**	وَاو	W	2
خ	**khà'**	خَاء	KH	3
د	**dàl**	دَال	D	3
ر	**rà'**	رَاء	R	3
م	**mìm**	مِيم	M	4
ف	**fà'**	فَاء	F	5
ي	**yà'**	يَاء	Y	5

* jusqu'à présent, en initiale, mais vous verrez par la suite qu'il peut représenter d'autres voyelles.

Bien sûr, vous ne maîtrisez pas encore toutes les formes de ces lettres, peut-être en confondez-vous même certaines, mais ne vous en faites pas : petit à petit, à force de les retrouver, vous les assimilerez. D'ici quelques semaines vous serez surpris de vos progrès !

7 En arabe, les lettres se lient entre elles, sauf un certain nombre d'entre elles. Et parmi celles déjà rencontrées : **alif** ا À, **rà** ر R, **dàl** د D et **wàw** و W, qui s'attachent à la lettre qui les précède mais jamais à la suivante.

al-waladou أَلْوَلَدُ *l'enfant* : le **wàw** و (W) est lié au **làm** ـلـ (L) de l'article qui le précède, mais ne se lie pas au **làm** qui suit. Dans ce mot, on observe également que le **dàl** د (D) est lié au **làm** ـلـ (L) qui précède, mais dans **dakhala** دَخَلَ *il est entré*, il ne se lie pas au **khà** ـخـ (KH) qui suit.

Dans le mot **al-kàtibou** أَلْكَاتِبُ *l'écrivain*, l'alif est lié au **kàf** ـكـ (K), mais ne se lie pas au **tà'** ـتـ (T) qui suit.

Dans le mot **ar-rajoulou** أَلرَّجُلُ *l'homme*, le **rà'** ر (R) est lié au **làm** qui précède, mais ne se lie pas au **jìm** ـجـ (J) qui suit.

Vous verrez que ce qui peut vous sembler au début un casse-tête va vite se clarifier !

Certaines lettres, lorsqu'elles sont précédées de l'article **al-** الـ, "avalent" le **l** et sont redoublées. Ce redoublement est symbolisé par le signe ـّ (**chadda**) au-dessus de la lettre. Certaines des lettres concernées par ce phénomène vous sont déjà connues : **tà'** ت T, **dàl** د D, **rà'** ر R, **sìn** س S et **làm** ل L (elles sont dites "solaires"). Avec le temps, vous apprendrez à les manier.

2 Consonnes et voyelles

• Les consonnes

Toutes les lettres ont valeur de consonne et portent des voyelles non écrites, c'est-à-dire non représentées par un caractère, mais indiquées au-dessus ou en dessous de la lettre par un signe. Lorsqu'elles ne portent pas de voyelle, elles sont surmontées d'un **soukoùn** ـْ. **Yà'** sans voyelle se prononce **i** : **al-baytou** *la maison*.
Les consonnes constituent l'ossature des mots, qui sont généralement formés à partir de trois lettres (racines trilitères).
De plus, trois d'entre elles servent à indiquer les voyelles longues.

Alif ا est une consonne particulière à l'arabe, sans sonorité propre, et qui constitue un support de voyelle. Il peut porter différentes voyelles, mais pour l'instant nous considérerons qu'il porte un **a** et nous le translittérons A, spécialement dans l'écriture de l'article **al-** الـ. 7

• Les voyelles

Il y a trois voyelles brèves et trois longues : **a**, **i**, **ou** et **à**, **ì**, **où**. Vous les avez toutes rencontrées, sauf la dernière des voyelles longues (**où**).

Les voyelles brèves ne sont pas écrites, mais seulement notées par un signe au-dessus de la consonne qui les porte :
a ـَ (**fat<u>h</u>a**), comme dans **kataba** كَتَبَ (KaTaBa)
i ـِ (**kasra**), comme dans **al-kàtibou** أَلْكَاتِبُ (AL-KÀTiBou)
ou ـُ (**<u>d</u>amma**), comme dans **al-kàtibou** أَلْكَاتِبُ (AL-KÀTiBou)
Les voyelles longues : elles sont écrites, représentées par une consonne qui, dans ce cas, a une autre valeur et est sans sonorité :
à ا est représenté par **alif** ا : **bà'** با, **tà'** تا, **kàf** كا, etc.
ì ي est représentée par **yà'** ي, comme dans **fì** فِي

3 Les signes ـْ et ـّ

– Le **soukoùn** ـْ, placé au-dessus d'une lettre, indique que celle-ci ne porte pas de voyelle :

al-baytou أَلْبَيْتُ *la maison.*

– Le **chadda** ـّ indique que la lettre est redoublée :

ar-rajoulou أَلرَّجُلُ *l'homme*

– Le **wa<u>s</u>la** ٱ se place au-dessus d'un **alif** pour symboliser la liaison de l'article avec le mot qui précède :

kataba (a)l-kàtibou كَتَبَ ٱلْكَاتِبُ *l'écrivain a écrit*

fì (a)l-bayti فِي ٱلْبَيْتِ *dans la maison*

7 4 L'article : al- أَلْـــ

C'est l'équivalent de l'article défini français. La différence est qu'il est invariable en genre et en nombre. **Al-** أَلْـــ signifie donc aussi bien “le” que “la” ou “les”.

– Il est composé d'un **alif** qui sert de support de voyelle (et non d'indication de voyelle longue) et d'un **làm** : **alif + làm** → **al-** أَ + لْـــ = أَلْـــ.

Le **làm** porte un **soukoùn**.

– Quand le nom débute la phrase, l'article s'écrit avec un **alif** surmonté d'un **hamza** (“éperon”, ce qui signifie attaque vocalique) et du signe de la voyelle **a**.

– Lorsque le nom est à l'intérieur d'une phrase (le cas le plus fréquent), l'**alif** est surmonté d'un **wasla** qui indique la liaison effectuée entre la dernière voyelle du mot précédent et le **a** du **alif**.

– Dans ces deux cas (avec ou sans **wasla**), si le nom commence par une lettre dite solaire, celle-ci “avale” le **làm** de l'article et est redoublée. Ceci est indiqué par le signe ـّـ **chadda** (le **soukoùn** au-dessus du **làm** disparaît alors).

On a donc 4 formes d'écriture de l'article **al-** (pour la lettre solaire, nous prenons comme exemple **rà** ر R et pour la lettre lunaire **wàw** و W) : أَلْو ٱلْو أَلرّ ٱلرّ

Essayez de repérer ces formes à chaque fois que vous les rencontrez, mais vous pouvez vous contenter – pour vous simplifier la tâche dans un premier temps – des deux formes suivantes : أ et ٱ. Nous y reviendrons.

5 La déclinaison

Il existe **trois cas** en arabe : le sujet, le complément d'objet direct et le complément d'objet indirect.

Lorsque les mots sont précédés de l'article **al-** (on dit alors qu'ils sont déterminés), la voyelle finale se modifie selon la fonction du mot dans la phrase :

- **ou** ـُ cas sujet : **al-bayt-ou** أَلْبَيْتُ
- **a** ـَ cas direct (complément d'objet direct) : **al-bayt-a** أَلْبَيْتَ
- **i** ـِ cas indirect (complément d'objet indirect) : **al-bayt-i** أَلْبَيْتِ

Durant les premières semaines de votre apprentissage, nous continuerons à vous indiquer systématiquement, dans la traduction mot à mot, le cas de chaque mot décliné.

6 Le verbe

Pour le moment, nous n'avons abordé que la forme du passé du verbe, appelée l'accompli.
Notez que le passé composé et le passé simple du français se traduisent par un seul temps du passé en arabe.
L'arabe n'a pas d'infinitif : pour dire “entrer”, “sortir”, etc., on utilise la forme du passé “il est entré / il entra”, “il est sorti / il sortit”, etc.

7 La structure de la langue

Vous avez pu remarquer qu'à partir d'une même racine dérivaient plusieurs mots ayant entre eux un air de famille évident.
Ainsi, par exemple, la racine **KTB** كتب évoque-t-elle la notion d'écrit :

kataba	كَتَبَ	*il a écrit, il écrivit*
al-kàtibou	أَلْكَاتِبُ	*celui qui fait l'action d'écrire, l'écrivain*
al-kitàbou	أَلْكِتَابُ	*l'écrit, le livre*

8 L'ordre des mots

Le verbe se place en général avant le sujet, puis vient le complément :
Dakhala (a)l-wàlidou (a)l-bayta. دَخَلَ ٱلْوَالِدُ ٱلْبَيْتَ
verbe / sujet / complément d'objet direct (leçon 6)
Le père est entré [dans] la maison.

7 **Darasa (a)l-waladou fì (a)l-kitàbi.** دَرَسَ ٱلْوَلَدُ فِي ٱلْكِتَابِ
verbe / sujet / complément d'objet indirect (leçon 5, exer.)
L'enfant a étudié dans le livre.

9 La phrase nominale

Un des traits caractéristiques de la langue arabe est l'utilisation courante de phrases sans verbe, dites nominales, et qui permettent d'exprimer un grand nombre de notions de manière très simple. Une des plus courantes est la localisation. Le verbe *être* est sous-entendu :

Ar-rajoulou fì (a)l-bayti. أَلرَّجُلُ فِي ٱلْبَيْتِ
L'homme [est] dans la maison (leçon 5).

Pour terminer cette leçon de révision, nous vous proposons un petit exercice complémentaire qui vous permettra de vérifier si vous avez retenu et compris la "matière" contenue dans les six leçons qui précèdent.
Si vous disposez des enregistrements, écoutez en essayant de comprendre. Si vous ne disposez que du livre, lisez la transcription phonétique. Et si vous êtes plein de courage et d'ambition, lisez le texte en écriture arabe ou faites une dictée !

Exercice de révision : تَمْرِينُ مُرَاجَعَةٍ tamrìnou mouràja^{c}atin

1 جَلَسَ ٱلْكَاتِبُ وَكَتَبَ ٱلْكِتَابَ

Jalasa‿(a)l-kàtibou wa kataba‿(a)l-kitàba.

2 دَخَلَ ٱلْوَلَدُ وَ دَرَسَ فِي ٱلْكِتَابِ

Dakhala‿(a)l-waladou wa darasa fì‿(a)l-kitàbi.

3 دَخَلَ ٱلرَّجُلُ ٱلْبَيْتَ وَ وَجَدَ ٱلْوَلَدَ

Dakhala‿(a)r-rajoulou‿(a)l-bayta wa wajada‿(a)l-walada.

❹ أَلرَّجُلُ وَٱلْوَالِدُ فِي ٱلْبَيْتِ 7

Ar-rajoulou wa‿(a)l-wàlidou fì‿(a)l-bayti.

Traduction

❶ L'écrivain s'est assis et a écrit le livre. ❷ L'enfant est entré et a étudié dans le livre. ❸ L'homme est entré dans la maison et il a trouvé l'enfant. ❹ L'homme et le père sont à la maison.

Lecture de deuxième vague

❶ جلس ٱلكاتب و كتب ٱلكتاب

❷ دخل ٱلولد و درس في ٱلكتاب

❸ دخل ٱلرّجل ٱلبيت و وجد ٱلولد

❹ ألرّجل وٱلوالد في ٱلبيت

> *Au bout de cette première semaine d'étude, vous savez déjà écrire bon nombre de lettres et de mots, et vous commencez à vous familiariser avec les éléments de base de la grammaire arabe. N'est-ce pas plus facile que vous ne le pensiez ?*

8 Huitième leçon (ad-darsou (a)th-thàminou)

Dans cette deuxième série de leçons, nous ne verrons qu'une nouvelle lettre à chaque fois, afin que vous consolidiez sans effort votre connaissance progressive de l'alphabet arabe. Les textes vont vous paraître encore très scolaires, mais soyez patient ! Bientôt, vous allez aborder de véritables petits dialogues de la vie quotidienne. Par ailleurs, il faut noter que, dans l'enregistrement, toutes les voyelles finales sont prononcées, alors que dans la conversation courante elles sont généralement escamotées. Nous y viendrons tout doucement, dès que vous connaîtrez l'alphabet en entier.

Al-bintou ①
La [jeune] fille

1 – **Man dakhala‿(a)l-maktaba ?** ②
qui il-est-entré le-bureau[dir.]
Qui est entré [dans] le bureau ?

2 – **Dakhalat-i‿(a)l-bintou‿(a)l-maktaba.** ③
elle-est-entrée la-fille[suj.] le-bureau[dir.]
La [jeune] fille est entrée [dans] le bureau.

Prononciation
Phrase 2 **dakhalatilbintoulmaktaba**
Ne soyez pas effrayé ! Ces liaisons, comme celles du français, viendront bientôt tout naturellement. Pour l'instant, lisez d'abord les mots séparément ; ensuite essayez d'en lier deux, puis trois :
dakhalat – al-bintou – al-maktaba
dakhalat/ilbintou
dakhalat/ilbintoul-
dakhalat/ilbintoul/maktaba

Notes
① **al-bintou** أَلْبِنْتُ *la fille* est un nom féminin qui s'accompagne donc d'un verbe à la 3e personne du féminin et éventuellement ▸

٨ أَلدَّرْسُ ٱلثَّامِنُ

أَلْبِنْتُ

١ – مَنْ دَخَلَ ٱلْمَكْتَبَ ؟

٢ – دَخَلَتِ ٱلْبِنْتُ ٱلْمَكْتَبَ

▸ d'un adjectif féminin – nous le verrons plus tard. Attention, le genre des noms en arabe (sauf pour les personnes) ne correspond pas forcément à celui du français. Par exemple, le mot **al-baytou** أَلْبَيْتُ *maison* est masculin. Nous y reviendrons très prochainement.

② Rappelez-vous que le verbe **dakhala** دَخَلَ *entrer* s'emploie avec le cas direct, comme vous l'avez vu aux leçons 5 et 6. **Dakhala (a)l-bayt-a** *il est entré [dans] la maison* ; ici... **(a)l-maktab-a** ٱلْمَكْتَبَ *[dans] le bureau.*

③ Pour former le féminin de la 3e personne du singulier du verbe, on ajoute un **tà'** ـتْ T final : **dakhala** دَخَلَ *il est entré*, **dakhala-t** دَخَلَتْ *elle est entrée.* De même, **jalasat** جَلَسَتْ, de **jalasa** جَلَسَ, signifie *elle s'est assise* ; **darasat** دَرَسَتْ, de **darasa** دَرَسَ *elle a étudié* et **kharajat** خَرَجَتْ, de **kharaja** خَرَجَ *elle est sortie.*

Si ce verbe est suivi d'un nom additionné de l'article, on ajoute au **t** une voyelle dite d'appui, **i**, et le **a** de **al-** disparaît au profit de ce **i** (c'est le même phénomène que pour **fì + al** → **fil**, *dans le/la*). On prononcera donc : **dakhalat-i + al-bintou** → **dakhalat-il-bintou**. Nous faisons précéder ce **-i** d'un trait d'union, car il s'agit ici d'un rajout et non de la marque de la personne (comme c'est le cas pour la 2e personne du singulier au féminin : **dakhal<u>ti</u>**, que nous verrons à la leçon 13).

8 **3** **Jalasat** ③ **wa darasat** ③
elle-s'est-assise et elle-a-étudié
Elle s'est assise et elle a étudié.

4 **wa kharajat** ③. □
et elle-est-sortie
Et elle est sortie.

Remarque sur l'écriture

Le mot **al-bint-ou** أَلْبِنْتُ se trace de la même manière que **al-bayt-ou** أَلْبَيْتُ, *maison*, que vous connaissez déjà ; la seule différence est le point au-dessus ou les deux points au-dessous de la lettre médiane (respectivement les lettres **noùn** ن et **yà'** ي).

Les mots nouveaux

al-bintou	أَلْبِنْتُ	*la fille, la jeune fille*
man ?	مَنْ ؟	*qui ?*
al-maktabou	أَلْمَكْتَبُ	*le bureau*
kharajat	خَرَجَتْ	*elle est sortie*

La nouvelle lettre

finale	médiane	initiale	isolée	transl.	nom	
ـن	ـنـ	نـ	ن	**N**	ن	**noùn**

Cette lettre en initiale et en médiane a le même tracé que **bà'** et **tà'**, mais avec un point situé au-dessus du caractère.

8 ٣ جَلَسَتْ وَ دَرَسَتْ

٤ وَخَرَجَتْ

Translittération

أَلْبِنْتُ

Tou N Bi -L A

al-bintou

← 1

مَنْ	دَخَلَ	ٱلْمَكْتَبَ ؟
N Ma	La KHa Da	Ba Ta K Ma-L A
man	**dakhala**	**(a)l-maktaba**

← 2

دَخَلَتِ	ٱلْبِنْتُ	ٱلْمَكْتَبَ
Ti La KHa Da	Tou N Bi-L A	Ba Ta K Ma-L A
dakhalat-i	**(a)l-bintou**	**(a)l-maktaba**

← 3

جَلَسَتْ	وَ	دَرَسَتْ
T Sa La Ja	Wa	T Sa Ra Da
jalasat	**wa**	**darasat**

← 4

وَ	خَرَجَتْ
Wa	T Ja Ra KHa
wa	**kharajat**

Exercice 1 : تَرْجِمْ Tarjim ! (Traduis)

❶ مَا دَرَسَتِ ٱلْبِنْتُ فِي ٱلْكِتَابِ ؟

Mà darasat-i‿(a)l-bintou fì‿(a)l-kitàbi ?

❷ دَخَلَتِ ٱلْبِنْتُ وَدَرَسَتْ

Dakhalat-i‿(a)l-bintou wa darasat.

❸ دَخَلَ ٱلْوَلَدُ ٱلْمَكْتَبَ وَخَرَجَتِ ٱلْبِنْتُ

Dakhala‿(a)l-waladou‿(a)l-maktaba wa kharajat-i‿(a)l-bintou.

Exercice 2 : كَمِّلْ Kammil ! (Complète)

❶ Qui a trouvé la fille dans la maison ?
. . . wajada . . - . . . . . fì . . - . . . . ?

❷ La fille est entrée et s'est assise.
. . . . - . (a)l-bintou wa . . . .

❸ Qui s'est assis dans le bureau ?
Man . . . . . . fì . . - . . . . ?

❹ Qui est à *(dans)* la maison ?
. . . . . (a)l-bayti ?

❺ La fille est dans le bureau.
. . - . . . . . fì . . - . . . .

Ne soyez pas désorienté par ces petites modifications dans la prononciation de l'article et par l'ajout d'une voyelle d'appui. Contentez-vous de bien lire les phrases comme c'est indiqué. Quand vous aurez rencontré un certain nombre de fois ce phénomène – et il est constant –, cela vous deviendra naturel et vous n'y prêterez même plus attention !

❹ جَلَسَ ٱلرَّجُلُ وَكَتَبَ فِي ٱلْمَكْتَبِ

Jalasa‿(a)r-rajoulou wa kataba fì‿(a)l-maktabi.

❺ مَا وَجَدَتِ ٱلْبِنْتُ فِي ٱلْمَكْتَبِ ؟

Mà wajadat-i‿(a)l-bintou fì‿(a)l-maktabi ?

Corrigé de l'exercice 1

❶ Qu'a étudié la fille dans le livre ? ❷ La fille est entrée et elle a étudié. ❸ L'enfant / le garçon est entré dans le bureau et la fille est sortie. ❹ L'homme s'est assis et il a écrit dans le bureau. ❺ Qu'a trouvé la fille dans le bureau ?

Corrigé de l'exercice 2 - Les mots manquants

❶ Man مَنْ – (a)l-binta ٱلْبِنْتَ – (a)l-bayti ٱلْبَيْتِ ❷ Dakhalat-i دَخَلَتِ – jalasat جَلَسَتْ ❸ – jalasa جَلَسَ – (a)l-maktabi ٱلْمَكْتَبِ ❹ Man fì مَنْ فِي – ❺ Al-bintou ٱلْبِنْتُ – (a)l-maktabi ٱلْمَكْتَبِ

Texte de l'exercice 2

❶ مَنْ وَجَدَ ٱلْبِنْتَ فِي ٱلْبَيْتِ ؟

❷ دَخَلَتِ ٱلْبِنْتُ وَجَلَسَتْ

❸ مَنْ جَلَسَ فِي ٱلْمَكْتَبِ ؟

❹ مَنْ فِي ٱلْبَيْتِ ؟

❺ أَلْبِنْتُ فِي ٱلْمَكْتَبِ

9

9 Neuvième leçon (ad-darsou (a)t-tàsi^{c}ou)

Bi-(a)l-qalami ①
Avec le stylo

1 **Wajada‿(a)l-waladou‿(a)l-binta wa qàla ② :**
il-a-trouvé le-garçon[suj.] la-fille[dir.] et il-a-dit
Le garçon a trouvé la fille et il a dit :

2 – **Anà ③ darastou ④ fì‿(a)l-kitàbi**
moi j'ai-étudié dans le-livre[ind.]
Moi, j'ai étudié dans le livre

3 **wa katabtou ④ bi-(a)l-qalami.**
et j'ai-écrit avec-le-stylo[ind.]
et j'ai écrit avec le stylo.

Notes

① La préposition **bi-** بِـ *avec* se soude au mot qu'elle accompagne et donc à l'article lorsque celui-ci précède le nom : **bi-(a)l-qalami** بِٱلْقَلَمِ *avec le crayon.*

② **qàla** قَالَ *il a dit* est un verbe qui n'a pas tout à fait le même aspect que les autres. Pour l'instant, apprenez tel quel ce verbe très courant. ▸

Lecture de deuxième vague

ألبنت

١ – من دخل ٱلــمكتب ؟
٢ – دخلت ٱلبنت ٱلــمكتب
٣ جلست ودرست
٤ وخرجت

---

٩ أَلدَّرْسُ ٱلتَّاسِعُ

بِٱلْقَلَم

١ وَجَدَ ٱلْوَلَدُ ٱلْبِنْتَ وَ قَالَ:
٢ – أَنَا دَرَسْتُ فِي ٱلْكِتَابِ
٣ وَكَتَبْتُ بِٱلْقَلَمِ

▸ ③ **anà** أَنَا *moi* (masculin et féminin) est un pronom employé comme en français pour insister. Le pronom sujet *je* est compris dans le verbe.

④ **darastou** دَرَسْتُ *j'ai étudié* et **katabtou** كَتَبْتُ *j'ai écrit* sont les premières personnes du singulier des verbes **darasa** et **kataba** (valable pour un sujet masculin ou féminin).
La dernière voyelle de **darasa** et de **kataba** disparaît et l'on ajoute la terminaison **-tou**.

9 **4 Al-qalamou qalamouki** ⑤. □
le-stylo[suj.] stylo[suj.]-ton(poss. fém.)
Le stylo, [c'est] ton stylo.

Notes

⑤ **qalamou-ki** قَلَمُكِ *ton stylo* (le stylo de toi, la fille). Le suffixe **-ki** est donc un possessif désignant un possesseur féminin (que l'objet possédé soit du genre masculin ou féminin). Attention, lorsque le nom est suivi du possessif, il ne porte pas l'article. Remarquez aussi dans cette phrase l'absence de verbe *être* : il s'agit encore ici d'une phrase nominale.

Les mots nouveaux

al-qalamou	أَلْقَلَمُ	*le stylo*
qàla	قَالَ	*il a dit*
anà	أَنَا	*moi*
darastou	دَرَسْتُ	*j'ai étudié*
katabtou	كَتَبْتُ	*j'ai écrit*
bi-	بِـــ	*avec*
-ki	... كِ	*ton/ta/tes* (possesseur féminin)

La nouvelle lettre

finale	médiane	initiale	isolée	transl.	nom	
ـق	ـقـ	قـ	ق	**Q**	قَاف	**qàf**

Le **qàf** ق s'écrit comme le **fà'** ف, mais avec deux points.
Il se prononce un peu comme le **q** français, mais dans le fond de la gorge en pointant le bout de la langue contre le haut du palais.

٤ أَلْقَلَمُ قَلَمُكِ

Remarques concernant l'écriture

• La préposition **bi-**, transcrite par la lettre **bà'** ب, se lie directement à l'**alif** de l'article : **bi + al-** أَل+ ب → **bi(a)l-** بِٱلـ, prononcé **bil**. Retenez globalement cette graphie, comme vous l'avez fait au début pour l'article.
Attention, dans cet unique cas, le **bà' + alif** ne se prononce pas **bà**, comme on serait tenté de le faire, lorsque les voyelles ne sont pas notées.

• **Anà** أَنَا *moi* : le premier **alif** est surmonté d'un **hamza** sur lequel est notée la voyelle **a** qui commence le mot. Et ceci, comme pour **al-** أَل, lorsque le nom accompagné de l'article débute la phrase (voir leçon 7 § 4).

Translittération

بِٱلْقَلَمِ
Mi La Qa-L A-Bi
bi-(a)l-qalami

← 1

قَالَ	وَ	ٱلْبِنْتَ	ٱلْوَلَدُ	وَجَدَ
La À Qa	Wa	Ta N Bi-L A	Dou La Wa-L A	Da Ja Wa
qàla	**wa**	**(a)l-binta**	**(a)l-waladou**	**wajada**

← 2

ٱلْكِتَابِ	فِي	دَرَسْتُ	أَنَا
Bi À Ta Ki-L A	Y Fi	Tou S Ra Da	À Na A
(a)l-kitàbi	**fì**	**darastou**	**anà**

بِٱلْقَلَمِ	كَتَبْتُ	وَ
Mi La Qa-L A-Bi	Tou B Ta Ka	Wa
bi-(a)l-qalami	**katabtou**	**wa**

Exercice 1 : تَرْجِمْ Tarjim ! (Traduis)

❶ مَا كَتَبْتُ بِقَلَمِكِ ؟

Mà katabtou bi-qalamiki ?

❷ وَجَدَ ٱلْوَلَدُ قَلَمَكِ فِي ٱلْبَيْتِ

Wajada‿(a)l-waladou qalamaki fì‿(a)l-bayti.

❸ أَنَا وَٱلرَّجُلُ فِي ٱلْمَكْتَبِ

Anà wa‿(a)r-rajoulou fì‿(a)l-maktabi.

Exercice 2 : كَمِّلْ Kammil ! (Complète)

❶ Qui a écrit dans le livre avec le stylo ?
Man . . . . . . fì‿(a)l-kitàbi . . - . . - . . . . . . ?

❷ Je suis entré dans le bureau et j'ai trouvé l'homme.
. . . . (a)l-maktaba wa . . . . (a)r-rajoula.

❸ La fille a écrit avec ton *(à toi fille)* stylo.
. . . . - . (a)l-bintou bi- . . . .

❹ Moi, j'ai étudié avec ton *(à toi fille)* livre.
Anà‿. . . . . - . . . .

قَلَمُكِ — أَلْقَلَمُ

Ki Mou La Qa — Mou La Qa-L A

qalamouki — **al-qalamou**

❹ قَالَ ٱلْوَلَدُ: «دَرَسْتُ فِي كِتَابِكِ»

Qàla_(a)l-waladou : “Darastou fì kitàbiki”.

Corrigé de l’exercice 1

❶ Qu’ai-je écrit avec ton *(à toi fille)* stylo ? ❷ L’enfant / Le garçon a trouvé ton *(à toi fille)* stylo dans la maison. ❸ L’homme et moi *(moi et l’homme*)* [sommes] dans le bureau. ❹ L’enfant / Le garçon a dit : “ J’ai étudié dans ton *(à toi fille)* livre.”

* En arabe, on met toujours *moi* en premier. Ce n’est pas incorrect, comme ce serait le cas en français.

Corrigé de l’exercice 2 – Les mots manquants

❶ – kataba كَتَبَ – bi-(a)l-qalami بِٱلْقَلَمِ ❷ Dakhaltou دَخَلْتُ – wajadtou وَجَدْتُ – ❸ Katabat-i كَتَبَتِ – qalami-ki قَلَمِكِ ❹ – darastou bi-kitàbiki دَرَسْتُ بِكِتَابِكِ

Texte de l'exercice 2

❶ مَنْ كَتَبَ فِي ٱلْكِتَابِ بِٱلْقَلَمِ ؟

❷ دَخَلْتُ ٱلْمَكْتَبَ وَ وَجَدْتُ ٱلرَّجُلَ

❸ كَتَبَتِ ٱلْبِنْتُ بِقَلَمِكِ

❹ أَنَا دَرَسْتُ بِكِتَابِكِ

10 Dixième leçon (ad-darsou (a)l-ᶜàchirou)

Qalamou (a)l-binti ①
Le stylo de la fille

1 **Al-oustàdhou fi‿(a)l-maktabi.**
le-maître[suj.] dans le-bureau[ind.]
Le maître est dans le bureau.

Notes

① **qalamou (a)l-binti** قَلَمُ ٱلْبِنْتِ *le stylo de la fille* : lorsqu'un nom a un complément, il s'emploie sans l'article ; seul le second nom est accompagné de l'article et il se met au cas indirect. Le premier nom peut, quant à lui, être à l'un des trois cas, suivant sa fonction. Vous en avez un exemple dans la phrase 4 où il est employé au cas direct :

بٱلقلم

١ وجد ٱلولد البنت وقال :
٢ – أنا درست في ٱلكتاب
٣ وكتبت بٱلقلم
٤ ألقلم قلمك

Le mot ***qalam*** قَلَم, *que l'on traduit aujourd'hui par* stylo, plume, crayon, *est en réalité le roseau au bec taillé dont on se servait jadis pour écrire. Aujourd'hui, seuls les calligraphes arabes l'utilisent encore.*
Le terme ***qalam*** *(calame en français) vient du latin* ***calamus****, qui a le même sens qu'en arabe. La présence romaine, dès les premiers siècles de notre ère, dans l'Arabie occidentale ou Arabie Pétrée, a favorisé l'introduction de certains mots latins dans la langue arabe.*

---

١٠ أَلدَّرْسُ ٱلْعَاشِرُ

قَلَمُ ٱلْبِنْتِ

١ أَلْأُسْتَاذُ فِي ٱلْمَكْتَبِ

▸ **akhadhtou qalama (a)l-binti** أَخَذْتُ قَلَمَ ٱلْبِنْتِ *j'ai pris le stylo* (cas direct) *de la fille* (cas indirect).
Ce lien entre deux mots est dit "annexion" et nous le représenterons désormais dans le mot à mot par un astérisque [*].

2 **Qàla lil-waladi** ② **:**
il-a-dit à-le-garçon[ind.]
Il a dit au garçon :

3 – **Anta, mà akhadhta** ③ **?**
toi (masc.) quoi tu-as-pris(masc.)
Toi, qu'as-tu pris ?

4 – **Anà akhadhtou** ③ **qalama‿(a)l-binti** ①**.** □
*moi j'ai-pris stylo[dir.] * la-fille[ind.]*
Moi, j'ai pris le stylo de la fille.

Notes

② **li-** لِـ est une préposition qui se lie au nom – comme **bi-** بِـ *avec* –, et qui signifie *à* (attribution), *pour*. Notez que dans le groupe de mots **li-(a)l-waladi**, **li-** + **al-** devient **lil-** : لِلْـ ← اَلْـ + لِـ. **Alif** disparaît.

③ **akhadhta** أَخَذْتَ *tu as pris* (toi, le garçon) : **-ta** est la terminaison de la 2e personne du singulier du verbe si le sujet est masculin. Vous retrouvez cette terminaison dans le pronom personnel **anta** أَنْتَ *toi* (masculin).
À la phrase 4, apparaît **akhadhtou** أَخَذْتُ *j'ai pris*, **-tou** étant la terminaison de la 1re personne du singulier du verbe au passé, comme vous l'avez vu à la leçon précédente (note 4). **Akhadhtou** et **akhadhta** sont deux formes du verbe **akhadha** أَخَذَ *prendre* (cette forme signifiant littéralement *il a pris* ; voir leçon 7 § 6).

Les mots nouveaux

al-oustàdhou	اَلأُسْتَاذُ	*le maître*
li-	لِـ	*à, pour*
anta	أَنْتَ	*toi* (masc.)
akhadhta	أَخَذْتَ	*tu as pris* (masc.)
akhadha	أَخَذَ	*prendre (il a pris)*

٢ قَالَ لِلْوَلَدِ :
٣ - أَنْتَ، مَا أَخَذْتَ ؟
٤ - أَنَا أَخَذْتُ قَلَمَ ٱلْبِنْتِ

La nouvelle lettre

finale	médiane	initiale	isolée	transl.	nom	
ـذ	ـذ	ذ	ذ	**DH**	ذَال	**dhàl**

Ce caractère est comme **dàl** د D surmonté d'un point et se prononce comme le **th** anglais dans **that**, c'est-à-dire comme un *d* zozoté.

Remarques concernant l'écriture

• **al-oustàdhou** ٱلْأُسْتَاذُ (أَلْ + أُسْتَاذُ) *le maître*
Quand un mot commence par une voyelle portée par un **alif**, ce dernier se place dans le creux du **lâm** de l'article : visualisez et entraînez-vous à reproduire cette graphie, qui sera la même, quelle que soit la voyelle portée par l'**alif** surmonté du **hamza**.
Au début de ce mot, la voyelle portée par l'**alif** surmonté du **hamza** est **ou**. Elle sera translittérée OU.

• **li-(a)l-waladi** لِلْوَلَدِ *au garçon* : quand la préposition **li-** se fixe à un nom précédé de l'article, l'**alif** de l'article disparaît et il ne reste plus que deux **làm** devant le nom.

Différenciez bien et écrivez :
al- أَلْ ; **al-ou...** أَلْأُ ; **bi-(a)l-** بِٱلْ ; **lil-** لِلْ.

قَلَمُ	ٱلْبِنْتِ
Mou La Qa	Ti N Bi-L A
qalamou	**(a)l-binti**

← 1

* أَلْأُسْتَاذُ	فِي	ٱلْمَكْتَبِ
DHou À Ta S OU-L A	Y Fi	Bi Ta K Ma-L A
al-oustàdhou	**fì**	**(a)l-maktabi**

← 2

قَالَ	لِلْوَلَدِ
La À Qa	Di La Wa-L Li
qàla	**lil-waladi**

Pour que les exercices vous soient réellement bénéfiques, nous vous conseillons, pour le premier, de lire la phrase en caractères arabes en vous aidant de la transcription – et si besoin est, de la traduction –, puis à partir de la traduction française de récrire la phrase en arabe et enfin, si vous vous en sentez le courage, de la calligraphier. En ce qui concerne le second exercice, n'omettez pas non plus, une fois les phrases complétées, de les récrire en caractères arabes. Rappelez-vous que cet exercice répété quotidiennement vous aidera à vite maîtriser l'écriture et, en même temps, à mémoriser vocabulaire et tournures.

Exercice 1 : تَرْجِمْ Tarjim ! (Traduis)

❶ قَالَ أَلْأُسْتَاذُ لِلْوَلَدِ : «مَنْ أَخَذَ ٱلْكِتَابَ ؟»

Qàla‿(a)l-oustàdhou lil-waladi : “Man akhadha‿(a)l-kitàba ?”

❷ جَلَسَتْ بِنْتُكِ فِي مَكْتَبِ ٱلْأُسْتَاذِ

Jalasat bintouki fì maktabi‿(a)l-oustàdhi.

← 3

أَخَذْتَ	مَا	أَنْتَ
Ta DH KHa A	À Ma	Ta N A
akhadhta	**mà**	**anta**

← 4

ٱلْبِنْتِ	قَلَمَ	أَخَذْتُ	أَنَا
Ti N Bi-L A	Ma La Qa	Tou DH KHa A	À Na A
(a)l-binti	**qalama**	**akhadhtou**	**anà**

* Le **làm + alif** ne formant qu'un seul caractère en typographie sera d'une seule couleur, même si, en fait, il est composé de deux lettres.

❸ أَنَا أَخَذْتُ ٱلْقَلَمَ وَأَنْتَ، مَا أَخَذْتَ ؟

Anà, akhadhtou‿(a)l-qalama wa anta, mà akhadhta ?

❹ قَالَ ٱلرَّجُلُ لِلْوَلَدِ : «مَنْ أَنْتَ ؟»

Qàla‿(a)r-rajoulou lil-waladi : "Man anta ?"

❺ أَنَا وَلَدُ ٱلْأُسْتَاذِ

– Anà waladou‿(a)l-oustàdhi.

Corrigé de l'exercice 1

❶ Le maître a dit à l'enfant : "Qui a pris le livre ?" ❷ Ta (poss. fém.) fille s'est assise dans le bureau du maître. ❸ Moi, j'ai pris le stylo, et toi, qu'as-tu pris ? ❹ L'homme a dit à l'enfant : "Qui es-tu ?" *(qui toi ?)*. ❺ Je suis l'enfant du maître.

Exercice 2 : كَمِّلْ Kammil ! (Complète)

1. Qui as-tu trouvé *(toi l'homme)* dans la maison du père ?
   Man . . . . fì bayti . . - . . . . . . ?

2. Qu'a pris ta fille *(à toi femme)* dans le bureau du maître ?
   Mà . . . . fì maktabi . . - . . . . ?

3. Moi, [je suis] à *(dans)* la maison ; et toi (masc.) ?
   Anà fì . . - . . . . . ; wa . . . . ?

4. L'enfant a pris le stylo de la fille.
   . . . . . . (a)l-waladou . . . . . . (a)l-binti.

Texte de l'exercice 2

1. مَنْ وَجَدْتَ فِي بَيْتِ ٱلْوَالِدِ ؟
2. مَا أَخَذَتْ بِنْتُكِ فِي مَكْتَبِ ٱلأُسْتَاذِ ؟
3. أَنَا فِي ٱلْبَيْتِ، وَأَنْتَ ؟
4. أَخَذَ ٱلْوَلَدُ قَلَمَ ٱلْبِنْتِ

Corrigé de l'exercice 2 – Les mots manquants

❶ – wajadta وَجَدْتَ – (a)l-wàlidi ٱلْوَالِدِ ❷ – akhadhat bintouki أَخَذَتْ بِنْتُكِ – (a)l-oustàdhi ٱلْأُسْتَاذِ ❸ – (a)l-bayti ٱلْبَيْتِ – anta أَنْتَ ❹ Akhadha أَخَذَ – qalama قَلَمَ –

Lecture de deuxième vague

قلم ٱلبنت

١ ألأستاد في ٱلمكتب

٢ قال للولد :

٣ – أنت مـ أخذت ؟

٤ – أنا أخذت قلم ٱلبنت

11 Onzième leçon (ad-darsou (a)l-h̲àdì ᶜachara)

Fì‿(a)s-soùqi
Dans le souk

1 **Dhahaba‿(a)r-rajoulou ilà‿(a)s-soùqi** ①.
il-est-allé l'homme[suj.] à le-souk[ind.]
L'homme est allé au souk (marché).

2 **Qàla‿(a)l-jaddou lil-waladi** ② :
il-a-dit le-grand-père[suj.] à-le-garçon[ind.]
Le grand-père a dit à l'enfant :

3 – **Ayna wàlidouka** ③ ? ④
où père-[suj.]-ton(masc.)
Où est ton père ?

4 – **Houwa fì‿(a)s-soùqi‿(a)l-jadìdi** ④⑤. □
lui dans le-souk[ind.] le-nouveau[ind.]
Il est dans le nouveau souk.

Remarques concernant la prononciation

• Certaines lettres (dites solaires, voir leçon 7, §1) assimilent le **làm** de l'article, comme **rà'** ر dans **ar-rajoulou** (leçon 4). C'est le cas également pour **sìn** س :
al + soùqou → **as-soùqou** أَلسُّوقُ *le marché, le souk.*
• Prononcez **1 dhahabar-rajoulou ilàs-soùqi**
2 qàlal-jaddou lil-waladi
4 houwa fìs-soùqil-jadìdi

• N'oubliez pas de redoubler le **d** dans le mot **al-ja<u>dd</u>ou** أَلْجَدُّ : ce redoublement est indiqué par le **chadda** ـّ situé au-dessus du **dàl**.

١١ أَلدَّرْسُ ٱلْحَادِي عَشَرَ

فِي ٱلسُّوقِ

١ ذَهَبَ ٱلرَّجُلُ إِلَى ٱلسُّوقِ

٢ قَالَ ٱلْجَدُّ لِلْوَلَدِ :

٣ – أَيْنَ وَالِدُكَ ؟

٤ – هُوَ فِي ٱلسُّوقِ ٱلْجَدِيدِ

Notes

① La préposition **ilà** إِلَى *à, vers* s'emploie comme toutes les prépositions avec le cas indirect. On l'emploie devant **ayna** أَيْنَ (*où ?* sans mouvement) pour traduire *où ?* avec mouvement : **Ilà ayna dhahabta ?** إِلَى أَيْنَ ذَهَبْتَ؟ *Où* (vers où) *es-tu allé ?* (phrase 3 de l'exercice 2).

② De nouveau, comme dans la leçon précédente, vous rencontrez un nom précédé de la préposition **li-**, liée au mot : **li-(a)l-waladi**, qui se contracte en **lil-waladi** لِلْوَلَدِ *à l'enfant.*

③ **wàlidou-ka** وَالِدُكَ *ton père.* Le suffixe **-ka** est le possessif de 2e personne du singulier, désignant un possesseur masculin.

④ Les répliques 3 et 4 sont des phrases nominales, c'est-à-dire avec le verbe *être* sous-entendu : *où ton père ?*. Pour la réponse, le pronom, qui d'habitude est employé uniquement pour insister, est indispensable : **houwa fì (a)s-soùqi** هُوَ فِي ٱلسُّوقِ *lui [est] au* (dans) *marché /souk.*

⑤ L'adjectif épithète qui accompagne le nom précédé de l'article porte lui aussi l'article : **as-soùqou (a)l-jadìdou** أَلسُّوقُ ٱلْجَدِيدُ *le nouveau souk* (le-souk le-nouveau).

11

Les mots nouveaux

as-soùqou	أَلسُّوقُ	*le marché, le souk*
dhahaba	ذَهَبَ	*il est allé*
ilà	إِلَى	*à, vers*
al-jaddou	أَلْجَدُّ	*le grand-père*
ayna ?	أَيْنَ ؟	*où ?*
-ka	...ـــكَ	*ton / ta / tes* (possesseur masculin)
houwa	هُوَ	*lui*
al-jadìdou	أَلْجَدِيدُ	*le nouveau*

La nouvelle lettre

hà' هَاء H : forme isolée ه
et sa forme initiale* dans **dhahaba** ذَهَبَ et **houwa** هُوَ : هـ.
* car **dhàl** ne se lie jamais à la lettre qui suit.

Cette lettre, qui se prononce comme un **h** expiré, est le seul caractère qui présente des formes assez différentes suivant sa place dans le mot. Nous ne vous donnons ici que sa forme isolée et celle qui se présente en initiale (ou en médiane après une lettre qui ne se lie pas) dans les mots ci-dessus. Nous découvrirons ses autres formes dans les leçons suivantes.

Remarques concernant l'écriture

• **ilà** إِلَى *à, vers* : le **à** long de ce mot est un **yà'** sans points. C'est une autre écriture (beaucoup plus rare) du **à** long placé en finale, qui normalement est représenté par un **alif**.
D'autre part, quand un mot commence par un **i**, le **hamza** se met au-dessous de l'**alif**, alors que pour le **a** et le **ou**, le **hamza** est au-dessus :

I إِ A أَ OU أُ

• le **où** long est marqué par la lettre **wàw** و, comme dans **as-soùqou** أَلسُّوقُ. Elle sera transcrite **où** et translittérée W.

ٱلسُّوقِ	فِي
Qi W Sou-L A	Y Fi
(a)s-soùqi	**fì**

← 1

ٱلسُّوقِ	إِلَى	ٱلرَّجُلُ	ذَهَبَ
Qi W Sou-L A	Y La I	Lou Jou Ra-L A	Ba Ha DHa
(a)s-soùqi	**ilà**	**(a)r-rajoulou**	**dhahaba**

← 2

لِلْوَلَدِ	ٱلْجَدُّ	قَالَ
Di La Wa-L Li	DDou Ja-L A	La À Qa
lil-waladi	**(a)l-jaddou**	**qàla**

← 3

وَالِدُكَ	أَيْنَ
Ka Dou Li À Wa	Na Y A
wàlidou-ka	**ayna**

← 4

ٱلْجَدِيدِ	ٱلسُّوقِ	فِي	هُوَ
Di Y Di Ja-L A	Qi W Sou-L A	Y Fi	Wa Hou
(a)l-jadìdi	**(a)s-soùqi**	**fì**	**houwa**

Exercice 1 : تَرْجِمْ Tarjim ! (Traduis)

❶ أَيْنَ ٱلْمَكْتَبُ ٱلْجَدِيدُ ؟

Ayna‿(a)l-maktabou‿(a)l-jadìdou ?

❷ مَنْ هُوَ ؟- هُوَ ٱلْأُسْتَاذُ ٱلْجَدِيدُ

Man houwa ? – Houwa‿(a)l-oustàdhou‿(a)l-jadìdou.

❸ جَدُّكَ فِي ٱلْبَيْتِ وَوَالِدُكَ ذَهَبَ إِلَى ٱلْمَكْتَبِ

Jaddouka fì‿(a)l-bayti wa wàlidouka dhahaba ilà‿(a)l-maktabi.

Exercice 2 : كَمِّلْ Kammil ! (Complète)

❶ Moi, je suis allé à la nouvelle maison *(à la maison la nouvelle)*.
Anà . . . . ilà (a)l-bayti . . - . . . .

❷ Et j'ai trouvé ton fils *(enfant)* et ta fille (poss. masc.).
Wa wajadtou . . . . wa . . . .

❸ Où *(vers où)* es-tu allé ?
. . . ayna . . . . ?

❹ Je suis allé chez l'écrivain *(à la-maison* écrivain)*.
Dhahabtou ilà . . . . - . . . .

❺ C'est le maître de la fille *(lui le maître de la fille)*.
. . . . . oustàdhou . . - . . . .

④ مَا قَالَ ٱلرَّجُلُ لِوَالِدِكَ ؟

Mà qàla‿(a)r-rajoulou li-wàlidika ?

⑤ خَرَجَتِ ٱلْبِنْتُ وَذَهَبَتْ إِلَى ٱلسُّوقِ

Kharajat-i‿(a)l-bintou wa dhahabat ilà‿(a)s-soùqi.

Corrigé de l'exercice 1

❶ Où [est] le nouveau bureau ? ❷ Qui est-ce *(qui lui)* ? – C'est le nouveau maître. ❸ Ton (poss. masc.) grand-père [est] à *(dans)* la maison et ton père est allé au bureau. ❹ Qu'a dit l'homme à ton (poss. masc.) père ? ❺ La fille est sortie et est allée au marché / souk.

Corrigé de l'exercice 2 – Les mots manquants

❶ – dhahabtou ذَهَبْتُ – (a)l-jadìdi ٱلْجَدِيدِ ❷ – waladaka وَلَدَكَ – bintaka بِنْتَكَ ❸ Ilà إِلَى – dhahabta ذَهَبْتَ ❹ – bayti (a)l-kàtibi بَيْتِ ٱلْكَاتِبِ ❺ Houwa هُوَ – (a)l-binti ٱلْبِنْتِ

Texte de l'exercice 2

❶ أَنَا ذَهَبْتُ إِلَى ٱلْبَيْتِ ٱلْجَدِيدِ

❷ وَوَجَدْتُ وَلَدَكَ وَ بِنْتَكَ

❸ إِلَى أَيْنَ ذَهَبْتَ ؟

❹ ذَهَبْتُ إِلَى بَيْتِ ٱلْكَاتِبِ

❺ هُوَ أُسْتَاذُ ٱلْبِنْتِ

12 *Les liens étroits noués depuis longtemps entre les Français et les habitants des pays du Maghreb (ou Afrique du Nord) ont contribué à introduire, dès le début du XIXe siècle, dans la langue française un certain nombre de mots et d'expressions souvent déformés qui ont fini par faire partie du vocabulaire trivial ou argotique.*
Il en est ainsi, par exemple, de : **soùq** سُوق souk (marché) *dans le sens, le plus souvent, de "foutoir" ; toubib* (médecin), *caïd* (chef), *flous* (argent), *chouia* (un peu), *kaoua* (café), *klebs* (chien), *bled* (pays), *etc.*
Le mot **soùq** *désigne en arabe tout type de marché, mais en particulier le marché couvert de type oriental, avec ses rues bordées d'échoppes, ses cafés, ses mosquées, entrepôts (khàn) et hammams. Suivant les régions ou les pays, il peut prendre des aspects quelque peu différents, mais c'est toujours là que bat le cœur de la ville populaire, d'autant plus qu'il se situe généralement dans les plus anciens quartiers.*

12 Douzième leçon (ad-darsou (a)th-thànì ᶜachara)

At-tilmìdhou
L'élève

1 **Mà** ① **darasa‿(a)t-tilmìdhou darsahou.** ②
ne-pas il-a-étudié l'élève[suj.] leçon[dir.]-sa(poss. masc.)
L'élève n'a pas étudié sa leçon.

2 **Qàla‿(a)l-oustàdhou lit-tilmìdhi :**
il-a-dit le-maître[suj.] à-l'élève[ind.]
Le maître a dit à l'élève :

Notes

① **mà** مَا – qui signifie *quoi / que... ?* en début de phrase interrogative (voir leçons 4 et 6) – est aussi la négation qui accompagne le verbe au passé : **mà darasa** مَا دَرَسَ *il n'a pas étudié* et **mà darasta** مَا دَرَسْتَ *tu n'as pas étudié* (phrase 3). Retenez ▸

في ٱلسّوق

١ ذهب ٱلرّجل إلى ٱلسّوق
٢ قال ٱلجدّ للولد:
٣ – أين والدك ؟
٤ – هو في ٱلسّوق ٱلجديد

١٢ أَلدَّرْسُ ٱلثَّانِي عَشَرَ

أَلتِّلْمِيذُ

١ مَا دَرَسَ ٱلتِّلْمِيذُ دَرْسَهُ
٢ قَالَ ٱلأُسْتَاذُ لِلتِّلْمِيذِ :

▸ donc bien ces deux significations qui, en principe, ne peuvent prêter à confusion.

② **Mà darasa darsa-hou** مَا دَرَسَ دَرْسَهُ *il n'a pas étudié sa leçon* (au cas direct) ; **-hou** ـــهُ est le possessif de 3e personne du singulier, le possesseur étant masculin, comme l'indique le verbe.

12 3 – **Mà** ① **darasta darsaka** ③ **!**

ne-pas tu-as-étudié(masc.) leçon[dir.]-ta(poss.masc.)

Tu n'as pas étudié ta leçon !

4 **Wa kharaja min-a** ④ **(a)l-maktabi.** □

et il-est-sorti de le-bureau[ind.]

Et il est sorti du bureau.

Notes

③ **darsa-ka** دَرْسَكَ signifie *ta leçon* (au cas direct). Rappelez-vous que l'on emploie **-ka**, si le possesseur est masculin (comme à la leçon précédente, note 3) et, si le possesseur est féminin, c'est **-ki** : **qalamou-ki** قَلَمُكِ *ton crayon* (poss. fém.), à la leçon 9, phrase 4. Rappelez-vous aussi que, si le nom est suivi du possessif, il ne porte pas l'article (leçon 9, note 5).

④ **min** مِنْ *de* indique la provenance. Attention, ce mot s'écrit comme **man** مَنْ *qui ?*, mais la voyelle est différente. Quand **min** مِنْ est situé devant un mot précédé de l'article, le **soukoùn** au-dessus du **noùn** disparaît et est remplacé par le signe de la voyelle ـَ, qui sert de voyelle d'appui : **min-a (a)l-maktabi** مِنَ ٱلْمَكْتَبِ *du bureau*. Il s'agit du même phénomène qu'à la leçon 8 (note 3) : **dakhalat-i (a)l-bintou** دَخَلَتِ ٱلْبِنْتُ *la fille est entrée.*

Les mots nouveaux

at-tilmìdhou	أَلتِّلْمِيذُ	*l'élève*
mà	مَا	*ne pas* (avec verbe au passé)
ad-darsou	أَلدَّرْسُ	*la leçon*
-hou	ـــهُ	*son / sa / ses* (poss. masc.)
min	مِنْ	*de* (provenance)

٣ – مَا دَرَسْتَ دَرْسَكَ !

٤ وَخَرَجَ مِنَ ٱلْمَكْتَبِ

مَا دَرَسَ ٱلتِّلْمِيذُ دَرْسَهُ

Lettres et écriture

• Il n'y a pas de nouvelle lettre, mais une autre forme de **hà'** هَاء H qui apparaît dans **darsahou** دَرْسَهُ en finale : ـــهُ.

• **at-tilmìdhou** أَلتِّلْمِيذُ *l'élève* : notez bien le **ì** long écrit avec un **yà'** et le **soukoùn** au-dessus du **làm**.

Attention, faites bien la distinction entre **yà'** voyelle longue et **yà'** consonne : quand une consonne portant la voyelle **i** est suivie d'un **yà'**, il s'agit d'un **ì** long et non du **yà'** consonne, comme dans **al-baytou** où le **yà'** est alors surmonté d'un **soukoùn** [°] : **mi** ـــمِـ, **mì** ـــمِيـ ; **al-baytou** أَلْبَيْتُ.

Rassurez-vous, ce qui vous paraît sans doute peu évident pour l'instant deviendra clair quand vous aurez rencontré un certain nombre de mots comportant des **yà'** avec leurs deux valeurs : **ì** et **y**.

أَلتِّلْمِيذُ

DHou Y Mi L Ti-L A
at-tilmìdhou

← 1

دَرْسَهُ	ٱلتِّلْمِيذُ	دَرَسَ	مَا
Hou Sa R Da	DHou Y Mi L Ti-L A	Sa Ra Da	À Ma
darsahou	**(a)t-tilmìdhou**	**darasa**	**mà**

← 2

لِلتِّلْمِيذِ	ٱلأُسْتَاذُ	قَالَ
DHi Y Mi L Ti-L Li	DHou À Ta S OU-L A	La À Qa
lit-tilmìdhi	**(a)l-oustàdhou**	**qàla**

Exercice 1 : تَرْجِمْ Tarjim ! (Traduis)

❶ ما دَرَسْتَ فِي كِتَابِكَ ؟

Mà darasta fì kitàbika ?

❷ أَخَذَ قَلَمَهُ وَخَرَجَ مِنَ ٱلْمَكْتَبِ

Akhadha qalamahou wa kharaja min‿a‿(a)l-maktabi.

❸ جَلَسَ ٱلتِّلْمِيذُ؛ أَخَذَ كِتَابَهُ وَدَرَسَ دَرْسَهُ

Jalasa‿(a)t-tilmìdhou ; akhadha kitàbahou wa darasa darsahou.

← 3

دَرْسَك	دَرَسْتَ	مَا
Ka Sa R Da	Ta S Ra Da	À Ma
darsaka	**darasta**	**mà**

← 4

ٱلْمَكْتَبِ	مِنَ	خَرَجَ	وَ
Bi Ta K Ma-L A	Na Mi	Ja Ra KHa	Wa
(a)l-maktabi	**min-a**	**kharaja**	**wa**

❹ قَالَ ٱلْوَلَدُ لِلْأُسْتَاذِ: مَا دَرَسْتُ ٱلدَّرْسَ ٱلْجَدِيدَ فِي ٱلْبَيْتِ

Qàla‿(a)l-waladou li(a)l-oustàdhi : “Mà darastou‿(a)d-darsa‿(a)l-jadìda fì‿(a)l-bayti.”

❺ مَا أَخَذْتُ قَلَمَهُ

Mà akhadhtou qalamahou.

Corrigé de l’exercice 1

❶ Qu’as-tu étudié dans ton (poss. masc.) livre ? ❷ Il a pris son stylo et il est sorti du bureau. ❸ L’élève s’est assis ; il a pris son livre et il a étudié sa leçon. ❹ L’enfant a dit au maître : “Je n’ai pas étudié la nouvelle leçon à la maison.” ❺ Je n’ai pas pris son (poss. masc.) stylo.

Exercice 2 : كَمِّلْ Kammil ! (Complète)

1. L'homme a trouvé sa fille et a dit : "Où est ton grand-père ?"
   ..... (a)r-rajoulou .... wa .... : ayna .... ?

2. Qui a pris le stylo du nouvel élève ?
   ... akhadha ...... (a)t-tilmìdhi ..-...... ?

3. L'écrivain n'a pas écrit son livre au *(dans le)* bureau.
   .. kataba‿(a)l-kàtibou .... fì ..-........ .

4. Le maître a pris son stylo et a écrit la leçon pour l'élève.
   Akhadha ..-................. wa kataba‿(a)d-darsa ...-......... .

5. Ta (poss. fém.) fille n'est pas entrée [dans] le bureau.
   .. dakhalat ....-....... .

Texte de l'exercice 2

1. وَجَدَ ٱلرَّجُلُ بِنْتَهُ وَقَالَ: أَيْنَ جَدُّكِ ؟
2. مَنْ أَخَذَ قَلَمَ ٱلتِّلْمِيذِ ٱلْجَدِيدِ ؟
3. مَا كَتَبَ ٱلْكَاتِبُ كِتَابَهُ فِي ٱلْمَكْتَبِ
4. أَخَذَ ٱلأُسْتَاذُ قَلَمَهُ وَكَتَبَ ٱلدَّرْسَ لِلتِّلْمِيذِ
5. مَا دَخَلَتْ بِنْتُكِ ٱلْمَكْتَبَ

Corrigé de l'exercice 2 – Les mots manquants

❶ Wajada وَجَدَ – bintahou بِنْتَهُ – qàla قَالَ – jaddouki جَدُّكِ
❷ Man مَنْ – qalama قَلَمَ – (a)l-jadìdi ٱلْجَدِيدِ ❸ Mà مَا – kitàbahou كِتَابَهُ – (a)l-maktabi ٱلْمَكْتَبِ ❹ – (a)l-oustàdhou qalamahou ٱلْأُسْتَاذُ قَلَمَهُ – lit-tilmìdhi لِلتِّلْمِيذِ ❺ Mà مَا – bintouki‿(a)l-maktaba بِنْتُكِ ٱلْمَكْتَبَ

Ne soyez pas rebuté par des textes qui restent encore très artificiels. Dès la prochaine série, ils vont devenir plus naturels et vivants. Pour l'instant, il s'agit, par des phrases extrêmement simples, de vous aider à assimiler les premiers rudiments d'écriture et de grammaire arabe.

أَلصَّبْرُ مِفْتَاحُ ٱلْفَرَجِ

As-sabrou miftàhou (a)l-faraji.
la-patience clé la-délivrance*
La patience est la clé de la délivrance.

Lecture de deuxième vague

أَلتّلميذ

١ . ما درس ٱلتلميذ درسه
٢ قال الأستاذ للتلميذ :
٣ – ما درست درسك !
٤ وخرج من ٱلمكتب

13 Treizième leçon (ad-darsou (a)th-thàlitha ᶜachara)

Qittou‿(a)l-binti ①
Le chat de la [jeune] fille

1 – **Anti ②, hal wajadti ② qittaki ?**
toi(fém.) est-ce-que tu-as-trouvé(fém.) chat[dir.]-ton(poss. fém.)
Toi, est-ce que tu as trouvé ton chat ?

2 – **Là ! Mà wajadtou qittì ③.**
non, ne-pas j'ai-trouvé chat-mon(poss.fém./masc.)
Non ! Je n'ai pas trouvé mon chat.

3 **Al-qittou‿(a)l-jamìlou ④**
le-chat[suj.] le-beau [suj.]
Le beau chat

Remarque concernant la prononciation

• **al-qittou** أَلْقِطُّ *le chat* : ce mot est un peu délicat à prononcer, car vous devez penser au **q** râclé dans le fond de la gorge et ensuite au double **t** emphatique. Mais ce n'est pas insurmontable !

• **là !** لاَ *Non !* N'hésitez pas à l'allonger avec insistance, en levant un peu la tête, menton en avant.

• **al-jamìlou** أَلْجَمِيلُ *le beau* : pensez à bien allonger le **ì** long représenté par le **yà'**.

Notes

① **qittou (a)l-binti** قِطُّ ٱلْبِنْتِ *le chat de la fille* : rappelez-vous qu'un nom en état d'annexion *(le chat)* ne porte pas l'article. Seul son complément *(la fille)* est précédé de l'article. Nous l'avons déjà vu à la leçon 10 (note 1). Dans le mot à mot, nous représentons ce phénomène d'annexion par un astérisque [*]. De même, à la phrase 4 :
fì wasati (a)l-boustàni فِي وَسَطِ ٱلْبُسْتَانِ *au milieu du jardin.* ▸

١٣ أَلدَّرْسُ ٱلثَّالِثَ عَشَرَ

قِطُّ ٱلْبِنْتِ

١ – أَنْتِ هَلْ وَجَدْتِ قِطَّكِ ؟

٢ – لَا ! مَا وَجَدْتُ قِطِّي.

٣ أَلْقِطُّ ٱلْجَمِيلُ

▸ ② **anti** أَنْتِ signifie ici *toi [la fille]* ; c'est donc le pronom féminin de 2ᵉ personne du singulier. Et la terminaison du verbe au passé qui correspond à **anti** est **-ti** : **anti, wajadti** أَنْتِ وَجَدْتِ *toi [la fille], tu as trouvé*. Alors que le pronom masculin est **anta** أَنْتَ *toi* (masc.), et la terminaison du verbe **-ta**. C'est simple à retenir.

③ **qi<u>tt</u>ì** قِطِّي *mon chat* : le **ì** long est la marque du possessif de 1ʳᵉ personne, masculin et féminin. Ici, c'est la jeune fille qui parle, mais le garçon dirait la même chose. Ce possessif a une particularité : il s'ajoute à la dernière lettre du mot en faisant disparaître la voyelle du cas.
Dans cette phrase, le chat devrait être au cas direct. Donc **qi<u>tt</u>a** + **ì** → **qi<u>tt</u>ì**. Et c'est la même chose pour les deux autres cas. Donc : **qi<u>tt</u>ou** قِطُّ / **qi<u>tt</u>a** قِطَّ / **qi<u>tt</u>i** قِطِّ + **ì** → **qi<u>tt</u>ì** قِطِّي.

④ **al-qi<u>tt</u>ou al-jamìlou** أَلْقِطُّ ٱلْجَمِيلُ *le beau chat* (le-chat le-beau). Rappelez-vous que l'adjectif épithète porte l'article, comme le nom qu'il accompagne, et se place toujours après celui-ci. Reportez-vous à la leçon 11, phrase 4 : **fì (a)s-soùqi (a)l-jadìdi** فِي ٱلسُّوقِ ٱلْجَدِيدِ *dans le nouveau marché / souk*.

4 **fì wasaṯi‿(a)l-boustàni** ①. □

dans milieu[ind.] le-jardin[ind.]*

[est] au milieu du jardin.

La nouvelle lettre

finale	médiane	initiale	isolée	transl.	nom	
ـط	ـطـ	طـ	ط	T	طَاء	**ṯà'**

C'est un **t** dit emphatique. En arabe, il y a 4 lettres emphatiques, qu'il faut prononcer avec plus d'insistance, plus d'enflure, comme si on avait la bouche pleine. Il faudra donc s'efforcer de bien distinguer le **tà'** ت **t** du **ṯà'** ط **ṯ**.

Les mots nouveaux

al-qiṯṯou	أَلْقِطُّ	*le chat*
anti	أَنْتِ	*toi* (fém.)
hal ?	هَلْ ؟	*est-ce que ... ?*
wajadti	وَجَدْتِ	*tu as trouvé* (fém.)
là	لاَ	*non*
al-jamìlou	أَلْجَمِيلُ	(*le*) *beau*
al-wasaṯou	أَلْوَسَطُ	*le milieu, le centre*
al-boustànou	أَلْبُسْتَانُ	*le jardin*
-ì	ـــي	*mon / ma / mes* (possesseur masculin ou féminin)

13 ٤ فِي وَسَطِ ٱلْبُسْتَانِ

Translittération

ٱلْبِنْتِ	قِطُّ
Ti N Bi-L A	TTou Qi
(a)l-binti	**qi__tt__ou**

← 1

قِطَّكِ	وَجَدْتِ	هَلْ	أَنْتِ
Ki TTa Qi	Ti D Ja Wa	L Ha	Ti N A
qi__tt__aki	**wajadti**	**hal**	**anti**

← 2

قِطِّي	وَجَدْتُ	مَا	لَا
Y TTi Qi	Tou D Ja Wa	À Ma	À-La
qi__tt__ì	**wajadtou**	**mà**	**là**

← 3

ٱلْجَمِيلُ	أَلْقِطُّ
Lou Y Mi Ja-L A	TTou Qi-L A
(a)l-jamìlou	**al-qi__tt__ou**

← 4

ٱلْبُسْتَانِ	وَسَطِ	فِي
Ni À Ta S Bou-L A	Ti Sa Wa	Y Fi
(a)l-boustàni	**wasa__t__i**	**fì**

Exercice 1 : تَرْجِمْ Tarjim ! (Traduis)

❶ أَخَذْتُ قَلَمِي وَ كَتَبْتُ ٱلدَّرْسَ ٱلْجَدِيدَ

Akhadhtou qalamì wa katabtou‿(a)d-darsa‿(a)l-jadìda.

❷ قَالَ ٱلْأُسْتَاذُ لِلتِّلْمِيذِ: «أَيْنَ وَالِدُكَ ؟»

Qàla‿(a)l-oustàdhou lit-tilmìdhi : “Ayna wàlidouka ?”.

❸ مَا وَجَدْتُ جَدَّكِ؛ إِلَى أَيْنَ ذَهَبَ ؟ – ذَهَبَ جَدِّي إِلَى ٱلْبُسْتَانِ

Mà wajadtou jaddaki ; ilà ayna dhahaba ? – Dhahaba jaddì ilà‿(a)l-boustàni.

❀❀❀

Exercice 2 : كَمِّلْ Kammil ! (Complète)

❶ Est-ce que l'enfant du maître a trouvé le joli chat ?
. . . wajada waladou . . - . . . . al-qi̲t̲t̲a
. . - . . . . . ?

❷ Il a trouvé mon chat dans le jardin de la fille.
Wajada . . . . . fì . . . . - . . . . . .

❸ Toi, tu es sortie de chez toi *(de ta maison)* et tu es allée à ton bureau.
Anti, ... min . . . . wa . . . .
maktabiki.

❹ Toi, est-ce que tu es allé chez *(à maison*)* le grand-père ?
. . . . hal . . . . ilà . . . . . (a)l-jaddi ?

❺ Non ! Je suis allé au nouveau marché.
. . ! . . . . ilà‿(a)s-soùqi . . - . . . .

4 أَنْتَ هَلْ أَخَذْتَ قَلَمِي؟ - لَا ! مَا أَخَذْتُ قَلَمَكِ

Anta, hal akhadhta qalamì ? – Là, mà akhadhtou qalamaki.

5 أَنْتِ أَيْنَ وَجَدْتِ قِطِّي؟ - فِي وَسَطِ ٱلْبُسْتَانِ

Anti, ayna wajadti qittì ? – Fì wasati‿(a)l-boustàni.

Corrigé de l'exercice 1

1 J'ai pris mon stylo et j'ai écrit la nouvelle leçon *(la leçon la nouvelle)*. 2 Le maître a dit à l'élève *(garçon)* : "Où est ton père ?" 3 Je n'ai pas trouvé ton (poss. fém.) grand-père ; où *(à où)* est-il allé ? – Mon grand-père est allé au jardin. 4 Toi (masc.), est-ce que tu as pris mon stylo ? – Non, je n'ai pas pris ton (poss.fém.) stylo. 5 Toi (fém.), où as-tu trouvé mon chat ? – Au milieu du jardin.

Corrigé de l'exercice 2 – Les mots manquants

1 Hal هَلْ – (a)l-oustàdhi ٱلْأُسْتَاذِ – (a)l-jamìla ٱلْجَمِيلَ 2 – qittì قِطِّي – boustàni (a)l-binti بُسْتَانِ ٱلْبِنْتِ 3 – kharajti خَرَجْتِ – baytiki بَيْتِكِ – dhahabti ilà ذَهَبْتِ إِلَى – 4 Anta أَنْتَ – dhahabta ذَهَبْتَ – bayti بَيْتِ – 5 Là ! Dhahabtou لَا ! ذَهَبْتُ – (a)l-jadìdi ٱلْجَدِيدِ

N'oubliez pas, si vous en avez le temps et le courage, de récrire en entier le texte de l'exercice 2, puis de comparer votre œuvre avec le texte ci-après.

14 Texte de l'exercice 2

1 هَلْ وَجَدَ وَلَدُ ٱلْأُسْتَاذِ ٱلْقِطَّ ٱلْجَمِيلَ ؟

2 وَجَدَ قِطِّي فِي بُسْتَانِ ٱلْبِنْتِ

3 أَنْتِ خَرَجْتِ مِنْ بَيْتِكِ وَذَهَبْتِ إِلَى مَكْتَبِكِ

4 أَنْتَ هَلْ ذَهَبْتَ إِلَى بَيْتِ ٱلْجَدِّ ؟

5 لاَ! ذَهَبْتُ إِلَى ٱلسُّوقِ ٱلْجَدِيدِ

14 Quatorzième leçon (ad-darsou (a)r-ràbi^{c}a ^{c}achara)

مُرَاجَعَةٌ

Mouràja^{c}atoun

Révision

Au bout de cette deuxième semaine d'apprentissage, vous constatez que vous avez déjà parcouru beaucoup de chemin. Vous vous êtes familiarisé avec les deux tiers de l'alphabet et vous avez découvert quelques règles toutes simples du maniement de l'arabe, ce qui vous permet déjà de construire de petites phrases. Vous voyez que cette langue réputée difficile, se laisse facilement apprivoiser !

Le chat, dans la tradition islamique, est un animal respecté et apprécié, contrairement au chien. Il aurait été particulièrement protégé par le Prophète Mohammed, comme en témoignent un certain nombre d'anecdotes rapportées dans les Hadith (Vie du Prophète). Pour ne pas déranger un chat endormi sur son manteau, le Prophète en aurait coupé un pan avant de se lever. Une légende veut également que les raies qui zèbrent le front du chat soient la trace de la main de Mohammed effleurant la tête de l'animal. Dans de nombreuses mosquées, le chat peut aller librement et l'eau dans laquelle il a bu n'est pas considérée comme souillée. En Égypte, cette affection pour les chats se superpose à une tradition plus ancienne, pharaonique, pour devenir une quasi vénération. Les chats y ont d'ailleurs un port de tête royal !

Lecture de deuxième vague

قطّ ٱلبنت

١ – أنت هل وجدت قطّك ؟

٢ – لا ! ما وجدت قطيّ

٣ ألقطّ لجميل

٤ في وسط ٱلبستان

١٤ أَلدَّرْسُ ٱلرَّابِعَ عَشَرَ

Faisons le bilan de ce qui a été vu. Attention, nous avons insisté sur les particularités de l'écriture arabe pour essayer de répondre à toutes les questions que vous pouviez vous poser (§ 2). Mais, si cela vous semble un peu fastidieux ou compliqué, passez rapidement aux éléments de grammaire. Tous ces détails d'écriture se mettront en place tout doucement au fil des leçons.

1 Les nouvelles lettres

Outre que vous avez vu et revu les quatorze lettres rencontrées dans la première série de leçons, vous avez pu découvrir cinq nouveaux caractères :

14

finale	médiane	initiale	isolée	transl.		nom
ـن	ـنـ	نـ	ن	**N**	نُون	**noùn**
ـق	ـقـ	قـ	ق	**Q**	قَاف	**qàf**
ـذ	ـذ	ذ	ذ	**DH**	ذَال	**dhàl**
ـه	ـهـ *	هـ	ه	**H**	هَاء	**hà'**
ـط	ـطـ	طـ	ط	**T̲**	طَاء	**t̲à'**

* il manque la forme médiane.

• **noùn** ن, **dhàl** ذ et **t̲à'** ط sont des lettres solaires, c'est-à-dire qui assimilent le **làm** de l'article **al-**, mais nous n'en avons pas d'exemples pour l'instant.
Ces trois nouvelles lettres se comportent comme **tà'** ت, **dàl** د, **rà'** ر, **sìn** س (et d'autres à venir) dont vous avez rencontré les exemples suivants au cours des dernières leçons :

at-tilmìdhou	أَلتِّلْمِيذُ	*l'élève*
ad-darsou	أَلدَّرْسُ	*la leçon*
ar-rajoulou	أَلرَّجُلُ	*l'homme*
as-soùqou	أَلسُّوقُ	*le marché, le souk*

2 L'écriture

• le chadda ـّ

Jusqu'à présent, il avait été uniquement employé pour le redoublement des lettres dites solaires assimilant l'article. Mais dans cette seconde série de leçons, sont également apparus des noms portant le **chadda** : n'oubliez pas de le noter dans l'écriture et de le marquer nettement dans la prononciation.

al-jaddou	أَلْجَدُّ	*le grand-père*
al-qit̲t̲ou	أَلْقِطُّ	*le chat*

• le soukoùn ـْ

Rencontré en premier lieu dans l'écriture de l'article, puis dans le mot **al-baytou** أَلْبَيْتُ *la maison*, ce signe est apparu fréquemment au cours de ces dernières leçons. Il indique qu'une lettre ne porte pas de voyelle. Vous l'avez remarqué dans la conjugaison du verbe au passé : **darastou** دَرَسْتُ, **darasta** دَرَسْتَ, **darasti** دَرَسْتِ et dans un certain nombre de noms, comme **al-bintou** أَلْبِنْتُ *la fille*, **ad-darsou** أَلدَّرْسُ *la leçon*, **anta / anti** أَنْتَ/أَنْتِ *toi* (masc./fém.), **ayna** أَيْنَ *où*, etc.

• l'alif ا et le hamza ء

Ces caractères spécifiques de l'arabe, qui ne correspondent pas à des lettres de l'alphabet latin, présentent parfois quelques particularités dans l'écriture. Nous les découvrirons peu à peu au fil des leçons à venir. Pour l'instant rappelez-vous ceci :

– Lorsqu'un mot commence par la voyelle brève **a, i ou**, celle-ci est portée par un ensemble de deux caractères formé d'un **alif** ا et d'un **hamza** ء. Ensuite, on note ou non la voyelle par le signe correspondant :

Pour **a** et **ou**, l'**alif** est surmonté du **hamza** :

ayna ?	أَيْنَ ؟	*où ?*
oustàdhouka	أُسْتَاذُكَ	*ton maître*

Pour **i**, le **hamza** est placé au-dessous de l'**alif** :

ilà	إِلَى	*à, vers*

– Lorsqu'un nom commençant par une voyelle brève **a, ou** – c'est-à-dire par un **alif** –, est précédé de l'article, l'**alif** se place au creux du **lâm**, comme suit :

al-oustàdhou	أَلْأُسْتَاذُ	*le maître*

– De même, que ce soit en début de mot ou à l'intérieur d'un mot, **lâm + alif** s'écrira toujours de cette façon, comme dans **là !** لَا *non !*

• Les voyelles longues à, ì, où

Après **à** long, écrit avec un **alif** ا, vous avez rencontré **ì** long

14 représenté par un **yà’** ـيـ et **où** long représenté par un **wàw** و :

al-kitàbou	أَلْكِتَابُ	*le livre*
at-tilmìdhou	أَلتِّلْمِيذُ	*l’élève*
as-soùqou	أَلسُّوقُ	*le marché, le souk*

Il existe un **à** long transcrit par un **yà** sans points (beaucoup plus rare), comme dans **ilà** إِلَى *à, vers*. Il ne peut se trouver qu’à la fin d’un mot. On l’appelle en arabe **alif maqsoùra**.

3 Les prépositions

Trois nouvelles prépositions suivies du cas indirect :

ilà	إِلَى	*vers*, *à* (direction)
bi-	بِـ	*avec*, *au moyen de*
li-	لِـ	*pour*, *à* (attribution)

Bi- et **li-** se lient au nom qu’elles introduisent. Quand **li-** est précédé de l’article, l’écriture est simplifiée. Il faut apprendre globalement ces deux graphies :

bi- + al- → bi(a)l- بِـ + أَلْ ← بِٱلْـ

li- + al- → li(a)l, écrit **lil-** (l’**alif** disparaît) لِـ + أَلْ ← لِلْـ

Comparez :

bi-qalamika	بِقَلَمِكَ	*avec ton stylo*
bi(a)l-qalami	بِٱلْقَلَمِ	*avec le stylo* (leçon 9)
li-waladika	لِوَلَدِكَ	*pour ton enfant*
lil-waladi	لِلْوَلَدِ	*pour l’enfant* (leçon 11)

Quand le mot commence par une lettre solaire :

bi-(a)d-darsi	بِٱلدَّرْسِ	*avec la leçon*
lid-darsi	لِلدَّرْسِ	*pour la leçon*

Même écriture qu’avec une lettre non solaire, mais le **soukoùn** disparaît du dessus du **làm** et la première consonne du mot (ici **dàl** د D) porte un **chadda** ّ.

4 Le complément de nom ou “annexion”

Quand un nom a un autre nom pour complément (relié en français par *de*), le premier est toujours sans article ; quant au second, il porte l’article et se met au cas indirect :
qalamou (a)l-binti قَلَمُ ٱلْبِنْتِ
[le] stylo [de] la fille (leçon 10, titre)

Le premier nom peut être, quant à lui, aux trois cas, suivant sa fonction :
– au cas sujet : voir ci-dessus.

– au cas direct :
Akhadhtou qalama (a)l-binti أَخَذْتُ قَلَمَ ٱلْبِنْتِ
J’ai pris le stylo de la fille (leçon 10, phrase 4).

– au cas indirect :
fì wasaṯi (a)l-boustàni فِي وَسَطِ ٱلْبُسْتَانِ
au milieu du jardin (leçon 13, phrase 4)
wasaṯi est le nom auquel est annexé un autre nom ; il est au cas indirect parce qu’il est précédé de **fì**. Le deuxième nom **al-boustàni** est automatiquement au cas indirect (parce qu’annexé au précédent).

Selon la terminologie de la grammaire arabe, on dit que le premier nom (ici **qalamou**, **qalama**, **wasaṯi**) est “en état d’annexion” (**iḏàfa[t]** إِضَافَة).

5 L’adjectif

L’adjectif épithète d’un nom précédé de l’article défini **al-** est lui aussi accompagné de l’article. Il se place toujours après le nom et il se met au même cas que celui-ci :

أَلْقِطُّ ٱلْجَمِيلُ فِي وَسَطِ ٱلْبُسْتَانِ

Al-qiṯṯou al-jamìlou fì wasaṯi (a)l-boustàni.
Le beau chat (le-chat le-beau) *est au milieu du jardin* (leçon 13, phrases 3 et 4).

14 Le nom et l'adjectif sont tous les deux au cas sujet, parce que le chat est le sujet de la phrase nominale.

Il peuvent être aussi au cas direct :
Wajadtou al-qi<u>tt</u>a al-jamìla. وَجَدْتُ ٱلْقِطَّ ٱلْجَمِيلَ
J'ai trouvé le beau chat (le-chat le-beau).

Ou au cas indirect :
Houwa fî (a)s-soùqi (a)l-jadìdi. هُوَ فِي ٱلسُّوقِ ٱلْجَدِيدِ
Il [est] dans le nouveau souk (dans le-souk le-nouveau)(leçon 11, phrase 4).

6 Les pronoms sujets

Vous en connaissez quatre :

anà (9)	أَنَا	*moi* (masculin et féminin)
anta (10)	أَنْتَ	*toi* (masculin)
anti (13)	أَنْتِ	*toi* (féminin)
houwa (11)	هُوَ	*lui*

Ils sont employés uniquement pour insister :
Anta, mà akhadhta ? أَنْتَ مَا أَخَذْتَ ؟
Toi, qu'as-tu pris ? (leçon10, phrase 3)

Mais il sont indispensables dans une phrase nominale :
Houwa fî (a)s-soùqi (a)l-jadìdi. هُوَ فِي ٱلسُّوقِ ٱلْجَدِيدِ
Il [est] dans le nouveau marché / souk.
(lui [il-est] dans le-souk le-nouveau)(leçon 11, phrase 4)

Attention : on met le pronom de la première personne en premier : "moi et l'homme" et non comme en français "l'homme et moi".
Anà wa (a)r-rajoulou... أَنَا وَٱلرَّجُلُ
(leçon 9, exer. 1, phrase 3).

7 Le verbe au passé

Vous pouvez maintenant conjuguer le verbe au passé à toutes les personnes du singulier :

1	**wajadtou**	وَجَدْتُ	*j'ai trouvé* (masc. et fém.)
2m	**wajadta**	وَجَدْتَ	*tu as trouvé* (masc.)
2f	**wajadti**	وَجَدْتِ	*tu as trouvé* (fém.)
3m	**wajada**	وَجَدَ	*il a trouvé*
3f	**wajadat**	وَجَدَتْ	*elle a trouvé*

Vous pouvez donc utiliser aux trois personnes du singulier tous les verbes rencontrés jusqu'à présent. Sauf **qàla** قَالَ *dire*, qui est un peu différent des autres, et dont vous ne pouvez employer pour l'instant que la 3e personne du singulier, au masculin et au féminin :

qàla	قَالَ	*il a dit*
qàlat	قَالَتْ	*elle a dit*

8 L'adjectif possessif

L'adjectif possessif est un suffixe qui se place après le nom sans article. Comme en anglais, il s'accorde avec le possesseur et non avec la chose possédée. Nous n'avons pas encore vu le féminin ni le pluriel des noms, mais sachez dès à présent que ce possessif, sous cette forme inchangée, peut accompagner des noms au singulier ou au pluriel, au masculin ou au féminin :

1 **-ì**	ـــي	*mon / ma / mes* (possesseur masc. et fém.)
2 **-ka**	ـــكَ	*ton / ta / tes* (poss. masc.)
2 **-ki**	ـــكِ	*ton / ta / tes* (poss. fém.)
3 **-hou**	ـــهُ – هُ	*son / sa / ses* (poss. masc.)

Attention : le possessif de 1re personne a une particularité. La voyelle du cas disparaît, lorsqu'on suffixe le possessif au nom :

1mf أَلْقِطُّ / أَلْقِطَّ / أَلْقِطِّ + ي ← قِطِّي

al-qi<u>tt</u>ou / al-qi<u>tt</u>a / al-qi<u>tt</u>i + ì → qi<u>tt</u>ì

mon chat [suj.] / [dir.] / [ind.] (leçon 13, note 3)

14 Voici quelques exemples d'emploi du possessif rencontrés dans les leçons :

2(m) **Ayna wàlidouka ?** أَيْنَ وَالِدُكَ ؟
Où [est] ton (poss. masc.) *père ?* (leçon 11, phrase 3)

2(f) **qalamouki** قَلَمُكِ
ton (poss. fém.) *stylo* (leçon 9, phrase 4)

3(m) مَا دَرَسَ ٱلتِّلْمِيذُ دَرْسَهُ
Mà darasa (a)t-tilmìdhou darsahou.
L'élève n'a pas étudié sa (poss. masc.) *leçon.*
(ne-pas il-a-étudié leçon[dir.]-sa) (leçon 12, phrase 1)

Notons qu'il vous manque pour l'instant le possessif, ainsi que le pronom personnel sujet de la 3e personne du féminin (*son / sa / ses [à elle]* et *elle*).

9 La phrase nominale

Une phrase de ce type figurait déjà dans la première série de leçons. Vous en avez rencontré d'autres et vous avez pu constater qu'elles sont très simples à employer. Dans ces phrases, le verbe *être* est sous-entendu. Le verbe *être* en arabe s'emploie très rarement au présent. Pour l'instant, vous avez rencontré ce type de phrases pour exprimer deux notions :
– la localisation

Ar-rajoulou fì (a)l-bayti. أَلرَّجُلُ فِي ٱلْبَيْتِ
L'homme [est] dans la maison (leçon 5, phrase 2).

Ayna wàlidouka ? أَيْنَ وَالِدُكَ
Où est ton père ? (leçon 11, phrase 3).

Houwa fì (a)s-soùqi (a)l-jadìdi. هُوَ فِي ٱلسُّوقِ ٱلْجَدِيدِ
Il [est] dans le nouveau souk (leçon 11, phrase 4).

أَلْقِطُّ ٱلْجَمِيلُ فِي وَسَطِ ٱلْبُسْتَانِ
Al-qiṯṯou (a)l-jamìlou fì wasaṯi (a)l-boustàni.
Le beau chat [est] au milieu du jardin (leçon 13, phrases 3 et 4).

– l'identité :
Man fì (a)l-bayti ? مَنْ فِي ٱلْبَيْتِ ؟
Qui [est] dans la maison ? (leçon 8, exer. 2, phrase 4)

Houwa waladou (a)l-oustàdhi. هُوَ وَلَدُ ٱلْأُسْتَاذِ
C'est l'enfant du maître (lui enfant* le maître).

En comparant cet exercice de révision avec celui de la leçon 7, vous pouvez constater toutes les possibilités d'expression que vous avez acquises avec cette deuxième série de leçons !

Exercice de révision : تَمْرِينُ مُرَاجَعَةٍ tamrìnou mouràja[c]atin

1 مَنْ فِي ٱلْبَيْتِ ؟ – أَلْجَدُّ فِي ٱلْبَيْتِ

Man fì‿(a)l-bayti ? – Al-jaddou fì‿(a)l-bayti.

2 مَا قَالَ ٱلْجَدُّ لِلْوَلَدِ ؟

Mà qàla‿(a)l-jaddou lil-waladi ?

3 قَالَ جَدُّهُ : «أَيْنَ قِطُّكَ ؟»

Qàla jaddouhou : "Ayna qi<u>tt</u>ouka ?"

4 قِطِّي فِي بُسْتَانِ ٱلْأُسْتَاذِ

– Qi<u>tt</u>ì fì boustàni‿(a)l-oustàdhi.

5 مَا قَالَ أُسْتَاذُكَ ؟

– Mà qàla oustàdhouka ?

6 قَالَ : «مَا دَرَسْتَ ٱلدَّرْسَ ٱلْجَدِيدَ وَكَتَبْتَ دَرْسَكَ بِقَلَمِ ٱلْبِنْتِ»

– Qàla : "Mà darasta‿(a)d-darsa‿(a)l-jadìda wa katabta darsaka bi-qalami‿(a)l-binti."

7 وَقَالَ ٱلْأُسْتَاذُ لِلْبِنْتِ:

Wa qàla‿(a)l-oustàdhou lil-binti :

8 «وَجَدْتُ قَلَمَكِ فِي مَكْتَبِي»

"Wajadtou qalamaki fì maktabì."

9 وَأَخَذَتِ ٱلْبِنْتُ ٱلْقَلَمَ

Wa akhadhat-i‿(a)l-bintou‿(a)l-qalama.

10 قَالَ ٱلْجَدُّ لِلْوَلَدِ : «إِلَى أَيْنَ ذَهَبَ وَالِدُكَ ؟»

Qàla‿(a)l-jaddou lil-waladi : "Ilà ayna dhahaba wàlidouka ?"

11 ذَهَبَ إِلَى ٱلسُّوقِ. هُوَ فِي ٱلسُّوقِ ٱلْجَدِيدِ

– Dhahaba ilà‿(a)s-soùqi. Houwa fì‿(a)s-soùqi‿(a)l-jadìdi.

Avec ces deux premières séries de leçons, vous avez commencé à saisir la structure simple et l'esprit concis de la langue arabe. Armé d'un certain nombre d'éléments grammaticaux et de mots-outils, vous pouvez maintenant construire quelques petites phrases, même si votre champ d'expression est encore très réduit !

À l'oral, la principale difficulté est sans doute la liaison des mots. Mais nous vous le répétons, que ce ne soit pas pour vous un obstacle. Nous vous indiquons le principe de la liaison pour que vous puissiez comprendre les phrases lorsque vous les écoutez et pour que vous vous habituiez à une lecture normale. Mais vous pouvez – personne ne vous le reprochera – prononcer les mots un par un, séparément. Peu à peu, la liaison deviendra aisée, puis naturelle. Aidez-vous, si vous avez les enregistrements, de la lecture mot à mot suivie de la lecture "liée", c'est-à-dire courante.

Traduction

❶ Qui est à la maison ? – Le grand-père est à la maison. ❷ Qu'a dit le grand-père au garçon ? ❸ Son grand-père a dit : "Où est ton chat ?" ❹ Mon chat est dans le jardin du maître. ❺ Qu'a dit ton maître ? ❻ Il a dit : "Tu n'as pas étudié la nouvelle leçon et tu as écrit ta leçon avec le crayon de la fille. ❼ Et le maître a dit à la fille : ❽ "J'ai trouvé ton crayon dans mon bureau." ❾ Et la fille a pris le crayon. ❿ Le grand-père a dit au garçon : "Où est allé ton père ?" ⓫ "Il est allé au marché. Il est dans le nouveau marché."

Lecture de deuxième vague

❶ – من في ٱلبيت ؟ – ألجدّ في ٱلبيت

❷ – ما قال ٱلجدّ للولد ؟

❸ قال جدّه :‹‹أين قطّك ؟››

❹ – قطّي في بستان ٱلأستاذ

❺ – ما قال أستاذك ؟

❻ – قال : ‹‹ما درست ٱلدّرس ٱلجديد وكتبت درسك بقلم ٱلبنت››

❼ وقال ٱلأستاذ للبنت:

❽ ‹‹وجدت قلمك في مكتبي››

❾ وأخذت ٱلبنت ٱلقلم

❿ – قال ٱلجدّ للولد: ‹‹إلى أين ذهب والدك؟››

⓫ – ذهب إلى ٱلسّوق. هو في ٱلسّوق ٱلجديد

15 Quinzième leçon (ad-darsou (a)l-khàmisa ᶜachara)

Al-kalbou fì‿(a)l-boustàni
Le chien [est] au jardin

1 **Kharaja‿(a)l-waladou min-a‿(a)l-bayti.**
il-est-sorti le-garçon[suj.] de la-maison[ind.]
Le garçon est sorti de la maison.

2 **Makatha qi<u>tt</u>ouhou fì baytihi** ①**.**
il-est-resté chat[suj.]-son(poss. masc.) dans maison[ind.]-sa(poss. masc.)
Son chat est resté chez lui (dans sa maison).

3 **Thoumma kharajat bintou jàrihi** ② **min baytihà** ③**.**
puis elle-est-sortie fille[suj.] voisin[ind.]-son(poss. masc.) de maison[ind.]-sa(poss. fém.)*
Puis la fille de son voisin est sortie de chez elle.

4 **Makatha kalbouhà fì boustànihà‿(a)l-jamìli** ④**.** □
il-est-resté chien[suj.]-son(poss. fém.) dans jardin[ind.]-son(poss. fém.) le-beau[ind.]
Son chien [à elle] est resté dans son beau jardin.

Remarques concernant la prononciation

• **thoumma** ثُمَّ : prononcez **th** avec la langue entre les dents et veillez à bien redoubler le **mìm**.
• Allongez bien le **à** long de **bous<u>tà</u>nihà** et le **ì** long de **al-ja<u>mì</u>li**.

Notes

① **fì baytihi (bayt-i-hi)** فِي بَيْتِهِ *dans sa maison (à lui)* : lorsque le nom est au cas indirect, donc terminé par la voyelle **-i**, le suffixe du possessif **-hou** devient **-hi**. On aura donc les trois schémas suivants selon le cas du nom : **-ou-hou**[suj.], **-a-hou**[dir.] et **i-hi**[ind.] ـــِهِ / ـــَهُ / ـــُهُ.

١٥ أَلدَّرْسُ ٱلْخَامِسَ عَشَرَ

أَلْكَلْبُ فِي ٱلْبُسْتَانِ

١ خَرَجَ ٱلْوَلَدُ مِنَ ٱلْبَيْتِ

٢ مَكَثَ قِطُّهُ فِي بَيْتِهِ

٣ ثُمَّ خَرَجَتْ بِنْتُ جَارِهِ مِنْ بَيْتِهَا

٤ مَكَثَ كَلْبُهَا فِي بُسْتَانِهَا ٱلْجَمِيلِ

② **bintou jàrihi** بِنْتُ جَارِهِ *[la] fille [de] son voisin (poss. masc.)* : le nom complément de **bintou** étant additionné du suffixe du possessif (**jàri** + **hi**), il ne peut être précédé de l'article (article et possessif ne pouvant coexister). Comparez avec **bintou (a)l-jàri** بِنْتُ ٱلْجَارِ *la fille du voisin*, où seul le deuxième nom porte l'article (voir leçon 10 note 1).

③ **min baytihà (bayti-hà)** مِنْ بَيْتِهَا *de sa maison* : **-hà** هَا est le suffixe de la 3e personne du singulier, le possesseur étant féminin, faisant le pendant à **-hou** ـــهُ employé lorsque le possesseur est masculin.

④ **fì boustànihà (a)l-jamìli** فِي بُسْتَانِهَا ٱلْجَمِيلِ *dans son beau jardin* (dans jardin-son le-beau). Vous avez déjà vu que l'adjectif suit toujours le nom et porte l'article comme le nom : **al-qiṯṯou (a)l-jamìlou** أَلْقِطُّ ٱلْجَمِيلُ *le beau chat* (leçon 13 note 4). Lorsque le nom est additionné du possessif, il ne peut porter l'article, comme nous l'avons déjà vu, mais l'adjectif épithète, lui, conserve son article.

15 Les mots nouveaux

al-kalbou	أَلْكَلْبُ	*le chien*
makatha	مَكَثَ	*rester*
thoumma	ثُمَّ	*puis*
al-jàrou	أَلْجَارُ	*le voisin*
-hà	ــــهَا	*son / sa / ses* (possesseur féminin)

أَلْكَلْبُ فِي ٱلْبُسْتَانِ

Les nouvelles lettres

finale	médiane	initiale	isolée	transl.	nom	
ـث	ـثـ	ثـ	ث	**TH**	ثَاء	**thà’**
ـه	ـهـ	هـ	ه	**H**	هَاء	**hà’**

• La lettre **thà’** est comme un **tà’** ت T, mais surmonté de trois points. C’est une lettre solaire. Elle est prononcée **s** entre les dents comme dans ***thing*** en anglais.

• Une nouvelle forme de **hà’** (en médiane). Vous connaissez maintenant toutes les formes de ce caractère.

ٱلْبُسْتَانِ	فِي	أَلْكَلْبُ
Ni À Tà S Bou-L A	Y Fi	Bou L Ka-L A
(a)l-boustàni	**fì**	**al-kalbou**

ٱلْبَيْتِ	مِنَ	ٱلْوَلَدُ	خَرَجَ ← 1
Ti Y Ba-L A	Na Mi	Dou La Wa-L A	Ja Ra KHa
(a)l-bayti	**min-a**	**(a)l-waladou**	**kharaja**

بَيْتِهِ	فِي	قِطُّهُ	مَكَثَ ← 2
Hi Ti Y Ba	Y Fi	Hou <u>TT</u>ou Qi	THa Ka Ma
baytihi	**fì**	**qi<u>tt</u>ouhou**	**makatha**

جَارِهِ	بِنْتُ	خَرَجَتْ	ثُمَّ ← 3
Hi Ri À Ja	Tou N Bi	T Ja Ra KHa	MMa THou
jàrihi	**bintou**	**kharajat**	**thoumma**
		بَيْتِهَا	مِنْ
		À Ha Ti Y Ba	N Mi
		baytihà	**min**

بُسْتَانِهَا	فِي	كَلْبُهَا	مَكَثَ ← 4
À Ha Ni À Ta S Bou	Y Fi	À Ha Bou L Ka	THa Ka Ma
boustànihà	**fì**	**kalbouhà**	**makatha**
			ٱلْجَمِيلِ
			Li Y Mi Ja-L A
			(a)l-jamìli

15 **Exercice 1 : تَرْجِمْ Tarjim ! (Traduis)**

❶ مَكَثَ ٱلْوَلَدُ فِي بَيْتِ جَدِّهِ

Makatha‿(a)l-waladou fì bayti jaddihi.

❷ دَخَلَتِ ٱلْبِنْتُ ٱلْمَكْتَبَ، ثُمَّ جَلَسَتْ وَدَرَسَتْ دَرْسَهَا

Dakhalat-i‿(a)l-bintou‿(a)l-maktaba, thoumma jalasat wa darasat darsahà.

❸ جَلَسَ وَالِدِي فِي وَسَطِ مَكْتَبِهِ

Jalasa wàlidì fì wasaṯi maktabihi.

Exercice 2 : كَمِّلْ Kammil ! (Complète)

❶ Il est dans son nouveau jardin *(lui dans son jardin le nouveau).*
. . . . . fì . . . . (a)l-jadìdi.

❷ Le maître a écrit avec son stylo.
. . . . . . (a)l-oustàdhou . . - . . . .

❸ Est-ce que tu(masc.) as trouvé son (poss. fém.) chat dans ton jardin ?
. . . wajadta . . . . fì . . . . ?

❹ La fille est dans le jardin de son père.
. . - . . . . . . fì boustàni . . . .

❺ Où est son (poss. masc) chat ? – Son chat [est] dans son (poss. masc.) jardin.
. . . . qiṯṯouhou ? – Qiṯṯouhou fì . . . .

❹ أَيْنَ كَلْبُهَا ؟ - أَلْكَلْبُ فِي بُسْتَانِهَا ٱلْجَمِيلِ

Ayna kalbouhà ? – Al-kalbou fi boustànihà‿(a)l-jamìli.

❺ مَا أَخَذَ ٱلْوَلَدُ كِتَابَهُ ٱلْجَدِيدَ

Mà akhadha‿(a)l-waladou kitàbahou‿(a)l-jadìda.

Corrigé de l'exercice 1

❶ L'enfant est resté chez *(dans maison*)* son grand-père. ❷ La [jeune] fille est entrée dans le bureau, puis elle s'est assise et a étudié sa leçon. ❸ Mon père s'est assis au milieu de son bureau. ❹ Où [est] son chien (poss. fém.) ? – Le chien est dans son beau jardin *(dans jardin-son [poss. fém.] le-beau)*. ❺ L'enfant n'a pas pris son nouveau livre *(son livre le nouveau)*.

Corrigé de l'exercice 2 – Les mots manquants

❶ Houwa هُوَ – boustànihi بُسْتَانِهِ – ❷ Kataba كَتَبَ – bi-qalamihi بِقَلَمِهِ ❸ Hal هَلْ – qittahà قِطَّهَا – boustànika بُسْتَانِكَ ❹ Al-bintou أَلْبِنْتُ – wàlidihà وَالِدِهَا ❺ Ayna أَيْنَ – boustànihi بُسْتَانِهِ

Texte de l'exercice 2

❶ هُوَ فِي بُسْتَانِهِ ٱلْجَدِيدِ

❷ كَتَبَ ٱلْأُسْتَاذُ بِقَلَمِهِ

❸ هَلْ وَجَدْتَ قِطَّهَا فِي بُسْتَانِكَ ؟

❹ أَلْبِنْتُ فِي بُسْتَانِ وَالِدِهَا

❺ أَيْنَ قِطُّهُ ؟ -قِطُّهُ فِي بُسْتَانِهِ

ألكلب في ٱلبستان

١ خرج آلولد من ٱلبيت
٢ مكث قطّه في بيته
٣ ثمّ خرجت بنت جاره من بيتها
٤ مكث كلبها في بستانها ٱلجميل

16 Seizième leçon (ad-darsou (a)s-sàdisa ᶜachara)

Mà‿(i)smouka ?
Quel est ton nom ?

1 – **Marhaban** ① **! Mà‿(i)smouka ?**
bienvenue quoi nom[suj.]-ton (poss. masc.)
Bonjour ! Quel est ton nom ?

2 – **Ismì Mouhammad(oun)** ②.
nom-mon Mohammed-un[suj.]
Mon nom est Mohammed.

Remarques concernant la prononciation

• **mà (i)smouka** مَا ٱسْمُكَ : le **i** initial du mot est escamoté dans la prononciation (**mà-smouka**). C'est pourquoi, au lieu d'**alif** et **hamza** placé en dessous, on écrit **alif** surmonté d'un **wasla** (voir leçon 2, paragraphe sur l'**alif**). D'autre part, comme on ne prononce généralement pas les voyelles finales, on entendra dans le conversation courante : "**màsmouk ?**". De même, à la phrase 3, on prononcera "**Ayna baytouk ?**" Nous y reviendrons bientôt.

Le chien est généralement considéré dans les pays arabes et musulmans comme un animal impur qui peut véhiculer des maladies. En outre, il passe aux yeux de la plupart des Arabes pour un symbole de servilité, contraire à leurs traditions de fierté et de dignité. Néanmoins, il est apprécié en tant que chien de garde et de chasse.

١٦ أَلدَّرْسُ ٱلسَّادِسَ عَشَرَ

مَا ٱسْمُكَ ؟

١ – مَرْحَبًا ! مَا ٱسْمُكَ ؟

٢ – إِسْمِي مُحَمَّدٌ

Notes

① **marhaban** مَرْحَبًا *bienvenue !, bonjour !* Apprenez pour l'instant globalement ce mot, son écriture et sa prononciation, sans chercher à l'analyser. Mais sachez dès à présent que la terminaison **-an** (sans **à** long même s'il y a un **alif** – nous l'expliquerons plus loin) est la marque des adverbes.

② **Mouhammad-oun** مُحَمَّدٌ *Mohammed*, tel que ce nom est généralement transcrit en français. La terminaison **-oun** est la marque d'indétermination (au cas sujet), que nous allons voir plus loin et qui est aussi employée pour la plupart des noms propres, ce qui peut paraître curieux. Nous vous l'expliquerons plus tard. Pour l'instant, sachez que lorsque vous écrivez, vous devez mettre cette terminaison, mais qu'on omet de la prononcer. Ce sera plus facile ainsi !

16

3 – **Ayna baytouka ?**
où maison[suj.]-ta (poss. masc.)
Où est ta maison ?

4 – **Baytì baytoun qadìmoun** ③
maison[suj.]-ma maison-une[suj.] vieux-une[suj.]
Ma maison est une vieille maison

5 **fì wasaṯi‿(a)l-madìnati** ④.
*dans centre[ind.] * la-ville[ind.]*
dans le centre-ville.

• **qadìmoun** قَدِيمٌ : bien prononcer le **qàf** dans la gorge et allonger la syllabe comportant le **ì** long.

Notes

③ **baytoun qadìmoun (bayt-oun qadìm-oun)** بَيْتٌ قَدِيمٌ *une vieille maison* (une maison une vieille). **-oun** ٌ est une terminaison qui signifie *un/une*. C'est la marque d'indétermination employée pour le mot sujet, comme le **-ou** ُ est la marque du mot déterminé sujet : **al-baytou** أَلْبَيْتُ *la maison* (la-maison) ; **baytoun** بَيْتٌ *une maison* (maison-une). L'adjectif qui suit un nom indéterminé porte aussi la terminaison **-oun**.

④ **al-madìnatou** أَلْمَدِينَةُ *la ville* : ce mot est terminé par une espèce de **hà'** final surmonté de deux points, prononcé **t** et appelé **tà' marboùṯa** "le **tà'** lié". Les mots terminés par un **tà' marboùṯa** sont en principe féminins et doivent donc entraîner un accord au féminin du verbe, du possessif et de l'adjectif (nous le verrons à la leçon suivante).
D'autres mots sont féminins par nature, mais sans signe apparent – comme **al-bintou** أَلْبِنْتُ *la fille* –, parce qu'ils désignent un être du sexe féminin. Certains noms toutefois désignent des objets asexués, qui sont du féminin en arabe – comme le soleil : **ach-chamsou** أَلشَّمْسُ. Nous vous le signalerons chaque fois que nous rencontrerons des mots de ce type. Mais la grande majorité des mots, non terminés par **tà' marboùṯa**, sont du masculin.

16

٣ - أَيْنَ بَيْتُكَ ؟

٤ - بَيْتِي بَيْتٌ قَدِيمٌ

٥ فِي وَسَطِ ٱلْمَدِينَةِ

Les mots nouveaux

al-ismou	أَلْإِسْمُ	*le nom*
mar<u>h</u>aban	مَرْحَبًا	*bienvenue !, bonjour !*
Mou<u>h</u>ammadoun	مُحَمَّدٌ	*Mohammed (c'est-à-dire "loué", "louangé")*
qadìmoun	قَدِيمٌ	*(un) ancien, (un) vieux*
al-madìnatou	أَلْمَدِينَةُ	*la ville*
Jamìlatoun	جَمِيلَةٌ	*Jamìla* (*Belle*, *Jolie* : prénom) (dans exer. 1)

Remarque concernant l'écriture

• **-oun** ٌ est un signe constitué de deux boucles (comme celle du **-ou** de détermination), dont l'une est inversée : ce signe double s'appelle **tanwìn**.

• La terminaison **-an** ًا de l'adverbe sera translittérée **An**.

• Il faut savoir que le **tà' marboù<u>t</u>a**, lorsqu'il y a une pause dans la phrase, se prononce comme un léger **hà'** (qui a la même forme sans les deux points). Ce qui explique la transcription en français de mots courants arabes avec un h final, comme madrassah, qiblah, etc.

16 Les nouvelles lettres

finale	médiane	initiale	isolée	transl.	nom	
ح	ـحـ	حـ	ح	**H**	حَاء	**hà’**

Cette lettre a la forme de **jìm** et de **khà’**, mais sans point.
Elle se prononce comme un **h** très fortement expiré, alors que **hà’** هَاء s’entend plus discrètement comme *hat* en anglais. **Hà’** est une des sonorités qui marquent le plus l’arabe.

• **tà’ marboùta** ة/ـة translittéré *T* (en italique pour le distinguer de **tà’**).

❖❖❖❖

Translittération

اَسْمُكَ مَا

Ka Mou S I — À Ma
ismouka **mà**

← 1

مَرْحَبًا مَا اَسْمُكَ

An B Ha R Ma — À Ma — Ka Mou S I
marhaban **mà** **(i)smouka**

← 2

إِسْمِي مُحَمَّدٌ

Y Mi S I — Doun MMa Ha Mou
ismì **Mouhammadoun**

Ce n'est pas à proprement parler une lettre, puisqu'elle ne figure pas dans l'alphabet, mais un caractère permettant de transcrire la terminaison **-at**, qui est la marque du féminin.
Ce caractère est en forme de **hà'** final surmonté de deux points et il n'est utilisé qu'à la fin des mots.
Comparez : **hà'** final → ـه ou ه
tà' marboùṯa → ـة ou ة
Il se prononce **t** – comme **tà'** ت T – et s'écrit avec cette lettre quand on adjoint au mot le suffixe du possessif :

al-madìnatou أَلْمَدِينَةُ *la ville*
madìnatouhou مَدِينَتُهُ *sa ville* (poss. masc.)

❖❖❖

← 3

أَيْنَ
Na Y A
ayna

بَيْتُكَ
Ka Tou Y Ba
baytouka

← 4

بَيْتِي
Y Ti Y Ba
baytì

بَيْتٌ
Toun Y Ba
baytoun

قَدِيمٌ
Moun Y Di Qa
qadìmoun

← 5

فِي
Y Fi
fì

وَسَطِ
T̲i Sa Wa
wasaṯi

آلْمَدِينَةِ
*T*i Na Y Di Ma-L A
(a)l-madìnati

16 **Exercice 1 : تَرْجِمْ Tarjim ! (Traduis)**

❶ مَا ٱسْمُ ٱلْبِنْتِ ؟ -إِسْمُهَا جَمِيلَةٌ

Mà‿(i)smou‿(a)l-binti ? – Ismouhà Jamìla(toun)*.

❷ أَلدَّرْسُ دَرْسٌ قَدِيمٌ

Ad-darsou darsoun qadìmoun.

❸ أَيْنَ هُوَ ؟ - هُوَ فِي بَيْتِهِ ٱلْجَدِيدِ

Ayna houwa ? – Houwa fì baytihi‿(a)l-jadìdi.

❹ مَكْتَبِي مَكْتَبٌ جَدِيدٌ فِي وَسَطِ ٱلْمَدِينَةِ

Maktabì maktaboun jadìdoun fì wasaṯi‿(a)l-madìnati.

Exercice 2 : كَمِّلْ Kammil ! (Complète)

❶ Bonjour *(Bienvenue)* ! Quel est ton nom (poss. fém.) ? – Mon nom est Jamìla.
. . . . ! Mà . . . . ? – Ismì . . . .

❷ Où est ta (poss. fém.) maison ?
Ayna . . . . ?

❸ Ma maison est une maison neuve dans la vieille ville.
. . . . . baytoun . . . . fì‿(a)l-madìnati
. . . .

❹ La maison de ton (poss. fém.) père est une belle maison.
Baytou . . . . baytoun . . . .

❺ Où est Mohammed ? – Il est dans le bureau de sa fille.
. . . . Mouhammadoun ? – . . . . . fì maktabi
. . . .

16 ❺ جَمِيلَةٌ إِسْمُ ٱلْبِنْتِ. جَمِيلَةٌ إِسْمٌ جَمِيلٌ

Jamìla(toun)* ismou‿(a)l-binti. Jamìla(toun)* ismoun jamìloun.

* **Jamìla(toun)** جَمِيلَةٌ est le féminin de **jamìl** جَمِيلٌ *beau.* Au cas sujet, on ne prononce pas le **tà' marboùta**, ni le **tanwìn**. C'est pourquoi, nous mettons la terminaison **-toun** entre parenthèses.

Corrrigé de l'exercice 1

❶ Quel est le nom de la fille ? – Son nom est Jamìla *(Belle)*. ❷ La leçon est une ancienne leçon. ❸ Où est-il ? – Il est dans sa nouvelle maison *(dans sa maison la nouvelle)*. ❹ Mon bureau est un nouveau bureau au centre de la ville. ❺ Jamìla est le nom de la fille. Jamìla est un joli nom.

Corrigé de l'exercice 2 – Les mots manquants

❶ Marhaban مَرْحَبًا – (i)smouki ٱسْمُكِ – Jamìla(toun) جَمِيلَةٌ ❷ – baytouki بَيْتُكِ ❸ Baytì بَيْتِي – jadìdoun جَدِيدٌ – (a)l-qadìmati ٱلْقَدِيمَةِ ❹ – wàlidiki وَالِدِكِ – jamìloun جَمِيلٌ ❺ Ayna أَيْنَ – Houwa هُوَ – bintihi بِنْتِهِ

Texte de l'exercice 2

❶ مَرْحَبًا !مَا ٱسْمُكِ ؟ إِسْمِي جَمِيلَةٌ

❷ أَيْنَ بَيْتُكِ ؟

❸ بَيْتِي بَيْتٌ جَدِيدٌ فِي ٱلْمَدِينَةِ ٱلْقَدِيمَةِ

❹ بَيْتُ وَالِدِكِ بَيْتٌ جَمِيلٌ

❺ أَيْنَ مُحَمَّدٌ ؟ – هُوَ فِي مَكْتَبِ بِنْتِهِ

Lecture de deuxième vague

ما ٱسمك ؟

١ – مرحبًا ! ما ٱسمك ؟
٢ – إسمي محمد
٣ – أين بيتك ؟
٤ – بيتي بيت قديم
٥ في وسط ٱلمدينة

17 Dix-septième leçon (ad-darsou (a)s-sàbi^ca ^cachara)

Kayfa <u>h</u>àlouka ?
Comment vas-tu ?

1 – **Kayfa <u>h</u>àlouka, yà Mou<u>h</u>ammad(ou)** ① **?**
comment état[suj.]-ton(poss. masc.) ô Mohammed[suj.]
Comment vas-tu, Mohammed ?

2 – **Al-<u>h</u>amdou li-(A)llahi** ② **!**
la-louange[suj.] à-Allah[ind.]
[Bien], Dieu soit loué !

3 – **Hal wàlidouka hounà ?**
est-ce-que père[suj.]-ton(poss. masc.) ici
Est-ce que ton père est ici ?

Remarques concernant la prononciation

• **yà Mou<u>h</u>ammad(ou) !** يَا مُحَمَّدُ! *ô Mohammed* : allongez bien le **yà**. En général, la terminaison des derniers mots de la phrase ne se prononcent pas – nous y reviendrons. C'est encore plus marqué au vocatif (c'est-à-dire quand on s'adresse à quelqu'un ou quand on l'interpelle), dont la terminaison **-ou** ne s'entend pratiquement jamais.

La civilisation arabe est une civilisation des villes. La ville est le lieu par excellence où se côtoient le profane et le spirituel, le marché et la mosquée. Dans les métropoles arabes modernes, la "médina" est la vieille ville traditionnelle, avec son cachet historique et humain propre à chaque région.
Quant à Médine, une des villes saintes de l'islam, située dans l'actuelle Arabie Saoudite, elle est la transcription française du mot **al-madîna** أَلْمَدِينَةُ la Ville *(ou* **madînatou (a)n-nabiyyi** مَدِينَةُ ٱلنَّبِيِّ, la ville du Prophète*), où Mohammed a constitué le noyau de la première* communauté *(***oumma** أُمَّة*) musulmane, au début du* VII*e siècle de l'ère chrétienne.* 17

١٧ أَلدَّرْسُ ٱلسَّابِعَ عَشَرَ

كَيْفَ حَالُكَ ؟

١ – كَيْفَ حَالُكَ، يَا مُحَمَّدُ ؟

٢ – أَلْحَمْدُ لِلّٰهِ !

٣ – هَلْ وَالِدُكَ هُنَا ؟

Notes

① **yà Mouhammad(ou) !** يَا مُحَمَّدُ dans le cas où l'on s'adresse à une personne, le nom porte le **-ou** de détermination. Mais en fait, dans la prononciation courante, il ne s'entend pas.

② **al-hamdou li-(A)llahi !** (prononcé **al-hamdou-lillahi**) أَلْحَمْدُ لِلّٰهِ ! signifie *(la) louange à Dieu* et, dans ce contexte, sous-entend une réponse positive : *[Je vais] bien, Dieu soit loué !*

4 – Là, wàlidì fì‿(a)l-madìnati‿(a)l-qadìmati ③.
non père[suj.]-mon dans la-ville[ind.] la-vieille[ind.]
Non, mon père est dans la vieille ville.

5 Houwa tàjiroun machhoùroun ④ **fì‿(a)s-soùqi.**
lui commerçant-un[suj.] réputé-un[suj.] dans le-souk[ind.]
C'est un commerçant réputé dans le souk.

6 – Choukran, yà akhì ! ⑤ □
merci ô frère-mon
Merci, mon ami.

• **fì‿(a)l-madìnati‿(a)l-qadìmati** فِي ٱلْمَدِينَةِ ٱلْقَدِيمَةِ *dans la vieille ville* : prononcez avec le rythme (que vous devez sentir peu à peu) **fil-madìnatil-qadì:mati**, en allongeant les **ì** et en accentuant les syllabes soulignées (mais rappelez-vous que **fì + al** est prononcé **fil** avec un **i** bref). L'arabe est une langue d'oralité, faite pour être déclamée.

• **machhoùroun (mach/hoù/roun)** مَشْهُورٌ *[un] réputé* : attention, n'oubliez pas d'expirer légèrement le **hà'** après le **chìn**, ce qui demande un petit effort.

Remarque concernant l'écriture

• **al-hamdou li(A)l-llahi !** أَلْحَمْدُ لِلّٰهِ ! *Dieu soit loué !*
Essayez de retenir pour l'instant l'écriture de cette expression telle quelle. Nous vous expliquerons plus tard celle du mot Allah dont vous connaissez certainement déjà le graphisme.

La nouvelle lettre

finale	mediane	initiale	isolée	transl.	nom	
ـش	ـشـ	شـ	ش	CH	شِين	**chìn**

Cette lettre a la même forme que le **sìn** س S, mais elle est surmontée de trois points.

٤ – لاَ، وَالِدي فِي ٱلْمَدِينَةِ ٱلْقَدِيمَةِ

٥ هُوَ تَاجِرٌ مَشْهُورٌ فِي ٱلسُّوقِ

٦ – شُكْرًا، يَا أَخِي !

Notes

③ **fì (a)l-madìnati (a)l-qadìmati** فِي ٱلْمَدِينَةِ ٱلْقَدِيمَةِ *dans la vieille ville* : vous voyez qu'après un nom féminin, l'adjectif se met également au féminin et que la marque du genre féminin est le **tà' marboùṯa**, soit la terminaison **-at**, à laquelle on peut ajouter les voyelles des différents cas.
Ceci est vrai aussi bien pour les noms que pour les adjectifs :
al-wàlidou أَلْوَالِدُ *le père* → **al-wàlidatou** أَلْوَالِدَةُ *la mère.*
al-qadìmou ٱلْقَدِيمُ *le vieux* → **al-qadìmatou** ٱلْقَدِيمَةُ *la vieille*
Rappelez-vous **Jamìlatoun** جَمِيلَةٌ *Belle* dans l'exercice 1 de la leçon précédente.

④ **tàjiroun machhoùroun** تَاجِرٌ مَشْهُورٌ *un marchand* (un) *réputé* : l'adjectif qui suit un nom portant le **tanwìn** porte également ce signe d'indétermination. Voir leçon précédente (note 3).
Remarquez que **tàjir-oun** (**TàJiR**) vient de la racine **Ta Ja Ra**, *commercer*, et que sa forme indique la personne qui accomplit une action, comme **kàtib-oun** (**KàTiB** de KTB) *écrivain*, **wàlid-oun** (**WàLiD de** WLD) *père* (celui qui engendre), etc.

⑤ **yà akhì** ! يَا أَخِي *ô mon frère* est employée dans le sens de *mon ami*. Ce qualificatif s'emploie fréquemment en arabe à titre amical.

Les mots nouveaux

kayfa	كَيْفَ	*comment*
al-<u>h</u>àlou	أَلْحَالُ	*l'état*
yà	يَا	*ô, eh !*
al-<u>h</u>amdou li-(A)llahi !	أَلْحَمْدُ لِلّٰهِ !	*Dieu soit loué, grâce à Dieu*
hounà	هُنَا	*ici*
al-qadìmatou	أَلْقَدِيمَةُ	*la vieille*
tàjiroun	تَاجِرٌ	*un commerçant, un marchand*
machhoùroun	مَشْهُورٌ	*(un)réputé, (un) célèbre*
choukran	شُكْرًا	*merci*
akhoun	أَخٌ	*frère, ami*
wàlidatoun	وَالِدَةٌ	*une mère* (note 3)

Dans la langue arabe, Dieu occupe une très grande place. Vous aurez l'occasion de vous en rendre compte par le très grand nombre d'expressions qui font référence à Lui. En voici deux qui ont, d'ailleurs, leur pendant en français :

• ***al-<u>h</u>amdou li-(A)llahi !*** أَلْحَمْدُ لِلّٰهِ

Dieu soit loué ! Grâce à Dieu ! *(littéralement : la louange (est / soit) à Dieu)*

• ***In chà'a (A)llahou !*** إِنْ شَاءَ ٱللّٰهُ

Si Dieu le veut ! Inchallah ! *(littéralement : si a voulu Dieu)*

حَالُكَ	كَيْفَ
Ka Lou À H̲a	Fa Y Ka
h̲àlouka	**kayfa**

1 ←

مُحَمَّدُ	يَا	حَالُكَ	كَيْفَ
Dou MMa H̲a Mou	À Ya	Ka Lou À H̲a	Fa Y Ka
Mouh̲ammadou	**yà**	**h̲àlouka**	**kayfa**

2 ←

لِلّٰهِ	أَلْحَمْدُ
Hi LLa-Li	Dou M H̲ε-L A
li(A)llahi	**al-h̲amdou**

3 ←

هُنَا	وَالِدُكَ	هَلْ
À Na Hou	Ka Dou Li À Wa	L Ha
hounà	**wàlidouka**	**h̲al**

4 ←

ٱلْقَدِيمَةِ	ٱلْمَدِينَةِ	فِي	وَالِدِي	لَا
*T*i Ma Y Di Qa-L A	*T*i Na Y Di Ma-L A	Y Fi	Y Di Li À Wa	À-La
(a)l-qadìmati	**(a)l-madìnati**	**fì**	**wàlidì**	**là**

5 ←

ٱلسُّوقِ	فِي	مَشْهُورٌ	تَاجِرٌ	هُوَ
Qi W Sou-L A	Y Fi	Roun W Hou CH Ma	Roun Ji À Ta	Wa Hou
(a)s-soùqi	**fì**	**machhoùroun**	**tàjiroun**	**houwa**

6 ←

أَخِي	يَا	شُكْرًا
Y KHi A	À Ya	An R K CHou
akhì	**yà**	**choukran**

17

Exercice 1 : تَرْجِمْ Tarjim ! (Traduis)

❶ فِي ٱلسُّوقِ ٱلْقَدِيمِ تَاجِرٌ مَشْهُورٌ

Fì‿(a)s-soùqi‿(a)l-qadìmi tàjiroun machhoùroun.

❷ وَالِدُ ٱلْبِنْتِ فِي سُوقِ ٱلْمَدِينَةِ ٱلْجَدِيدَةِ

Wàlidou‿(a)l-binti fì soùqi‿(a)l-madìnati‿(a)l-jadìdati.

❸ إِسْمُ مَدِينَتِي إِسْمٌ مَشْهُورٌ

Ismou madìnatì ismoun machhoùroun.

Exercice 2 : كَمِّلْ Kammil ! (Complète)

❶ Bienvenue, *(ô)* Mohammed ! Comment vas-tu *(comment ton état)* ?
. . . . , . . Mouhammad(ou) ! Kayfa . . . . ?

❷ Comment vas-tu, Jamìla ? – [Bien], Dieu soit loué !
Kayfa . . . . , . . Jamìla(tou) ? – . . - . . . . ,
li-(A)llahi !

❸ Est-ce que ton (poss. fém.) maître [est] ici ? – Non, mon maître [est] chez *(dans maison*)* mon père.
. . . oustàdhouki . . . . . ? – Là, ... fì . . . . .
. . . .

❹ Il [est] dans son nouveau bureau *(dans son bureau le nouveau)*.
Houwa fì . . . . - . . . .

❺ Où [est] le marchand réputé ? – Au souk. – Merci !
. . . . (a)t-tàjirou . . - . . . . ? – . . (a)s-soùqi.
– . . . . !

❹ مَدِينَتُهَا مَدِينَةٌ مَشْهُورَةٌ

Madìnatouhà madìnatoun machhoùratoun.

❺ مَكَثَتِ ٱلْبِنْتُ فِي ٱلْمَدِينَةِ ٱلْجَمِيلَةِ

Makathat-i‿(a)l-bintou fì‿(a)l-madìnati‿(a)l-jamìlati.

Corrigé de l'exercice 1

❶ Dans le vieux souk, [il y a] un marchand réputé. ❷ Le père de la fille est au marché de la ville nouvelle. ❸ Le nom de ma ville est un nom célèbre. ❹ Sa (poss. fém.) ville [est] une ville célèbre. ❺ La fille est restée dans la belle ville.

Corrigé de l'exercice 2 – Les mots manquants

❶ Marhaban, yà مَرْحَبًا، يَا – hàlouka حَالُكَ ❷ – hàlouki, yà حَالُكِ، يَا – Al-hamdou أَلْحَمْدُ – ❸ Hal هَلْ – hounà هُنَا – oustàdhì أُسْتَاذِي – bayti wàlidì بَيْتِ وَالِدِي ❹ – maktabihi (a)l-jadìdi مَكْتَبِهِ ٱلْجَدِيدِ ❺ Ayna أَيْنَ – (a)l-machhoùrou ٱلْمَشْهُورُ – Fì فِي – Choukran شُكْرًا

Texte de l'exercice 2

❶ مَرْحَبًا يَا مُحَمَّدُ ! كَيْفَ حَالُكَ ؟

❷ كَيْفَ حَالُكِ يَا جَمِيلَةُ ؟ – أَلْحَمْدُ لِلّٰهِ!

❸ هَلْ أُسْتَاذُكِ هُنَا ؟ – لَا، أُسْتَاذِي فِي بَيْتِ وَالِدِي

❹ هُوَ فِي مَكْتَبِهِ ٱلْجَدِيدِ

❺ أَيْنَ ٱلتَّاجِرُ ٱلْمَشْهُورُ ؟ – فِي ٱلسُّوقِ – شُكْرًا

Maintenant, vous êtes en mesure de lire et employer le dicton qui avait été cité à la fin de la leçon 6 :

أَلْحَرَكَةُ بَرَكَةٌ

Al-harakatou barakatoun.
Le mouvement [est] une bénédiction.

18 Dix-huitième leçon (ad-darsou (a)th-thàmina ᶜachara)

Bintou‿(a)l-jàri
La fille du voisin

1 – **Ilà ayna** ① **dhahabti, yaouma amsi** ② **?**
vers où tu-es-allée jour[dir.] hier[ind.]*
Où es-tu allée hier ?

2 – **Dhahabtou ilà doukkànin jadìdin** ③
je-suis-allé(e) vers boutique-une[ind.] nouveau-un[ind.]
Je suis allée dans une nouvelle boutique

Notes

① **ilà ayna** إِلَى أَيْنَ *vers où ?, [à] où ?* : vous avez déjà rencontré cet interrogatif à la leçon 11, note 1, mais nous insistons ici pour que vous n'oubliiez pas de distinguer *où* sans mouvement (**ayna** أَيْنَ) et *où* avec mouvement.

② **yaouma amsi** يَوْمَ أَمْسِ *hier* (le jour d'hier). Retenez telle quelle cette expression. Mais sachez que nombre d'adverbes de temps sont au cas direct déterminé, ici **yaoum-a** en annexion avec **amsi** (forme figée) ou encore **al-yaouma** أَلْيَوْمَ *aujourd'hui.* D'autres adverbes, au contraire, sont également au cas direct,

كيف حالك ؟

١ – كيف حالك، يا محمّد ؟
٢ – ألحمد لله !
٣ – هل ولدك هنا ؟
٤ – لا، ولدي في ٱلمدينة ٱلقديمة
٥ هو تاجر مشهور في ٱلسّوق
٦ – شكرا، يا أخي !

١٨ أَلدَّرْسُ ٱلثَّامِنَ عَشَرَ

بِنْتُ ٱلْجَارِ

١ – إِلَى أَيْنَ ذَهَبْتِ يَوْمَ أَمْسِ ؟

٢ – ذَهَبْتُ إِلَى دُكَّانٍ جَدِيدٍ

▸ mais portent le **tanwìn**, comme **ma<u>rh</u>aban !** مَرْحَبًا *bienvenue !* (leçon 16, note 1) ou **jiddan** جِدًّا *très* dans la présente leçon à la phrase 5.

③ **ilà doukkànin jadìdin (ilà doukkàn-in jadìd-in)**
إِلَى دُكَّانٍ جَدِيدٍ *dans (à) une boutique nouvelle*. La terminaison **-in** est le **tanwìn** d'indétermination (*un/une*) du nom au cas indirect et de l'adjectif qui l'accompagne (épithète) – de même que **-oun** est la terminaison au cas sujet.
Un nom terminé par le **tanwìn "-in"** est le plus souvent complément d'un autre nom qui, dans ce cas, n'est pas précédé de l'article : **bintou tàjirin** بِنْتُ تَاجِرٍ *la fille d'un commerçant* (phrase 4).

3 **maᶜa binti‿(a)l-jàri.**
avec fille[ind.] le-voisin[ind.]*
avec la fille du voisin.

4 – **Naᶜam, hiya bintou tàjirin** ③ **;**
oui elle fille[suj.] commerçant-un[ind.]*
Oui, c'est la fille d'un marchand ;

5 **hiya khabìratoun** ④ **jiddan** ②
bi(a)t-tasawwouqi ! □
elle experte-une[suj.] très avec-le-shoping
elle est très experte en shopping !

Notes

④ **hiya khabìratoun** خَبِيرَةٌ هِيَ *elle est experte* (= elle [est] une experte). On pourrait dire aussi : **al-bintou khabìratoun** أَلْبِنْتُ خَبِيرَةٌ *la fille [est] experte* (la fille une experte). Il faut noter que l'adjectif, attribut d'un pronom ou d'un nom précédé de l'article **al-**, prend une forme indéterminée et donc la terminaison **-oun**.

La nouvelle lettre

finale	médiane	initiale	isolée	transl.	nom	
ـع	ـعـ	عـ	ع	ᶜ	عَيْن	**ᶜayn**

Cette lettre avec le **khà'** et le **qàf**, donne à la langue arabe ses sonorités caractéristiques. Le **ᶜayn** est très guttural : une sorte de râclement de la gorge comme si on allait vomir. C'est le cri du chameau.
Le **ᶜayn** a une forme qui ressemble un peu à l'***epsilon*** grec, mais cette lettre se réduit à une petite boucle en initiale – qu'il ne faut pas confondre avec un **hamza** (d'ailleurs, ce dernier ne peut pas se lier).
Bien que ce caractère n'ait pas d'équivalent en français, ni même dans d'autres langues européennes, et qu'il soit , par convention représenté par une sorte d'apostrophe en forme de boucle, il faut bien comprendre qu'il s'agit en arabe d'une lettre à part entière. Comme toute autre consonne, elle peut porter une voyelle, brève ou longue.

٣ مَعَ بِنْتِ ٱلْجَارِ

٤ – نَعَمْ، هِيَ بِنْتُ تَاجِرٍ؛

٥ هِيَ خَبِيرَةٌ جِدّاً بِٱلتَّسَوُّقِ!

Nous indiquerons maintenant les nouveaux noms, comme il est d'usage, avec la marque de l'indétermination-sujet : **-oun**. Quant aux adjectifs, nous en donnerons le masculin. Vous pourrez, si nécessaire, former le féminin en y ajoutant le **tà' marboùṯa**.

Les mots nouveaux

yaouma amsi	يَوْمَ أَمْسِ	*hier*
yaoumoun, al-yaouma	يَوْمٌ، أَلْيَوْمَ	*jour, aujourd'hui* (note 2)
doukkànoun	دُكَّانٌ	*boutique*
ma^{c}a	مَعَ	*avec, en compagnie de*
na^{c}am	نَعَمْ	*oui*
hiya	هِيَ	*elle*
khabìroun (khabìratoun)	خَبِيرٌ (خَبِيرَةٌ)	*expert(e)*
jiddan	جِدًّا	*très*
tasawwouqoun	تَسَوُّقٌ	*emplettes, shopping*

Remarque concernant l'écriture

Notez que **yaouma** يَوْمَ s'écrit avec un **wàw** portant un **soukoùn**, c'est-à-dire sans voyelle. Il est dans ce cas prononcé "**ou**", de même que le **yà'** portant le **soukoùn** est prononcé **ï**, transcrit **y** (comme dans **baytoun** بَيْتٌ *maison*).

بِنْتُ ٱلْجَارِ

Ri À Ja-L A Tou N Bi
(a)l-jàri bintou

1 ←

إِلَى أَيْنَ ذَهَبْتِ يَوْمَ أَمْسِ

Si M A Ma W Ya Ti B Ha DHa Na Y A Y La I
amsi yaouma dhahabti ayna ilà

2 ←

ذَهَبْتُ إِلَى دُكَّانٍ جَدِيدٍ

Din Y Di Ja Nin À KKa Dou Y La I Tou B Ha DHa
jadìdin doukkànin ilà dhahabtou

Exercice 1 : تَرْجِمْ Tarjim ! (Traduis)

1. إِلَى أَيْنَ ذَهَبَتِ ٱلْبِنْتُ يَوْمَ أَمْسِ ؟

Ilà ayna dhahabat-i‿(a)l-bintou yaouma amsi ?

2. ذَهَبْتُ إِلَى دُكَّانٍ جَدِيدٍ فِي وَسَطِ ٱلْمَدِينَةِ

Dhahabat ilà doukkànin jadìdin fì wasaṯi‿(a)l-madìnati.

3. يَا مُحَمَّدُ، إِلَى أَيْنَ ذَهَبْتَ مَعَ جَارِكَ ؟

Yà Mouḫammad(ou), ilà ayna dhahabta ma^{c}a jàrika ?

4. مَعَ مَنْ دَخَلَتِ ٱلْبِنْتُ ٱلدُّكَّانَ ؟

Ma^{c}a man dakhalat-i‿(a)l-bintou‿(a)d-doukkàna ?

← 3

ٱلْجَارِ	بِنْتِ	مَعَ
Ri À Ja-L A	Ti N Bi	^{c}a Ma
(a)l-jàri	**binti**	**ma^{c}a**

← 4

تَاجِرٍ	بِنْتُ	هِيَ	نَعَمْ
Rin Ji À Ta	Tou N Bi	Ya Hi	M ^{c}a Na
tàjirin	**bintou**	**hiya**	**na^{c}am**

← 5

بِٱلتَّسَوُّقِ	جِدّاً	خَبِيرَةٌ	هِيَ
Qi WWou Sa Ta-L A-Bi	An DD Ji	*T*oun Ra Y B KHa	Ya Hi
bi(a)t-tasawwouqi	**jiddan**	**khabìratoun**	**hiya**

❺ هِيَ بِنْتُ جَارٍ، هِيَ جَمِيلَةٌ جِدًّا

Hiya bintou jàrin ; hiya jamìlatoun jiddan.

Corrigé de l'exercice 1

❶ Où est allée la [jeune] fille hier ? ❷ Elle est allée dans une nouvelle boutique au centre-ville. ❸ *(Ô)* Mohammed, où es-tu allé avec ton voisin ? ❹ Avec qui est entrée la [jeune] fille dans la boutique ? ❺ C'est la fille d'un voisin ; elle est très belle.

18 Exercice 2 : كَمِّلْ Kammil ! (Complète)

❶ *(Ô)* Jamila, où es-tu allée ?
. . Jamìla(tou), . . . ayna . . . . ?

❷ Où est la nouvelle *(nouveau)* boutique ? – Elle *(il)* est au centre du marché.
Ayna . . - . . . . (a)l-jadìdou ? – . . . . . fì . . . . . . (a)s-soùqi.

❸ Mon enfant est allé hier chez un voisin *(à maison* voisin-un hier)*.
Dhahaba . . . . . . ilà bayti . . . . . , yaouma . . . . .

❹ Son (poss. fém.) chat est resté dans un beau jardin.
Makatha . . . . fì . . . . jamìlin.

❺ Ma fille *(son nom)* Jamila est très experte en shoping.
Bintì . . . . Jamìla(toun) . . . . bi(a)t-tasawwouqi.

> *Vous commencez à jouer avec les pronoms isolés ou affixes (fixés aux mots), le masculin et le féminin, la détermination et l'indétermination. Avec l'arabe, vous découvrez une autre structure de langue et en même temps un autre mode de pensée, un nouveau monde :*
>
> كُلُّ لِسَانٍ فِي ٱلْحَقِيقَةِ إِنْسَانٌ
>
> **Koullou lisànin fì (a)l-haqìqati insànoun.**
> *tout[suj.] * langue-une[ind.] dans la-vérité[ind.] humain-un[suj.]*
> Toute langue est en vérité un être humain.

Corrigé de l'exercice 2 – Les mots manquants

❶ Yà يَا – ilà إِلَى – dhahabti ذَهَبْتِ ❷ – (a)d-doukkànou ٱلدُّكَّانُ – Houwa هُوَ – wasati وَسَطِ – ❸ – waladì وَلَدِي – jàrin جَارٍ – amsi أَمْسِ ❹ qittouhà قِطُّهَا – boustànin بُسْتَانٍ – ❺ – ismouhà إِسْمُهَا – khabìratoun jiddan خَبِيرَةٌ جِدًّا

Texte de l'exercice 2

❶ يَا جَمِيلَةُ، إِلَى أَيْنَ ذَهَبْتِ ؟

❷ أَيْنَ ٱلدُّكَّانُ ٱلْجَدِيدُ ؟ – هُوَ فِي وَسَطِ ٱلسُّوقِ

❸ ذَهَبَ وَلَدِي إِلَى بَيْتِ جارٍ، يَوْمَ أَمْسِ

❹ مَكَثَ قِطُّها فِي بُسْتَانٍ جَمِيلٍ

❺ بِنْتِي إِسْمُهَا جَمِيلَةٌ خَبِيرَةٌ جِدًّا بِٱلتَّسَوُّقِ

Lecture de deuxième vague

بنت ٱلجار

١ – إلى أين ذهبت يوم أمس ؟

٢ – ذهبت إلى دكان جديد

٣ مع بنت ٱلجار

٤ – نعم، هي بنت تاجر

٥ هي خبيرة جدا بٱلتّسوّق

19 Dix-neuvième leçon (ad-darsou (a)t-tàsiᶜa ᶜachara)

Risàlatoun
Une lettre

1 – Marhaban, yà Mouhammad(ou) ! Mà fì yadika ?
bienvenue ô Mohammed[suj.] quoi dans main[ind.]-ta(poss. masc.)
Bienvenue, Mohammed ! Qu'as-tu dans la main ?

2 – Wasalat risàlatoun ① **min Misr** ②.
elle-est-arrivée lettre-une[suj.] de Égypte
Une lettre est arrivée d'Égypte.

3 Wajadtouhà ③ **ᶜalà‿(a)l-mà'idati.**
j'ai-trouvé-elle sur la-table[ind.]
Je l'ai trouvée sur la table.

4 – Naᶜam. Sabàha‿(a)l-yaoumi ④ **marra‿(a)l-khàdimou** ⑤
oui matin[dir.] le-jour[ind.] il-est-passé le-serviteur[suj.]*
Oui, le serviteur est passé ce matin

Notes

① **wasalat risàlatoun** رِسَالَةٌ وَصَلَتْ *une lettre est arrivée* : vous remarquez que le verbe s'accorde avec son sujet féminin, dont le genre est indiqué par le **tà' marboùta** ـَة.

② **min Misr** مِنْ مِصْر *[en provenance] d'Égypte* : les noms de pays ont souvent un statut particulier. Celui-ci, d'une part, n'est pas précédé de l'article et, d'autre part, ne porte pas de marque de détermination (sa dernière voyelle n'est jamais indiquée, ni prononcée). Le nom commun **misroun** signifie *métropole.*

③ **wajadtouhà** وَجَدْتُهَا *je l'ai trouvée (j'ai trouvé-elle)* : le suffixe du possessif sert aussi de pronom personnel complément ▸

١٩ أَلدَّرْسُ ٱلتَّاسِعَ عَشَرَ

رِسَالَةٌ

١ – مَرْحَبًا يَا مُحَمَّدُ ! مَا فِي يَدِكَ ؟

٢ – وَصَلَتْ رِسَالَةٌ مِنْ مِصْر

٣ وَجَدْتُهَا عَلَى ٱلْمَائِدَةِ

٤ – نَعَمْ. صَبَاحَ ٱلْيَوْمِ مَرَّ ٱلْخَادِمُ

▸ d'objet direct. De même à la phrase 5 : **akhadhahà** أَخَذَهَا *il l'a prise*. Ces suffixes sont donc très pratiques et faciles d'emploi. Ils sont dits "pronoms affixes".

④ **s̲abàh̲a (a)l-yaoumi** صَبَاحَ ٱلْيَوْمِ *ce matin* (matin* le-jour) : on remarque que le complément de temps est en général au cas direct, comme dans la leçon précédente, **yaouma amsi** يَوْمَ أَمْسِ *hier* (jour* hier), du moins en ce qui concerne le premier terme lorsqu'il a un complément.

⑤ **marra** مَرَّ *il est passé* : ce verbe a une consonne redoublée et sa racine comporte donc bien trois lettres, comme la plupart des verbes, **MRR**. Nous verrons plus loin comment le conjuguer. Pour l'instant, vous pouvez l'utiliser à la 3e personne du singulier, au masculin – comme dans cette phrase –, et au féminin : **marrat** مَرَّتْ *elle est passée.* Ce verbe s'utilise avec la préposition **bi-** بِ : **marra bi-maktabi (a)l-barìdi** مَرَّ بِمَكْتَبِ ٱلْبَرِيدِ *il est passé par le bureau de poste.* Rappelez-vous que cette préposition a aussi le sens de *avec* (**bi-(a)l-qalami** بِٱلْقَلَمِ *avec le stylo* (leçon 9)).

19 5 **bi-maktabi‿(a)l-barìdi** ⑤ **wa akhadhahà** ③. □
par-bureau[ind.] la-poste[ind.] et il-a-pris-elle*
par le bureau de poste et il l'a prise.

Remarque concernant la prononciation

• Dans les mots **ᶜalà** عَلى *sur* et **naᶜam** نَعَمْ *oui*, ne craignez pas de prononcer le **ᶜayn** comme un éructement. Rappelez-vous que le **ᶜayn** est une véritable consonne, qui porte une voyelle, et qu'il faut l'entendre.

La nouvelle lettre

finale	médiane	initiale	isolée	transl.	nom	
ـص	ـصـ	صـ	ص	**s̱**	صَاد	**s̱àd**

Il s'agit d'un **s** emphatique, prononcé comme si on avait la bouche pleine, ce qui conduit à allonger la voyelle qu'il porte et à en faire un **a** plus ouvert : "**s̱â-bâ-ẖ**" En outre, dans ce mot, le **ẖà'** est également emphatisé, donc prononcé plus fort et prolongé.
De même "**wâ-s̱â-la**" : on constate qu'au contact du **s̱àd** les deux **a** brefs qui l'entourent deviennent des **a** très ouverts, comme le **â** accent circonflexe du français, qui est à distinguer du **à** long de l'arabe, comme dans **mà ?** مَا؟, *quoi ?*.

Pour vous entraîner à bien faire la différence entre un **à** long et un **a** ouvert, vous pouvez lire à haute voix ce qui suit, en écoutant bien les enregistrements.

• Mots avec voyelle **a** longue ou allongée (**aà**)

al-kàtibou أَلْكَاتِبُ *l'écrivain* **al-kitàbou** أَلْكِتَابُ *le livre*
oustàdhoun أُسْتَاذٌ *un maître* **wàlidoun** وَالِدٌ *un père*

• Mots avec voyelle **a** brève, très ouverte (**â**) au contact d'une consonne emphatisée :

"was̱ala ("wâs̱âla")	وَصَلَ	*arriver*
s̱abàẖoun ("s̱âbâẖoun")	صَبَاحٌ	*matin*
wasaṯoun ("wasâṯ-oun")	وَسَطٌ	*centre*

Remarque concernant l'écriture

• ᶜalà عَلَى *sur* est une préposition dont le **à** long s'écrit avec **yà'** final sans point (**alif maqsoùra**), comme c'est le cas pour **ìlà** إِلَى *à, vers.*
• **mà'idatoun** مَائِدَةٌ *une table* : après une voyelle **a** longue, marquée par **alif**, le **hamza** est porté par un **yà'** sans points, pour éviter d'écrire un deuxième **alif** portant le **hamza**, marquant lui-même l'attaque vocalique. Si cela vous semble compliqué, apprenez à écrire tel quel le mot **mà'idatoun**, sans plus réfléchir pour l'instant.

Les mots nouveaux

risàlatoun	رِسَالَةٌ	*lettre*
yadoun	يَدٌ	*main*
wasala	وَصَلَ	*arriver (il est arrivé)*
Misr	مِصْر	*Égypte*
misroun	مِصْرٌ	*métropole* (note 2)
ᶜalà	عَلَى	*sur*
mà'idatoun	مَائِدَةٌ	*table*
sabàha (a)l-yaoumi	صَبَاحَ ٱلْيَوْمِ	*ce matin* (matin* le jour)
marra bi-	مَرَّ بِـــ...	*passer par*
khàdimoun	خَادِمٌ	*serviteur*
barìdoun	بَرِيدٌ	*courrier, poste*

رِسَالَةٌ

*T*oun La À Sa Ri
risàlatoun

1 ← مَرْحَبًا يَا مُحَمَّدُ مَا فِي يَدِكَ

Ka Di Ya **yadika** | Y Fi **fì** | À Ma **mà** | Dou MMa Ha Mou **Mouhammadou** | À Ya **yà** | An B Ha R Ma **marhaban**

2 ← وَصَلَتْ رِسَالَةٌ مِنْ مِصْر

R S M **Misr** | N Mi **min** | *T*oun La À Sa Ri **risàlatoun** | T La Sa Wa **wasalat**

Exercice 1 : تَرْجِمْ Tarjim ! (Traduis)

❶ مَرْحَبًا يَا جَمِيلَةُ، مَا فِي يَدِكِ ؟ – فِي يَدِي رِسَالَةٌ جَمِيلَةٌ

Marhaban yà Jamìlatou, mà fì yadiki ? – Fì yadì risàlatoun jamìlatoun.

❷ هَلْ مَرَّ خَادِمُكَ بِمَكْتَبِ ٱلْبَرِيدِ صَبَاحَ ٱلْيَوْمِ ؟

Hal marra khàdimouka bi maktabi (a)l-barìdi sabàha (a)l-yaoumi ?

❸ وَصَلَتْ رِسَالَةُ ٱلْجَدِّ مِنْ مِصْر

Wasalat risàlatou (a)l-jaddi min Misr.

3 ← وَجَدْتُهَا عَلَى ٱلْمَائِدَةِ

ٱلْمَائِدَةِ	عَلَى	وَجَدْتُهَا
Ti Da 'I À Ma-L A	Y La ᶜa	À Ha Tou D Ja Wa
(a)l-mà'idati	**ᶜalà**	**wajadtouhà**

4 ← نَعَمْ صَبَاحَ ٱلْيَوْمِ مَرَّ ٱلْخَادِمُ

ٱلْخَادِمُ	مَرَّ	ٱلْيَوْمِ	صَبَاحَ	نَعَمْ
Mou Di À KHa-L A	RRa Ma	Mi W Ya-L A	H̲a À Ba S̲a	M ᶜa Na
(a)l-khàdimou	**marra**	**(a)l-yaoumi**	**s̲abàh̲a**	**naᶜam**

5 ← بِمَكْتَبِ ٱلْبَرِيدِ وَ أَخَذَهَا

أَخَذَهَا	وَ	ٱلْبَرِيدِ	بِمَكْتَبِ
À Ha DHa KHa A	Wa	Di Y Ri Ba-L A	Bi Ta K Ma-Bi
akhadhahà	**wa**	**(a)l-barìdi**	**bi-maktabi**

④ أَيْنَ وَجَدْتِ رِسَالَةَ جَدِّكِ ؟ - فِي مَكْتَبِ أَخِي

Ayna wajadti risàlata jaddiki ? – Fì maktabi akhì.

⑤ وَجَدْتُهَا فِي بَيْتِ وَالِدِي، عَلَى مَائِدَةٍ

Wajadtouhà fì bayti wàlidì, ᶜalà mà'idatin.

Corrigé de l'exercice 1

❶ Bonjour, Jamila ! Qu'as-tu dans la main *(quoi dans ta main)*. – J'ai dans la main une jolie lettre *(dans ma main une lettre une jolie)*. ❷ Est-ce que ton (poss. masc.) serviteur est passé par le bureau de poste ce matin ? ❸ La lettre du grand-père est arrivée d'Égypte. ❹ Où as-tu (fém.) trouvé la lettre de ton grand-père ? – Dans le bureau de mon frère. ❺ Je l'ai trouvée chez mon père *(dans maison*mon père)* sur une table.

19 Exercice 2 : كَمِّلْ Kammil ! (Complète)

❶ Qui est passé par le bureau de poste ?
Man .... bi-maktabi ..-....... ?

❷ Est-ce que tu (masc.) l'as prise ? – Oui, je l'ai prise.
... akhadhtahà ? – ....., ...

❸ Ma fille est passée par une grande ville.
...... bintì ..-......... kabìratin.

❹ Qui a écrit la lettre ? – [C'est] mon grand-père [qui] l'a écrite *(l'a écrite mon grand-père).*
... kataba ..-........ ? – .... jaddì.

❺ Est-elle sur la table ? – Non, sur la table, il y a la lettre d'un ancien voisin.
Hal ... ᶜalà ..-........ ? – .., ...
(a)l-mà'idati .... qadìmin.

Texte de l'exercice 2

❶ مَنْ مَرَّ بِمَكْتَبِ ٱلْبَرِيدِ ؟

❷ هَلْ أَخَذْتَهَا ؟ نَعَمْ أَخَذْتُهَا

❸ مَرَّتْ بِنْتِي بِمَدِينَةٍ كَبِيرَةٍ

❹ مَنْ كَتَبَ ٱلرِّسَالَةَ ؟ كَتَبَهَا جَدِّي

❺ هَلْ هِيَ عَلَى ٱلْمَائِدَةِ ؟ لَا، عَلَى ٱلْمَائِدَةِ
رِسَالَةُ جَارٍ قَدِيمٍ

Corrigé de l'exercice 2 – Les mots manquants

❶ – marra مَرَّ – (a)l-barìdi ٱلْبَرِيدِ ❷ Hal هَلْ – Na^c^an, akhadhtouhà نَعَمْ، أَخَذْتُهَا ❸ Marrat مرَّتْ – bi-madìnatin بِمَدِينَةٍ – ❹ Man مَنْ – (a)r-risàlata ٱلرِّسَالَةَ – Katabahà كَتَبَهَا ❺ – hiya هِيَ – (a)l-mà'idati ٱلْمَائِدَةِ – Là, ^c^alà لاَ،عَلَى – risàlatou jàrin رِسَالَةُ جَارٍ –

Lecture de deuxième vague

رسالة

١ – مرحبا، يا محمد ! ما في يدك ؟
٢ – وصلت رسالة من مصر
٣ وجدتها على ٱلمائدة
٤ – نعم ، صباح ٱليوم مرّ ٱلخادم
٥ بمكتب ٱلبريد وأخذها

20 Vingtième leçon (ad-darsou (a)l-^{c}ichroùna)

As-salàmou ^{c}alayka !
Bonjour !

1 – **As-salàmou ^{c}alayka ①, yà Zayd(ou) !**
le-salut[suj.] sur-toi(masc.) ô Zayd[suj.]
Bonjour, Zayd !

2 – **Wa ^{c}alayki ① (a)s-salàmou, yà Zaynab(ou) !**
et sur-toi(fém.) le-salut[suj.] ô Zaynab
Bonjour, Zaynab !

3 – **Hal raja^{c}a <u>s</u>adìqouka min-a‿(a)l-^{c}à<u>s</u>imàti ?**
est-ce-que il-est-revenu ami[suj.]-ton(poss. masc.) de la-capitale[ind.]
Est-ce que ton ami est revenu de la capitale ?

4 – **Na^{c}am, raja^{c}nà ② minhà ma^{c}ahou ①.**
oui nous-sommes-revenus de-elle avec-lui
Oui, nous en sommes revenus avec lui.

5 **Houwa wajada lahou ① fìhà sayyàratan jadìdatan ③.**
lui il-a-trouvé pour-lui dans-elle (=la capitale) voiture-une[dir.] nouvelle-une[dir.]
Il y a trouvé une nouvelle voiture.

Notes

① **^{c}alayka** / **^{c}alayki** عَلَيْكَ / عَلَيْكِ *sur toi (masc. / fém.)* ; **lahou** لَهُ *pour lui* (phrase 5) ; **fìhà** فِيهَا *dans elle = y* (phrase 5) et **ma^{c}ahou** مَعَهُ (phrase 4). Vous constatez qu'on peut suffixer les pronoms aux prépositions, ce qui entraîne parfois un changement dans l'écriture du **yà** (en ce qui concerne **fì** فِي et **^{c}alà** عَلَى). Notez que la préposition **li-** *pour* devient **la-** devant un pro-

٢٠ أَلدَّرْسُ ٱلْعِشْرُونَ

أَلسَّلاَمُ عَلَيْكَ !

١ – أَلسَّلاَمُ عَلَيْكَ يَا زَيْدُ !

٢ – وَعَلَيْكِ ٱلسَّلاَمُ يَا زَيْنَبُ !

٣ – هَلْ رَجَعَ صَدِيقُكِ مِنَ ٱلْعَاصِمَةِ ؟

٤ – نَعَمْ، رَجَعْنَا مِنْهَا مَعَهُ

٥ هُوَ وَجَدَ لَهُ فِيهَا سَيَّارَةً جَدِيدَةً

▸ nom : **lahou** لَهُ *pour lui*, **laka** لَكَ *pour toi (masc.)*, **laki** لَكِ *pour toi (fém.)* ; mais on dira **lì** لِي *pour moi.*

② **raja^c^nà** رَجَعْنَا *nous sommes revenus* : **-nà** نَا est la terminaison de la 1re personne du pluriel du verbe au passé.

③ **wajada sayyàratan jadìdatan** وَجَدَ سَيَّارَةً جَدِيدَةً *il a trouvé une voiture neuve / nouvelle* et **fa-wajadtou kitàban nafìsan** فَوَجَدْتُ كِتَابًا نَفِيسًا *eh bien j'ai trouvé un livre précieux* (phrase 6) ; **-an** est la marque de l'indétermination au cas direct. Cette terminaison est représentée par un **tanwìn** qui s'écrit sur un **alif** ou bien sur un **tà' marboùta** lorsque le mot porte la marque du féminin : **kitàban** كِتَابًا : **-an** ; **sayyàratan** سَيَّارَةً : **-tan**.
Rappelons que **-an** est aussi la marque de l'adverbe. Nous en avons déjà rencontré un certain nombre, comme **marhaban** مَرْحَبًا *bienvenue*, **jiddan** جِدًّا *très* et **choukran** شُكْرًا *merci.*

20 6 **Ammà anà fa-wajadtou ④ kitàban nafîsan ③.** □
quant-à moi eh-bien-j'ai-trouvé livre-un[dir.] précieux-un[dir.]
Quant à moi, j'[y] ai trouvé un livre précieux.

Prononciation

• **s̲adìqouka** صَدِيقُكَ *ton ami* : essayez de distinguer les deux sons arabes **q** et **k**. Ce n'est pas très aisé, au début. Ne vous découragez pas !

Notes

④ **Ammà anà fa-wajadtou...** أَمَّا أَنَا فَوَجَدْتُ *quant à moi [eh bien] j'ai trouvé...* : pour exprimer *quant à*, on utilise **ammà** devant le pronom personnel d'insistance, puis on fait précéder de **fa-** le verbe.

Remarque concernant l'écriture

• **ᶜalayka / ᶜalayki** عَلَيْكَ/ عَلَيْكِ *sur toi* (masc.) / *sur toi* (fém.) : le **yà'** sans points de **'alà** redevient **yà'** avec points, en position médiane, quand on lui adjoint un pronom. Il faut donc dès maintenant apprendre à reconnaître ce mot sous ses deux formes, avec ou sans pronom.

• **fihà** فِيهَا *dans elle* : le **yà'** final (avec points) de **fì** فِي passe en position médiane.

• **salàm-oun** سَلاَمٌ : notez l'écriture du **làm + alif** (**alif** placé au creux du **làm**), comme vous l'avez déjà vu dans **là** (leçon 13) et **al-oustàdhou** (leçon 10) mais ici en milieu de mot.

• **sayyàratoun** سَيَّارَةٌ *voiture* : le **tà' marboùt̲a** – terminaison d'un mot féminin – ne peut être lié puisqu'il vient après un **rà'**. Il apparaît donc ici sous sa seconde forme, isolée (comme un **hà'** isolé, surmonté de deux points) : ة.

20 ٦ أَمَّا أَنَا فَوَجَدْتُ كِتَابًا نَفِيسًا

La nouvelle lettre

finale	médiane	initiale	isolée	transl.	nom	
ـز	ـز	ز	ز	z	زَاء	zà’

Cette lettre a la même forme que **rà’** ر R, mais est surmontée d’un point.

Les mots nouveaux

salàmoun	سَلاَمٌ	*salut, paix*
Zayd(oun)	زَيْدٌ	*Zayd* (nom de garçon)
Zaynab(ou)	زَيْنَبُ	*Zaynab* (nom de fille)
raja^{c}a	رَجَعَ	*revenir, retourner* (il-est-revenu)
<u>s</u>adìqoun	صَدِيقٌ	*ami*
^{c}à<u>s</u>imàtoun	عَاصِمَةٌ	*capitale*
raja^{c}nà	رَجَعْنَا	*nous sommes revenus*
lahou	لَهُ	*pour lui*
sayyàratoun	سَيَّارَةٌ	*voiture*
ammà... fa-	أَمَّا . . . فَ	*quant à... eh bien*
nafìsoun	نَفِيسٌ	*précieux*

عَلَيْكَ	أَلسَّلامُ
Ka Y La ᶜa	Mou À La Sa-L A
ᶜalayka	**as-salàmou**

زَيْدُ	يَا	عَلَيْكَ	أَلسَّلامُ	← 1
Dou Y Za	À Ya	Ka Y La ᶜa	Mou À La Sa-L A	
Zayd(ou)	**yà**	**ᶜalayka**	**as-salàmou**	

زَيْنَبُ	يَا	أَلسَّلامُ	عَلَيْكِ	وَ	← 2
Bou Na Y Za	À Ya	Mou À La Sa-L A	Ki Y La ᶜa	Wa	
Zaynab(ou)	**yà**	**(a)s-salàmou**	**ᶜalayki**	**wa**	

اَلْعَاصِمَةِ	مِنَ	صَدِيقُكَ	رَجَعَ	هَلْ	← 3
*T*i Ma S̲i À ᶜa-L A	Na Mi	Ka Qou Y Di S̲a	ᶜa Ja Ra	L Ha	
(a)l-ᶜàs̲imati	**min-a**	**s̲adìqouka**	**rajaᶜa**	**hal**	

مَعَهُ	مِنْهَا	رَجَعْنَا	نَعَمْ	← 4
Hou ^{c}a Ma	À Ha N Mi	À Na ^{c} Ja Ra	M ^{c}a Na	
ma^{c}ahou	**minhà**	**raja^{c}nà**	**na^{c}am**	

فِيهَا	لَهُ	وَجَدَ	هُوَ	← 5
À Ha Y Fi	Hou La	Da Ja Wa	Wa Hou	
fìhà	**lahou**	**wajada**	**houwa**	
	جَدِيدَةً		سَيَّارَةً	
	*T*an Da Y Di Ja		*T*an Ra À YYa Sa	
	jadìdatan		**sayyàratan**	

نَفِيسًا	كِتَابًا	فَوَجَدْتُ	أَنَا	أَمَّا	← 6
An S Y Fi Na	An B À Ta Ki	Tou D Ja Wa-Fa	À Na A	À MMa A	
nafìsan	**kitàban**	**fa-wajadtou**	**anà**	**ammà**	

Le salut (la paix) [soit] sur toi ! ***As-salàmou ^{c}alayka*** ! أَلسَّلَامُ عَلَيْكَ : *cette formule est souvent assimilée à "Bonjour !". Elle introduit, cependant, une nuance de civilisation assez nette, en ce sens qu'elle est, en principe, utilisée entre musulmans. Un non-musulman peut aussi l'employer, mais en connaissance de cause. Voilà encore une expression habitée par la présence de Dieu, car c'est bien "le salut", "la paix" de Dieu que le croyant appelle sur son prochain.*
Marhaban (Bienvenue ! Bonjour !) *est dénué de tout aspect religieux et peut, par conséquent, être utilisé autant par un musulman que par une personne appartenant à une autre confession.*

Exercice 1 : تَرْجِمْ Tarjim ! (Traduis)

❶ رَجَعْتُ مِنَ ٱلْعَاصِمَةِ مَعَ صَدِيقِي ٱلْجَدِيدِ

Raja^{c}tou min-a‿(a)l-^{c}à<u>s</u>imati ma^{c}a <u>s</u>adìqì‿(a)l-jadìdi.

❷ مَا وَجَدَتْ بِنْتُ جَارِكِ فِي ٱلْعَاصِمَةِ ؟

Mà wajadat bintou jàriki fì‿(a)l-^{c}à<u>s</u>imati ?

❸ وَجَدْنَا فِي دُكَّانٍ قَدِيمٍ كِتَابًا نَفِيسًا

Wajadnà fì doukkànin qadìmin kitàban nafìsan.

❹ وَجَدَ وَالِدُكَ لَكَ فِيهَا سَيَّارَةً جَمِيلَةً

Wajada wàlidouka laka fìhà sayyàratan jamìlatan.

Exercice 2 : كَمِّلْ Kammil ! (Complète)

❶ Bonjour, Mohammed *(le salut soit sur toi, ô Mohammed)* ! – Bonjour Zaynab *(et sur toi...)* !
. . - . . . . ^{c}alayka, . . Mou<u>h</u>ammadou ! – . . . . (a)s-salàmou, yà . . . . !

❷ Bonjour (masc.) ! Comment vas-tu ?
As-salàmou . . . . ! . . . . ?

❸ Nous avons trouvé pour toi une belle table et un stylo précieux.
. . . . mà'idatan . . . . wa . . . . nafìsan.

❹ Est-ce que ta (poss. masc.) voiture [est] *(une)* neuve ? – Non, elle [est] *(une)* vieille.
Hal . . . . jadìdatoun ? – . . , hiya . . . .

⑤ هُوَ رَجَعَ إِلَى بَيْتِهِ يَوْمَ أَمْسِ؛ أَمَّا أَنَا فَرَجَعْتُ إِلَى بَيْتِي صَبَاحَ ٱلْيَوْم

Houwa raja^c^a ilà baytihi yaouma amsi ; ammà anà fa-raja^c^tou ilà baytì sabaha‿(a)l-yaoumi.

Corrigé de l'exercice 1

❶ Je suis revenu de la capitale avec mon nouvel ami. ❷ Qu'a trouvé dans la capitale la fille de ton (poss. fém.) voisin ? ❸ Nous avons trouvé dans une vieille boutique un livre précieux. ❹ Ton (*poss. masc.*) père y a *(dans-elle=la capitale)* trouvé pour toi une belle voiture. ❺ Il est rentré *(revenu)* chez lui *(à sa maison)* hier ; quant à moi, je suis rentré chez moi ce matin.

⑤ Nous sommes allés à la capitale ; quant à elle, elle est restée à la maison *(dans sa maison)*.
. . . . ilà . . - . . . . ; . . . . hiya . . - . . . .
fì baytihà.

Corrigé de l'exercice 2 – Les mots manquants

❶ As-salàmou أَلسَّلاَمُ – yà يَا – wa ^c^alayki وَعَلَيْكِ – Zaynabou زَيْنَبُ ❷ – ^c^alayka ! kayfa halouka عَلَيْكَ ! كَيْفَ حَالُكَ ❸ Wajadnà laka وَجَدْنَا لَكَ – jamìlatan جَمِيلَةً – qalaman قَلَمًا – ❹ – sayyàratouka سَيَّارَتُكَ – Là لاَ – qadìmatoun قَدِيمَةٌ ❺ Dhahabnà ذَهَبْنَا – (a)l-^c^àsimati ; ammà أَلْعَاصِمَةِ؛ أَمَّا – fa-makathat فَمَكَثَتْ

1 أَلسَّلاَمُ عَلَيْكَ يَا مُحَمَّدُ ! – وَعَلَيْكِ ٱلسَّلاَمُ يَا زَيْنَبُ!

2 أَلسَّلاَمُ عَلَيْكَ ! كَيْفَ حَالُكَ ؟

3 وَجَدْنَا لَكَ مَائِدَةً جَمِيلَةً وَ قَلَمًا نَفِيسًا

4 هَلْ سَيَّارَتُكَ جَدِيدَةٌ ؟ – لاَ هِيَ قَدِيمَةٌ

5 ذَهَبْنَا إِلَى ٱلْعَاصِمَةِ، أَمَّا هِيَ فَمَكَثَتْ فِي بَيْتِهَا

21 Vingt et unième leçon (ad-darsou (a)l-hàdì wa (a)l-cichroùna)

مُرَاجَعَةٌ

Mouràjacatoun

Révision

Vous avez maintenant acquis quelque maîtrise de l'écriture et de la lecture. S'il vous semble peiner encore, surtout pour déchiffrer les mots nouveaux, ne vous inquiétez pas, c'est normal ! Toutefois, vous reconnaissez déjà un certain nombre de mots et quelques tournures vous sont même devenues familières, comme celles de la phrase nominale, si pratique d'emploi. Vous avez à votre disposition un certain nombre d'éléments de la langue arabe, comme le pronom affixe – bien utile et facile à employer –, ainsi que l'annexion d'un mot à un autre. Ces premiers outils vous offrent déjà un assez large éventail de moyens d'expression, du moins pour un début !
D'autre part vous connaissez maintenant presque toutes les lettres de l'alphabet.
Reprenons tout cela ensemble :

ٱلسّلام عليك!

١ – ٱلسّلام عليك، يا زيد !
٢ – وعليك ٱلسّلام ، يا زينب !
٣ – هل رجع صديقك من ٱلعاصمة ؟
٤ – نعم، رجعنا منها معه
٥ هو وجد له فيها سيّارة جديدة
٦ أما أنا فوجدت كتابا نفيسا

٢١ أَلدَّرْسُ ٱلْحَادِي وَٱلْعِشْرُونَ

1 Les nouvelles lettres et l'écriture

finale	médiane	initiale	isolée	transl.	nom	
ـث	ـثـ	ثـ	ث	**TH**	ثَاء	**thà'**
ـه	ـهـ	هـ	ه	**H**	هَاء	**hà'**
ـح	ـحـ	حـ	ح	**H̲**	حَاء	**h̲à'**
ـش	ـشـ	شـ	ش	**CH**	شِين	**chìn**
ـع	ـعـ	عـ	ع	**ᶜ**	عَيْن	**ᶜayn**
ـص	ـصـ	صـ	ص	**S̲**	صَاد	**s̲àd**
ـز	ـز	ز	ز	**Z**	زَاء	**zà'**

21 En ce qui concerne la lettre **hà’** ه H, la forme médiane en est apparue avec le nouveau pronom **hà** هَا dans la leçon 15 : **kalbouhà** كَلْبُهَا.

• Le tà’ marboùṯa

(= [la lettre] **tà’** liée)
C’est une forme particulière du **tà’**, qui se prononce donc **t**, mais qui affecte la forme du **hà’** surmonté de deux points. Il ne peut se trouver qu’en fin de mot. C’est en général la marque d’un mot féminin – nom ou adjectif. Il apparaît sous deux formes : ــــة et ة après une lettre qui ne se lie pas à la suivante :

madìnatoun مَدِينَةٌ
une ville

et **mà’idatoun** مَائِدَةٌ.
une table

Si on adjoint un pronom au nom terminé par un **tà’ marboùṯa**, ce dernier s’écrit comme un **tà’** normal :

sayyàrat-oun سَيَّارَةٌ *une voiture*

sayyàratou-hou سَيَّارَتُهُ *sa voiture (à lui)*

Le **tà’ marboùṯa[*t*]** ــــة – ة, surtout au cas sujet, ne s’entend pratiquement pas dans la prononciation, comme le montre d’ailleurs la transcription française du nom de ce caractère. De même pour un certain nombre de mots passés en français : **madina[*t*]** مَدِينَة *ville*, *médina* ; **madrasa[*t*]** مَدْرَسَة *école*, *madrassa* ou *médersa,* etc.
Attention, pratiquement chaque fois que vous rencontrerez dans les notes de civilisation un mot terminé par **a**, il s’agira en fait d’un **tà’ marbouṯà[*t*]** et nous ne le noterons que si nous le jugeons nécessaire, entre parenthèses. Bientôt, dans l’enregistrement, il ne sera plus prononcé, surtout à la fin d’une phrase ou d’un membre de phrase.

• Écriture

Le **hamza** qui est une lettre à part, peut s’écrire sur – ou sous – un **alif** en début de mot, comme nous l’avons déjà vu :

ayna أَيْنَ *où* **ism** إِسْم *nom* **ilà** إِلَى *vers*

Mais il peut aussi se trouver à l'intérieur d'un mot sur un **yà'** sans points, après une syllabe terminée par un **alif** : **21**

mà'idatoun مَائِدَةٌ *table*

2 Les pronoms personnels

Ils sont de deux types : les pronoms isolés et les pronoms dits affixes, c'est-à-dire qui peuvent se suffixer à un nom, un verbe ou une préposition.

• Les pronoms isolés

Vous avez rencontré un nouveau pronom : **hiya** هِيَ *elle*, dans la phrase 4 de la leçon 18 :

Hiya bintou tàjirin. هِيَ بِنْتُ تَاجِرٍ

[C'est] (Elle) *la fille d'un commerçant.*

Rappelez-vous que le pronom sert à insister devant un verbe et n'est alors que facultatif, mais qu'il est indispensable dans une phrase nominale, comme celle ci-dessus.

• Les pronoms affixes

Les suffixes du possessif, que vous aviez découverts dans la précédente série de leçons, sont en fait des pronoms qui ont de multiples sens (en français) suivant le mot auquel ils sont affixés. Ce tableau vous le montre :

pronoms affixes	**+ *nom* =**	**+ *verbe* =**	**+ *préposition* =**
-ì ي	mon/ma/mes (= à moi)	me	moi
-ka ـــكَ	ton/ta/tes (poss. masc.)	te	toi (masc.)
-ki ـــكِ	ton/ta/tes (poss. fém.)	te	toi (fém.)
-hou ـــهُ	son/sa/ses (poss.masc.)	le	lui
-hà ـــها	son/sa/ses (poss. fém.)	la	elle

Par exemple, voici les diverses valeurs que prend le suffixe **-ka** :

nom + **-ka** → **sayyàratou-ka** سَيَّارَتُكَ
ta voiture[suj.]

verbe + **-ka** → **wajadtou-ka** وَجَدْتُكَ
je t'ai trouvé

préposition + **ka** → **laka** لَكَ
pour toi

• **-hà** هَا est apparu dans la leçon 15 : **kalbouhà** كَلْبُهَا *son chien (à elle).*

• Notez que **-hou** ـهُ devient **-hi** après un mot au cas indirect :
fì baytihi فِي بَيْتِهِ *dans sa maison (à lui)* (leçon 15, phrase 2)

• Nous vous indiquons ici des exemples d'emploi de ces pronoms affixes, rencontrés pour la première fois dans les leçons :

– nom + pronom :
Vous connaissiez déjà cet emploi, rencontré dans la série précédente de leçons et les exemples en sont nombreux dans la présente série :

qalamou-ki قَلَمُكِ *ton* (poss. fém.) *stylo* (leçon 9, phrase 4)
wàlidouka وَالِدُكَ *ton père* (poss. masc.)(leçon 17, phrase 3)

– verbe + pronom
wajadtouhà وَجَدْتُهَا *je l'ai trouvée [la lettre]* (leçon 19, phrase 3)

– préposition + pronom
As-salàmou ᶜalayka أَلسَّلاَمُ عَلَيْكَ *le salut [soit] sur toi*, **lahou** لَهُ *pour lui, à lui* et **fìhà** فِيهَا *dans elle* (= y) (leçon 20, phrases 1 et 5 + note 1).

• Notez que lorsqu'un nom est additionné d'un pronom affixe – et qu'il n'est donc pas précédé de l'article –, l'adjectif qui suit, quant à lui, s'accompagne de l'article :
fì boustànihà (a)l-jamìli. فِي بُسْتَانِهَا ٱلْجَمِيلِ
dans son beau jardin (à elle) (= dans jardin-son le-beau) (leçon 15, phrase 4).

3 La marque de l'indétermination : *un / une* 21

• Le nom

S'il existe en arabe un article défini, en revanche il n'y a pas d'article indéfini, mais une désinence que porte la dernière lettre du mot et qui varie suivant le cas du nom :

– cas sujet	كِتَابٌ **kitàb-oun**	عَلَى ٱلْمَائِدَةِ كِتَابٌ **^{c}ala (a)l-mà'idati kitàboun** *il y a un livre sur la table*
– cas direct	كِتَابًا **kitàb-an**	وَجَدْتُ كِتَابًا **wajadtou kitàban** *j'ai trouvé un livre*
– cas indirect	كِتَابٍ **kitàb-in**	دَرَسْتُ فِي كِتَابٍ **darastou fì kitàbin** *j'ai étudié dans un livre*

Remarquez bien la différence, dans la prononciation et dans l'écriture, entre les deux marques de détermination et d'indétermination : en prononçant, on ajoute **n** et le signe écrit du cas est doublé (avec en plus un **alif** pour le cas direct, sauf dans le cas où le mot se termine par un **tà' marboùṯa**) :

cas sujet :	**-ou**	ـُ	**-oun**	ـٌ
cas direct :	**-a**	ـَ	**-an/-tan**	ـًا (ةً)
cas indirect :	**-i**	ـِ	**-in**	ـٍ

• L'adjectif

Il peut recevoir cette marque d'indétermination.

– L'adjectif épithète :

بَيْتِي بَيْتٌ قَدِيمٌ

Baytì baytoun qadìmoun.

Ma maison est une vieille maison (une maison une vieille) (leçon 16, phrase 4).

وَجَدَ لَهُ سَيَّارَةً جَدِيدَةً

Wajada lahou sayyàratan jadìdatan.

Il a trouvé pour lui une nouvelle voiture (une voiture une nouvelle) (leçon 20, phrase 5).

ذَهَبْتُ إِلَى دُكَّانٍ جَدِيدٍ

Dhahabtou ilà doukkànin jadìdin.
Je suis allée dans une nouvelle boutique (leçon 18, phrase 2).

– L'adjectif attribut (avec le verbe *être* sous-entendu en arabe)

هِيَ خَبِيرَةٌ جِدًّا بِٱلتَّسَوُّقِ

Hiya khabìratoun jiddan bi(a)t-tasawwouqi.
Elle [est] très experte (elle une experte très) *en shopping* (leçon 18, phrase 5).

• L'adverbe

La marque de l'adverbe est celle du cas direct **-an** :

jiddan جِدًّا *très* (leçon18)

mar<u>h</u>aban ! مَرْحَبًا ! *bienvenue !* (leçon 16)

Notez que désormais, dans le vocabulaire, nous vous indiquerons les noms et les adjectifs sous leur forme indéterminée au cas sujet – comme nous avons déjà commencé à le faire dans les dernières leçons :

bintoun بِنْتٌ *fille*

jamìloun جَمِيلٌ *beau*

4 Le féminin

Pour former le féminin du nom et de l'adjectif, on ajoute au mot un **tà' marboù<u>t</u>a** : ـــة ou ة.

• L'adjectif

jamìloun جَمِيلٌ *beau* → **jamìlatoun** جَمِيلَةٌ *belle*

jadìdoun جَدِيدٌ *nouveau* → **jadìdatoun** جَدِيدَةٌ *nouvelle*

Désormais, dans le vocabulaire, les adjectifs seront indiqués sous leur forme masculine, indéterminée, au cas sujet : **jamìl-oun** جَمِيلٌ. Vous pourrez vous-même en déduire le féminin : **jamìl-at-oun** جَمِيلَةٌ.

• Le nom

Vous avez rencontré des noms qui sont féminins et dont la marque est le **tà' marboùṯa** : ـــة ou ة :

madìnatoun مَدِينَةٌ *ville* **sayyàratoun** سَيَّارَةٌ *voiture*

Il existe aussi des noms à partir desquels on peut former un féminin en ajoutant un **tà' marboùṯa**. Nous en rencontrerons bientôt. En voici un exemple (donné à la leçon 17, note 3) :

wàlidoun وَالِدٌ *père* → **wàlidatoun** وَالِدَةٌ *mère*

5 Le nom "en état d'annexion"

(c'est-à-dire "nom + complément de nom")

Il y a trois schémas possibles pour cet assemblage de deux noms :

nom + **-ou/a/i** suivi de **al-***nom* + **-i**

Akhadhtou qalama (a)l-binti أَخَذْتُ قَلَمَ ٱلْبِنْتِ

J'ai pris le crayon de la fille (leçon 10, phrase 4).

nom + **-ou/a/i** suivi de *nom* + **-i** + *pronom*

Kharajat bintou jàrihi. خَرَجَتْ بِنْتُ جَارِهِ

La fille de son (poss. masc.) voisin est sortie (leçon 15, phrase 3).

nom + **-ou/a/i** suivi de *nom* + **in**

Hiya bintou tàjirin. هِيَ بِنْتُ تَاجِرٍ

Elle est la fille d'un marchand (leçon 18, phrase 4).

Vous remarquez que le second mot est toujours au cas indirect.

6 Les noms propres

Les noms de pays qui ne portent pas l'article ont un statut spécial sur lequel nous reviendrons. Ils peuvent ne porter aucune marque comme dans l'exemple suivant :

وَصَلَتْ رِسَالَةٌ مِنْ مِصْر

Waṣalat risàlatoun min Miṣr.

Une lettre est arrivée d'Égypte (leçon 19, phrase 2).

Les noms de personnes ont également un statut spécial. Certains portent le **tanwìn**, qui disparaît lorsqu'ils sont précédés de **yà** يَا *ô*.

21 Mais en fait, aucune des deux terminaisons n'est réellement prononcée :

Ismì Mou<u>h</u>ammad(oun). إِسْمِي مُحَمَّدٌ

Mon nom est Mohammed (leçon 16, phrase 2).

Yà Mou<u>h</u>ammad(ou) ! يَا مُحَمَّدُ !

Ô Mohammed ! (leçon 17, phrase 1).

Retenez telles quelles ces phrases pour qu'elles vous servent de modèles. Nous reviendrons plus tard sur la particularité des noms propres. Notez toutefois que le prénom Zaynab est irrégulier en arabe et ne porte pas le **tanwìn**.

7 Le verbe

Vous avez découvert une nouvelle terminaison : celle de la première personne du pluriel : **-nà** نَا.

Raja^{c}nà minhà. رَجَعْنَا مِنْهَا

Nous en sommes revenus (nous-sommes-revenus de-elle)(leçon 20, phrase 4).

8 Nouvelles prépositions et conjonctions ; adverbes

ma^{c}a	مَعَ	*avec, en compagnie de* (leçon 18)
^{c}alà / ^{c}alà + *pronom*	عَلَى	*sur* (leçon 19)
li- + *nom*	لِـ	*pour* (déjà vu)
la- + *pronom*	لَـ	*pour* (leçon 20)
mais : **la- + -ì = lì**	لِي	*pour moi*
hounà	هُنَا	*ici* (leçon 17)
ammà *pronom* **fa-***verbe*	أَمَّا ... فَـ	*quant à...., eh bien...* (leçon 20)
yaouma amsi	يَوْمَ أَمْسِ	*hier* (leçon 18)
<u>s</u>abà<u>h</u>a (a)l-yaoumi	صَبَاحَ ٱلْيَوْمِ	*ce matin* (leçon 19)
al-yaouma	أَلْيَوْمَ	*aujourd'hui* (leçon 18)

Dans ces trois derniers exemples, on constate que le complément de temps (premier mot) est marqué par le cas direct. Nous y reviendrons.

On peut ajouter à cette liste les adverbes formés avec la terminaison **-an** (voir § 3).

Exercice de révision : تَمْرِينُ مُرَاجَعَةٍ tamrìnou mouràjaᶜatin

❶ – أَلسَّلَامُ عَلَيْكَ، يَا مُحَمَّدُ !

– As-salàmou ᶜalayka, yà Mouhammad(ou) !

❷ – وَعَلَيْكَ ٱلسَّلَامُ، يَا زَيْدُ ! كَيْفَ حَالُكَ ؟

– Wa ᶜalayka‿(a)s-salàmou, yà Zayd(ou) ! Kayfa hàlouka ?

❸ – أَلْحَمْدُ لِلّٰهِ ! هَلْ رَجَعْتَ مِنَ ٱلْعَاصِمَةِ ؟

– Al-hamdou li-(A)llahi ! Hal rajaᶜta min-a‿(a)l-ᶜàsimati ?

❹ – نَعَمْ، رَجَعْنَا مِنْهَا مَعَ صَدِيقٍ

– Naᶜam, rajaᶜnà minhà maᶜa sadìqin.

❺ – مَا وَجَدْتَ فِي ٱلْعَاصِمَةِ ؟

– Mà wajadta fì‿(a)l-ᶜàsimati ?

❻ – وَجَدْتُ فِيهَا لِي سَيَّارَةً جَدِيدَةً. هِيَ جَمِيلَةٌ جِدًّا

– Wajadtou fìhà lì sayyàratan jadìdatan. Hiya jamìlatoun jiddan.

❼ – أَيْنَ سَيَّارَتُكَ ٱلْجَدِيدَةُ ؟

– Ayna sayyàratouka‿(a)l-jadìdatou ?

8 – سَيَّارَتِي فِي بَيْتِ صَدِيق

– Sayyàratì fì bayti s̲adìqin.

9 – هَلْ ذَهَبْتَ بِهَا إِلَى ٱلْمَدِينَةِ ٱلْجَدِيدَةِ ؟

– Hal dhahabta bihà ilà‿(a)l-madìnati‿(a)l-jadìdati ?

10 – نَعَمْ، ذَهَبْتُ إِلَيْهَا صَبَاحَ ٱلْيَوْم

– Na^{c}am, dhahabtou ilayhà s̲abàh̲a‿(a)l-yaoumi.

11 فَمَرَّ صَدِيقِي بِوَسَطِ ٱلْمَدِينَة

Fa-marra s̲adìqì bi-wasat̲i‿(a)l-madìnati

12 بِسَيَّارَةٍ قَدِيمَةٍ جِدًّا، إِسْمُهَا مَشْهُورٌ

bi-sayyàratin qadìmatin jiddan, ismouhà machhoùroun.

À l'issue de cette troisième série de leçons, nous vous souhaitons bon courage et surtout de la patience. Tout se mettra en place peu à peu !

أَلْعَجَلَةُ مِنَ ٱلشَّيْطَانِ وَٱلتَّأَنِّي مِنَ ٱلرَّحْمَانِ

Al-^{c}ajalatou min-a (a)ch-chayt̲àni
wa (a)t-ta'annì min-a (a)r-Rah̲màni.
La précipitation [vient] de Satan et la pondération du Clément.

Traduction

❶ – Bonjour *(le salut soit sur toi)*, Mohammed ! ❷ – Bonjour *(et sur toi le salut),* Zayd ! Comment vas-tu ? ❸ – [Bien], Dieu soit loué. Es-tu revenu de la capitale ? ❹ – Oui, nous en sommes revenus avec un ami. ❺ – Qu'as-tu trouvé dans la capitale ? ❻ – J'y ai trouvé *(pour moi)* une nouvelle voiture. Elle est très belle. ❼ – Où est ta nouvelle voiture ? ❽ – Ma voiture est chez *(dans maison*)* un ami. ❾ – Es-tu allé avec elle à la ville nouvelle ? ❿ – Oui, j'y suis allé ce matin. ⓫ Et mon ami est passé par le centre ville, ⓬ avec une très vieille voiture *(une voiture une vieille très)* dont le nom est réputé *(son nom un réputé)*.

Lecture de deuxième vague

❶ ألسّلام عـيك، يا محمّد !

❷ – وعليك ٱلسّلام، يا زيد ! كيف حالك ؟

❸ – ألحمد لله ! هل رجعت من ٱلعاصمة ؟

❹ – نعم ؛ رجعنا منها مع صديق

❺ – ما وجـدت في ٱلعاصمة ؟

❻ – وجدت فيها لي سيّارة جديدة – هي جميلة جدا

❼ – أين سيّارتك ٱلجديدة ؟

❽ – سيّارتي في بيت صديق

❾ – هل ذهـبت بها إلى ٱلمدينة ٱلجديدة ؟

❿ – نعم ذهبت إليها صباح ٱليوم

⓫ فمرّ صديقي بوسط ٱلمدينة

⓬ بسيّارة قديمة جدا، إسمها مشهور

22 Vingt-deuxième leçon (ad-darsou (a)th-thànì wa (a)l-^{c}ichroùna)

Ziyàratou (a)l-madìnati
Visite de la ville

1 **Yaouma amsi raja^{c}nà** ① **min-a‿(a)l-madìnati‿(a)l-kabìrati.**
jour[dir.] hier[ind.] nous-sommes-revenus de la-ville-[ind.] la-grande[ind.]
Hier, nous sommes revenus de la grande ville.

2 **Wajadnà** ① **fìhà chay'an nafìsan.**
nous-avons-trouvé dans-elle objet-un[dir.] précieux-un[dir.]
Nous y avons trouvé un objet précieux.

3 **Innahou** ② **siwàroun min-a‿(a)dh-dhahabi** ③ **li-bintinà** ①.
certes-lui bracelet-un de l'or[ind.] pour-fille[ind.]-notre
C'est un bracelet en or pour notre fille.

Remarque concernant la prononciation

• **chay'an** : veillez à bien noter l'attaque du **hamza** après **chay-**, c'est-à-dire marquer un arrêt après **chay** et accentuer **'an**.
• **wa hiya** se prononce **wahya** : le **i** est avalé (**wah(i)ya**).

Notes

① **raja^{c}nà** رَجَعْنَا *nous sommes revenus* ; **wajadnà (WaJaD-nà)** وَجَدْنَا *nous avons trouvé* ; **dhahabnà (DHaHaB-nà)** ذَهَبْنَا *nous sommes allés / allées* (phrase 5). Cette forme est celle de la 1re personne du pluriel, déjà rencontrée à la leçon 20.
Le pronom affixe qui correspond à *nous, notre*, est également **-nà** : **li-binti-nà** لِبِنْتِنَا *pour notre fille* (phrase 3). Quant au pronom sujet, isolé, il commence par **na...** : **na<u>h</u>nou** نَحْنُ *nous* (phrase 5). C'est donc simple à retenir.

٢٢ أَلدَّرْسُ ٱلثَّانِي وَٱلْعِشْرُونَ

زِيَارَةُ ٱلْمَدِينَةِ

١ يَوْمَ أَمْسِ رَجَعْنَا مِنَ ٱلْمَدِينَةِ ٱلْكَبِيرَةِ

٢ وَجَدْنَا فِيهَا شَيْئًا نَفِيسًا

٣ إِنَّهُ سِوَارٌ مِنَ ٱلذَّهَبِ لِبِنْتِنَا

② La conjonction de coordination **inna** إِنَّ *certes* (mais généralement non traduite en français) est souvent suivie d'un pronom affixe, comme c'est le cas ici. Si **inna** est suivi d'un nom, celui-ci se met au cas direct. La structure de la phrase arabe est très simple, mais la langue est riche en termes qui renforcent la liaison entre les diverses propositions ou phrases du discours. **Inna** est donc très couramment employé, de même que **fa-** qui s'accroche à un verbe, comme dans la tournure **ammà... fa-** *quant à... eh bien...* (déjà vue à la leçon 20 et qui apparaît ici à la phrase 5).

③ Retenez que la matière d'un objet est introduite en arabe par **min** *de* : **min-a (a)dh-dhahabi** مِنَ ٱلذَّهَبِ *en or / [à partir] de l'or.*

4 **Wa‿h(i)ya fari<u>h</u>at ④ kathìran li-dhalika.**
et elle elle-s'est-réjouie beaucoup pour-cela
Et cela lui a fait grand plaisir.

5 **Ammà ② na<u>h</u>nou ① fa-dhahabnà ① ilà markazi‿⑤(a)l-madìnati**
quant-à nous eh-bien-nous-sommes-allés à centre[ind.] la-ville-[ind.]*
Quant à nous, nous sommes allés au centre-ville

6 **li-ziyàrati‿(a)l-masjidi‿(a)l-kabìri.** □
pour-visite la-mosquée [ind.] le-grand[ind.]*
pour visiter la grande mosquée.

Notes

④ **hiya fari<u>h</u>at** هِيَ فَرِحَتْ *Elle, elle s'est réjouie.* Notez qu'à côté des verbes à voyelles **a-a-a**, il en existe d'autres avec le schéma **a-i-a** : **FaRi<u>H</u>a** *se réjouir* ou encore **a-ou-a**, nous le verrons plus loin. À l'accompli, c'est donc la voyelle de la deuxième consonne de la racine qui peut varier (la racine étant composée, presque toujours, de trois consonnes).

⑤ **markazoun** مَرْكَزٌ signifie *centre* comme **wasa<u>t</u>oun** وَسَطٌ (*centre, milieu*). Pour traduire *le centre-ville*, on peut donc dire aussi bien **markazou (a)l-madìnati** que **wasa<u>t</u>ou (a)l-madìnati**. Le mot **markazoun** (signifiant *centre* en géométrie) sert d'autre part à désigner toutes les institutions qui s'intitulent "centre", comme centre culturel, centre de recherches, etc.

Les lettres

Aujourd'hui, il n'y a pas de nouvelle lettre, mais nous insistons sur le **zà'** ز (زَاء) **Z** (voir leçon 20), qui apparaît dans les mots **markazoun** مَرْكَزٌ *centre* et **ziyàratoun** زِيَارَةٌ *visite*. C'est une lettre simple à prononcer ; mais elle va être suivie d'une série d'autres lettres d'un son approchant et qu'il faudra bien distinguer les unes des autres.

22

٤ وَهِيَ فَرِحَتْ كَثِيرًا لِذَلِكَ

٥ أَمَّا نَحْنُ فَذَهَبْنَا إِلَى مَرْكَزِ ٱلْمَدِينَةِ

٦ لِزِيَارَةِ ٱلْمَسْجِدِ ٱلْكَبِيرِ

Les mots nouveaux

-nà	نَا	*notre, nous* (pronom affixe
kabìroun	كَبِيرٌ	*grand*
chay'oun	شَيْءٌ	*chose, objet*
inna	إِنَّ	*certes* (+ pron. aff.), (+ nom au cas direct)
siwàroun	سِوَارٌ	*bracelet*
dhahaboun	ذَهَبٌ	*or* (métal)
fariha	فَرِحَ	*se réjouir*
kathìran	كَثِيرًا	*beaucoup*
dhalika	ذَلِكَ	*cela*
nahnou	نَحْنُ	*nous*
markazoun	مَرْكَزٌ	*centre*
ziyàratoun	زِيَارَةٌ	*visite*
masjidoun	مَسْجِدٌ	*mosquée*

22 Remarques concernant l'écriture

• **chay'an** شَيْئًا *une chose* : essayez de retenir visuellement ce mot en l'écrivant à plusieurs reprises, car il s'agit d'un terme courant. L'écriture du **hamza** est un peu délicate et parfois déconcertante. Vous en découvrirez peu à peu les différents aspects.

• **dhalika** ذَلِكَ *cela.* Il faut signaler – car vous pouvez rencontrer ce mot écrit un peu différemment – que dans l'écriture traditionnelle, le premier **a** est long et indiqué, non pas par la grande barre du **alif**, mais par une petite barre placée au-dessus du **dhà'** ذ (ذٰلِكَ) qu'on appelle "alif suscrit". Cet **alif** a disparu dans la graphie moderne.

Translittération

ٱلْمَدِينَةِ	زِيَارَةُ
Ti Na Y Di Ma-L A	Tou Ra À Ya Zi
(a)l-madìnati	**ziyàratou**

مِنَ	رَجَعْنَا	أَمْسِ	يَوْمَ ← 1
Na Mi	À Na ^{c} Ja Ra	Si M A	Ma W Ya
min-a	**raja^{c}nà**	**amsi**	**yaouma**

ٱلْكَبِيرَةِ	ٱلْمَدِينَةِ
Ti Ra Y Bi Ka-L A	Ti Na Y Di Ma-L A
(a)l-kabìrati	**(a)l-madìnati**

نَفِيسًا	شَيْئًا	فِيهَا	وَجَدْنَا ← 2
An S Y Fi Na	An ' Y CHa	À Ha Y Fi	À Na D Ja Wa
nafìsan	**chay'an**	**fìhà**	**wajadnà**

لِبِنْتِنَا	ٱلذَّهَبِ	مِنَ	سِوَارٌ	إِنَّهُ ← 3
À Na Ti N Bi-Li	Bi Ha DHa-L A	Na Mi	Roun À Wa Si	Hou NNa I
li-binti-nà	**(a)dh-dhahabi**	**min-a**	**siwàroun**	**innahou**

← 4

وَ	هِيَ	فَرِحَتْ	كَثِيرًا	لِذَلِكَ
Wa	Ya Hi	T Ha Ri Fa	An R Y THi Ka	Ka Li DHa-Li
wa	**hiya**	**farihat**	**kathìran**	**li-dhalika**

← 5

أَمَّا	نَحْنُ	فَذَهَبْنَا
À MMa A	Nou H Na	À Na B Ha DHa-Fa
ammà	**nahnou**	**fa-dhahabnà**

إِلَى	مَرْكَزِ	ٱلْمَدِينَةِ
Y La I	Zi Ka R Ma	*Ti* Na Y Di Ma-L A
ilà	**markazi**	**(a)l-madìnati**

← 6

لِزِيَارَةِ	ٱلْمَسْجِدِ	ٱلْكَبِيرِ
Ti Ra A Ya Zi-Li	Di Ji S Ma-L A	Ri Y Bi Ka-L A
li-ziyàrati	**(a)l-masjidi**	**(a)l-kabìri**

Le ***masjid****, qui a donné le mot* mosquée*, est l'édifice où les musulmans font leur prière rituelle, en particulier le vendredi, jour où les membres de la communauté religieuse se réunissent pour prier ensemble. La mosquée s'appelle alors* ***masjid jàmi****ᶜ* مَسْجِد جَامِع *(de* ***JaMaᶜa*** جَمَعَ réunir*). C'est en général une grande mosquée, dite encore* mosquée principale. *Mais la prière individuelle ou collective peut être accomplie dans n'importe quel endroit, pourvu qu'il soit propre, et en se tournant dans la direction de la* Mecque *(****qibla*** قِبْلَة*).*
Le ***masjid*** *est le lieu où l'on se prosterne (du verbe* ***SaJaDa*** سَجَدَ, se prosterner*). Pour les musulmans, la terre entière est un lieu de prosternation devant Dieu, donc un immense* ***masjid****.*

Exercice 1 : تَرْجِمْ Tarjim !

❶ وَجَدْنَا فِيهِ سِوَارًا قَدِيمًا. إِنَّهُ نَفِيسٌ

Wajadnà fìhi siwàran qadìman. Innahou nafìsoun.

❷ ذَهَبْنَا إِلَى ٱلْمَدِينَةِ ٱلْجَدِيدَةِ وَفَرِحْنَا كَثِيرًا ؛ إِنَّهَا جَمِيلَةٌ

Dhahabnà ilà‿(a)l-madìnati‿(a)l-jadìdati wa farihnà kathìran ; innahà jamìlatoun.

❸ هَلْ ذَهَبْتِ إِلَى ٱلْمَسْجِدِ يَوْمَ أَمْسِ ؟

Hal dhahabti ilà‿(a)l-masjidi yaouma amsi ?

Exercice 2 : كَمِّلْ Kammil !

❶ Est-ce que tu (fém.) as trouvé une belle *(beau)* chose au vieux souk ?

. . . wajadti . . . . jamìlan fì‿(a)s-soùqi . . - . . . . . . ?

❷ Nous sommes allés avec notre ami au centre-ville pour visiter *(pour-la-visite-de)* le nouveau souk /marché.

. . . . ma^{c}a . . . . ilà . . . . (a)l-madìnati . . - . . . . (a)s-soùqi . . - . . . .

❸ Notre fille est passée par le bureau de poste et elle y *(dans lui)* a trouvé une lettre [venant] d'Égypte.

Marrat . . . . bi-maktabi . . - . . . . . . wa . . . . risàlatan . . . Misr.

❹ نَعَمْ، ذَهَبْتُ إِلَى مَسْجِدِ مَرْكَزِ ٱلْمَدِينَةِ

Na^{c}am, dhahabtou ilà masjidi markazi‿(a)l-madìnati.

❺ وَصَلَتْ رِسَالَةٌ؛ وَجَدْنَاهَا عَلَى ٱلْمَائِدَةِ ٱلْكَبِيرَةِ

Wasalat risàlatoun ; wajadnàhà ^{c}alà‿(a)l-mà'idati‿(a)l-kabìrati.

Corrigé de l'exercice 1

❶ Nous y avons trouvé un bracelet ancien. Il est précieux *(certes lui un précieux)*. ❷ Nous sommes allés à la nouvelle ville et nous avons été très heureux *(nous nous sommes beaucoup réjouis)*. Elle est belle *(certes elle une belle)*. ❸ Es-tu allée à la mosquée hier ? ❹ Oui, je suis allé(e) à la mosquée du centre de la ville. ❺ Une lettre est arrivée ; nous l'avons trouvée sur la grande table.

❹ Nous sommes allés hier à la capitale et nous en sommes revenus ce matin *(nous-sommes-revenus de elle matin du jour)*.
Dhahabnà ilà . . - . . . . yaouma . . . wa
. . . . minhà . . . . . . (a)l-yaoumi.

❺ Notre père est resté à la maison avec notre domestique ; quant à nous, nous ne sommes pas restés à la maison.
Makatha . . . . fì‿(a)l-bayti ma^{c}a . . . . ;
ammà . . . . . . fa-mà . . . . fì baytinà.

Corrigé de l'exercice 2 – Les mots manquants

❶ Hal هَلْ – chay'an شَيْئًا – (a)l-qadìmi ٱلْقَدِيمِ ❷ Dhahabnà ذَهَبْنَا – sadìqinà صَدِيقِنَا – markazi مَرْكَزِ – li-ziyàrati لِزِيَارَةِ – (a)l-jadìdi ٱلْجَدِيدِ ❸ – bintounà بِنْتُنَا – (a)l-barìdi ٱلْبَرِيدِ – wajadat fìhi وَجَدَتْ فِيهِ – min مِنْ – ❹ – (a)l-^{c}àsimati ٱلْعَاصِمَةِ – amsi أَمْسِ – raja^{c}nà رَجَعْنَا – sabàha صَبَاحَ – ❺ – wàlidounà وَالِدُنَا – khàdiminà خَادِمِنَا – nahnou نَحْنُ – makathnà مَكَثْنَا –

Texte de l'exercice 2

❶ هَلْ وَجَدْتَ شَيْئًا جَمِيلاً فِي ٱلسُّوقِ ٱلْقَدِيمِ ؟

❷ ذَهَبْنَا مَعَ صَدِيقِنَا إِلَى مَرْكَزِ ٱلْمَدِينَةِ لِزِيَارَةِ ٱلسُّوقِ ٱلْجَدِيدِ

❸ مَرَّتْ بِنْتُنَا بِمَكْتَبِ ٱلْبَرِيدِ وَوَجَدَتْ فِيهِ رِسَالَةً مِنْ مِصْر

❹ ذَهَبْنَا إِلَى ٱلْعَاصِمَةِ يَوْمَ أَمْسِ وَ رَجَعْنَا مِنْهَا صَبَاحَ ٱلْيَوْمِ

---

23 Vingt-troisième leçon (ad-darsou (a)th-thàlithou wa (a)l-ᶜichroùna)

Foundouqoun rakhìsoun
Un hôtel bon marché

1 – **As-salàmou ᶜalaykoum** ① **! Kayfa hàloukoum** ① **?**
le-salut[suj.] sur-vous ; comment état[suj.]-votre
Bonjour ! Comment allez-vous ?

Notes

① **As-salàmou ᶜalay-koum ! Kayfa hàlou-koum ?** أَلسَّلَامُ عَلَيْكُمْ ! كَيْفَ حَالُكُمْ ؟ *Bonjour, comment allez-vous ?* et **ᶜinda-koum** عِنْدَكُمْ *chez vous* (phrase 7). C'est très simple : pour s'adresser à plusieurs personnes, on remplace le pronom affixe masculin **-ka** par **-koum**. Mais, sous l'influence des cou-

5 مَكَثَ وَالِدُنَا فِي ٱلْبَيْتِ مَعَ خَادِمِنَا؛ أَمَّا نَحْنُ فَمَا مَكَثْنَا فِي بَيْتِنَا

Lecture de deuxième vague

زيارة ٱلمدينة

١ يوم أمس، رجعنا من ٱلمدينة ٱلكبيرة
٢ وجدنا فيها شيئا نفيسا
٣ إنه سوار من ٱلذّهب لبنتنا
٤ وهي فرحت كثيرا لذلك
٥ أما نحن فذهبنا إلى مركز ٱلمدينة
٦ لزيارة ٱلمسجد ٱلكبير

٢٣ أَلدَّرْسُ ٱلثَّالِثُ وَ ٱلْعِشْرُونَ

فُنْدُقٌ رَخِيصٌ

١ – أَلسَّلَامُ عَلَيْكُمْ ! كَيْفَ حَالُكُمْ ؟

▸ tumes occidentales, ce pluriel peut être aussi celui de politesse. La terminaison du verbe à la 2e personne du pluriel est **-toum**, comme en témoigne la forme **nazal-toum** نَزَلْتُمْ *vous êtes descendus* (à la phrase 3) et le pronom sujet isolé **antoum** أَنْتُمْ. Comme vous le savez maintenant, cette terminaison **-koum** traduit également l'adjectif possessif *votre*, ce qui est le cas dans l'expression **min fadli-koum** مِنْ فَضْلِكُمْ *de votre faveur* (= s'il vous plaît) qui apparaît à la phrase 6.

2 – **Bi-khayrin** ② **wa‿(a)l-hamdou li-llahi !**
avec-bien-un-[ind.] et la-louange[suj.] pour-Dieu[ind.]
Très bien, Dieu soit loué !

3 – **Hal nazaltoum** ① **fî foundouqin jayyidin ?**
est-ce-que vous-êtes-descendus dans hôtel-un[ind.] bon-un[ind.]
Est-ce que vous êtes descendus dans un bon hôtel ?

4 – **Na^{c}am, fî foundouqi‿(a)r-Riyàdi.**
oui dans hôtel[ind.] le-Riyad
Oui, à l'Hôtel Riyad.

5 **Walakinnahou** ③ **mouklifoun qalîlan.**
et-mais-lui coûteux-un[suj.] un-peu
Mais il est un peu cher *(coûteux)*.

6 **Min fadlikoum** ①④ **! Hal hounàka** ⑤ **foundouqoun rakhîsoun ?**
de-faveur[ind.]-votre, est-ce-que là hôtel-un[suj.] bon-marché-un[suj.]
S'il vous plaît ! Y a-t-il [par ici] un hôtel bon marché ?

7 – **Limàdhà ? Mà ^{c}indakoum** ① **nouqoùdoun** ⑥ **?** □
pourquoi ; ne-pas chez-vous argent-un[suj.]
Pourquoi ? Vous n'avez pas d'argent ?

Notes

② Réponse de la personne interrogée sur sa santé : **bi-khayrin** بِخَيْرٍ *[Je vais] bien* (avec du bien). Et l'on s'empresse d'en louer Dieu.

③ **walakinna** وَلَكِنَّ *mais* (et-mais). On peut – comme à **inna** – lui adjoindre un pronom affixe : **walakinnahou** وَلَكِنَّهُ : *mais lui* (= l'hôtel). Si ce mot est suivi d'un verbe, il se réduira à **walakin**.

23
٢ – بِخَيْرٍ وَٱلْحَمْدُ لِلّٰهِ
٣ – هَلْ نَزَلْتُمْ فِي فُنْدُقٍ جَيِّدٍ ؟
٤ – نَعَمْ، فِي فُنْدُقِ ٱلرِّيَاضِ
٥ وَلٰكِنَّهُ مُكْلِفٌ قَلِيلاً
٦ مِنْ فَضْلِكُمْ ! هَلْ هُنَاكَ فُنْدُقٌ رَخِيصٌ ؟
٧ – لِمَاذَا ؟ مَا عِنْدَكُمْ نُقُودٌ ؟

④ **min fa<u>d</u>li-koum** مِنْ فَضْلِكُمْ *s'il vous plaît* (de faveur-votre). *S'il te plaît* se dira **min fa<u>d</u>lika** (masc.) / **fa<u>d</u>liki** (fém.) مِنْ فَضْلِكَ– مِنْ فَضْلِكِ. Et de toute façon, on entend seulement dans la conversation courante : **min fa<u>d</u>lik !**

⑤ **hounàka** هُنَاكَ signifie *là* et s'oppose à **hounà** هُنَا *ici.* Mais l'expression **hal hounàka** هَلْ هُنَاكَ ؟ veut dire *y a-t-il ?*(est-ce que là [est]... ?). *Là* ou *là-bas* avec mouvement se dira **ilà hounàka** إِلَى هُنَاكَ ([aller] à là-bas).

⑥ **nouqoùdoun** نُقُودٌ est le pluriel de **naqdoun** نَقْدٌ *[pièce de] monnaie.* Ce mot au pluriel a le sens d'*argent liquide*, *espèces.* La préposition **ʿinda** عِنْدَ *chez, auprès de*, permet de rendre le verbe *avoir* : **ʿindakoum nouqoùdoun** عِنْدَكُمْ نُقُودٌ *chez vous / sur vous [il y a] de l'argent = vous avez de l'argent* (sur vous ou en général). Notez qu'il s'agit ici d'une phrase nominale où le mot *argent* a une fonction de sujet et non de complément d'objet direct, comme c'est le cas en français.

Les mots nouveaux

foundouqoun	فُنْدُقٌ	*hôtel*
rakhìṣoun	رَخِيصٌ	*bon marché*
-koum	...ـكُمْ	*vous, votre* (pronom affixe)
khayroun	خَيْرٌ	*[du] bien*
nazala	نَزَلَ	*descendre*
-toum	...ـتُمْ	terminaison de la 2e pers. du pluriel
antoum	أَنْتُمْ	*vous* (pronom sujet, isolé, note 1)
jayyidoun	جَيِّدٌ	*bon*
Ar-Riyà<u>d</u>	أَلرِّيَاض	*"Le Riyàd", les parterres, les jardins*
walakinna	وَلَكِنَّ...	*[et] mais...*
mouklifoun	مُكْلِفٌ	*coûteux, cher*
qalìlan	قَلِيلاً	*un peu*
min fa<u>d</u>li-koum (-ka/-ki)	مِنْ فَضْلِكُمْ	*s'il vous plaît* (s'il-te-plaît)
hounàka	هُنَاكَ	*là*
hal hounàka ?	هَلْ هُنَاكَ ؟	*y a-t-il ?*
limàdhà ?	لِمَاذَا ؟	*pourquoi ?*
ᶜinda	عِنْدَ	*chez, auprès de, selon, au moment où*
nouqoùdoun (pl. de **naqdoun**)	نُقُودٌ (نَقْدٌ)	*argent [liquide]*

La nouvelle lettre

finale	médiane	initiale	isolée	transl.	nom	
ـض	ـضـ	ضـ	ض	D̲	ضَاد	d̲àd

Le **d̲àd** est comme un **s̲àd** surmonté d'un point. Sa prononciation est celle d'un *d* très emphatisé.
C'est une lettre solaire.

Sachez que l'arabe est dite "la langue du **d̲àd**" (voir note de civilisation).

Remarque concernant l'écriture

• **qalìlan** قَلِيلاً : rappelez-vous que lorsque la lettre **làm** est suivie d'un **alif**, ce dernier se place au creux du **làm** (**salàm** سَلاَم).
Donc la terminaison de l'adverbe **-an** peut présenter trois graphies, ـــاً, ًا, لاً comme dans : **marh̲aban** مَرْحَبًا *bienvenue !*
kathìran كَثِيرًا *beaucoup*
qalìlan قَلِيلاً *peu*

Translittération

رَخِيصٌ
S̲oun Y KHi Ra
rakhìs̲oun

فُنْدُقٌ
Qoun Dou N Fou
foundouqoun

← 1

أَلسَّلاَمُ
Mou À-La Sa-L A
as-salamou

عَلَيْكُمْ
M Kou Y La ᶜa
ᶜalaykoum

كَيْفَ
Fa Y Ka
kayfa

حَالُكُمْ
M Kou Lou À H̲a
h̲àloukoum

← 2

بِخَيْرٍ
Rin Y KHa-Bi
bi-khayrin

وَ
Wa
wa

ٱلْحَمْدُ
Dou M H̲a-L A
(a)l-h̲amdou

لِلّٰهِ
Hi LLa Li
li-llahi

3 ← هَلْ نَزَلْتُمْ فِي فُنْدُقٍ جَيِّدٍ

Din YYi Ja — Qin Dou N Fou — Y Fi — M Tou L Za Na — L Ha

jayyidin foundouqin fì nazaltoum hal

4 ← نَعَمْ فِي فُنْدُقِ ٱلرِّيَاضِ

Di À Ya Ri-L A — Qi Dou N Fou — Y Fi — M ^{c}a Na

(a)r-Riyàdi foundouqi fì na^{c}am

5 ← وَلَٰكِنَّهُ مُكْلِفٌ قَلِيلاً

An-L Y Li Qa — Foun Li K Mou — Hou NNa Ki La Wa

qalìlan mouklifoun walakinnahou

Exercice 1 : تَرْجِمْ Tarjim !

1 هَلْ ذَهَبْتُمْ إِلَى فُنْدُقٍ رَخِيصٍ ؟

Hal dhahabtoum ilà foundouqin rakhìsin ?

2 لَا، ذَهَبْنَا إِلَى فُنْدُقٍ مُكْلِفٍ قَلِيلاً

Là, dhahabnà ilà foundouqin mouklifin qalìlan.

3 مِنْ فَضْلِكُمْ، هَلْ هُنَاكَ رِسَالَةٌ مِنْ مِصْر؟

Min fadlikoum, hal hounàka risàlatoun min Misr ?

4 لِمَاذَا مَا رَجَعْتُمْ مِنَ ٱلْمَسْجِدِ مَعَنَا ؟

Limàdhà mà raja^{c}toum min-a (a)l-masjidi ma^{c}anà ?

← 6

مِنْ	فَضْلِكُمْ
N Mi	M Kou Li D Fa
min	**fadlikoum**

هَلْ	هُنَاكَ	فُنْدُقٌ	رَخِيصٌ
L Ha	Ka À Na Hou	Qoun Dou N Fou	Soun Y KHi Ra
hal	**hounàka**	**foundouqoun**	**rakhìsoun**

← 7

لِمَاذَا	مَا	عِنْدَكُمْ	نُقُودٌ
À DHa À Ma Li	À Ma	M Kou Da N ^{c}i	Doun W Qou Nou
limàdhà	**mà**	**^{c}indakoum**	**nouqoùdoun**

❺ هَلْ عِنْدَكُمْ نُقُودٌ ؟

Hal ^{c}indakoum nouqoùdoun ?

Corrigé de l'exercice 1

❶ Êtes-vous allés dans un hôtel bon marché ? ❷ Non, nous sommes allés dans un hôtel un peu cher. ❸ S'il vous plaît, y a-t-il une lettre d'Égypte ? ❹ Pourquoi n'êtes-vous pas revenus de la mosquée avec nous ? ❺ Avez-vous de l'argent ?

Exercice 2 : كَمِّلْ Kammil !

1. S'il vous plaît ! Où est le bureau de poste ?
   Min . . . . ! Ayna . . . . (a)l-barìdi ?
2. Où est votre maison ? – Notre maison est dans la capitale de l'Égypte.
   Ayna . . . . ? Baytounà fì . . . . Misr.
3. Avez-vous pris mon stylo ?
   Hal . . . . qalamì ?
4. Vous avez de l'argent.
   . . . . nouqoùdoun.
5. Vous, vous avez trouvé un bon hôtel, mais il est très cher.
   . . . . , wajadtoum . . . . jayyidan,
   . . . . mouklifoun . . . .

Dans cette leçon, vous avez découvert le ***dàd*** ضاد *et nous vous avons indiqué que l'arabe était dite "la langue du* ***dàd****", car c'est la seule qui possède ce son. C'est celui qu'émet le chameau en tirant la langue sur le côté de la bouche lorsqu'il baraque.*
Riyàd*, capitale de l'Arabie Saoudite, fut choisie en 1824 par Ibn Saoud, le fondateur de l'État actuel, et se développa autour d'une ancienne citadelle située dans une palmeraie. Puis, au milieu du siècle dernier, on construisit sur l'emplacement de la première cité une ville très moderne, avec des quartiers aérés, qui mérite bien son nom de* ***Riyàd*** *"les parterres".*

Cette leçon comportait quelques mots de plus qu'à l'ordinaire, mais en contrepartie les nouveautés en grammaire y sont simples. S'il vous semble parfois difficile de retenir tout le vocabulaire nouveau, ne vous inquiétez pas. Vous retrouverez la plupart des mots dans les leçons à venir et ils vous deviendront bien vite familiers. Sinon, le lexique viendra à votre aide !

Corrigé de l’exercice 2 – Les mots manquants

❶ – fadlikoum فَضْلِكُمْ – maktabou مَكْتَبُ – ❷ – baytoukoum بَيْتُكُمْ – ʿàsimati عَاصِمَةِ – ❸ – akhadhtoum أَخَذْتُمْ – ❹ ʿindakoum عِنْدَكُمْ ❺ Antoum أَنْتُمْ – foundouqan فُنْدُقًا – walakinnahou وَلَكِنَّهُ – jiddan جِدًّا

Texte de l’exercice 2

❶ مِنْ فَضْلِكُمْ ! أَيْنَ مَكْتَبُ ٱلْبَرِيدِ ؟

❷ أَيْنَ بَيْتُكُمْ ؟ -بَيْتُنَا فِي عَاصِمَةِ مِصْر

❸ هَلْ أَخَذْتُمْ قَلَمِي ؟

❹ عِنْدَكُمْ نُقُودٌ

❺ أَنْتُمْ، وَجَدْتُمْ فُنْدُقًا جَيِّدًا، وَلَكِنَّهُ مُكْلِفٌ جِدًّا

كُلُّ إِنْسَانٍ فِي بَيْتِهِ سُلْطَانٌ

Koullou insànin fì baytihi soultànoun.

tout personne-un[ind.] dans sa-maison un-sultan*

Chez soi, chacun est le maître.

Lecture de deuxième vague

فندق رخيص

١ – ألسّلام عليكم ! كيف حالكم ؟

٢ – بخير و الحمد لله !

٣ – هل نزلتم في فندق جيد ؟

٤ – نعم في فندق ٱلرياض

٥ ولكنه مكلف قليلا

٦ من فضلكم ! هل هناك فندق رخيص ؟

٧ – لماذا ؟ ما عندكم نقود ؟

24 Vingt-quatrième leçon (ad-darsou (a)r-ràbi^{c}ou wa (a)l-^{c}ichroùna)

Al-ijtimà^{c}ou
La réunion

1 – Yà Zayd(ou) ! Matà ^{c}indaka ① (a)l-ijtimà^{c}ou ?
ô Zayd quand chez-toi la-réunion[suj.]
Zayd, quand as-tu ta réunion ?

2 – Yawma (a)l-khamìsi ②, fì (a)s-sà^{c}ati (a)s-sàdisati ba^{c}da (a)<u>z</u>-<u>z</u>ouhri.
jour[dir.] le-cinq[ind.] dans l'heure-[ind.] la-sixième[ind.] après le-midi[ind.]*
Jeudi, à six heures de l'après-midi.

3 – Ayna ^{c}indaka ① hadhà ③ (a)l-ijtimà^{c}ou ?
où chez-toi ce la-réunion[suj.]
Où as-tu cette réunion ?

4 – ^{c}inda ① <u>s</u>adìqinà <u>H</u>àfi<u>z</u>(in) ④.
chez ami[ind.]-notre Hafiz[ind.]
Chez notre ami Hafiz.

. . .

Remarques concernant la prononciation

al-ijtimà^{c}ou أَلْإِجْتِمَاعُ *la réunion* : après la syllabe longue **mà**, efforcez-vous de bien marquer le **^{c}ayn** final. Ce n'est pas très aisé pour un débutant. Mais cette lettre sera sans doute plus facile à prononcer dans le mot **sà^{c}atoun** سَاعَةٌ *heure.*

Notes

① **^{c}inda** عِنْدَ est une préposition qui a divers sens, tels que *chez*, *selon*, *au moment de,* et qui permet par ailleurs de rendre le verbe *avoir* (qui n'existe en arabe qu'au sens fort de *posséder*). Nous l'avons vue à la leçon précédente (note 6). ▸

٢٤ أَلدَّرْسُ ٱلرَّابِعُ وَٱلْعِشْرُونَ

أَلْإِجْتِمَاعُ

١ – يَا زَيْدُ ! مَتَى عِنْدَكَ ٱلْإِجْتِمَاعُ ؟

٢ – يَوْمَ ٱلْخَمِيسِ، فِي ٱلسَّاعَةِ ٱلسَّادِسَةِ بَعْدَ ٱلظُّهْرِ

٣ – أَيْنَ عِنْدَكَ هَذَا ٱلْإِجْتِمَاعُ ؟

٤ – عِنْدَ صَدِيقِنَا حَافِظٍ

...

▸ Dans la phrase **Ayna ᶜindaka hadhà (a)l-ijtimàᶜou ?**, **ᶜindaka** عِنْدَكَ se rapporte à la réunion et signifie "qui est tienne", "que tu as" : *Où [est] cette réunion que tu as ?*, c'est-à-dire "*Où est ta réunion ?*" ou dans le langage parlé *"C'est où ta réunion ?"*

② **yaouma (a)l-khamìsi** يَوْمَ ٱلْخَمِيسِ *jeudi* : vous vous rappelez que le complément de temps est marqué par le cas direct, tout au moins le premier de ce groupe de mots. Mais si *jeudi* avait une fonction de sujet, on écrirait **yaoumou (a)l-khamìsi** يَوْمُ ٱلْخَمِيسِ. Nous verrons les autres noms de jours à la leçon 28.

③ **hadhà** هَذَا *ce, cet* se place devant un nom masculin portant l'article : **hadhà (al)-ijtimàᶜou** هَذَا ٱلْإِجْتِمَاعُ *cette réunion.* Si le nom ne porte pas l'article, **hadhà** a le sens de *ceci [est], c'[est]* : **hadhà ijtimàᶜoun** *c'est une réunion.*

④ **H̲àfiz̲oun** حَافِظٌ – du verbe **h̲afiz̲a** حَفِظَ *conserver, garder, apprendre par cœur* – signifie en arabe *celui qui a retenu par cœur le Coran.* C'est le même schéma que **kàtiboun** كَاتِبٌ *écrivain* ou **wàlidoun** وَالِدٌ *père, celui qui a engendré.*

5 – Kayfa kàna ⑤ (a)l-ijtimà^c^ou ?
comment il-était la-réunion[suj.]
Comment était la réunion ?

6 – Kàna moumtàzan ⑤. Kharajnà minhou wa nahnou masroùroùna ⑥. □
il-était parfait-un[dir.] – nous-sommes-sortis de-lui et nous joyeux-pl.[suj.]
Elle était parfaite. Nous en sommes sortis [tout] contents.

Notes

⑤ Le verbe **kàna** كَانَ signifie *être* au passé et peut se traduire soit par un imparfait soit par un passé composé ou passé simple. Ce verbe peut se conjuguer au présent, mais nous avons vu qu'on pouvait exprimer de nombreuses choses sans employer le verbe *être*.
Kàna est un verbe du même type que **qàla** قَالَ *dire*. Il est irrégulier et nous verrons bientôt comment il se conjugue aux différentes personnes, autres que la 3e du masculin et du féminin (**kànat** كَانَتْ).
Une règle importante à retenir est qu'après **kàna**, l'attribut se met au cas direct, comme dans la phrase 6 : **Kàna moumtàzan** كَانَ مُمْتَازاً *Elle a été / était parfaite* (il-était parfait-un).

⑥ **wa nahnou masroùroùna** وَنَحْنُ مَسْرُورُونَ (et) *nous [tout] joyeux / contents.* Voilà qu'apparaît pour la première fois un pluriel : le suffixe **-oùna** est la marque du pluriel masculin au cas sujet d'un certain nombre de termes : tous les adjectifs et une série de noms que nous déterminerons peu à peu.
Pour l'instant, chaque fois que nous rencontrerons un nom qui forme son pluriel avec ce suffixe, nous vous l'indiquerons, mais ne l'utilisez pas avec n'importe quel nom. On vous comprendrait, mais ce serait un joli barbarisme !
Notez la valeur que prend dans cette phrase le **wa** de coordination, même si on ne le traduit pas en français : *nous en sommes revenus [tout] contents* (et nous [étant] contents).

٥ – كَيْفَ كَانَ ٱلْإِجْتِمَاعُ ؟

٦ – كَانَ مُمْتَازًا. خَرَجْنَا مِنْهُ وَ نَحْنُ مَسْرُورُونَ

La nouvelle lettre

finale	médiane	initiale	isolée	transl.	nom	
ظ	ظ	ظ	ظ	**z̲**	ظَاء	**z̲à’**

Cette lettre emphatique est comme un **t̲à’** surmonté d’un point.
C’est une lettre solaire.

Les mots nouveaux

ijtimà^{c}oun	إِجْتِمَاعٌ	*réunion*
matà ?	مَتَى؟	*quand ?*
yaouma al-khamìsi	يَوْمَ ٱلْخَمِيسِ	*jeudi* (compl. de temps)
sà^{c}atoun	سَاعَةٌ	*heure, montre*
sàdisoun	سَادِسٌ	*sixième (masc.)*
ba^{c}da	بَعْدَ	*après*
z̲ouhroun	ظُهْرٌ	*midi*
ba^{c}da (a)z̲-z̲ouhri	بَعْدَ ٱلظُّهْرِ	*l’après-midi*
hadhà	هٰذَا	*ce, ceci*
kàna	كَانَ	*il était*
moumtàzoun	مُمْتَازٌ	*parfait*
masroùroun	مَسْرُورٌ	*joyeux, content*

24 Remarque concernant l'écriture

Le **à** long final de **matà** مَتَى s'écrit avec un **yà'** sans points comme dans ^{c}**alà** عَلَى
Vous remarquez que lorsqu'un mot commençant par **alif** et voyelle **i** est précédé de l'article, le **hamza** et le **kasra** s'écrivent en-dessous du caractère **làm-alif** : ٱلْإِجْتِمَاعُ. Notez que l'alif initial de **ijtimà^{c}oun**, dit instable peut disparaître, "avalé" par la voyelle finale du mot précédent, par exemple **ilà** : voyez la phrase 1 de l'exercice 1.

Translittération

أَلْإِجْتِمَاعُ

^{c}ou À Ma Ti J I-L A
al-ijtimà^{c}ou

1 ← يَا زَيْدُ مَتَى عِنْدَكَ ٱلْإِجْتِمَاعُ

يَا	زَيْدُ	مَتَى	عِنْدَكَ	ٱلْإِجْتِمَاعُ
À Ya	Dou Y Za	Y Ta Ma	Ka Da N ^{c}i	^{c}ou À Ma Ti J I-L A
yà	**Zaydou**	**matà**	**^{c}indaka**	**(a)l-ijtimà^{c}ou**

2 ← يَوْمَ ٱلْخَمِيسِ فِي ٱلسَّاعَةِ ٱلسَّادِسَةِ بَعْدَ ٱلظُّهْرِ

يَوْمَ	ٱلْخَمِيسِ	فِي
Ma W Ya	Si Y Mi KHa-L A	Y Fi
yaouma	**(a)l-khamìsi**	**fì**

ٱلسَّاعَةِ	ٱلسَّادِسَةِ	بَعْدَ	ٱلظُّهْرِ
Ti ^{c}a À Sa-L A	*Ti* Sa Di À Sa-L A	Da ^{c} Ba	Ri H Zou-L A
(a)s-sà^{c}ati	**(a)s-sàdisati**	**ba^{c}da**	**(a)z̲-z̲ouhri**

24

3 ←

أَيْنَ	عِنْدَكَ	هَذَا	أَلْإِجْتِمَاعُ
Na Y A	Ka Da N ᶜi	À DHa Ha	ᶜou À Ma Ti J I-L A
ayna	**ᶜindaka**	**hadhà**	**(a)l-ijtimàᶜou**

4 ←

عِنْدَ	صَدِيقِنَا	حَافِظٍ
Da N ᶜi	À Na Qi Y Di <u>S</u>a	<u>Z</u>in Fi À <u>H</u>a
ᶜinda	**<u>s</u>adìqinà**	**<u>H</u>àfi<u>z</u>in**

5 ←

كَيْفَ	كَانَ	أَلْإِجْتِمَاعُ
Fa Y Ka	Na À Ka	ᶜou À Ma Ti J I-L A
kayfa	**kàna**	**(a)l-ijtimàᶜou**

6 ←

كَانَ	مُمْتَازًا	خَرَجْنَا
Na À Ka	An Z À Ta M Mou	À Na J Ra KHa
kàna	**moumtàzan**	**kharajnà**

مِنْهُ	وَ	نَحْنُ	مَسْرُورُونَ
Hou N Mi	Wa	Nou <u>H</u> Na	Na W Rou W Rou S Ma
minhou	**wa**	**na<u>h</u>nou**	**masroùroùna**

Exercice 1 : تَرْجِمْ Tarjim !

❶ هَلْ ذَهَبْتُمْ إِلَى ٱجْتِمَاعِكُمْ يَوْمَ أَمْسِ ؟

Hal dhahabtoum ilà‿(i)jtimà^{c}ikoum yaouma amsi ?

❷ كَيْفَ كَانَتْ زِيَارَةُ ٱلْمَدِينَةِ يَوْمَ أَمْسِ ؟
– كَانَتْ مُمْتَازَةً

Kayfa kànat ziyàratou‿(a)l-madìnati yaouma amsi ?
– Kànat moumtazatan.

❸ كَيْفَ كَانَ ٱلْإِجْتِمَاعُ عِنْدَ صَدِيقِكَ حَافِظٍ ؟

Kayfa kàna‿(a)l-ijtimà^{c}ou ^{c}inda sadìqika Hàfiz(in) ?

Exercice 2 : كَمِّلْ Kammil !

❶ Vous êtes revenus de l'hôtel tout *(et vous)* contents.
. . . . min-a (a)l-foundouqi . . . . masroùroùna.

❷ Quand a-t-elle cette réunion ?
Matà . . . . hadhà . . - . . . . ?

❸ Je m'en suis beaucoup réjoui *(je-me-suis-réjoui beaucoup pour cela)*.
. . . . kathìran . . - . . . .

❹ Vous n'avez rien trouvé *(pas vous-avez-trouvé une chose)* sur la table ?
. . wajadtoum . . . . ^{c}alà . . - . . . . ?

❺ Non, mais *(-moi)* j'ai trouvé une montre dans le bureau.
Là, ... wajadtou . . . . fì (a)l-maktabi.

❹ مَتَى عِنْدَكُمْ دَرْسُكُمْ ؟ – بَعْدَ ٱلظُّهْرِ

Matà cindakoum darsoukoum ? – Bacda‿(a)z̲-z̲ouhri.

❺ هَلْ عِنْدَكُمْ سَيَّارَةٌ كَبِيرَةٌ ؟

Hal cindakoum sayyàratoun kabìratoun ?

Corrigé de l'exercice 1

❶ Est-ce que vous êtes allés à votre réunion hier ? ❷ Comment était la visite de la ville hier ? – Elle était parfaite. ❸ Comment était la réunion chez ton ami Hafiz ? ❹ Quand avez-vous votre leçon ? – L'après-midi. ❺ Est-ce que vous avez une grande voiture ?

Corrigé de l'exercice 2 – Les mots manquants

❶ Rajactoum رَجَعْتُمْ – wa antoum وَأَنْتُمْ – ❷ – cindahà عِنْدَهَا – (a)l-ijtimàcou ٱلْإِجْتِمَاعُ ❸ Farih̲tou فَرِحْتُ – li-dhalika لِذَلِكَ ❹ Mà مَا – chay'an شَيْئًا – (a)l-mà'idati ٱلْمَائِدَةِ ❺ – walakinnì وَلَكِنِّي – sàcatan سَاعَةً –

Texte de l'exercice 2

❶ رَجَعْتُمْ مِنَ ٱلْفُنْدُقِ وَأَنْتُمْ مَسْرُورُونَ

❷ مَتَى عِنْدَهَا هَذَا ٱلْإِجْتِمَاعُ ؟

❸ فَرِحْتُ كَثِيرًا لِذَلِكَ

❹ مَا وَجَدْتُمْ شَيْئًا عَلَى ٱلْمَائِدَةِ ؟

❺ لَا، وَلَكِنِّي وَجَدْتُ سَاعَةً فِي ٱلْمَكْتَبِ

25 *Le mot* ***h̲àfiz̧(oun)*** حَافظ *signifie en arabe* celui qui a appris par cœur le Coran. *À l'école coranique* ***(al-kouttàbou*** آلْكُتَّابُ*), les enfants se consacrent essentiellement à cette tâche. Ceux qui deviennent* ***h̲âfiz̧*** *sont en mesure de réciter le Livre sacré de manière déclamatoire dans diverses occasions et, en particulier, à la demande des souverains. La racine* ***h̲afiz̧a*** *signifiant également* garder, conserver, *le mot* ***h̲âfiz̧oun*** *peut aussi s'appliquer aux* anges gardiens ***(al-h̲âfiz̧oùna)*** *qui existent dans la religion islamique, comme chez les chrétiens. En revanche, l'ange "secrétaire" (voir leçon 2),* ***al-kàtibou****, est spécifique de la croyance musulmane qui fait une large place aux anges.*

Ne vous inquiétez pas pour les tournures un peu ou très différentes de celles du français. Elles vont petit à petit vous faire pénétrer l'esprit de la langue arabe. Peu importe si vous ne les retrouvez pas immédiatement et si vous ne vous sentez pas encore capable de les réutiliser. Commencez par employer les tournures qui vous semblent simples et contentez-vous de lire et de repérer dans les textes celles qui vous ont déconcerté au premier abord. Bien vite, elles vous deviendront familières et, tout naturellement, vous commencerez à les utiliser.

25 Vingt-cinquième leçon (ad-darsou (a)l-khàmisou wa (a)l-ᶜichroùna)

S̲adìqouhou marìd̲oun

Son ami est malade

1 – Ilà ayna dhahaba H̲àfiz̧(oun) baᶜda z̧ouhri‿(a)l-yaoumi ① **?**

à où il-est-allé Hafiz-un[suj.] après midi[ind.] le-jour[ind.]*

Où est allé Hafiz cet après-midi ?

Notes

① **baᶜda z̧ouhri (a)l-yaoumi** بَعْدَ ظُهْرِ ٱلْيَوْم signifie littéralement "après le midi du jour [d'aujourd'hui]". Rappelez-vous que **al-yaouma** veut dire *aujourd'hui* ("le jour [que nous sommes]",

ألإجتماع

١ – يا زيد ! متى عندك ٱلإجتماع ؟
٢ – يوم ٱلخميس، في ٱلسّاعة ٱلسادسة بعد ٱلظّهر
٣ – أين عندك هذا ٱلإجتماع ؟
٤ – عند صديقنا حافظ
٥ – كيف كان ٱلإجتماع ؟
٦ – كان ممتازا، خرجنا منه و نحن مسرورون

---

٢٥ أَلدَّرْسُ ٱلْخَامِسُ وَ ٱلْعِشْرُونَ

صَدِيقُهُ مَرِيضٌ

١ – إِلَى أَيْنَ ذَهَبَ حَافِظٌ بَعْدَ ظُهْرِ ٱلْيَوْمِ ؟

▸ c'est-à-dire "ce jour"). Dans la leçon précédente était apparu *jeudi*, **yaoumou (a)l-khamìsi** يَوْمُ ٱلْخَميس, "jour du cinq" ou cinquième jour de la semaine, et vous trouvez dans cette leçon, à la phrase 4, **yaouma (a)s-sabti** يَوْمَ ٱلسَّبْتِ *samedi*, "jour du sabbat" ; **sabt** سَبْت vient de la racine SaBaTa, qui veut dire *se reposer, chômer.*

2 – **Dhahaba ilà foundouqi‿(a)r-Riyàdi**
il-est-allé à hôtel[ind.] le-Riyad[ind.]*
Il est allé à l'hôtel Riyad

3 **li-ziyàrati sadìqihi wa h(ou)wa marìdoun** ②.
pour-visite[ind.] ami[ind.]-son et lui malade-un[suj.]*
pour rendre visite à son ami qui était malade.

4 **Innahou nazala fì hadhà‿(a)l-foundouqi yaouma‿(a)s-sabti** ①
car-lui il-est-descendu dans ce l'hôtel[ind.] le-jour[dir.] le-sabbat[ind.]*
En effet, celui-ci est descendu dans cet hôtel samedi (le jour du samedi)

5 **wa marida faouran bi-sababi takyìfi‿(a)l-hawà'i** ③.
et il-est-tombé-malade immédiatement avec-cause[ind.] conditionnement[ind.]* l'air[ind.]*
et il est aussitôt tombé malade à cause de la climatisation.

6 – **Bi-sababi dhalika maridnà aydan**
avec-cause[ind.] cela nous-sommes-tombés-malades aussi*
Nous aussi, nous sommes tombés malades pour cette raison,

7 **wa nahnou fì baytinà.** ② □
et nous dans maison[ind.]-notre
alors que nous, nous étions chez nous.

Notes

② **wa h(ou)wa marìdoun** وَهُوَ مَرِيضٌ signifie littéralement *et lui [il est] malade*, mais peut se traduire en français par une relative : *qui est, était malade.* Voici encore une tournure de l'arabe, très simple et courante exprimée par le **wa**. Ici, il est rendu en français par une relative introduite par *qui* ; dans la

٢ – ذَهَبَ إِلَى فُنْدُقِ ٱلرِّيَاضِ

٣ لِزِيَارَةِ صَدِيقِهِ وَهُوَ مَرِيضٌ

٤ إِنَّهُ نَزَلَ فِي هَذَا ٱلْفُنْدُقِ يَوْمَ ٱلسَّبْتِ

٥ وَمَرِضَ فَوْرًا بِسَبَبِ تَكْيِيفِ ٱلْهَوَاءِ

٦ – بِسَبَبِ ذَلِكَ مَرِضْنَا أَيْضًا

٧ وَنَحْنُ فِي بَيْتِنَا

▸ leçon 24, il peut se traduire par *étant* (phrase 6) et par *alors que* à la phrase 7 de la présente leçon : **wa nahnou fì baytinà** وَنَحْنُ فِي بَيْتِنَا *et nous dans notre maison = et nous chez nous, alors que nous sommes, étions chez nous.*

③ **bi-sababi takyìfi (a)l-hawà'i** بِسَبَبِ تَكْيِيفِ ٱلْهَوَاءِ *en raison de la climatisation* (avec cause du conditionnement de l'air). On observe ici une succession de trois noms compléments – c'est-à-dire que deux sont "en état d'annexion" avec le suivant, **sababi** et **takyìfi**. Dans ce cas, seul le dernier s'accompagne de l'article (sauf s'il porte un possessif).

Remarque concernant la prononciation

Comme vous le constatez, cette leçon ne comporte rien de nouveau. Elle est uniquement destinée à vous familiariser avec les différents types de lettres proches du son **z.**
Écoutez attentivement le texte, si vous disposez des enregistrements, puis lisez les mots renfermant **zà'** ز, **z̲à'** ظ, **dhàl** ذ, **d̲âd** ض.
Ensuite, relisez le texte en veillant à restituer au maximum les sons entendus. Si cela vous semble difficile, ne vous découragez pas, vous y parviendrez sans peine au cours des prochaines séries de leçons.

zà'	ز	**ziyàrat**	زِيَارَة	**nazala**	نَزَلَ		
z̲à'	ظ	**ba^{c}da a)z̲-z̲ouhri**	بَعْدَ ٱلظُّهْرِ	**H̲àfiz̲oun**	حَافِظٌ		
dhàl	ذ	**dhahaba**	ذَهَبَ				
d̲àd	ض	**ayd̲an**	أَيْضًا	**marid̲a**	مَرِضَ	**Riyàd̲oun**	رِيَاضٌ

• **wa houwa** se prononce **wahwa** : la voyelle **ou** est avalée, comme le **i** dans **wahya** (**wa hiya** : leçon 22).

Les mots nouveaux

marìd̲oun مَرِيضٌ *malade*

yaoumou (a)s-sabti يَوْمُ ٱلسَّبْتِ *samedi* (jour du sabbat)

marid̲a مَرِضَ *tomber malade, être malade*

faouran فَوْرًا *aussitôt, immédiatement*

sababoun سَبَبٌ *cause, raison, motif*

bi-sababi .. بِسَبَبِ... *à cause de*

takyìfou (a)l-hawà'i تَكْيِيفُ ٱلْهَوَاءِ *climatisation*

ayd̲an أَيْضًا *aussi*

مَرِيضٌ	صَدِيقُهُ
Doun Y Ri Ma	Hou Qou Y Di Sa
marìdoun	**sadìqouhou**

1 ←

حَافِظٌ	ذَهَبَ	أَيْنَ	إِلَى
Zoun Fi À Ha	Ba Ha DHa	Na Y A	Y La I
Hàfizoun	**dhahaba**	**ayna**	**ilà**

ٱلْيَوْمِ	ظُهْرِ	بَعْدَ
Mi W Ya-L A	Ri H Zou	Da c Ba
(a)l-yaoumi	**zouhri**	**ba^{c}da**

2 ←

ٱلرِّيَاضِ	فُنْدُقِ	إِلَى	ذَهَبَ
Di À Ya Ri-L A	Qi Dou N Fou	Y La I	Ba Ha DHa
(a)r-Riyàdi	**foundouqi**	**ilà**	**dhahaba**

3 ←

مَرِيضٌ	هُوَ	وَ	صَدِيقِهِ	لِزِيَارَةِ
Doun Y Ri Ma	Wa Hou	Wa	Hi Qi Y Di Sa	Ti Ra À Ya Zi-Li
marìdoun	**houwa**	**wa**	**sadìqihi**	**li-ziyàrati**

4 ←

هَذَا	فِي	نَزَلَ	إِنَّهُ
À DHa Ha	Y Fi	La Za Na	Hou NNa I
hadhà	**fì**	**nazala**	**innahou**

ٱلسَّبْتِ	يَوْمَ	ٱلْفُنْدُقِ
Ti B Sa-L A	Ma W Ya	Qi Dou N Fou-L A
(a)s-sabti	**yaouma**	**(a)l-foundouqi**

← 5

بِسَبَبِ	فَوْرًا	مَرِضَ	وَ
Bi Ba Sa-Bi	An R W Fa	Da Ri Ma	Wa
bi-sababi	**faouran**	**mari<u>d</u>a**	**wa**

ٱلْهَوَاءِ	تَكْيِيفِ
'i À Wa Ha-L A	Fi Y Yi K Ta
(a)l-hawà'i	**takyìfi**

Exercice 1 : تَرْجِمْ Tarjim !

1 إِلَى أَيْنَ ذَهَبْتُمْ يَوْمَ ٱلسَّبْتِ ؟

Iḷà ayna dhahabtoum yaouma‿(a)s-sabti ?

2 هَلْ مَرِضْتُمْ لِهَذَا ٱلسَّبَبِ أَيْضًا ؟

Hal mari<u>d</u>toum li-hadhà‿(a)s-sababi ay<u>d</u>an ?

3 رَجَعْنَا إِلَى بَيْتِنَا بَعْدَ ظُهْرِ ٱلْيَوْمِ

Rajaᶜnà ilà baytinà baᶜda <u>z</u>ouhri‿(a)l-yaoumi.

4 مَرِضْتُمْ فَوْرًا وَأَنْتُمْ فِي بَيْتِكُمْ

Mari<u>d</u>toum faouran wa antoum fì baytikoum.

5 نَحْنُ أَيْضًا مَرِضْنَا بِسَبَبِ ذَلِكَ

Na<u>h</u>nou ay<u>d</u>an mari<u>d</u>nà bi-sababi dhalika.

← 6

بِسَبَبِ	ذَلِكَ	مَرِضْنَا	أَيْضًا
Bi Ba Sa-Bi	Ka Li DHa	À Na D Ri Ma	An D Y A
bi-sababi	**dhalika**	**maridnà**	**aydan**

← 7

وَ	نَحْنُ	فِي	بَيْتِنَا
Wa	Nou H Na	Y Fi	À Na Ti Y Ba
wa	**nahnou**	**fì**	**baytinà**

Corrigé de l'exercice 1

❶ Où êtes-vous allés samedi ? ❷ Êtes-vous aussi tombés malades pour cette raison ? ❸ Nous sommes revenus chez nous cet après-midi. ❹ Vous êtes aussitôt tombés malades *(et)* chez vous. ❺ Nous aussi, nous sommes tombés malades à cause de cela

*Le **foundouq**, appelé aussi **khàn**, était au Moyen Âge – dans les pays arabes du Moyen-Orient en particulier – un caravansérail. Là, les marchands et les voyageurs trouvaient le gîte et le couvert. C'était un peu l'équivalent des "relais de poste" français du XIXe siècle. Aujourd'hui, ce mot désigne tout type d'hôtel, avec ou sans étoiles :*

foundouqou (a)r-Riyàdi فُنْدُقُ ٱلرِّيَاضِ l'hôtel Riyad

foundouqoun dhoù najmatin فُنْدُقٌ ذُو نَجْمَةٍ hôtel *(possesseur d')* 1 étoile

foundouqoun dhoù thalàthi / arba^{c}i noujoùmin
فُنْدُقٌ ذُو ثَلَاثِ / أَرْبَعِ نُجُومٍ hôtel 3 / 4 étoiles

À côté des hôtels de tourisme, il en existe d'assez modestes qui se rapprochent davantage de la pension de famille, où les clients séjournent assez longuement et qui offrent une certaine convivialité aux habitués de la maison : ils prennent thé, café ou autres boissons ensemble, regardent la télévision dans un même salon, etc. Et ce, dans pratiquement tous les pays du monde arabe.

Exercice 2 : كَمِّلْ Kammil !

❶ Quand est tombée malade Zaynab ? – La [jeune] fille est tombée malade ce matin.
. . . . maridat Zaynab(ou) ? . . . .- . (a)l-bintou . . . . . . (a)l-yaoumi.

❷ Je suis allé(e) là-bas *(à là-bas)* pour rendre visite à Zaynab *(pour-visite* Zaynab)* qui était *(et elle)* malade.
Dhahabtou ilà . . . . - . . . . Zaynab(a)* . . h(i)ya . . . .

❸ Êtes-vous descendus dans cet hôtel ? Il est très bien *(certes-lui un bon très)*.
Hal . . . . fì . . . . . (a)l-foundouqi ? . . . . jayyidoun . . . .

❹ Pourquoi ton (poss. masc.) frère n'est-il pas retourné à l'hôtel Riyad hier après-midi ?
. . . . . . mà raja^{c}a . . . . foundouqi . . - . . . . yaouma . . . . ba^{c}da . . - . . . . . . ?

❺ Notre ami Hafiz est tombé malade à cause de la climatisation.
Marida . . . . Hàfizoun . . - . . . . . . takyìfi . . - . . . .

* Nous vous rappelons que le prénom **Zaynab** est irrégulier. Nous y reviendrons.

Lecture de deuxième vague

صديقه مريض

١ – إلى أين ذهب حافظ بعد ظهر ٱليوم ؟
٢ – ذهب إلى فندق ٱلرّياض
٣ لزيارة صديقه وهو مريض

Corrigé de l'exercice 2 – Les mots manquants

❶ Matà مَتَى – Mari͟dat-i مَرِضَتِ – ṣabàḥa صَبَاحَ – ❷ – hounàka li-ziyàrati هُنَاكَ لِزِيَارَةِ – wa وَ – marì͟datoun مَرِيضَةٌ ❸ – nazaltoum نَزَلْتُمْ – hadhà هَذَا – Innahou إِنَّهُ – jiddan جِدًّا ❹ Limàdhà لِمَاذَا – akhoùka ilà أَخُوكَ إِلَى – ar-Riyà͟di ٱلرِّيَاضِ – amsi أَمْسِ – (a)z-zouhri ٱلظُّهْرِ ❺ – ṣadìqounà صَدِيقُنَا – bi-sababi بِسَبَبِ – (a)l-hawà'i ٱلْهَوَاءِ

Texte de l'exercice 2

❶ مَتَى مَرِضَتْ زَيْنَبُ ؟ -مَرِضَتِ ٱلْبِنْتُ صَبَاحَ ٱلْيَوْمِ

❷ ذَهَبْتُ إِلَى هُنَاكَ لِزِيَارَةِ زَيْنَبَ وَهِيَ مَرِيضَةٌ

❸ هَلْ نَزَلْتُمْ فِي هَذَا ٱلْفُنْدُقِ؟ إِنَّهُ جَيِّدٌ جِدًّا

❹ لِمَاذَا مَا رَجَعَ أَخُوكَ إِلَى فُنْدُقِ ٱلرِّيَاضِ يَوْمَ أَمْسِ بَعْدَ ٱلظُّهْرِ ؟

❺ مَرِضَ صَدِيقُنَا حَافِظٌ بِسَبَبِ تَكْيِيفِ ٱلْهَوَاءِ

٤ إنّه نزل في هذا ٱلفندق يوم ٱلسّبت

٥ ومرض فورا بسبب تكييف ٱلهواء

٦ – بسبب ذلك مرضنا أيضا

٧ ونحن في بيتنا

26 Vingt-sixième leçon (ad-darsou (a)s-sàdisou wa (a)l-ᶜichroùna)

Al-mousàfiroùna
Les voyageurs

1 – Ilà ayna dhahaba‿(a)l-mousàfiroùna ① **?**
à où il-est-allé les-voyageur-pl.[suj.]
Où sont allés les voyageurs ?

2 – Dhahaboù ② **ilà‿(a)l-<u>h</u>ammàmi‿(a)l-ᶜàmmi,**
ils-sont-allés à le-hammam[ind.] le-public[ind.]
Ils sont allés aux bains publics,

3 qarìban min-a‿(a)l-foundouqi.
près de l'hôtel[ind.]
près de l'hôtel.

4 Baᶜda dhalika, ghasaloù ② **malàbisahoum** ③④ **jayyidan.**
après cela ils-ont-lavé vêtements[dir.]-leurs bien
Après cela, ils ont bien lavé leurs vêtements.

Notes

① **Al-mousàfiroùna** أَلْمُسَافِرُونَ *les voyageurs :* **-oùna** est la marque du pluriel d'un nom ou d'un adjectif au cas sujet. Vous l'avez déjà rencontré à la leçon 24 dans le mot **masroùroùna** مَسْرُورُونَ *joyeux* (phrase 6). Dans la phrase 7 de cette leçon, cette terminaison s'adjoint à un participe : **qàdimoùna** قَادِمُونَ *venant (pl.-suj)*, qui se rapporte à **-houm** ـهُمْ *eux*.
Notez que lorsque le verbe est placé devant un nom au pluriel, il reste au singulier : **dhahaba (a)l-mousàfiroùna** ذَهَبَ ٱلْمُسَافِرُونَ *les voyageurs sont allés* (il est allé les voyageurs).
Rappelez-vous que **al-** est l'article singulier et pluriel.

٢٦ أَلدَّرْسُ ٱلسَّادِسُ وَٱلْعِشْرُونَ

أَلْمُسَافِرُونَ

١ – إِلَى أَيْنَ ذَهَبَ ٱلْمُسَافِرُونَ ؟

٢ – ذَهَبُوا إِلَى ٱلْحَمَّامِ ٱلْعَامِّ

٣ قَرِيبًا مِنَ ٱلْفُنْدُقِ

٤ بَعْدَ ذَلِكَ، غَسَلُوا مَلَابِسَهُمْ جَيِّدًا

② **dhahaboù** ذَهَبُوا *ils sont allés*. La terminaison verbale du pluriel masculin est **-où**, que vous retrouvez aussi dans le verbe **ghasaloù** غَسَلُوا *ils ont lavé*, à la phrase 4.

③ **malàbisahoum (malàbisa-houm)** مَلَابِسَهُمْ *leurs vêtements* : notez que **al-malàbisou** est un mot pluriel dont le singulier est peu usité, la racine en étant **LaBiSa** لَبِسَ *vêtir*. Il faut donc savoir que tous les noms ne forment pas leur pluriel avec la terminaison **-oùna** (pluriel dit externe). Il y a également des pluriels internes. Nous les découvrirons peu à peu. Au début, il faudra apprendre chaque mot avec son pluriel. Plus tard, des règles de formation du pluriel pourront être dégagées.

④ Le pronom affixe **-houm** ـــهُمْ est celui de la 3e personne du pluriel au masculin : **malàbisahoum** مَلَابِسَهُمْ *leurs vêtements* ; **innahoum** *certes eux*. Le pronom isolé de cette personne est identique : **houm** هُمْ *eux*.

5 – **Limàdhà ?**
pour-quoi
Pourquoi ?

6 – **Li'anna‿(a)s-safara** ⑤ **kàna mout^{c}iban** ⑥**.**
parce-que le-voyage[dir.] il-était fatigant-un[dir.]
Parce que le voyage était fatigant.

7 **Innahoum** ④ **qàdimoùna** ① **min minṯaqatin**
certes-eux venant-pl.[suj.] de région-une[ind.]
En effet, ils viennent d'une région

8 **fìhà** ⑦ **ghoubàroun kathìroun.** □
dans-elle poussière-un[suj.] abondant-un[suj.]
où il y a beaucoup de poussière (une poussière abondante).

Notes

⑤ **li'anna (a)s-safara** لِأَنَّ ٱلسَّفَرَ *parce que le voyage* : **li'anna** est toujours suivi d'un nom au cas direct. On peut également lui adjoindre un pronom : **li'annahou** لِأَنَّهُ *parce que lui.* Ce mot se comporte comme **inna** (voir leçon 22, note 2).

⑥ Dans cette phrase, on remarque que **kàna** est suivi d'un adjectif au cas direct, parce qu'il s'agit d'un attribut : **kàna mout^{c}iban** كَانَ مُتْعِبًا *(le voyage) était [un] fatigant.* Vous avez déjà vu cette règle à la leçon 24 : **Kayfa kàna (a)l-ijtimà^{c}ou ? – Kàna moumtàzan.** كَيْفَ كَانَ ٱلْإِجْتِمَاعُ ؟ – كَانَ مُمْتَازًا *Comment était la réunion ? – Elle était parfaite* (il-était un-parfait).

⑦ Dans ce contexte, **fìhà** فِيهَا *dans elle* joue un peu le rôle d'un relatif et se traduit ici en français par *où.* La simplicité de la construction de la phrase arabe permet d'exprimer avec très peu d'éléments de base un large éventail de structures de la langue française.

٥ - لِمَاذَا ؟

٦ - لِأَنَّ ٱلسَّفَرَ كَانَ مُتْعِبًا

٧ إِنَّهُمْ قَادِمُونَ مِنْ مِنْطَقَةٍ

٨ فِيهَا غُبَارٌ كَثِيرٌ

La nouvelle lettre

finale	médiane	initiale	isolée	transl.	nom	
ـغ	ـغـ	غـ	غ	GH	غَيْن	ghayn

Cettre lettre s'écrit comme un **ᶜayn** surmonté d'un point.
Elle se prononce comme un **r** français grasseyé.

Remarque sur l'écriture et la prononciation

• **ghasaloù** غَسَلُوا : la terminaison du verbe **-où** s'écrit avec un **wàw**, suivi d'un **alif** qui ne se prononce pas. Nous le marquerons dans la translittération par une barre oblique " / ".

• **li'anna** لِأَنَّ : nous rappelons que **lam** + **alif** s'écrit لا, qu'il s'agisse d'un **à** long comme dans **salàm** سَلاَم ou de **li** + un mot commençant par **alif** surmonté d'un **hamza**, comme c'est le cas ici.

26 Les mots nouveaux

mousàfiroun	مُسَافِرٌ	*voyageur*
h̲ammàmoun	حَمَّامٌ	*bains, salle de bain, toilettes*
ᶜàmmoun	عَامٌّ	*public, général*
qarìban min	قَرِيبًا مِنْ	*près de*
ghasala	غَسَلَ	*laver*
al-malàbisou	أَلْمَلاَبِسُ	*les vêtements*
-houm / houm	... ـهُمْ/هُمْ	*leur(s) / eux*
li'anna	لِأَنَّ	*parce que*
safaroun	سَفَرٌ	*voyage*
moutᶜiboun	مُتْعِبٌ	*fatigant*
qàdimoun	قَادِمٌ	*venant*
mint̲aqatoun	مِنْطَقَةٌ	*région*
ghoubàroun	غُبَارٌ	*poussière*
kathìroun *	كَثِيرٌ	*abondant, nombreux*

* Vous reconnaissez dans **kathìr-oun** كَثِيرٌ *nombreux, abondant*, l'adjectif qui, employé seul au cas direct indéterminé, devient adverbe : **kathìr-an** كَثِيرًا *abondamment, beaucoup* (rencontré à la leçon 22).

أَلْمُسَافِرُونَ

Na W Rou Fi À Sa Mou-L A
al-mousàfiroùna

← 1

إِلَى أَيْنَ ذَهَبَ ٱلْمُسَافِرُونَ

ٱلْمُسَافِرُونَ	ذَهَبَ	أَيْنَ	إِلَى
Na W Rou Fi À Sa Mou-L A	Ba Ha DHa	Na Y A	Y La I
(a)l-mousàfiroùna	**dhahaba**	**ayna**	**ilà**

← 2

ذَهَبُوا إِلَى ٱلْحَمَّامِ ٱلْعَامِّ

ٱلْعَامِّ	ٱلْحَمَّامِ	إِلَى	ذَهَبُوا
MMi À ᶜa-L A	Mi À MMa Ha-L A	Y La I	/ W Bou Ha DHa
(a)l-ᶜàmmi	**(a)l-hammàmi**	**ilà**	**dhahaboù**

← 3

قَرِيبًا مِنَ ٱلْفُنْدُقِ

ٱلْفُنْدُقِ	مِنَ	قَرِيبًا
Qi Dou N Fou-L A	Na Mi	An B Y Ri Qa
(a)l-foundouqi	**min-a**	**qarìban**

← 4

بَعْدَ ذَٰلِكَ غَسَلُوا مَلَابِسَهُمْ جَيِّدًا

غَسَلُوا	ذَٰلِكَ	بَعْدَ
/ W Lou Sa GHa	Ka Li DHa	Da ᶜ Ba
ghasaloù	**dhalika**	**baᶜda**

جَيِّدًا	مَلَابِسَهُمْ
An D YYi Ja	M Hou Sa Bi À-La Ma
jayyidan	**malàbisahoum**

← 5

لِمَاذَا

À DHa À Ma Li
limàdhà

← 6

لِأَنَّ	ٱلسَّفَرَ	كَانَ	مُتْعِبًا
NNa A-Li	Ra Fa Sa-L A	Na À Ka	An B ^{c}i T Mou
li'anna	**(a)s-safara**	**kàna**	**mout^{c}iban**

← 7

إِنَّهُمْ	قَادِمُونَ	مِنْ	مِنْطَقَةٍ
M Hou NNa I	Na W Mou Di À Qa	N Mi	*T*in Qa Ta N Mi
innahoum	**qàdimoùna**	**min**	**mintaqatin**

← 8

فِيهَا	غُبَارٌ	كَثِيرٌ
À Ha Y Fi	Roun À Ba GHou	Roun Y THi Ka
fìhà	**ghoubàroun**	**kathìroun**

Exercice 1 : تَرْجِمْ Tarjim !

1. هَلْ وَصَلَ ٱلْمُسَافِرُونَ ؟ – نَعَمْ، وَصَلُوا صَبَاحَ ٱلْيَوْمِ
Hal wasala (a)l-mousàfiroùna ? – Na^{c}am, wasaloù sabàha (a)l-yaoumi.

2. هَلْ مَرِضَ ٱلْمُسَافِرُونَ ؟ – نَعَمْ، مَرِضُوا بَعْدَ ٱلسَّفَرِ
Hal marida (a)l-mousàfiroùna ? – Na^{c}am, maridoù ba^{c}da (a)s-safari.

3. لِمَاذَا غَسَلَ ٱلْمُسَافِرُونَ مَلَابِسَهُمْ ؟
Limàdha ghasala (a)l-mousàfiroùna malàbisahoum ?

Le hammam, ou "bain maure", est un bain de sudation hérité des thermes romains. Souvent les hammams sont installés dans des bâtiments contigus aux mosquées. Ainsi, les ablutions indispensables avant les prières rituelles peuvent être complétées, à un moment ou à un autre, par ces bains particulièrement efficaces pour la régénération du corps et l'élimination des toxines.
Le prophète de l'islam a dit : "La propreté est un acte de foi."

أَلنَّظافَةُ مِنَ ٱلدِّينِ

An-nazàfatou min-a (a)d-dìni.
la proprèté [fait partie] de la foi
La propreté est un acte de foi.

Il faut noter que ***hammàm*** *a également le sens de salle de bain et de toilettes. En ce qui concerne ces dernières, presque toutes les mosquées en possèdent. Elles sont ouvertes au public.*

4 أَيْنَ ٱلحَمَّامُ ٱلْعَامُّ ؟ – قَرِيبًا مِنْ بَيْتِنَا
Ayna (a)l-hammàmou (a)l-ᶜàmmou ? – Qarìban min baytinà.

5 كَيْفَ كَانَ ٱلسَّفَرُ ؟ – كَانَ مُتْعِبًا
Kayfa kàna (a)s-safarou ? – Kàna moutᶜiban.

Corrigé de l'exercice 1

1 Est-ce que *(est-arrivé)* les voyageurs sont arrivés ? – Oui, ils sont arrivés ce matin. 2 Est-ce que *(est-tombé-malade)* les voyageurs sont tombés malades ? – Oui, ils sont tombés malades après le voyage. 3 Pourquoi les voyageurs ont-ils lavé leurs vêtements ? 4 Où est le bain public ? – Près de notre maison. 5 Comment était le voyage ? – Il était fatigant.

Exercice 2 : كَمِّلْ Kammil !

❶ Où sont allés *(est allé)* les voyageurs ? – Ils sont allés au bain public.
. . . ayna . . . . (a)l-mousàfiroùna ? – . . . . ilà . . - . . . . (a)l-ᶜàmmi.

❷ Quand sont-ils descendus dans cet hôtel bon marché ?
Matà . . . . fì . . . . . (a)l-foundouqi . . - . . . . . . ?

❸ Dans cet hôtel, [il y a] beaucoup de *(nombreux)* voyageurs.
Fì hadhà . . - . . . . , al-mousàfiroùna . . . .

Texte de l'exercice 2

❶ إِلَى أَيْنَ ذَهَبَ ٱلْمُسَافِرُونَ ؟ –ذَهَبُوا إِلَى ٱلْحَمَّامِ ٱلْعَامِّ

❷ مَتَى نَزَلُوا فِي هَذَا ٱلْفُنْدُقِ ٱلرَّخِيصِ ؟

❸ فِي هَذَا ٱلْفُنْدُقِ، أَلْمُسَافِرُونَ كَثِيرُونَ

❹ فَرِحَ ٱلْمُسَافِرُونَ لِأَنَّ ٱلسَّفَرَ كَانَ مُمْتَازًا

❺ إِنَّهُمْ قَادِمُونَ مِنْ مِنْطَقَةٍ جَمِيلَةٍ جِدًّا

❹ Les voyageurs se sont réjouis *(il-s'est-réjoui)* parce que le voyage était parfait.
. . . . . . (a)l-mousàfiroùna li'anna . . - . . . . . . kàna . . . .

❺ Certes, ils viennent *(venant-pl.)* d'une très belle région.
. . . . qàdimoùna min . . . . jiddan.

Corrigé de l'exercice 2 – Les mots manquants

❶ Ilà إِلَى – dhahaba ذَهَبَ – Dhahaboù ذَهَبُوا – (a)l-hammàmi ٱلْحَمَّام – ❷ – nazaloù نَزَلُوا – hadhà هَذَا –(a)r-rakhìsi ٱلرَّخِيصِ ❸ – (a)l-foundouqi ٱلْفُنْدُق – kathìroùna كَثِيرُونَ ❹ Fariha فَرِحَ – (a)s-safara ٱلسَّفَرَ – moumtàzan مُمْتَازًا ❺ Innahoum إِنَّهُمْ – mintaqatin jamìlatin مِنْطَقَةٍ جَمِيلَةٍ –

Lecture de deuxième vague

ألمسافرون

١ – إلى أين ذهب ٱلمسافرون ؟

٢ – ذهبوا إلى ٱلحمّام ٱلعامّ

٣ قريبا من ٱلفندق

٤ بعد ذلك، غسلوا ملابسهم جيّدا

٥ – لماذا ؟

٦ – لأنّ ٱلسّفر كان متعبا

٧ إنّهم قادمون من منطقة

٨ فيها غار كثير

27 Vingt-septième leçon (ad-darsou (a)s-sàbiᶜou wa (a)l-ᶜichroùna)

Ar-roujoùᶜou
Le retour

1 **Fì yaoumi‿(a)l-ghadi, dhahabnà maᶜa‿(a)l-mousàfirìna** ①
dans jour[ind.] le-lendemain[ind.] nous-sommes-allés avec les-voyageur-pl.[ind.]*
Le lendemain, nous sommes allés avec les voyageurs

2 **ilà‿(a)l-h̲ayyi‿(a)l-qadìmi**
à le-quartier[ind.] le-vieux[ind.]
dans le vieux quartier,

3 **wa marararnà** ② **bi-amàkini‿(a)l-madìnati‿(a)l-jamìlati.** ③
et nous-sommes-passés par-endroits[ind.] la-ville[ind.] la-belle[ind.]*
et nous sommes passés par les beaux endroits de la ville.

4 **Kànoù masroùrìna** ① **jiddan li-dhalika.**
ils-étaient joyeux-pl.[dir.] très pour-cela
Ils en étaient très contents.

Notes

① **maᶜa (a)l-mousàfirìna** مَعَ ٱلْمُسَافِرِينَ *avec les voyageurs* : **-ìna** est la terminaison du pluriel externe au cas indirect ou direct, comme dans la phrase 4 : **Kànoù masroùrìna** كَانُو مَسْرُورِينَ, puisque après le verbe **kàna** كَانَ l'attribut se met au cas direct. Il n'y a donc que deux terminaisons au pluriel : **-oùna** ـــونَ pour le cas sujet et **-ìna** ـــِينَ pour les cas direct et indirect.

٢٧ أَلدَّرْسُ ٱلسَّابِعُ وَٱلْعِشْرُونَ

أَلرُّجُوعُ

١ فِي يَوْمِ ٱلْغَدِ، ذَهَبْنَا مَعَ ٱلْمُسَافِرِينَ

٢ إِلَى ٱلْحَيِّ ٱلْقَدِيمِ

٣ وَ مَرَرْنَا بِأَمَاكِنِ ٱلْمَدِينَةِ ٱلْجَمِيلَةِ

٤ كَانُوا مَسْرُورِينَ جِدًّا لِذَلِكَ

② **mararnà** مَرَرْنَا *nous sommes passés* : lorsque le verbe **marra** se conjugue aux 1res et 2es personnes du singulier et du pluriel, le double **r** – indiqué par le **chadda** aux 3es personnes du singulier et du pluriel – se dédouble en deux **r** séparés.

③ **al-amàkin-ou** est le pluriel interne de **al-makàn-ou** *l'endroit*. Ce mot, lorsqu'il est indéterminé, présente une petite irrégularité, nous y reviendrons.
Un adjectif se rapportant à un nom pluriel de chose se met au féminin singulier : **mararnà bi-amàkini (a)l-madìnati (a)l-jamìlati** مَرَرْنَا بِأَمَاكِنِ ٱلْمَدِينَةِ ٱلْجَمِيلَةِ *nous sommes passés par les beaux endroits de la ville* (par-les-endroits* la-ville-la belle). Il faut noter que dans cette phrase l'adjectif au féminin peut aussi bien se rapporter au mot *ville* qu'au mot *endroits*. On pourrait dire aussi : *par les endroits de la belle ville*. Grammaticalement, ce serait juste, mais la première traduction est la plus satisfaisante quant au sens. Il faudra donc veiller, dans des cas semblables, à choisir la traduction en fonction de cette ambiguïté possible, ainsi que du contexte.

5 **Baᶜda ousboùᶜin, rajaᶜoù ilà bouyoùtihim** ④.
après semaine-une[ind.] ils-sont-revenus à maisons[ind.]-leurs[ind.]
Au bout d'une semaine, ils sont rentrés chez eux.

6 **Kànat safratouhoum hadhihi** ⑤ **jamìlatan !** □
elle-fut voyage[suj.]-leur celle-ci belle-une[dir.]
Ce fut pour eux un beau voyage !

Notes

④ **ilà bouyoùti-him** إِلَى بُيُوتِهِمْ *à leurs maisons = chez eux.* Voici un autre pluriel interne : **bayt-oun, bouyoùt-oun** بَيْتٌ ، بُيُوتٌ. Notez que le pronom affixe **-houm** ـهُمْ *leur(s)/les* devient **-him** après un mot au cas indirect, comme c'est le cas pour **-hou** → **-hi** *son, sa, ses / le, lui.*

⑤ **hadhihi** هَذِهِ *cette, celle-ci* est le féminin de **hadhà** : *ce/cet, celui-ci*. Il s'emploie de la même façon : **hadhà (a)r-rajoulou** هَذَا ٱلرَّجُلُ *cet homme* ; **hadhihi (a)l-madìnatou** هَذِهِ ٱلْمَدِينَةُ *cette ville*. Dans la phrase du dialogue, **hadhihi** accompagne un nom portant un pronom affixe et, dans ce cas, il se place après le nom : **safratouhoum hadhihi...** ...سَفْرَتُهُمْ هَذِهِ *Ce voyage qui fut le leur* (voyage-leur cette).
Safratoun سَفْرَةٌ est un dérivé de **safaroun** سَفَرٌ et signifie aussi *voyage*, ce dernier ayant un sens plus général et **safratoun** correspondant plus précisément à "un voyage", "un trajet".
Une dernière remarque : rappelez-vous que, bien souvent, le genre des mots en arabe n'est pas le même qu'en français. Que cela ne vous trouble pas dans la traduction mot-à-mot.

Dans cette dernière leçon, il n'y a pas de nouvelle lettre, puisque dans la précédente, avec le **ghayn**, vous avez complété votre connaissance de l'alphabet arabe.

٥ بَعْدَ أُسْبُوعٍ، رَجَعُوا إِلَى بُيُوتِهِمْ
٦ كَانَتْ سَفْرَتُهُمْ هَذِهِ جَمِيلَةً !

Les mots nouveaux

roujoù^{c}oun (de **RaJa^{c}a**)	رُجُوعٌ(رَجَعَ)	*retour*
yaouma (a)l-ghadi	يَوْمَ ٱلْغَدِ	*le lendemain*
<u>h</u>ayyoun	حَيٌّ	*quartier*
al-makànou, al-amàkinou*	أَلْمَكَانُ، أَلْأَمَاكِنُ	*l'endroit, les endroits*
ousboù^{c}oun	أُسْبُوعٌ	*semaine*
bouyoùtoun (pl. de **baytoun**)	بُيُوتٌ (بَيْتٌ)	*maisons*
safratoun	سَفْرَةٌ	*trajet, voyage*
hadhihi	هَذِهِ	*cette, celle-ci*

* Pour l'instant, vous n'utiliserez ce mot que déterminé, soit par l'article, soit par un pronom affixe.

Translittération

أَلرُّجُوعُ

^{c}ou W Jou Rou-L A
ar-roujoù^{c}ou

← **1**

ٱلْغَدِ	يَوْمِ	فِي
Di GHa-L A	Mi W Ya	Y Fi
(a)l-ghadi	**yaoumi**	**fì**

27

ٱلْمُسَافِرِينَ	مَعَ	ذَهَبْنَا
Na Y Fi Fi À Sa Mou-L A	^{c}a Ma	À Na B Ha DHa
(a)l-mousàfirìna	**ma^{c}a**	**dhahabnà**

← 2

ٱلْقَدِيمِ	ٱلْحَيِّ	إِلَى
Mi Y Di Qa-L A	YYi Ha-L A	Y La I
(a)l-qadìmi	**(a)l-hayyi**	**ilà**

← 3

بِأَمَاكِنِ	مَرَرْنَا	وَ
Ni Ki À Ma A-Bi	À Na R Ra Ma	Wa
bi-amàkini	**mararnà**	**wa**

ٱلْجَمِيلَةِ	ٱلْمَدِينَةِ
Ti La Y Mi Ja-L A	*Ti* Na Y Di Ma-L A
(a)l-jamìlati	**(a)l-madìnati**

Exercice 1 : تَرْجِمْ Tarjim !

1 كَانُوا قَادِمِينَ مِنْ مِنْطَقَةٍ جَمِيلَةٍ

Kànoù qàdimìna min mintaqatin jamìlatin.

2 كَانُوا مَسْرُورِينَ جِدًّا لِاجْتِمَاعِهِمْ

Kànoù masroùrìna jiddan li-(i)jtimà^{c}ihim.

3 مَرُّوا بِحَيٍّ قَدِيمٍ مَعَ ٱلْمُسَافِرِينَ

Marroù bi-hayyin qadìmin ma^{c}a (a)l-mousàfirìna.

4 رَجَعُوا مَعَ وَلَدِهِمْ إِلَى بَيْتِهِمْ بَعْدَ أُسْبُوعٍ

Raja^{c}où ma^{c}a waladihim ilà baytihim ba^{c}da ousboù^{c}in.

4 ←

كَانُوا
/ W Nou À Ka
kànoù

مَسْرُورِينَ
Na Y Ri W Rou S Ma
masroùrìna

جِدًّا
An DD Ji
jiddan

لِذَلِكَ
Ka Li DHa-Li
li-dhalika

5 ←

بَعْدَ
Da ^{c} Ba
ba^{c}da

أُسْبُوعٍ
^{c}in W Bou S OU
ousboù^{c}in

رَجَعُوا
/ W ^{c}ou Ja Ra
raja^{c}où

إِلَى
Y La I
ilà

بُيُوتِهِمْ
M Hi Ti W You Bou
bouyoùtihim

6 ←

كَانَتْ
T Na À Ka
kànat

سَفْرَتُهُمْ
M Hou Tou Ra F Sa
safratouhoum

هَذِهِ
Hi DHi Ha
hadhihi

جَمِيلَةً
Tan La Y Mi Ja
jamìlatan

❺ بَعْدَ ذَلِكَ، نَزَلُوا فِي فُنْدُقٍ جَيِّدٍ لِأَنَّ وَلَدَهُمْ كَانَ مَرِيضًا

Ba^{c}da dhalika, nazaloù fì foundouqin jayyidin li'anna waladahoum kàna marìdan.

Corrigé de l'exercice 1

❶ Ils venaient d'une belle région. ❷ Ils étaient très heureux de *(pour)* leur réunion. ❸ Ils sont passés avec les voyageurs par un vieux quartier. ❹ Ils sont retournés chez eux avec leur enfant au bout *(après)* d'une semaine. ❺ Après cela, ils sont descendus dans un bon hôtel, parce que leur enfant était malade.

Exercice 2 : كَمِّلْ Kammil !

❶ Où *(à où)* êtes-vous allés avec les voyageurs ? – À Alger.
Ilà ayna .... ma^c^a .. - .... ?
– ... (al)-Jazà'ir.

❷ Les vieux sites étaient beaux *(elle-était les-endroits la-vieille une-belle)*.
Kànat-i .. - .... (a)l-qadìmatou ....

❸ Ce voyage était / a été très fatigant.
Kàna .... (a)s-safratou .... jiddan.

❹ *(est-ce que)* Êtes-vous passés par le vieux quartier de la ville ?
Hal .... bi-hayyi (a)l-madìnati .. - ...... ?

❺ Après ce voyage, ils étaient très contents.
..... hadhihi .. - ...., kanoù .... jiddan.

Al-Jazà'ir ٱلجَزائِر *désigne à la fois la ville d'Alger et l'Algérie. Ce nom signifie "les îles" (pluriel de* ***jazìra(t)*** *) en raison, d'une part, de la proximité de la baie d'Alger de tout un chapelet d'îles et, d'autre part, parce que l'Algérie est considérée comme une vaste île située entre la mer Méditerranée et la "mer" du Sahara.*

سَفْرَةٌ سَعِيدَةٌ

Safratoun sa^c^ìdatoun !*

un voyage un bon

Bon voyage !

* *prononcé* ***"Safra sa^c^ìda !"***

Corrigé de l'exercice 2 – Les mots manquants

❶ – dhahabtoum ذَهَبْتُمْ – (a)l-mousàfirìna ٱلْمُسَافِرِينَ – Ilà إِلَى ❷ – (a)l-amàkinou ٱلْأَمَاكِنُ – jamìlatan جَمِيلَةً ❸ – hadhihi هَـٰذِهِ – moutᶜibatan مُتْعِبَةً – ❹ – marartoum مَرَرْتُمْ – (a)l-qadìmi ٱلْقَدِيمِ ❺ Baᶜda بَعْدَ – (a)s-safrati ٱلسَّفْرَةِ – masroùrìna مَسْرُورِينَ –

Texte de l'exercice 2

❶ إِلَى أَيْنَ ذَهَبْتُمْ مَعَ ٱلْمُسَافِرِينَ ؟ - إِلَى ٱلْجَزَائِرِ

❷ كَانَتِ ٱلْأَمَاكِنُ ٱلْقَدِيمَةُ جَمِيلَةً

❸ كَانَتْ هَـٰذِهِ ٱلسَّفْرَةُ مُتْعِبَةً جِدًّا

❹ هَلْ مَرَرْتُمْ بِحَيِّ ٱلْمَدِينَةِ ٱلْقَدِيمِ ؟

❺ بَعْدَ هَـٰذِهِ ٱلسَّفْرَةِ، كَانُوا مَسْرُورِينَ جِدًّا

Lecture de deuxième vague

ألرّجوع

١ في يوم ٱلغد، ذهبنا مع ٱلمسافرين

٢ إلي ٱلحيّ ٱلقديم

٣ و مررنا بأماكن ٱلمدينة ٱلجميلة

٤ كانوا مسرورين جدّا لذلك

٥ بعد أسبوع رجعوا إلي بيوتهم

٦ كانت سفرتهم هذه جميلة !

28 Vingt-huitième leçon (ad-darsou (a)th-thàminou wa (a)l-^{c}ichroùna)

مُرَاجَعَةٌ

Mouràja^{c}atoun

Révision

Vous voilà enfin arrivé au bout de la découverte de l'alphabet arabe ! Bien sûr, vous ne lisez pas encore couramment, vous confondez des lettres, vous hésitez quant à l'écriture d'un terme. Mais quel chemin parcouru ! Déjà vous reconnaissez certains mots, certaines expressions – comme ***As-salàmou ^{c}alayka !*** أَلسَّلاَمُ عَلَيْكَ *ou* ***Al-hamdou lillahi !*** أَلْحَمْدُ لله *–, et puis vous savez manier une quantité de tournures qui vous permettent, au bout du compte, d'exprimer déjà bon nombre de choses.*
Cette leçon, reprenant l'ensemble des acquis depuis le début de votre apprentissage, peut paraître trop longue à certains. Dans ce cas, nous vous conseillons de porter toute votre attention sur les paragraphes 1 à 6 et de passer plus rapidement sur les derniers.

1 Les nouvelles lettres et l'écriture

Au cours de cette semaine d'étude, vous avez rencontré les trois lettres restantes de l'alphabet : **d̲àd**, **z̲à'** et **ghayn**.

finale	médiane	initiale	isolée	transl.	nom	
ـض	ـضـ	ضـ	ض	**D̲**	ضَاد	**d̲àd**
ـظ	ـظـ	ظـ	ظ	**Z̲**	ظَاء	**z̲à'**
ـغ	ـغـ	غـ	غ	**GH**	غَيْن	**ghayn**

d̲àd et **z̲à'** sont des lettres solaires, c'est-à-dire qui assimilent le **làm** de l'article **al-** et sont redoublées : **az̲-z̲ouhr** أَلظُّهْر *le midi.*
Les lettres solaires sont au nombre de 14.

٢٨ أَلدَّرْسُ ٱلثَّامِنُ وَٱلْعِشْرُونَ

Pour avoir une vision d'ensemble de l'alphabet arabe ou encore pour retrouver l'écriture, la prononciation ou l'appellation d'une lettre en particulier, reportez-vous au tableau général situé en annexe.

La seule lettre qui présente quelques difficultés d'écriture est le **hamza** ; vous en avez déjà rencontré quelques cas, et vous découvrirez les autres au cours des prochaines leçons.

Le **hamza** s'écrit
– sur un **alif** en début de mot :

oustàdhoun أُسْتَاذٌ *maître* (vu dans les premières leçons)

– sur un **yà'** sans points à l'intérieur d'un mot

mà'idatoun مَائِدَةٌ *table* (vu à la leçon 19)

– seul et sans support, après un **alif** final :

hawà'oun هَوَاءٌ *air* (leçon 25)

Pour plus de précisions, vous pouvez vous reporter au paragraphe 1 de la leçon 21. Mais mieux vaut peut-être vous familiariser progressivement avec ces petits détails d'écriture, en retenant globalement les mots qui en comportent, chaque fois que vous en rencontrez.

2 Le démonstratif

• L'adjectif démonstratif

– Vous en connaissez le singulier, masculin et féminin :
hadhà هَذَا *ce*, *cet* et **hadhihi** هَذِهِ *cette*

– Il est suivi d'un nom portant l'article :
hadhà (a)l-ijtimà^cou هَذَا ٱلْإِجْتِمَاعُ *cette réunion*
Attention : **ijtimà^coun** est du masculin en arabe (leçon 24).

hadhihi (a)l-madìnatou هَٰذِهِ ٱلْمَدِينَةُ *cette ville*

– Sa forme ne change pas s'il accompagne un nom au cas direct ou indirect :
fì hadhà (a)l-foundouqi فِي هَٰذَا ٱلْفُنْدُقِ *dans cet hôtel* (leçon 25)

– Il peut aussi s'employer avec un nom portant un pronom affixe, mais dans ce cas, le démonstratif se place après le nom. Cette tournure n'est pas traduisible en français de manière littérale :

كَانَتْ سَفْرَتُهُمْ هَٰذِهِ جَمِيلَةً

Kànat safratouhoum hadhihi jamìlatan.
(elle-était voyage[suj.]-leur cette belle-une[dir.]) (leçon 27, phrase 6)
Leur voyage que voilà fut beau.
ou *Ce fut un beau voyage que le leur / qu'ils firent là.*

– Nous avons vu qu'un nom au pluriel, représentant <u>des choses</u>, était suivi d'un adjectif au féminin singulier. Ce sera la même chose pour le démonstratif : **hadhihi (a)l-amàkinou** هَٰذِهِ ٱلْأَمَاكِنُ *ces* (cette) *endroits.*

• Le pronom démonstratif

– **hadhà** هَٰذَا *celui-ci* et **hadhihi** هَٰذِهِ *celle-ci* peuvent être employés comme pronoms :

man hadhà ?	مَنْ هَٰذَا ؟	*qui [est]-ce (celui-ci) ?*
hadhihi bouyoùtouhou	هَٰذِهِ بُيُوتُهُ	*ce [sont] ses maisons*
– dhalika	ذَٰلِكَ	*cela*

On peut, comme en français, le faire précéder d'une préposition :

li-dhalika	لِذَٰلِكَ	*pour cela* (leçon 22)
ba°da dhalika	بَعْدَ ذَٰلِكَ	*après cela* (leçon 26)

Il peut même être complément d'un nom :

bi-sababi dhalika	بِسَبَبِ ذَٰلِكَ	*à cause de cela* (leçon 25)

3 Le pluriel des noms et adjectifs

Vous avez commencé à entrevoir comment se formait le pluriel des noms. Ils sont de deux types : *le pluriel externe*, constitué d'une terminaison qu'on ajoute au mot, et *le pluriel interne,* qui en modifie la structure tout en conservant les trois lettres de la racine. Sauf pour certaines catégories de mots, on ne peut savoir d'emblée si l'on doit employer un pluriel interne ou externe.

• Le pluriel externe

On ajoute aux noms ou aux adjectifs les terminaisons suivantes :

– cas sujet : ـــُونَ **-oùna**
al-mousàfir-oùna أَلْمُسَافِرُونَ *les voyageurs* (leçon 26)

wa na<u>h</u>nou masroùr-oùna وَنَحْنُ مَسْرُورُونَ
et nous [étions] joyeux (leçon 24)

– cas direct et indirect : ـــِينَ **-ìna**
kànoù masroùr-ìna كَانُوا مَسْرُورِينَ
ils étaient joyeux (leçon 27)
Rappel : l'attribut placé après **kàna** se met au cas direct.

ma^c^a (a)l-mousàfir-ìna مَعَ ٱلْمُسَافِرِينَ
avec les voyageurs (leçon 27)

Ce suffixe s'emploie avec les participes passés comme **masroùroun**, les participes actifs comme **qàdimoun** et un certain nombre de noms.

• Pluriel interne

La structure du mot se modifie tout en conservant les trois lettres de la racine. Il peut s'y ajouter un **alif** initial et des voyelles longues :

bayt	بَيْت **T Y Ba**	*maison*	**bouyoùt**	بُيُوت **T W You Bou**	*maisons*
makàn	مَكَان **N ÀKà Ma**	*endroit*	**amàkin**	أَمَاكِن **N Ki À Ma A**	*endroits*
walad	وَلَد **D La Wa**	*enfant*	**aoulàd**	أَوْلَاد **D À La W A**	*enfants*

(leçon 28, exercice de révision)

Pour l'instant, ne cherchez pas à découvrir des règles de formation du pluriel. Elles se dégageront peu à peu des différentes formes de pluriel que vous rencontrerez. Contentez-vous d'apprendre le singulier et le pluriel de chaque mot rencontré, chaque fois que nous vous le signalerons.

Notez que le pluriel d'un nom de choses est suivi d'un adjectif au féminin singulier :

مَرَرْنَا بِأَمَاكِنِ ٱلْمَدِينَةِ ٱلْجَمِيلَةِ

Mararnà bi-amàkini (a)l-madìnati (a)l-jamìlati.
Nous sommes passés par les beaux (la belle) *endroits de la ville* (leçon 27)

soit, au cas sujet :
ٱلْأَمَاكِنُ ٱلْجَمِيلَةُ
al-amàkinou (a)l-jamìlatou
les beaux (la belle) *endroits*

4 La conjugaison et les pronoms personnels

Vous avez découvert les trois autres personnes du pluriel du verbe au passé (au masculin) : *nous*, *vous*, *ils*, ainsi que les pronoms isolés et affixes correspondants. Nous vous les indiquons dans le tableau ci-dessous en reprenant également les personnes du singulier. Sachez qu'il manque encore quelques personnes (*vous* au féminin, *elles* et le duel) que nous découvrirons plus avant. Pour l'instant, vous disposez de celles qui vous seront le plus utiles dans l'immédiat.

	terminaisons du verbe	*pronom affixe*	*pronom isolé*
je	**katab-tou**	**-ì**	**anà**
	كَتَبْتُ	...ي	أَنَا
tu (masc.)	**katab-ta**	**-ka**	**anta**
	كَتَبْتَ	...كَ	أَنْتَ
tu (fém.)	**katab-ti**	**-ki**	**anti**
	كَتَبْتِ	...كِ	أَنْتِ

il	**katab-a**	**-hou/hi**	**houwa**
	كَتَبَ	...هُ / ...هِ	هُوَ
elle	**katab-at**	**-hà**	**hiya**
	كَتَبَتْ	...هَا	هِيَ
nous	**katab-nà**	**-nà**	**nahnou**
	كَتَبْنَا	...نَا	نَحْنُ
vous (masc.)	**katab-toum**	**-koum**	**antoum**
	كَتَبْتُمْ	...كُمْ	أَنْتُمْ
ils	**katab-où**	**-houm/him**	**houm**
	كَتَبُوا	...هُمْ/...هِمْ	هُمْ

Vous remarquez qu'il existe des ressemblances entre les terminaisons du verbe au passé et les pronoms affixes ou isolés. Nous les avons indiquées en les soulignant.

Rappelez-vous qu'aux 3es personnes du masculin, au singulier et au pluriel, les pronoms affixes **-hou** et **-houm** deviennent **-hi** et **-him** quand ils sont placés après un nom au cas indirect :

Rajaᶜoù ilà bouyoùti-him رَجَعُوا إِلَى بُيُوتِهِمْ
Ils sont revenus chez eux (à leurs maisons) (leçon 27).

Nous vous rappelons aussi que le pronom affixe peut se placer après un nom, après un verbe ou après une préposition :

وَجَدْنَاهَا عَلَى ٱلْمَائِدَةِ ٱلْكَبِيرَةِ

wajadnàhà ᶜalà (a)l-mà'idati (a)l-kabìrati
nous l'avons trouvée (la lettre) *sur la grande table* (leçon 22, exer.1, phrase 5 ; déjà vu en leçon 19)

kharajnà min-hou خَرَجْنَا مِنْهُ
nous en (de lui) *sommes sortis* (leçon 24)

• Conjugaison de marra مَرَّ *passer*

Les verbes à consonne redoublée sont en fait des verbes à racine trilitère (à 3 lettres : Ma RRa = M R R). Aux 3es personnes, les deuxième et troisième consonnes sont regroupées ce qui donne une consonne redoublée, seulement indiquée par le **chadda** ; mais aux autres personnes, la troisième consonne réapparaît :

marartou	مَرَرْتُ	*je suis passé / passée*
mararta	مَرَرْتَ	*tu es passé*
mararti	مَرَرْتِ	*tu es passée*
marra	مَرَّ	*il est passé*
marrat	مَرَّتْ	*elle est passée*
mararnà	مَرَرْنَا	*nous sommes passés / passées*
marartoum	مَرَرْتُمْ	*vous êtes passés*
marroù	مَرُّوا	*ils sont passés*

5 Le verbe être au passé : kàna

Ce verbe peut se traduire par l'imparfait, le passé simple ou le passé composé : *il était / il fut / il a été*. Nous avons vu :

kàna	كَانَ	*il était*
kànat	كَانَتْ	*elle était*
kànoù	كَانُوا	*ils étaient*

Nous verrons prochainement comment se conjugue **kàna** aux autres personnes.
Kàna est suivi d'un attribut au cas direct :

كَيْفَ كَانَ ٱلْإِجْتِمَاعُ ؟ –كَانَ مُمْتَازًا

Kayfa kàna (a)l-ijtimàᶜou ? – Kàna moumtàzan.
Comment était la réunion ? – Elle était parfaite (leçon 24).

Kànoù masroùrìna. كَانُوا مَسْرُورِينَ
Ils étaient joyeux / contents (leçon 27).

6 L'annexion : deux remarques

• L'annexion peut se faire entre plusieurs mots (en général pas plus de trois). Dans ce cas, seul le dernier nom porte l'article.

Bi-sababi takyìfi (a)l-hawà'i. بِسَبَبِ تَكْيِيفِ ٱلْهَوَاءِ
À cause du conditionnement de l'air (= de la climatisation) (leçon 25).

Si le troisième nom porte un pronom, aucun des trois noms n'est accompagné de l'article :
بِسَبَبِ تَكْيِيفِ (هَوَاءِ) سَيَّارَتِهِ
Bi-sababi takyìfi (hawà'i) sayyàratihi.
En raison de la climatisation de sa voiture (**hawà'i** est sous-entendu).

• Quand un adjectif suit deux noms en état d'annexion, il peut parfois y avoir ambiguïté et il peut se rapporter soit au premier soit au deuxième nom – comme c'est parfois aussi le cas en français. C'est le contexte qui permet de faire le meilleur choix.

وَمَرَرْنَا بِأَمَاكِنِ ٱلْمَدِينَةِ ٱلْجَمِيلَةِ
Wa mararnà bi-amàkini (a)l-madìnati (a)l-jamìlati.
Et nous sommes passés par les beaux endroits de la ville (leçon 27).
ou bien :
Et nous sommes passés par les endroits de la belle ville.
jamìlati peut grammaticalement se rapporter soit à **al-madìnati**, soit à **amàkani** puisque l'accord d'un nom pluriel de choses avec un adjectif se fait au féminin singulier.

7 Les mots-outils

• Interrogatifs

matà ?	مَتَى ؟	*quand ?* (leçon 24)
limàdhà ?	لِمَاذَا ؟	*pourquoi* (leçon 23)

• Adverbes

hounà	هُنَا	*ici* (leçon 17)
hounàka*	هُنَاكَ	*là* (leçon 23)
faouran	فَوْرًا	*immédiatement* (leçon 25)
kathìran	كَثِيرًا	*beaucoup* (leçon 22)
qalìlan	قَلِيلًا	*peu* (leçon 23)

28 **ay*d*an** أَيْضًا *aussi, également* (leçon 25)

qarìban min قَرِيبًا مِنْ *près de* (leçon 26)

* **hounàka** s'emploie pour traduire *il y a* et *y a-t-il ?*

Hounàka baytoun. هُنَاكَ بَيْتٌ
Il y a une maison.
Hal hounàka maktabou barìdin ? هَلْ هُنَاكَ مَكْتَبُ بَرِيدٍ ؟
Y a-t-il un bureau de poste ?

• Prépositions

ᶜinda عِنْدَ *chez, auprès de, selon* (leçon 23)

baᶜda بَعْدَ *après* (leçon 24)

La préposition **ᶜinda** – comme **la-** *à, pour* (préposition **li-** devenant **la-** devant un pronom ; cf.leçon 20) – permet aussi de traduire le verbe *avoir* :
Mà ᶜindakoum nouqoùdoun ? مَا عِنْدَكُمْ نُقُودٌ ؟
Vous n'avez pas d'argent ? (pas chez vous de l'argent) (leçon 23)

Lahou / ᶜindahou sayyàratoun. لَهُ / عِنْدَهُ سَيَّارَةٌ
Il a une voiture (pour lui / chez lui une voiture).

• Conjonctions de coordination

Elles sont très importantes en arabe, car la structure de la phrase étant très simple, elles permettent de mieux mettre l'accent sur les articulations du discours. Certaines, comme **inna**, n'ont pas de traduction littérale.

إِنَّ	لِأَنَّ	وَلَكِنَّ	
inna	**li'anna**	**walakinna**	+ nom / pronom
certes	*parce que*	*[et] mais*	
		وَلَكِنْ	
		walakin	+ verbe
		[et] mais	

Si ces conjonctions sont suivies d'un nom, celui-ci se met au cas direct. Elles peuvent aussi porter un pronom affixe. Elles ne sont pas suivies directement d'un verbe, sauf **walakin**.

وَجَدْنَا فِيهَا شَيْئًا نَفِيسًا.إِنَّهُ سِوَارٌ مِنَ ٱلذَّهَبِ

Wajadnà fìhà chay'an nafìsan. Innahou siwàroun min-a (a)dh-dhahabi.
Nous y avons trouvé un objet précieux ; il s'agit (certes-lui = et c'est) *d'un bracelet en or* (leçon 22).
Nous constatons qu'on peut ne pas traduire **innahou**, mais qu'il est recommandé de l'utiliser en arabe.

لِمَاذَا ؟ - لِأَنَّ ٱلسَّفَرَ كَانَ مُتْعِبًا

Limàdhà ? – Li'anna (a)s-safara kàna moutᶜiban.
Pourquoi ? – Parce que le voyage était fatigant (leçon 26).
N.B. : Le mot **as-safara** est au cas direct après **li'anna**.

هَلْ نَزَلْتُمْ فِي فُنْدُقٍ جَيِّدٍ ؟
- نَعَمْ، وَلَٰكِنَّهُ مُكْلِفٌ قَلِيلاً

Hal nazaltoum fì foundouqin jayyidin ?
– Naᶜam, walakinnahou mouklifoun qalìlan.
Êtes-vous descendus dans un bon hôtel ?
– Oui, mais (lui) *il est un peu cher* (leçon 23).

وَلَٰكِنْ، مَا كَانَتْ عِنْدَنَا نُقُودٌ

Walakin, mà kànat ᶜindanà nouqoùdoun.
Mais nous n'avions pas d'argent (leçon 28, exer., phrase 12).

– **fa-** فَ *et alors*
Vous aviez déjà rencontré **ammà... fa-** + verbe فَ ...أَمَّا *quant à* à la leçon 20 ; **fa-** peut aussi se lier à la négation **mà**, si le verbe est négatif :

أَمَّا نَحْنُ فَمَا مَكَثْنَا فِي بَيْتِنَا

Ammà na<u>h</u>nou fa-mà makathnà fì baytinà.
Quant à nous, nous ne sommes pas restés à la maison (dans notre maison) (leçon 22, exer. 2, phrase 5).

– **wa** وَ *et*
Cette conjonction est très utilisée en arabe et peut prendre des

valeurs différentes grâce au jeu de la phrase nominale. Elle permet d'exprimer ce que nous traduirions parfois en français par des propositions conjonctives ou relatives. Voici ses différentes valeurs : *alors que, qui, tout en, lequel.*

خَرَجْنَا مِنْهُ وَ نَحْنُ مَسْرُورُونَ

Kharajnà minhou wa nahnou masroùroùna.
Nous en sommes revenus [tout] joyeux (et nous joyeux = alors que nous étions / en étant joyeux) (leçon 24).

بِسَبَبِ ذَلِكَ، مَرِضْنَا أَيْضًا وَنَحْنُ فِي بَيْتِنَا

Bi-sababi dhalika, maridnà aydan wa nahnou fî baytinà.
Nous sommes aussi tombés malades pour cette raison, alors que nous nous étions chez nous (dans notre maison) (leçon 25).

ذَهَبَ إِلَى فُنْدُقِ ٱلرِّيَاضِ لِزِيَارَةِ صَدِيقِهِ وَهُوَ مَرِيضٌ

Dhahaba ilà foundouqi (a)r-Riyàdi li-ziyàrati sadìqihi wa h(ou)wa marìdoun.
Il est allé à l'hôtel Riyad pour rendre visite à son ami qui était malade (et lui [étant] malade) (leçon 25).

8 Les compléments de temps

Ils se mettent d'une manière générale au cas direct. Quand il y a annexion, c'est le premier terme qui est au cas direct :

al-yaouma	أَلْيَومَ	*aujourd'hui*
yaouma (a)l-ghadi	يَوْمَ ٱلْغَدِ	*le lendemain* (leçon 27)
fì yaoumi (a)l-ghadi	فِي يَوْمِ ٱلْغَدِ	*le lendemain* (leçon 27)
yaouma amsi / amsi	يَومَ أَمْسِ/أَمْسِ	*hier*
sabàha (a)l-yaoumi	صَبَاحَ ٱلْيَوْمِ	*ce matin* (leçon 19)

• Les jours de la semaine

yaoumou (a)s-sabti	يَومُ ٱلسَّبْتِ	*samedi* (leçon 25)
yaoumou (a)l-ahadi	يَومُ ٱلأَحَدِ	*dimanche*

yaoumou (a)l-ithnayni يَومُ ٱلْإِثْنَيْنِ *lundi*

yaoumou (a)th-thoulàthà'i يَومُ ٱلثُّلَاثَاءِ *mardi*

yaoumou (a)l-arbi^{c}à'ì يَومُ ٱلْأَرْبِعَاءِ *mercredi*

yaoumou (a)l-khamìsi يَومُ ٱلْخَمِيسِ *jeudi* (leçon 24)

yaoumou (a)l-joumou^{c}ati يَومُ ٱلْجُمُعَةِ *vendredi*

Attention : **yaoum** est au cas sujet quand le nom du jour a une fonction de sujet et au cas direct quand il est complément de temps.
Il est possible d'omettre le mot **yaoum**, mais il est plus correct d'employer la formulation complète :
– au cas sujet :
yaoumou (a)l-joumou^{c}ati يَومُ ٱلْجُمُعَةِ

ou **al-joumou^{c}atou** ٱلْجُمُعَةُ *vendredi*

– au cas direct :
yaouma (a)l-khamìsi يَومَ ٱلْخَمِيسِ

ou **al-khamìsa** ٱلْخَمِيسَ *jeudi*

Vous avez remarqué que les jours de la semaine, mis à part vendredi et samedi, se comptent : "jour du un", "jour du deux, trois, quatre, cinq". Mais en fait, il s'agit d'un nom dérivé des nombres et différent de l'ordinal. Les nombres sont indiqués en bas de chaque page et vous pouvez commencer à vous familiariser avec eux. Toutefois, nous apprendrons à compter un peu plus tard, car la numération en arabe est assez complexe.

• L'heure

Pour indiquer l'heure à laquelle s'effectue une action, on dit :
fì (a)s-sà^{c}ati... فِي ٱلسَّاعَةِ...
dans l'heure la... suivi de l'adjectif ordinal

fì (a)s-sà^{c}ati (a)s-sàdisati فِي ٱلسَّاعَةِ ٱلسَّادِسَةِ
à six heures (dans l'heure la sixième) (leçon 24)

28 Vous avez pu lire les ordinaux en tête des leçons. Si vous avez besoin d'indiquer l'heure ou d'utiliser les nombres, reportez-vous à l'Appendice grammatical situé en annexe.

• Autres expressions de temps

ba^{c}da (a)z-zouhri	بَعْدَ ٱلظُّهْرِ	*l'après-midi* (24)
ba^{c}da zouhri (a)l-yaoumi	بَعْدَ ظُهْرِ ٱلْيَوْمِ	*cet après-midi* (25)
ba^{c}da dhalika	بَعْدَ ذَلِكَ	*après cela, ensuite* (26)
ba^{c}da ousbou^{c}in	بَعْدَ أُسْبُوعٍ	*au bout d'une semaine, dans une semaine* (27)

9 Structure de l'arabe

Tout repose en arabe – vous le découvrez peu à peu – sur la structure du mot et sur sa modification. On peut bien sûr apprendre les mots tels quels sans se poser de question sur leur formation et se contenter d'un petit bagage de vocabulaire, mais si l'on s'attache à pénétrer le fonctionnement et à comprendre le maniement d'un certain nombre de lois, on peut très vite acquérir une grande richesse de vocabulaire à partir d'une même racine.

À l'aide de quelques racines de divers mots rencontrés jusqu'à présent, nous allons commencer à repérer un certain nombre de noms et participes formés à partir de ces racines :

Racine (= verbe)	*nom d'action* ou *nom dérivé*	*part. actif*	*part. passé*	*nom de lieu*
كَتَبَ **KaTaBa** *écrire*	كِتَاب **KiTàB** *livre*	كَاتِب **KàTiB** *écrivain*	مَكْتُوب **maKToùB** *écrit*	مَكْتَب **maKTaB** *bureau*
دَرَسَ **DaRaSa** *étudier*	دَرْس **DaRS** *leçon*			مَدْرَسَة **maDRaSat** *école*

وَلَدَ **WaLaDa** *engendrer*	وَلَد **WaLaD** *enfant*	وَالِد **WàLiD** père		
خَدَمَ **KHaDaMa** *servir*		خَادِم **KHàDiM** *serviteur*		
قَدِمَ **QaDiMa** *avancer, venir*		قَادِم **QàDiM** *avançant, venant*		
تَجَرَ **TaJaRa** *commercer*		تَاجِر **TàJiR** *commerçant*		
سَجَدَ **SaJaDa** *se prosterner*				مَسْجِد **maSJiD** *mosquée*
سَرَّ **SaRRa** *réjouir*			مَسْرُور **maSRoùR** *joyeux*	
شَهَرَ **[CHaHaRa]** *rendre célèbre*			مَشْهُور **maCH Hoù R** *réputé, célèbre*	

Vous avez remarqué également que la plupart des adjectifs rencontrés jusqu'à maintenant affectent la même forme :

jadìd جَدِيد *nouveau* (11)

jamìl جَمِيل *beau* (13)

qadìm قَدِيم *vieux* (16)

nafìs نَفِيس *précieux* (20)

kabìr كَبِير *grand* (22)

rakhìs رَخِيص *bon marché* (23)

marìd (de marida) مَرِيض (مَرِضَ) *malade* (25)

Nous vous proposons, comme d'habitude, un exercice de révision, qui vous permettra de retrouver les mêmes mots et tournures dans des phrases différentes de celles des leçons.

Exercice de révision : تَمْرِينُ مُرَاجَعَةٍ tamrìnou mouràja^{c}atin

❶ – مَنْ أَنْتُمْ ؟

– Man antoum ?

❷ – نَحْنُ مُسَافِرُونَ قَادِمُونَ مِنْ مِصْر

– Nahnou mousàfiroùna qàdimoùna min Misr.

❸ – مَتَى وَصَلْتُمْ إِلَى هَذَا ٱلْفُنْدُقِ ؟

– Matà wasaltoum ilà hadhà‿(a)l-foundouqi ?

❹ – يَوْمَ أَمْسِ، بَعْدَ ٱلظُّهْرِ، فِي ٱلسَّاعَةِ ٱلسَّادِسَةِ

– Yawma amsi, ba^{c}da‿(a)z-zouhri, fì‿(a)s-sà^{c}ati‿(a)s-sàdisati.

❺ – هَلْ كَانَ ٱلسَّفَرُ مُمْتَازًا ؟

– Hal kàna‿(a)s-safarou moumtàzan ?

❻ – نَعَمْ، وَلَكِنَّهُ كَانَ مُتْعِبًا قَلِيلاً

– Na^{c}am, walakinnahou kàna mout^{c}iban qalìlan.

7 – إِلَى أَيْنَ ذَهَبْتُمْ صَبَاحَ ٱلْيَوْمِ ؟

– Ilà ayna dhahabtoum s̲abàh̲a‿(a)l-yaoumi ?

8 – ذَهَبْنَا إِلَى ٱلْحَمَّامِ ٱلْعَامِّ،

– Dhahabnà ilà‿(a)l-h̲ammàmi‿(a)l-ᶜàmmi,

9 لِأَنَّنَا قَادِمُونَ مِنْ مِنْطَقَةٍ فِيهَا غُبَارٌ كَثِيرٌ

li'annanà qàdimoùna min mint̲aqatin fìhà ghoubàroun kathìroun.

10 بَعْدَ ذَلِكَ، ذَهَبْنَا إِلَى مَرْكَزِ ٱلْمَدِينَةِ لِزِيَارَةِ ٱلْمَسْجِدِ ٱلْجَامِعِ

Baᶜda dhalika, dhahabnà ilà markazi‿(a)l-madìnati li-ziyàrati‿(a)l-masjidi‿(a)l-jàmiᶜi.

11 – هَلْ ذَهَبْتُمْ إِلَيْهِ مَعَ أَوْلَادِ ٱلْجَارِ ؟

– Hal dhahabtoum ilayhi maᶜa aoulàdi*‿(a)l-jàri ?

12 – نَعَمْ، مَرَرْنَا مَعَهُمْ بِسُوقِ ٱلْمَدِينَةِ وَلَكِنْ، مَا كَانَتْ عِنْدَنَا نُقُودٌ

– Naᶜam, mararnà maᶜahoum bi-soùqi‿(a)l-madìnati walakin, mà kànat ᶜindanà nouqoùdoun.

13 بَعْدَ ذَلِكَ، فِي ٱلظُّهْرِ، ذَهَبْنَا إِلَى بَيْتِ وَالِدِهِمْ

Baᶜda dhalika, fì‿(a)z̲-z̲ouhri, dhahabnà ilà bayti wàlidihim.

14 كَانَ لَنَا فِيهِ ٱجْتِمَاعٌ

Kàna lanà fìhi‿(i)jtimàᶜoun.

28 ⑮ كَانَ هَذَا ٱلْيَوْمُ يَوْمًا مُمْتَازًا وَنَحْنُ مَسْرُورُونَ لِذَلِكَ !

Kàna hàdhà‿(a)l-yaoumou yaouman moumtàzan wa nahnou masroùroùna li-dhalika !

* **aoulàdoun** est le pluriel de **waladoun**, *enfant* (voir § 3 de cette leçon).

Traduction

❶ Qui êtes-vous ? ❷ Nous sommes des voyageurs venant d'Égypte. ❸ Quand êtes-vous arrivés à cet hôtel ? ❹ Hier après-midi, à six heures. ❺ Le voyage a-t-il été parfait ? ❻ Oui, mais il était un peu fatigant. ❼ Ou êtes-vous allés ce matin ? ❽ Nous sommes allés au bain public, ❾ parce que nous venons *(parce-que-nous venant)* d'une région où il y a beaucoup de poussière. ❿ Après cela, nous sommes allés au centre-ville pour visiter *(pour visite de)* la grande mosquée. ⓫ Y êtes-vous allés avec les enfants du voisin ? ⓬ Oui, nous sommes passés avec eux par le souk de la ville, mais nous n'avions pas d'argent sur nous. ⓭ Après cela, à midi, nous sommes allés chez leur père. ⓮ Nous y avions une réunion. ⓯ Cette journée a été une journée parfaite et nous en sommes contents *(pour cela)*.

Tous ces acquis ne vous semblent pas encore être bien en place ? Ne vous découragez pas ! Allez de l'avant sans hésitation, mais au cours des leçons suivantes, chaque fois que vous aurez le moindre doute sur un point particulier, reportez-vous à cette leçon récapitulative. Quand vous aurez buté à plusieurs reprises sur un élément de grammaire et que vous aurez tenté de l'éclaircir, soyez sûr que les difficultés éventuellement rencontrées se dénoueront rapidement d'elles-mêmes. Rappelez-vous aussi que la lecture et la relecture des textes, ainsi que leur audition répétée, vous faciliteront considérablement la tâche.

1 – من أنتم ؟
2 – نحن مسافرون قادمون من مصر
3 – متى وصلتم إلى هذا ٱلفندق ؟
4 – يوم أمس، بعد ٱلظّهر، في ٱلسّاعة ٱلسّادسة
5 – هل كان ٱلسّفر ممتازا ؟
6 – نعم، ولكنّه كان متعبا قليلا
7 – إلى أين ذهبتم صباح ٱليوم ؟
8 – ذهبنا إلى ٱلحمّام ٱلعامّ،
9 لأنّنا قادمون من منطقة فيها غبار كثير
10 بعد ذلك، ذهبنا إلى مركز ٱلمدينة لزيارة ٱلمسجد ٱلجامع
11 – هل ذهبتم إليه مع أولاد ٱلجار ؟
12 – نعم، مررنا معهم بسوق ٱلمدينة ولكن، ما كانت عندنا نقود
13 بعد ذلك، في ٱلظهر، ذهبنا إلى بيت والدهم
14 كان لنا فيه ٱجتماع
15 كان هذا ٱليوم يوما ممتازا ونحن مسرورون لذلك !

أَلرُّجُوعُ

Vous êtes désormais un peu familiarisé avec l'alphabet arabe, même s'il vous semble encore devoir "déchiffrer" les mots. Ne manifestez aucune hâte. Il est normal que vous n'appréhendiez pas encore directement un mot et qu'il vous faille passer par la transcription mentale, ou écrite, du texte arabe. Continuez à lire à plusieurs reprises le texte en arabe et en transcription , tout en écoutant l'enregistrement si vous le pouvez. Laissez-vous guider. L'alphabet est un obstacle vite franchi. Mais à chacun son rythme !

Désormais, nous ne donnerons plus la translittération des phrases, car vous avez compris maintenant le système des consonnes et des voyelles, de même que nous n'indiquons plus systématiquement le mot à mot les cas et les annexions.

Dans l'enregistrement, la lecture sera dorénavant plus proche de celle du parler courant, c'est-à-dire qu'on ne prononcera pas la plupart des voyelles (ou syllabes) finales, qui vont apparaître en maigre dans le texte (ou entre parenthèses dans l'exercice). Ceci

29 Vingt-neuvième leçon (ad-darsou at-tàsi^{c}ou wa al-^{c}ichroùna)

Hasanoun **thaqìlou** as-**sam^{c}i** ① !
Hassan [est] dur d'oreille !

1 **Zayd**oun **wa Hasan**oun **bayna aswàti as-sayyàràti** ②.
Zayd et Hassan [sont] au milieu *(entre)* du brouhaha *(des voix)* des voitures.

Notes

① **thaqìlou as-sam^{c}i** ثَقِيلُ ٱلسَّمْعِ *dur d'oreille* : il s'agit ici d'une annexion entre un adjectif et un nom. Comme en français, le nom est complément de l'adjectif.

vous permettra de vous rapprocher au maximum de la prononciation normale des arabophones, tout en conservant les repères des règles de construction de la phrase arabe. Mais naturellement, si vous prononcez tout, on ne vous en tiendra pas rigueur ! Ce ne sera pas une faute. Vous verrez d'ailleurs que vous vous habituerez très vite à passer d'une lecture scolaire à celle de la rue.
Cette omission des finales – qui ne suit aucunement des règles rigoureuses – va se faire très progressivement : dans cette série, nous commencerons par ne pas prononcer la voyelle du cas indirect du deuxième mot d'une annexion ou, le plus souvent, la voyelle du cas d'un nom sujet ou complément (sauf s'il y a liaison), le **tanwìn** *des noms et adjectifs et, enfin, le* **a** *du pronom affixe* **-ka**. *Toutefois, quand il semblera utile d'insister sur un point de grammaire, la voyelle finale pourra être conservée (voir et comparer dans les phrases 3, 4, 5 et 6 :* **mouᶜab**oun *et* **mouᶜaban** *– pour insister sur l'emploi du cas direct après* **lastou** *– et aussi* **ᶜaṯchàn**ou*,* **ᶜaṯchàn**a *parce qu'il s'agit ici d'un adjectif diptote, comme c'est expliqué à la note 8).*

---

٢٩ أَلدَّرْسُ ٱلتَّاسِعُ وَ ٱلْعِشْرُونَ

حَسَنٌ ثَقِيلُ ٱلسَّمْعِ

١ زَيْدٌ وَحَسَنٌ بَيْنَ أَصْوَاتِ ٱلسَّيَّارَاتِ

② **sayyàràt-oun** سَيَّارَاتٌ est le pluriel de **sayyàrat-oun** سَيَّارَةٌ *voiture*. La terminaison **-àt** est donc la marque du pluriel d'un certain nombre de mots terminés en **-at** (un **ta' marboùṯa**), noms et adjectifs. Veillez donc bien à allonger aussi le deuxième "a" de ce mot quand il est au pluriel. Mais, comme nous l'avons déjà dit, il faut apprendre le pluriel de chaque mot au fur et à mesure que vous les rencontrez.

2 – **Mà qoulta** ③**, yà Zaydou ? Mà fahimtouka !**
Qu'as-tu dit, Zayd ? Je ne t'ai pas compris !

3 – **Qoultou** ③ **laka : "Innì** ④ **moutᶜaboun** ⑤ **jiddan."**
Je t'ai dit *(j'ai-dit pour-toi)* : "*(Certes-)*moi, je suis très fatigué."

4 – **Abadan ! Lastou moutᶜaban** ⑥**. Là ba'sa !** ⑦
Pas du tout ! [Moi], je ne suis pas fatigué. Ça va *(pas-de mal)* !

5 – **Kayfa " Là ba'sa" wa anà ᶜaṯchànou** ⑧ **?**
Comment "Ça va ", alors que j'ai soif *(et moi [je suis] un-assoiffé)* !

6 – **Abadan ! Lastou ᶜaṯchàna** ⑥⑧**. Choukran.**
Pas du tout ! Je n'ai pas soif *(je-ne-suis-pas un-assoiffé)*. Merci.

7 **Hal hounàka h̲alwàniyyoun, qarìban min hounà ?**
Y a-t-il un confiseur près d'ici ?

Notes

③ **qoultou** قُلْتُ *j'ai dit* et **qoulta** قُلْتَ *tu* (masc.) *as dit* sont des formes du verbe **qàla** au passé, qui se conjugue comme **kàna**, *être* (dont vous connaissez les 3es personnes du singulier et du pluriel, voir leçon 28 §5).

④ **innì** إِنِّي = **inna** + **-ì** : *certes moi...* On peut trouver aussi **innanì** إِنَّنِي, c'est-à-dire **inna** additionné du pronom que l'on ajoute d'habitude aux verbes, **-nì** نِي.

⑤ **moutᶜab-oun** مُتْعَبٌ signifie *fatigué*, alors que **moutᶜib-oun** veut dire *fatigant* (leçon 26). Ces participes (passé et actif) se distinguent par la voyelle de leur deuxième syllabe : **a** indique un sens passif et **i** un sens actif. Rappelons qu'ils ont un pluriel externe.

٢ – مَا قُلْتَ، يَا زَيْدُ ؟ مَافَهِمْتُكَ

٣ – قُلْتُ لَكَ: إِنِّي مُتْعَبٌ جِدّاً

٤ – أَبَدًا ! لَسْتُ مُتْعَبًا. لاَ بَأْسَ !

٥ – كَيْفَ «لاَ بَأْسَ» وَأَنَا عَطْشَانُ ؟

٦ – أَبَدًا ! لَسْتُ عَطْشَانَ ! شُكْرًا

٧ هَلْ هُنَاكَ حَلْوَانِيٌّ، قَرِيبًا مِنْ هُنَا ؟

⑥ **lastou mout^cab-an** لَسْتُ مُتْعَبًا *je ne suis pas fatigué* : **lastou** est la 1re personne du verbe **laysa** qui signifie *ne pas être*. Bien qu'employé au passé, il a un sens présent. Comme **kàna**, il est suivi du cas direct. Notez que, dans une phrase interrogative, devant **laysa**, on remplace **hal** par **a** : **A laysa...** ... أَلَيْسَ *n'est-il pas... ?*

⑦ **Là ba'sa !** لاَ بَأْسَ! *pas de mal, ça va !* Lorsque **là** signifie *pas de*, le nom qui suit se met au cas direct.

⑧ **anà ᶜaṯchàn-ou** أَنَا عَطْشَانُ *j'ai soif (je suis assoiffé)* : la terminaison de ce mot est **-ou** au lieu du **-oun** attendu. De même, à la phrase 6, on trouve **lastou ᶜaṯchàna**, alors qu'on attendait la terminaison **-an**. Il faut noter que certains mots ne portent jamais les désinences de l'indétermination, **-oun**, **-an**, **-in**, mais seulement **-ou** pour le cas sujet et **-a** pour les deux autres (mais **-ou**, **-a**, **-i** quand ils sont déterminés). Ces mots (appelés diptotes) peuvent donc, suivant le contexte, être déterminés ou indéterminés.

Ne vous mettez pas martel en tête ! Contentez-vous de les repérer quand ils se présentent. Nous ferons le point plus tard.

8 – Là, walakinna hadhà maqhan ⑨**, wa al-h̲amdou lillahi !** □
Non, mais voilà *(celui-ci)* un café, *(et)* Dieu soit loué !

Notes

⑨ Notez que le *café* (lieu) est en arabe un mot irrégulier. Il n'a que deux formes, quel que soit le cas : **maqhan** مَقْهًى *un café* et **al-maqhà** أَلْمَقْهَى *le café.*

Remarques sur l'écriture

• **là ba'sa** لاَ بَأْسَ, littéralement *pas de mal, ça va.* : **ba's** est composé d'un **bà'**, d'un **alif** et d'un **sin**. Mais l'**alif** ne prolonge pas le **a** que porte le **bà'** ; il est le support d'un **hamza** surmonté d'un **soukoùn**, c'est-à-dire sans voyelle, ce qui sera marqué, dans la prononciation, par un arrêt (**ba-'-sa**).

• **maqhan** مَقْهًى *un café* (lieu) s'écrit avec les deux traits du **tanwìn** en **-an** placés au-dessus d'un **à maqs̲oùra** (**a** long représenté par **yà'** sans points). On a coutume de le transcrire **maqhan**, mais en réalité il s'écrit **maqhà + an**. Quand il est déterminé, c'est **al-maqhà** أَلْمَقْهَى.

29 ٨ - لاَ: وَلَكِنَّ هَذَا مَقْهًى، وَ ٱلْحَمْدُ لِلّٰهِ !

Maintenant que vous avez abordé la découverte des pluriels, nous vous signalerons chaque fois que nous le jugerons nécessaire le pluriel interne du mot donné. S'il s'agit d'un nom ou participe qui a un pluriel externe, nous l'indiquerons par "pl. ext.", puisque vous êtes en mesure de le former vous-même en ajoutant au mot les terminaisons ***-oùna, -ìna*** *ou encore la terminaison* ***-àt*** *pour bon nombre de termes terminés par* ***tà' marboùta****, comme vous allez le découvrir dans cette leçon. Bien entendu, vous pouvez toujours vous reporter au lexique, si vous le souhaitez.*

Les mots nouveaux

thaqìlou as-**sam**ᶜi	ثَقِيلُ ٱلسَّمْعِ	*dur d'oreille* (lourd* l'ouïe)
bayna	بَيْنَ	*entre*
saoutoun, **aswàt**oun	صَوْتٌ/أَصْوَاتٌ	*voix, bruit, son*
qoultou, qoulta (de **qàla**)	قُلْتُ، قُلْتَ(قَالَ)	*j'ai dit, tu* (masc.) *as dit (dire)*
fahimtou (de **fahima**)	فَهِمْتُ (فَهِمَ)	*j'ai compris (comprendre)*
moutᶜ**ab**oun (pl.ext.)	مُتْعَبٌ	*fatigué*
abadan	أَبَدًا	*pas du tout, jamais*
lastou (de **laysa**)	لَسْتُ (لَيْسَ)	*je ne suis pas (ne pas être)*
là ba'sa (fì dhalika) !	لاَ بَأْسَ (فِي ذَلِكَ)	*pas de mal (à cela) ! Ça va !*
ᶜ**atchànou** (diptote)	عَطْشَانُ	*assoiffé*
halwàniyyoun	حَلْوَانِيٌّ	*confiseur, pâtissier*
maqhan (irrég.)	مَقْهًى	*café* (lieu)

Exercice 1 : تَرْجِمْ Tarjim !

❶ مَا قُلْتُ لَكَ ؟ أَنَا مُتْعَبٌ

Mà qoultou lak(a) ? Anà mout^{c}ab(oun).

❷ هَلْ هُنَاكَ سَيَّارَاتٌ كَبِيرَةٌ ؟

Hal hounàka sayyàràtoun kabìratoun ?

❸ أَ لَيْسَ ٱلْمُسَافِرُونَ مُتْعَبِينَ ؟

A laysa* (a)l-mousàfiroùna mout^{c}abìna ?

Exercice 2 : كَمِّلْ Kammil !

❶ Tu (masc.) ne m'a pas compris(e) ? Il n'y a pas de mal à cela.
Mà . . . . ? Là . . . . . fì . . . .

❷ As-tu soif (*est-ce que toi un assoiffé*) ? – Non, pas du tout, merci.
. . . anta . . . . ? – Là, ... , choukran.

❸ Je suis allé au café. *(Certes-moi),* j'avais grand soif *(j'étais très assoiffé).*
. . . . ilà . . - . . . . . . Innì . . . . jiddan.

❹ Nous venons *(nous venant-pl.)* d'une région où il y a *(dans-elle)* de nombreuses voitures *(des voitures une nombreuse).*
Nah̲nou . . . . min mint̲aqatin . . . . sayyàràtoun . . . .

❺ Y a-t-il de l'or dans ce marché ? – Non, pas ici.
Hal . . . . dhahaboun fì . . . . . (a)s-soùqi ? Là, ... hounà.

④ لَيْسَتْ هَٰذِهِ ٱلسَّيَّارَاتُ جَمِيلَةً

Laysat hadhihi (a)s-sayyàràtou jamìlatan.

⑤ هَلْ هُنَاكَ سُوقٌ قَرِيبًا مِنْ هُنَا ؟

Hal kounàka soùq(oun), qarìban min hounà ?
* Voir note 6.

Corrigé de l'exercice 1

① Que t'ai-je dit ? Je suis fatigué. ② Y a-t-il de grandes voitures ? ③ Les voyageurs ne sont-ils pas fatigués ? ④ Ces voitures ne sont pas belles. ⑤ Y a-t-il un marché près d'ici ?

Corrigé de l'exercice 2 – Les mots manquants

① – fahimtanì فَهِمْتَنِي – ba'sa بَأْسَ – dhalika ذَٰلِكَ ② Hal هَلْ – ᶜaṯchànou عَطْشَانُ – abadan أَبَدًا – ③ Dhahabtou ذَهَبْتُ – (a)l-maqhà ٱلْمَقْهَى – kountou ᶜaṯchàna كُنْتُ عَطْشَانَ – ④ – qàdimoùna قَادِمُونَ – fìhà فِيهَا – kathìratoun كَثِيرَةٌ ⑤ – hoùnaka هُنَاكَ – hadhà هَٰذَا – laysa لَيْسَ –

Texte de l'exercice 2

① مَا فَهِمْتَنِي؟ لاَ بَأْسَ فِي ذَٰلِكَ

② هَلْ أَنْتَ عَطْشَانُ ؟ –لاَ، أَبَدًا، شُكْرًا

③ ذَهَبْتُ إِلَى ٱلْمَقْهَى. إِنِّي كُنْتُ عَطْشَانَ جِدًّا

④ نَحْنُ قَادِمُونَ مِنْ مِنْطَقَةٍ فِيهَا سَيَّارَاتٌ كَثِيرَةٌ

⑤ هَلْ هُنَاكَ ذَهَبٌ فِي هَٰذَا ٱلسُّوقِ ؟ لاَ لَيْسَ هُنَا

30 ***Al-maqhà*** *أَلْمَقْهَى est le lieu où l'on boit du café :* ***qahwa*** *قَهْوَة (les deux mots ont la même racine trilitère, irrégulière, QHW).*
Prononcé "kahvé", à la manière turque, ce mot a donné café. *On connaît l'expression familière de "caoua" passée dans le langage courant ou argotique. Produit au Yémen, le café était une denrée rare exportée vers la Mecque, déjà du temps du Prophète Mohammed.*
Le ***qahwa*** *est l'infusion de café préparée avec le grain ou son écorce, mais ce terme désignait aussi le vin – produit alcoolisé. Or, le Coran interdisant l'usage des boissons enivrantes – donc du* ***qahwa*** *–, certains musulmans très scrupuleux considéraient, naturellement, qu'ils devaient aussi s'abstenir de café.*

---

30 Trentième leçon (ad-darsou ath-thalàthoùna)

Fì mat^{c}amin gharìbin
Dans un drôle de *(étrange)* restaurant

1 **Yadkhoulou** ① **az-zaboùnou al-mat^{c}ama :**
Le client entre [dans] le restaurant :

2 – **Min fadlika** ②**, yà sayyidì, hal ^{c}indakoum tàjinou dajàjin ?**
S'il vous plaît *(de faveur-ta)*, Monsieur, avez-vous du tajine de poulet ?

Notes

① **yadkhoulou** يَدْخُلُ *il entre* : voici le présent du verbe **dakhala** دَخَلَ *entrer*. Vous reconnaissez la racine D KH L : on la fait précéder de la syllabe **ya** pour indiquer la 3e personne du singulier (au masculin) et la deuxième consonne porte la voyelle **ou**, au lieu de **a** au passé. Mais cette voyelle peut varier suivant les verbes. Il faut donc apprendre le verbe *entrer* sous la forme

حسن ثقيل ٱلسّمع

١ زيد وحسن بين أصوات ٱلسّيّارات
٢ – ما قلت يا زيد ؟ ما فهمتك
٣ – قلت لك إني متعب جدّا
٤ – أبدا ! لست متعبا .لا بأس !
٥ – كيف «لابأس» وأنا عطشان ؟
٦ – أبدا ! لست عطشان ! شكرا
٧ هل هناك حلواني، قريبا من هنا ؟
٨ – لا، ولكنّ هذا مقهى وٱلحمد لله !

٣٠ أَلدَّرْسُ ٱلثَّلَاثُونَ

فِي مَطْعَمٍ غَرِيبٍ

١ يَدْخُلُ ٱلزَّبُونُ ٱلْمَطْعَمَ :

٢ – مِنْ فَضْلِكَ، يَا سَيِّدِي، هَلْ عِنْدَكُمْ طَاجِنُ دَجَاجٍ ؟

▸ suivante : **dakhala**, **yadkhoulou** *(il entra, il entre)*, ce qui vous permettra de construire tous les temps. La voyelle finale du verbe est toujours **-ou** à la 3ᵉ personne, mais peut varier à d'autres personnes. Nous découvrirons progressivement les terminaisons de l'inaccompli.

② Rappelez-vous qu'on tutoie en arabe. Ne soyez donc pas étonné de voir *monsieur* (mon-sieur : **sayyid-ì** سَيِّدِي) utilisé avec **min fa<u>d</u>lika** *de [par] ta faveur*, donc avec le tutoiement.

3 – **Là, yà sayyidì, laysa** ③ **al-yaouma !**
Non, Monsieur, pas *(il-n'est-pas)* aujourd'hui.

4 – **Hal ^{c}indakoum kabàb**oun **?**
Est-ce que vous avez des brochettes ?

5 – **Laysa al-lahmou tariyyan** ③ **fì soùqinà yaouma al-khamìsi.**
La viande n'est pas fraîche dans notre marché le jeudi.

6 – **^{c}indakoum samak**oun **?**
Vous avez du poisson ?

7 – **^{c}indanà samak**oun **yaouma al-ahadi faqat.**
Nous avons du poisson seulement le dimanche.

8 – **Hasanan ! Idhan fa-a^{c}tinì** ④ **mà'an wa khoubzan !** □
Bien ! Alors, donnez-moi *(donne-moi)* de l'eau et du pain !

Remarque concernant la prononciation

tàjinou dajàjin : nous supprimons ici la voyelle finale de **tàjin**, bien qu'il soit en annexion, parce qu'il s'agit d'une sorte de nom composé, toujours prononcé ainsi. Ce sera la même chose chaque fois qu'il s'agira d'expressions courantes.

Remarques concernant l'écriture

• **mà'oun** مَاءٌ : le **hamza** s'écrit seul après un **alif** final, nous l'avons déjà vu (leçon 28, 1) et la marque d'indétermination, le **tanwìn** en **-oun** se place au-dessus. Ne confondez pas ces deux signes qui, écrits à la main, se ressemblent.

• **fa-a^{c}tini** فَأَعْطِنِي : la particule **fa-** se lie à l'**alif** initial du mot et le **hamza** est remplacé par un **wasla**. L'**alif** initial de l'impératif est instable. Nous le verrons plus tard.

٣ – لاَ، يَا سَيِّدِي، لَيْسَ ٱلْيَوْمَ !

٤ – هَلْ عِنْدَكُمْ كَبَابٌ ؟

٥ – لَيْسَ ٱللَّحْمُ طَرِيًّا فِي سُوقِنَا يَوْمَ ٱلْخَمِيسِ

٦ – عِنْدَكُمْ سَمَكٌ ؟

٧ – عِنْدَنَا سَمَكٌ يَوْمَ ٱلْأَحَدِ فَقَطْ

٨ – حَسَنًا ! إِذَنْ، فَأَعْطِنِي مَاءً وَخُبْزًا !

Notes

③ **Laysa** لَيْسَ *ne pas être* signifie ici *pas (il n'est pas)*. Si **laysa** est suivi d'un nom, puis d'un adjectif attribut, le nom est au cas sujet et l'adjectif au cas direct (comme nous l'avions vu pour ce dernier dans la leçon précédente, note 6) : **laysa al-la<u>h</u>mou <u>t</u>ariyyan** لَيْسَ ٱللَّحْمُ طَرِيًّا *la viande n'est pas fraîche* (phrase 5).

④ **aᶜ<u>t</u>inì** أَعْطِنِي signifie *donne-moi*. Vous y reconnaissez le pronom affixe **-nì** de la 1re personne du singulier, mais nous vous demandons pour l'instant de retenir et d'utiliser cette forme de l'impératif telle quelle, sans chercher à l'analyser plus avant.

Les mots nouveaux

mat̲ᶜamoun	مَطْعَمٌ	*restaurant*
gharìboun	غَرِيبٌ	*étrange*
zaboùnoun	زَبُونٌ	*client*
sayyidì / sayyidatì	سَيِّدِي/سَيِّدَتِي	*monsieur / madame*
t̲àjinoun	طَاجِنٌ	*tajine, ragoût*
dajàjoun	دَجَاجٌ	*poulet, volaille*
kabàboun	كَبَابٌ	*brochettes de viande (viande en brochettes)*
lah̲moun	لَحْمٌ	*viande*

Exercice 1 : تَرْجِمْ Tarjim !

❶ يَدْخُلُ حَسَنٌ مَطْعَمًا فِيهِ طَاجِنُ دَجَاجٍ يَوْمَ ٱلسَّبْتِ

Yadkhoulou H̲asan(oun) mat̲ᶜaman fìhi t̲àjin(ou) dajàj(in) yaouma (a)s-sabt(i).

❷ يَدْخُلُ ٱلْأَوْلَادُ مَكْتَبَ وَالِدِهِمْ، فَوْرًا

Yadkhoulou (a)l-aoulàd(ou) maktaba wàlidihim, faouran.

❸ يَكْتُبُ زَيْدٌ رِسَالَةً لِجَدِّهِ وَهُوَ فِي مِصْر

Yaktoubou Zayd(oun) risàlatan li-jaddihi wa h(ou)wa fì Mis̲r.

tariyyoun	طَرِيٌّ	*frais, tendre*
samakoun	سَمَكٌ	*[du] poisson* (collectif)
faqat	فَقَطْ	*seulement*
hasanan !	حَسَنًا !	*bien !*
idhan	إِذَنْ / إِذًا	*alors, donc*
a^ctinì	أَعْطِنِي	*donne-moi*
mà'oun	مَاءٌ	*eau*
khoubzoun	خُبْزٌ	*pain*

❹ يَذْهَبُ ٱلزَّبُونُ إِلَى مَطْعَمٍ رَخِيصٍ
Yadhhabou (a)z-zaboùn(ou) ilà mat^cam(in) rakhìs(in).

❺ نَحْنُ قَادِمُونَ مِنْ سُوقٍ فِيهِ ٱللَّحْمُ طَرِيٌّ
Nahnou qàdimoùna min soùqin fìhi (a)l-lahmou tariyy(oun).

Corrigé de l'exercice 1

❶ Hassan entre dans un restaurant où il y a du tajine de poulet le samedi. ❷ Les enfants entrent immédiatement dans le bureau de leur père. ❸ Zayd écrit une lettre à son grand-père qui est en Égypte. ❹ Le client va dans un restaurant bon marché. ❺ Nous venons *(venant-pl.)* d'un marché où *(dans-lui)* la viande [est] fraîche.

Exercice 2 : كَمِّلْ Kammil !

❶ S'il vous plaît *(de ta faveur)*, donnez-moi *(donne-moi)* des brochettes et du pain.
Min . . . . . . , ... kabàban wa . . . .

❷ Avez-vous *(est-ce que chez-vous)* du poisson ? – Non, monsieur, pas aujourd'hui !
Hal . . . . samakoun ? – Là, yà . . . . ,
laysa . . - . . . . . . !

❸ Y a-t-il du poisson au marché le dimanche ?
Hal . . . . fì (a)s-soùqi . . . . . . (a)l-a*h*adi ?

❹ J'ai *(chez-moi)* des brochettes seulement le jeudi.
. . . . yaouma (a)l-khamìsi . . . . . .

❺ Alors, donnez-moi *(donne-moi)* un tajine de poulet.
. . . . . fa-a^c^*t*inì . . . .

Lecture de deuxième vague

في مطعم غريب

١ يدخل ٱلزّبون ٱلمطعم :

٢ – من فضلك يا سيّدي ، هل عندكم طاجن دجاج ؟

٣ – لا، يا سيّدي، ليس ٱليوم !

٤ – هل عندكم كباب ؟

٥ – ليس ٱللّحم طريّا في سوقنا يوم ٱلخميس

٦ – عندكم سمك ؟

٧ – عندنا سمك يوم ٱلأحد فقط

٨ – حسنا ! إذن فأعطني ماء وخبزا !

Corrigé de l’exercice 2 – Les mots manquants

❶ – fadlika, a^{c}tinì فَضْلِكَ، أَعْطِنِي – khoubzan خُبْزًا ❷ – ^{c}indakoum عِنْدَكُمْ – sayyidì سَيِّدِي – al-yaouma أَلْيَوْمَ ❸ – hounàka samakoun هُنَاكَ سَمَكٌ – yaouma يَوْمَ – ❹ ^{c}indì kabàboun عِنْدِي كَبَابٌ – faqat فَقَطْ ❺ Idhan إِذَنْ – tàjina dajàjin طَاجِنَ دَجَاجٍ

Texte de l’exercice 2

❶ مِنْ فَضْلِكَ أَعْطِنِي كَبَابًا وَخُبْزًا !

❷ هَلْ عِنْدَكُمْ سَمَكٌ ؟ – لاَ يَا سَيِّدِي ، لَيْسَ ٱلْيَوْمَ !

❸ هَلْ هُنَاكَ سَمَكٌ فِي ٱلسُّوقِ يَوْمَ ٱلْأَحَدِ ؟

❹ عِنْدِي كَبَابٌ يَوْمَ ٱلْخَمِيسِ فَقَطْ

❺ إِذَنْ فَأَعْطِنِي طَاجِنَ دَجَاجٍ !

***Sayyid** désigne les descendants du Prophète par son petit-fils Hussein et signifie* seigneur. *Le sayyid est le chef de tribu dans la péninsule arabique et les confins de la Mésopotamie, ainsi que dans tout le Moyen-Orient, où il correspond au “cheikh”.*
Additionné du pronom de première personne, il a pris le sens de monsieur *– comme en français “mon-sieur” ou “mon-seigneur”. On connaît ce mot aussi sous la forme* **sid** *ou* **sidi**, *qui fut le titre de Rodrigue, le Cid.*
À côté de **sayyidì**, *on emploiera le même mot, additionné de la marque du féminin, pour dire* madame *:* ***sayyidatì***.

31 Trente et unième leçon (ad-darsou al-ẖàdì wa ath-thalàthoùna)

Al-as̲diqà'ou ① **fì al-mat̲ᶜami**
Les amis [sont] au restaurant

1 – **Anà jaouᶜànou** ②. **Aᶜrifou** ③ **mat̲ᶜaman fì chàriᶜi "al-Jannati"**
Moi, j'ai faim. Je connais un restaurant dans la rue du Paradis

2 **akaltou** ③ **fìhi fì al-ousboùᶜi al-màd̲ì** ②.
où j'ai mangé *(j'ai-mangé dans-lui dans)* la semaine dernière.

3 **Kàna fìhi at̲-t̲aᶜàmou ladhìdhan wa rakhìs̲an.**
La nourriture y était *(était dans-lui)* délicieuse et bon marché.

4 – **H̲asanan !**
Bien !

5 **Yadkhoulou** ④ **al-as̲diqà'ou al-mat̲ᶜama.**
Les amis entre[nt] dans le restaurant.

Notes

① **al-as̲diqà'ou** أَلأَصْدِقَاءُ *les amis* est le pluriel de **s̲adìq**, que vous connaissiez déjà (leçon 20). C'est un nouveau type de pluriel interne et c'est un diptote (cf. leçon 29, note 8). Plus tard, vous apprendrez à reconnaître – et à pressentir – les différentes catégories de pluriel.

② **jaouᶜànou** جَوْعَانُ *affamé* porte ici la marque de la détermination, alors qu'on attendrait celle de l'indétermination, comme **ᶜat̲chànou** عَطشَانُ *assoiffé* (leçon 29, note 8). Contentez-vous de noter cette irrégularité.

٣١ أَلدَّرْسُ ٱلْحَادِي وَٱلثَّلاَثُونَ

أَلْأَصْدِقَاءُ فِي ٱلْمَطْعَمِ

١ – أَنَا جَوْعَانُ، أَعْرِفُ مَطْعَمًا فِي شَارِعِ ٱلْجَنَّةِ

٢ أَكَلْتُ فِيهِ فِي ٱلْأُسْبُوعِ ٱلْمَاضِي

٣ كَانَ فِيهِ ٱلطَّعَامُ لَذِيذًا وَرَخِيصًا

٤ – حَسَنًا !

٥ يَدْخُلُ ٱلْأَصْدِقَاءُ ٱلْمَطْعَمَ

▸ Par ailleurs, **al-màdì** أَلْمَاضِي *passé* est irrégulier. Voyez sa déclinaison à la leçon 35, § 5.

③ **aᶜrifou** أَعْرِفُ *je connais*, de **ᶜarafa, yaᶜrifou**. À la 1re personne du singulier du présent, on fait précéder le verbe d'un **alif**. Vous remarquez que la voyelle de la seconde consonne est **i** pour ce verbe. Au présent, on peut donc avoir les schémas vocaliques suivants : **a ou ou** (pour **yadkhoulou**, *il entre*), **a a ou** (pour **yadhhabou**, *il va*) et **a i ou** (pour **yaᶜrifou**, *il connaît*). En ce qui concerne **akala, ya'koulou**, *manger*, notez qu'au présent, la 1re personne du singulier s'écrit avec un **madda** pour rendre le **alif** de la racine additionné de celui qui est la marque de la personne : **à'koulou** آكُلُ.

④ **yadkhoulou** يَدْخُلُ *il entre* est au singulier bien qu'ayant un sujet pluriel, mais parce qu'il le précède – nous vous le rappelons. Même remarque pour **yajlisou** يَجْلِسُ *il s'assied*, à la phrase 9. Quant à cette 3e personne du singulier du présent, vous l'avez déjà rencontrée dans la leçon précédente.

6 – Ahlan bikoum ! Antoum kam chakhsan ⑤ **?**
[Le garçon :] Bienvenue à vous ! Combien de personnes êtes-vous *(vous combien [en tant que] personne)* ?

7 – Nahnou sittatou achkhàsin. ⑤
Nous sommes six personnes *(nous une sixte de personnes)*.

8 – Qàla al-gharsoùnou : “Tafaddaloù !” ⑥
Le garçon *(a-)* dit : Je vous en prie *(faites-faveur)*, [mettez-vous ici] !

9 Yajlisou ④ **al-asdiqà’ou as-sittatou** ⑤ **ᶜalà mà’idatin kabìratin.** □
Les six amis *(les amis la sixte)* s’asseyent à *(sur)* une grande table.

À côté des restaurants de type international, qu’on trouve partout, il existe des établissements plus typés – variant bien entendu suivant les régions –, mais qui se caractérisent par une cuisine simple s’appuyant sur les spécialités locales. Les mets sont en général exposés dans des sortes de vitrines et il est ainsi plus aisé de faire son choix.

سَمِّنْ كَلْبَكَ يَأْكُلْكَ

Sammin kalbaka ya’koulka.*
Engraisse ton chien, il te mangera *(il-mange-toi)*.

* (**ya’koul** : forme apocopée de **ya’koulou**, non étudiée)

٦ – أَهْلاً بِكُمْ ! أَنْتُمْ كَمْ شَخْصًا ؟

٧ – نَحْنُ سِتَّةُ أَشْخَاصٍ

٨ – قَالَ ٱلْغَرْسُونُ : تَفَضَّلُوا !

٩ يَجْلِسُ ٱلْأَصْدِقَاءُ ٱلسِّتَّةُ عَلَى مَائِدَةٍ كَبِيرَةٍ

Notes

⑤ **Kam chakhsan ?** ؟ كَمْ شَخْصًا *Combien de personnes ?*
Kam ؟ كَمْ *combien* est suivi d'un nom singulier portant la marque d'indétermination au cas direct **-an**. En revanche, le nombre (de la réponse) est suivi d'un nom pluriel au cas indirect : **sittatou achkhàsin** سِتَّةُ أَشْخَاصٍ *six personnes* (= une sixte de personnes)(phrase 7).
Curieusement, si le nom est masculin, le nombre est au féminin et vice-versa. Prenons le chiffre 3 comme exemple :
thalàthatou aoulàdin ثَلاَثَةُ أَوْلاَدٍ
= *une triade d'enfants* soit *trois enfants*
thalàthou sayyàràtin ثَلاَثُ سَيَّارَاتٍ
= *un trio de voitures* soit *trois voitures.* Nous y reviendrons.
Notez aussi la façon de traduire *les six amis* à la phrase 9 :
al-asdiqà'ou as-sittatou ٱلْأَصْدِقَاءُ ٱلسِّتَّةُ = *les amis la sixte*

⑥ **tafaddal / tafaddaloù** تَفَضَّلْ /تَفَضَّلُوا *je t'en prie / je vous en prie* signifient littéralement *fais / faites faveur* et accompagnent des invitations à entrer, s'asseoir, se servir, etc. Ce sont donc des impératifs que nous vous demandons de retenir tels quels pour l'instant. Le second n'est pas un pluriel de politesse, mais est employé à l'adresse de plusieurs personnes que l'on tutoie séparément, comme il est de mise en arabe

Les mots nouveaux

Dorénavant, nous vous donnerons le passé et le présent de chaque verbe nouveau.

jaoucànou, **jaoucànatoun**	جَوْعَانٌ، جَوْعَانَةٌ	*affamé(e)*
carafa, yacrifou	عَرَفَ، يَعرِفُ	*connaître, savoir*
chàricoun, **chawàricou** (diptote)	شَارِعٌ، شَوَارِعُ	*rue*
jannatoun, **jannàtoun**	جَنَّةٌ، جَنَّاتٌ	*paradis / jardin*
akala, ya'koulou	أَكَلَ، يَأْكُلُ	*manger*
màdìn (irrégulier)	مَاضٍ	*passé, qui est passé*
tacàmoun	طَعَامٌ	*nourriture*
ladhìdhoun	لَذِيذٌ	*délicieux, savoureux*

Exercice 1 : تَرْجِمْ Tarjim !

1 أَذْهَبُ إِلَى ٱلْمَطْعَمِ لِأَنِّي جَوْعَانُ جِدًّا

Adhhabou ilà (a)l-matcam(i) li'annì jaoucàn(ou) jiddan.

2 يَا حَسَنُ، هَلْ يَعْرِفُ صَدِيقُكَ مَطْعَمًا طَيِّبًا ؟

Yà Hasan(ou), hal yacrifou sadìqouk(a) matcam(an) tayyib(an) ?

3 نَعَمْ، إِنَّهُ يَعْرِفُ مَطْعَمًا فِيهِ ٱلطَّعَامُ لَذِيذٌ، فِي شَارِعِ ٱلْجَنَّةِ

Nacam, innahou yacrifou matcaman fìhi (a)t-tacàmou ladhìdh(oun), fì chàrici (a)l-Janna(ti).

s̲adìqoun, **as̲diqà'ou**	صَدِيقٌ، أَصْدِقَاءُ	*ami* (pluriel diptote)
gharsoùnoun	غَرْسُونٌ	*garçon de restaurant*
ahlan (bi-)	أَهْلاً (بِـ)	*bienvenue (à)*
kam (+ *nom sing.* + **-an)**	كَمْ ؟	*combien de ?*
sittatoun	سِتَّةٌ	*six*
chakhs̲oun, **achkhàs̲**oun	شَخْصٌ، أَشْخَاصٌ	*une personne, des personnes*
tafad̲d̲aloù !	تَفَضَّلُوا !	*je vous (pluriel) en prie*
tafad̲d̲al !	تَفَضَّلْ !	*je t'en prie*
chariba, yachrabou	شَرِبَ، يَشْرَبُ	*boire* (exer.1)

❹ أَدْخُلُ ٱلْمَطْعَمَ وَأَجْلِسُ عَلَى مَائِدَةٍ

Adkhoulou (a)l-mat̲ᶜam(a) wa ajlisou ᶜalà mà'idatin.

❺ آكُلُ خُبْزًا قَلِيلاً وَ أَشْرَبُ مَاءً كَثِيرًا

A'koulou khoubz(an) qalìl(an) wa achrabou mà'(an) kathìr(an).

Corrigé de l'exercice 1

❶ Je vais au restaurant, parce que j'ai grand faim *(parce que-moi très affamé)*. ❷ *(Ô)* Hassan, ton ami connaît-il un bon restaurant ? ❸ Oui, il connaît un restaurant où *(dans-lui)* la nourriture est savoureuse, dans la rue du Paradis. ❹ J'entre dans le restaurant et je m'assieds à *(sur)* une table. ❺ Je mange peu de pain et je bois beaucoup d'eau *(... du pain peu-abondant et... de l'eau abondante)*.

Exercice 2 : كَمِّلْ Kammil !

1. Le garçon *(à-)* nous a dit : "Je vous en prie (pluriel) !"
   Qàla . . . (a)l-gharsoùnou : " . . . . !"

2. Bienvenue à vous ! Combien de personnes êtes-vous ? *(vous combien [en tant que] personne)*. Nous sommes quatre personnes *(un quattuor de personnes)*.
   Ahlan . . - . . . . ! Antoum . . . . ?
   – . . . . . arba^c^atou . . . .

3. Bien. Alors donne-moi de cette *(ce)* viande qui est *(et lui)* très fraîche.
   . . . . Idhan . . - . . . . . . min hadhà . . - . . . . . .
   wa . . . . jiddan.

4. J'ai mangé dans un restaurant bon marché *(dans)* la semaine dernière.
   . . . . fì . . . . rakhì<u>s</u>in fì . . - . . . .
   (a)l-màḍì.

5. Combien de brochettes as-tu mangé ? – J'ai mangé trois (fém.) brochettes.
   Kam . . . . akalta ? – Akaltou . . . .
   kabàbin.

Lecture de deuxième vague

ألأصدقاء في ٱلمطعم

١ – أنا جوعان. أعرف مطعما في شارع ٱلجنّة

٢ أكلت في ٱلأسبوع ٱلماضي

٣ كان فيه ٱلطعام لذيذا ورخيصا

٤ – حسنا !

٥ يدخل ٱلأصدقاء ٱلمطعم

Corrigé de l'exercice 2 – Les mots manquants

❶ – lanà لَنَا – Tafaddaloù تَفَضَّلُوا ❷ – bi-koum بِكُمْ – kam chakhsan كَمْ شَخْصًا – Nahnou نَحْنُ – achkhàsin أَشْخَاصٍ ❸ Hasanan حَسَنًا – fa-acṭinì فَأَعْطِنِي – (a)l-lahmi ٱللَّحْمِ – houwa tariyyoun هُوَ طَرِيٌّ – ❹ Akaltou أَكَلْتُ – matcamin مَطْعَمٍ – (a)l-ousboùci ٱلْأُسْبُوعِ ❺ – kabàban كَبَابًا – thalàthata ثَلَاثَةَ –

Texte de l'exercice 2

❶ قَالَ لَنَا ٱلْغَرْسُونُ : «تَفَضَّلُوا» !

❷ أَهْلاً بِكُمْ ! أَنْتُمْ كَمْ شَخْصًا ؟ – نَحْنُ أَرْبَعَةُ أَشْخَاصٍ

❸ حَسَنًا ! إِذَنْ فَأَعْطِنِي مِنْ هَذَا ٱللَّحْمِ وَهُوَ طَرِيٌّ جِدًّا

❹ أَكَلْتُ فِي مَطْعَمٍ رَخِيصٍ فِي ٱلْأُسْبُوعِ ٱلْمَاضِي

❺ كَمْ كَبَابًا أَكَلْتَ ؟ – أَكَلْتُ ثَلَاثَةَ كَبَابٍ

٦ – أهلا بكم ! أنتم كم شخصا ؟

٧ – نحن ستة أشخاص

٨ – قال ٱلغرسون: تفضّلوا !

٩ يجلس ٱلأصدقاء ٱلسّتّة على مائدة كبيرة

32 Trente-deuxième leçon (ad-darsou ath-thànì wa ath-thalàthoùna)

Ta^{c}àmoun ladhìdhoun

Un bon repas *(une nourriture délicieuse)*

1 **Yanzourou** ① **a**ch-**choubbàn**ou **fì** al-**qà'imati.**
Les jeunes gens examine[nt] *(dans)* la carte.

2 – **Qala** al-**gharsoùn**ou **: "Tafaddaloù !"**
Le garçon *(a)* dit : "Je vous écoute *(faites faveur = je vous en prie).*"

3 – **A^{c}tinà** ② **samak**an **li-al-jamì^c**i.
Donnez-nous *(donne-nous)* du poisson pour tous *(pour l'ensemble).*

4 – **Wa màdhà qabla** as-**samak**i ?
Et que [prendrez-vous] *(quoi)* avant le poisson ?

5 – **A^{c}tinà salatat**an. **Wa fì** an-**nihàyat**i **a^{c}tinà ka^c**ba **ghazàl**in **ka-halwà** ③.
Donne[z]-nous une salade. Et pour finir *(dans la fin)*, donne[z]-nous comme pâtisserie des cornes de gazelle.

6 **Ba^{c}da** al-**akli** ④, **yatloubou** ① **Zayd**oun **a**l-**hisàba wa yadfa^{c}ou** ①.
Après le repas *(le manger)*, Zayd demande l'addition *(le compte)* et paie.

Notes

① Dans ce texte, vous rencontrez quatre verbes à la 3e personne du singulier de l'inaccompli : **yanzourou fì** ...يَنْظُرُ فِي *il examine*, du verbe **nazara** ; **yatloubou** يَطْلُبُ *il demande*, de **talaba** (phrase 6) ; **yadfa^{c}ou** يَدْفَعُ *il paie*, de **dafa^{c}a** (phrase 6) ; **yakhroujou** يَخْرُجُ *il sort*, de **kharaja** (phrase 7).

٣٢ أَلدَّرْسُ ٱلثَّانِي وَٱلثَّلاَثُون

طَعَامٌ لَذِيذٌ

١ يَنْظُرُ ٱلشُّبَّانُ فِي ٱلْقَائِمَة

٢ – قَالَ ٱلْغَرْسُونُ : «تَفَضَّلُوا !»

٣ – أَعْطِنَا سَمَكًا لِلْجَمِيع

٤ – وَمَاذَا قَبْلَ ٱلسَّمَكِ ؟

٥ – أَعْطِنَا سَلَطَةً. وَ فِي ٱلنِّهَايَةِ، أَعْطِنَا كَعْبَ غَزَالٍ كَحَلْوَى

٦ بَعْدَ ٱلْأَكْلِ، يَطْلُبُ زَيْدٌ ٱلْحِسَابَ وَيَدْفَعُ

② **a^c^t̲inà (a^c^t̲i-nà)** أَعْطِنَا *donne-nous* : dans la leçon précédente, figurait **a^c^t̲i-nì** أَعْطِنِي *donne-moi.*

③ **ka-** كـ signifie *comme* et s'accroche au nom, comme **bi-** ou **li-**. Cette particule est suivie, comme toute préposition, du cas indirect : **ka-sayyàratin** كَسَيَّارَةٍ *comme une voiture* ; mais ici **h̲alwà** est irrégulier. On peut aussi la trouver devant un démonstratif : **ka-hadhà** كَهٰذَا *comme celui-ci*. En revanche, avec un pronom personnel, on emploie **mithla** مِثْلَ : **mithlahou** مِثْلَهُ *comme lui.*

④ **akloun** أَكْلٌ vient du mot **akala** أَكَلَ *manger* et signifie "fait de manger" ; c'est ce qu'on appelle le nom d'action ou **mas̲dar**. Il existe de nombreux masdars de ce type. Par exemple, **darsoun** دَرْسٌ *fait d'étudier = leçon*, de **darasa** دَرَسَ *étudier.*

7 **Yakhroujou** ① **al-as̲diqà'ou min-a al-mat̲^{c}ami wa houm masroùroùna.** ⑤
Les amis sort[ent] du restaurant tout contents *(et eux contents)*.

8 – **Qàloù : "Saoufa narji^{c}ou !"** ⑥ □
Ils disent *(ont dit)* : "Nous reviendrons !"

Notes

⑤ **wa houm masroùroùna** وَهُمْ مَسْرُورُونَ *tout contents* : reportez-vous à la leçon 24, note 6, où apparaît cette même tournure.

⑥ Dans cette leçon apparaît la 1re personne du pluriel du présent, formée avec le préfixe **na-** نَ : **narji^{c}ou** نَرْجِعُ *nous revenons*, du verbe **raja^{c}a** rencontré en leçon 20.
Le présent peut avoir valeur de futur, employé seul, et surtout lorsqu'il est précédé de **saoufa** سَوْفَ ou quand on lui préfixe **sa-** ســـ : **saoufa narji^{c}ou** سَوْفَ نَرْجِعُ ou **sa-narji^{c}ou** سَنَرْجِعُ *nous reviendrons.*
Ainsi vous apprenez à la fois le présent et le futur, sans effort.

Les mots nouveaux

naz̲ara, yanz̲ourou ilà	نَظَرَ، يَنْظُرُ إِلَى	*regarder*
" **fì**	نَظَرَ، يَنْظُرُ فِي	*examiner*
choubbànoun, pl. de **chàbboun**	شُبَّانٌ، شَابٌّ	*des jeunes gens, un jeune homme*
qà'imatoun, qawà'imou (pluriel diptote)	قَائِمَةٌ، قَوَائِمُ	*liste, carte (de restaurant)*
jamì^{c}oun	جَمِيعٌ	*[un] ensemble, totalité, multitude*
màdhà ?	مَاذَا ؟	*quoi ?*
qabla + cas indirect	قَبْلَ	*avant*

32 ٧ يَخْرُجُ ٱلْأَصْدِقَاءُ مِنَ ٱلْمَطْعَمِ وَهُمْ مَسْرُورُونَ

٨– قَالُو : «سَوْفَ نَرْجِعُ !»

Remarque sur l'écriture

halwà حَلْوَى se termine par un **à** long écrit avec un **ya'** sans points. C'est un mot irrégulier, du même type que **maqha**, *café*, rencontré à la leçon 29. Il n'a que deux formes **al-halwà** ٱلْحَلْوَى et **halwan** حَلوًى.

salatatoun	سَلَطَةٌ	*salade*
nihàyatoun (pl.-àt)	نِهَايَةٌ (آت)	*fin*
ka- + nom au cas indirect	كَـ	*comme*
mithla + pronom (note 3)	مِثْلَ	*comme*
halwà (irrég.), **halawiyàtoun**	حَلْوَى، حَلَوِيَاتٌ	*pâtisserie, friandise, confiserie*
kacbou ghazàlin	كَعْبُ غَزَالٍ	*corne de gazelle*
akloun	أَكْلٌ	*fait de manger*
talaba, yatloubou	طَلَبَ، يَطْلُبُ	*demander*
hisàboun	حِسَابٌ	*addition, compte*
dafaᶜa, yadfaᶜou	دَفَعَ، يَدْفَعُ	*payer*
saoufa, sa-	سَوْفَ/سَـ	marque du futur devant l'inaccompli

Soyez attentif : dans ces exercices apparaît tantôt le présent, tantôt le passé. Ayez bien en tête qu'au présent la marque de la personne est fixée en début de verbe, alors qu'au passé elle est à la fin (c'est un préfixe au présent, un suffixe au passé). Exemple : ***dakhal-nà*** Da KHa L**nà**, nous sommes entrés, ***na-dkhoulou*** نَدْخُل **na**D KHou Lou, nous entrons.

Exercice 1 : تَرْجِمْ Tarjim !

❶ نَدْخُلُ ٱلْمَطْعَمَ وَنَجْلِسُ وَنَنْظُرُ فِي ٱلْقَائِمَة

Nadkhoulou (a)l-mat̲^{c}am(a) wa najlisou wa nanz̲ourou fì (a)l-qà'imati.

❷ قَالُوا لِلْغَرْسُونِ: «أَعْطِنَا ثَلَاثَةَ كَبَابٍ»

Qàloù li-(a)l-gharsoùn(i) : "A^{c}t̲inà thalàthata kabàbin."

❸ نَطْلُبُ ٱلْحِسَابَ لِجَمِيعِنَا وَنَدْفَعُ

Nat̲loubou (a)l-h̲isàb(a) li-jamì^{c}inà wa nadfa^{c}ou.

Exercice 2 : كَمِّلْ Kammil !

❶ Les six jeunes gens *(les jeunes gens les six)* entre[nt] [dans] le restaurant.

. . . . (a)ch-choubbànou . . - . . . . (a)l-mat̲^{c}ama.

❷ Je vous en prie (pluriel) ! Et que [prendrez-vous] *(quoi)* avant les brochettes ? – Donne[z]-nous du poisson.

. . . . ! Wa màdhà . . . . . (a)l-kabàbi ?
– A^{c}t̲inà . . . .

❸ Les amis sont heureux après le repas *(le manger)*.

. . - . . . . masroùroùna ba^{c}da . . - . . . . . .

❹ يَطْلُبُ زَيْدٌ ٱلْقَائِمَةَ وَيَنْظُرُ ٱلشُّبَّانُ فِيهَا
Yat̲loubou Zayd(oun) al-qà'imata wa yanz̲ourou (a)ch-choubbàn(ou) fìhà.

❺ فِي ٱلنِّهَايَةِ، كَحَلْوَى، سَوْفَ نَأْكُلُ كَعْبَ غَزَالٍ
Fì (a)n-nihàyati, ka-h̲alwà, saoufa na'koulou ka^cb(a) ghazàl(in).

Corrigé de l'exercice 1

❶ Nous entrons dans le restaurant, *(et)* nous nous asseyons et nous regardons *(dans = examinons)* la carte. ❷ Ils ont dit au garçon : "Donne[z]-nous trois brochettes." ❸ Nous demandons l'addition pour *(nous)* tous et nous payons. ❹ Zayd demande la carte et les jeunes gens la regardent *(= examinent dans-elle)*. ❺ À la fin, comme pâtisserie, nous prendrons *(mangerons)* des cornes de gazelle.

❹ Les jeunes gens reviendront !
. . . . . . yarji^cou . . . - . . . . !

❺ Nous nous asseyons à une grande table et nous demandons de la nourriture savoureuse.
. . . . ^calà . . . . kabìratin wa . . . . t̲a^càman . . . .

Corrigé de l'exercice 2 – Les mots manquants

❶ Yadkhoulou يَدْخُلُ – (a)s-sittatou ٱلسِّتَّةُ – ❷ Tafaddalоù ! تَفَضَّلُوا – qabla قَبْلَ – samakan سَمَكًا ❸ Al-as̲diqà'ou ٱلْأَصْدِقَاءُ – (a)l-akli ٱلْأَكْلِ ❹ Saoufa سَوْفَ – (a)ch-choubbànou ٱلشُّبَّانُ ❺ Najlisou نَجْلِسُ – mà'idatin مَائِدَةٍ – nat̲loubou نَطْلُبُ – ladhìdhan لَذِيذًا

Texte de l'exercice 2

❶ يَدْخُلُ ٱلشُّبَّانُ ٱلسِّتَّةُ ٱلْمَطْعَمَ

❷ تَفَضَّلُوا ! وَمَاذَا قَبْلَ ٱلْكَبَابِ ؟ - أَعْطِنَا سَمَكًا

❸ أَلْأَصْدِقَاءُ مَسْرُورُونَ بَعْدَ ٱلْأَكْلِ

❹ سَوْفَ يَرْجِعُ ٱلشُّبَّانُ !

❺ نَجْلِسُ عَلَى مَائِدَةٍ كَبِيرَةٍ وَنَطْلُبُ طَعَامًا لَذِيذًا

33 Trente-troisième leçon (ad-darsou ath-thàlithou wa ath-thalàthoùna)

Fì ma<u>h</u>a<u>tt</u>ati al-qi<u>t</u>àri

À la gare ferroviaire *(dans la station du train)*

1 – **As-salàmou ᶜalayka, yà Zaydou ! Màdhà taᶜmalou ① hounà ?**
Bonjour *(la paix sur toi)*, *(ô)* Zayd ! Que fais-tu ici ?

طعام لذيذ

١ ينظر ٱلشّبّان في ٱلقائمة
٢ – قال ٱلغرسون : «تفضّلوا !»
٣ – أعطنا سمكا للجميع
٤ – وماذا قبل ٱلسّمك ؟
٥ – أعطنا سلطة. و في ٱلنّهاية، أعطنا كعب غزال كحلوى
٦ بعد ٱلأكل، يطلب زيد ألحساب ويدفع
٧ يخرج ٱلأصدقاء من ٱلمطعم وهم مسرورون
٨ – قالوا : «سوف نرجع !»

٣٣ أَلدَّرْسُ ٱلثَّالِثُ وَٱلثَّلاَثُونَ

فِي مَحَطَّةِ ٱلْقِطَارِ

١ – أَلسَّلاَمُ عَلَيْكَ، يَا زَيْدُ ! مَاذَا تَعْمَلُ هُنَا ؟

Notes

① **taᶜmalou** تَعْمَلُ *tu fais* : c'est la 2e personne du singulier (masculin) du verbe **ᶜamila**. De même : **taᶜrifou** تَعْرِف *tu connais* du verbe **ᶜarafa** (phrase 3), **tadhhabou** تَذْهَبُ *tu vas*, de **dhahaba** (phrase 5) et **tarjiᶜou** تَرْجِعُ *tu reviens*, de **rajaᶜa** (phrase 7).

2 – **Anà adhhabou ② ilà al-^{c}àsimati bi-mounàsabati zawàji oukhtì.**
Moi, je vais à la capitale pour le *(avec l'occasion du)* mariage de ma sœur.

3 – **Hal ta^{c}rifou ① al-^{c}arìsa ③ ?**
Est-ce que tu connais le fiancé ?

4 – **Na^{c}am. Innahou darrasa ④ al-houqoùqa fì jàmi^{c}atinà.**
Oui. Il *(certes-lui)* a enseigné le droit dans notre université.

5 – **Wa anta, ilà ayna tadhhabou ①, yà Hasanou ?**
Et toi, *(à)* où vas-tu, *(ô)* Hassan ?

6 – **Anà adhhabou ② ilà qaryatì bi-mounàsabati ^{c}ìdi al-Fitri.**
Moi, je vais dans *(à)* mon village à l'occasion de la fête de la Rupture du Jeûne.

7 – **Matà tarji^{c}ou ① ?**
Quand reviens-tu ?

8 – **Ba^{c}da chahrin ⑤, li'anna ahlì fì hàjatin ilayya ⑥.** □
Dans *(après)* un mois, parce que ma famille a besoin de moi *([est] dans un besoin vers-moi)*.

Notes

② Vous connaissez déjà la 3e personne du singulier (masculin), ainsi que la 1re (leçons 30 et 31). Ici, aux phrases 2 et 6, apparaît un autre exemple de 1re personne : **adhhabou** أَذْهَبُ *je vais* .

③ À côté de **^{c}arìs** عَرِيس *jeune marié*, il existe le mot **^{c}aroùs** عَرُوس pour désigner la *jeune mariée*.

④ **darrasa** دَرَّسَ *enseigner* est une forme dérivée de **darasa** دَرَسَ *étudier* (dite "deuxième forme" : voir à ce sujet la leçon 35), caractéri-

٢ – أَنَا أَذْهَبُ إِلَى ٱلْعَاصِمَةِ بِمُنَاسَبَةِ زَوَاجِ أُخْتِي
٣ – هَلْ تَعْرِفُ ٱلْعَرِيسَ ؟
٤ – نَعَمْ. إِنَّهُ دَرَّسَ ٱلْحُقُوقَ فِي جَامِعَتِنَا
٥ وَأَنْتَ إِلَى أَيْنَ تَذْهَبُ، يَاحَسَنُ ؟
٦ – أَنَا أَذْهَبُ إِلَى قَرْيَتِي بِمُنَاسَبَةِ عِيدِ ٱلْفِطْرِ
٧ – مَتَى تَرْجِعُ ؟
٨ – بَعْدَ شَهْرٍ، لِأَنَّ أَهْلِي فِي حَاجَةٍ إِلَيَّ

▸ sée par le redoublement de la deuxième consonne et qui indique une intensification de l'action : on passe ici du fait d'étudier à celui d'enseigner. L'accompli se conjugue comme **darasa**, la forme simple ; quant à l'inaccompli, nous le verrons plus tard.

⑤ **ba^c^da chahrin** بَعْدَ شَهْرٍ *dans /au bout d'un mois.* Notez bien que pour traduire ce type de compléments de temps, on emploie **ba^c^da** بَعْدَ *après.* Vous en avez rencontré un autre exemple à la phrase 5 de la leçon 27 : **ba^c^da ousboù^c^in** بَعْدَ أُسْبُوعٍ *au bout d'une semaine.*

⑥ **li'anna ahlì fì h̲àjatin ilayya** لِأَنَّ أَهْلِي فِي حَاجَةٍ إِلَيَّ *parce que ma famille a besoin de moi* (litt. ma famille [est] dans un besoin vers moi). Il faut remarquer que le mot **ahloun** devrait être au cas direct après **li'anna** ... لِأَنَّ (voir leçon 26, note 5), mais que le pronom affixe de la 1re personne du singulier **-ì** a la particularité de faire disparaître le cas (voir leçon 14, § 8). D'autre part, la préposition **ilà** additionnée de ce pronom **-ì** devient **ilayya** : إِلَى+ي ← إِلَيَّ .

Les mots nouveaux

mahattatoun مَحَطَّةٌ *station*

qitàroun قِطَارٌ *train*

mahattatou (a)l-qitàri مَحَطَّةُ ٱلْقِطَارِ *gare (ferroviaire)*

ᶜamila, yaᶜmalou عَمِلَ، يَعْمَلُ *faire, confectionner, travailler*

bi-mounàsabati... بِمُنَاسَبَةِ... *à l'occasion de*

zawàjoun زَوَاجٌ *mariage*

oukhtoun أُخْتٌ *sœur*

ᶜarìsoun, ᶜaroùsoun عَرِيسٌ، عَرُوسٌ *jeune marié / jeune mariée*

Exercice 1 : تَرْجِمْ Tarjim !

1 هَلْ تَعْرِفُ قَرْيَتِي ؟ هِيَ لَيْسَتْ قَرِيبَةً مِنْ هُنَا

Hal taᶜrifou qaryatì ? Hiya laysat qarìbatan min hounà.

2 لاَ، لاَ أَعْرِفُ قَرْيَتَكَ. وَلَكِنِّي سَوْفَ أَذْهَبُ إِلَيْهَا

Là ! Là aᶜrifou qaryatak(a). Walàkinnì saoufa adhhabou ilayhà !

3 نَذْهَبُ إِلَى ٱلْعَاصِمَةِ بِمُنَاسَبَةِ زَوَاجِ صَدِيقٍ

Nadhhabou ilă (a)l-ᶜàsimati bi-mounàsabati zawàji sadìq(in).

4 مَاذَا نَعْمَلُ هُنَا ؟ أَصْدِقَاؤُنَا فِي حَاجَةٍ إِلَيْنَا

Màdhà naᶜmalou hounà ? Asdiqà'ounà fì hàjatin ilaynà !

5 لَيْسَ حَسَنٌ فِي مَحَطَّةِ ٱلْقِطَارِ

Laysa Hasan(oun) fì mahattati (a)l-qitàr(i).

darrasa (2ᵉ forme)	دَرَّسَ	*enseigner*
<u>h</u>aqqoun, **<u>h</u>ouqoùq**oun	حَقٌّ، حُقُوقٌ	*droit (juridique)*
jàmiᶜatoun	جَامِعَةٌ	*université*
qaryatoun	قَرْيَةٌ	*village*
ᶜìdou (a)l-Fi<u>t</u>ri	عِيدُ ٱلْفِطْرِ	*fête de la Rupture du Jeûne*
chahroun, **chouhoùr**oun	شَهْرٌ، شُهُورٌ	*mois*
ahloun	أَهْلٌ	*famille*
<u>h</u>àjatoun	حَاجَةٌ	*besoin*
qarìboun, **qarìba**toun **min**	قَرِيبٌ، قَرِيبَةٌ مِنْ	*proche de* (exer. 1)

Corrigé de l'exercice 1

❶ Est-ce que tu connais (masc.) mon village ? Il *(elle)* n'est pas proche d'ici. ❷ Non, je ne connais pas ton village. Mais *(moi)* j'irai là-bas *(à elle)*. ❸ Nous allons à la capitale à l'occasion du mariage d'un ami. ❹ Que faisons-nous ici ? Nos amis ont besoin de nous ! ❺ Hassan n'est pas à la gare *(ferroviaire)*.

33 Exercice 2 : كَمِّلْ Kammil !

❶ Qu'a enseigné ta nièce *(la fille de ta sœur)* à l'Université ?
Mà . . . . . . bintou . . . . fì . . - . . . . ?

❷ Où vas-tu ? – Je vais au village de la mariée avec ma sœur.
. . . ayna . . . . ? – Adhhabou ilà . . . .
. . - . . . . maᶜa . . . .

❸ Ma sœur a besoin de moi *(dans besoin vers-moi)*. Alors je vais à mon village.
Oukhtì fì . . . . ; idhan, ... ilà
. . . .

❹ Après la Fête de la Rupture du Jeûne, je retournerai à la capitale.
Baᶜda . . . (a)l-Fiṯri, saoufa . . . . ilà
. . - . . . .

❺ Quand reviens-tu avec ta sœur ? – Nous revenons dans *(après)* une semaine.
Matà . . . . maᶜa oukhtika ? – . . . .
baᶜda . . . .

Les deux grandes fêtes solennelles de l'islam sont :
1 ᶜìd al-Fiṯr عِيد ٱلْفِطْر *dite* ***al-ᶜìd (a)s-saghìr*** ٱلْعِيد ٱلصَّغِير la Petite Fête *au Maghreb. C'est la fête de la rupture du jeûne du Ramadan. Elle dure trois jours.*
2 ᶜìd al-Adha عِيد ٱلْأَضْحَى *dite* ***al-ᶜìd (a)l-kabìr*** ٱلْعِيد ٱلْكَبِير la Grande Fête *au Maghreb. Fête du sacrifice, en souvenir de celui que Dieu avait demandé à Abraham ; certains l'appellent "fête du mouton", parce que c'est essentiellement cet animal qui est immolé à cette occasion. Elle a lieu quarante jours après la fête de la rupture du jeûne.*

Peu à peu, vos connaissances sur le monde arabe s'enrichisssent :

شَعْرَةً فَشَعْرَةً تَعْمَلُ لِحْيَةً

Chaᶜratan fa-chaᶜratan **taᶜmalou li<u>h</u>ya**tan.

poil-un[dir.] et-poil-un[dir.] tu fais une barbe

Petit à petit l'oiseau fait son nid.

Corrigé de l'exercice 2 – Les mots manquants

❶ – darrasat دَرَّسَتْ – oukhtika أُخْتِكَ – (a)l-jàmi°ati ٱلْجَامِعَةِ
❷ Ilà إِلَى – tadhhabou تَذْهَبُ – qaryati (a)l-°aroùsi قَرْيَةِ ٱلْعَرُوس
– oukhtì أُخْتِي ❸ – hàjatin ilayya حَاجَةٍ إِلَيَّ – adhhabou أَذْهَبُ
– qaryatì قَرْيَتِي ❹ – °ìdi عِيدِ – arji°ou أَرْجِعُ – (a)l-°àsimati ٱلْعَاصِمَةِ
❺ – tarji°ou تَرْجِعُ – Narji°ou نَرْجِعُ – ousboù°in أُسْبُوعٍ

Texte de l'exercice 2

❶ مَا دَرَّسَتْ بِنْتُ أُخْتِكَ فِي ٱلْجَامِعَةِ ؟

❷ إِلَى أَيْنَ تَذْهَبُ ؟ – أَذْهَبُ إِلَى قَرْيَةِ ٱلْعَرُوسِ مَعَ أُخْتِي

❸ أُخْتِي فِي حَاجَةٍ إِلَيَّ؛ إِذَنْ، أَذْهَبُ إِلَى قَرْيَتِي

❹ بَعْدَ عِيدِ ٱلْفِطْرِ، سَوْفَ أَرْجِعُ إِلَى ٱلْعَاصِمَةِ

❺ مَتَى تَرْجِعُ مَعَ أُخْتِكَ ؟ – نَرْجِعُ بَعْدَ أُسْبُوعٍ

Lecture de deuxième vague

في محطّة ٱلقطار

١ – ألسّلام عليك، يا زيد ! ماذا تعمل هنا ؟
٢ – أنا أذهب إلى ٱلعاصمة بمناسبة زواج أختي
٣ – هل تعرف ٱلعريس ؟
٤ – نعم. نّه درّس ٱلحقوق في جامعتنا
٥ وأنت إلى أين تذهب، ياحسن ؟
٦ – أنا أذهب إلى قريتي بمناسبة عيد ٱلفطر
٧ – متى ترجع ؟
٨ – بعد شهر، لأنّ أهلي في حاجة إليّ

34 Trente-quatrième leçon (ad-darsou ar-ràbiᶜou wa ath-thalàthoùna)

Fì al-qaryati
Au village

1 **Baᶜda safratin ṯawìlatin wa moutᶜibatin**
Après un voyage long et fatigant,

2 **waṣala al-qiṯàrou ilà al-maḫaṯṯati aṣ-ṣaghìrati.**
le train est arrivé à la petite gare *(à la gare la petite)*.

3 **Kàna ahlou Zaydin fì intiẕàrihi** ①**.**
La famille de Zayd l'attendait *(était dans attente-lui)*.

4 **Kàna hounàka wàlidouhou wa akhoùhou maᶜa aoulàdihi.**
Son père était là, ainsi que *(et)* son frère et *(avec)* ses enfants.

5 **Kàna al-faraḫou fì qouloùbi al-jamìᶜi.**
La joie était dans le cœur *(les cœurs)* de tous *(de l'ensemble)*.

6 **Baᶜda as-salàmàti** ②**, yarkabou** ③ **al-jamìᶜou al-bàṣa**
Après les salutations, ils montent tous *(il-monte l'ensemble)* [dans] l'autobus

Notes

① **intiẕàroun** إِنْتِظَارٌ *attente* est un mot de la même racine que **naẕara** نَظَرَ *regarder*, mais il s'agit d'une forme dérivée de cette racine et qui prend un autre sens. Nous y reviendrons. Pensez à utiliser ce genre de tournure : *ils [étaient] dans son attente* au lieu de dire *ils l'attendaient* (d'ailleurs, vous ne connaissez pas encore l'imparfait des verbes autres que **kàna**)

٣٤ أَلدَّرْسُ ٱلرَّابِعُ وَٱلثَّلاَثُونَ

فِي ٱلْقَرْيَةِ

١ بَعْدَ سَفْرَةٍ طَوِيلَةٍ وَمُتْعِبَةٍ

٢ وَصَلَ ٱلْقِطَارُ إِلَى ٱلْمَحَطَّةِ ٱلصَّغِيرَةِ

٣ كَانَ أَهْلُ زَيْدٍ فِي ٱنْتِظَارِهِ

٤ كَانَ هُنَاكَ وَالِدُهُ وَأَخُوهُ مَعَ أَوْلاَدِهِ

٥ كَانَ ٱلْفَرَحُ فِي قُلُوبِ ٱلْجَمِيعِ

٦ بَعْدَ ٱلسَّلاَمَاتِ، يَرْكَبُ ٱلْجَمِيعُ ٱلْبَاصَ

▸ ou au présent *ils [sont] dans son attente* **houm fì intizàrihi** هُمْ فِي ٱنْتِظَارِهِ. L'alif initial est instable, donc "avalé" par la voyelle de préposition **fì-**.

② **salàmàtoun** سَلاَمَاتٌ est le pluriel de **salàmoun** سَلاَمٌ *salut* et signifie *salutations*. Elles consistent en de nombreux et retentissants "**as-salàm ʿalayka**", ce qui a donné le mot *salamalecs* en français.

③ **yarkabou** يَرْكَبُ *il monte*, de **rakiba** رَكِبَ *monter*, dans le sens d'enfourcher une monture et par extension monter dans un véhicule. Comme **dakhala** دَخَلَ *entrer*, ce verbe se construit avec le cas direct : **yarkabou al-bàsa** يَرْكَبُ ٱلْبَاصَ *il monte [dans] l'autobus.*

7 **wa houwa hàfiloun bi-fallàhìna wa sallàtin.**
qui [est] *(et lui)* plein de *(avec)* paysans et de paniers.

8 – **Ayna oummì ?**
Où [est] ma mère ?

9 – **Innahà fì al-bayti, ta^{c}malou** ④ **aklataka al-moufaddalata.** □
(Certes) elle [est] à la maison en train de confectionner *(elle fait)* ton plat *(le)* préféré.

Notes

④ **ta^{c}malou** تَعْمَلُ *elle fait*, de **^{c}amila**. La marque de la 3e personne du singulier au féminin est **ta-**. On dira **tadkhoulou** تَدْخُلُ *elle entre*, de **dakhala** ; **tarkabou** تَرْكَبُ *elle monte*, de **rakiba**, etc. Vous constatez que la marque de la 3e personne du singulier au féminin est la même que celle de la 2e personne du singulier au masculin. Donc, suivant le contexte, **ta^{c}malou** se traduira par *tu fais* (masc.) ou *elle fait.*

Les mots nouveaux

tawìloun	طَوِيلٌ	*long*
saghìroun	صَغِيرٌ	*petit*
intizàroun	إِنْتِظَارٌ	*attente*
farahoun	فَرَحٌ	*joie*
qalboun, **qouloùb**oun	قَلْبٌ، قُلُوبٌ	*cœur*
salàmoun, **salamàt**oun	سَلاَمٌ، سَلاَمَاتٌ	*salut, salutations*
rakiba, yarkabou	رَكِبَ، يَرْكَبُ	*monter (en selle), monter dans une voiture, un autobus, un train, un avion*

٧ وَهُوَ حَافِلٌ بِفَلاَّحِينَ وَسَلاَّتٍ
٨ – أَيْنَ أُمِّي؟
٩ – إِنَّهَا فِي ٱلبَيْتِ، تَعْمَلُ أَكْلَتَكَ ٱلْمُفَضَّلَةَ

فِي ٱلْقَرْيَةِ

bà<u>s</u>oun	بَاصٌ	*autobus, autocar*
<u>h</u>àfiloun **(bi-)**	حَافِلٌ (بِـــ)	*plein de*
fallà<u>h</u>oun	فَلاَّحٌ	*paysan*
sallatoun, pl. **sallàt**oun	سَلَّةٌ، سَلاَّتٌ	*panier*
oummoun, pl. **oummahàt**oun	أُمٌّ، أُمَّهَاتٌ	*mère*
aklatoun	أَكْلَةٌ	*repas, plat, mets*
moufa<u>dd</u>aloun	مُفَضَّلٌ	*préféré*

Exercice 1 : تَرْجِمْ Tarjim !

❶ بَعْدَ سَفْرَةٍ طَوِيلَةٍ، وَصَلَ ٱلْمُسَافِرُونَ إِلَى ٱلْعَاصِمَةِ

Ba^{c}da safratin tawìlatin, wasala (a)l-mousàfiroùna ilà (a)l-^{c}àsimati.

❷ كَانَ أَهْلُنَا فِي ٱنْتِظَارِنَا فِي ٱلْمَحَطَّةِ ٱلصَّغِيرَةِ

Kàna ahlounà fì (i)ntizàrinà fì (a)l-mahattati (a)s-saghìrati.

❸ لَيْسَتْ أُمِّي هُنَاكَ لِأَنَّهَا فِي ٱلْبَيْتِ تَعْمَلُ أَكْلَةً لَذِيذَةً لِجَمِيعِ أَوْلَادِهَا

Laysat oummì hounàka li'annahà fì (a)l-bayt(i) ta^{c}malou aklatan ladhìdhatan li-jamì^{c}i aoulàdihà.

Exercice 2 : كَمِّلْ Kammil !

❶ Que fait sa (poss. fém.) fille ? – Elle regarde *(vers)* sa montre.
. . . . . ta^{c}malou . . . . ? – . . . . ilà . . . .

❷ Quand revient ta sœur du village ?
Matà . . . . oukhtouka min-a . . - . . . . ?

❸ L'autobus était plein de paniers.
. . . . al-bàsou . . . . - . . . .

❹ La joie était dans les cœurs des jeunes gens.
Kàna . . - . . . . fì qouloùbi . . . - . . . .

❺ La mère du jeune homme l'attend *(dans attente-lui)* dans la petite gare.
Oummou . . . - . . . . . fì . . . . fì (a)l-mahattati . . - . . . .

④ بَعْدَ ٱلسَّلَامَاتِ نَرْكَبُ ٱلْبَاصَ وَهُوَ يَذْهَبُ إِلَى قَرْيَتِنَا

Ba^{c}da (a)s-salàmàti, narkabou (a)l-bàs(a) wa h(ou)wa yadhhabou ilà qaryatinà.

⑤ يَرْكَبُ ٱلْمُسَافِرُونَ ٱلْقِطَارَ، لِأَنَّهُ سَوْفَ يَذْهَبُ بَعْدَ سَاعَةٍ

Yarkabou (a)l-mousàfiroùna (a)l-qitàr(a), li'annahou saoufa yadhhabou ba^{c}da sà^{c}atin.

Corrigé de l'exercice 1

❶ Après un long voyage, les voyageurs sont arrivés à la capitale. ❷ Notre famille nous attendait à la petite gare. ❸ Ma mère n'est pas là, parce qu'elle est à la maison en train de confectionner un plat savoureux pour tous ses enfants. ❹ Après les salutations, nous montons [dans] l'autobus qui *(et lui)* va à notre village. ❺ Les voyageurs montent dans le train, parce que celui-ci *(parce que-lui)* partira dans une heure.

Corrigé de l'exercice 2 – Les mots manquants

❶ Màdhà مَاذَا – bintouhà بِنْتُهَا – Tanzourou تَنْظُرُ – sà^{c}atihà سَاعَتِهَا ❷ – tarji^{c}ou تَرْجِعُ – (a)l-qaryati ٱلْقَرْيَةِ ❸ Kàna كَانَ – hàfilan bi-sallàtin حَافِلاً بِسَلَّاتٍ ❹ – (a)l-farahou ٱلْفَرَحُ – (a)ch-choubbàni ٱلشُّبَّانِ ❺ – (a)ch-chàbbi ٱلشَّابِّ – (i)ntizàrihi ٱنْتِظَارِهِ – (a)s-saghìrati ٱلصَّغِيرَةِ

34 Texte de l'exercice 2

❶ مَاذَ تَعْمَلُ بِنْتُهَا ؟ – تَنْظُرُ إِلَى سَاعَتِهَا

❷ مَتَى تَرْجِعُ أُخْتُكَ مِنَ ٱلْقَرْيَةِ ؟

❸ كَانَ ٱلْبَاصُ حَافِلاً بِسَلَّات

❹ كَانَ ٱلْفَرَحُ فِي قُلُوبِ ٱلشُّبَّانِ

❺ أُمُّ ٱلشَّابِّ فِي ٱنْتِظَارِهِ فِي ٱلْمَحَطَّةِ ٱلصَّغِيرَةِ

Oumm أُمّ *et* ***vàlidat*** وَالِدَة *sont deux termes qui signifient* mère *; mais le second désigne plus exactement la* génitrice*, alors que le premier a un sens plus général ou aussi un caractère plus intime. On dira plus volontiers* **oummì** أُمّي maman*, ou encore* **oumaymatì** أُمَيْمَتي ma petite maman*,* ***wàlidatì*** *restant officiel et neutre.*
Oumma[t] أُمَّة *désigne la* communauté des Croyants.
*Et on ne peut omettre d'évoquer le nom de la grande chanteuse égyptienne Oum Kalsoum (****Oumm Koulthoùm*** أُمّ كُلثوم*, qui était aussi le nom d'une des filles du Prophète Mohammed), qui fut extrêmement populaire dans tout le monde arabe. Elle interpréta des chansons écrites par les plus grands poètes de l'époque ; elle faisait se déplacer les foules et sa mort, en 1975, fut perçue comme un deuil national, ainsi qu'une immense perte pour tous les arabophones.*

في ٱلقرية

١ بعد سفرة طويلة ومتعبة
٢ وصل ٱلقطار إلى ٱلمحطّة ٱلصّغيرة
٣ كان أهل زيد في ٱنتظاره
٤ كان هناك والده وأخوه مع أولاده
٥ كان ٱلفرح في قلوب ٱلجميع
٦ بعد ٱلسّلامات ،يركب ٱلجميع
٧ وهو حافل بفلاّحين وسلاّت
٨ – أين أمّي ؟
٩ – إنّها في ٱلبيت، تعمل أكلتك ٱلمفضّلة

À propos de ***qiṭàr*** قِطَار le train *: pour s'adapter à la terminologie et aux inventions modernes, l'arabe, comme toutes les langues, a dû recourir à divers procédés, dont la création de néologismes et l'utilisation de vieux termes puisés au patrimoine parfois le plus lointain. Ainsi, pour ce qui est de* ***qiṭàr****, c'est grâce au chameau que les nomades du désert arabique ont pu survivre et prospérer. Cet animal a considérablement nourri leur vocabulaire initial et toute leur civilisation première a été marquée par lui. Un* ***qiṭàr*** *était une file de chameaux avançant à la queue leu leu. Quoi de plus naturel que de conserver ce terme pour désigner un train, lequel est une file de wagons alignés les uns derrière les autres, comme des chameaux !*

35 Trente-cinquième leçon (ad-darsou al-khàmisou wa ath-thalàthoùna)

مُرَاجَعَةٌ

Mouràja^c^atoun
Révision

Dans cette série de leçons, vous avez abordé l'inaccompli du verbe – ou présent et futur –, ce qui vous apporte de nouvelles possibilités d'expression, et vous avez également découvert un premier verbe dérivé d'une racine. Vous avez aussi un aperçu des diverses formes de pluriel interne, ainsi que de l'emploi des nombres. Toutes ces caractéristiques assez complexes de la langue arabe, qui se dévoilent peu à peu, ne doivent pas vous inquiéter. À petite dose quotidienne, elles s'assimileront en douceur !

1 L'inaccompli

Ce temps s'oppose à l'accompli – ou passé – et correspond au présent du français ou encore au futur.

• Formation

Il se forme en ajoutant à la racine verbale (3e personne de l'accompli), un préfixe marquant la personne et comportant toujours un **a** : ces préfixes sont **a-** (sur **alif**), **ta-**, **ya-** et **na-**. La première consonne ne porte pas de voyelle, tandis que la deuxième peut en changer, la troisième portant **ou**. On a ainsi trois schémas vocaliques (voir leçon 31, note 3) :

a a ou / a i ou / a ou ou

Le préfixe de la 3e personne du singulier au masculin étant **ya-**, c'est sous cette forme qu'on indique, à la suite de l'accompli, l'inaccompli d'un verbe, ce qui permet ensuite de former tous les modes et temps :

a) **dhahaba** ذَهَبَ → **yadhhabou** يَذْهَبُ *aller*
jalasa جَلَسَ → **yajlisou** يَجْلِسُ *s'asseoir*
kataba كَتَبَ → **yaktoubou** يَكْتُبُ *écrire*
b) **rakiba** رَكِبَ → **yarkabou** يَرْكَبُ *monter (sur/dans)*

c) <u>h</u>asouna حَسُنَ → **ya<u>h</u>sounou** يَحْسُنُ *être bon / beau*

En s'appuyant sur les exemples ci-dessus, on peut établir le tableau suivant :

a) accompli en **a a a** → inaccompli **a a ou / a i a / a ou ou**
b) " **a i a** → " **a a ou** (presque toujours)
c) " **a ou a** → " **a ou ou** (toujours)

Les verbes à schéma vocalique **a a a** sont des verbes d'action, ceux en **a i a** peuvent également avoir un sens actif ou bien exprimer un état passager, et ceux en **a ou a** indiquent un état durable :
• **dhahaba, yadhhabou**, *aller*
• **rakiba, yarkabou**, *monter (en selle)* ; **mari<u>d</u>a, yamra<u>d</u>ou**, *tomber malade, être malade*
• **<u>h</u>asouna, ya<u>h</u>sounou**, *être bon / beau*

• Conjugaison

Notez bien qu'à l'inaccompli, la personne est marquée par un préfixe, alors qu'à l'accompli il s'agit d'un suffixe. Voici la conjugaison de l'inaccompli à côté de celle de l'accompli, aux personnes déjà rencontrées dans les textes :

Inaccompli	Accompli	
aktoubou أَكْتُبُ	**katab-tou** كَتَبْتُ	**anà** أَنَا
taktoubou تَكْتُبُ	**katab-ta** كَتَبْتَ	**anta** أَنْتَ
	katab-ti كَتَبْتِ	**anti** أَنْتِ
yaktoubou يَكْتُبُ	**kataba** كَتَبَ	**houwa** هُوَ

35

taktoubou تَكْتُبُ	**kataba-t** كَتَبَتْ	**hiya** هِيَ
naktoubou نَكْتُبُ	**katab-nà** كَتَبْنَا	**nahnou** نَحْنُ
	katab-toum كَتَبْتُمْ	**antoum** أَنْتُمْ
	katab-où كَتَبُوا	**houm** هُمْ

– Liste des verbes déjà rencontrés à l'accompli, avec indication de l'inaccompli :

dhahaba	ذَهَبَ	**yadhhabou**	يَذْهَبُ	*aller* (11)
dafa^{c}a	دَفَعَ	**yadfa^{c}ou**	يَدْفَعُ	*payer* (32)
jalasa	جَلَسَ	**yajlisou**	يَجْلِسُ	*s'asseoir* (2)
raja^{c}a	رَجَعَ	**yarji^{c}ou**	يَرْجِعُ	*revenir* (20)
nazala	نَزَلَ	**yanzilou**	يَنْزِلُ	*descendre* (23)
^{c}arafa	عَرَفَ	**ya^{c}rifou**	يَعْرِفُ	*savoir* (31)
kataba	كَتَبَ	**yaktoubou**	يَكْتُبُ	*écrire* (1)
dakhala	دَخَلَ	**yadkhoulou**	يَدْخُلُ	*entrer* (3)
darasa	دَرَسَ	**yadrousou**	يَدْرُسُ	*étudier* (3)
kharaja	خَرَجَ	**yakhroujou**	يَخْرُجُ	*sortir* (8)
akhadha	أَخَذَ	**ya'khoudhou**	يَأْخُذُ	*prendre* (10)
makatha	مَكَثَ	**yamkouthou**	يَمْكُثُ	*rester* (15)

akala	أَكَلَ	**ya'koulou**	يَأْكُلُ	*manger* (31)
talaba	طَلَبَ	**yatloubou**	يَطْلُبُ	*demander* (32)
nazara	نَظَرَ	**yanzourou**	يَنْظُرُ	*regarder* (32)
marra*	مَرَّ	**yamourrou**	يَمُرُّ	*passer* (19)
marida	مَرِضَ	**yamradou**	يَمْرَضُ	*être malade* (25)
chariba	شَرِبَ	**yachrabou**	يَشْرَبُ	*boire* (31)
^{c}amila	عَمِلَ	**ya^{c}malou**	يَعْمَلُ	*faire* (33)
rakiba	رَكِبَ	**yarkabou**	يَرْكَبُ	*monter en selle, à bord, enfourcher* (34)
hasouna	حَسُنَ	**yahsounou**	يَحْسُنُ	*être bon, beau* (35 § 1)

Pour les verbes commençant par **wa-**, on remplace **wa-** par **ya-** (et par les trois autres préfixes aux autres personnes) ; nous vous en donnerons la raison plus tard :

wajada	وَجَدَ	**yajidou**	يَجِدُ	*trouver* (6)
wasala	وَصَلَ	**yasilou**	يَصِلُ	*arriver* (19)

* Attention, ne confondez pas les verbes à consonne redoublée et la deuxième forme d'une racine (**DaRRaSa**, voir § 2) :
– Ma R Ra مَرَّ **marra → yamourrou** يَمُرُّ *passer*
Ici, les consonnes 2 et 3 sont identiques. À certaines formes, il n'y a qu'une consonne redoublée. À d'autres, les deux consonnes réapparaissent. C'est une question d'écriture et non de structure :
marra مَرَّ *il est passé* **marroù** مَرُّوا *ils sont passés*
marartou مَرَرْتُ *je suis passé* **yamourrou** يَمُرُّ *il passe*
Voir leçon 28 § 4.

– Da RRa Sa دَرَّسَ **darrasa** (l'inaccompli sera vu plus tard) *enseigner*

À la deuxième forme, c'est la deuxième consonne qui est redoublée, mais il y en a aussi une troisième. C'est structurel.

• Valeurs de l'inaccompli

– Il correspond à notre présent :
yadkhoulou (a)l-waladou يَدْخُلُ ٱلْوَلَدُ *l'enfant entre* ;
– mais il peut aussi avoir une valeur de futur, comme c'est aussi le cas parfois en français :
Narji^{c}ou ba^{c}da ousboù^{c}in. نَرْجِعُ بَعْدَ أُسْبُوعٍ
Nous revenons / nous reviendrons dans une semaine (leçon 33, exer. 2, phrase 5).
Quand on veut bien marquer qu'il s'agit d'un futur, on fait précéder le verbe du mot **saoufa** ou du préfixe **sa-** :
saoufa narji^{c}ou سَوْفَ نَرْجِعُ ou **sa-narji^{c}ou** سَنَرْجِعُ
nous reviendrons (leçon 32, phrase 8, note 6).

2 Les formes dérivées - La deuxième forme

Il faut savoir qu'il existe en arabe 9 formes dérivées du verbe simple, ce qui en fait dix en tout ! Il ne s'agit pas d'une lourdeur du système verbal, comme cela pourrait apparaître de prime abord, mais au contraire d'un système d'une grande ingéniosité et cohérence, qui permet, à partir d'une même racine, d'exprimer une quantité de notions. Chaque forme ayant, outre ses caractéristiques structurales, son **maṣdar** (son nom d'action) et ses participes, on enrichit considérablement son vocabulaire en découvrant une nouvelle racine et en pratiquant la dérivation. Toutefois, il faut savoir que tout verbe ne se prête pas à toutes les formes de la dérivation. Il faut se référer au dictionnaire.
Ceci n'est qu'un aperçu du système verbal, que vous découvrirez petit à petit. Mais sachez que dès que vous en aurez saisi le fonctionnement à travers les deux ou trois premières formes dérivées, vous acquerrez rapidement le maniement de leur totalité. Vous avez déjà rencontré un verbe de la deuxième forme (que nous indiquerons par "II"), caractérisée par le redoublement de la seconde consonne de la racine. Elle indique l'intensité de l'action ou bien elle a un sens factitif (*faire faire*) :
darasa دَرَسَ *étudier* → **darrasa** دَرَّسَ *enseigner* (= faire étudier) (leçon 33).

À l'accompli, le verbe de deuxième forme se conjugue comme la forme simple. Quant à l'inaccompli, nous le verrons ultérieurement.

• Les participes

À titre indicatif, nous signalons que les participes déjà rencontrés appartiennent à diverses formes :

– Ire forme :

maktoùb مَكْتُوب *écrit* de **kataba**, **yaktoubou**, *écrire*

masroùr مَسْرُور *joyeux* de **sarra, yasourrou**, *réjouir*

machhoùr مَشْهُور *renommé* de **chahara, yachharou**, *rendre célèbre*

– IIe forme :

moufa<u>dd</u>aloun مُفَضَّلٌ *préféré* (leçon 34), participe passif de **fa<u>dd</u>ala** فَضَّلَ *préférer*

Nous y ajoutons des participes actifs, que vous aurez l'occasion de rencontrer prochainement :

moudarris مُدَرِّس *instituteur, maître d'école* de **darrasa** دَرَّسَ *faire cours, enseigner*

mouᶜallim مُعَلِّم *enseignant, professeur* de **ᶜallama** عَلَّمَ *enseigner, instruire*

– IIIe forme

mousàfiroun مُسَافِرٌ *voyageur*, de la racine **safara(i)** (dont le sens – *disséminer, disperser* – a peu à voir avec la notion de voyage).

– IVe forme :

moutᶜiboun مُتْعِبٌ et **moutᶜaboun** مُتْعَبٌ *fatigant* et *fatigué*, de la racine **taᶜiba(a)**, *se fatiguer.*

En ce qui concerne les participes de presque toutes les formes (sauf I, et aussi IX qui n'a pas de participe passif), la voyelle **i** indique un sens actif et le **a** un sens passif. Nous vous avons déjà signalé ce phénomène à la leçon 29, note 5.

• Le ma<u>s</u>dar مَصْدَر ou *nom d'action*

À chaque forme dérivée correspond un nom d'action qui lui est propre.

Seule la Ire forme en a de divers types. Vous avez déjà rencontré :

– Ire forme :

akloun أَكْلٌ *le "manger"* de **akala (ou)** أَكَلَ *manger* (32)

darsoun دَرْسٌ *leçon* de **darasa (ou)** دَرَسَ *étudier*

sam^{c}oun سَمْعٌ *ouïe* de **sami^{c}a (a)** سَمِعَ *entendre*(29)

– IIIe forme

h̲isàboun حِسَابٌ *addition* de **h̲asaba (ou)** حَسَبَ *compter* (32)

– VIIIe forme :

intiz̲àroun إِنْتِظَارٌ *attente* de **naz̲ara (ou)** نَظَرَ *regarder* (34)

3 Laysa لَيْسَ *ne pas être*

lastou	لَسْتُ	*je ne suis pas*
lasta / lasti	لَسْتَ / لَسْتِ	*tu n'es pas* (masc./ fém.)
laysa / laysat	لَيْسَ / لَيْسَتْ	*il / elle n'est pas*
lasnà	لَسْنَا	*nous ne sommes pas*
lastoum	لَسْتُمْ	*vous n'êtes pas*
laysoù	لَيْسُوا	*ils ne sont pas*

Bien que **laysa** soit un accompli, il a un sens présent. Comme **kàna**, il est suivi d'un mot au cas direct.

Lastou mout^{c}aban. لَسْتُ مُتْعَبًا

Je ne suis pas fatigué (leçon 29, note 6).

Laysa al-lah̲mou t̲ariyyan. لَيْسَ ٱللَّحْمُ طَرِيًّا

La viande n'est pas fraîche (leçon 30, phrase 5).

Laysa peut prendre le sens de *pas* :

Laysa al-yaouma ! لَيْسَ ٱلْيَوْمَ!

Pas aujourd'hui ! (leçon 30, phrase 3)

Retenez :

A laysa hounàka... ? أَ لَيْسَ هُنَاكَ... ؟

N'y a-t-il pas... ?

4 Qàla قَالَ *dire*

Il se conjugue comme **kàna** :

Singulier			Pluriel		
qoultou	قُلْتُ	*j'ai dit* (m/f)	**qoulnà**	قُلْنَا	*nous avons dit* (m/f)
qoulta	قُلْتَ	*tu as dit* (m)	**qoultoum**	قُلْتُمْ	*vous avez dit* (m)
qoulti	قُلْتِ	*tu as dit* (f)			
qàla	قَالَ	*il a dit*	**qàloù**	قَالُوا	*ils ont dit*
qàlat	قَالَتْ	*elle a dit*			

(leçon 29)

5 Diptotes et mots irréguliers

• Les diptotes

Ce sont des mots, noms ou adjectifs, qui sont réguliers lorsqu'ils sont déterminés, mais qui n'ont pas de marque d'indétermination. Quand ils sont indéterminés, la marque du nominatif est **-ou** et celle des deux autres cas **-a** :

ᶜaṯchànou عَطْشَانُ *assoiffé* (29)

jaouᶜànou جَوْعَانُ *affamé* (31)

Anà ᶜaṯchànou. أَنَا عَطْشَانُ *J'ai soif (je suis assoiffé).*

Lastou ᶜaṯchàna. لَسْتُ عَطْشَانَ *Je n'ai pas soif.*

On attendrait ici les terminaisons **-oun** et **-an** (leçon 29, phrases 5 et 6). Mais on dira normalement :

Ar-rajoulou al-ᶜaṯchànou. أَلرَّجُلُ ٱلْعَطْشَانُ

L'homme assoiffé.

Des noms singuliers ou des adjectifs sont dans ce cas, mais aussi de nombreux pluriels de noms réguliers.

• Les irréguliers

– **maqhan** / **al-maqhà** مَقْهًى/أَلْمَقْهَى *un café / le café* (leçon 29).

– **h̲alwan / al-h̲alwà** حَلْوًى/أَلْحَلْوَى *sucrerie, pâtisserie* (leçon 32).
Ils n'ont que deux formes en tout et pour tout.

– **màd̲in** مَاضٍ *passé* (leçon 31) :

cas suj. / indir.	**màd̲in**	مَاضٍ	**al-màd̲ì**	أَلْمَاضِي
dir.	**màd̲iyan**	مَاضِيًا	**al-màd̲iya**	أَلْمَاضِيَ

6 Pluriels externes et internes

• Pluriel externe

– Féminin des mots en **-at** → **-àt** آت ← ة – ــة ;
sayyàrat سَيَّارَة → **sayyàràt** سَيَّارَات *voiture(s)* (leçon 29)
Ces pluriels n'ont que deux flexions, qu'ils soient déterminés ou indéterminés (donc, jamais de terminaisons en **-a** ou **-an**). Vous en trouverez des exemples dans les prochaines leçons :

sayyàràtoun	سَيَّارَاتٌ	cas sujet	**as-sayyàràtou**	أَلسَّيَّارَاتُ
sayyàràtin	سَيَّارَاتٍ	cas dir. / indir.	**as-sayyàràti**	أَلسَّيَّارَاتِ

Au masculin :
– des participes + **-oùna** (suj.) / **-ìna** (dir., indir.) ـِينَ / ـُونَ :
vous les connaissez déjà, reportez-vous à la leçon (28, § 3).

• Pluriel interne

(se reporter aussi à la leçon 28, § 3)
Rappelez-vous que dans le cas d'un pluriel interne, la structure du mot est modifiée de diverses manières : ajout de préfixe ou infixe (particule ou syllabe placée à l'intérieur d'un mot), allongement de voyelle, consonne portant le **soukoùn**, apparition d'un **hamza**.
Les pluriels internes sont de différents types et il faut noter que pour les classer et les décrire – comme aussi pour les formes dérivées du verbe –, on emploie comme modèle la racine **fa^{c}ala(a)** فَعَلَ (F^{c}L) *faire*. Exemple : type **fou^{c}oùl** فُعُول.
Dans le cas du mot **qalb** قَلْب, on a une consonne portant la voyelle brève **a** (Q), suivie d'une consonne ne portant pas de voyelle (L), puis la troisième consonne (B). Au pluriel, Q porte la voyelle brève **ou** (au lieu de **a**), L porte la voyelle longue **où** (au lieu du **soukoùn**) et vient ensuite B : **qalb** قَلْب → **qouloùb** قُلُوب.

Quand vous aurez acquis une certaine familiarité avec le vocabulaire arabe, vous pourrez deviner – presque à coup sûr – le pluriel d'un nouveau mot.
Voici déjà trois types différents de pluriel interne, parmi les plus courants :

– type **af^c^àl (AF ^c^aÀ L)** أَفْعَال
s̲aout-oun → **as̲wàt-oun** صَوْتٌ / أَصْوَاتٌ *voix* (29)

walad-oun → **aoulàd-oun** وَلَدٌ / أَوْلاَدٌ *enfant* (34)

– type **fou^cc^àl (Fou ^cc^À L)** فُعَّالٌ
chàbb-oun → **choubbàn-oun** شَابٌّ / شُبَّانٌ *jeune homme* (32)

– type **fou^c^oùl (Fou ^c^ouW L)** فُعُول
qalb-oun → **qouloùb-oun** قَلْبٌ / قُلُوبٌ *cœur* (34)

h̲aqq-oun → **h̲ouqoùq-oun** حَقٌّ / حُقُوقٌ *droit* (juridique) (33)

bayt-oun → **bouyoùt-oun** بَيْتٌ / بُيُوتٌ *maison* (28, § 3)

Certains pluriels sont diptotes, en général ceux de 4 syllabes :
s̲adìq-oun → **as̲diqà'-ou** صَدِيقٌ / أَصْدِقَاءُ *ami* (31)

makàn-oun → **amàkin-ou** مَكَانٌ / أَمَاكِنُ *endroit* (27)

Il s'agit ici de deux autres types de pluriel. Nous vous conseillons de retenir tels quels ces mots, sans chercher pour le moment à analyser leur structure.

De manière générale, il est bien évident qu'il vous est encore malaisé de distinguer les différents types de pluriel, même ceux que nous venons d'analyser. Comme nous vous l'avons déjà recommandé, apprenez le pluriel en même temps que le singulier.

7 Le nombre

Comme nous l'avons déjà dit, en arabe la numération est assez complexe. Toutefois, vous avez déjà rencontré quelques tournures, qu'il vous sera relativement facile d'utiliser. Pour trouver les nombres (au masculin et au féminin) – de 1 à 9 pour un début ! –, reportez-vous au tableau de l'Appendice grammatical.

• Kam + nom singulier au cas direct indéterminé

Kam chakhs-an ? كَمْ شَخْصًا ؟
Combien de personnes ? (leçon 31)

• Nombre + nom

– nombre (fém.) + nom masculin pluriel au cas indirect indéterminé

Thalàthatou aoulàdin. ثَلاَثَةُ أَوْلاَدٍ
Trois enfants (une triade d'enfants).

– nombre (masc.) + nom féminin pluriel au cas indirect indéterminé

Thalàthou sayyàràtin. ثَلاَثُ سَيَّاراتٍ
Trois voitures (un trio de voitures).

Sittatou achkhàsin. سِتَّةُ أَشْخَاصٍ
Six personnes (31).
mais
Al-asdiqà'ou as-sittatou. أَلْأَصْدِقَاءُ ٱلسِّتَّةُ
Les six amis (les amis la sixte) (31).

8 Diverses expressions

Tafaddal !, tafaddaloù ! تَفَضَّلْ ! / تَفَضَّلُوا !
Je t'en prie / je vous en prie (sing.) ; *je vous en prie* (pl.) (31)

A^{c}tinî / a^{c}tinà أَعْطِنِي / أَعْطِنَا
Donne-moi / donne-nous (30, 32)

Là ba'sa ! Là ba'sa fì dhalika ! لاَ بَأْسَ / لاَ بَأْسَ فِي ذَلِكَ !
Il n'y a pas de mal ! Il n'y a pas de mal à cela (29).

Ahlan bika / Ahlan bikoum ! أَهْلاً بِكَ / أَهْلاً بِكُمْ !
Bienvenue à toi / à vous ! (31)

Hadhà maqhan. هَذَا مَقْهًى
Voici un café (celui-ci un café)(29).

Fì <u>h</u>àjatin ilà فِي حَاجَةٍ إِلَى... 35
avoir besoin de ([être] dans un besoin vers)
→ **Ahlì fì <u>h</u>àjatin ilayya.** أَهْلِي فِي حَاجَةٍ إِلَيَّ
Ma famille a besoin de moi ([est] dans un besoin vers-moi)(33).

Fì inti<u>z</u>àri + pronom ou nom : *[être] dans l'attente de* فِي ٱنْتِظَارِ...

كَانَ أَهْلُ زَيْدٍ فِي ٱنْتِظَارِهِ
→ **Kàna ahlou Zaydin fì inti<u>z</u>àrihi.**
La famille de Zayd l'attendait (était dans attente de lui)(34).

أَلشَّابُّ فِي ٱنْتِظَارِ ٱلْقِطَارِ
→ **Ach-chàbbou fì inti<u>z</u>àri al-qi<u>t</u>àri.**
Le jeune homme attend le train ([est] dans l'attente du train).

9 Prépositions et adverbes

• Prépositions

bayna بَيْنَ *entre* (29)

qabla قَبْلَ *avant* (32)

ba^{c}da + durée بَعْدَ *dans* (33)

Arji^{c}ou ba^{c}da chahrin أَرْجِعُ بَعْدَ شَهْرٍ
Je reviendrai dans un mois. (33)

mithla + pronom مِثْلَ *comme* (32)

ka- + nom (ind.) / démonstratif كَـ *comme* (32)

ka-sayyàratin كَسَيَّارَةٍ *comme une voiture*

ka-<u>h</u>alwà كَحَلْوَى *en tant que dessert* (32)

ka-dhalika كَذَلِكَ *comme cela, de même*

• Adverbes

abadan أَبَدًا *pas du tout, jamais* (29)

qarìban min قَرِيبًا مِن *près de* (29)

idhan إِذَنْ *alors, donc* (30)

35 **faqat** فَقَطْ *seulement* (30)

hasanan ! حَسَنًا ! *bien !* (30)

• Interrogatifs

màdhà ? مَاذَا ؟ *quoi, que ?* (32)

a (devant **làm**) = **hal ?** أَ...؟ هَلْ ؟ *est-ce que ?* (29, note 6)

10 Écriture

ilà + -ì → ilayya إِلَى + ي ← إِلَيَّ *vers moi* (33)

inna + -ì → innì إِنَّ + ي ← إِنِّي *certes moi* (29)

ou **inna + nì → innanì** إِنَّ + نِي ← إِنَّنِي "

Conseils en ce qui concerne les mots "difficiles" ou irréguliers
Vous avez commencé à rencontrer un certain nombre de noms dont l'écriture ou le maniement sont un peu délicats – en particulier, certaines formes de pluriel. Nous ne pouvons plus éviter maintenant ces mots "difficiles", car ils font partie du langage courant. Nous vous expliquons bien entendu, succinctement, en quoi consistent leurs irrégularités. Mais plutôt que de chercher à retenir des règles d'emplois assez complexes – complexes pour un débutant –, nous vous conseillons de retenir ces mots tels quels, visuellement, et de les recopier plusieurs fois. Si vous faites une erreur en les employant, ne vous inquiétez pas. Quand ces noms vous seront devenus plus familiers, vous vous apercevrez que vous aurez aussi retenu leurs particularités. Enfin, pour vous réconforter, rappelez-vous que dans la conversation, les terminaisons des mots ne sont presque jamais prononcées (comme vous avez commencé à en faire l'expérience dans les enregistrements). Mais ce n'est pas pour autant qu'il faut négliger de les connaître !

Exercices تَمَارِينُ Tamàrìnou

À la fin de cette leçon récapitulative, nous vous proposons, au lieu d'un texte, quelques exercices qui vous permettront d'assimiler plus rapidement les nouveaux acquis grammaticaux de la série. Dans l'enregistrement, contrairement aux textes des leçons de cette série, tout sera prononcé, étant donné qu'il ne s'agit ici que d'un exercice d'entraînement.

1 Déclinez l'inaccompli de :

a/ **dakhala, yadkhoulou** يَدْخُلُ / دَخَلَ, *entrer* (+ cas dir.)
J'entre dans la maison. Tu entres dans le bureau. Il entre dans le restaurant. Elle entre dans l'hôtel. Nous entrons dans le café.

b/ **kharaja, yakhroujou min-a** يَخْرُجُ من / خَرَجَ, *sortir de*
Je sors de la maison. Tu sors du bureau. Il sort du restaurant. Elle sort de l'hôtel. Nous sortons du café.

c/ **jalasa, yajlisou** يَجْلِسُ / جَلَسَ *s'asseoir*
Je m'assieds à une table. Tu t'assieds à cette table. Il s'assied à cette petite table. Elle s'assied dans le bureau. Nous nous asseyons dans le train.

2 Questions - réponses : Traduisez les phrases suivantes

Matà tarji^cou ? – Arji^cou ba^cda chahrin.

مَتَى تَرْجِعُ ؟ - أَرْجِعُ بَعْدَ شَهْرٍ

Màdhà ta^cmalou ? – A^cmalou <u>t</u>àjinan.

مَاذا تَعْمَلُ ؟ - أَعْمَلُ طَاجِنًا

Kayfa ta^cmalouhou ? – A^cmalouhou bi-<u>s</u>abrin.

كَيْفَ تَعْمَلُهُ ؟ - أَعْمَلُهُ بِصَبْرٍ

Ilà ayna tadhhabou ? – Adhhabou ilà qaryatì.

إِلَى أَيْنَ تَذْهَبُ ؟ - أَذْهَبُ إِلَى قَرْيَتِي

Limàdhà tajlisou ? – Li'annì mout^caboun.

لِمَاذَا تَجْلِسُ ؟ - لِأَنِّي مُتْعَبٌ

3 Expressions : Traduisez les phrases suivantes

a/	**Anà fì <u>h</u>àjatin ilaykoum.**	أَنَا فِي حَاجَةٍ إِلَيْكُمْ
	Anta fì <u>h</u>àjatin ilayhi.	أَنْتَ فِي حَاجَةٍ إِلَيْهِ
	Anti fì <u>h</u>àjatin ilayya.	أَنْتِ فِي حَاجَةٍ إِلَيَّ
	Houwa fì <u>h</u>àjatin ilà sayyàratin.	هُوَ فِي حَاجَةٍ إِلَى سَيَّارَةٍ

Hiya fì hàjatin ilà baytin. هِيَ فِي حَاجَةٍ إِلَى بَيْتٍ

Nahnou fì hàjatin ilà oustàdhin. نَحْنُ فِي حَاجَةٍ إِلَى أُسْتَاذٍ

Antoum fì hàjatin ilà bàsin. أَنْتُمْ فِي حَاجَةٍ إِلَى بَاصٍ

Houm fì hàjatin ilàynà. هُمْ فِي حَاجَةٍ إِلَيْنَا

b/ Anà fì intizàrihi. أَنَا فِي ٱنْتِظَارِهِ

Anta fì intizàrihim. أَنْتَ فِي ٱنْتِظَارِهِمْ

Anti fì intizàrihà. أَنْتِ فِي ٱنْتِظَارِهَا

Houwa fì intizàrì. هُوَ فِي ٱنْتِظَارِي

Nahnou fì intizàrikoum. نَحْنُ فِي ٱنْتِظَارِكُمْ

Antoum fì intizàrinà. أَنْتُمْ فِي ٱنْتِظَارِنَا

Houm fì intizàrika. هُمْ فِي ٱنْتِظَارِكَ

Corrigé des exercices

1/a) Anà adkhoulou al-bayta. أَنَا أَدْخُلُ ٱلْبَيْتَ

Anta tadkhoulou al-maktaba. أَنْتَ تَدْخُلُ ٱلْمَكْتَبَ

Houwa yadkhoulou al-mat^c^ama. هُوَ يَدْخُلُ ٱلْمَطْعَمَ

Hiya tadkhoulou al-foundouqa. هِيَ تَدْخُلُ ٱلْفُنْدُقَ

Nahnou nadkhoulou al-maqhà. نَحْنُ نَدْخُلُ ٱلْمَقْهَى

1/b) Anà akhroujou min-a al-bayti.

أَنَا أَخْرُجُ مِنَ ٱلْبَيْتِ

Anta takhroujou min-a al-maktabi.

أَنْتَ تَخْرُجُ مِنَ ٱلْمَكْتَبِ

Houwa yakhroujou min-a al-mat^c^ami.

هُوَ يَخْرُجُ مِنَ ٱلْمَطْعَمِ

Hiya takhroujou min-a al-foundouqi.

هِيَ تَخْرُجُ مِنَ ٱلْفُنْدُقِ

Na<u>h</u>nou nakhroujou min-a al-maqhà.

نَحْنُ نَخْرُجَ مِنَ ٱلْمَقْهَى

1/c) Anà ajlisou ᶜalà mà'idatin

أَنَا أَجْلِسُ عَلى مَائِدَةٍ

Anta tajlisou ᶜalà hadhihi al-mà'i<u>d</u>ati.

أَنْتَ تَجْلِسُ عَلى هَذِهِ ٱلْمَائِدَةِ

Houwa yajlisou ᶜalà hadhihi al-mà'i<u>d</u>ati a<u>s</u>-<u>s</u>aghìrati.

هُوَ يَجْلِسُ عَلَى هَذِهِ ٱلْمَائِدَةِ ٱلصَّغِيرَةِ

Hiya tajlisou fì al-maktabi.

هِيَ تَجْلِسُ فِي ٱلْمَكْتَبِ

Na<u>h</u>nou najlisou fì al-qi<u>t</u>àri.

نَحْنُ نَجْلِسُ فِي ٱلْقِطَارِ

2 *Quand reviens-tu ? – Je reviens dans un mois. Que fais-tu ? – Je confectionne un tajine. Comment le fais-tu ? – Je le prépare avec patience. Où vas-tu ? – Je vais dans mon village. Pourquoi t'assieds-tu ? – Parce que je suis fatigué.*

3/a) *J'ai besoin de vous. Tu as besoin de lui. Tu (fém.) as besoin de moi. Il a besoin d'une voiture. Elle a besoin d'une maison. Nous avons besoin d'un maître. Vous avez besoin d'un autobus. Ils ont besoin de nous.*

3/b) *Je l'attends. Tu les attends. Tu (fém.) l'attends* (elle). *Il m'attend. Nous vous attendons. Vous nous attendez. Ils t'attendent.*

Avec cette cinquième série de leçons, vous avez désormais pénétré au cœur de la langue arabe et vous avez pu en percevoir le génie. Bonne continuation et

Félicitations !

مَبْرُوكْ!

Mabrouk !

béni [sois-tu]

avez sans doute remarqué qu'au fil du temps les textes des devienennent de plus en plus vivants et naturels. Toutefois, ne vous étonnez pas de ne pas y trouver certains verbes très courants car, pour les traduire en arabe, il faut bien souvent employer des formes verbales dérivées, qui sont encore d'un maniement trop délicat pour un apprenant débutant. Pour que vous disposiez tout de même de quelques verbes essentiels, nous vous donnerons parfois des formes verbales à apprendre telles quelles.*

36 Trente-sixième leçon (ad-darsou as-sàdisou wa ath-thalàthoùna)

Banàtou al-ᶜammi
Les cousines *(les filles de l'oncle)*

1 **Zàra Karìm**oun **banàti** ① **ᶜammihi**
Karim a rendu visite à *(a visité)* ses cousines *(les filles de son oncle [paternel])*

2 **bi-mounàsabati ᶜìdi mìlàdi i<u>h</u>dàhounna** ② **ismouhà Yàsmìna**toun. ③
à l'occasion de l'anniversaire de l'une d'entre elles *(fête* naissance* une-d'elles)* dont le nom *(son nom)* [est] Yasmina.

Notes

① **zàra banàti ᶜammihi** زَارَ بَنَاتِ عَمِّهِ *il a rendu visite à ses cousines* ; **banàt** est le pluriel externe (nous expliquerons comment il se forme à la leçon 42) de **bint** et, de ce fait, n'a que deux flexions, qu'il soit déterminé ou indéterminé : **-ou**, **-i**, **-i** / **-oun**, **-in**, **-in** (voir à la leçon 35, le paragraphe 6). Donc **banàti** (après **zàra**) et **al-banàti** (après **ra'à**) à la phrase 3 sont des pluriels féminins au cas direct.

② **i<u>h</u>dà-hounna** إِحْدَاهُنَّ *l'une d'elles* : **i<u>h</u>dà** signifie *une, l'une*. Bien que ce mot soit ici en état d'annexion, il est invariable. C'est une forme que nous expliquerons un peu plus tard. **hounna** هُنَّ est le pronom féminin de la 3e personne du pluriel.

*En ce qui concerne la prononciation, nous supprimerons – dans la majeure partie des cas – le **tà' marboùṯa** avec la voyelle ou le **tanwìn** qu'il porte. Efforcez-vous de bien faire la distinction entre les terminaisons **-a(t)** et **-àt**.*
Désormais les mots nouveaux ne seront plus indiqués, mais vous pourrez les repérer aisément grâce au mot à mot de la traduction. Nous vous conseillons également, si nécessaire, de vérifier dans le lexique le pluriel ou le singulier des noms, l'inaccompli ou l'accompli des verbes ou tout autre mot.

٣٦ أَلدَّرْسُ ٱلسَّادِسُ وَٱلثَّلَاثُونَ

بَنَاتُ ٱلْعَمِّ

١ زَارَ كَرِيمٌ بَنَاتِ عَمِّهِ

٢ بِمُنَاسَبَةِ عِيدِ مِيلَادِ إِحْدَاهُنَّ إِسْمُهَا يَاسْمِينَةٌ

▸ Employé seul, il signifie *elles* et, en position affixe, c'est-à-dire accroché au mot, il a une valeur de possessif (*leur*) ou de pronom complément (*leur, les*). Comme pour les pronoms **-hou** ـهُ et **-houm** ـهُمْ, la voyelle devient **i** (**-hi** et **-him**) lorsque **hounna** est affixé à un nom au cas indirect (**li-bayti-hinna** لِبَيْتِهِنَّ *pour leur maison [à elles]*). Ce pronom peut être affixé également à la conjonction **inna**, à un verbe et à un élatif (voir note 8), comme on le voit respectivement dans les phrases 5, 8 et 9.

③ Notez une fois de plus les tournures très simples et pratiques de l'arabe. Dans cette phrase 2, **iḫdàhounna ismouhà Yàsmìnatoun** إِحْدَاهُنَّ إِسْمُهَا يَاسْمِينَةٌ *[de] l'une d'elles / son nom Yasmina,* c'est-à-dire *de l'une d'elles dont le nom est Yasmina.* Comme nous l'avons déjà constaté, ce qui en français est une relative est rendu en arabe par une simple juxtaposition suivie de l'emploi du possessif (voir leçons 26, note 7 et 31, phrase 2). De même, à la phrase 9 : **wa hiya** وَ هِيَ se traduit par *qui est* (voir leçon 25, note 2).

3 **Mà ra'à ④ al-banàti ① fì al-manzili**
Il n'a pas vu les [jeunes] filles dans la maison,

4 **walakin, qàlat lahou ᶜammatouhou :**
mais sa tante lui a dit *(elle-a-dit à-lui tante-sa)* :

5 – **Innahounna ② dhahabna ⑤ ilà al-boustàni**
(Certes-) elles sont allées au jardin

6 **ba<u>h</u>than ᶜan thimàrin li-taqdìmihà ilà a<u>d</u>-<u>d</u>ouyoùfi.**
chercher des fruits à offrir aux invités *(en quête de fruits pour-offre-[d']elle vers les-invités)*.

7 **ᶜinda'idhin, yadhhabou ach-chàbbou ilà al-boustàni.**
Alors, le jeune homme va au jardin.

8 **Fì an-nihàyati, yajidouhounna ⑥ bayna al-azhàri**
Finalement *(dans la fin)*, il les trouve *(il-trouve-elles)* entre les fleurs

9 **wa youᶜ<u>t</u>ì ⑦ Yàsmìnatan – wa hiya ③ ajmalouhounna ⑧ – hadiyyatan nafìsatan.** □
et il donne [à] Yasmina – qui est *(et elle)* la plus belle d'[entre] elles *(le-plus-beau-d'elles)* –, un cadeau précieux.

Notes

④ **ra'à** رَأَى *il a vu* ou *voir*. Ce verbe est irrégulier. Pour l'instant, ne retenez que cette 3e personne du masculin et celle du féminin, **ra'at** رَأَتْ, où le **yà'** final, qui marque le **à** long dans la forme masculine, disparaît devant le **tà'** (marque du féminin).

⑤ **dhahab-na** ذَهَبْنَ *elles sont allées* est la 3e personne du féminin pluriel de l'accompli, **na** étant la marque de cette personne. Attention, **na**, placé au début du verbe à l'inaccompli, désigne la 1re personne du pluriel : **na-dhhabou** نَذْهَبُ *nous allons.* Ne confondez pas ces deux formes !

٣ مَا رَأَى ٱلْبَنَاتِ فِي ٱلْمَنْزِلِ
٤ وَلَكِنْ، قَالَتْ لَهُ عَمَّتُهُ :
٥ - إِنَّهُنَّ ذَهَبْنَ إِلَى ٱلْبُسْتَانِ
٦ بَحْثًا عَنْ ثِمَارٍ لِتَقْدِيمِهَا إِلَى ٱلضُّيُوفِ
٧ عِنْدَئِذٍ، يَذْهَبُ ٱلشَّابُّ إِلَى ٱلْبُسْتَانِ
٨ فِي ٱلنِّهَايَةِ يَجِدُهُنَّ بَيْنَ ٱلْأَزْهَارِ
٩ وَيُعْطِي يَاسْمِينَةً - وَهِيَ أَجْمَلُهُنَّ - هَدِيَّةً نَفِيسَةً

⑥ **yajidou** يَجِدُ *il trouve* est l'inaccompli de **wajada** وَجَدَ, verbe que vous connaissez bien. Les verbes commençant par **wa** ont la particularité de former leur inaccompli sur ce modèle. Ainsi, l'inaccompli de **wa<u>s</u>ala** وَصَلَ *arriver* sera **ya<u>s</u>ilou** يَصِلُ *il arrive*. Nous verrons bientôt les autres personnes de ce type de verbe.

⑦ **youᶜ<u>t</u>ì** يُعْطِي *il donne* est une forme à retenir telle quelle pour l'instant, ce verbe étant irrégulier. Mais notez bien qu'il se construit avec un double cas direct (comme en latin et en anglais). Le premier pour la personne qui reçoit l'objet et le second pour l'objet donné : **youᶜ<u>t</u>ì Yàsmìnatan hadiyyatan nafìsatan** يُعْطِي يَاسْمِينَةً هَدِيَّةً نَفِيسَةً *il donne [à] Yasmina un cadeau précieux.*

⑧ **ajmal** أَجْمَل est une forme de l'adjectif **jamìl** جَمِيل *beau* et signifie *plus beau* ou *(le) plus beau de...* Il sert de comparatif et de superlatif et est appelé, selon la terminologie des grammaires arabes, *élatif*. Il a également un féminin, mais lorsque cet adjectif est en état d'annexion, c'est le masculin qui est employé (alors qu'ici on s'attendrait au féminin) : **ajmalou-hounna** أَجْمَلُهُنَّ *la plus belle d'[entre] elles*. Nous y reviendrons.

Exercice 1 : تَرْجِمْ Tarjim !

❶ رَأَتِ ٱلْبَنَاتُ ٱلشَّابَّ فِي بُسْتَانِهِنَّ

Ra'at-i (a)l-banàtou (a)ch-chàbba fì boustànihinna.

❷ ذَهَبْنَ إِلَى ٱلْبُسْتَانِ وَوَجَدْنَ فِيهِ ثِمَارًا طَيِّبَةً

Dhahabna ilà (a)l-boustàni wa wajadna fìhi thimàran t̲ayyiba(tan).

❸ يَصِلُ إِبْنُ عَمِّنَا إِلَى مَنْزِلِنَا وَيَجِدُ وَالِدَنَا فِي مَكْتَبِهِ

Yas̲ilou ibnou ᶜamminà ilà manzilinà wa yajidou wàlidanà fì maktabihi

Exercice 2 : كَمِّلْ Kammil !

❶ Sont arrivées des [jeunes] filles dont les noms [sont] Yasmina, *(et)* Fatima et Zaynab (diptote).
. . . . asmà'ouhounna . . . . (. . . .)
wa Fàt̲ima(toun) wa . . . .

❷ Qu'ont fait les cousines ?
Mà . . . . banàtou . . - . . . . . ?

❸ Où les a-t-il trouvées ? – Au milieu des fleurs.
Ayna . . . . ? – Bayna . . - . . . .

❹ Elle [est] la plus belle de mes cousines *(filles-mon-oncle-paternel)*.
Hiya . . . . banàti . . . . . .

❺ Zaynab (diptote), qui est ma cousine *(et elle la fille de ma tante du côté paternel)*, est arrivée chez moi *(vers ma maison)*.
. . . . Zaynabou ilà . . . . wa . . . . bintou
. . . .

4 زَارَنَا ضَيْفٌ بِمُنَاسَبَةِ عِيدِ مِيلَادِ أُخْتِي
Zàranà dayfoun bi-mounàsabati ᶜìdi mìlàdi oukhtì.

5 يُعْطِي ٱلْوَالِدُ ٱلْبِنْتَ سِوَارًا نَفِيسًا
Youᶜtì (a)l-wàlidou (a)l-binta siwàran nafìsan.

Corrigé de l'exercice 1

1 Les [jeunes] filles ont vu le jeune homme dans leur jardin. 2 Elles sont allées au jardin et y ont trouvé de bons fruits. 3 Notre cousin *(le fils de notre-oncle-paternel)* arrive chez nous *(à notre-domicile)* et il trouve notre père dans son bureau. 4 Un invité nous a rendu visite *(a-visité-nous)* à l'occasion de l'anniversaire *(* fête* naissance*)* de ma sœur. 5 Le père donne [à] la fille un bracelet précieux.

Corrigé de l'exercice 2 - Les mots manquants

1 Wasalat banàtoun وَصَلَتْ بَنَاتٌ – Yàsmìna(toun) يَاسْمِينَةٌ – Zaynabou زَيْنَبُ 2 – faᶜalat فَعَلَتْ – (a)l-ᶜammi ٱلْعَمِّ 3 – wajadahounna وَجَدَهُنَّ – (a)l-azhàri ٱلْأَزْهَارِ 4 – ajmalou أَجْمَلُ – ᶜammì عَمِّي 5 Wasalat وَصَلَتْ – manzilì مَنْزِلِي – hiya هِيَ – ᶜammatì عَمَّتِي.

Texte de l'exercice 2

1 وَصَلَتْ بَنَاتٌ أَسْمَاؤُهُنَّ يَاسْمِينَةٌ وَفَاطِمَةٌ وَزَيْنَبُ

2 مَا فَعَلَتْ بَنَاتُ ٱلْعَمِّ ؟

3 أَيْنَ وَجَدَهُنَّ ؟ – بَيْنَ ٱلْأَزْهَارِ

4 هِيَ أَجْمَلُ بَنَاتِ عَمِّي

5 وَصَلَتْ زَيْنَبُ إِلَى مَنْزِلِي وَهِيَ بِنْتُ عَمَّتِي

36 • *Les liens de parenté*

En arabe, il y a des noms spécifiques pour les oncles et tantes du côté paternel et du côté maternel. Les cousins et cousines sont dits fils ou filles de ces parents :

ibnou / bintou al* ᶜ*ammi / (a)l)*ᶜ*ammati إِبْنُ/بِنْتُ ٱلْعَمِّ/ٱلْعَمَّةِ

fils / fille de l'oncle / de la tante = cousin / cousine du côté paternel

Du côté maternel :

khàl خَال oncle ***khàla(t)*** خَالَة tante

• ***Mìlàd*** مِيلاَد naissance *s'emploie aussi dans l'expression de temps "avant / après Jésus-Christ" :* ***qabla / ba*ᶜ*da (a)l-mìlàdi*** قَبْلَ / بَعْدَ ٱلْمِيلاَدِ *(*avant / après la Nativité – ***ᶜìdou (a)l-mìlàdi*** عِيدُ ٱلْمِيلاَدَ *étant la* Fête de la Nativité *des Arabes chrétiens).*

Chez les musulmans, l'ère islamique débute en 622, c'est-à-dire l'année où le Prophète Mohammad a quitté la Mecque pour Médine, afin d'y installer et consolider la nouvelle communauté des croyants. Cet événement ou exil, s'appelle ***hijra(t)*** هِجْرَة*, en français* Hégire. *Pour trouver une équivalence en siècle du calendrier grégorien, on peut ajouter 622 à une année de l'ère musulmane. Mais, pour obtenir une date précise, il vaut mieux se référer aux tableaux de concordance des calendriers musulman et grégorien.*

• *Le mot* ***manzil*** مَنْزِل *signifie littéralement l'endroit où l'on descend, où l'on réside (de* ***nazala*** نَزَلَ descendre*) : c'est la* demeure, *le* domicile – *autrefois le campement – terme très employé, avec un sens plus large, à côté du mot* ***bayt*** بَيْت, maison, résidence.

بنات ٱلعمّ

١ زار كريم بنات عمّه
٢ بمناسة عيد ميلاد إحداهنّ إسمها ياسمينة
٣ ما رأى ٱلبنات في ٱلمنزل
٤ ولكن قالت له عمّته :
٥ – إنهنّ ذهبن إلى ٱلبستان
٦ بحثا عن ثمار لتقديمها إلى ٱلضّيوف
٧ عندئذ يذهب ٱلشّابّ إلى ٱلبستان
٨ في ٱلنّهاية، يجدهن بين ٱلأزهار
٩ ويعطي ياسمينة–وهي أجملهنّ–هدية نفيسة

Terminons par un dicton :

لَيْسَ مَنْ رَأَى كَمَنْ سَمِعَ

Laysa man ra'à ka-man sami^{c}a.

celui qui a vu n'est pas comme celui qui a entendu

Entendre n'est pas voir.

رَأَتِ ٱلْبَنَاتُ ٱلشَّابَّ فِي بُسْتَانِهِنَّ

37 Trente-septième leçon (ad-darsou as-sàbi^c^ou wa ath-thalàthoùna)

Haoula al-ounoùfi

autour = à propos des nez

Histoires de nez

1 **Dakhala rajoul**oun **majlisa amìr**in **kàna kabìra al-anfi** ① **fa-qàla lahou :**
Un homme est entré [dans] le salon [de réception] d'un prince qui avait un grand nez *(un-prince il-était grand* le-nez)* et lui a dit :

2 – **As-salàmou ^c^alaykoumà** ② **!**
Le salut [soit] sur vous deux !

3 **Radda ^c^alayhi al-amìr**ou **:**
Le prince lui *(sur-lui)* a répliqué :

4 – **Limàdhà al-mouthannà, yà rajoul**ou **?**
Pourquoi le duel, *(ô)* bonhomme ?

Notes

① **kàna kabìra al-anfi** كَانَ كَبِيرَ ٱلْأَنْفِ : *il était grand de nez* (grand* le-nez), c'est-à-dire *il était doté d'un grand nez* ou bien *il avait un grand nez.* Comparez cette construction, très fréquente en arabe, à celle du français dans des expressions telles que : *haut de taille*, *brun de peau*, etc. Vous avez déjà rencontré à la leçon 29 *dur d'oreille* : **thaqìlou as-sam^c^i** ثَقِيلُ ٱلسَّمْعِ.

② **As-salàmou ^c^alay-koumà !** أَلسَّلَامُ عَلَيْكُمَا *Le salut soit sur vous deux !* est la formule que l'on doit obligatoirement employer si l'on s'adresse à deux personnes, hommes ou femmes. Le pronom affixe est ici au duel, forme qui existe en arabe à la 2e et à la 3e personne : *vous deux* et *eux deux / elles deux.* Le verbe aussi s'emploie au duel, nous le verrons plus loin. À ce

٣٧ ألدَّرْسُ ٱلسَّابِعُ وَٱلثَّلاثُون

حَوْلَ ٱلأُنُوفِ

١ دَخَلَ رَجُلٌ مَجْلِسَ أَمِيرٍ كَانَ كَبِيرَ ٱلْأَنْفِ فَقَالَ لَهُ :

٢ – أَلسَّلَامُ عَلَيْكُمَا !

٣ رَدَّ عَلَيْهِ ٱلْأَمِيرُ :

٤ – لِمَاذَا ٱلْمُثَنَّى يَا رَجُلُ ؟

▸ pronom affixe du duel, correspond le pronom isolé **antoumà** أَنْتُمَا *vous deux* (masc. et féminin). Vous constatez qu'il suffit de rajouter un **à** long aux pronoms **-koum** et **antoum** (affixe et isolé) de deuxième personne du pluriel.

Le pronom de la 3e personne du pluriel au duel, qui apparaît à la phrase 9, se forme de la même façon : **houmà** هُمَا / **-houmà** ـــهُمَا (**-himà** ـــهِمَا après le cas indirect) *eux deux / elles deux,* à partir de **houm** هُمْ *ils, eux.*

5 **Anà wahdì** ③ **fì al-majlisi !**
Je suis seul dans le salon de réception !

6 – **Qàla** ar-rajoulou **: Wa anfouka idhan !**
L'homme a dit : Et ton nez, alors ?

❖❖❖❖

7 **Kàna li-rajoul**in **anfoun dakhm**oun
Un homme avait *(il-était pour-un-homme)* un nez énorme,

8 **fa-qàla lahou chà^{c}ir**oun
et un poète lui dit

9 **wa houmà** ② **fì qasri malik**in **:**
alors qu'ils étaient *(et eux-deux)* dans le palais d'un roi :

10 – **Wa**-Allah**i** ! **Mà ra'aytou** ④ **qabla** al-**yaoum**i
Par Dieu ! Je n'ai jamais *(pas)* vu auparavant *(avant aujourd'hui)*

11 **mithlaka man yachrabou anfouhou qabla famihi !** ⑤ □
quelqu'un comme toi dont le nez boit avant la bouche *(comme-toi qui il-boit son-nez avant sa-bouche)* !

Notes

③ **wahdì** وَحْدي signifie *moi seul.* Ce terme est composé de **wahdoun** وَحْدٌ *seul, solitaire, unique,* additionné du pronom de 1re personne du singulier : **wahda + ì = wahdì**, c'est-à-dire *seul-[quant à] moi.* On l'emploie toujours au cas direct, parce ce mot prend une valeur adverbiale. On pourra dire de même, **wahdaka**, **wahdahou**, etc. et même au duel et pluriel : **wahdakoumà**, **wahdahoum**, etc. Ce mot provient de la même racine **WHD** que **ahadoun** أَحَدٌ *un* (référez-vous aux numéros

٥ أَنَا وَحْدِي فِي ٱلْمَجْلِسِ !

٦ – قَالَ ٱلرَّجُلُ: وَأَنْفُكَ إِذَنْ !

◈◈◈

٧ كَانَ لِرَجُلٍ أَنْفٌ ضَخْمٌ

٨ فَقَالَ لَهُ شَاعِرٌ

٩ وَهُمَا فِي قَصْرِ مَلِكٍ:

١٠ –وَٱللهِ مَا رَأَيْتُ قَبْلَ ٱلْيَوْمِ

١١ مِثْلَكَ مَنْ يَشْرَبُ أَنْفُهُ قَبْلَ فَمِهِ!

▸ des leçons) et **ih̲dà- ...** إِحْدَى *une [de]*, que vous avez rencontré à la leçon précédente.

④ **ra'aytou** رَأَيْتُ *j'ai vu* est la 1re personne du singulier de l'accompli du verbe **ra'à** رَأَى, apparu dans la leçon précédente. Vous pouvez conjuguer sur ce modèle tout autre verbe qui présente cet aspect, c'est-à-dire dont la deuxième lettre de la racine est **hamza** et qui est terminé par un **a maqs̲oura** (**à** écrit avec un **yà'** sans points) : **ra'ayta**, **ra'ayti**, ... **ra'aynà**, etc. (voir leçon 42 §2).

⑤ **man yachrabou anfouhou qabla famihi**
مَنْ يَشْرَبُ أَنْفُهُ قَبْلَ فَمِهِ peut se traduire littéralement "quelqu'un [que] son nez boit avant sa bouche" = *dont le nez boit avant la bouche.* Comme à la leçon 36 (voir note 3), ce type de construction avec utilisation du pronom affixe permet de traduire en arabe une relative qui, en français, est introduite par *dont.*

37 Exercice 1 : تَرْجِمْ Tarjim !

❶ كَانَ لِوَلَدٍ إِسْمُهُ زَيْدٌ فَمٌ ضَخْمٌ

Kàna li-walad(in) ismouhou Zayd(oun) famoun <u>d</u>akhm(oun).

❷ مَا رَأَيْتَ قَبْلَ ٱلْيَوْمِ أَنْفًا ضَخْمًا كَأَنْفِي !

Mà ra'ayta qabla (a)l-yaoum(i) anfan <u>d</u>akhman ka-anfì !

❸ هُمَا فِي مَجْلِسِ ٱلْقَصْرِ مَعَ ٱلشَّاعِرِ

Houmà fì majlisi (a)l-qa<u>s</u>r(i) ma^{c}a (a)ch-chà^{c}ir(i).

❹ رَدَّ ٱلْمَلِكُ عَلَيْهِمَا : «بَنَاتُكُمَا جَمِيلَاتٌ أَيْضًا»

Radda (a)l-malik(ou) ^{c}alayhimà : “Banàtoukoumà jamìlàtoun ay<u>d</u>an !”

De nombreux auteurs des premiers siècles de l'Islam – et même antéislamiques – témoignent à travers leurs récits de la grande liberté de langage et de ton que pouvaient adopter les Arabes vis-à-vis des califes ou des seigneurs. Les textes arabes fourmillent d'anecdotes semblables à celles qui font l'objet de cette leçon.
Parmi les textes les plus truculents, on peut citer les ***maqàmàt*** مَقَامَات (séances) *d'****al-Harìri*** أَلْحَرِيرِيّ *(XIIIe siècle) qui, dans une langue très recherchée mais avec un contenu populaire, constituent une critique sociologique percutante. Le personnage principal est* ***Abòu Zayd*** أَبُو زَيْد*, dont les aventures et discours ont pour cadre de nombreuses villes d'Irak.*

37 ❺ دَخَلَتْ بَنَاتُ مَلِك قَصْرَهُنَّ فَرَأَيْنَ شَاعِرًا مَشْهُورًا قَادِمًا مِنْ بَغْدَاد

Dakhalat banàtou malik(in) qasrahounna fa-ra ayna châ^c^iran machhoùran qàdiman min Baghdàd.

Corrigé de l'exercice 1

❶ Un enfant qui s'appelait Zayd avait une bouche énorme *(il-était pour-un-enfant son-nom Zayd une-bouche énorme)*. ❷ Tu n'as jamais vu auparavant un nez énorme comme le mien *(comme-mon-nez)* ! ❸ Ils [sont] tous les deux dans le salon du palais en compagnie du *(avec le)* poète. ❹ Le roi leur *(sur-eux-deux)* a répliqué : "Vos filles à vous deux sont belles aussi !" ❺ Les filles d'un roi sont entrées [dans] leur palais *(à elles)* et elles ont vu un célèbre poète qui venait *(venant)* de Bagdad.

*Ces textes ont donné lieu à de nombreuses illustrations, qui constituent un témoignage très précieux concernant la vie de société de l'époque, les coutumes, l'habitat, les costumes et maints détails de la vie quotidienne (manuscrit calligraphié et illustré à Bagdad en 1237 par **Wàsiti**). Ce manuscrit, outre son intérêt iconographique, est également un chef-d'œuvre de la peinture arabe.*
***Badî^c^ (a)z-Zamàni (a)l-Hamadàni**, auteur lui aussi de **maqàmàt,** a mis en scène un personnage truculent, **Aboù (a)l-Fath al-Iskandari**. Dépeignant différents types sociaux (le parvenu, l'escroc, le mendiant, etc.) ainsi que les travers flétris par la tradition arabe, comme l'avarice et l'envie, il donne vie à toute la société arabe de l'époque (x^e^).*

Exercice 2 : كَمِّلْ Kammil !

❶ Bonjour *(le salut sur vous deux)*, *(ô)* Zayd et *(ô)* Karim !
As-salàmou . . . . Zayd(ou) wa yà . . . . !

❷ Avez-vous tous les deux *(est-ce que pour vous deux)* beaucoup d'argent ?
Hal . . - . . . . . nouqoùdoun . . . . ?

❸ Ce marchand avait un grand nez et une grande bouche *(il était... grand-de le-nez et de la-bouche)*.
Kàna hadha . . - . . . . (a)l-anfi wa . . - . . . . .

❹ Y a-t-il *(est-ce que)* chez vous *(deux)* un homme [dont] le *(son)* nez boit avant la *(sa)* bouche ?
Hal . . . . rajouloun . . . . anfouhou . . . . ?

❺ Est-ce que tous deux vous [êtes] seuls dans ce palais ?
Hal antoumà . . . . fì hadhà . . - . . . . . ?

◈◈◈◈

Lecture de deuxième vague

حول الأنوف

١ دخل رجل مجلس أمير كان كبير ٱلأنف فقال له :
٢ – «ألسّلام عليكما !»
٣ ردّ عليه ٱلأمير :
٤ – لماذا ٱلمثنّى يا رجل ؟
٥ أنا وحدي في ٱلمجلس !
٦ – قال ٱلرّجل: «وأنفك إذن !»

Corrigé de l'exercice 2 – Les mots manquants

❶ – ᶜalaykoumà yà عَلَيْكُمَا يَا – Karìm(ou) كَرِيمُ ❷ – la-koumà لَكُمَا – kathìratoun كَثِيرَةٌ ❸ – (a)t-tàjirou kabìra ٱلتَّاجِرُ كَبِيرَ – (a)l-fami ٱلْفَمِ ❹ – ᶜindakoumà عِنْدَكُمَا – yachrabou يَشْرَبُ – qabla famihi قَبْلَ فَمِهِ ❺ – wahdakoumà وَحْدَكُمَا – (a)l-qasri ٱلْقَصْرِ

Texte de l'exercice 2

❶ أَلسَّلاَمُ عَلَيْكُمَا، يا زَيْدُ وَ يَا كَرِيمُ !

❷ هَلْ لَكُمَا نُقُودٌ كَثِيرَةٌ ؟

❸ كَانَ هَذَا ٱلتَّاجِرُ كَبِيرَ ٱلْأَنْفِ وَٱلْفَمِ

❹ هَلْ عِنْدَكُمَا رَجُلٌ يَشْرَبُ أَنْفُهُ قَبْلَ فَمِهِ ؟

❺ هَلْ أَنْتُمَا وَحْدَكُمَا فِي هَذا ٱلْقَصْرِ؟

٧ كان لرجل أنف ضخم

٨ فقال له شاعر

٩ وهما في قصر ملك :

١٠ – والله ! ما رأيت قبل اليوم

١١ مثلك من يشرب أنفه قبل فمه

38 Trente-huitième leçon (ad-darsou ath-thàminou wa ath-thalàthoùna)

Fì al-jàmi^{c}ati
À l'Université

1 – <u>S</u>abà<u>h</u>a al-khayri, yà ànisatì !
Bonjour *(matin[dir.]* le-bien[ind.])*, [ô] mademoiselle !

2 – <u>S</u>abà<u>h</u>a an-noùri !
Bonjour *(matin[dir.]* la-lumière[ind.])* !

3 Ji'tou ① **li-tasjìli nafsì** ② **fì al-jàmi^{c}ati.**
Je viens *(je suis venue)* pour m'inscrire *(pour inscription* âme-mon)* à *(dans)* l'Université.

4 – <u>H</u>asanan ! Fì ayyati màddatin ③ **?**
Bien ! Dans quelle matière ?

5 – Fì al-handasati wa at-tijàrati.
En ingénierie et commerce.

6 – Mà châ'a Allahou ! Hadhihi màddatoun là ta<u>t</u>loubouhà al-banàtou ④ **illà qalìlan.**
Bravo *(ce [qu']a voulu Dieu)* ! C'est une matière que ne demandent que peu de jeunes filles *(celle-ci une-matiere ne-pas elle-demande les-filles sauf peu)*.

Notes

① **ji'tou** جِئْتُ *je suis venu*, de **jà'a** جَاءَ *venir*. Ce verbe présente des irrégularités d'écriture en raison de son **hamza** final.

② **li-tasjìli nafsì** لِتَسْجِيلِ نَفْسِي *pour m'inscrire (pour inscription de moi-même)*. **Nafs** نَفْس signifie *âme*, *être*, *individu* et s'emploie pour traduire *soi-même*, *moi-même*, *toi-même*, etc. : par exemple, *pour toi-même* se dira, **li-nafsika** لِنَفْسِكَ. Cette tournure servira parfois à traduire certains verbes réfléchis, nous le verrons bientôt.

٣٨ أَلدَّرْسُ ٱلثَّامِنُ وَٱلثَّلاَثُونَ

فِي ٱلْجَامِعَةِ

١ – صَبَاحَ ٱلْخَيْرِ ،يَا آنِسَتِي!

٢ – صَبَاحَ ٱلنُّورِ!

٣ جِئْتُ لِتَسْجِيلِ نَفْسِي فِي ٱلْجَامِعَةِ

٤ – حَسَنًا ! فِي أَيَّةِ مَادَّةٍ ؟

٥ – فِي ٱلْهَنْدَسَةِ وَٱلتِّجَارَةِ

٦ – مَا شَاءَ ٱللّٰهُ ! هَذِهِ مَادَّةٌ لاَ تَطْلُبُهَا ٱلْبَنَاتُ إِلاَّ قَلِيلاً !

③ **fi ayyati màddatin ?** فِي أَيَّةِ مَادَّةٍ؟ *en quelle matière ?* L'interrogatif **ayyoun** أَيٌّ, fém. **ayyatoun** أَيَّةٌ, est suivi d'un nom au cas indéterminé indirect (il est donc en annexion avec le nom qui suit).

④ **Hadhihi màddatoun là tatloubouhà al-banàtou.**
هَذِهِ مَادَّةٌ لاَ تَطْلُبُهَا ٱلْبَنَاتُ *C'est une matière que les filles ne demandent pas.* Cette phrase est un nouvel exemple de la manière dont on peut exprimer en arabe ce qui, en français, est une relative. Il suffit de juxtaposer les deux membres de phrase et de rappeler dans le second l'antécédent par un pronom : *Celle-ci [est] une matière – les filles ne la demandent pas.* Par ailleurs, vous pouvez noter que la négation suivie de **illà** إِلاَّ, sert à traduire *ne... que*.

7 – **Sahihoun, walakinna abì yamlikou charika**tan **lil-hawàtifi,**
[C'est] vrai, mais mon père possède une entreprise de téléphonie *(pour les téléphones)*

8 **qad** ⑤ **yakoùnou fì hàjatin ilayya yaouman ma** ⑥**.**
[et] il se peut qu'il ait besoin de moi un jour *(peut-être il-est dans un besoin vers-moi un-jour quelconque).*

9 **Kam sanatan** ⑦ **min-a ad-diràsa**ti **lil-housoùli** ^{c}**alà ach-chahàda**ti **al-jàmi**^{c}**iyya**ti **?**
Combien d'années d'étude [faut-il] pour obtenir *(pour l'obtention sur)* le diplôme universitaire ?

10 – **Khamsou sanawàt**in ⑦ ^{c}**àdatan, walakin li-banàt**in **dhakiyyàt**in **mithlaki** ⑧**,**
Cinq ans d'habitude, mais pour des [jeunes] filles intelligentes comme toi,

11 **fa-arba**^{c}**ou sanawàt**in ⑦ **takfì !** □
eh bien, quatre années suffisent *(elle-suffit)* !

٧ – صَحِيحٌ، وَلَكِنَّ أَبِي يَمْلِكُ شَرِكَةً لِلْهَوَاتِفِ،

٨ قَدْ يَكُونُ فِي حَاجَةٍ إِلَيَّ يَوْمًا مَا

٩ كَمْ سَنَةً مِنَ ٱلدِّرَاسَةِ لِلْحُصُولِ عَلَى ٱلشَّهَادَةِ ٱلْجَامِعِيَّةِ ؟

١٠ – خَمْسُ سَنَوَاتٍ عَادَةً، وَلَكِنْ لِبَنَاتٍ ذَكِيَّاتٍ مِثْلَكِ،

١١ فَأَرْبَعُ سَنَوَاتٍ تَكْفِي !

Notes

⑤ **qad** قَدْ, suivi de l'inaccompli, signifie *peut-être, il se peut que*. Mais employé avec l'accompli, il a plusieurs significations, entres autres *déjà*.

⑥ **mà** مَا peut parfois prendre le sens de *quelconque, n'importe lequel*, comme dans l'expression **yaouman mà** يَوْمًا مَا *un jour, un jour quelconque*.

⑦ **Kam sanatan ?** كَمْ سَنَةً ؟ – **Khamsou sanawàtin.** خَمْسُ سَنَوَاتٍ *Combien d'années ? – Cinq ans.* Rappelez-vous la construction de **kam** et l'emploi des nombres en vous référant, si besoin est, à la leçon 31, note 5.

⑧ **mithla-ki** مِثْلَكِ *comme toi.* **Mithla** a déjà été mentionné dans la note 3 de la leçon 32 : c'est l'équivalent de **ka-**. Comme lui, il peut s'employer suivi d'un nom au cas indirect, mais on peut aussi lui adjoindre un pronom affixe, contrairement à **ka-**.

Exercice 1 : تَرْجِمْ Tarjim !

❶ يَا زَيْنَبُ مَا دَرَّسْتِ فِي ٱلْجَامِعَةِ ؟ – دَرَّسْتُ ٱلتِّجَارَةَ

Yà Zaynab(ou), mà darrasti fì (a)l-jàmi^{c}a(ti) ? – Darrastou (a)t-tijàra(ta)

❷ يَا آنِسَتِي، أَيَّةَ مَوَادٍّ طَلَبْتِ فِي هَذِهِ ٱلْجَامِعَةِ ؟

Yà ànisatì, ayyata mawàddin talabti fì hadhihi (a)l-jàmi^{c}a(ti) ?

❸ جَاءَتْ إِلَيَّ لِتَسْجِيلِ نَفْسِهَا فِي ثَلَاثِ مَوَادٍّ

Jà'at ilayya li-tasjìli nafsihà fì thalàthi mawàddin.

Exercice 2 : كَمِّلْ Kammil !

❶ Bonjour, *(ô)* madame ! – Bonjour, *(ô)* mademoiselle !
. . . . . . (a)l-khayri, . . sayyidatì ! – Sabàha . .- . . . . . , yà . . . . !

❷ Il se peut que mon père ait besoin *(il-est dans un-besoin vers)* un jour de mon frère dans son entreprise.
Qad . . . . abì fì . . . . ilà . . . . fì charikatihi . . . .

❸ Est-ce que tu as obtenu *(sur)* ce diplôme universitaire l'année dernière ?
Hal . . . . hadhihi (a)ch-chahàdati . .- . . . . fì (a)s-sanati . . - . . . . ?

❹ كَمْ سَنَةً لِدِرَاسَةِ هَذِهِ ٱلْمَادَّةِ، هُنَا ؟

Kam sanatan li-diràsati hadhihi (a)l-màdda(ti), hounà ?

❺ أَلْهَنْدَسَةُ مَادَّةٌ مَا طَلَبْنَاهَا

Al-handasatou màdda(toun) mà talabnàhà.

Corrigé de l'exercice 1

❶ (Ô) Zaynab, qu'as-tu enseigné à l'Université ? – J'ai enseigné le commerce. ❷ (Ô) Mademoiselle, quelles matières avez-vous demandées dans cette université ? ❸ Elle est venue me voir *(à-moi)* pour s'inscrire *(pour inscription elle-même)* dans trois matières. ❹ Combien d'années d'études [faut-il] pour cette matière *(pour l'étude de cette matière)*, ici ? ❺ L'ingénierie [est] une matière [que] nous n'avons pas demandée *(-elle)*.

❹ Mon frère possède une entreprise de téléphonie *(pour téléphones)* dans cette ville.
. . . . akhì charikatan . . . - . . . . fì . . . . (a)l-madìnati.

❺ Cet homme donne [à] sa fille une belle maison.
. . . . . . hadhà (a)r-rajoulou . . . . baytan . . . .

Corrigé de l'exercice 2 – Les mots manquants

❶ Sabàha صَبَاحَ – yà يَا – (a)n-noùri ٱلنُّورِ – anìsatì آنِسَتِي ❷ – yakoùnou يَكُونُ – hàjatin حَاجَةٍ – akhì أَخِي – yaouman mà يَوْمًا مَا ❸ – hasalta ʿalà حَصَلْتَ عَلَى – (a)l-jàmiʿiyyati ٱلْجَامِعِيَّةِ – (a)l-màdiyati ٱلْمَاضِيَةِ ❹ Yamlikou يَمْلِكُ – lil-hawàtifi لِلْهَوَاتِفِ – hadhihi هَذِهِ – ❺ Youʿtì يُعْطِي – bintahou بِنْتَهُ – jamìlan جَمِيلاً

Texte de l'exercice 2

1 صَبَاحَ ٱلْخَيْرِ، يَا سَيِّدَتِي ! - صَبَاحَ ٱلنُّورِ يَا آنِسَتِي !

2 قَدْ يَكُونُ أَبِي فِي حَاجَةٍ إِلَى أَخِي فِي شَرِكَتِهِ يَوْمًا مَا.

3 هَلْ حَصَلْتَ عَلَى هَذِهِ ٱلشَّهَادَةِ ٱلْجَامِعِيَّةِ فِي ٱلسَّنَةِ ٱلْمَاضِيَةِ ؟

4 يَمْلِكُ أَخِي شَرِكَةً لِلْهَوَاتِفِ فِي هَذِهِ ٱلْمَدِينَةِ

5 يُعْطِي هَذَا ٱلرَّجُلُ بِنْتَهُ بَيْتًا جَمِيلاً

• *Faisons le point en ce qui concerne les salutations :*

Marhaban مَرْحَبًا *et* ***Ahlan wa sahlan**** أَهْلاً وَسَهْلاً *sont des salutations cordiales.*

Sabàha(e)l-khayri ! ! صَبَاحَ ٱلْخَيْرِ *et* ***Sabàha an-noùri !*** ! صَبَاحَ ٱلنُّورِ *(sa réponse), sont des salutations polies.*

As-salàmou ʿalayka ! ٱلسَّلَامُ عَلَيْكَ *a une connotation plus particulièrement religieuse.*

* *Cette expression signifie littéralement "en famille et en plaine" : parce que la famille tient la première place chez les Arabes et ensuite parce que la plaine signifie la sécurité par rapport aux zones montagneuses, plus dangereuses.*

في ٱلجامعة

١ – صباح ٱلخير ،يا آنستي !
٢ – صباح ٱلنّور !
٣ جئت لتسجيل نفسي في ٱلجامعة
٤ – حسنا ! في أيّة مادّة ؟
٥ – في ٱلهندسة وٱلتّجارة
٦ – ما شاء ٱلله ! هذه مادّة لا تطلبها ٱلبنات إلاّ قليلا !
٧ – صحيح، ولكنّ أبي يملك شركة للهواتف،
٨ قد يكون في حاجة إليّ يوما ما
٩ كم سنة من ٱلدّراسة للحصول على ٱلشّهادة ٱلجامعيّة ؟
١٠ – خمس سنوات عادة، ولكن لبنات ذكيّات مثلك،
١١ فأربع سنوات تكفي !

• ***Mà chà'a Allah(ou) !*** مَا شَاءَ ٱللهُ ! *est une expression très usuelle et assez familière qui signifie* Bravo !, Ça alors !, Ben dis donc alors !

• *La* ***chahàda(t)*** شَهَادَة *est la profession de foi que l'on doit prononcer pour devenir musulman ;* ***chahàda(t)*** *a également le sens de la* mort en martyr *(**chahìd** شَهِيد).*

مَنْ طَلَبَ شَيْئًا وَجَدَهُ

Man talaba chay'an wajadahou.

qui a cherché une chose l'a trouvée

Qui cherche trouve.

39 Trente-neuvième leçon (ad-darsou at-tàsiᶜou wa ath-thalàthoùna)

At-tàlibàni ①
Les deux étudiants

L'un est arabe et l'autre français.

1 – **Hal tajidou** ② **al-loughata al-ᶜarabiyya**ta ③ **saᶜba**tan **?**
Est-ce que tu trouves difficile la langue arabe ?

2 – **Naᶜam. Fìhà kalimàtoun là touhsà** ④ **fa-ᶜindakoum, mathalan,**
Oui. Elle a *(dans-elle)* une quantité innombrable *(elle n'est pas dénombrée)* de mots et vous avez *(chez vous)*, par exemple

3 **kalima**toun **lil-jamali as-saghìri** as-**sinn**i
un mot pour le jeune chameau *(le-chameau le-petit d'âge)*

4 **wa kalima**toun **lil-jamali** al-**kabìri** as-**sinn**i**, ilà àkhirihi...**
et un mot pour le chameau adulte *(grand d'âge)*, etc. *(jusqu'à son-terme)*...

Notes

① **at-tàlibàni** أَلطَّالِبَانِ *les deux étudiants.* La terminaison **-àni** est la marque du duel pour le nom, au masculin comme au féminin. Au cas direct et indirect, la terminaison est **-ayni** أَيْنِ : **li-at-tàlibayni** *pour les deux étudiants*. Le nom **tàlib** طَالِب a deux pluriels : **talaba(t)** طَلَبَة est le plus couramment employé mais il est bon de connaître le second, **toullàb** طُلاَّب, car sur ce mot se forme un adjectif de relation (voir note 3), **toullà**

٣٩ أَلدَّرْسُ ٱلتَّاسِعُ وَٱلثَّلَاثُونَ

أَلطَّالِبَانِ

١ – هَلْ تَجِدُ ٱللُّغَةَ ٱلْعَرَبِيَّةَ صَعْبَةً ؟

٢ – نَعَمْ، فِيهَا كَلِمَاتٌ لَا تُحْصَى فَعِنْدَكُمْ مَثَلاً،

٣ كَلِمَةٌ لِلْجَمَلِ ٱلصَّغِيرِ ٱلسِّنِّ،

٤ وَكَلِمَةٌ لِلْجَمَلِ ٱلْكَبِيرِ ٱلسِّنِّ إِلَى آخِرِهِ...

▸ **biyyoun** طُلاَّبِيّ *d'étudiant, estudiantin.* Le mot "taliban" est un néologisme formé du mot arabe **t̲àlib** suivi de la désinence persane du pluriel **àn**.

② **tajidou** تَجِدُ est la 2ᵉ personne du masculin singulier du verbe **wajada** وَجَدَ à l'inaccompli, ou bien la 3ᵉ personne du féminin singulier (voir leçon 35 § 1).

③ **ᶜarab-iyya**toun عَرَبِيَّةٌ est le féminin de **ᶜarab-iyyoun** عَرَبِيٌّ *arabe.* Cet adjectif, dit "adjectif de relation" est formé sur le nom **ᶜarab** عَرَب *Arabes*, au moyen du suffixe **-iyy, iyya**t ـِيَّة – ـِيّ. Nombreux sont les adjectifs de ce type et vous en avez déjà rencontré quelques-uns (**jàmiᶜiyya**t جَامِعِيَّة *universitaire*, à la leçon 38).

④ **là touh̲s̲a** لاَ تُحْصَى *elle* (= pl. de choses) *n'est pas dénombrée* ; il s'agit d'un passif que nous étudierons plus tard. Pour le moment, retenez telle quelle cette expression.

5 **Loughatoukoum bahroun bilà sàhilin, yà akhì !**
Votre langue est une mer sans rivage, *(ô)* mon ami *(mon-frère)*

6 – **Sahihoun, walakinna al-yaouma akhadhat-i as-sayyàratou ^{c}indanà**
C'est juste, mais aujourd'hui la voiture a pris chez nous

7 **makàna al-jamali, kamà** ⑤ **ta^{c}rifou,**
la place du chameau, comme tu sais,

8 **wa kalimatoun wàhidatoun takfì ka-ismin li-as-sayyàrati !**
et un seul mot suffit pour désigner *(elle-suffit comme un-nom pour)* la voiture !

9 – **Tamàman, walakin, hounàka sayyàràtoun kabìratoun ka-sayyàrati abìka** ⑥
Parfaitement, mais il y a de grandes voitures comme celle *(la voiture)* de ton père

10 **wa oukhrà** ⑦ **saghìratoun mithla sayyàratì,**
et d'autres *(une autre)* [qui sont] petite[s] comme la mienne *(ma voiture)*,

11 **fa-hal hounàka kalimatoun khàssatoun li-koulli naou^{c}in min-a as-sayyàràti** ⑧ **?** □
alors, est-ce qu'il y a un mot spécifique pour chaque type de voiture *(pour chaque* genre [en-fait-]de les-voitures)* ?

Notes

⑤ **kama** كَمَا *comme* s'emploie devant un verbe, alors que **ka-** كَـ, qui a le même sens, est utilisé devant un nom (précédé ou non de l'article) ou le démonstratif : **ka-al-waladi** كَٱلْوَلَدِ *comme l'enfant*, **ka-hadhà al-kitàbi** كَهَذَا ٱلْكِتَابِ *comme ce livre* (revoir note 8, leçon 38).

٥ لُغَتُكُمْ بَحْرٌ بِلاَ سَاحِلٍ، يَا أَخِي !

٦ – صَحِيحٌ، وَلَكِنَّ ٱلْيَوْمَ أَخَذَتِ ٱلسَّيَّارَةُ

٧ عِنْدَنَا مَكَانَ ٱلْجَمَلِ كَمَا تَعْرِفُ

٨ وَكَلِمَةٌ وَاحِدَةٌ تَكْفِي كَإِسْمٍ لِلسَّيَّارَةِ !

٩ – تَمَامًا، وَلَكِنْ هُنَاكَ سَيَّارَاتٌ كَبِيرَةٌ كَسَيَّارَةِ أَبِيكَ

١٠ وَأُخْرَى صَغِيرَةٌ مِثْلَ سَيَّارَتِي

١١ فَهَلْ هُنَاكَ كَلِمَةٌ خَاصَّةٌ لِكُلِّ نَوْعٍ مِنَ ٱلسَّيَّارَاتِ ؟

⑥ **abì-ka** أَبِيكَ *(de) ton père*. Le mot **aboun** أَبٌ *père*, lorsqu'il est en annexion avec un nom ou un pronom affixe, porte une voyelle finale longue. On dira également **abou al-binti** أَبُو ٱلْبِنْتِ *le père de la fille*, ou **ra'aytou abàka** رَأَيْتُ أَبَاكَ *j'ai vu ton père*. Vous avez déjà rencontré **abì** أَبِي à la leçon précédente (phrase 7). Il s'agissait là du nom au cas sujet additionné du pronom affixe de la 1re personne du singulier, qui – vous le savez – fait disparaître la terminaison du nom : **abou + -ì → abì**. **Akhoun** أَخ *frère* (à la phrase 5) se comporte de la même façon.

⑦ **oukhrà** أُخْرَى est le féminin de **àkhar** آخَر *autre*.

⑧ **li-koulli naouᶜin min as-sayyàràti** لِكُلِّ نَوْعٍ مِنَ ٱلسَّيَّارَاتِ *pour chaque type de voiture* ; **koull** est suivi d'un nom singulier au cas indéterminé indirect. C'est la même construction que pour l'interrogatif **ayyoun** أَيّ (*quel*), que nous avons vu à la leçon précédente.

Exercice 1 : تَرْجِمْ Tarjim !

❶ هَلْ تَجِدُ لُغَتَنَا صَعْبَةً ؟

Hal tajidou loughatanà s̲aᶜba(tan) ?

❷ هُنَاكَ سَيَّارَتَانِ لِأَخِي فِي شَرِكَتِهِ

Hounàka sayyàratàni li-akhì fì charikatihi.

❸ يَجِدُ هَذَا ٱلطَّالِبُ ٱللُّغَةَ ٱلْعَرَبِيَّةَ صَعْبَةً قَلِيلاً

Yajidou hadhà (a)t̲-t̲àlibou (a)l-loughata (a)l-ᶜarabiyya(ta) s̲aᶜba(tan) qalìlan.

Exercice 2 : كَمِّلْ Kammil !

❶ Les deux étudiants sont entrés dans l'université.
. . . . . . (a)t̲-t̲àlibàni . . - . . . .

❷ Un seul mot pour désigner la maison ne suffit pas *(ne elle-suffit un nom un-seul comme un-nom pour-la-maison)*. Nous apprendrons *(sa- + inaccompli)* cela bientôt.
Là . . . . kalimatoun . . . . ka-ismin lil-bayti. . . - . . . . dhalika . . . .

❸ [C'est] vrai, votre langue à tous deux est une mer sans rivage !
Sah̲ìh̲(oun), ... bah̲roun . . . . !

❹ Les deux marchands s'asseyent dans la boutique de l'un d'eux *(un-eux-deux)*.
Yajlisou . . - . . . . fì . . . . ah̲adihimà.

❺ J'ai trouvé dans la langue arabe un nom pour le jeune chameau *(petit d'âge)* et un autre nom pour le chameau adulte *(grand d'âge)*.
. . . . fì (a)l-loughati . . - . . . . isman li-jamali . . - . . . . (a)s-sinni wa isman . . . . . li-jamali (a)l-kabìri . . - . . . . . .

39 **4** هَلْ هُنَاكَ كَلِمَةٌ وَاحِدَةٌ لِإِسْمِ ٱلْقِطِّ؟

Hal hounàka kalimatoun wà<u>h</u>ida(toun) li-ismi (a)l-qi<u>tt</u>(i) ?

5 فِي ٱللُّغَةِ ٱلْعَرَبِيَّةِ – كَمَا نَعْرِفُ – كَلِمَاتٌ كَثِيرَةٌ

Fì (a)l-lougha(ti) (a)l-^{c}arabiyya(ti) – kamà na^{c}rifou –, kalimàtoun kathìra(toun).

Corrigé de l'exercice 1

1 Est-ce que tu trouves notre langue difficile ? **2** Mon frère a deux voitures *(il-y-a deux-voitures pour-mon-frère)* dans sa société. **3** Cet étudiant trouve la langue arabe un peu difficile. **4** Est-ce qu'il y a un seul mot pour désigner *(pour-le-nom-du)* le chat ? **5** Dans la langue arabe, comme nous le savons,[il y a] beaucoup de mots.

أَلطَّالِبَانِ

Corrigé de l'exercice 2 – Les mots manquants

1 Dakhala دَخَلَ – (a)l-jàmi^{c}ata ٱلْجَامِعَةَ **2** – takfì تَكْفِي – wà<u>h</u>idatoun وَاحِدَةٌ – sa-nadrousou سَنَدْرُسُ – qarìban قَرِيبًا **3** – loughatoukoumà لُغَتُكُمَا – bilà sà<u>h</u>ilin بِلَا سَاحِلٍ **4** – (a)t-tàjiràni ٱلتَّاجِرَانِ – doukkàni دُكَّانِ – **5** Wajadtou وَجَدْتُ – (a)l-^{c}arabiyyati ٱلْعَرَبِيَّةِ – (a)<u>s</u>-<u>s</u>aghìri ٱلصَّغِيرِ – àkhara آخَرَ – (a)s-sinni ٱلسِّنِّ

Texte de l'exercice 2

1 دَخَلَ ٱلطَّالِبَانِ ٱلْجَامِعَةَ

2 لا تَكْفِي كَلِمَةٌ وَاحِدَةٌ كَإِسْمٍ لِلْبَيْتِ.
سَنَدْرُسُ ذٰلِكَ قَرِيبًا

3 صَحِيحٌ. لُغَتُكُمَا بَحْرٌ بِلا سَاحِلٍ !

4 يَجْلِسُ ٱلتَّاجِرَانِ فِي دُكَّانِ أَحَدِهِمَا

5 وَجَدْتُ فِي ٱللُّغَةِ ٱلْعَرَبِيَّةِ إِسْمًا لِلْجَمَلِ ٱلصَّغِيرِ
ٱلسِّنِّ وَإِسْمًا آخَرَ لِلْجَمَلِ ٱلْكَبِيرِ ٱلسِّنِّ.

La langue arabe possède un vocabulaire extrêmement riche. Il n'existe pas moins d'une cinquantaine de mots pour désigner le chameau aux différentes étapes de sa vie et selon ses caractéristiques. Il est bien certain qu'il s'agissait d'un élément essentiel de la vie du bédouin. Mais, dans bien d'autres domaines descriptif, poètique, philosophique, religieux, juridique, etc., l'arabe présente tout un choix de termes qui, d'ailleurs, seront empruntés dans une large mesure par d'autres langues, surtout par le persan et le turc ottoman.
L'arabe est une langue de "l'oralité", faite pour être dite, déclamée, avec des sonorités profondes, vibrantes et prenantes. Même le ᶜ**ayn**, *qui ressemble au blatérement du chameau et paraît très guttural à une oreille européenne, peut avoir une belle sonorité si l'ensemble de la diction est bonne.*
Pour l'oreille, un arabe moderne bien prononcé a aussi peu à voir avec un arabe dialectal que le français d'un orateur avec le parler de la rue.

أَلطّالبان

١ – هل تجد ٱللّغة ٱلعربيّة صعبة ؟
٢ – نعم، فيها كلمات لا تحصى فعندكم مثلا،
٣ كلمة للجمل ٱلصّغير ٱلسّنّ،
٤ وكلمة للجمل ٱلكبير ٱلسّنّ إلى آخره...
٥ لغتكم بحر بلا ساحل،يا أخي !
٦ – صحيح،ولكنّ ٱليوم أخذت ٱلسّيّارة
٧ عندنا مكان ٱلجمل كما تعرف
٨ وكمة واحدة تكفي للسّيّارة !
٩ – تماما، ولكن هناك سيّارات كبيرة كسيّارة أبيك
١٠ وأخرى صغيرة مثل سيّارتي
١١ فهل هناك كلمة خاصة لكلّ نوع من ٱلسّيّارات ؟

أَلسُّكُوتُ أَخُو ٱلرِّضَى

As-soukoùtou akhoù ar-ri<u>d</u>à.

le silence [est] frère du consentement

Qui ne dit mot consent.

40 Quarantième leçon (ad-darsou al-arba^{c}oùna)

Az-zaoujatou
L'épouse

1 **Kàna** as-**sayyidou** al-**Khaṯìb**ou ① **ma^{c}a zaoujatihi**
Monsieur al-Khatìb était avec sa femme

2 **fì ziyàra**tin **lil-jàmi^{c}i** al-**Azhar**i ②
en train de visiter *(dans visite pour)* la mosquée al-Azhar *(la Resplendissante)*

3 **wa houwa min aqdami** al-**jawàmi^{c}i al-islàmiyya**ti ③.
qui est une des plus anciennes mosquées du monde islamique *(et lui parmi plus-ancien* les-mosquées les-islamiques)*.

4 **Qàla** as-**sayyid**ou :
Il *(le monsieur)* a dit :

5 – **Là boudda lì min-a** ④ a**t-tafarrou**j**i** ^{c}**alà al-minbar**i
Il faut absolument que je voie le minbar *(pas d'issue pour-moi de la-contemplation sur le-minbar=la chaire à prêcher)*

Notes

① **khaṯìb** خَطِيب a deux sens complètement différents : dans ce texte, il signifie *prédicateur*, venant de **khaṯaba**, **yakhṯoubou** خَطَبَ، يَخْطُبُ *prêcher*. Mais il veut dire aussi *prétendant*, *fiancé*, de la même racine, avec le sens de *demander en mariage*. Bien qu'identiques, les deux racines sont dissociées dans le dictionnaire.

٤٠ أَلدَّرْسُ ٱلْأَرْبَعُونَ

أَلزَّوْجَةُ

١ كَانَ ٱلسَّيِّدُ ٱلْخَطِيبُ مَعَ زَوْجَتِهِ

٢ فِي زِيَارَةٍ لِلْجَامِعِ ٱلْأَزْهَرِ

٣ وَهُوَ مِنْ أَقْدَمِ ٱلْجَوَامِعِ ٱلْإِسْلَامِيَّةِ

٤ قَالَ ٱلسَّيِّدُ:

٥ – لَابُدَّ لِي مِنَ ٱلتَّفَرُّجِ عَلَى ٱلْمِنْبَرِ

② **azhar** أَزْهَر est l'élatif de l'adjectif **zàhir** زَاهِر qui signifie *brillant*. Il ne faut pas confondre **azhar** avec **azhàr** أَزْهَار, le pluriel de **zahrat** زَهْرَة *fleur*.

③ **wa houwa min aqdami al-jawàmi**ᶜ**i al-islàmiyyati**
وَهُوَ مِنْ أَقْدَمِ ٱلْجَوَامِعِ ٱلْإِسْلَامِيَّةِ *qui [est l'une des] plus anciennes mosquées islamiques* (et lui de = parmi le-plus-ancien des mosquées islamiques) : **aqdam** est l'élatif de **qadìm**, qui sert ici à exprimer un superlatif. L'élatif, comme nous l'avons déjà signalé, est dans ce cas au masculin.

④ **là boudda lì min** لَابُدَّ لِي مِن *il me faut absolument...* (il n'y a pas d'issue pour moi [hors] de...) suivi d'un nom d'action, au lieu d'un infinitif en français : cette expression vous permettra d'exprimer une obligation. Pour changer de personne, il suffit de mettre le pronom affixe voulu après **la-** *pour*. Il existe d'autres tournures, mais que vous ne pouvez pas employer pour le moment. Rappelez-vous qu'après **là**, le nom se met au cas direct, comme **là ba'sa** لَابَأْسَ *pas de mal, ça va* (leçon 29, note 7).

6 **wa-qad samiᶜtou ᶜan jamàlihi kathìran.**
car j'ai beaucoup entendu [parler] de sa beauté *(et déjà j'ai entendu de sa beauté beaucoup).*

7 – **Là boudda lì min-a** ④ **at-tasawwouqi.**
Il faut absolument que je fasse des courses *(pas d'issue pour-moi [hors]de le-shopping).*

8 **Mà ᶜindanà al-waqtou. Ta'akhkharnà** ⑤ **!**
Nous n'avons pas le temps. Nous sommes en retard *(nous-avons-tardé)* !

9 – **Yà lil-khasàrati ! Anti baᶜìdatoun ᶜan-i at-ta'rìkhi wa al-jamàli,**
Ah, quelle poisse *(ô pour la perte)* ! Tu ne t'intéresses ni à *(toi-fém. lointaine de)* l'histoire ni à la beauté,

10 **fa-là hamma laki** ⑥**, ka-jamìᶜi an-nisà'i** ⑦**,**
et, comme toutes les femmes, tu ne penses *(et-pas-de souci chez-toi comme-ensemble* les-femmes)*

11 **illà ach-chirà'ou wa badhlou an-nouqoùdi !** □
qu'à faire des achats et à dépenser de l'argent *(sauf l'achat et dépense* l'argent)* !

أَلزَّوْجَة

٦ وَقَدْ سَمِعْتُ عَنْ جَمَالِهِ كَثِيرًا

٧ – لاَبُدَّ لِي مِنَ ٱلتَّسَوُّقِ

٨ مَا عِنْدَنَا ٱلْوَقْتُ ،تَأَخَّرْنَا !

٩ – يَا لِلْخَسَارَةِ ! أَنْتِ بَعِيدَةٌ عَنِ ٱلتَّأْرِيخِ وَٱلْجَمَالِ،

١٠ فَلاَ هَمَّ لَكِ، كَجَمِيعِ ٱلنِّسَاءِ،

١١ إِلاَّ ٱلشِّرَاءُ وَبَذْلُ ٱلنُّقُودِ !

Notes

⑤ **ta'akhkharnà** تَأَخَّرْنَا *nous sommes en retard (nous nous sommes mis en retard),* est la cinquième forme (caractérisée par le préfixe **ta-** et le redoublement de la seconde consonne) d'une racine A KHa Ra, dont la forme simple est inusitée. Nous vous donnons ces précisions à titre indicatif et aussi pour vous familiariser petit à petit avec les formes dérivées. Mais pour l'instant, nous vous demandons seulement de retenir cette forme telle quelle.

⑥ **là hamma laki illà ach-chirà'ou...** لاَ هَمَّ لَكِ إِلاَّ ٱلشِّرَاءُ *tu ne penses qu'à faire des achats* (pas de souci à toi sauf l'achat). Voici encore une expression simple à utiliser, puisqu'il n'y a que le pronom à modifier suivant la personne concernée.

⑦ Le mot **nisà'** نِسَاء *femmes*, est un peu particulier, puisque c'est le pluriel d'un nom qui n'a rien à voir avec lui : **imra'at** إِمْرَأَة ou plus couramment **mar'at** مَرْأَة.

Exercice 1 : تَرْجِمْ Tarjim !

❶ لَا هَمَّ لَكَ إِلَّا زِيَارَةُ ٱلْجَوَامِعِ !

Là hamma lak(a) illà ziyàratou (a)l-jawàmi^c(i) !

❷ لَابُدَّ لِزَوْجِهَا مِنَ ٱلتَّفَرُّجِ عَلَى كُلِّ مِنْبَرٍ

Là boudda li-zaoujihà min-a (a)t-tafarrouj(i) ^{c}alà koulli minbar(in).

❸ لَيْسَ عِنْدَنَا وَقْتٌ لِزِيَارَةِ هَذِهِ ٱلْمَدِينَةِ

Laysa ^{c}indanà waqt(oun) li-ziyàrati hadhihi (a)l-madìna(ti).

❹ يُعْطِي ٱلسَّيِّدُ ٱلْخَطِيبُ زَوْجَتَهُ مَائِدَةً جَدِيدَةً

You^{c}t̲ì (a)s-sayyidou (a)l-Khat̲ìb(ou) zaoujatahou mà'idatan jadìda(tan).

Exercice 2 : كَمِّلْ Kammil !

❶ Cet hôtel est [un] des meilleur marché *(parmi les meilleur marché des hôtels)* de la ville.
Hadhà . . - . . . . min . . . . fanàdiqi* (a)l-madìnati.

❷ Il faut absolument qu'elle fasse des courses tout de suite.
Là . . . . min-a . . - . . . . faouran.

❸ Cette mosquée [est] la plus ancienne des mosquées islamiques.
. . . . . (a)l-jàmi^{c}ou . . . . - . . . . (a)l-islàmiyyati.

❹ Ah, quelle poisse ! Nous n'avons pas le temps [de faire des] *(pour les)* courses.
Yà . . - . . . . ! Mà . . . . - . . . . . . li-(a)t-tasawwouqi.

➎ أَنْتَ بَعِيدٌ عَنِ ٱلتَّسَوُّقِ وَلَكِنَّكَ قَرِيبٌ مِنْ بَذْلِ ٱلنُّقُودِ أَيْضًا

Anta ba^{c}ìdoun ^{c}an-i (a)t-tasawwouq(i) walakinnaka qarìboun min* badhli (a)n-nouqoùdi ay<u>d</u>an !

Corrigé de l'exercice 1

➊ Tu (masc.) ne penses qu'à visiter les mosquées ! ➋ Il faut absolument que son époux regarde chaque minbar. ➌ Nous n'avons pas le temps de visiter *(pour la visite de)* cette ville. ➍ Monsieur al-Khatib offre *(donne)* à sa femme une table neuve. ➎ Le shopping ne t'intéresse pas *(tu es éloigné du)*, mais tu aimes bien *(tu es proche de)* dépenser de l'argent aussi !

* **qarìboun min** قَرِيبٌ مِن *proche de*, pris au sens figuré = *enclin à, qui aime.*

➎ Comment trouves-tu le minbar de cette mosquée ?
Kayfa .... hadhà (a)l-jàmi^{c}i ?

* **fanàdiq** فَنَادِق est le pluriel de **foundouq**.

Corrigé de l'exercice 2 – Les mots manquants

➊ – (a)l-foundouqou ٱلْفُنْدُقُ – arkha<u>s</u>i أَرْخَص – ➋ – boudda lahà بُدَّ لَهَا – (a)t-ṭasawwouqi ٱلتَّسَوُّقِ – ➌ Hadhà هَذَا – aqdamou (a)l-jawàmi^{c}i أَقْدَمُ ٱلْجَوَامِع ➍ – lil-khasàrati لِلْخَسَارَةِ – ^{c}indanà (a)l-waqtou عِنْدَنَا ٱلْوَقْتُ ➎ – tajidou minbara تَجِدُ مِنْبَرَ –

40 Texte de l'exercice 2

❶ هَذَا ٱلْفُنْدُقُ مِنْ أَرْخَصِ فَنَادِقِ ٱلْمَدِينَةِ

❷ لَا بُدَّ لَهَا مِنَ ٱلتَّسَوُّقِ فَوْرًا

❸ هَذَا ٱلْجَامِعُ أَقْدَمُ ٱلْجَوَامِعِ ٱلْإِسْلَامِيَّةِ

❹ يَا لِلْخَسَارَةِ ! مَا عِنْدَنَا ٱلْوَقْتُ لِلتَّسَوُّقِ !

❺ كَيْفَ تَجِدُ مِنْبَرَ هَذَا ٱلْجَامِعِ ؟

La mosquée ***Al-Azhar*** أَلْأَزْهَر *est le monument principal de la ville fondée par les Fatimides au xe siècle :* le Caire ***(al-Qàhira(t)*** أَلْقَاهِرَة *"la victorieuse" (ou, selon une autre étymologie, "placée sous le signe de Mars", appelé* ***al-Qàhir*** أَلْقَاهِر*, dans l'astrologie arabe). Ce fut une université théologique renommée – chiite, puis sunnite –, mais où bien vite on étudia également d'autres sciences. Elle a conservé son rôle prépondérant jusqu'à nos jours, où elle est la plus importante université du monde arabe. C'est pourquoi on l'appelle généralement* ***al-jàmiʿou (a)l-achrafou*** أَلْجَامِعُ ٱلْأَشْرَف la mosquée [la] plus noble.
Dans la mosquée, il y a plusieurs éléments essentiels et constants, dont le mur de la ***qibla(t)*** قِبْلَة*, c'est-à-dire le mur qui est du côté de la Mecque, vers laquelle s'orientent toujours les fidèles pour prier. Dans ce mur se trouve une sorte de niche, marquée par une arcade reposant sur deux colonnes, le* ***mihràb*** مِحْرَاب*. Il indique la direction de la Mecque et, en général, l'imâm qui dirige la prière se place devant lui. Le vendredi, le* ***khatìb*** خَطِيب (prédicateur) *fait un prêche du haut d'une* chaire, *qui s'appelle* ***minbar*** مِنْبَر *et qui se situe toujours à droite du mihrab.*

أَلزّوجة

١ كان ٱلسّيّد ٱلخطيب مع زوجته
٢ في زيارة للجامع ٱلأزهر
٣ وهو من أقدم ٱلجوامع ٱلإسلاميّة
٤ قال ٱلسّيّد :
٥ – لابدّ لي من ٱلتّفرّج على ٱلمنبر
٦ وقد سمعت عن جماله كثيرا
٧ – لابدّ لي من ٱلتّسوّق
٨ ما عندنا ٱلوقت، تأخّرنا!
٩ – يا للخسارة ! أنت بعيدة عن ٱلتّأريخ وٱلجمال،
١٠ فلا همّ لك، كجميع ٱلنّساء،
١١ إلاّ ٱلشراء وبذل ٱلنّقود !

لِلصَّبْرِ حُدُودٌ

Li-as-sabri houdoùdoun.

à la patience des limites

La patience a des limites.

N'écoutez pas ce que dit le dicton, en arabe comme en français, et que votre patience soit illimitée ! Vous en serez bientôt récompensé.

41 Quarante et unième leçon (ad-darsou al-hàdì wa al-arbaᶜoùna)

Fì soùqi adh-dhahabi
Au marché de l'or

1 **Baᶜda zouhri al-yaoumi, dhahabat Yàsmìnatoun ilà as-soùqi al-koubrà** ①
Cet après-midi *(après midi* jour)*, Yasmina est allée au Grand Marché *(au marché la-plus-grande)*,

2 **haythou laqiyat** ② **sadìqatan lahà ismouhà Fàtimatoun**
où elle a rencontré une amie à elle [dont] le nom *(son nom)* [est] Fatima,

3 **amàma doukkàni bà'iᶜin li-adh-dhahabi, fa-qàlat :**
devant la boutique d'un marchand de [bijoux en] or et elle a dit :

4 – **Màdhà taᶜmalìna** ③ **hounà ?**
Que fais-tu ici ?

Notes

① **koubrà** كُبْرَى est l'élatif féminin de **kabìr** كَبير, le masculin étant **akbar** أكبَر. Ici, il est adjectif épithète et doit s'accorder avec le nom qui précède. **Soùq** سُوق, mot que vous connaissez bien et que, jusqu'à présent, vous aviez considéré comme masculin, peut être des deux genres. Mais le féminin a tendance à prendre le pas sur le masculin, c'est pourquoi désormais nous adopterons l'accord au féminin de ce nom.

② **laqiya, yalqà** لَقِيَ، يَلْقَى *rencontrer* est un verbe irrégulier à l'accompli, comme à l'inaccompli ; toutefois, à l'accompli,

٤١ أَلدَّرْسُ ٱلْحَادِي وَٱلْأَرْبَعُونَ

فِي سُوقِ ٱلذَّهَبِ

١ بَعْدَ ظُهْرِ ٱلْيَوْمِ، ذَهَبَتْ يَاسْمِينَةُ إِلَى ٱلسُّوقِ ٱلْكُبْرَى

٢ حَيْثُ لَقِيَتْ صَدِيقَةً لَهَا إِسْمُهَا فَاطِمَةُ

٣ أَمَامَ دُكَّانِ بَائِعٍ لِلذَّهَبِ، فَقَالَتْ:

٤ – مَاذَ تَعْمَلِينَ هُنَا ؟

‣ vous pouvez former de manière habituelle à partir de **laqiya** لَقِيَ *il a rencontré*, **laqiyat** لَقِيَتْ *elle a rencontré,* **laqiyatà** لَقِيَتَا *elles deux ont rencontré* (voir note 4). Contentez-vous pour l'instant de ces trois personnes.

③ **taᶜmalìna** تَعْمَلِينَ *tu (fém.) fais* : la terminaison de la 2ᵉ personne du féminin singulier est **-ìna** à l'accompli, avec **ta-** en préfixe. Comparez avec **taᶜmalou** تَعْمَلُ au masculin : *tu fais*.

5 **Nazarat-i as-sadìqatàni fì al-wàjihati wa dakhalatà** ④ **ad-doukkàna**
Les deux amies ont examiné *(elle-a-examiné... dans)* la vitrine et elles sont entrées (duel) dans la boutique ;

6 **wa hakadhà dhahabatà** ④ **maᶜan min doukkànin ilà doukkànin hattà al-masà'i.**
et ainsi, elles sont allées (duel) ensemble de boutique en boutique jusqu'au soir.

7 **Baᶜda roujoùᶜihimà** ⑤ **wa maᶜa-houmà akyàsoun kathìratoun fìhà mansoùjàtoun wa moujaouharàtoun**
Quand elles sont revenues *(après leur-retour-duel et)* avec *(elles-deux)* de nombreux paquets contenant *(dans-elle)* tissus et bijoux

8 **ilà bayti Yàsmìnatin, qàla lahà zaoujouhà :**
chez *(vers la-maison de)* Yasmina, le mari de celle-ci *(son mari)* a dit :

9 – **Yabdoù annakoumà** ⑥ **ᶜamiltoumà** ⑦ **bi-nachàtin, al-yaouma !**
Apparemment *(il-semble que-vous-deux)* vous avez déployé une [grande] activité *(vous-avez-travaillé avec-activité)* aujourd'hui !

Notes

④ **dakhalatà** دَخَلَتَا *elles sont entrées (toutes deux)* et **dhahabatà** ذَهَبَتَا *elles sont allées (toutes deux)* : il s'agit du duel féminin. Pour le former, il suffit d'ajouter un **à** long à la 3e personne du singulier. Mais si le verbe est suivi d'un nom au duel, il se met seulement à la 3e personne du féminin singulier : **nazarat-i as-sadìqatàni** نَظَرَتِ ٱلصَّدِيقَتَانِ *les deux amies ont regardé (toutes deux)*. C'est-à-dire que lorsque le verbe précède le sujet, il ne porte que la marque de la personne et du genre, pas du nombre.

٥ نَظَرَتِ ٱلصَّدِيقَتَانِ فِي ٱلْوَاجِهَةِ وَدَخَلَتَا ٱلدُّكَّانَ

٦ وَهٰكَذَا ذَهَبَتَا مَعًا مِن دُكَّانٍ إِلَى دُكَّانٍ حَتَّى ٱلْمَسَاءِ

٧ بَعْدَ رُجُوعِهِمَا، وَمَعَهُمَا أَكْيَاسٌ كَثِيرَةٌ فِيهَا مَنْسُوجَاتٌ وَمُجَوْهَرَاتٌ

٨ إِلَى بَيْتِ يَاسْمِينَةٍ، قَالَ لَهَا زَوْجُهَا :

٩ – يَبْدُو أَنَّكُمَا عَمِلْتُمَا بِنَشَاطٍ ٱلْيَوْمَ !

⑤ **ba^{c}da roujoù^{c}i-himà** بَعْدَ رُجُوعِهِمَا *après leur retour à toutes deux*. Le pronom affixe du duel (masculin et féminin) **-houmà** ـــهُمَا devient **-himà** ـــهِمَا après le cas indirect, nous vous le rappelons (voir leçon 37, note 2).

⑥ **yabdoù anna-koumà** يَبْدُو أَنَّكُمَا *il semble que vous deux*. Ce verbe est encore un verbe irrégulier que vous retiendrez tel quel pour le moment. Vous avez déjà rencontré le pronom **-koumà** à la leçon 37 et vous le retrouvez encore dans **bi-sababi-koumà** بِسَبَبِكُمَا *à cause de vous deux*, à la phrase 10.

⑦ **^{c}amiltoumà** عَمِلْتُمَا *vous avez travaillé (toutes/tous deux)* : à l'accompli, la terminaison du verbe au duel de 2e personne est **-toumà**, au masculin comme au féminin. On ajoute un **à** long à la terminaison de la 2e personne du pluriel. Cette terminaison de verbe est proche du pronom isolé de la même personne : **antoumà** أَنْتُمَا (déjà mentionné à la leçon 37). Retenez bien :
antoum أَنْتُم / **-toum** ـتُم → **antoumà** أَنْتُمَا / **-toumà** ـتُمَا
vous [tous] *vous deux.*

41 10 **Walakin, ghadan, bi-sababikoumà** ⑥**,**
sa-na'koulou hoummousan faqat
Mais demain, à cause de vous deux, nous [ne] mangerons que *(seulement)* des pois chiches,

11 **li'anna mihfazata an-nouqoùd**i **fàrigha**toun **!** □
parce que le porte-monnaie est vide !

Exercice 1 : تَرْجِمْ Tarjim !

❶ دَخَلَتَا ٱلدُّكَّانَ وَلَٰكِنَّهُمَا مَا وَجَدَتَا سِوَارًا لِصَدِيقَتِهِمَا

Dakhalatà (a)d-doukkàn(a), walakinnahoumà mà wajadatà siwàran li-sadìqatihimà.

❷ أَنْتُمَا نَظَرْتُمَا فِي وَاجِهَةِ ٱلدُّكَّانِ وَدَخَلْتُمَا ٱلدُّكَّانَ

Antoumà nazartoumà fì wàjihati (a)d-doukkàn(i) wa dakhaltoumà (a)d-doukkàn(a).

❸ سَنَذْهَبُ إِلَى ٱلسُّوقِ ٱلصُّغْرَى حَيْثُ سَنَجِدُ مُجَوْهَرَاتٍ رَخِيصَةً

Sa-nadhhabou ilà (a)s-soùqi (a)s-soughrà* haythou sa-najidou moujaouharàtin rakhìsa(tan).

❹ سَتَمْكُثُ هُنَا فِي ٱنْتِظَارِي حَتَّى ٱلْمَسَاءِ

Sa-tamkouthou hounà fì (i)ntizàrì hattà (a)l-masà'(i).

١٠ وَلَكِنْ، غَدًا، بِسَبَبِكُمَا، سَنَأْكُلُ حُمُّصًا فَقَطْ !

١١ لِأَنَّ مِحْفَظَةَ ٱلنُّقُودِ فَارِغَةٌ !

Le marché couvert ou souk est un ensemble de rues bordées d'échoppes, chacune de ces rues étant consacrée à un type de produit ou d'artisanat. C'est ainsi que l'on verra une rue entière aux vitrines scintillantes d'or. Les bijoux attirent les femmes des pays arabes comme de tout pays, mais de plus, pour nombre d'entre elles, les divers bijoux portés – bracelets surtout, faciles à aligner sur les poignets – constituent une part de leur fortune, qui ainsi se révèle aisément transportable !

5 كَانَتْ مِحْفَظَةُ نُقُودِي فَارِغَةً، وَلِهَذَا ٱلسَّبَبِ مَا ذَهَبْتُ إِلَى ٱلْمَطْعَمِ

Kànat mihfazatou nouqoùdi fàrigha(tan), wa li-hadhà (a)s-sabab(i) mà dhahabtou ilà (a)l-matᶜam(i).

* de **saghìr** صَغِير

Corrigé de l'exercice 1

1 Elles sont entrées toutes les deux dans la boutique, mais elles n'ont pas trouvé de *(un)* bracelet pour leur amie *(à toutes deux)*. 2 Vous *(deux)* avez examiné la vitrine de la boutique et vous êtes entré(e)s dans la boutique. 3 Nous irons au petit marché *(au marché le-plus-petit)* où nous trouverons des bijoux pas chers. 4 Tu (masc.) resteras ici à m'attendre *(dans attente-de-moi)* jusqu'au soir. 5 Mon porte-monnaie était vide et pour cette raison je ne suis pas allé au restaurant.

41 **Exercice 2 : كَمِّلْ Kammil !**

❶ Les deux femmes ont dépensé beaucoup d'argent avec énergie !
Badhalat-i . . - . . . . nouqoùdan . . . .
bi- . . . . !

❷ Le serviteur a rencontré l'une d'elles *(deux)* devant le bureau de poste.
. . . . . . (a)l-khàdimou . . . . maktabi
. . - . . . .

❸ Il semble qu'elles soient allées toutes les deux à la boutique du marchand *(vendeur)* d'or.
. . . . dhahabatà . . . doukkàni bà'iᶜi
. . . - . . . .

❹ Elles sont revenues toutes les deux du Grand Marché avec de nombreux paquets contenant *(dans-elle)* des tissus précieux.
. . . . - . (a)s-soùqi . . - . . . . - . . . .
kathìratin . . . . mansoùjàtoun . . . .

Texte de l'exercice 2

❶ بَذَلَتِ ٱلْمَرْأَتَانِ نُقُودًا كَثِيرَةً بِنَشَاطٍ!

❷ لَقِيَ ٱلْخَادِمُ إِحْدَاهُمَا أَمَامَ مَكْتَبِ ٱلْبَرِيدِ

❸ يَبْدُو أَنَّهُمَا ذَهَبَتَا إِلَى دُكَّانِ بَائِعِ ٱلذَّهَبِ

❹ رَجَعَتَا مِنَ ٱلسُّوقِ ٱلْكُبْرَى بِأَكْيَاسٍ كَثِيرَةٍ فِيهَا مَنْسُوجَاتٌ نَفِيسَةٌ

Corrigé de l'exercice 2 – Les mots manquants

❶ – (a)l-mar'atàni ٱلْمَرْأَتَان – kathìratan كَثِيرَةً – nachàṯin نَشَاطٍ ❷ Laqiya لَقِيَ – ihdàhoumà amàma إِحدَاهُمَا أَمَامَ – (a)l-barìdi ٱلْبَرِيدِ ❸ Yabdoù annahoumà يَبْدُو أَنَّهُمَا – ilà إِلَى – (a)dh-dhahabi ٱلذَّهَبِ ❹ Rajacatà min-a رَجَعَتَا مِنَ – (a)l-koubrà bi-akyàsin ٱلْكُبرَى بِأَكيَاسٍ – fìhà فِيهَا – nafìsatoun نَفِيسَةٌ

Lecture de deuxième vague

في سوق ٱلذّهب

١ بعد ظهر ٱليوم، ذهبت ياسمينة إلى ٱلسّوق ٱلكبرى

٢ حيث لقيت صديقة لها إسمها فاطمة

٣ أمام دكّان بائع للذّهب، فقالت :

٤ – ماذا تعملين هنا ؟

٥ نظرت ٱلصّديقتان في ٱلواجهة ودخلتا ٱلدّكّان

٦ وهكذا ذهبتا معا من دكّان إلى دكّان حتّى ٱلمساء

٧ بعد رجوعهما، ومعهما أكياس كثيرة فيها منسوجات ومجوهرات

٨ إلى بيت ياسمينة، قال لها زوجها :

٩ – يبدو أنّكما عملتما بنشاط أليوم !

١٠ ولكن، غدا، بسببكما، سنأكل حمّصا فقط !

١١ لأن محفظة ٱلنّقود فارغة !

لِكُلِّ جَدِيدٍ لَذَّةٌ

Li-koulli jadìdin ladhdhatoun.

pour chaque nouveau un plaisir

Tout nouveau tout beau !

---

42 Quarante-deuxième leçon (ad-darsou ath-thànì wa al-arbaᶜoùna)

مُرَاجَعَةٌ

Mouràjaᶜatoun

Révision

Dans cette série, vous avez commencé à rencontrer des verbes irréguliers. Ils sont assez nombreux, nous ne pouvons pas vous le cacher. Il convient donc de les étudier sans hâte, d'en retenir parfois certaines formes courantes par cœur sans chercher à en démonter le mécanisme et, d'autres fois au contraire, d'essayer de comprendre leur irrégularité et de rapprocher les verbes du même type. Ne vous découragez pas. Songez qu'un étranger apprenant le français pourrait aussi s'inquiéter si on lui annonçait toutes les bizarreries de l'orthographe et des accords, ainsi que les formes irrégulières de nombreux verbes ! L'arabe, mis à part ses verbes irréguliers, est facile de consiruction et rapidement utilisable. En outre, sur les treize personnes de la conjugaison – vous en connaissez maintenant onze –, vous pourrez, pour commencer, ne retenir que celles que vous estimerez les plus nécessaires. Enfin, si vous disposez d'un peu de temps, n'hésitez pas à conjuguer certains verbes à haute voix et à mettre à profit les bienfaits de la répétition !

1 La conjugaison

• Inaccompli

– La 2ᵉ du féminin singulier :

Madhà taᶜmalìna hounà ? مَاذَا تَعْمَلِينَ هُنَا ؟

Que fais-tu là ? (leçon 41)

• Accompli

Vous avez rencontré trois nouvelles personnes (sur les 13 existantes) :

– La 3ᵉ du féminin pluriel : **-na**

dhahabna ذَهَبْنَ *elles sont allées* (leçon 36, note 5)

Attention de ne pas confondre cette forme avec **dhahabnà** ذَهَبْنَا *nous sommes allé(e)s*.

– deux personnes du duel féminin: **-tà** et **-toumà**

dhahabatà ذَهَبَتَا *elles (deux) sont allées* (41)

٤٢ أَلدَّرْسُ ٱلثَّانِي وَٱلْأَرْبَعُون

ᶜamiltoumà عَمِلْتُمَا *vous (deux) avez travaillé* (41)
Cette terminaison est valable pour le masculin et le féminin.

Vous remarquez que pour ces deux formes il suffit d'ajouter un **à** long respectivement à la 3ᵉ personne du singulier du féminin et à la 2ᵉ personne du pluriel du masculin.

na<u>z</u>arat نَظَرَتْ → **na<u>z</u>aratà** نَظَرَتَا
ᶜamiltoum عَمِلْتُمْ → **ᶜamiltoumà** عَمِلْتُمَا

Il vous manque encore deux personnes à découvrir, la 2ᵉ du pluriel au féminin et le duel au masculin. Si vous avez besoin de les utiliser, reportez-vous aux tableaux de conjugaison dans les annexes. Nous vous faisons utiliser et assimiler en douceur toutes ces personnes, mais si vous en avez le temps, vous pouvez les lire à haute voix et ainsi les mémoriser plus rapidement.

• La Vᵉ forme

Vous avez rencontré :
ta'akhkharnà تَأَخَّرْنَا *nous avons pris du retard, nous sommes en retard* (leçon 40)
Vous pouvez retenir ce mot tel quel, car il dérive d'une racine commençant par **hamza**, donc plus délicate à conjuguer.
Nous vous avons signalé toutefois (dans la note 5) qu'il s'agissait d'une Vᵉ forme (à l'accompli), caractérisée par le préfixe **ta-** et le redoublement de la seconde consonne. Nous en rencontrerons d'autres exemples dans la série suivante.

• Masdars

Vous avez rencontré quelques **ma<u>s</u>dar** (noms d'action) de IIᵉ et Vᵉ formes. Vous pouvez vous contenter de les apprendre tels quels. Mais il est toutefois intéressant de les rapprocher du verbe dont ils proviennent. Ceci vous permettra de vous familiariser peu à peu avec les formes dérivées, que nous étudierons de manière approfondie plus tard. Sachez que les masdars de ces deux formes sont très nombreux.

IIe forme

tasjìl تَسْجِيل *inscription, enregistrement*	**sajjala** سَجَّلَ *inscrire, enregistrer*
taqdìm تَقْدِيم *présentation, offre*	**qaddama** قَدَّمَ *présenter, offrir*

V^{e} forme

tasawwouq تَسَوُّق *shopping*	**tasawwaqa** تَسَوَّقَ *faire son marché, faire des courses*
tafarrouj تَفَرُّج *contemplation*	**tafarraja ᶜalà** تَفَرَّجَ عَلَى *contempler*

2 Les verbes irréguliers.

Vous avez commencé à le découvrir : les verbes comportant dans leur racine un **yà'**, un **alif** ou un **wàw**, présentent généralement des irrégularités.

• À l'accompli

– **ra'à** رَأَى *voir* (leçon 36, note 4) :
Le **yà'** final est conservé devant la plupart des terminaisons et disparaît à la 3e personne du féminin devant **-t**, au duel féminin devant **-tà** et devant **-où** à la 3e personne du pluriel du masculin :

ra'aytou رَأَيْتُ *j'ai vu*	**ra'ayta** رَأَيْتَ *tu* (masc.) *as vu*	**ra'ayti** رَأَيْتِ *tu* (fém.) *as vu*
ra'aynà رَأَيْنَا *nous avons vu*	**ra'aytoum** رَأَيْتُمْ *vous* (masc.) *avez vu*	**ra'aytoumà** رَأَيْتُمَا *vous (deux) avez vu*

mais :

ra'à رَأَى *il a vu*	**ra'at** رَأَتْ *elle a vu*	**ra'atà** رَأَتَا *elles (deux) ont vu*	**ra'aou** رَأَوْا *ils ont vu*

– **jà'a** جَاءَ *venir*
En raison du **hamza** final, l'écriture de ce verbe est assez délicate. Retenez pour l'instant : **ji'tou** جِئْتُ *je suis venu(e)*, rencontré à la leçon 38, et sur ce modèle, les formes :

ji'ta جِئْتَ	**ji'ti** جِئْتِ	**ji'nà** جِئْنَا
tu es venu	*tu es venue*	*nous...*
ji'toum جِئْتُمْ	**ji'toumà** جِئْتُمَا	**ji'na** جِئْنَ
vous...	*vous deux...*	*elles...*

– **laqiya** لَقِيَ *rencontrer*
Vous pouvez former facilement **laqiyat** لَقِيَتْ, *elle a rencontré*, et **laqiyatà** لَقِيَتَا *elles (deux) ont rencontré.* Pour les autres personnes (celles dont la terminaison commence par un **t** ou un **n**), le **yà'** terminal devient un **ì** long devant la terminaison :

laqìtou	**laqìta**	**laqìti**	**laqìnà**
لَقِيتُ	لَقِيتَ	لَقِيتِ	لَقِينَا
laqìtoum	**laqìtoumà**	**laqìna**	
لَقِيتُمْ	لَقِيتُمَا	لَقِينَ	

• À l'inaccompli

– **wajada** وَجَدَ *trouver* (leçons 36, note 6 et 39, note 2) :
En ce qui concerne les verbes commençant par **wàw**, celui-ci disparaît dans la conjugaison à l'inaccompli (alors que dans les verbes réguliers, la première consonne se situe après la marque de la personne et porte un **soukoùn**) :

ajidou	أَجِدُ	*je trouve*
tajidou	تَجِدُ	*tu trouves* (masc.) ou *elle trouve*
yajidou	يَجِدُ	*il trouve*
najidou	نَجِدُ	*nous trouvons*

etc.
Comparez :

yaJiDou	yaKTouBou
yajidou يَجِدُ	**yaktoubou** *(il écrit)* يَكْتُبُ de **kataba** كَتَبَ

Le verbe **wa<u>s</u>ala** وَصَلَ *arriver* se conjuguera donc comme **wajada** : **ya<u>s</u>ilou** يَصِلُ *il arrive*, etc.

– a^c^ṯà أَعْطَى *donner* (IVe forme d'une racine non usitée ^c^aṮaYa)
Vous avez rencontré la forme : **you^c^ṯì** يُعْطِي *il donne* (leçon 36). Nous vous conseillons pour l'instant de la retenir telle quelle, comme l'impératif de ce verbe déjà vu aux leçons 30 et 32 :

a^c^ṯinì أَعْطِنِي	**a^c^ṯinà** أَعْطِنَا
donne-moi	*donne-nous*

– **kafà** كَفَى *suffire*
takfì تَكْفِي *elle suffit* (leçon 39)
Retenez aussi **yakfì** يَكْفِي *il suffit*.
À l'accompli, il se conjugue comme **ra'à** رأى, mais il est uniquement usité à la troisième personne.

– **kàna** كَانَ et **qàla** قَالَ
Le **à** long de ces deux verbes à l'accompli cache un **wàw**, qui réapparaît à l'inaccompli. Nous parlerons plus loin et avec plus de précision de ce type de verbes (leçon 56). Pour l'instant, retenez leur inaccompli :

كَانَ : يَكُونُ، أَكُونُ، تَكُونُ، تَكُونِينَ

kàna → **yakoùnou** et **akoùnou, takoùnou, takoùnìna,** *etc.*
il est *je suis,* *tu es* (masc.-fém.)

Le verbe être au présent ne se traduit généralement pas. L'inaccompli de **kàna** s'emploie souvent avec le sens d'un futur.

qad yakoùnou fì ẖàjatin ilayya قَدْ يَكُونُ فِي حَاجَة إِلَيَّ
il aura peut-être besoin de moi (peut-être il est / sera dans un besoin vers-moi) (leçon 38).

قَالَ : يَقُولُ، أَقُولُ، تَقُولُ

qàla → **yaqoùlou** et **aqoùlou, taqoùlou** etc.
il dit *je dis,* *tu dis*

3 Les pronoms personnels

Voici trois nouvelles personnes :
– **hounna / -hounna (-hinna)** هُنَّ / ـــهُنَّ / ـــهِنَّ *elles, leur, les*
inna-hounna إِنَّهُنَّ *certes-elles* (36)

– **antoumà / -koumà** ـــكُمَا / أَنْتُمَا *vous deux* (masc. et fém.) (37)

As-salàmou ᶜalaykoumà ! أَلسَّلَامُ عَلَيْكُمَا !
Bonjour [à vous deux] ! (37)

– **houmà / -houmà (-himà)** ـــهِمَا / ـــهُمَا / هُمَا *eux / elles deux, les, leur*

wa houmà fì qasri malikin. وَهُمَا فِي قَصْرِ مَلِكٍ
et ils [étaient] tous deux dans le palais d'un roi (37).

baᶜda roujoùᶜi-himà بَعْدَ رُجُوعِهِمَا
après leur retour (d'elles deux) (41)

Nous vous avons fait remarquer que, pour former le duel, il suffit de rajouter un **à** long aux deux pronoms, isolé et affixe, de la 2ᵉ et de la 3ᵉ personne du pluriel masculin (**antoum** / **-koum** → **antoumà** / **-koumà**, **houm** / **-houm** → **houmà** / **-houmà**).

4 Pluriels

• Les pluriels externes féminins en -àt ات

Ce sont les pluriels de noms féminins terminés par **tà' marboùta** ou de noms féminins par nature (**oumm**, pl. **oummahat**, *mère* – ici, avec une petite irrégularité, addition de **hà'**), mais aussi de noms masculins au singulier, comme :

mansoùj مَنْسُوج → **mansoùjàt** مَنْسُوجَات
tissu (tissé) *des tissus*(41)

Ces pluriels n'ont que deux terminaisons (flexions) pour les trois cas, qu'ils soient déterminés ou indéterminés. Nous vous l'avions signalé à la leçon 35 § 6, mais vous n'en avez rencontré un exemple que dans cette série, à la leçon 36 :

زَارَ كَرِيمٌ بَنَاتِ عَمِّهِ... مَا رَأَى ٱلْبَنَاتِ
Zàrà Karìmoun banàti ᶜammihi... Mà ra'à al-banàti.
Karim a rendu visite à ses cousines... Il n'a pas vu les [jeunes] filles (leçon 36, note 1).

42 cas suj. **al-banàtou** أَلْبَنَاتُ ; **banàtoun** بَنَاتٌ
cas dir. et ind. **al-banàti** أَلْبَنَاتِ ; **banatin** بَنَاتٍ

Il s'agit certes d'un exemple de pluriel externe féminin un peu particulier : **banàt** est le pluriel de **bint** et l'on pourrait penser que, **t** faisant apparemment partie de la racine, il s'agit d'un pluriel interne. Mais en fait, **bint** est une autre forme de **ibn-at**, le féminin de **ibn** إِبْن *fils*, et ce pluriel est classé dans les pluriels féminins externes :

ibn إِبْن → **ibnat** إِبْنَة ou **bint** بِنْت → **banàt** بَنَات
fils *fille* *fille* *filles*

– **nisà'** نِسَاء *les femmes*
Ce mot est employé comme pluriel de **imra'at** إِمْرَأَة ou plus communément **mar'at** مَرْأَة *femme*, même s'il n'y a aucun lien apparent entre les deux racines.

• Pluriels internes

De nombreux noms ayant un pluriel interne sont apparus dans les leçons de cette série. Nous en avons fait une liste en les regroupant sommairement par types. Nous vous conseillons de les relire à haute voix, singulier et pluriel, à plusieurs reprises. Cela vous aidera à mémoriser les pluriels des nouveaux mots étudiés et à vous familiariser progressivement avec les différents types de pluriel. Il faut savoir en outre que les pluriels internes quadrisyllabiques (de quatre syllabes) sont généralement diptotes (ils n'ont que deux cas **-ou** et **-a**, lorsqu'ils sont indéterminés : voir les leçons 29 et 35 § 5).

dayf	ضَيْف	→	**douyoùf**	ضُيُوف	*hôte, invité* (36)
qasr	قَصْر		**qousoùr**	قُصُور	*palais* (37)
anf	أَنْف		**ounoùf**	أُنُوف	*nez* (37)
malik	مَلِك		**mouloùk**	مُلُوك	*roi* (37)
chàbb	شَابّ		**choubbàn**	شُبَّان	*jeune homme* (36)

majlis	مَجْلِس	**majàlis** (dipt.)	مَجَالِس	*salon de réception* (37)
hàtif	هَاتِف	**hawàtif** (dipt.)	هَوَاتِف	*téléphone* (38)
sàhil	سَاحِل	**sawàhil** (dipt.)	سَوَاحِل	*rivage* (39)
jàmi^c	جَامع	**jawàmi^c** (dipt.)	جَوَامع	*mosquée principale* (40)
sana(t)	سَنَة	**sanawàt**	سَنَوَات	*année* (38)
màdda(t)	مَادَّة	**mawàdd**	مَوَادّ	*matière* (38)
naou^c	نَوْع	**anwà^c**	أَنْوَاع	*catégorie, genre, espèce* (39)
waqt	وَقْت	**aouqàt**	أَوْقَات	*temps* (40)
kìs	كِيس	**akyàs**	أَكْيَاس	*sac* (41)
hadiyya(t)	هَدِيَّة	**hadàyà**	هَدَايَا	*cadeau* (36)
ism	إِسْم	**asmà'**	أَسْمَاء	*nom* (36)
amìr	أَمِير	**oumarà'** (dipt.)	أُمَرَاء	*prince, gouverneur* (37)
chà^{c}ir	شَاعِر	**chou^{c}arà'** (dipt.)	شُعَرَاء	*poète* (37)
tàlib	طَالِب	**toullàb** et **talabat**	طُلاَّب/طَلَبَة	*étudiant* (39)
jamal	جَمَل	**jimàl**	جِمَال	*chameau* (39)

5 Le collectif

En arabe, pour un certain nombre de noms, il existe trois catégories :
– le collectif, qui est le nom générique (de la catégorie fruit, mouton, etc.) ;
– le singulier pour indiquer une unité parmi ce genre de choses : on lui ajoute un **tà' marboùta** ـة – ة ;

42 – le pluriel, qui indique un certain nombre de ces choses ou animaux. Il est en général interne.

Prenons l'exemple des mots *fruit* et *fleur*, rencontrés à la leçon 36 :

thamr	ثَمْر	*du fruit, le fruit en général*
thamrat	ثَمْرَة	*un fruit*
athmàr / thimàr	أَثْمَار/ثِمَار	*des fruits (une certaine quantité de fruits)*

zahr زَهْر	**zahrat** زَهْرَة	**azhàr** أَزْهَار
fleur (d'oranger)	*une fleur*	*des fleurs*

Dans le texte de cette leçon, le pluriel a été utilisé dans les deux cas où ces mots apparaissent, parce qu'il s'agit d'une certaine quantité de fruits et de fleurs, qu'on pourrait compter :

بَحْثًا عَن ثِمَارٍ
ba<u>h</u>than ᶜan thimàrin
en quête de fruits

بَيْنَ ٱلأَزْهَارِ
bayna al-azhàri
entre les fleurs

En revanche, on dira :
Ath-thamrou <u>t</u>ayyibou al-akli. أَلثَّمْرُ طَيِّبُ ٱلأَكْلِ
Les fruits (la catégorie "fruit") sont bons à manger (bon* le-manger).

6 Le duel

En arabe, on distingue "deux", pour lequel on utilise le duel, et "plus de deux", qui est le pluriel. Le nom, l'adjectif, le pronom et le verbe ont une forme particulière à la 2ᵉ et la 3ᵉ personne pour exprimer le duel.

Le nom et l'adjectif portent le suffixe **-àni** au cas sujet et **-ayni** aux cas direct et indirect :

a<u>t</u>-<u>t</u>àlibàn ٱلطَّالِبَان
les deux étudiants (leçon 39)

li-a<u>t</u>-<u>t</u>àlibayni لِلطَّالِبَيْن
pour les deux étudiants

Vous n'avez pas encore rencontré d'adjectifs au duel. Mais on pourrait dire, par exemple :

at-tàlibàni adh-dhakiyyàni ٱلطَّالِبَانِ ٱلذَّكِيَّانِ
les deux étudiants intelligents

En ce qui concerne le verbe et les pronoms, voir les § 1 et 3.

7 L'élatif

L'élatif est une forme dérivant d'un adjectif et signifiant "plus...". Il permet de construire aussi bien le comparatif que le superlatif. Nous ne faisons ici qu'en donner un aperçu. Nous y reviendrons. Le modèle de construction est **af^{c}al** أَفْعَل / **fou^{c}là** فُعْلَى.
L'élatif a un masculin et un féminin, mais dans certaines constructions du superlatif et du comparatif, c'est le masculin qui est employé. Et souvent, le féminin de l'adjectif n'est plus usité.
L'élatif est diptote (déterminé **-ou / -a / -i** ; indéterminé **-ou / -a / -a**).
Voici ceux que vous avez rencontrés dans les textes de cette dernière série, ainsi que quelques-uns parmi les plus courants :

		masc.		fém.	
zàhir *éclatant*	زَاهِر	**azhar** *plus éclatant(e)*	أَزْهَر		
jamìl *beau*	جَمِيل	**ajmal** *plus beau / belle*	أَجْمَل		
qadìm *ancien*	قَدِيم	**aqdam** *plus ancien(ne)*	أَقْدَم		
kabìr *grand*	كَبِير	**akbar** *plus grand*	أَكْبَر	**koubrà** *plus grande*	كُبْرَى
saghìr *petit*	صَغِير	**asghar** *plus petit*	أَصْغَر	**soughrà** *plus petite*	صُغْرَى
		àkhar *autre* (masc.)	آخَر	**oukhrà** *autre* (fém.)	أُخْرَى

Les mots qui signifient "autre" ont une forme d'élatif.

42 – Quand l'élatif est épithète, il s'accorde avec le nom en genre, mais pratiquement jamais en nombre :

ilà as-Soùqi al-Koubrà إِلَى ٱلسُّوقِ ٱلْكُبْرَى
au Grand Marché (vers le-Marché la-plus-Grande) (41)

al-jàmiʿou al-Azharou أَلْجَامِعُ ٱلأَزْهَرُ
la mosquée al-Azhar (la Resplendissante= la plus éclatante) (leçon 40)

Rappelez-vous que **soùq** est des deux genres, mais de préférence du féminin et que **jàmiʿ** est un nom masculin.

– Quand il s'agit d'un superlatif relatif (c'est-à-dire par rapport à d'autres éléments), on emploie toujours le masculin :

wa hiya ajmalou-hounna وَ هِيَ أَجْمَلُهُنَّ
et c'est la plus belle d'[entre] elles (leçon 36)

وَهُوَ مِن أَقْدَمِ ٱلْجَوَامِعِ ٱلإِسْلاَمِيَّةِ

wa houwa min aqdami al-jawàmiʿi al-islàmiyyati
et c'est une des plus anciennes mosquées islamiques
(et lui parmi plus-ancien* les-mosquées les-islamiques)(leçon 40)

8 L'adjectif de relation

À partir d'un nom, on peut souvent former un adjectif en ajoutant le suffixe **-iyyoun / -iyyatoun** (masc. / fém.) :

ʿarab *Arabes*	عَرَب	**ʿarabiyyoun** (39) *arabe* (adjectif)	عَرَبِيٌّ
t̲oullàb *étudiants (pl.)*	طُلاَّب	**t̲oullàbiyyoun** *d'étudiant, estudiantin*	طُلاَّبِيٌّ
islàm *Islam*	إِسْلاَم	**islàmiyyoun** (40) *islamique*	إِسْلاَمِيٌّ

Quand le nom se termine par **tà' marboùt̲a** ou un **hamza** après un **à** long, le suffixe se place après la dernière consonne de la racine :

jàmiʿat *université*	جَامِعَة	**jàmiʿiyyoun** (38) *universitaire*	جَامِعِيٌّ
dhakà' *intelligence*	ذَكَاء	**dhakiyyoun** (38) *intelligent*	ذَكِيٌّ

Nous ajoutons :

Faransà فَرَنْسَا *France*

faransiyyoun فَرَنْسِيٌّ *français*

9 Mots outils

• ayy / ayyat ...أَيّ/أَيَّة + nom + -in, *quel(s), quelle(s)*

Fì ayyi <u>h</u>ayyin baytouka ? فِي أَيِّ حَيٍّ بَيْتُكَ ؟

Dans quel quartier [se trouve] ta maison

Fì ayyati màddatin ? فِي أَيَّةِ مَادَّةٍ ؟

Dans quelle matière ? (leçon 38)*?*

Cet interrogatif s'emploie indifféremment devant un nom singulier ou pluriel, mais le singulier est le plus fréquent. D'autre part, on utilise souvent le masculin **ayy** أَيّ devant un nom féminin. Ce mot tend à adopter une forme invariable.

• koull كُلٌّ **+ singulier + in** *chaque*

لِكُلِّ نَوْعٍ مِنَ ٱلسَّيَّارَاتِ

li-koulli naou^cin min-a as-sayyàràti

pour chaque type de voiture (pour chaque* genre [en fait] de les voitures) (leçon 39)

• a<u>h</u>adoun أَحَدٌ **– i<u>h</u>dà** إِحْدَى **– wa<u>h</u>doun** وَحْدٌ **– wà<u>h</u>idoun** وَاحِدٌ

Ces quatre mots proviennent de la même racine W<u>H</u>D :

– **a<u>h</u>adoun** أَحَدٌ signifie *un* : vous l'avez remarqué dans la numérotation des leçons.

– **i<u>h</u>dà** إِحْدَى, *une*, est le féminin de **a<u>h</u>adoun**. Il est invariable.

i<u>h</u>dàhounna إِحْدَاهُنَّ *l'une d'elles* (leçon 36, note 2)

– **wa<u>h</u>doun** وَحْدٌ, **wa<u>h</u>datoun** وَحْدَةٌ, *seul(e), solitaire, unique.*

Il est invariable – au cas direct déterminé – lorsqu'il s'emploie additionné d'un pronom affixe, car il prend une valeur adverbiale :

wa<u>h</u>da وَحْدَ + pronom = *étant seul quant à...*

wa<u>h</u>da-hou وَحْدَهُ *[lui] seul* (seul quant à lui)

wa<u>h</u>da-hà وَحْدَهَا *[elle] seule*

wah̲dì (wah̲da + ì) وَحْدِي *[moi] seul* (leçon 37, note 3)
wah̲da-koum وَحْدَكُم *[vous] seuls*
etc.

– **wàh̲idoun** وَاحِدٌ, **wàh̲idatoun** وَاحِدَةٌ *seul(e), unique*

وَكَلِمَةٌ وَاحِدَةٌ تَكْفِي كَإِسْمٍ لِلسَّيَّارَةِ

wa kalimatoun wàh̲idatoun takfì ka-iśmin li-as-sayyàrati
et un seul mot suffit pour désigner (comme nom pour) *la voiture* (39)

• **nafs** نَفْس *âme ; soi-même*

جِئْتُ لِتَسْجِيلِ نَفْسِي فِي ٱلْجَامِعَةِ

Ji'tou li-tasjìli nafsì fì al-jàmi^{c}ati.
Je suis venue m'inscrire (pour inscription de-moi-même) *à l'université.* (leçon 38, note 2)

li-nafsika لِنَفْسِكَ *pour toi-même*

nafs joue ici, ainsi que dans la construction de certains verbes pronominaux, le rôle de réfléchi.

• **mithla** مِثْلَ **et ka-** كَـ **:** *comme*

mithla et **ka-** peuvent s'employer devant différents types de mots, mais pas toujours les mêmes :

– Ils s'emploient tous les deux devant un nom :
ka-sayyàrati abìka كَسَيَّارَةِ أَبِيكَ
comme la voiture de ton père
mithla sayyàratì مِثْلَ سَيَّارَتِي
comme ma voiture (leçon 39)

– Seul **mithla** s'emploie devant un pronom :
mithla-ki مِثْلَكِ *comme toi (fém.)* (leçon 38)

– **ka-** peut se combiner avec d'autres mots : relatif, conjonction, démonstratif :

kamà	كَمَا	*comme, de même que* (leçon 39)
kaman	كَمَنْ	*comme quelqu'un qui* (leçon 36, dicton)
kadhalika	كَذَلِكَ	*aussi, également* (comme cela)

• **qad** قَدْ

\+ accompli : *déjà*
\+ inaccompli : *il se peut que, peut-être*

قَدْ يَكُونُ فِي حَاجَة إِلَيَّ يَوْمًا مَا
Qad yakoùnou fì hàjatin ilayya yaouman mà.
Il se peut qu'il ait besoin de moi un jour (leçon 38).

10 Les mots aboun أَبٌ *père* et akhoun أَخٌ *frère*

Ces mots se terminent par une voyelle longue lorsqu'ils se trouvent en annexion avec un nom ou un pronom (leçon 39, note 6) :

كَسَيَّارَةِ أَبِيكَ
ka-sayyàrati abìka
comme la voiture de ton père (39)

أَبُو ٱلْبِنْتِ
aboù al-binti
le père de la [jeune] fille

رَأَيْتُ أَخَاكَ
ra'aytou akhàka
j'ai vu ton frère

11 Constructions diverses

• Les relatives

Cette série de leçons comporte un assez grand nombre d'exemples de traduction en arabe de divers types de relatives utilisées en français. Revoyez ces exemples en leçons 36 (note 3), 37 (note 5), 38 (note 4), 40 et 41.

• Emploi du masdar (nom d'action) pour traduire l'infinitif ou diverses subordonnées complétives

جِئْتُ لِتَسْجِيلِ نَفْسِي فِي ٱلْجَامِعَةِ
Ji'tou li-tasjìli nafsì fì al-jàmi^{c}ati.
Je suis venue pour m'inscrire (pour inscription de moi-même) *à l'université* (leçon 38).

بَحْثًا عَنْ ثِمَارٍ لِتَقْدِيمِهَا إِلَى ٱلضُّيُوفِ

bahthan ᶜan athmàrin li-taqdìmihà ilà ad-douyoûfi.
en quête de fruits à offrir (pour leur présentation) *aux invités* (leçon 36).

لاَبُدَّ لِي مِنَ ٱلتَّفَرُّجِ عَلَى ٱلْمِنْبَرِ

Là boudda lì min-a at-tafarrouji ᶜalà al-minbari ...
Il faut absolument que je regarde le minbar... (leçon 40) (pas d'issue pour moi [hors] de la contemplation sur le minbar)
Cette expression se construisant avec un **masdar** est d'un emploi facile, alors qu'en français il faut employer un subjonctif.

12 Expressions

• **là touhsà** لاَ تُحْصَى *innombrable* ([qui] n'est pas comptée) (39)

• **yabdoù anna** يَبْدُو أَنَّ *il semble / il se peut que* (41, note 6)

• **yakfì** يَكْفِي ou **hadhà yakfì** هَذَا يَكْفِي *Il suffit. Cela suffit.*

• **là boudda lì min** لاَ بُدَّ لِي مِنْ *il me faut (je dois) absolument (faire...)* (pas d'issue pour moi de...) (40, note 4).

• **là hamma laki illà...** لاَهَمَّ لَكِ إلاَّ *tu ne penses qu'à* (pas de souci pour toi[fém.] excepté) (40, note 6)

En ce qui concerne les deux dernières expressions, on peut changer de personne en changeant seulement le pronom après **la-** ou en mettant un nom après **li-** :

لاَ هَمَّ لِزَوْجَتِي إِلاَّ ٱلتَّسَوُّقُ

Là hamma li-zaoujatì illà at-tasawwouqou.
Ma femme ne pense qu'à faire du shopping (pas de souci pour ma femme excepté le shopping).

Là hamma lahà illà ach-chirà'ou. لاَهَمَّ لَهَا إِلاَّ ٱلشِّرَاءُ
Elle ne pense qu'à acheter (qu'à l'achat).

• **yaouman mà** يَوْمًا مَا *un jour (quelconque)* (38)

Exercice de révision : تَمْرِينُ مُرَاجَعَةٍ tamrìnou mouràjaᶜatin

❶ مَرَّتِ ٱلْأُخْتَانِ بِمَكْتَبِ ٱلْبَرِيدِ ،ثُمَّ ذَهَبَتَا إِلَى ٱلسُّوقِ

Marrat-i (a)l-oukhtàni bi-maktabi (a)l-barìd(i), thoumma dhahabatà ilà (a)s-soùq(i).

❷ لِشِرَاءِ ثِمَارٍ وَحَلْوَى لِتَقْدِيمِهَا إِلَى ٱلضُّيُوفِ بِمُنَاسَبَةِ عِيدِ مِيلَادِ أُمِّهِمَا

li-chirà'i thimàr(in) wa h̲alwà li-taqdìmihà ilà (a)d̲-d̲ouyoùf(i) bi-mounàsabati ᶜìdi mìlàdi oummihimà.

❸ أَمَّا ٱلْأُخْتُ ٱلصُّغْرَى فَسَوْفَ تَذْهَبُ إِلَى جَامِعَةِ ٱلْأَزْهَرِ

Ammà (a)l-oukhtou (a)s̲-s̲oughrà fa-saoufa tadhhabou ilà jàmiᶜati (a)l-Azhar(i)

❹ لِتَسْجِيلِ نَفْسِهَا فِي مَادَّةِ ٱلتِّجَارَةِ

li-tasjìli nafsihà fì màddati (a)t-tijàra(ti).

❺ بَعْدَ ذَٰلِكَ، ذَهَبَتِ ٱلْأُخْتَانِ إِلَى سُوقٍ أُخْرَى حَيْثُ لَقِيَتَا أَخَاهُمَا

Baᶜda dhalik(a), dhahabat-i (a)l-oukhtàni ilà soùqin oukhrà h̲aythou laqiyatà akhàhoumà

❻ أَمَامَ دُكَّانٍ لِبَيْعِ ٱلذَّهَبِ

amàma doukkànin li-bayᶜi (a)dh-dhahab(i)

⑦ فَقَالَ لَهُمَا: – مَا فَعَلْتُمَا هُنَا ؟

fa-qàla la-houmà : – Mà faᶜaltoumà hounà ?"

⑧ – وَجَدْنَا سِوَارًا لِصَدِيقَةٍ لَنَا إِسْمُهَا فَاطِمَةُ

– Wajadnà siwàran li-sadìqa(tin) lanà ismouhà Fàtima(toun).

⑨ – حَسَنًا ! وَلَكِنْ، يَبْدُو أَنَّ مِحْفَظَةَ ٱلنُّقُودِ فَارِغَةٌ !

– Hasanan. Walakin yabdoù anna mihfazata (a)n-nouqoùdi fàrigha(toun) !

⑩ – نَعَمْ ! لاَ بُدَّ لَنَا مِنَ ٱلرُّجُوعِ إِلَى ٱلْبَيْتِ

– Naᶜam. Là bouddá lanà min-a (a)r-roujoùᶜi ilà (a)l-bayt(i).

⑪ هَذَا يَكْفِي لِلْيَوْمِ !

Hadhà yakfì lil-yaoum(i) !

Traduction

❶ Les deux sœurs sont passées par le bureau de poste, puis elles sont allées au marché ❷ pour acheter *(l'achat)* des fruits et une pâtisserie à offrir *(pour présentation)* aux invités à l'occasion de l'anniversaire de leur mère *(à elles deux)*. ❸ Quant à la plus jeune *(petite)* sœur, elle va aller à l'Université al-Azhar ❹ pour s'inscrire *(inscription d'elle-même)* en *(dans la matière du)* Commerce. ❺ Ensuite *(après cela)*, les deux sœurs sont allées à un autre marché où elles ont rencontré leur frère *(à elles deux)* ❻ devant la boutique d'un marchand d'or *(une boutique pour la vente de l'or)* : ❼ et il leur *(à elles deux)* a dit : "Qu'avez-vous fait ici ?" ❽ – Nous avons trouvé un bracelet pour une amie à nous dont le nom est Fatima. ❾ – Bien. Mais il semble que le porte-monnaie [soit] vide ! – ❿ Oui. Il faut absolument rentrer à *(pas d'échappatoire pour nous au retour vers)* la maison. ⓫ Cela suffit pour aujourd'hui !

Vous constatez que vous pouvez lire et comprendre ce nouveau texte sans difficulté. Vous avez beaucoup progressé. Félicitations !

Et nous vous souhaitons, dans cet apprentissage de l'arabe, de ne pas mettre les deux pieds dans le même sabot !

لاَ يُجْمَعُ ٱلسَّيْفَانِ فِي غِمْدٍ

Là youjma^cou as-sayfàni fì ghimdin

ne sont pas réunis les deux sabres dans un fourreau

Il ne faut pas mettre les deux pieds dans le même sabot.

Lecture de deuxième vague

1. مرّت ٱلأختان بمكتب ٱلبريد ،ثمّ ذهبتا إلى ٱلسّوق
2. لشراء ثمار وحلوى لتقديمها إلى ٱلضّيوف بمناسبة عيد ميلاد أمّهما
3. أمّا ٱلأخت ٱلصّغرى فسوف تذهب إلى جامعة ٱلأزهر
4. لتسجيل نفسها في مادّة ٱلتّجارة
5. بعد ذلك، ذهبت ٱلأختان إلى سوق أخرى حيث لقيتا أخاهما
6. أمام دكّان لبيع ٱلذّهب
7. فقال لهما : – ما فعلتما هنا ؟
8. – وجدنا سوارا لصديقة لنا إسمها فاطمة
9. – حسنا ! ولكن، يبدو أنّ محفظة ٱلنّقود فارغة !
10. – نعم ! لابدّ لنا من ٱلرّجوع إلى ٱلبيت
11. هذا يكفي لليوم

Dans cette série, vous allez continuer à rencontrer des verbes de formes dérivées. Nous ne pouvons plus nous en passer maintenant ! Mais nous étudierons ces nouvelles formes très progressivement (deux par série de leçons) et si d'autres formes dérivées sont employées, c'est qu'il s'agira de verbes très courants. Nous vous demanderons alors de retenir seulement le verbe tel qu'il apparaît dans la leçon, sans chercher à l'analyser ni à le conjuguer. Mais vous pourrez le réemployer sous cette forme dans d'autres phrases,

43 Quarante-troisième (ad-darsou ath-thàlithou wa al-arbacoùna)

Fì ach-chàrici
Dans la rue

1 – **Oucdhournì** ①, **yà sayyidì.**
Excuse[z]-moi, monsieur.

2 **Hal tatakallamou** ② **al-loughata al-faransiyya**ta **am-i** ③ **al-inkilìziyya**ta **?**
Est-ce que vous parlez *(tu parles)* le français *(la langue française)* ou l'anglais *(l'anglaise)* ?

Notes

① **oucdhour-nì** أُعْذُرْنِي *excuse-moi* ; **ourìdou** أُرِيدُ *je veux, je voudrais* (phrase 11) ; **ouràfiqou-ka** أُرَافِقُكَ *je t'accompagne* (phrase 12). Pour l'instant, retenez telles quelles ces formes.

② **tatakallamou** تَتَكَلَّمُ *tu parles* : il s'agit de la 2e personne du singulier de l'inaccompli du verbe **takallama**, une Ve forme que nous avons commencé à évoquer dans la série précédente (leçon 40, note 5), caractérisée – nous le répétons – par le préfixe **ta-** et le redoublement de la deuxième lettre de la racine. La conju *si vous le souhaitez. Surtout, ne vous faites pas une montagne de ces formes dérivées. Dès que vous en aurez étudié quelques-unes, vous saisirez le mécanisme de tout l'ensemble. Restent les verbes irréguliers, que nous vous proposons à petite dose.*

*En ce qui concerne la prononciation, nous omettrons les voyelles finales des terminaisons du pluriel masculin et féminin (***-oùna***/***-ìna** *et* **-àt***) et les cas dans les nombres ou après* ***kam***.

٤٣ أَلدَّرْسُ ٱلثَّالِثُ وَ ٱلأَرْبَعُونَ

فِي ٱلشَّارِعِ

١ – أُعْذُرْنِي يَا سَيِّدِي !

٢ هَلْ تَتَكَلَّمُ ٱللُّغَةَ ٱلْفَرَنْسِيَّةَ أَمِ ٱلإِنْكِلِيزِيَّةَ ؟

▸ gaison ne présente aucune difficulté. Il suffit, comme pour la Ire forme, de mettre le préfixe de la personne voulue et le schéma vocalique reste le même. On aura de même : **atakallamou** أَتَكَلَّمُ *je parle* (phrase 4), **yatakallamou** يَتَكَلَّمُ *il parle* etc. **Takallama** peut s'employer avec le cas direct ou avec **bi-** ; vous avez les deux exemples dans les phrases 2 et 4. L'emploi avec **bi-** est le plus correct et, avec le cas direct, le plus courant.

③ **... al-faranṣiyyata am-i al-inkilìziyyata ?**
ٱلْفَرَنْسِيَّةَ أَمِ ٱلإِنْكِلِيزِيَّةَ *[la langue] française ou anglaise ?* : **am** أَمْ *ou, ou bien*, s'emploie dans une phrase interrogative. Dans une phrase affirmative, on utilise **aou** أَوْ (voir phrase 11). Notez la voyelle d'appui **-i** après **am** suivi de l'article. Vous connaissez déjà ce phénomène.

3 – **Là ! Darastouhoumà fì al-madrasa**ti**, walakinnì nasìtou** ④ **al-kathìra minhoumà.**
Non. Je les *(deux)* ai appris à l'école, mais les ai oubliés en grande partie *(j'ai oublié le-beaucoup d'elles-deux)*.

4 – **Idhan, saoufa atakallamou** ② **bi-al-^{c}arabiyya**ti **qalìlan.**
Alors, je vais parler en *(avec l')* arabe un peu.

5 **Ayna toùjadou** ⑤ **mahallàtoun tijàriyya**toun **fì hadhà al-hayy**i **?**
Où y a-t-il *(elle-est-trouvée = elle existe)* des magasins *(locaux commerciaux)* dans ce quartier ?

6 – **Ta'khoudhou ach-chàri**^{c}a **amàmaka wa tadoùrou** ⑥ **ilà al-yamìn**i**, thoumma ilà al-yasàr**i**,**
Vous prenez *(tu prends)* la rue [qui est] devant vous *(toi)*, *(et)* vous tournez *(tu tournes)* à *(vers la)* droite, puis à gauche

7 **fa-tasilou ilà sàhatin kabìra**tin **haythou toùjadou al-mahallàtou at-tijàriyya**tou
et *(alors)* vous arrivez *(tu arrives)* à une grande place où se trouve[nt] les magasins,

Notes

④ **nasìtou** نَسِيتُ *j'ai oublié :* accompli du verbe **nasiya**, comme **laqiya**. Vous commencez à vous habituer à ce type de verbes irréguliers.

⑤ **toùjadou** تُوجَدُ *elle se trouve (elle est trouvée)* est un passif. Nous vous le signalons, mais nous y reviendrons plus tard. Pour l'instant, retenez cette forme sans chercher à l'analyser,

٣ – لاَ! دَرَسْتُهُمَا فِي ٱلْمَدْرَسَةِ، وَلَكِنِّي نَسِيتُ ٱلْكَثِيرَ مِنْهُمَا

٤ – إِذَنْ، سَوْفَ أَتَكَلَّمُ بِٱلْعَرَبِيَّةِ قَلِيلاً

٥ أَيْنَ تُوجَدُ مَحَلاَّتٌ تِجَارِيَّةٌ فِي هَذَا ٱلْحَيِّ؟

٦ – تَأْخُذُ ٱلشَّارِعَ أَمَامَكَ وَتَدُورُ إِلَى ٱلْيَمِينِ، ثُمَّ إِلَى ٱلْيَسَارِ،

٧ فَتَصِلُ إِلَى سَاحَةٍ كَبِيرَةٍ حَيْثُ تُوجَدُ ٱلْمَحَلاَّتُ ٱلتِّجَارِيَّةُ

فِي ٱلشَّارِعِ

▸ car elle apparaît fréquemment dans la conversation. Ce verbe s'emploie pour la 3e personne du féminin et donc aussi pour un pluriel de choses, comme c'est le cas ici *(les magasins)*. S'il s'agit d'un nom masculin, vous emploierez **yoùjadou** يُوجَدُ.

⑥ **tadoùrou** تَدُورُ *tu tournes*, inaccompli du verbe **dàra**, **yadoùrou**. Il se conjugue comme **qàla**, **yaqoùlou** et **kàna**, **yakoùnou**.

43 **8** **allatî** ⑦ **ya^{c}rifou bà'i^{c}oùhà** ⑧ **al-loughata al-inkilìziyyat**a.
dont les vendeurs parlent *(laquelle il-sait ses vendeurs)* l'anglais *(la langue anglaise)*.

9 – Choukran jazìlan.
Merci beaucoup *(remerciement abondant)*.

10 – ^{c}afwan. Hal anta fî hàjatin ilà chay'in àkhara ⑨ **?**
De rien. Est-ce que vous avez besoin d'autre chose *(toi dans besoin vers une-chose autre)* ?

11 – Na^{c}am. Ourìdou ① **aydan chirà'a sahìfa**tin **aou** ③ **majalla**tin.
Oui. Je voudrais *(je veux)* aussi acheter *(achat de)* un journal ou une revue.

12 – Anta ajnabiyyoun. **Saoufa ouràfiqouk**a ①.
Tu es étranger. Je vais t'accompagner.

13 – Mamnoùnoun ! □
Merci *(reconnaissant[je suis])* !

Rappelez-vous que la langue arabe, si elle a été sacralisée par son emploi dans le Coran et, par la suite, dans les inscriptions des monuments religieux, existait bien avant l'islam. C'était à l'époque une langue d'oralité, qui trouvait sa plus belle expression dans la poésie et qui, de tout temps, a fait l'objet de joutes oratoires. Les Arabes, utilisateurs de cette langue, étaient païens, chrétiens ou juifs. Dès le temps du Prophète Mohammad, le Coran – exprimé dans une langue considérée comme inimitable – fut consigné sur des morceaux de palme ou autres supports. Ainsi fut fixé un état de langue, jugé d'une qualité remarquable, qui a été et continue d'être un modèle.

٨ اَلَّتِي يَعْرِفُ بَائِعُوهَا ٱللُّغَةَ ٱلإِنْكِلِيزِيَّةَ

٩ – شُكْرًا جَزِيلاً !

١٠ –عَفْوًا! هَلْ أَنْتَ فِي حَاجَةٍ إِلَى شَيْءٍ آخَرَ؟

١١ –نَعَمْ ! أُرِيدُ أَيْضاً شِرَاءَ صَحِيفَةٍ أَوْ مَجَلَّةٍ

١٢ –أَنْتَ أَجْنَبِيٌّ. سَوْفَ أُرَافِقُكَ

١٣ –مَمْنُونٌ !

Notes

⑦ **allatì** أَلَّتِي *laquelle* : ce mot est un relatif (féminin) qui se traduit de diverses façons en français, *qui, que, dont* ou *laquelle* (précédé d'une préposition). Il est généralement suivi d'un verbe ou d'un nom auquel est affixé un pronom qui reprend l'antécédent, comme dans cette phrase : **... al-mahallàtou at-tijàriyyatou allatì bà'iᶜoù-hà...** ... أَلْمَحَلاَّتُ ٱلتِّجَارِيَّةُ ٱلَّتِي بَائِعُوهَا... *les magasins* (laquelle = lesquels) *ses vendeurs...* ce qui équivaut à *les magasins dont les vendeurs*.

⑧ **bà'iᶜoù-hà** بَائِعُوهَا *ses vendeurs*. Quand un pluriel externe est en annexion – avec un pronom affixe ou avec un nom –, il perd le **noùn** final : **bà'iᶜoùna + hà = bà'iᶜoùhà**.

⑨ **ilà chay'in àkhara** إِلَى شَيْءٍ آخَرَ *d'autre chose*, littéralement *vers une chose autre* : rappelez-vous que **àkhar** آخَر est diptote lorsqu'il est indéterminé, c'est-à-dire qu'il n'a que les terminaisons **-ou** pour le cas sujet et **-a** pour les cas direct et indirect (voir leçon 42, § 7).

Exercice 1 : تَرْجِمْ Tarjim !

❶ أُعْذُرْنِي يَا سَيِّدِي! أَيْنَ ٱلْمَحَلَّاتُ ٱلتِّجَارِيَّةُ ٱلَّتِي يَتَكَلَّمُ بَائِعُوهَا ٱللُّغَةَ ٱلْعَرَبِيَّةَ ؟

Ou^c^dhournì, yà sayyidì ! Ayna (a)l-mahallàtou (a)t-tijàriyya(tou) (a)llatì yatakallamou bà'i^c^oùhà (a)l-loughata (a)l-^c^arabiyya(ta) ?

❷ تَأْخُذِينَ ٱلشَّارِعَ أَمَامَكِ وَتَدُورِينَ إِلَى ٱلْيَسَارِ – شُكْرًا جَزِيلاً ! – عَفْوًا !

Ta'khoudhìna (a)ch-chàri^c^a amàmaki wa tadoùrìna ilà (a)l-yasàri). – Choukran jazìlan ! – ^c^afwàn !

❸ لاَ تَتَكَلَّمُ ٱلْفَرَنْسِيَّةَ هُنَا لِأَنَّهَا أَصْعَبُ مِنَ ٱلْعَرَبِيَّةِ

Là tatakallamou (a)l-faransiyya(ta) hounà li'annahà as^c^abou* min-a (a)l-^c^arabiyya(ti).

Exercice 2 : كَمِّلْ Kammil !

❶ Nous avons oublié en grande partie *(le beaucoup de)* la langue anglaise.
Nasìnà . . - . . . . min-a (a)l-loughati . . - . . . .

❷ Je veux acheter *(l'achat)* le journal d'aujourd'hui *(du jour)*.
. . . . chirà'a . . . . (a)l-yaoumi.

❸ Nous allons vous accompagner parce que vous êtes étrangers (pluriel diptote). – Merci *([nous] reconnaissants)* !
. . . . . . nouràfiqoukoum . . . . ajànibou.
– . . . . !

43 ❹ سَنَصِلُ إِلَى سَاحَةٍ صَغِيرَةٍ حَيْثُ يُوجَدُ مَكْتَبٌ لِلْبَرِيدِ

Sa-nas̲ilou ilà sàh̲atin s̲aghìra(tin) h̲aythou yoùjadou maktaboun lil-barìd(i).

❺ نَسِيتُ ٱللُّغَةَ ٱلْفَرَنْسِيَّةَ ٱلَّتِي دَرَسْتُهَا قَبْلَ عَشْرِ سَنَوَاتٍ

Nasìtou (a)l-lougha(ta) (a)l-faransiyya(ta) (a)llatì darastouhà qabla ᶜachri sanawàt(in).

* **as̲ᶜabou** أَصْعَبُ : élatif de **s̲aᶜb** صَعْب *difficile.*

Corrigé de l'exercice 1

❶ Excuse[z]-moi, monsieur ! Où sont les magasins *(locaux commerciaux)* [dans] lesquels les vendeurs parlent la langue arabe ? ❷ Tu (fém.) prends la rue [qui est] devant toi et tu tournes à gauche. – Merci beaucoup ! – De rien ! ❸ Tu ne parles pas le français ici parce que*(-elle)* [c'est] plus difficile que *(de)* l'arabe. ❹ Nous arriverons à une petite place où se trouve un bureau de *(pour la)* poste. ❺ J'ai oublié la langue française que *(laquelle)* j'ai étudiée*(-elle)* il y a *(avant)* dix ans.

❹ Avez-vous besoin de quelque chose *(est-ce que vous dans un besoin vers une chose)* ?
Hal . . . . . . fì . . . . ilà . . . . ?

❺ Oui. Nous avons besoin d'un magasin *(lieu commercial)* de *(dans lui)* journaux.
– Naᶜam. . . . . . . fì h̲àjatin . . . mah̲allin . . . .
fìhi . . . .

Corrigé de l'exercice 2 – Les mots manquants

❶ – (a)l-kathìra ٱلْكَثِيرَ – (a)l-inkilìziyyati ٱلْإِنْكِلِيزِيَّةِ ❷ Ourìdou أُرِيدُ – sa<u>h</u>ìfati صَحِيفَةَ – ❸ Saoufa سَوْفَ – li'annakoum لِأَنَّكُمْ – Mamnoùn(oùna) مَمْنُونُونَ ❹ – antoum أَنْتُمْ – <u>h</u>àjatin حَاجَةٍ – chay'in شَيْءٍ ❺ – Na<u>h</u>nou نَحْنُ – ilà إِلَى – tijàriyyin تِجَارِيٍّ – <u>s</u>ou<u>h</u>oufoun صُحُفٌ

Texte de l'exercice 2

❶ نَسِينَا ٱلْكَثِيرَ مِنَ ٱللُّغَةِ ٱلْإِنْكِلِيزِيَّةِ

❷ أُرِيدُ شِرَاءَ صَحِيفَةِ ٱلْيَوْمِ

❸ سَوْفَ نُرَافِقُكُمْ لِأَنَّكُمْ أَجَانِبُ – مَمْنُونُونَ

❹ هَلْ أَنْتُمْ فِي حَاجَةٍ إِلَى شَيْءٍ ؟

❺ نَعَمْ، نَحْنُ فِي حَاجَةٍ إِلَى مَحَلٍّ تِجَارِيٍّ فِيهِ صُحُفٌ

في ٱلشّارع

١ – أعذرني يا سيّدي !
٢ هل تتكلّم ٱللّغة ٱلفرنسيّة أم ٱلإنكليزيّة ؟
٣ – لا ! درستهما في ٱلمدرسة، ولكنّي نسيت ٱلكثير منهما
٤ – إذن: سوف أتكلّم بٱلعربيّة قليلا
٥ أين توجد محلاّت تجاريّة في هذا ٱلحيّ ؟
٦ – تأخذ ٱلشّارع أمامك وتدور إلى ٱليمين، ثمّ إلى ٱليسار
٧ فتصل إلى ساحة كبيرة حيث توجد ٱلمحلاّت ٱلتّجاريّة
٨ ٱلّتي يعرف بائعوها ٱللّغة ٱلإنكليزيّة
٩ – شكرا جزيلا !
١٠–عفوا ! هل أنت في حاجة إلى شيء آخر ؟
١١–نعم ! أريد أيضا شراء صحيفة أو مجلّة
١٢–أنت أجنبيّ، سوف أرافقك
١٣–ممنون !

إِنَّمَا ٱلرِّجَالُ بِٱلْأَعْمَالِ

Innamà ar-rijàlou bil-a^cmàli.

certes les hommes [ne valent que] par les œuvres

À l'œuvre on voit l'ouvrier.

44 Quarante-quatrième leçon (ad-darsou ar-ràbiᶜou wa al-arbaᶜoùna)

Bintà al-mouhàmì ①
Les deux filles de l'avocat

1 – **Ahlan bi-ka ! Kayfa al-ᶜà'ilatou ?**
Bonjour *(bienvenue à-toi)* ! Comment [va] la famille ?

2 – **Koullouhoum bi-khayrin, al-hamdou li-Allahi ! Wa anta, mà akhbàrouka ?**
Tout le monde va bien *(tous-eux avec-bien),* grâce à Dieu ! Et toi, qu'est-ce que tu deviens *(quoi tes-nouvelles)* ?

3 **Mà ra'aytouka moundhou zamanin tawìlin.**
Je ne t'ai pas vu depuis longtemps *(un-temps long).*

4 – **Hasala ibnàya** ② **ᶜalà chahàdatin ᶜoulyà** ③ **fì at-tibbi**
Mes deux fils ont *(a-)* obtenu *(sur)* un diplôme supérieur en *(dans la)* médecine

Notes

① **bintà al-mouhàmì (bintàni + al-mouhàmì)** بِنْتَا ٱلْمُحَامِي (بِنْتَانِ+ آلْمُحَامِي) *les deux filles de l'avocat* : le **noùn** final de **bintàni** tombe si ce nom est en annexion. C'est la règle pour tout nom au duel. Même phénomène à la phrase 5 pour **yatazawwajàni bintay-i al-mouhàmì (bintayni** [cas direct] **+ al-mouhàmì)** يَتَزَوَّجَانِ بِنْتَيِ ٱلْمُحَامِي (بِنْتَيْنِ+ ٱلْمُحَامِي) *ils (les deux) épousent les deux filles de l'avocat.* Il s'agit du même phénomène que pour le pluriel externe (voir note 8 de la leçon précédente). Le **i** qui suit **bintay** est une voyelle d'appui.

٤٤ أَلدَّرْسُ ٱلرَّابِعُ وَٱلْأَرْبَعُون

بِنْتَا ٱلْمُحَامِي

١ – أَهْلاً بِكَ ! كَيْفَ ٱلْعَائِلَةُ ؟

٢ – كُلُّهُمْ بِخَيْرٍ، أَلْحَمْدُ لِلّٰهِ ! وَأَنْتَ، مَا أَخْبَارُكَ ؟

٣ مَا رَأَيْتُكَ مُنْذُ زَمَنٍ طَوِيلٍ

٤ – حَصَلَ إِبْنَايَ عَلَى شَهَادَةٍ عُلْيَا فِي ٱلطِّبِّ

▸ ② **ibnàya = ibnà(ni) + ì** ي + إِبْنَانِ = إِبنَايَ *mes deux fils* : le **noùn** final du duel tombe, comme nous venons de le voir à la note précédente, et quand un mot se termine par un **à** long, le **-ì** du possessif de la 1re personne du singulier s'écrit **ya** (c'est alors le même phénomène que pour **ᶜalà** : **ᶜalà + -ì = ᶜalay-ya**, voir leçon 20). De même, vous observerez, à la phrase 7, la chute du **noùn** final dans **li-ibnayka (li-ibnayni + ka)** (إِبْنَيْنِ + ـــكَ) لِإِبْنَيْكَ. Notez ces modifications, mais si cela vous semble un peu ardu, ne vous mettez pas martel en tête. Vous allez rencontrer d'autres cas de ce genre dans les prochaines leçons et vous y habituer progressivement.

③ **ᶜoulyà** عُلْيَا *supérieur(e)* : c'est l'élatif féminin de **ᶜàlin** عَالٍ *haut, élevé* (mot irrégulier, du même type que **màdin** مَاضٍ *passé*). L'élatif masculin étant **aᶜlà** أَعْلَى.

5 **wa saoufa yatazawwajàni** ④ **bintay-i al-mouhàmì** ① **al-machhoùri as-sayyìdi ^{c}Abdi al-Hamìdi al-Mansoùriyyi**
et ils vont épouser les deux filles du célèbre avocat M. Abdou al-Hamid al-Mansouri,

6 **wa houmà mouhàmiyatàni** ⑤**.**
et [toutes] deux sont avocates *(elles-deux deux-avocates)*.

7 – **Mabroùkoun ! Sa-yakoùnou li-ibnayka** ② **^{c}oursàni jamìlàni** ⑤ **fì ànin wàhidin ;**
Felicitations *(béni)* ! Il y aura *(il-sera)* pour tes deux fils deux belles noces en même temps *(dans un-seul moment)*,

8 **wa ka-'annaka darabta ^{c}ousfoùrayni** ⑤ **bi-hajarin wàhidin.**
et c'est faire d'une pierre deux coups *(et [c'est] comme-si-tu as-frappé deux-moineaux avec-une-pierre unique)*.

9 **Dahika as-sadìqàni** ⑤ **wa dhahabà** ⑥ **qà'ilayni** ⑤ **ba^{c}douhoumà lil-ba^{c}di** ⑦ **: "Ilà al-liqà'i !"** □
Les deux amis ont ri et ils se sont quittés *(sont partis-*duel*)* en [se] disant l'un à l'autre *(certain-des-deux au-certain)* : "Au revoir *(à la rencontre)* !"

Notes

④ **yatazawwajàni** يَتَزَوَّجَانِ *ils (les deux) épousent* : c'est l'inaccompli au duel du verbe de Ve forme **tazawwaja**, **yatazawwajou** تَزَوَّجَ ، يَتَزَوَّجُ (taZaWWaJa) *épouser.*

⑤ Dans cette leçon, vous avez certainement repéré les noms et adjectifs au duel, dont les terminaisons **-àni** et **-ayni** commencent à vous devenir familières : **mouhàmiyatàni** مُحَامِيَتَانِ *deux avocates* ; **^{c}ours-àni jamìl-àni** عُرْسَانِ جَمِيلَانِ *deux bel-*

٥ وَسَوْفَ يَتَزَوَّجَانِ بِنْتَيِ ٱلْمُحَامِي ٱلْمَشْهُورِ ٱلسَّيِّدِ عَبْدِ ٱلْحَمِيدِ ٱلْمَنْصُورِيِّ

٦ وَهُمَا مُحَامِيَتَانِ

٧ – مَبْرُوكٌ ! سَيَكُونُ لِإِبْنَيْكَ عُرْسَانِ جَمِيلَانِ فِي آنٍ وَاحِدٍ

٨ وَكَأَنَّكَ ضَرَبْتَ عُصْفُورَيْنِ بِحَجَرٍ وَاحِدٍ

٩ ضَحِكَ ٱلصَّدِيقَانِ وَذَهَبَا قَائِلَيْنِ بَعْضُهُمَا لِلْبَعْضِ : «إِلَى ٱللِّقَاءِ !»

▸ *les noces* (phrase 7) ; **ᶜousfoùr-ayni** عُصْفُورَيْنِ *deux moineaux* (cas direct) (phrase 8) ; **as-sadìqàni** ٱلصَّدِيقَانِ *les deux amis* **... qà'il-ayni** قَائِلَيْنِ *[les deux] disant* (phrase 9).

⑥ **dhahabà** ذَهَبَا *ils (les deux) sont allés* : duel de 3ᵉ personne (masculin) à l'accompli. C'est toujours le même principe du duel à l'accompli : on ajoute un **à** long : **dhahaba** ذَهَبَ *il est allé* → **dhahabà** ذَهَبَا *ils sont allés tous les deux.* Rappelez-vous que le pluriel (plus de deux) est **dhahaboù** ذَهَبُوا.

⑦ **baᶜdou-houmà lil-baᶜdi** بَعْضُهُمَا لِلْبَعْضِ *l'un (des deux) à l'autre* : il s'agit ici d'une expression à retenir telle quelle. Mais le sens habituel de **baᶜd** بَعْض est *un peu de, quelque*, lorsqu'il est suivi d'un nom singulier en annexion. Avec le pluriel, il signifie *certains, quelques.*

Note concernant l'écriture

li-ibnayka لِإِبْنَيْكَ *pour tes deux fils* : ne soyez pas étonné de voir deux marques de la voyelle **i** (**kasra**) sous le **làm-alif**, l'une étant pour **li-** et l'autre pour le support **alif-hamza**.

Exercice 1 : تَرْجِمْ Tarjim !

❶ تَزَوَّجَتْ أُخْتَايَ إِبْنَيِ ٱلسَّيِّدِ ٱلْمَنْصُورِيِّ

Tazawwajat oukhtàya ibnay-i (a)s-sayyidi (a)l-Mansoùriyy(i).

❷ يُعْطِي ٱلشَّابَّانِ ٱلْمُحَامِيَتَيْنِ هَدِيَّتَيْنِ نَفِيسَتَيْنِ

Youᶜt̲ì (a)ch-chàbbàni (a)l-mouh̲àmiyatayni hadiyyatayni nafìsatayni.

❸ سَيَكُونُ لِبِنْتَيْ صَدِيقِكَ عُرْسَانِ جَمِيلاَنِ فِي قَرْيَتِهِ

Sa-yakoùnou li-bintay s̲adìqik(a) ᶜoursàni jamìlàni fì qaryatihi.

Exercice 2 : كَمِّلْ Kammil !

❶ Comment [va] ta famille ? – Grâce à Dieu, tout le monde *(tout-eux)* va bien *(avec-bien)*.
Kayfa . . . . ? – Al-h̲amdou li-(A)llahi, ... bi-khayrin.

❷ Quelles *(quoi)* [sont] les *(vos)* nouvelles ? – Nous allons tous bien *(tout-nous avec bien)*, *(et)* Dieu soit loué !
Mà . . . . ? – Koullounà . . - . . . . wa (a)l-h̲amdou li-(A)llahi !

❸ Ils ont tous deux obtenu *(sur)* un diplôme supérieur en médecine.
. . . . chahàdatin . . . . . . fì . . - . . . . . .

❹ Ils n'ont pas vu *(eux deux)* leurs cousines *(les filles de leur oncle à eux deux)* depuis longtemps *(un temps long)*.
Mà . . . . . banàti . . . . moundhou zamanin . . . .

❹ ضَحِكَتِ ٱلْمُحَامِيَتَانِ ثُمَّ ذَهَبَتَا قَائِلَتَيْنِ: «إِلَى ٱللِّقَاءِ!»

D̲ah̲ikat-i (a)l-mouh̲àmiyatàni thoumma dhahabatà qà'ilatayni "Ilà (a)l-liqà'(i) !"

❺ مَتَى (يَكُونُ) ٱلْعُرْسَانِ ؟- بَعْدَ خَمْسَةِ شُهُورٍ

Matà [yakoùnou] (a)l-ᶜoursàni ? – Baᶜda khamsati chouhoùr(in).

Corrigé de l'exercice 1

❶ Mes deux sœurs ont épousé les deux fils de Monsieur al-Mansouri. ❷ Les deux jeunes gens donne[nt] [aux] *(les)* deux avocates deux cadeaux précieux. ❸ Ce seront *(il sera)* pour les deux filles de ton ami deux belles noces dans son village. ❹ Les deux avocates ont ri *(elle-a-ri)*, puis elles sont parties *(les-deux)* en disant *(disant-les-deux-*fém.*)* "Au revoir !" ❺ Quand [auront lieu] *(sera)* les deux noces ? – Dans *(après)* cinq mois.

❺ Les deux amis ont dit *(il-a-dit)* cela et ils ont ri.
. . . . dhalika . . - . . . . wa . . . .

Corrigé de l'exercice 2 – Les mots manquants

❶ – ᶜà'ilatouka عَائِلَتُكَ – koullouhoum كُلُّهُم – ❷ – akhbàroukoum أَخْبَارُكُمْ – bi-khayrin بِخَيْرٍ – ❸ H̲as̲alà ᶜalà حَصَلَا عَلَى – ᶜoulyà عُلْيَا – (a)t̲-t̲ibbi ٱلطِّبِّ ❹ – ra'ayà رَأَيَا – ᶜammihimà عَمِّهِمَا – t̲awìlin طَوِيلٍ ❺ Qàla قَالَ – (a)s̲-s̲adìqàni ٱلصَّدِيقَانِ – d̲ah̲ikà ضَحِكَا

❶ كَيْفَ عَائِلَتُكَ ؟ - أَلْحَمْدُ لِلّٰهِ ! كُلُّهُمْ بِخَيْرٍ

❷ مَا أَخْبَارُكُمْ ؟ - كُلُّنَا بِخَيْرٍ وَ ٱلْحَمْدُ لِلّٰهِ !

❸ حَصَلاَ عَلَى شَهَادَةٍ عُلْيَا فِي ٱلطِّبِّ

❹ مَا رَأَيَا بَنَاتِ عَمِّهِمَا مُنْذُ زَمَنٍ طَوِيلٍ

❺ قَالَ ذَلِكَ ٱلصَّدِيقَانِ وَ ضَحِكَا

^{c}Abdou (a)l-Hamìdi (a)l-Mansoùrì عَبْدُ ٱلْحَمِيدِ ٱلْمَنْصُورِيّ : ***^{c}abdou (a)l-Hamìdi*** عَبْدُ ٱلْحَمِيدِ *signifie* esclave *ou* serviteur du Très Loué – *il s'agit d'un des quatre-vingt-dix-neuf attributs de Dieu ;* ***mansoùr*** *veut dire* victorieux *(assisté de Dieu) et* ***mansoùriyy*** *signifie littéralement* rattaché à Victorieux.

Le nom peut – sur le modèle occidental –, être composé simplement d'un prénom et d'un nom de famille, par exemple **Jamàl Tàhir** .

Mais le nom arabe traditionnel est assez complexe : il peut se composer du prénom, ***ism*** إِسْم*, de la filiation,* ***nasab*** نَسَب*, de l'origine géographique (ou rattachement à un nom)* ***nisba(t)*** نِسْبَة*, et du surnom ou sobriquet,* ***laqab*** لَقَب*, qui désigne aussi le nom de famille. Dans certains pays comme au Liban, le mot* ***chouhra(t)*** شُهْرَة (renom, célébrité) *remplace le mot* ***laqab*** *pour signifier "nom de famille". Voici un exemple avec toutes ses composantes :*

ٱلْخَطَّاط	ٱلْبَغْدَادِي	بن / إِبْن رَشِيد	حَسَن
al-Hattàt	**/ al-Baghdàdì**	**/ ibn/ben Rachìd**	**/ Hasan**
laqab	***/ nisba(t)***	***/ nasab***	***/ ism***
le calligraphe	*/ de Bagdad*	*/ fils de Rachid*	*/ Hassan*

Lecture de deuxième vague — 44

بنتا ٱلمحامي

١ – أهلا بك ! كيف ٱلعائلة ؟

٢ – كلهم بخير، ألحمد لله ! وأنت، ما أخبارك ؟

٣ ما رأيتك منذ زمن طويل

٤ – حصل إبناي على شهادة عليا في ٱلطّبّ

٥ وسوف يتزوّجان بنتي ٱلمحامي ٱلمشهور ٱلسّيّد عبد ٱلحميد ٱلمنصوريّ

٦ وهما محاميتان

٧ – مبروك ! سيكون لإبنيك عرسان جميلان في آن واحد

٨ وكأنّك ضربت عصفورين بحجر واحد

٩ ضحك ٱلصّديقان وذهبا قائلين بعضهما للبعض : «إلى اللقاء !»

Dans la vie courante, on a plutôt tendance à désigner les personnes en tant que père ou mère du premier né, ce qui est une marque de politesse : ***Aboù Farìd*** أبُو فَرِيد père de Farid, ***Ommou Hasan*** أُمّ حَسَن mère de Hassan. *C'est la* ***kounya(t)*** كُنْيَة. *Parfois, on remplace le nom de l'enfant par un nom abstrait, ce qui constitue une sorte de surnom, comme :* ***Aboù (a)l-ᶜAlà*** أبُو ٱلعَلاء père de l'Élévation, *ou* ***Aboù (a)l-Fadl*** أبُو ٱلفَضْل père du Mérite, *etc.*

45 Quarante-cinquième leçon (ad-darsou al-khàmisou wa al-arbacoùna)

Dans cette leçon, ainsi que la suivante, vous allez rencontrer beaucoup de vocabulaire, puisqu'il s'agit d'une évocation de la vie animée de la fameuse place de Marrakech. Naturellement, vous ne pourrez retenir immédiatement tous les mots nouveaux, mais vous y puiserez ceux qui vous intéressent pour l'instant. Efforcez-vous surtout de retenir les nouvelles formes verbales, parce qu'elles vont vous être utiles dès maintenant.

Jàmicou al-Fanà'i fì Mourràkouch
La [place] Jemaa el-Fna à Marrakech

1 **Moundhou a<u>s</u>-<u>s</u>abà<u>h</u>i, yatajammacou** ① **an-nàs**ou
Dès le matin, les gens se réunissent *(il-se-réunit)*

2 **li-at-tafarrouji calà anwàcin moukhtalifa**tin **min-a an-nachà<u>t</u>àt**i
pour regarder toutes sortes d'activités *(pour la contemplation sur des sortes différentes de=parmi les activités)*.

3 – **Tacàla** ② **! Sa-nouchàhidou** ③ **al-<u>h</u>ouwàta !**
Viens ! Nous allons regarder les charmeurs de serpents !

4 – **Ismac** ④ **kalàma hadhà** ar-**rajouli :**
Écoute ce que dit *(le langage de)* cet homme :

Notes

① **yatajammacou** يَتَجَمَّعُ *il se rassemble*, inaccompli de **tajammaca** تَجَمَّعَ, V^e forme de **jamaca** جَمَعَ *rassembler, réunir* ; c'est la forme réfléchie de la IIe **jammaca** جَمَّعَ, signifiant *assembler*. À la phrase 9, c'est une IIe forme que vous rencontrez : **youra-qqi<u>s</u>ou** يُرَقِّصُ *il fait danser*, inaccompli de **raqqa<u>s</u>a**, du verbe simple **raqa<u>s</u>a** رَقَصَ *danser* ; **raq<u>s</u>** رَقْص étant la *danse*. Peu à

٤٥ أَلدَّرْسُ ٱلْخَامِسُ وَٱلْأَرْبَعُون

جَامِعُ ٱلْفَنَاءِ فِي مُرَّاكُش

١ مُنْذُ ٱلصَّبَاحِ، يَتَجَمَّعُ ٱلنَّاسُ

٢ لِلتَّفَرُّجِ عَلَى أَنْوَاعٍ مُخْتَلِفَةٍ مِنَ ٱلنَّشَاطَاتِ

٣ – تَعَالَ ! سَنُشَاهِدُ ٱلْحُوَاةَ !

٤ – إِسْمَعْ كَلَامَ هَذَا ٱلرَّجُلِ :

▸ peu, vous allez vous familiariser avec les formes dérivées II et V, qui vont de pair.

② **ta**c**àla ! !** تَعَالَ *viens !* Apprenez tel quel cet impératif, que vous aurez souvent l'occasion d'utiliser.

③ **nouchàhidou** نُشَاهِدُ *nous assistons à, nous voyons* : il s'agit d'une forme dérivée (III) de la racine **chahida, yachhadou** شَهِدَ، يَشْهَدُ qui veut dire *voir, être témoin de, assister à.* Nous verrons plus tard la valeur de la IIIe forme.

④ **isma**c **! !** إِسْمَعْ *entends, écoute !* L'impératif du verbe **sami**c**a, yasma**c**ou** سَمِعَ، يَسْمَعُ *entendre, écouter* se construit en remplaçant le préfixe **ya-** de l'inaccompli par un **i** (porté par un **hamza**) et en gardant la voyelle médiane de l'inaccompli. La dernière consonne porte un **soukoùn** : **ya-sma**c**-ou** يَسْمَعُ → **i-sma**c إِسْمَعْ **!**
En ce qui concerne les verbes qui ont à l'inaccompli **ou** pour voyelle médiane, on remplace le préfixe **ya-** par **ou**, en gardant la voyelle médiane **ou** : c'est le cas de **ounzour ! !** أُنْظُرْ *regarde !* (phrase 9), du verbe **nazara, yanzourou** نَظَرَ، يَنْظُرُ (**ya-nzour-ou** → **ou-nzour !**).

5 – **Ayyouhà** ⑤ **as-sàda**tou ! **^{c}indì lakoum iksìroun rà'i^c**oun
(Ô) messieurs ! J'ai pour vous un élixir extraordinaire ;

6 **tachraboùnahou** ⑥ **wa tarfa^{c}oùna** ⑥ **al-jibàla ba^{c}da chourbihi !**
vous le buvez et vous soulevez des *(les)* montagnes après cela *(après son-absorption)* !

7 **Yà sayyidàtì ! Hadhà douhnoun mou^{c}jiz**oun
(Ô) mesdames ! Voici *(celui-ci)* une pommade miraculeuse

8 **sa-ya^{c}oùdou ilaykounna** ⑦ **bi-wàsitatihi ach-chabàb**ou **!**
qui vous rendra votre jeunesse *(il-reviendra vers-vous au-moyen-lui la jeunesse)* !

9 – **Ounzour** ④ **ilà hadhà ar-rajoul**i **kayfa youraqqisou** ① **hadhà al-qirda as-saghìr**a **!**
Regarde comment cet homme *(regarde vers cet homme comme il-)* fait danser ce petit singe !

10 **A^{c}ti al-qirda qoubla**tan, **sa-takoùnou mahzoùzan !** □
Donne au *(le)* singe un baiser, cela te portera bonheur *(tu-seras un-chanceux)* !

Notes

⑤ **ayyouhà** أَيُّهَا *ô* est invariable comme **yà... !** et s'emploie devant un nom singulier ou pluriel. Par rapport à **yà... !**, cette forme est un peu emphatique.

⑥ **tachraboùna** تَشْرَبُونَ *vous buvez* : 2e personne du pluriel (masculin) à l'inaccompli de **chariba, yachrabou** شَرِبَ، يَشْرَبُ.

٥ – أَيُّهَا ٱلسَّادَةُ ! عِنْدِي لَكُمْ إِكْسِيرٌ رَائِعٌ
٦ تَشْرَبُونَهُ وَتَرْفَعُونَ ٱلْجِبَالَ بَعْدَ شُرْبِهِ !
٧ يَا سَيِّدَاتِي ! هَذَا دُهْنٌ مُعْجِزٌ
٨ سَيَعُودُ إِلَيْكُنَّ بِوَاسِطَتِهِ ٱلشَّبَابُ !
٩ – أُنْظُرْ إِلَى هَذَا ٱلرَّجُلِ كَيْفَ يُرَقِّصُ هَذَا ٱلْقِرْدَ ٱلصَّغِيرَ !
١٠ أَعْطِ ٱلْقِرْدَ قُبْلَةً سَتَكُونُ مَحْظُوظًا

▸ De même **tarfa^{c}oùna** تَرْفَعُونَ *vous soulevez*, du verbe **rafa^{c}a, yarfa^{c}ou** رَفَعَ، يَرْفَعُ.

⑦ **ilay-kounna** إِلَيْكُنَّ *vers vous* (fém.) ; le pronom affixe **-kounna** est proche du suffixe de la deuxième personne du féminin pluriel de l'accompli **-tounna** : **katab-tounna** كَتَبْتُنَّ *vous* (fém.) *avez écrit*. Le pronom isolé correspondant est **antounna** أَنْتُنَّ.

Exercice 1 : تَرْجِمْ Tarjim !

1 مُنْذُ ٱلصَّبَاحِ، يَذْهَبُ ٱلنَّاسُ إِلَى ٱلسَّاحَةِ ٱلْكُبْرَى وَيَتَجَمَّعُونَ فِي وَسَطِهَا

Moundhou (a)s̲-s̲abàh̲(i), yadhhabou (a)n-nàsou ilà (a)s-sàh̲ati (a)l-koubrà wa yatajamma^{c}oùna fì wasat̲ihà.

2 هُنَا ٱلْكَثِيرُ مِنَ ٱلنَّشَاطَاتِ ٱلْمُخْتَلِفَةِ ٱلَّتِي لَا نَجِدُهَا فِي أَمَاكِنَ أُخْرَى

Houna (a)l-kathìrou min-a (a)n-nachàt̲àti (a)l-moukhtalifa(ti) (a)llatì là najidouhà fì amàkina oukhrà.

3 هَذِهِ مَدِينَةُ مُرَّاكُش ٱلَّتِي سَاحَتُهَا مَشْهُورَةٌ جِدًّا

Hadhihi madìnatou Mourràkouch (a)llatì sàh̲atouhà machhoùra(toun) jiddan.

4 أُنْظُرْ، يَا عُثْمَانُ، إِلَى هَذَا ٱلْإِكْسِيرِ: تَشْرَبُهُ وَتَرْفَعُ بِوَاسِطَتِهِ ٱلْجِبَالَ !

Ounz̲our, yà ^{c}Outhmàn, ilà hadhà (a)l-iksìr(i) : tachrabouhou wa tarfa^{c}ou bi-wàsit̲atihi (a)l-jibàl(a) !

5 يَذْهَبُونَ إِلَى جَامِعِ ٱلْفَنَاءِ وَيَتَفَرَّجُونَ عَلَى ٱلنَّشَاطَاتِ كُلِّهَا مِنَ ٱلصُّبْحِ إِلَى ٱلْمَسَاءِ

Yadhhaboùna ilà Jàmi^{c}i (a)l-Fana'(i) wa yatafarrajoùna ^{c}alà (a)n-nachàt̲àti koullihà min-a (a)s̲-s̲oubh̲i ilà (a)l-masà'(i).

Corrigé de l'exercice 1

❶ Dès le matin, les gens vont *(il-va)* à la Grand'Place et se rassemblent en son milieu. ❷ [Il y a] ici *(le)* beaucoup d'activités différentes que nous ne trouvons pas ailleurs *(dans des endroits autres)*. ❸ Voici la ville de Marrakech dont la place *(laquelle sa place)* est très célèbre. ❹ Regarde, *(ô)* Othman, *(vers)* cet élixir : tu en *(le)* bois et, grâce à lui *(au moyen de lui)*, tu soulèves des *(les)* montagnes ! ❺ Ils vont à la [Place] Jema^c al-F'na et ils regardent *(sur)* toutes les animations *(activités)* depuis *(de)* le matin jusqu'au *(vers)* soir.

L'emplacement où fut fondée Marrakech était, selon la légende, un lieu infesté de serpents et de brigands, où il ne faisait pas bon s'attarder. D'où son nom en dialectal : **mourra kouch** *qui signifie* passe vite !
La ville, fut fondée et élevée au rang de capitale par la dynastie d'origine berbère des Almoravides, en 1062.
La place **Jemaa el-Fna** *(en dialectal marocain) est un lieu emblématique de la vie populaire marocaine. Il dut y avoir autrefois une mosquée devant laquelle on exposait les têtes des hommes exécutés, d'où son nom, que l'on doit lire en arabe classique* **Jàmi^cou (a)l-Fanà'i** جَامِعُ ٱلْفَنَاءِ, *c'est-à-dire* la mosquée de l'anéantissement. *Cette place est le théâtre d'une activité grouillante de vie toute la journée et surtout le soir, jusque tard dans la nuit. On peut y contempler toutes sortes de spectacles – entre autres les danses endiablées et extatiques de la confrérie des Gnàoua –, participer à des jeux, s'y restaurer... Marocains et touristes s'y mêlent dans une joyeuse ambiance. Il semble que la vie moderne n'ait aucune prise sur ce lieu magique qui nous transporte des siècles en arrière.*
La superstition veut que si l'on embrasse un des petits singes que l'on montre sur la place Jemaa el-Fna, cela vous portera bonheur tout au long de la journée. C'est "le baiser de la chance".

لِكُلِّ دَاءٍ دَوَاءٌ

Li-koulli dà'in ḍawà'oun.
à chaque mal un remède
Tout mal a son remède.

Exercice 2 : كَمِّلْ Kammil !

1. *(Ô)* Zayd, écoute ce que dit *(les propos de)* ce marchand *(vendeur)* de halva.
   Yà Zayd(ou) ! .... hadhà ..-...... lil-ḥalwà.

2. *(Ô)* mesdames ! La jeunesse vous reviendra *(vers vous)* au moyen de cette pommade miraculeuse.
   Yà . ...! Sa-yaᶜoùdou .... (a)ch-chabàbou ..-........ hadha (a)d-douhni ..-. ....

3. *(Ô)* Hassan ! Regarde *(vers)* ce charmeur de serpents ! – Non, je ne veux pas !
   Yà Hasan(ou) ! .... ilà hadhà ..-.....! – Là, ...!

4. *(Ô)* Zayd ! Donne-moi un baiser et donne-lui un baiser [à elle] aussi.
   Yà Zayd(ou) ! Aᶜṯinì .... wa ...... qoublatan ....

5. J'ai pour toi une chose qui te rendra *(tu seras au moyen-de-lui)* chanceuse.
   ᶜindì .... sa-takoùnìna bi-wàsiṯatihi ....

❖❖❖❖

Lecture de deuxième vague

جامع ٱلفناء في مرّاكش

١ منذ ٱلصّباح، يتجمّع ٱلنّاس

٢ للتّفرّج على أنواع مختلفة من ٱلنّشاطات

٣ – تعال سنشاهد ٱلحواة !

٤ – إسمع كلام هذا ٱلرّجل :

Corrigé de l'exercice 2 – Les mots manquants

❶ – Isma^c kalàma إِسْمَعْ كَلاَمَ – (a)l-bà'i^{c}i ٱلْبَائِعِ – ❷ – sayyidàtì سَيِّدَاتِي – ilaykounna إِلَيْكُنَّ – bi-wàsitati بِوَاسِطَةِ – (a)l-mou^{c}jizi ٱلْمُعْجِزِ ❸ – Ounzour أُنْظُرْ – (a)l-hàwì ٱلْحَاوِي – là curìdou لاَ أُرِيدُ ❹ – qoublatan قُبْلَةً – a^{c}tihà أَعْطِهَا – aydan أَيْضًا ❺ – aki chay'oun لَكِ شَيْءٌ – mahzoùzatan مَحْظُوظَةً

Texte de l'exercice 2

❶ يَا زَيْدُ ! إِسْمَعْ كَلاَمَ هَذَا ٱلْبَائِعِ لِلْحَلْوَى

❷ يَا سَيِّدَاتِي ! سَيَعُودُ إِلَيْكُنَّ ٱلشَّبَابُ بِوَاسِطَةِ هَذَا ٱلدُّهْنِ ٱلْمُعْجِزِ

❸ يَا حَسَنُ ! أُنْظُرْ إِلَى هَذَا ٱلْحَاوِي ! – لاَ، لاَ أُرِيدُ !

❹ يَا زَيْدُ ! أَعْطِنِي قُبْلَةً وَأَعْطِهَا قُبْلَةً أَيْضًا

❺ عِنْدِي لَكِ شَيْءٌ سَتَكُونِينَ بِوَاسِطَتِهِ مَحْظُوظَةً

٥ – أيّها ٱلسّادة ! عندي لكم إكسير رائع

٦ تشربونه وترفعون ٱلجبال بعد شربه !

٧ يا سيّداتي ! هذا دهن معجز

٨ سيعود إليكنّ بواسطته ٱلشّباب

٩ – أُنظر إلى هذا ٱلرّجل كيف يرقّص هذا ٱلقرد ٱلصّغير !

١٠ أعط ٱلقرد قبلة ستكون محظوظا !

46 Quarante-sixième leçon (ad-darsou as-sàdisou wa al-arba^coùna)

Mourràkouch (tàbic**ou** an-na**<u>ss</u>**i) ①
Marrakech (suite du texte)

1 **Moundhou** al-fajri **wa <u>h</u>attà mountaṣafi** al-layli,
Depuis l'aube et jusqu'au milieu de la nuit,

2 **yabqà** ② a**n-nachà<u>t</u>ou moustamirran** ③ **fì hadhihi as-sà<u>h</u>ati al-machhoùra**ti **ᶜàlamiyyan**
l'animation *(l'activité)* est *(reste)* constante sur cette place célèbre dans le monde entier *(mondialement)*,

3 **<u>h</u>aythou youmkinou** ④ **chourbou chày**in **bi-**an-**na**ᶜ**nà**ᶜi
où il est possible de boire *(le-fait-de-boire)* du thé à *(avec)* la menthe

4 **wa** ᶜ**a<u>s</u>ìri bourtouqàl**in **mouthallaj**in
et du *(un)* jus d'orange glacé

Notes

① **tàbi**ᶜ**ou an-na<u>ss</u>i** تَابِعُ ٱلنَّصِّ *suite du texte* est plus explicite, mais on peut très bien ne mettre que **(tàbi**ᶜ**ou)**, comme en français *(suite)*. Ce mot est le participe actif du verbe **tabi**ᶜ**a, yatba**ᶜ**ou** تَبِعَ، يَتْبَعُ *suivre.*

② **yabqà** يَبْقَى est l'inaccompli du verbe **baqiya** بَقِيَ *rester.* Il se conjugue comme les verbes **laqiya, yalqà** لَقِيَ، يَلْقَى *rencontrer* et **nasiya, yansà** نَسِيَ، يَنْسَى *oublier*, que vous avez déjà rencontrés à l'accompli.

③ **yabqà an-nachà<u>t</u>ou moustamirran** يَبْقَى ٱلنَّشَاطُ مُسْتَمِرًّا *l'activité reste constante* : l'adjectif attribut est au cas direct, comme après **kàna** كَانَ.

٤٦ أَلدَّرْسُ ٱلسَّادِسُ وَٱلْأَرْبَعُونَ

مُرَّاكُش (تَابِعُ ٱلنَّصِّ)

١ مُنْذُ ٱلْفَجْرِ وَحَتَّى مُنْتَصَفِ ٱللَّيْلِ

٢ يَبْقَى ٱلنَّشَاطُ مُسْتَمِرًّا فِي هَٰذِهِ ٱلسَّاحَةِ ٱلْمَشْهُورَةِ عَالَمِيًّا

٣ حَيْثُ يُمْكِنُ شُرْبُ شَايٍ بِٱلنَّعْنَاعِ

٤ وَعَصِيرِ بُرْتُقَالٍ مُثَلَّجٍ

يَبْقَى ٱلنَّشَاطُ مُسْتَمِرًّا مُنْذُ ٱلْفَجْرِ إِلَى ٱللَّيْلِ

④ **youmkinou** يُمْكِنُ *il est possible.* Ce verbe est une IVe forme, que nous n'étudierons que dans la série suivante. Mais il peut vous être utile dès maintenant. Toutefois, vous ne pourrez l'employer que suivi d'un **maṣdar**, comme dans ce texte : **youmkinou chourbou chàyin... wa aklou laouzin** يُمْكِنُ شُرْبُ شَايٍ... وَ أَكْلُ لَوْزٍ *il est possible de boire du thé et de manger des amandes* (il est possible "le-boire" de thé et "le-manger" d'amandes).

46

5 **wa ka-dhalika aklou** ④ **laouz**in **wa foustouq**in **mouhammas**in.
et aussi *(comme-cela)* de manger *(le-fait-de-manger)* des amandes et des pistaches grillées.

6 **Wa bil-qourbi min saoumaᶜati** al-**Koutoubiyya**ti, **fì daou'i siràj**in,
(Et) à proximité du minaret de la Koutoubia, à *(dans)* la lueur d'une torche,

7 **yoùjadou qàss**oun **yahkì** ⑤ **lil-joumhoùr**i **hikàyàtin mouchawwiqa**tan ⑥
se trouve un conteur [qui] raconte à *(pour)* la foule *(le public)* des histoires passionnantes,

8 **baᶜdouhà min qisasi Alfi Layla**tin **wa Layla**tin ⑦
dont certaines *(certaines-elle)* [sont tirées] des contes des Mille et Une Nuits *(mille* nuit et une-nuit)*.

9 **Wa hakadhà, baᶜda ghouroùbi** ach-**chams**i, **yanzilou** al-**layl**ou **chay'an fa-chay'an**
Et ainsi, après le coucher du soleil, la nuit descend peu à peu *(chose[dir.] et-alors-chose[dir])*

10 **faouqa dhalika** ⑧ **al-makàni alladhì** ⑨ **yasharou** al-**ᶜouyoùna wa al-qouloùba...** □
sur *(au-dessus)* cet endroit qui captive *(lequel il ensorcelle)* les yeux et les cœurs...

Notes

⑤ **yahkì** يَحْكِي *il raconte* est l'inaccompli du verbe **hakà** حَكَى. Habituez-vous désormais à répéter l'accompli, suivi de l'inaccompli de ces verbes irréguliers.

⑥ **yahkì... hikàyàtin mouchawwiqatan** يَحْكِي حِكَايَاتٍ مُشَوِّقَةً *il raconte des histoires passionnante[s]* (cas direct). Rappelez-vous que le pluriel externe en **-àt** n'a que deux flexions (déterminé ou indéterminé) et que le cas direct et le cas indirect

٥ وَكَذٰلِكَ أَكْلُ لَوْزٍ وَفُسْتُقٍ مُحَمَّصٍ

٦ وَبِٱلْقُرْبِ مِنْ صَوْمَعَةِ ٱلْكُتُبِيَّةِ، فِي ضَوْءِ سِرَاجٍ،

٧ يُوجَدُ قَاصٌّ يَحْكِي لِلْجُمْهُورِ حِكَايَاتٍ مُشَوِّقَةً

٨ بَعْضُهَا مِنْ قِصَصِ أَلْفِ لَيْلَةٍ وَلَيْلَةٍ

٩ وَهٰكَذَا، بَعْدَ غُرُوبِ ٱلشَّمْسِ، يَنْزِلُ ٱللَّيْلُ شَيْئًا فَشَيْئًا

١٠ فَوْقَ ذٰلِكَ ٱلْمَكَانِ ٱلَّذِي يَسْحَرُ ٱلْعُيُونَ وَٱلْقُلُوبَ

▸ ont la même forme (**-àtou / -àtoun, -àti / -àtin**). En revanche, l'adjectif épithète est au féminin singulier et au cas direct.

⑦ **Alfou laylatin wa laylatoun** أَلْفُ لَيْلَةٍ وَلَيْلَةٌ est le nom des *Mille et Une Nuits*, mais ici ce titre étant en annexion avec le mot **qi<u>s</u>a<u>s</u>i**, il est au cas indirect et devient **alfi laylatin wa laylatin** ; **alf** أَلْف *mille* est suivi d'un nom singulier au cas indirect.

⑧ **dhalika** ذٰلِكَ *cela*, que vous connaissez bien, peut aussi s'employer devant un nom déterminé et signifie alors *ce/cet...-là*.

⑨ **(a)lladhì** ٱلَّذِي *lequel = qui, que, dont*, etc. et ici : *qui*. À la leçon 43, vous avez déjà rencontré **allatì**, le féminin de ce relatif. Il est indispensable après un nom déterminé. Mais si le nom est indéterminé, on juxtapose seulement le verbe à l'antécédent : **makànoun yas<u>h</u>arou al-ᶜouyoùna** مَكَانٌ يَسْحَرُ ٱلْعُيُونَ *un lieu [qui] ensorcelle les yeux* (un lieu / il ensorcelle les yeux).

46 Exercice 1 : تَرْجِمْ Tarjim !

❶ يَبْقَى ٱلنَّشَاطُ مُسْتَمِرًّا مُنْذُ ٱلْفَجْرِ إِلَى ٱللَّيْلِ

Yabqà (a)n-nachàtou moustamirran moundhou (a)l-fajr(i) ilà (a)l-layl(i).

❷ يَا حَسَنُ ! تَعَالَ ! سَنُشَاهِدُ هَذَا ٱلْقِرْدَ ٱلصَّغِيرَ ٱلَّذِي يُرَقِّصُهُ ذَلِكَ ٱلرَّجُلُ!

Yà Hasan(ou) ! Taᶜàla, sa-nouchàhidou hadhà (a)l-qirda (a)s-saghir(a) (a)lladhì youraqqisouhou dhalika (a)r-rajoul(ou).

❸ فِي ضَوْءِ سِرَاجٍ يُمْكِنُ ٱلنَّظَرُ إِلَى رَجُلٍ كَبِيرِ ٱلسِّنِّ يَتَكَلَّمُ أَمَامَ ٱلْجُمْهُورِ

Fì daou'i siràj(in) youmkinou (a)n-nazar(ou) ilà rajoulin kabìri (a)s-sinn(i) yatakallamou amàma (a)l-joumhoùr(i).

❹ سَنَسْمَعُ هَذَا ٱلْقَاصَّ ٱلَّذِي يَحْكِي حِكَايَةً مُشَوِّقَةً: هِيَ قِصَّةٌ مِنْ قِصَصِ أَلْفِ لَيْلَةٍ وَلَيْلَةٍ

Sa-nasmaᶜou hadhà (a)l-qàss(a) (a)lladhì yahkì hikayatan mouchawwiqa(tan) : hiya qissa(toun) min qisasi Alfi Layla(tin) wa Layla(tin).

❺ بَعْدَ غُرُوبِ ٱلشَّمْسِ، يَنْزِلُ ٱللَّيْلُ شَيْئًا فَشَيْئًا وَ يَسْحَرُ هَذَا ٱلْمَكَانُ عُيُونَنَا وَقُلُوبَنَا

Baᶜda ghouroùbi (a)ch-chams(i), yanzilou (a)l-layl(ou) chay'an fa-chay'an wa yasharou hadhà (a)l-makàn(ou) ᶜouyoùnanà wa qouloùbanà !

Corrigé de l'exercice 1

❶ L'animation reste constante depuis l'aube jusqu'à la nuit. ❷ *(Ô)* Hassan ! Viens, nous allons regarder ce petit singe que *(lequel)* fait danser cet homme *(cet homme-là)*. ❸ À la lueur d'une torche, on peut regarder *(il-est-possible le regard vers)* un homme âgé *(grand d'âge)*, [qui] parle devant la foule. ❹ Nous allons écouter ce conteur qui raconte une histoire passionnante : c'est *(elle)* un conte [tiré] *(de)* des Contes des Mille et Une Nuits. ❺ Après le coucher du soleil, la nuit descend peu à peu et ce lieu captive *(ensorcelle)* nos yeux et nos cœurs.

La dynastie des Almoravides fut supplantée en 1141 par celle des Almohades, qui firent édifier l'actuelle mosquée de la Koutoubia **(jàmi**^{c}**ou (a)l-Koutoubiyya(t)** جَامِعُ ٱلْكُتُبِيَّة*, de* **koutoub** كُتُب li-vres*) en 1162. Plus tard, s'installa à proximité de celle-ci un grand marché aux manuscrits, qui lui donna son nom. Cette mosquée, d'une architecture puissante et d'un riche décor intérieur, se distingue surtout par son minaret, haute tour carrée à étages, remarquablement décorée de fenêtres, d'arcades et d'entrelacs avec rehauts de céramique. On a coutume d'appeler le minaret de la Koutoubia* **s̱aouma**^{c}**atou (a)l-Koutoubiyya(ti)** صَوْمَعَة ٱلْكُتُبِيَّة **(s̱aouma**^{c}**a(t)** = ermitage, minaret*) et non d'employer le mot courant* **manàra(t)** مَنَارَة*. Avec ses 77 mètres de haut, ce minaret est visible de tous les points de la ville, tel un phare.*
Le mot **manàra(t)** *signifie d'ailleurs, à l'origine,* phare *(lieu du feu). On trouve ces "phares" aussi bien sur les côtes qu'à l'intérieur des terres dans tout le monde islamique au Moyen-Âge. Il s'agissait de tours de guet et de signalisation et l'on sait qu'un message pouvait être transmis en une nuit de Gibraltar à Tripoli.*

46 **Exercice 2 : كَمِّلْ Kammil !**

❶ Je voudrais *(veux)* boire *(le-boire*)* du thé à *(avec)* la menthe.
. . . . chàyin . . - . . - . . . .

❷ Nous allons-boire du thé et vous, vous boirez du jus d'orange.
. . - . . . . chàyan wa antoum . . . .
ᶜasìra . . . .

❸ De cette place, on peut *(il-est-possible)* regarder *(contemplation sur)* le minaret de la Koutoubia.
Min . . . . (a)s-sàhati . . . . - . . . .
ᶜalà saoumaᶜati . . - . . . .

❹ C'est un des plus beaux minarets de l'Islam *(elle de=parmi plus-beau des minarets dans l'Islam)*.
Hiya min . . . . - . . . . fì . . - . . . .

❺ Ici, on peut manger *(il-est-possible le-manger*)* de délicieuses pistaches grillées.
Hounà . . . . foustouqin . . . .
ladhìdhin.

Texte de l'exercice 2

❶ أُرِيدُ شُرْبَ شَايٍ بِٱلنَّعْنَاعِ

❷ سَنَشْرَبُ شَايًا وَأَنْتُم تَشْرَبُونَ عَصِيرَ بُرْتُقَالٍ

❸ مِنْ هَذِهِ ٱلسَّاحَةِ يُمْكِنُ ٱلتَّفَرُّجُ عَلَى صَوْمَعَةِ ٱلْكُتُبِيَّةِ

❹ هِيَ مِنْ أَجْمَلِ ٱلْمَنَارَاتِ فِي ٱلْإِسْلَامِ

❺ هُنَا يُمْكِنُ أَكْلُ فُسْتُقٍ مُحَمَّصٍ لَذِيذٍ

Corrigé de l'exercice 2 – Les mots manquants

❶ Ourìdou chourba أُرِيدُ شُرْبَ – bi-(a)n-na^{c}nà^{c}i بِٱلنَّعْنَاعِ ❷ Sa-nachrabou سَنَشْرَبُ – tachraboùna تَشْرَبُونَ – bourtouqàlin بُرْتُقَالٍ ❸ – hadhihì هَٰذِهِ – youmkinou (a)t-tafarroujou يُمْكِنُ ٱلتَّفَرُّجُ – (a)l-koutoubiyyati ٱلْكُتُبِيَّةَ ❹ – ajmali (a)l-manaràti أَجْمَلِ ٱلْمَنَارَاتِ – (a)l-islàmi ٱلْإِسْلَامِ ❺ – youmkinou aklou يُمْكِنُ أَكْلُ – mouhammasin مُحَمَّصٍ –

Lecture de deuxième vague

مرّاكش (تابع ٱلنّص)

١ منذ ٱلفجر وحتّى منتصف ٱللّيل
٢ يبقى ٱلنّشاط مستمرّا في هذه ٱلسّاحة ٱلمشهورة عالميّا
٣ حيث يمكن شرب شاي بٱلنّعناع
٤ وعصير برتقال مثلّج
٥ وكذلك أكل لوز وفستق محمّص
٦ وبٱلقرب من صومعة ٱلكتبيّة، في ضوء سراج،
٧ يوجد قاصّ يحكي للجمهور حكايات مشوّقة
٨ بعضها من قصص ألف ليلة وليلة
٩ وهكذا، بعد غروب ٱلشّمس، ينزل ٱللّيل شيئا فشيئا
١٠ فوق ذلك ٱلمكان ٱلّذي يسحر ٱلعيون وٱلقلوب

لِكُلِّ يَوْمٍ شَرُّهُ

Li-koulli yaoumin charrouhou.

à chaque jour son mal

À chaque jour suffit sa peine.

47 Quarante-septième leçon (ad-darsou as-sàbi^{c}ou wa al-arba^{c}oùna)

Al-oummou ghadbànatoun !
La mère se fâche *([est] fâchée)*

1 – **Yà Hasan**ou ! **Mà hadhihi** al-**faoudà fì ghourfatik**a ?
Hassan ! Quel est ce désordre dans ta chambre ?

2 **Firàchouk**a **ghayrou mourattabin** ① **wa** al-**koutoubou** **wa** al-**malàbis**ou **mountachira**toun **fì koulli makàn**in.
Ton lit n'est pas fait *([est] non ordonné)* et les livres et les vêtements [sont] éparpillés partout *(en tout lieu)*.

3 **Khoudh** ② **hadhihi** al-**achyà'a koullahà** ③ **wa rattib** ④ **ghourfataka qabla khouroùjika minhà.**
Prends toutes ces affaires *(ces choses toutes-elles)* et range ta chambre avant de sortir *(avant ta-sortie d'elle)*.

Notes

① **ghayrou mourattabin** غَيْرُ مُرَتَّب *non-rangé, non-ordonné* ; **ghayr** غَيْر, placé devant un adjectif, lui donne un sens contraire. Attention, ce mot est en annexion avec l'adjectif. Il existe une grande quantité de ce type d'adjectifs, constitués de deux mots ; ils correspondent en français à des adjectifs dont le préfixe est *in-*, *non-* ou *dé-*.

② **khoudh** خُذْ *prends* : il s'agit ici de l'impératif du verbe **akhadha, ya'khoudhou** أَخَذَ، يَأْخُذُ. La forme devrait être "**ou'khoudh**", mais le **hamza** initial de l'impératif des verbes dont la racine commence par un **hamza**, disparaît. Pour le féminin, on ajoute un **-ì** final : **khoudhì** خُذِي, que vous rencontrez à la phrase 6. De même, à la phrase suivante, **ta^{c}àlay** تَعَالَيْ *viens !* est le féminin de l'impératif **ta^{c}àla** تَعَالَ, vu à la leçon 45.

٤٧ أَلدَّرْسُ ٱلسَّابِعُ وَٱلْأَرْبَعُون

أَلْأُمُّ غَضْبَانَةٌ !

١ – يَا حَسَنُ! مَا هَٰذِهِ ٱلْفَوْضَى فِي غُرْفَتِكَ ؟

٢ فِرَاشُكَ غَيْرُ مُرَتَّبٍ وَٱلْكُتُبُ وَٱلْمَلَابِسُ مُنْتَشِرَةٌ فِي كُلِّ مَكَانٍ

٣ خُذْ هَٰذِهِ ٱلْأَشْيَاءَ كُلَّهَا وَرَتِّبْ غُرْفَتَكَ قَبْلَ خُرُوجِكَ مِنْهَا !

③ **al-achyà'a koullahà** أَلْأَشْيَاءَ كُلَّهَا *toutes les choses (les choses toutes-elle = les choses dans leur totalité)* au cas direct (**achyà'** أَشْيَاء pl. de **chay'** شَيْء). Retenez cette façon de traduire *tout entier, tous, toutes,* employée pour indiquer une certaine insistance. Mais on peut aussi dire **koulla al-achyà'i** كُلَّ ٱلْأَشْيَاءِ *toutes* les choses.* À la phrase 2, on avait également **koull**, mais suivi du singulier, qui, dans ce cas – vous le savez –, signifie *chaque, tout* : **fì koulli makànin** فِي كُلِّ مَكَانٍ *en chaque / tout endroit.*

④ **rattib** رَتِّبْ *mets en ordre, range* est l'impératif de **rattaba, yourattibou**, IIe forme : dans l'inaccompli, vous prenez **rattib** : (you)**rattib**(ou). Vous connaissiez déjà **kammil !** *complète !* (que vous rencontrez depuis le début dans l'intitulé de l'exercice 2) de **kammala**, **youkammilou** كَمَّلَ، يُكَمِّلُ. À la phrase 6, **na<u>zz</u>if-ì !** نَظِّفِي *nettoie !* est l'impératif féminin du verbe **na<u>zz</u>afa, youna<u>zz</u>ifou** نَظَّفَ، يُنَظِّفُ.

47

4 **Yà Fàtima**tou ! **Ta^{c}àlay** ② **li-mousà^{c}adatì ^{c}alà tanzìfi ghourfati** al-**istiqbàl**i
Fatima ! Viens m'aider *(pour-mon-aide)* à nettoyer *(sur nettoyage du)* le salon *(la pièce de réception)*.

5 **Sa-yazoùrounà douyoùf**oun **ba^{c}da** a**z-zouhr**i.
Nous aurons des visites *(ils-visiteront-nous des hôtes)* [cet] après-midi.

6 **Khoudhì** ② al-**miknasa**ta **wa nazzifì** ④ al-**bisàta** al-**kabìr**a.
Prends le balai et nettoie le grand tapis.

7 **Ba^{c}da isdàri awàmirihà, dakhalat-i** al-**oummou** al-**matbakh**a **li-tahdìri halawiyàt**in.
Après avoir donné *(après l'émission de)* ses ordres, la mère est entrée [dans] la cuisine pour préparer *(la préparation de)* des gâteaux.

8 **Fì ghoudoùni dhalik**a, **wada^{c}a Hasan**oun **tahta firàchihi koulla mà kàna fì ghourfatihi**
Pendant ce temps *(dans cours de cela)*, Hassan a mis sous son lit tout ce qui était dans la *(sa)* chambre,

9 **wa fataha bàba** ad-**dàr**i **khoufyatan wa haraba minhà !** □
(et) il a ouvert la porte de la maison en catimini et il s'en est échappé *(il-s'est-enfui d'elle)* !

À propos de ***bàb, dàr*** دَار ،بَاب *: le mot* ***bàb, abwàb*** أَبْوَاب ،بَاب porte *est très ancien, puisqu'il apparaît déjà dans le nom de la ville de Babylone :* ***bâb-eyl,*** la porte du dieu. *Au figuré, il signifie aussi* chapitre, rubrique, sujet, titre ***(fì hadhà (a)l-bàbi,*** dans ce domaine, à ce sujet).

٤ يَا فَاطِمَةُ ! تَعَالَيْ لِمُسَاعَدَتِي عَلَى تَنْظِيفِ غُرْفَةِ ٱلْإِسْتِقْبَالِ

٥ سَيَزُورُنَا ضُيُوفٌ بَعْدَ ٱلظُّهْرِ

٦ خُذِي ٱلْمِكْنَسَةَ وَنَظِّفِي ٱلْبِسَاطَ ٱلْكَبِيرَ !

٧ بَعْدَ إِصْدَارِ أَوَامِرِهَا، دَخَلَتِ ٱلْأُمُّ ٱلْمَطْبَخَ لِتَحْضِيرِ حَلَوِيَاتٍ

٨ فِي غُضُونِ ذَلِكَ، وَضَعَ حَسَنٌ تَحْتَ فِرَاشِهِ كُلَّ مَا كَانَ فِي غُرْفَتِهِ

٩ وَفَتَحَ بَابَ ٱلدَّارِ خُفْيَةً وَهَرَبَ مِنْهَا !

أَلْأُمُّ غَضْبَانَةٌ !

Quant à **dàr**, **doùr** *ou* **diyàr**, *ne soyez pas déconcerté de trouver un troisième mot pour désigner la maison, après* **bayt** *et* **manzil** *! Tous les trois s'emploient couramment.* **Dàr** *peut aussi désigner un bâtiment plus vaste ou officiel, comme* librairie, bibliothèque *(***dàr (a)l-koutoubi** دَار ٱلْكُتُبِ maison des livres*)*, maison d'édition *(***dàr (a)n-nachri** دَار ٱلنَّشْرِ*)* *ou* mairie *(***dàr (a)l-baladiyyati** دَار ٱلْبَلَدِيَّةِ*).*

47 **Exercice 1 : تَرْجِمْ Tarjim !**

❶ مَلَابِسُ ٱلْوَلَدِ كُلُّهَا مُنْتَشِرَةٌ فِي ٱلْغُرْفَةِ كُلِّهَا

Malàbisou (a)l-walad(i) koullouhà mountachira(toun) fì (a)l-ghourfati koullihà.

❷ يَضَعُ حَسَنٌ مَلَابِسَهُ تَحْتَ فِرَاشِهِ قَبْلَ ٱلْخُرُوجِ مِنْ غُرْفَتِهِ

Yada^{c}ou Hasan(oun) malàbisahou tahta firàchihi qabla (a)l-khouroùji min ghourfatihi.

❸ تَعَالَ لِتَنْظِيفِ غُرْفَةِ ٱلْإِسْتِقْبَالِ لِأَنَّهُ سَيَصِلُ ضُيُوفٌ بَعْدَ سَاعَةٍ

Ta^{c}àla li-tanzîfi ghourfati (a)l-istiqbàl(i), li'annahou sa-yasilou douyoùf(oun) ba^{c}da sà^{c}a(tin).

Exercice 2 : كَمِّلْ Kammil !

❶ *(Ô)* Ahmad ! nettoie ce tapis avec le balai !
Yà Ahmad(ou) ! . . . . . . hadhà . . - . . . . . . bil- . . . .

❷ Ta chambre n'est pas rangée : range-là !
Ghourfatouka . . . . mourattabatin : . . . . !

❸ *(Ô)* Zaynab ! Entre [dans] ta chambre et fais *(range)* ton lit !
Yà Zaynab(ou) ! . . . . ghourfataki wa . . . . !

❹ Mes amis sont venus me rendre visite *(pour visite-moi)* hier.
. . . . asdiqà'ì . . - . . . . yaouma . . . . .

❹ فِي غُضُونِ ذَٰلِكَ، يَفْتَحُ حَسَنٌ بَابَ ٱلدَّارِ وَيَهْرِبُ مِنْهَا

Fì ghoudoùni dhalik(a), yaftahou Hasan(oun) bàba (a)d-dàr(i) wa yahroubou (yahribou) minhà.

❺ تَصِلُ ٱلْأُمُّ إِلَى غُرْفَةِ وَلَدَيْهَا لِإِصْدَارِ أَوَامِرِهَا كَكُلِّ يَوْمٍ

Tasilou (a)l-oumm(ou) ilà ghourfati waladayhà li-isdàri awàmirihà ka-koulli yaoum(in).

Corrigé de l'exercice 1

❶ Tous les vêtements du garçon *(tout-elle)* [sont] disséminés dans toute la chambre. ❷ Hassan place ses vêtements sous son lit avant de sortir *(avant la sortie)* de sa chambre. ❸ Viens (masc.) nettoyer (*pour nettoyage de*) la pièce de réception : *(parce que-lui[neutre])* des hôtes vont arriver dans *(après)* une heure. ❹ Pendant ce temps, Hassan ouvre la porte de la maison et s'enfuit *(d'elle)*. ❺ La mère arrive dans *(vers)* la chambre de ses deux enfants pour donner *(pour émission de)* ses ordres comme chaque jour.

❺ Va [voir] *(vers)* ton père pour l'aider *(pour aide-lui)* à nettoyer *(sur nettoyage du)* le jardin.
. . . . . . ilà wàlidika . . - . . . . ^{c}alà . . . . (a)l-boustàni.

Corrigé de l'exercice 2 – Les mots manquants

❶ – Nazzif نَظِّفْ – (a)l-bisàta ٱلْبِسَاطَ – miknasati مِكْنَسَةِ ❷ – ghayrou غَيْرُ – rattibhà رَتِّبْهَا ❸ – Oudkhoulì أُدْخُلِي – rattibì firàchaki رَتِّبِي فِرَاشَكِ ❹ Jà'a جَاءَ – li-ziyàratì لِزِيَارَتِي – amsi أَمْسِ ❺ Idhhab إِذْهَبْ – li-mousà^{c}adatihi لِمُسَاعَدَتِهِ – tanzìfi تَنْظِيفِ

47 **Texte de l'exercice 2**

1 يَا أَحْمَدُ ! نَظِّفْ هَذَا ٱلْبِسَاطَ بِٱلْمِكْنَسَةِ

2 غُرْفَتُكَ غَيْرُ مُرَتَّبَةٍ : رَتِّبْهَا !

3 يَا زَيْنَبُ ! أُدْخُلِي غُرْفَتَكِ وَرَتِّبِي فِرَاشَكِ !

4 جَاءَ أَصْدِقَائِي لِزِيَارَتِي يَوْمَ أَمْسِ !

5 إِذْهَبْ إِلَى وَالِدِكَ لِمُسَاعَدَتِهِ عَلَى تَنْظِيفِ ٱلْبُسْتَانِ

La famille

Dans les pays arabo-islamiques, le père est le nourricier et la mère, attachée au foyer, est l'éducatrice, chargée de transmettre à ses enfants la vraie tradition. Les enfants ont un grand respect du père – de leur mère aussi, bien sûr, mais avec moins de crainte. On a également le plus grand respect pour les personnes âgées, les "anciens" et on ne peut imaginer de les abandonner ou de les mettre à l'asile ou dans une maison de retraite. Il existe également une grande solidarité familiale et une fraternité très agissante entre proches et amis. Lorsqu'on appelle un ami ***akhì*** أَخِي, mon frère, *ce n'est pas un vain mot. La conscience très nette d'appartenir à une même communauté et du devoir d'assistance vis-à-vis de ses*

أَلأمّ غضبانة !

١ – يا حسن ! ما هذه ٱلفوضى في غرفتك ؟
٢ فراشك غير مرتّب وٱلكتب والملابس منتشرة في كلّ مكان
٣ خذ هذه ٱلأشياء كلّها ورتّب غرفتك قبل خروجك منها !
٤ يا فاطمة ! تعالي لمساعدتي على تنظيف غرفة ٱلإستقبال
٥ سيزورنا ضيوف بعد ٱلظّهر
٦ خذي ٱلمكنسة ونظّفي ٱلبساط ٱلكبير !
٧ بعد إصدار أوامرها، دخلت ٱلأمّ ٱلمطبخ لتحضير حلويات
٨ في غضون ذلك، وضع حسن تحت فراشه كلّ مَا كان في غرْفته
٩ وفتح باب ٱلدّار خفية وهرب منها !

membre est très forte. Ceci peut s'opposer à l'individualisme forcéné qui tend à se développer en Occident. Lorsqu'un enfant salue son père, il porte la main de celui-ci à son front en signe de respect. De même, lorsqu'on salue ou l'on remercie, on porte la main à son cœur. L'étranger qui parle un peu arabe peut aussi faire ce geste. On lui en saura gré. L'Arabe, en général, serre longuement la main qu'on lui tend. N'en soyez pas gêné. Enfin, si les hommes se donnent volontiers l'accolade, il n'est pas coutume de s'embrasser dans la rue entre hommes et femmes, même entre proches. Il faut veiller à l'éviter, même si une femme retrouve en territoire arabe, un ami de fac qu'elle avait coutume d'embrasser en France ! Ou vice-versa.

48 Quarante-huitième leçon (ad-darsou ath-thàminou wa al-arba^{c}oùna)

Al-ghaniyyou wa al-hakìmou

Le riche et le sage

1 – **Ouqaddimou nafsì** ① **: anà aghnà** ② **mouzàri^{c}ì al-mintaqati** ③**.**
Je me présente *(je présente moi-même)* : je suis le plus riche des exploitants agricoles de la région.

2 **Amlikou alfa ra'sin min-a al-baqari, fadlan ^{c}an ^{c}achrati mabànin dakhmatin fì al-^{c}àsimati**
Je possède mille têtes de bovins, sans compter *(outre)* une dizaine de grands immeubles dans la capitale

3 **wa mahallàtin tijàriyyatin fàkhiratin fì daoulatin oùroùbbiyyatin.**
et des magasins *(locaux commerciaux)* de luxe dans un pays *(État)* européen.

4 **Ka-dhalika, ^{c}indì ajmalou al-atfàli, akbarouhoum fì ahdathi** ② **madàrisi al-baladi**
De même *(comme-cela)*, j'ai les plus beaux *(des)* enfants [de la terre] [et] l'aîné *(le-plus-grand-d'eux)* [est] dans l'école la plus moderne *(le-plus-moderne des-écoles)* du pays.

5 **Wa anta ?**
Et toi ?

Notes

① **ouqaddimou** أُقَدِّمُ *je présente*, du verbe de IIe forme **qaddama**, **youqaddimou** قَدَّمَ، يُقَدِّمُ. En y ajoutant **nafsì**, on donne un sens réfléchi à ce verbe : *je me présente* (voir leçon 38 note 2).

٤٨ أَلدَّرْسُ ٱلثَّامِنُ وَٱلْأَرْبَعُونَ

أَلْغَنِيُّ وَٱلْحَكِيمُ

١ – أُقَدِّمُ نَفْسِي : أَنَا أَغْنَى مُزَارِعِي ٱلْمِنْطَقَةِ

٢ أَمْلِكُ أَلْفَ رَأْسٍ مِنَ ٱلْبَقَرِ، فَضْلاً عَنْ عَشْرَةِ مَبَانٍ ضَخْمَةٍ فِي ٱلْعَاصِمَةِ

٣ وَمَحَلَّاتٍ تِجَارِيَّةٍ فَاخِرَةٍ فِي دَوْلَةٍ أُورُوبِّيَّةٍ

٤ كَذَلِكَ، عِنْدِي أَجْمَلُ ٱلْأَطْفَالِ، أَكْبَرُهُمْ فِي أَحْدَثِ مَدَارِسِ ٱلْبَلَدِ

٥ وَأَنْتَ ؟

▸ Aux personnes du pluriel, il faudra employer le pluriel de **nafs**, qui est **anfous** أَنْفُس : **nouqaddimou anfousa-na** نُقَدِّمُ أَنْفُسَنَا *nous nous présentons.*

② **aghnà** أَغْنَى *plus riche* est l'élatif de **ghaniyy** غَنِيّ. Vous connaissiez déjà **ajmalou** de **jamìl** جَمِيل *beau* et **akbar** أَكْبَر de **kabìr** كَبِير *grand* (phrase 4). Et vous trouvez encore **a<u>h</u>dath** أَحْدَث de **hadìth** حَدِيث *moderne* (phrase 4), **as^cadou** أَسْعَد de **sa^cìd** سَعِيد *heureux* (phrase 6), **a<u>h</u>san** أَحْسَن de **ha<u>s</u>an** حَسَن *bon, beau* (phrase 9). C'est l'occasion de vous entraîner à former et utiliser ces élatifs d'adjectifs très usités.

③ **mouzàri^cì al-min<u>t</u>aqati** مُزَارِعِي ٱلْمِنْطَقَةِ *les exploitants agricoles de la région* : le **noùn** final de **mouzàri^cìna** disparaît devant le nom auquel il est annexé (voir leçon 43, note 8).

48 6 – **Anà aghnà an-nàsi fì al-baladi bal fì al-^{c}àlami wa as^{c}adouhoum ②.**
Moi, [je suis] le plus riche des habitants *(des gens)* du *(dans le)* pays et même du monde, et [je suis] le plus heureux d'[entre] eux !

7 **Koullouhoum youqaddiroùnanì. ④**
Je suis estimé de tous *(tous-eux m'estiment)*.

8 **Anà, là amlikou chay'an ⑤ wa mà ^{c}indì baytoun walakin ^{c}indì dhàkiratoun**
Moi, je ne possède rien *(une chose)* et je n'ai pas de maison, mais j'ai une mémoire

9 **fìhà al-àlàfou min-a al-abyàti ⑥, wa qabla moufàraqatika, sa-ouhdì ⑦ ilayka wà<u>h</u>idan min a<u>h</u>sanihà ②.**
[qui contient] *(en-elle)* des milliers de vers, et avant de te quitter *(avant séparation-toi)*, je vais t'offrir *(vers-toi)* l'un des plus beaux d'entre eux *(un de plus-beau-elle)*.

10 **Wa kamà yaqoùlou al-^{c}arabou fì bou^{c}di <u>h</u>ikmatihim :**
(Et) comme disent les Arabes dans leur profonde sagesse *(dans la-grande-portée de leur-sagesse)* :

11 **"Al-qanà^{c}atou màloun là yanfadou".** □
"[Savoir] se contenter [de peu] *(le contentement)* [est] un bien inépuisable *(il ne s'épuise pas)*."

Notes

④ **koullouhoum youqaddiroùna-nì** كُلُّهُمْ يُقَدِّرُونَنِي *tous m'estiment* : la terminaison **-oùna** est celle de la 3e personne du masculin pluriel. Vous avez reconnu le verbe **qaddara**, de IIe forme.

٦ – أَنَا أَغْنَى ٱلنَّاسِ فِي ٱلْبَلَدِ بَلْ فِي ٱلْعَالَمِ
وَأَسْعَدُهُمْ

٧ كُلُّهُمْ يُقَدِّرُونَنِي

٨ أَنَا لَا أَمْلِكُ شَيْئًا وَمَا عِنْدِي بَيْتٌ وَلٰكِنْ،
عِنْدِي ذَاكِرَةٌ

٩ فِيهَا ٱلْآلَافُ مِنَ ٱلْأَبْيَاتِ وَقَبْلَ مُفَارَقَتِكَ،
سَأُهْدِي إِلَيْكَ وَاحِدًا مِنْ أَحْسَنِهَا

١٠ وَكَمَا يَقُولُ ٱلْعَرَبُ فِي بُعْدِ حِكْمَتِهِمْ :

١١ «أَلْقَنَاعَةُ مَالٌ لَا يَنْفَدُ»

⑤ **là amlikou chay'an** لَا أَمْلِكُ شَيْئًا *je ne posssède rien* est une tournure que vous connaissez déjà. Nous insistons toutefois sur la traduction de *ne... rien*, qui se fait selon le schéma suivant :
là + verbe au présent + **chay'**
mà + verbe au passé + **chay'**
Au passé, on dira par exemple : **mà ra'aytou chay'an** مَا رَأَيْتُ شَيْئًا *je n'ai rien vu* (je n'ai pas vu une chose).

⑥ **bayt** بَيْت *maison* a pour pluriel **bouyoùt** بُيُوت, mais lorsque ce mot a le sens de *vers, distique*, son pluriel est **abyàt** أَبْيَات.

⑦ **ouhdì ilà** أُهْدِي إِلَى *j'offre à*, de même que **youhdì ilà** يُهْدِي إِلَى *il offre à* – que vous pouvez former facilement – sont des formes à retenir telles quelles. Vous pouvez seulement noter qu'il s'agit de la même racine que le mot **hadiyyat** هَدِيَّة *cadeau* (leçon 36).

Exercice 1 : تَرْجِمْ Tarjim !

❶ أُقَدِّمُ نَفْسِي: أَنَا مُحَامٍ مَشْهُورٌ فِي عَاصِمَةِ هَذَا ٱلْبَلَدِ

Ouqaddimou nafsì : anà mouhàmin machhoùr(oun) fì ^{c}àsimati hadhà (a)l-balad(i).

❷ نُقَدِّمُ أَنْفُسَنَا: نَحْنُ أَغْنَى ٱلْمُزَارِعِينَ فِي هَذِهِ ٱلْمِنْطَقَةِ

Nouqaddimou anfousanà : nahnou aghnà (a)l-mouzàri^{c}ìna fì hadhihì (a)l-mintaqa(ti).

❸ أَنَا أَعْرِفُ أَلْفَ بَيْتٍ قَالَهَا ٱلْعَرَبُ فِي بُعْدِ حِكْمَتِهِمْ

Anà a^{c}rifou alfa baytin qàlahà (a)l-^{c}arab(ou) fì bou^{c}di hikmatihim.

Exercice 2 : كَمِّلْ Kammil !

❶ Est-ce que tu ne possèdes pas beaucoup d'immeubles dans un pays européen ?
A là* . . . . kathìran min-a . . - . . . . . . fì . . . . oùroùbbiyyatin ?

❷ J'estime beaucoup ce sage parce qu'il sait ce qu'est se contenter [de peu] *(il-sait quoi elle le-contentement)*.
. . . . hadhà . . - . . . . . . kathìran li'annahou . . . . mà hiya . . - . . . .

❸ Nous vous *(vers vous)* offrirons les plus beaux vers arabes.
. . - . . . . . ilaykoum . . . . - . . . . . . (a)l-^{c}arabiyyati.

4 أَكْبَرُ أَطْفَالِي فِي مَدْرَسَةٍ لَا تَعْرِفِينَهَا، إِنَّهَا حَدِيثَةٌ جِدًّا

Akbarou atfàlì fì madrasa(tin) là tacrifìnahà, innahà hadìthatoun jiddan.

5 هَذَا ٱلرَّجُلُ أَغْنَى رِجَالِ هَذَا ٱلْحَيِّ: يَمْلِكُ كُلَّ ٱلْبُيُوتِ فِي هَذَا ٱلشَّارِعِ

Hadhà (a)r-rajoul(ou) aghnà rijàli hadhà (a)l-hayy(i) : yamlikou koulla (a)l-bouyoùt(i) fì hadhà (a)ch-chàric(i) !

Corrigé de l'exercice 1

1 Je me présente : je [suis] un avocat célèbre dans la capitale de ce pays. 2 Nous nous présentons : nous sommes les plus riches des exploitants agricoles de *(dans)* cette région. 3 Je connais mille vers qu'ont dit les Arabes dans leur profonde sagesse. 4 L'aîné *(le plus grand)* de mes enfants [est] dans une école [que] tu ne connais pas *(ne-pas tu-*fém.*-connais-elle)* ; *(certes-elle)* elle est très moderne. 5 Cet homme est le plus riche des hommes de ce quartier : il possède toutes les maisons de *(dans)* cette rue !

4 [Il y a] dans ma mémoire des milliers de vers que je peux dire *(laquelle il-est-possible-moi le-fait-de-dire-elle)* à mes amis.
Fì . . . . - . . . . . . min-a (a)l-abyàti . . . . . .
youmkinounì . . . . - . . . .

* Devant **là**, on n'écrit pas **hal**, mais **a**, afin d'éviter l'allitération.

Corrigé de l'exercice 2 – Les mots manquants

1 – tamlikou تَمْلِكُ – (a)l-mabànì ٱلْمَبَانِي – daoulatin دَوْلَةٍ – 2 Ouqaddirou أُقَدِّرُ – (a)l-hakìma ٱلْحَكِيمَ – yacrifou يَعْرِفُ – (a)l-qanàcatou ٱلْقَنَاعَةُ 3 Sa-nouhdì سَنُهْدِي – ajmala (a)l-abyàti أَجْمَلَ ٱلْأَبْيَاتِ 4 – dhàkiratì (a)l-àlàfou ذَاكِرَتِي ٱلْآلَافُ – (a)llatì ٱلَّتِي – qaoulouhà li-asdiqà'ì قَوْلُهَا لِأَصْدِقَائِي

48 Texte de l'exercice 2

1 أَلَا تَمْلِكُ كَثِيرًا مِنَ ٱلْمَبَانِي فِي دَوْلَةٍ أُورُوبِّيَّةٍ ؟

2 أُقَدِّرُ هَذَا ٱلْحَكِيمَ كَثِيرًا لِأَنَّهُ يَعْرِفُ مَا هِيَ ٱلْقَنَاعَةُ

3 سَنُهْدِي إِلَيْكُمْ أَجْمَلَ ٱلْأَبْيَاتِ ٱلْعَرَبِيَّةِ

4 فِي ذَاكِرَتِي ٱلْآلَافُ مِنَ ٱلْأَبْيَاتِ ٱلَّتِي يُمْكِنُنِي قَوْلُهَا لِأَصْدِقَائِي

Pour faire suite à la note de la leçon 44 sur les différentes composantes du nom en arabe, nous vous donnons ici un exemple de fiche d'état civil comme on peut avoir à en remplir dans un avion, par exemple, avant de débarquer dans un pays arabe. En plus de vos noms et prénoms, on vous demandera :

la nationalité	أَلْجِنْسِيَّةُ	***al-jinsiyyatou***
la date de naissance	تَأْرِيخُ ٱلْمِيلَادِ	***ta'rìkhou (a)l-mìlàdi /***
	تَأْرِيخُ ٱلْوِلَادَةِ	***ta'rìkhou (a)l-wilàdati***
le lieu de naissance	مَحَلُّ ٱلْمِيلَادِ	***ma<u>h</u>allou (a)l-mìlàdi***
	مَكَانُ ٱلْوِلَادَةِ	***makànou (a)l-wilàdati***
célibataire	أَعْزَبُ، عَزْبَاءُ	***a^{c}zabou / ^{c}azbà'ou***
marié(e)	مُتَزَوِّج، مُتَزَوِّجة	***moutazawwij(at)***
le sexe	أَلْجِنْسُ	***al-jinsou***
masculin / féminin	مُذَكَّر/مُؤَنَّث	***moudhakkar / mou'annath***
la profession	أَلْمِهْنَةُ	***al-mihnatou***
la religion	أَلدِّينُ /أَلدِّيَانَةُ	***ad-dìnou / ad-diyànatou***

Lecture de deuxième vague 48

ألغنيّ وٱلحكيم

١ – أقدّم نفسي: أنا أغنى مزارعي ٱلمنطقة
٢ أملك ألف رأس من ٱلبقر، فضلا عن عشرة مبان ضخمة في ٱلعاصمة
٣ ومحلّات تجاريّة فاخرة في دولة أوروبّيّة
٤ كذلك، عندي أجمل ٱلأطفال، أكبرهم في أحدث مدارس ٱلبلد
٥ وأنت ؟
٦ – أنا أغنى ٱلنّاس في ٱلبلد بل في ٱلعالم وأسعدهم
٧ كلّهم يقدّرونني
٨ أنا لا أملك شيئا وما عندي بيت ولكن، عندي ذاكرة
٩ فيها ٱلآلاف من ٱلأبيات وقبل مفارقتك، سأهدي إليك واحدا من أحسنها
١٠ وكما يقول ٱلعرب في بعد حكمتهم :
١١ «ألقناعة مال لا ينفد»

لَيْسَتِ ٱلسَّعَادَةُ بِٱلْمَالِ

Laysat-i as-saᶜàdatou bil-màli.

il n'est pas le bonheur avec le[s] bien[s]

L'argent ne fait pas le bonheur.

49 Quarante-neuvième leçon (ad-darsou at-tàsi^{c}ou wa al-arba^{c}oùna)

مُرَاجَعَةٌ

Mouràja^{c}atoun

Révision

Vous voilà arrivé à une étape importante de votre apprentissage de l'arabe, car vous avez désormais un aperçu général de la structure de cette langue : vous avez abordé, après les pluriels, les diptotes et l'élatif, les formes verbales dérivées ainsi que les verbes irréguliers. Vous savez également construire un certain nombre de types de phrases, des relatives, des complétives, etc. C'est-à-dire que vous avez déjà en main l'essentiel de la grammaire arabe. Il ne vous reste plus qu'à compléter et approfondir vos connaissances. Le chemin parcouru n'est pas négligeable ! Vous ne déchiffrez plus l'arabe, mais lisez avec une certaine aisance les mots et les phrases courantes que vous avez déjà rencontrés. Vous vous en apercevrez surtout en vous attaquant à la deuxième vague (à partir de la prochaine leçon) et en relisant les textes des premières leçons non voyellés, c'est-à-dire, tels qu'ils apparaissent dans les livres et journaux. Vous avez maintenant à votre disposition beaucoup d'éléments d'expression. Mettez à l'essai vos talents auprès d'amis arabophones – sans trop vous inquiéter des terminaisons de mots, que l'on ne prononce pas ! N'oubliez pas non plus d'utiliser toutes les expressions de la vie courante que vous connaissez. Vous verrez l'effet produit !

Voyons ensemble ce que vous avez acquis dans cette dernière série de leçons.

1 Les 13 personnes de l'accompli et l'inaccompli

Même si vous ne les avez pas encore toutes rencontrées, nous vous donnons maintenant les 13 personnes du verbe à l'accompli et à l'inaccompli. Nous vous conseillons de les relire plusieurs fois à haute voix de manière à les mémoriser rapidement. Mais si cela vous semble encore complexe, fixez-vous surtout sur *je*, *tu* (masc.), *il*, *elle*, *nous* ; ensuite, *vous* (masc.) et le duel ; il vous restera *tu* et *vous* (fém.), *ils* et *elles*, que vous aurez moins souvent à utiliser (car, la plupart du temps, le verbe précède le nom pluriel et se met alors au singulier).
Vous avez rencontré dans cette série :

٤٩ أَلدَّرْسُ ٱلتَّاسِعُ وَٱلْأَرْبَعُونَ

• À l'accompli

– le duel de 3e personne du masculin : **-à**
dhahabà (dhahaba + alif) ذَهَبَا *ils* (les deux) *sont partis* (leçon 44, note 6)
– la 2e personne du féminin pluriel : **-tounna**
katabtounna كَتَبْتُنَّ *vous* (fém.) *avez écrit* (leçon 45, note 7).
Le pronom isolé correspondant est **antounna** أَنْتُنَّ et le pronom affixe **-kounna** ـكُنَّ.

• À l'inaccompli

– la 2e personne du masculin pluriel : **ta - - - oùna**
تَشْرَبُونَهُ وَتَرْفَعُونَ ٱلْجِبَالَ
tachraboùna-hou wa tarfacoùna al-jibàla...
vous le buvez et vous soulevez les montagnes... (leçon 45)

• la 3e personne du masculin pluriel : **ya - - - oùna**
كُلُّهُمْ يُقَدِّرُونَنِي
koullouhoum youqaddiroùna-nì, de **qaddara**, IIe forme.
tous m'estiment (leçon 48).
À la 1re forme, ce sera – par exemple : **yaktouboùna** يَكْتُبُونَ *ils écrivent.*

Vous êtes maintenant en mesure d'utiliser ce tableau des 13 personnes du verbe **kataba, yaktoubou** كَتَبَ، يَكْتُبُ *écrire* :

	Accompli		Inaccompli	
je	**katabtou**	كَتَبْتُ	**aktoubou**	أَكْتُبُ
tu (m.)	**katabta**	كَتَبْتَ	**taktoubou**	تَكْتُبُ
tu (f.)	**katabti**	كَتَبْتِ	**taktoubìna**	تَكْتُبِينَ
il	**kataba**	كَتَبَ	**yaktoubou**	يَكْتُبُ
elle	**katabat**	كَتَبَتْ	**taktoubou**	تَكْتُبُ
eux deux	**katabà**	كَتَبَا	**yaktoubàni**	يَكْتُبَانِ
elles deux	**katabatà**	كَتَبَتَا	**taktoubàni**	تَكْتُبَانِ

vous deux (m. et f.)	**katabtoumà**	كَتَبْتُمَا	**taktoubàni**	تَكْتُبَانِ
nous	**katabnà**	كَتَبْنَا	**naktoubou**	نَكْتُبُ
vous (m.)	**katabtoum**	كَتَبْتُم	**taktouboùna**	تَكْتُبُونَ
vous (f.)	**katabtounna**	كَتَبْتُنَّ	**taktoubna**	تَكْتُبْنَ
ils	**kataboù**	كَتَبُوا	**yaktouboùna**	يَكْتُبُونَ
elles	**katabna**	كَتَبْنَ	**yaktoubna**	يَكْتُبْنَ

2 Les formes dérivées II et V

Les formes dérivées d'une racine simple – dite aussi première forme – donnent des nuances de sens différentes, mais toujours en relation avec le sens premier du verbe “nu”. Elles ont de plus des correspondances entre elles : les Ve, VIe, VIIe et Xe sont respectivement les réfléchies des formes IIe, IIIe, Ire et IVe. La VIIIe est une autre réfléchie de la Ire, et la IXe est à part.
Attention, ceci est le principe de base. Mais parfois, les formes dérivées prennent un sens qui est apparemment sans relation avec celui de la racine. D'autre part, tout verbe simple n'a pas forcément 9 formes dérivées, c'est même rare ! Et parfois aussi, le verbe “nu” n'est pas usité (ou bien encore la racine est un nom).
Une bonne nouvelle : la conjugaison des formes dérivées utilise les mêmes terminaisons et préfixes qu'à la forme simple, que ce soit à l'accompli ou à l'inaccompli ! Il suffit d'apprendre, au fur et à mesure de votre découverte des formes dérivées, le schéma vocalique de l'inaccompli en même temps que l'accompli (ces schémas vocaliques ne varient pas).

Dans cette série, vous avez surtout rencontré les formes II et V, dont vous aviez déjà eu un très bref aperçu dans la série précédente.

• La forme II : inaccompli -ou -a -i -ou

Elle peut avoir deux sens par rapport à celui de la racine : elle a valeur de factitif ou bien indique l'intensité de l'action :

rattaba, yourattibou	رَتَّبَ، يُرَتِّبُ	*ranger, ordonner* (47)
masdar : **tartîb**	تَرْتِيب	*ordonnancement, ordre*
de **rataba, yartoubou**	رَتَبَ، يَرْتُبُ	*être fixe, ne pas bouger*

49

nazzafa, younazzifou	نَظَّفَ، يُنَظِّفُ	*nettoyer* (47)
masdar : **tanzìf**	تَنْظِيف	*nettoyage*
de **nazoufa, yanzoufou**	نَظُفَ، يَنْظُفُ	*être propre*
raqqasa, youraqqisou	رَقَّصَ، يُرَقِّصُ	*faire danser* (45)
masdar : **tarqìs**	تَرْقِيص	*action de faire danser*
de **raqasa, yarqousou**	رَقَصَ، يَرْقُصُ	*danser*
qaddama, youqaddimou	قَدَّمَ، يُقَدِّمُ	*présenter* (48)
masdar : **taqdìm**	تَقْدِيم	*présentation, offre*
de **qadima, yaqdamou**	قَدِمَ، يَقْدَمُ	*arriver, venir*
qaddara, youqaddirou	قَدَّرَ، يُقَدِّرُ	*apprécier, estimer* (48)
masdar : **taqdìr**	تَقْدِير	*appréciation, évaluation*
de **qadara, yaqdirou**	قَدَرَ، يَقْدِرُ	*être capable, pouvoir*

Voici, en plus, un exemple de forme II indiquant l'intensité de l'action :

I **kasara, yaksirou**	كَسَرَ، يَكْسِرُ	*casser, briser*
II **kassara, youkassirou**	كَسَّرَ، يُكَسِّرُ	*briser, écraser, fracasser*
masdar : **taksìr**	تَكْسِير	*broyage, fragmentation*

• La forme V : inaccompli -a -a -a -a -ou

C'est la forme réfléchie de la II.

V **takallama, yatakallamou**	تَكَلَّمَ، يَتَكَلَّمُ	*s'exprimer, parler* (43)
masdar : **takalloum**	تَكَلُّم	*langage, discours*
II **kallama, youkallimou**	كَلَّمَ، يُكَلِّمُ	*parler à*
V **tazawwaja, yatazawwajou**	تَزَوَّجَ، يَتَزَوَّجُ	*épouser, se marier*
masdar : **tazawwouj**	تَزَوُّج	*mariage*
II **zawwaja, youzawwijou**	زَوَّجَ، يُزَوِّجُ	*marier, donner en mariage*
V **tajamma^{c}a, yatajamma^{c}ou**	تَجَمَّعَ، يَتَجَمَّعُ	*se rassembler* (45)
masdar : **tajammou^{c}**	تَجَمُّع	*rassemblement*
II **jamma^{c}a, youjammi^{c}ou**	جَمَّعَ، يُجَمِّعُ	*rassembler*

49 V **tafarraja, yatafarrajou ^{c}alà** تَفَرَّجَ، يَتَفَرَّجُ عَلَى *contempler, regarder pour se distraire*
masdar : **tafarrouj** تَفَرُّج *contemplation, distraction* (45)
II **farraja, youfarrijou** فَرَّجَ، يُفَرِّجُ *distraire, détendre, consoler*

• Autres formes

À retenir telles quelles pour l'instant :

ouràfiqou (III) أُرَافِقُ *j'accompagne* (43)
nouchàhidou (III) نُشَاهِدُ *nous assistons (à)* (45)
ouridou (IV, irrég.) أُرِيدُ *je veux* (43)
ouhdì (IV irrég.) **ilà** أُهْدِي *j'offre à* (48)
youmkinou (IV) يُمْكِنُ *il est possible* (46)
ou^{c}dhour-nì (IV, impératif) أُعْذُرْنِي *excuse[z]-moi !* (43)

3 Les verbes irréguliers

Vous avez également rencontré quelques verbes irréguliers à la forme simple, dont certains types ont été déjà signalés précédemment :

yahkì de **hakà** يَحْكِي، حَكَى *il raconte* (46)
tadoùrou de **dàra** تَدُورُ، دَارَ *tu tournes* (43)
nasìtou de **nasiya** نَسِيتُ، نَسِيَ *j'ai oublié* (43)
yabqà de **baqiya** يَبْقَى، بَقِيَ *il reste* (46)

4 Le passif

Nous ne nous attarderons pas cette fois encore sur ce mode, mais nous vous signalerons chaque nouveau verbe rencontré à la forme passive, afin que celle-ci vous devienne peu à peu familière. Il faut retenir essentiellement que le seul changement dans la conjugaison intervient dans les voyelles : **ou-i-a** à l'accompli et **ou-a-ou** à l'inaccompli. Vous en trouverez d'autres exemples dans les séries suivantes.

toùjadou تُوجَدُ de **wajada, yajidou** وَجَدَ، يَجِدُ *elle est trouvée = elle se trouve*

Ce verbe présente une irrégularité – vous le savez – du fait du **wàw** initial qui disparaît à l'inaccompli. Mais il réapparaît au passif. Nous vous donnons donc un autre exemple de passif avec un verbe régulier :

forme active :	**kataba** *il a écrit*	كَتَبَ	**yaktoubou** *il écrit*	يَكْتُبُ
forme passive :	**koutiba** *il a été écrit*	كُتِبَ	**youktabou** *il est écrit*	يُكْتَبُ

5 L'impératif : 2e personne du singulier (masc. et fém.)

– Verbe simple ou forme I

L'impératif se caractérise par un **alif** préfixé au verbe, la première et la troisième consonne portant un **soukoùn**. La voyelle sur le **hamza** est **ou** ou **i**. Pour le choix de celle-ci, ainsi que de la voyelle de la deuxième consonne, il faut se référer à l'inaccompli. La voyelle de la deuxième consonne à l'impératif sera la même qu'à l'inaccompli ; si c'est **ou**, l'impératif commencera par **ou** sur **hamza** et si c'est **a** ou **i**, la voyelle sur **hamza** sera **i**.
Il y aura donc trois schémas vocaliques possibles : **ou ou** (voyelle **ou** à l'inaccompli), **i a** (voyelle **a** à l'inaccompli) et **i i** (voyelle **i** à l'inaccompli). Mais le mieux est de se familiariser avec ces formes à travers des exemples :

na<u>z</u>ara, yan<u>z</u>ourou نَظَرَ، يَنْظُرُ → **oun<u>z</u>our ! (ou-ou)** أُنْظُرْ! *regarde !* (45)
samiᶜa, yasmaᶜou سَمِعَ، يَسْمَعُ → **ismaᶜ ! (i-a)** إِسْمَعْ! *écoute !* (45)
jalasa, yajlisou جَلَسَ، يَجْلِسُ → **ijlis ! (i-i)** إِجْلِسْ! *assieds-toi !*
Au féminin, on ajoute **-ì** : **ijlisì !** *assieds-toi* (fém.) !

Les verbes dont la première lettre est un **hamza** perdent ce **hamza** à l'impératif :
khoudh ! خُذْ! *prends !* (masc.) **khoudhì !** خُذِي! *prends !* (fém.)
(et non «oukhoudh[ì]») de **akhadha, ya'khoudhou** أَخَذَ، يَأْخُذُ

• Forme II

L'impératif est toujours construit sur le même modèle
rattaba, yourattibou → **rattib !** رَتِّبْ! (you**rattib**ou) *range !* (47)

49 **nazzafa, younazzifou → nazzif !** ! نَظِّفْ (you**nazzif**ou) *nettoie !* (47)
kammala, youkammilou → kammil ! ! كَمِّلْ (you**kammil**ou) *complète !*

Pour les impératifs des formes dérivées II, III, V et VI, il n'y a pas de **hamza** initial. Il y en a un pour celles dont l'accompli commence par un **alif**, IV, VII, VIII et IX (voir le tableau des formes dérivées).

– **ta^{c}àla** تَعَالَ et **ta^{c}àlay** ! تَعَالَيْ *viens !* (masc. et fém.) (leçons 45 et 47) sont les impératifs d'un verbe irrégulier. Retenez telles quelles ces formes très usitées.

6 Masdars : emploi

Les masdars sont très employés en arabe et permettent souvent à un débutant d'éviter des constructions plus complexes. Un des exemples les plus frappants est la traduction de "vouloir + infinitif" qui peut être rendu en arabe par "que + subjonctif" – mode que nous n'avons pas encore étudié –, mais aussi plus simplement par "vouloir + masdar". Signalons encore la traduction de "il est possible de", "avant de / après avoir" et aussi "pour + infinitif" (que vous connaissiez déjà) :

ourìdou chirà'a sahìfatin أُرِيدُ شِرَاءَ صَحِيفَةً
je veux acheter (l'achat de) *un journal* (leçon 43)

يُمْكِنُ شُرْبُ شَايٍ... وَأَكْلُ لَوْزٍ
youmkinou chourbou chàyin... wa aklou laouzin...
il est possible de boire (le fait de boire) *du thé et de manger* (le-manger-ce) *des amandes* (leçon 46)

qabla khouroùjika minhà قَبْلَ خُرُوجِكَ مِنْهَا
avant d'en (= de ta chambre) sortir (avant ta-sortie d'elle) (leçon 47)

ba^{c}da isdàri awàmirihà بَعْدَ إِصْدَارِ أَوَامِرِهَا
après avoir donné (émis) *ses ordres* (après l'émission de ses-ordres) (47)

ba^{c}da chourbihi بَعْدَ شُرْبِهِ
après l'avoir bu (l'élixir) (après son-absorption / fait-de-boire-lui) (45)

li-mousà^{c}adatì ^{c}alà tanẕìfi... ...لِمُسَاعَدَتِي عَلَى تَنْظِيف
pour m'aider à nettoyer (pour-aide-moi sur nettoyage-de) (leçon 47)

li-taẖḏìri ẖalawiyàtin لِتَحْضِير حَلَوِيَات
pour préparer des gâteaux (pour la préparation de gâteaux) (47)

لِلتَّفَرُّج عَلَى أَنْوَاع مُخْتَلِفَة مِنَ ٱلنَّشَاطَات
lit-tafarrouji ^{c}alà anwà^{c}in moukhtalifatin min-a an-nachàṯàti.
pour regarder toutes sortes d'activités (pour-la-contemplation sur des sortes différentes d'activités) (45)
Vous aviez déjà rencontré cette construction avec ce même masdar à la leçon 40.

7 Négation

• *rien* : négation + chay' (indéterminé)

là + inaccompli + **chay'**
mà + accompli + **chay'**

Là amlikou chay'an. لَا أَمْلِكُ شَيْئًا
Je ne possède rien (ne-pas je-possède une-chose) (leçon 48 note 5).

Mà ra'aytou chay'an. مَا رَأَيْتُ شَيْئًا
Je n'ai rien vu (ne-pas j'ai-vu une-chose) (leçon 48, note 5).

• adjectif de sens négatif, avec préfixe *in-*, *dé-*, *non-*

ghayr غَيْر + adjectif en annexion (au cas indirect)

Firàchouka ghayrou mourattabin. فِرَاشُكَ غَيْرُ مُرَتَّب
Ton lit est en désordre (non-ordonné) (leçon 47 note 1 et Appendice grammatical §4.4).

8 Koull

koull + nom singulier indéterminé au cas indirect : *chaque, tout(e)* (voir leçon 42 § 9)
koull + nom pluriel déterminé au cas indirect : *tous les / toutes les* (leçon 47, note 3)

49 **fì koulli makànin** فِي كُلِّ مَكَانٍ
en tout / chaque endroit (47)

يَمْلِكُ كُلَّ ٱلْبُيُوتِ فِي هَٰذَا ٱلشَّارِعِ

Yamlikou koulla al-**bouyoùti fì hàdhà ach-chàri^{c}i**
Il possède toute les maisons de (dans) *cette rue* (leçon 48, exer.1, phr. 5).

À côté de cette tournure, on peut employer, avec le même sens mais de manière emphatique, le nom pluriel déterminé suivi de **koull** et d'un pronom affixe (qui reprend le nom pluriel) :
Khoudh-i al-achyà'a koullahà ... خُذِ ٱلْأَشْيَاءَ كُلَّهَا
Prends toutes les affaires... (les affaires toutes-elle = dans leur totalité) (leçon 47) ; **-i** est ici voyelle d'appui.

كُلُّهُمْ (أَلنَّاسُ كُلُّهُم) يُقَدِّرُونَنِي

Koullouhoum (ou bien **an-nàsou koullouhoum) youqaddiroùnanì.**
Tous (tous-eux = [les gens] dans leur totalité) *m'estiment* (leçon 48).

9 Chute du *noùn* final du duel et du pluriel externe

Quand le nom au duel ou au pluriel externe est en annexion (avec un autre nom ou un pronom affixe), le **noùn** final disparaît :

• Au duel

-àni → -à ; -ayni → ay

Bintà (= bintàni) al-mouhàmì. بِنْتَا ٱلْمُحَامِي
Les deux filles de l'avocat (leçon 44).

Mais, attention, si l'on ajoute le possessif de la 1re personne, **-ì** devient **-ya** :
bintà + -ì → bintàya بِنْتَايَ
mes deux filles

ibnàya إِبْنَايَ
mes deux fils (44)

سَوْفَ يَتَزَوَّجَانِ بِنْتَيِ ٱلْمُحَامِي

Saoufa yatazawwajàni bintay-i (= bintayni) al-mouhàmì.
Ils (les deux) *vont épouser les deux filles de l'avocat.*
On ajoute la voyelle d'appui **-i** à **bintay**.

li-ibnay-ka (= ibnayni + ka) لِإِبْنَيْكَ *pour tes deux fils* (44)

– Au pluriel externe

-oùna → où ; -ìna → ì
bà'i^c^oùhà (= bà'i^c^oùna + hà) بَائِعُوهَا *ses vendeurs* (43)

أَنَا أَغْنَى مُزَارِعِي ٱلْمِنْطَقَةِ
Anà aghnà mouzàri^c^ì (= mouzàri^c^ìna) al-mintaqati.
Je suis le plus riche des exploitants agricoles de la région (leçon 48).

10 alladhì أَلَّذِي - allatì أَلَّتِي : *lequel, laquelle = que, qui, dont, etc.*

Ce mot sert à relier une relative à son antécédent, mais sans indiquer la fonction précise que prend celui-ci dans la proposition subordonnée. Un pronom affixe dans la subordonnée viendra alors rappeler l'antécédent et indiquer sa fonction.
Il faut noter que **alladhì / allatì** ne s'emploie qu'après un nom déterminé. Si l'antécédent est indéterminé, on juxtapose seulement les deux membres de phrases, sans aucun mot pour les relier. Vous en avez déjà rencontré de nombreux exemples.

يَنْزِلُ ٱللَّيْلُ شَيْئًا فَشَيْئًا فَوْقَ ذَلِكَ ٱلْمَكَانِ ٱلَّذِي يَسْحَرُ ٱلْعُيُونَ وَ ٱلْقُلُوبَ
yanzilou al-laylou chay'an fa-chay'an faouqa dhalika al-makàni alladhì yas<u>h</u>arou al-^c^ouyoùna wa al-qouloùba.
la nuit descend peu à peu sur ce lieu qui ensorcelle les yeux et les cœurs (... ce lieu lequel il-ensorcelle...) (leçon 46).

Si le mot *lieu* était indéterminé, on dirait :
... فَوْقَ مَكَانٍ يَسْحَرُ ٱلْعُيُونَ وَ ٱلْقُلُوبَ
... faouqa makànin yas<u>h</u>arou al-^c^ouyoùna wa al-qouloùba.
... *sur un lieu qui ensorcelle* (un-lieu il-ensorcelle) *les yeux et les cœurs.*
On remarque que lorsque la relative est introduite en français par *qui*, en arabe il n'y a pas besoin d'un pronom pour reprendre l'antécédent.

حَيْثُ تُوجَدُ ٱلْمَحَلاَّتُ ٱلتِّجَارِيَّةُ ٱلَّتِي يَعْرِفُ بَائِعُوهَا ٱللُّغَةَ ٱلْفَرَنْسِيَّةَ
... <u>h</u>aythou toùjadou al-ma<u>h</u>allàtou át-tijàriyyatouallatì ya^c^rifou bà'i^c^oùhà al-loughata al-faransiyyata.
où se trouvent les magasins (locaux commerciaux) *dont les vendeurs*

49 *savent le français* (les magasins laquelle (= lesquels) ses vendeurs savent... = les magasins <u>dont</u> les vendeurs savent...) (43).
Il s'agit en fait – comme c'est aussi le cas lorsque l'antécédent est indéterminé – de deux propositions juxtaposées, **alladhì** indiquant seulement qu'il existe un lien entre elles deux.

11 li'anna-hou

Le pronom **-hou** qui est affixé à la conjonction **li'anna** représente une chose ou une personne qui a a été mentionnée dans le membre de phrase précédent ou bien qui va être le sujet du second membre de phrase, et, dans ce cas, on pourrait employer suivant les besoins tout autre pronom, **-ka**, **-hà**, etc. Vous connaissez cet emploi depuis la leçon 26 (note 5) et vous en avez encore un exemple à la leçon 48 :

أُقَدِّرُ هَذَا ٱلْحَكِيمَ كَثِيرًا لِأَنَّهُ يَعْرِفُ مَا هِيَ ٱلْقَنَاعَةُ

Ouqaddirou hadhà al-<u>h</u>akìma kathìran li'annahou ya^c^rifou mà hiya al-qanà^c^atou.
J'estime beaucoup ce sage parce qu'il (parce-que-lui) *sait ce qu'est se contenter [de peu]* (48, exer. 2, phrase 2).

Mais, parfois, on emploie **li'annahou** sans que le pronom se rapporte à une chose ou une personne clairement exprimée ; il s'agit alors d'une sorte de pronom neutre qui signifie "parce que cela, parce que le fait est que". Ceci est une tournure propre à l'arabe :

تَعَالَ لِتَنْظِيفِ غُرْفَةِ ٱلْإِسْتِقْبَالِ لِأَنَّهُ سَيَصِلُ ضُيُوفٌ بَعْدَ سَاعَةٍ

Ta^c^àla li-tan<u>z</u>ìfi ghourfati al-istiqbàli li'annahou sa-ya<u>s</u>ilou <u>d</u>ouyoùfoun ba^c^da sà^c^atin.
Viens nettoyer (pour nettoyage de) *la pièce de réception, parce que* (-lui ="le fait est que") *des invités vont arriver dans une heure* (47, exer. 1, phrase 3).

12 Expressions

Ta^c^àla ! / Ta^c^àlay !	! تَعَالَ /تَعَالَيْ	*Viens ! (masc./fém.)*(45, 47)
Ou^c^dhournì !	! أُعْذُرْنِي	*Excuse[z]-moi* ! (43)

Choukran jazìlan ! ! شُكْرًا جَزِيلاً *Merci beaucoup !* (43)

^{c}afwan. عَفْوًا *De rien.* (43)

Mamnoùnoun. مَمْنُونٌ *Très obligé.* (43)

Mà akhbàrouka ? مَا أَخْبَارُكَ ؟ *Quelles sont les nouvelles ?* (44)

Kayfa al-**^{c}à'ilatou ?** كَيْفَ ٱلْعَائِلَةُ ؟ *Comment va la famille ?* (44)

كُلُّهُمْ بِخَيْرٍ، ٱلْحَمْدُ لِلّٰهِ* !

Koullouhoum bi-khayrin, al-h̲amdou lil-Állahi* !
Tout le monde va bien, Dieu soit loué ! (44)

* **Allah** ﷲ s'écrit avec un **alif** suscrit (un **alif** en réduction au dessus du **chadda**) : c'est la marque d'un ancien **à** long.

Mabroùk ! مَبْرُوك! *Félicitations !* (44)

Ilà al-**liqà'i !** إِلَى ٱللِّقَاءِ ! *Au revoir !* (44)

chay'an fa-chay'an شَيْئًا فَشَيْئًا *peu à peu* (46)

ourìdou... أُرِيدُ *je veux...* (43)

ba^{c}d̲ouhoumà lil-ba^{c}d̲i بَعْضُهُمَا لِلْبَعْضِ
l'un à l'autre (44)

Ayna toùjadou / yoùjadou... أَيْنَ تُوجَدُ / يُوجَدُ
Où se trouve... ? (43)

ilà / ^{c}alà al-**yamìni /** al-**yasàri** إِلَى /عَلَى ٱلْيَمِينِ / ٱلْيَسَارِ
à droite, à gauche (43)

Mà hadhihi al-**faoud̲à ?** مَا هَذِهِ ٱلْفَوْضَى؟
Quel est ce désordre ? (47)

ضَرَبْتَ عُصْفُورَيْنِ بِحَجَرٍ وَاحِدٍ

d̲arabta ^{c}ous̲foùrayni bi-h̲ajarin wàh̲idin (44)
Faire (tu as fais) *d'une pierre deux coups.*

49 Exercice de révision : تَمْرِينُ مُرَاجَعَةٍ tamrìnou mouràja^{c}atin

❶ تَعَالَيْ ! سَنَزُورُ مَدِينَةَ مُرَّاكُش ٱلْقَدِيمَةَ

– Ta^{c}àlay ! Sa-nazoùrou madìnata Mourràkouch (a)l-qadìma(ta).

❷ مَا رَأَيْتُهَا مُنْذُ عَشْرِ سَنَوَاتٍ

Mà ra'aytouhà moundhou ^{c}achri sanawàt(in).

❸ أُعْذُرْنِي يَا سَيِّدِي ! أَيْنَ تُوجَدُ سَاحَةُ جَامِعِ ٱلْفَنَاءِ، مِنْ فَضْلِكَ ؟

– Ou^{c}dhourni, yà sayyyidì ! Ayna toùjadou sàhatou Jàmi^{c}i (a)l-Fanà'(i), min fadlik(a) ?

❹ خُذْ هَذَا ٱلشَّارِعَ أَمَامَكَ ثُمَّ تَدُورُ إِلَى ٱلْيَسَارِ ثُمَّ إِلَى ٱلْيَمِينِ

– Khoudh hadhà (a)ch-chàri^{c}a amàmak(a) thoumma tadoùrou ilà (a)l-yasàr(i) thoumma ilà (a)l-yamìn(i).

❺ عِنْدَئِذٍ تَجِدُ صَوْمَعَةَ ٱلْكُتُبِيَّةِ

^{c}inda'idhin tajidou saouma^{c}ata (a)l-Koutoubiyya(ti).

❻ هَلْ يُمْكِنُ شِرَاءُ كُتُبٍ عَرَبِيَّةٍ قَدِيمَةٍ بِٱلْقُرْبِ مِنْ هُنَا ؟

– Hal youmkinou chirà'ou koutoubin ^{c}arabiyya(tin) qadìma(tin) bil-qourbi min hounà ?

49 ⑦ نَعَمْ ! وَبَائِعُوهَا يَعْرِفُونَ ٱللُّغَاتِ ٱلْأُورُوبِّيَّةَ !

– Na^c^am, wa bà'i^c^oùhà ya^c^rifoùna (a)l-loughàti (a)l-oùroùbbiyya(ta) !

⑧ أَلْفُ شُكْرٍ !

– Alf(ou) choukr(in) !

⑨ عَفْوًا !

– ^c^Afwàn !

⑩ تَفَرَّجَ ٱلزَّوْجَانِ عَلَى ٱلسَّاحَةِ ٱلْكُبْرَى قَبْلَ زِيَارَتِهِمَا لِجَامِعِ ٱلْكُتُبِيَّةِ

Tafarraja (a)z-zaoujàni ^c^alà (a)s-sàḫati (a)l-koubrà qabla ziyàratihimà li-jàmi^c^i (a)l-Koutoubiyya(ti)

⑪ ٱلَّذِي هُوَ مِنْ أَجْمَلِ ٱلْمَسَاجِدِ فِي ٱلْعَالَمِ ٱلْعَرَبِيِّ ٱلْإِسْلَامِيِّ

(a)lladhì houwa min ajmali (a)l-masàjidi fì (a)l-^c^alami (a)l-^c^arabiyyi (a)l-islàmiyy(i).

⑫ بَعْدَ غُرُوبِ ٱلشَّمْسِ : تَعَالَ !

Ba^c^da ghouroùbi (a)ch-chams(i) : "– Ta^c^àla !

⑬ سَنَأْكُلُ ٱلْآنَ كُسْكُسًا فَاخِرًا عِنْدَ صَدِيقَتِي ٱلْكَبِيرَةِ لَطِيفَةَ

Sa-na'koulou (a)l-àna "kouskousan" fàkhiran ^c^inda ṣadìqatì (a)l-kabìra(ti) Laṭìfa(tin)."

Traduction

❶ – Viens (fém.) ! Nous allons visiter la vieille ville de Marrakech. ❷ Je ne l'ai pas vue depuis dix ans. ❸ – Excuse[z]-moi, monsieur ! Où se trouve la place Jema^{c}a (a)l-F'na, s'il vous *(te)* plaît ? ❹ – Prenez *(prends)* cette rue devant vous *(toi)*, puis vous tournez à *(tu-tournes vers la)* gauche, puis à droite. ❺ Tu vas trouver *(tu trouves)* alors le minaret de la Koutoubia. ❻ – Est-ce qu'il est possible d'acheter *(l'achat de)* des livres anciens [en] arabe à proximité d'ici ? ❼ – Oui, et les vendeurs *(les vendeurs-d'elle)* connaissent les langues européennes ! ❽ – Mille mercis ! ❾ – De rien ! ❿ Les deux époux ont regardé *(sur)* la Grand'Place avant de visiter *(leur-visite-à-tous-deux)* de *(pour)* la mosquée de la Koutoubia, ⓫ qui est une des plus belles *(lequel lui de=parmi plus-beau des)* mosquées du monde arabo-islamique *(l'arabe l'islamique)*. ⓬ Après le coucher du soleil : – Viens (masc.) ! ⓭ Nous allons manger maintenant *(le moment-[dir])* un couscous somptueux *(de luxe)* chez ma grande amie Latifa.

Lecture de deuxième vague

1 تعالي! سنزور مدينة مرّاكش ٱلقديمة

2 مارأيتها منذ عشر سنوات

3 أعذرني يا سيّدي! أين توجد ساحة جامع ٱلفناء، من فضلك ؟

4 خذ هذا ٱلشّارع أمامك ثمّ تدور إلى ٱليسار ثمّ إلى ٱليمين

5 عندئذ تجد صومعة ٱلكتبيّة

6 هل يمكن شراء كتب عربيّة قديمة بٱلقرب من هنا؟

7 نعم! وباعوها يعرفون ٱللغات ٱلأوروبّيّة !

8 ألف شكر!

9 عفوا!

10 تفرّج ٱلزّوجان على ٱلساحة ٱلكبرى قبل زيارتهما لجامع ٱلكتبيّة

11 ٱلّذي هو من أجمل ٱلمساجد في ٱلعالم ٱلعربيّ ٱلإسلاميّ

12 بعد غروب ٱلشّمس :تعال!

13 سنأكل ٱلآن كسكسا فاخرا عند صديقتي ٱلكبيرة لطيفة

Félicitations, vous voici arrivé à la fin de la première phase de votre apprentissage. À partir de demain vous commencerez la "phase active", c'est-à-dire qu'après l'étude de votre leçon 50, vous reprendrez la "lecture de deuxième vague" située à la fin de la première leçon : il s'agit de lire le texte sans voyelles et de le traduire en français.
Afin de vérifier que vous êtes maintenant en mesure de construire vos propres phrases, vous pouvez également prendre le texte français et le traduire en arabe.
Le jour suivant, vous ferez de même avec la leçon 2, après votre leçon 51, et ainsi de suite jusqu'à la fin de votre étude.
En route pour la nouvelle vague !

Dans cette nouvelle série de leçons, nous continuons à supprimer dans la prononciation, bon nombre de voyelles finales, ainsi que les ***tà' marboùṯa****, tout en conservant certaines terminaisons qui concernent des acquis grammaticaux récents. Toutefois, s'il vous semble*

50 Cinquantième leçon (ad-darsou al-khamsoùna)

Imra'atoun moustaᶜjilatoun
Une femme pressée

1 **Intaẕarat** ① **Yàsmìna**toun **daourahà mouddatan ṯawìla**tan.
Yasmìna a attendu longtemps son tour *(une durée[dir.] une longue[dir])*.

2 **Akhìran, wasalat ilà** ach-**choubbàki wa arsalat** ② **ṯardan ilà al-khàriji.**
Enfin, elle est arrivée au guichet et a envoyé un colis à l'étranger *(à l'extérieur)*.

Notes

① **intaẕara-t** إِنْتَظَرَتْ *elle a attendu* est la VIIIe forme du verbe **naẕara, yanẕourou (ilà)** ...نَظَرَ، يَنْظُرُ إِلَى *regarder*. Elle se caractérise par la préfixation de **i-** et l'insertion de **-ta-** après la première consonne : **iNtaẔaRa** à l'accompli et **yaNtaẔiRou** à l'inaccompli. La VIIIe forme peut être une réfléchie de la Ire ou bien exprimer un effort du sujet pour accomplir une action à son profit, ce qui est le cas ici : regarder en étant tendu vers quelque chose, être dans l'attente d'une chose, d'où *attendre*.

② **arsala-t** أَرْسَلَتْ *elle a envoyé*. Il s'agit de la IVe forme d'une racine inusitée **rasala** (dont dérive **risàlat** رِسَالَة *lettre*) qui se caractérise par la préfixation de **a-** : **arsala**, **yoursilou** أَرْسَلَ، يُرْسِلُ. La IVe forme a essentiellement un sens factitif (*faire faire*...), ici *faire parvenir, envoyer, expédier*. Le masdar *plus facile de retenir les règles grammaticales en prononçant toutes les finales, procédez ainsi pour l'instant. Ne vous inquiétez pas : passer d'une lecture scolaire à celle du parler quotidien se fera très aisément dès que vous en ressentirez vous-même le besoin !*

٥٠ أَلدَّرْسُ ٱلْخَمْسُونَ

إِمْرَأَةٌ مُسْتَعْجِلَةٌ

١ إِنْتَظَرَتْ يَاسْمِينَةُ دَوْرَهَا مُدَّةً طَوِيلَةً

٢ أَخِيرًا وَصَلَتْ إِلَى ٱلشُّبَّاكِ وَأَرْسَلَتْ طَرْدًا إِلَى ٱلْخَارِجِ

▸ de cette forme se construira sur le modèle de **irsàl** إِرْسَال *l'envoi* (**iRSàL**) à la phrase 3.
Vous rencontrez de même, à la phrase 8, **aouqafa**, **yoùqifou** أَوْقَفَ، يُوقِفُ *arrêter*, IVe forme de **waqafa**, **yaqifou** وَقَفَ ، يَقِفُ, *être arrêté*, *s'arrêter*. Notez l'écriture particulière de ce verbe commençant par un **wàw** : à l'inaccompli, le **ou** de la première syllabe est prolongé par un **wàw**, alors qu'on s'attendrait à un **wàw** surmonté d'un **soukoùn**. Ne vous arrêtez pas pour l'instant à ce détail d'écriture et apprenez tel quel l'inaccompli de ce verbe, sur lequel vous formerez celui d'autres verbes de ce type (c'est-à-dire avec un **wàw** initial).
En ce qui concerne **aràda-t** أَرَادَتْ *elle a voulu,* qui apparaît à la phrase 3, il s'agit d'un verbe irrégulier à la IVe forme, dont vous connaissez déjà l'inaccompli : **ouridou** أُرِيدُ *je veux*, **tourìdou** تُرِيدُ *tu veux*, *elle veut*, **yourìdou** يُرِيدُ *il veut*, etc. Nous l'analyserons plus tard. Mais nous vous conseillons de bien apprendre à le conjuguer, car vous aurez beaucoup à l'utiliser.

50

3 **Thoumma aràdat** ② **irsàla** ② **risàlatin mousajjala**tin
Puis elle a voulu envoyer *(l'envoi d')* une lettre recommandée

4 **walakin li-dhalika kàna ᶜalayhà an tadhhaba ilà choubbàkin àkhara** ③.
mais pour cela il lui a fallu aller *(il-était sur-elle que elle-aille vers)* à un autre guichet.

5 **Kànat Yàsmìna**toun **moustaᶜjila**tan... **wajadat nafsahà, marratan oukhrà, amàma t̲àboùrin t̲awìli**n
Yasmina était pressée... elle s'est trouvée *(elle-même)*, une autre fois, devant une longue queue

6 **fa-qàlat li-rajoulin wàqif**in **fì mouqaddimatihi :**
et elle a dit à un homme qui était au début [de la queue] *(à-un-homme se-tenant-debout dans son-devant)* :

7 – **Min fad̲likа, yà sayyidì ! Anà moustaᶜjilatoun jiddan :**
S'il vous *(te)* plaît, monsieur ! Je suis très pressée :

8 **aouqaftou** ② **sayyàratì fì makànin mamnoùᶜ**oun **al-wouqoùfou fìhi !**
j'ai garé *(arrêté)* ma voiture dans un endroit interdit *(interdit l'arrêt dans-lui)*.

9 – **Ladayya** ④ **al-waqt**ou **! ... Tafad̲d̲alì** ⑤ **!... Khoudhì makànì !**
J'ai le temps, [moi] *(chez-moi le-temps)* ! ... Je vous *(t')* en prie ... Prenez *(prends)* ma place !

Notes

③ **kàna ᶜalayhà an tadhhaba ilà choubbàkin àkhara** كَانَ عَلَيْهَا أَنْ تَذْهَبَ إِلَى شُبَّاكٍ آخَرَ *elle a été obligée d'aller à un autre guichet* (il-était sur-elle qu'elle aille vers...).
Voici une autre façon d'exprimer l'obligation. On pourrait dire aussi **kàna là boudda lahà min-a adh-dhahàbi...**

50

٣ ثُمَّ أَرَادَتْ إِرْسَالَ رِسَالَةٍ مُسَجَّلَةٍ

٤ وَلَكِنْ لِذَلِكَ كَانَ عَلَيْهَا أَنْ تَذْهَبَ إِلَى شُبَّاكٍ آخَرَ

٥ كَانَتْ يَاسْمِينَةُ مُسْتَعْجِلَةً...وَجَدَتْ نَفْسَهَا
مَرَّةً أُخْرَى أَمَامَ طَابُورٍ طَوِيلٍ

٦ فَقَالَتْ لِرَجُلٍ وَاقِفٍ فِي مُقَدِّمَتِهِ :

٧ – مِنْ فَضْلِكَ يَا سَيِّدِي ! أَنَا مُسْتَعْجِلَةٌ جِدّاً

٨ أَوْقَفْتُ سَيَّارَتِي فِي مَكَانٍ مَمْنُوعٌ ٱلْوُقُوفُ فِيهِ !

٩ – لَدَيَّ ٱلْوَقْتُ ! ...تَفَضَّلِي ! خُذِي مَكَانِي !

▸ كَانَ لاَ بُدَّ لَهَا مِنَ ٱلذَّهَاب (il était pas d'issue pour-elle [hors] du fait-d'aller...). La tournure "**ᶜalà** + pronom + **an**" est suivie d'un verbe au subjonctif. **Tadhhaba** تَذْهَبَ *qu'elle aille* se distingue de l'inaccompli **tadhhabou** تَذْهَبُ *elle va* uniquement par la voyelle terminale **a**. Et ceci, à toutes les formes, de la Ire à la Xe ! Vous voyez que ce n'est pas bien difficile ! Vous l'avez compris, ce qu'il faut surtout retenir pour la conjugaison des verbes, ce sont les schémas vocaliques. À chaque verbe rencontré, répétez l'accompli, l'inaccompli et le subjonctif de la 3e personne du singulier. Vous verrez que cela se fixera dans votre mémoire très rapidement.
Avec le subjonctif, vous allez désormais pouvoir exprimer quantité de notions qui vous faisaient encore défaut.

④ **ladayya = ladà + -ì** لَدَى+ي *chez moi, à moi*, comme **ᶜalayya** عَلَيَّ *sur moi* ; **ladà** est une préposition équivalant à **ᶜinda**, très usitée également.

⑤ Retenez, à côté de **tafaddal !** تَفَضَّلْ! *je t'en prie*, **tafaddalì !** que vous emploierez lorsque vous vous adresserez à une femme.

50 **10 Walakin, fì al-moustaqbali, outroukì sayyàrataki fì al-kàràj !** □
Mais, à l'avenir, laissez *(laisse)* votre *(ta)* voiture au *(dans le)* garage !

Désormais, vous n'aurez plus qu'un exercice, celui de traduction.

Exercice 1 : تَرْجِمْ Tarjim !

❶ لَا أُرِيدُ أَنْ أَتْرُكَ سَيَّارَتِي فِي هَذَا ٱلْمَكَانِ ٱلَّذِي هُوَ غَيْرُ مُنَاسِبٍ لَهَا

Là ourìdou an atrouka sayyàratì fì hadhà (a)l-makàni (a)lladhì houwa ghayrou mounàsibin* lahà.

❷ إِنْتَظَرْنَا دَوْرَنَا مَرَّةً أُخْرَى فِي طَابُور طَوِيل

Intazarnà daouranà, marratan oukhrà, fì tàboùrin tawìl(in).

❸ كَانَتِ ٱلْمَرْأَتَانِ مُسْتَعْجِلَتَيْنِ فَأَوْقَفَتَا سَيَّارَتَهُمَا فِي وَسَطِ ٱلشَّارِعِ

Kànat-i (a)l-mar'atàni mousta^{c}jilatayni fa-aouqafatà sayyàratahoumà fì wasati (a)ch-chàri^{c}(i).

❹ أَرَدْنَا إِرْسَالَ رَسَائِلَ مُسَجَّلَةً

Aradnà irsàla rasà'ila mousajjala(tin).

❺ لَابُدَّ لَنَا مِنَ ٱلذَّهَابِ إِلَى شُبَّاكٍ آخَرَ

Là boudda lanà min-a (a)dh-dhahàbi ilà choubbàkin àkhara.

❻ لِمَاذَا عَلَيْنَا أَنْ نَقِفَ مُدَّةً طَوِيلَةً أَمَامَ ٱلشَّبَابِيكِ ؟

Limàdhà ^{c}alaynà an naqifa mouddatan tawìla(tan) amàma (a)ch-chabàbìk(i) ?

❼ كَمْ لِإِرْسَالِ هَذَا ٱلطَّرْدِ ٱلصَّغِيرِ إِلَى ٱلْخَارِجِ، مِنْ فَضْلِكَ ؟

Kam li-irsàli hadhà (a)t-tardi (a)s-saghìr(i) ilà (a)l-khàrij(i), min fadlik(a) ?

50 ١٠ وَلَكِنْ، فِي ٱلْمُسْتَقْبَلِ، أُتْرُكِي سَيَّارَتَكِ فِي ٱلْكَارَاجِ!

إِمْرَأَةٌ مُسْتَعْجِلَةٌ

Corrigé de l'exercice

❶ Je ne veux pas laisser *(que je laisse)* ma voiture à cet endroit qui ne convient pas *(lequel lui non convenant pour-elle)*. ❷ Nous avons attendu notre tour, une autre fois, dans une longue file [de personnes]. ❸ Les deux femmes étaient pressées et elles ont arrêté leur voiture *(à elles deux)* au milieu de la rue. ❹ Nous avons voulu envoyer *(l'envoi de)* des lettres recommandées. ❺ Il faut absolument que nous allions *(pas d'issue pour-nous du fait-d'aller)* à un autre guichet. ❻ Pourquoi devons-nous attendre *(sur-nous que nous-nous-tenions-debout)* un long moment devant les guichets ? ❼ C'est combien pour expédier *(l'envoi de)* ce petit colis à l'étranger, s'il vous *(te)* plaît ?

* **mounàsib** مُنَاسِب *qui convient* (de la même racine que **mounàsabat** مُنَاسَبَة *corrélation, occasion*, à la leçon 36).

L'homme courtois, qui cède sa place à la protagoniste de cette petite histoire, aurait pu employer à son adresse cette expression très usitée dans le monde arabe :

إِنَّ ٱللّٰهَ مَعَ ٱلصَّابِرِينَ

Inna Allaha ma^c^a as-sàbirìna.

(Certes) Dieu [est] avec les patients.

Lecture de deuxième vague

إمرأة مستعجلة

١ إنتظرت ياسمينة دورها مدّة طويلة

٢ أخيرا وصلت إلى ٱلشّبّاك وأرسلت طردا إلى ٱلخارج

٣ ثمّ أرادت إرسال رسالة مسجّلة

٤ ولكن لذلك كان عليها أن تذهب إلى شبّاك آخر

---

51 Cinquante et unième leçon (ad-darsou al-hàdì wa al-khamsoùna)

Fì maktabi al-barìdi al-kabìri
À *(au bureau de)* la Grand'Poste

1 **Fì al-yaoumi at-tàlì, ta**ᶜ**oùdou Yàsmìna**toun **ilà maktabi al-barìd**i
(Dans) le jour suivant, Yasmina retourne au bureau de poste

2 **machyan** ᶜ**alà al-aqdàm**i ① **hadhihi al-marrat**a**.**
à pied *(en-marche sur les pieds)* cette fois-ci *(dir.)*.

3 ᶜ**alayhà an toursila** ② **al-**ᶜ**adìd**a **min-a al-bitàqàt**i **al-barìdiyyat**i **bi-mounàsabati** ᶜ**idi ra'si as-sanat**i**.**
Elle doit envoyer *(sur-elle qu'elle envoie)* un *(le)* [grand] nombre de cartes postales à l'occasion de la fête du premier de l'an *(de la tête de l'année)*.

4 **Tatawajjahou al-mar'at**ou **ilà al-mouwazzafat**i **qà'ilatan :**
La femme s'adresse à l'employée [du guichet] en disant :

Notes

① **machyan** ᶜ**alà al-aqdàmi** مَشْيًا عَلَى ٱلأَقْدَام signifie *en marchant* "avec marche sur les pieds". Le mot **machyoun** مَشْيٌ

٥ كانت ياسمينة مستعجلة...وجدت نفسها مرّة أخرى أمام طابور طويل

٦ فقالت لرجل واقف في مقدّمته:

٧ – من فضلك يا سيّدي ! أنا مستعجلة جدّا

٨ أوقفت سيّارتي في مكان ممنوع ٱلوقوف فيه !

٩ – لديّ ٱلوقت... تفضّلي! خذي مكاني!

١٠ ولكن، في ٱلمستقبل، أتركي سيّارتك في ٱلكاراج !

---

٥١ أَلدَّرْسُ ٱلْحَادِي وَٱلْخَمْسُونَ

فِي مَكْتَبِ ٱلْبَرِيدِ ٱلْكَبِيرِ

١ فِي ٱلْيَوْمِ ٱلتَّالِي، تَعُودُ يَاسْمِينَةٌ إِلَى مَكْتَبِ ٱلْبَرِيدِ

٢ مَشْيًا عَلَى ٱلأَقْدَامِ، هَذِهِ ٱلْمَرَّةَ

٣ عَلَيْهَا أَنْ تُرْسِلَ ٱلْعَدِيدَ مِنَ ٱلْبِطَاقَاتِ ٱلْبَرِيدِيَّةِ بِمُنَاسَبَةِ عِيدِ رَأْسِ ٱلسَّنَةِ

٤ تَتَوَجَّهُ ٱلْمَرْأَةُ إِلَى ٱلْمُوَظَّفَةِ قَائِلَةً:

▸ *marche*, est au cas direct pour indiquer la manière, lui donnant ainsi une valeur adverbiale. L'emploi de **ᶜalà al-aqdàmi** est une redondance, mais d'un usage courant.

② **ᶜalayhà an toursila** عَلَيْهَا أَنْ تُرْسِلَ *il faut* (sur elle) *qu'elle envoie* : voici un autre exemple de subjonctif, comme dans la leçon précédente (voir note 3). À partir de **arsala, yoursilou** (IVᵉ) أَرْسَلَ، يُرْسِلُ on forme **toursilou** تُرْسِلُ, *elle envoie* ; on remplace le **ou** final par **a** et l'on obtient le subjonctif : **toursila** (ne pas confondre avec le schéma vocalique de l'accompli au passif !).

5 – **A^c^ṯinì daftara ṯawàbi^c^a min fa<u>d</u>liki !**
Donne[z]-moi un carnet de timbres, s'il vous *(te)* plaît !

6 **Hal youmkinounì an oursila** ③ **barqiyyatan ?**
Est-ce qu'il m'est possible *(il-est-possible-à-moi)* d'envoyer *(que j'envoie)* un télégramme ?

7 – **Na^c^am. Sajjilì hounà na<u>ss</u>a al-barqiyyati wa ^c^ounwàna al-moursali ilayhi** ④.
Oui. Inscrivez *(inscris-fém.)* ici le texte du télégramme et l'adresse du destinataire *(l'envoyé vers-lui)*.

8 **Ta<u>d</u>a^c^ou Yàsmìnatoun al-biṯàqàti al-barìdiyyata fì <u>s</u>oundoùqin qarìbin min-a ach-choubbàki,**
Yasmina met les cartes postales dans une boîte proche du guichet,

9 **thoumma taqoùlou :**
puis elle dit :

10 – **Anà ma<u>hz</u>où<u>z</u>atoun : al-joumhoùrou qalìloun al-yaouma !**
J'ai de la chance *(moi chanceuse)* ! Il y a peu de monde *(le public [est] peu)* aujourd'hui !

11 **^c^alà koulli <u>h</u>àlin, a^c^tarifou bi'anna** ⑤ **al-machya ^c^alà al-aqdàmi khayroun min akhdhi as-sayyàrati fì wasaṯi al-moudouni.** □
En tout cas *(état)*, je reconnais qu'il vaut mieux aller à pied que prendre la voiture en centre-ville *(je reconnais avec-fait-que la-marche sur les pieds [est] mieux de(=que) prise de la voiture dans le centre des villes)*.

Notes

③ **Hal youmkinou-nì an oursila barqiyyatan ?**
هَل يُمْكِنُنِي أَنْ أُرْسِلَ بَرْقِيَّةً ؟ *est-ce qu'il m'est possible d'envoyer* (que j'envoie) *un télégramme ?* Vous notez que l'on suffixe le pronom au verbe **youmkinou**. Après ce dernier, on peut employer soit un **ma<u>s</u>dar**, soit **an** suivi d'un subjonctif.

٥ – أَعْطِينِي دَفْتَرَ طَوَابِعَ مِنْ فَضْلِكِ

٦ هَلْ يُمْكِنُنِي أَنْ أُرْسِلَ بَرْقِيَّةً ؟

٧ – نَعَمْ ! سَجِّلِي هُنَا نَصَّ ٱلْبَرْقِيَّةِ وَعُنْوَانَ ٱلْمُرْسَلِ إِلَيْهِ

٨ تَضَعُ يَاسْمِينَةُ ٱلْبِطَاقَاتِ ٱلْبَرِيدِيَّةَ فِي صُنْدُوقٍ قَرِيبٍ مِنَ ٱلشُّبَّاكِ

٩ ثُمَّ تَقُولُ:

١٠ – أَنَا مَحْظُوظَةٌ، أَلْجُمْهُورُ قَلِيلٌ أَلْيَوْمَ !

١١ عَلَى كُلِّ حَالٍ، أَعْتَرِفُ بِأَنَّ ٱلْمَشْيَ عَلَى ٱلْأَقْدَامِ خَيْرٌ مِنْ أَخْذِ ٱلسَّيَّارَةِ فِي وَسَطِ ٱلْمُدُنِ

فِي مَكْتَبِ ٱلْبَرِيدِ ٱلْكَبِيرِ

④ **moursal ilayhi** مُرْسَل إِلَيْهِ signifie *celui à qui on envoie* (littéralement "l'envoyé vers-lui"), *le destinataire* ; **moursal** est le participe passif de **arsala** alors que **moursil** est le participe actif et signifie l'expéditeur. Nous l'avions déjà signalé : le participe en **i** a un sens actif et celui en **a** un sens passif.

⑤ **a^{c}tarifou bi'anna al-machya ^{c}alà al-aqdàmi...** أَعْتَرِفُ بِأَنَّ ٱلْمَشْيَ عَلَى ٱلْأَقْدَام *je reconnais qu'aller à pied* (marche sur les pieds)... **i^{c}tarafa, ya^{c}tarifou** est une VIIIe forme et se construit avec **bi-** ; rappelez-vous qu'après **anna**, on met le nom qui suit au cas direct (ici **machy-a**).

Exercice 1 : تَرْجِمْ Tarjim !

❶ نَحْنُ سَنَعُودُ مَشْيًا عَلَى ٱلْأَقْدَامِ إِلَى مَكْتَبِ ٱلْبَرِيدِ
Nahnou sa-na^{c}oùdou machyan ^{c}alà (a)l-aqdàm(i) ilà maktabi (a)l-barìd(i).

❷ عَلَيْنَا أَنْ نُرْسِلَ ٱلْبِطَاقَاتِ ٱلْبَرِيدِيَّةَ ٱلَّتِي كَتَبْنَاهَا يَوْمَ أَمْسِ
^{c}alaynà an noursila (a)l-bitàqàti (a)l-barìdiyya(ta) (a)llatì katabnàhà yawma ams(i).

❸ عَلَيْكَ أَنْ تُسَجِّلَ نَصَّ ٱلْبَرْقِيَّةِ هُنَا
^{c}alayka an tousajjila nassa (a)l-barqiyya(ti) hounà.

❹ إِذْهَبْ إِلَى مَكْتَبِ ٱلْبَرِيدِ لِإِرْسَالِ رِسَالَتِي هَذِهِ
Idhhab ilà maktabi (a)l-barìd(i) li-irsàli risàlatì hadhihi.

❺ هَلْ يُمْكِنُنِي أَنْ أَنْتَظِرَ هُنَا ؟
Hal youmkinounì an antazira hounà ?

❻ يَتَوَجَّهُ ٱلرَّجُلُ إِلَى ٱلْمُوَظَّفَةِ لِأَنَّهُ يُرِيدُ شِرَاءَ دَفْتَرِ طَوَابِعَ
Yatawajjahou (a)r-rajoul(ou) ilà (a)l-mouwazzafa(ti) li'annahou yourìdou chirà'a daftari tawàbi^{c}(a).

❼ هَلْ يُمْكِنُنَا أَنْ نَذْهَبَ مَشْيًا إِلَى ٱلسَّاحَةِ ٱلْكُبْرَى ؟
Hal youmkinounà an nadhhaba machyan ilà (a)s-sàhati (a)l-koubrà ?

La tradition des vœux de Nouvel An est un emprunt à l'Occident et s'appuie donc sur le calendrier grégorien. C'est la même chose pour la fête de Noël, qui est une occasion d'offrir des cadeaux. Mais ces célébrations n'ont rien ou peu à voir avec l'année musulmane qui, de plus, est lunaire et dont le début change chaque année. Ces fêtes allogènes ont été adoptées en pays arabes surtout pour des raisons commerciales, comme Halloween en France. On trouvera donc des cartes de vœux dans les magasins disant :

Corrigé de l'exercice

❶ Nous allons retourner à pied *(en marche sur les pieds)* au bureau de poste. ❷ Il faut *(sur nous)* que nous envoyions les cartes postales que nous avons écrites *(lesquelles nous-les-avons-écrites)* hier. ❸ Il faut *(sur toi)* que tu inscrives ici le texte du télégramme. ❹ Va au bureau de poste pour envoyer *(pour-l'envoi-de)* ma lettre que voici *(celle-ci)*. ❺ Est-ce qu'il m'est possible d'attendre *(que j'attende)* ici ? ❻ L'homme s'adresse à l'employée parce qu'il *(parce que-lui)* veut acheter *(l'achat d')* un carnet de timbres. ❼ Est-ce qu'il nous est possible d'aller *(que nous allions)* en marchant jusqu'à la Grand' Place ?

Lecture de deuxième vague

في مكتب ٱلبريد ٱلكبير

١ في ٱليوم ٱلتّالي تعود ياسمينة إلى مكتب ٱلبريد
٢ مشيا على ٱلأقدام، هذه ٱلمرّة
٣ عليها أن ترسل ٱلعديد من ٱلبطاقات ٱلبريديّة بمناسبة عيد رأس ٱلسّنة
٤ تتوجّه ٱلمرأة إلى ٱلموظّفة قائلة :
٥ – أعطيني دفتر طوابع من فضلك
٦ هل يمكنني أن أرسل برقيّة ؟
٧ – نعم ! سجّلي هنا نصّ ٱلبرقيّة وعنوان ٱلمرسل إليه
٨ تضع ياسمينة ٱلبطاقات ٱلبريديّة في صندوق قريب من ٱلشّبّاك
٩ ثمّ تقول :
١٠ – أنا محظوظة، ألجمهور قليل أليوم !
١١ على كلّ حال، أعترف بأنّ ٱلمشي على ٱلأقدام خير من أخذ ٱلسّيّارة في وسط ٱلمدن !

كُلُّ عَامٍ وَ(أَنْتَ) أَنْتُمْ بِخَيْرٍ

Koullou ᶜàmin wa (anta) antoum bi-khayrin !
Bonne année *(toute l'année et toi / et vous avec-bien)* !

52 Cinquante-deuxième leçon (ad-darsou ath-thànì wa al-khamsoùna)

Ghourfatoun fàkhiratoun
Une chambre de luxe

1 – **Sabàha al-khayri ! Ahtàjou** ① **ilà ghourfatin wàsi^{c}atin wa nazìfa**tin
Bonjour ! J'ai besoin d'une *(vers)* chambre vaste et propre

2 **ma^{c}a chourfa**tin **wa jihàz**i **tilifizyoùn**in **wa al-intarnat...**
avec un balcon, *(et)* un téléviseur *(appareil de télévision)* et *(l')* Internet...

3 – **Wa rakhìsa**tin, **tab^{c}an !**
Et *(une)* pas chère, naturellement !

4 – **Bi-a**d**-dabt**i **!**
Exactement *(avec l'exactitude)* !

5 – **Mà hajazta, yà sayyidì. A-laysa ka-dhalik**a **?**
Vous n'avez pas réservé, monsieur. N'est-ce pas *(est-ce-qu'il-n'est-pas comme-cela)* ?

6 – **Là. Mà hajaztou.**
Non. Je n'ai pas réservé.

7 – **Idhan, sa-takoùnou laka ghourfa**toun **nazìfa**toun **walakin dayyiqa**toun **wa mouzlima**toun ②**,**
Alors *(donc)* ce sera *(elle-sera)* pour vous une chambre propre, mais exigüe *(étroite)* et sombre,

Notes

① **ahtàjou ilà ghourfatin** أَحْتَاجُ إِلَى غُرْفَة *j'ai besoin d'une chambre*, de **ihtàja, yahtàjou** ; il s'agit d'une VIIIe forme dérivée de la racine HWJ inusitée, mais dont vous connaissez le nom qui en est tiré : **hàjat** حَاجَة *besoin*. Le **à** long de ces formes "cache" un **wàw** ou un **yà'** comme deuxième consonne. Ce type de verbes

٥٢ أَلدَّرْسُ ٱلثَّانِي وَ ٱلْخَمْسُونَ

غُرْفَةٌ فَاخِرَةٌ

١ – صَبَاحَ ٱلْخَيْرِ ! أَحْتَاجُ إِلَى غُرْفَةٍ وَاسِعَةٍ وَنَظِيفَةٍ
٢ مَعَ شُرْفَةٍ وَجِهَازِ تِلِفِزْيُونٍ وَٱلْإِنْتَرْنَت...
٣ – وَرَخِيصَةٍ طَبْعًا !
٤ – بِٱلضَّبْطِ !
٥ – مَا حَجَزْتَ يَا سَيِّدِي. أَلَيْسَ كَذَلِكَ ؟
٦ – لاَ ! مَا حَجَزْتُ
٧ – إِذَنْ سَتَكُونُ لَكَ غُرْفَةٌ نَظِيفَةٌ وَلَكِنْ ضَيِّقَةٌ وَمُظْلِمَةٌ

▸ présente des irrégularités, comme vous l'avez déjà observé sans vous y arrêter. Nous y reviendrons à la leçon 56.

② **mouzlimatoun** مُظْلِمَةٌ *sombre.* Commencez maintenant à rechercher la racine des mots ; **mou-** est un préfixe – que vous avez fréquemment rencontré – et qui est la marque du participe (de la forme II à X). Il s'agit d'un participe actif, puisque sa dernière voyelle est **-i** (une fois que vous avez ôté la marque du féminin). La racine est donc ZLM : le verbe **zalama**, **yazlimou** ظَلَمَ، يَظْلِمُ veut dire *causer du tort à, opprimer.* La IVe forme **azlama**, **youzlimou** أَظْلَمَ، يُظْلِمُ signifie *obscurcir, être sombre, obscur*, d'où son participe **mouzlim** مُظْلِم *sombre, obscur.* L'Océan Atlantique se disait au Moyen Âge : **Bahrou az-Zouloumàt** بَحْرُ ٱلظُّلُمَات *la Mer des Ténèbres.*

8 **bila chourfat**in **maᶜa douchch faqat wa jihàzi tilifizyoùn**in **là yachtaghilou** ③ **hàlyan.**
sans balcon, avec douche seulement, et [avec] poste de télévision [qui] ne fonctionne pas actuellement,

9 **wa hadhà koullouhou mouqàbila ᶜichrìna dìnàr**an **; anta mouwàfiq**oun **?**
et tout cela pour *(en-contrepartie-de)* vingt dinars ; vous êtes *(tu es)* d'accord ?

10 – **Roubbamà... anà moutaraddid**oun**... fì** an-**nihày**ati **saoufa aktafì** ④ **bihà li'annanì moutᶜab**oun**.**
Euh *(peut-être)*... j'hésite *(je [suis] hésitant)*... finalement je vais m'en contenter *(d'elle)*, parce que [je suis] fatigué.

11 – **Ghadan, in chà'a** Allah**ou, sa-ouᶜtìka** ⑤ **ghourfatan afkhara** ⑥ **touchrifou ᶜalà** as-**sàh**ati**.**
Demain, si Dieu le veut, je vous *(te)* donnerai une chambre plus luxueuse [qui] donne sur la place.

12 **Tafaddal ! Hadhà houwa miftàh**ou al-**ghourf**ati**.** □
Je vous *(t')* en prie, voici *(celui-ci lui [est])* la clé de la chambre.

Notes

③ **yachtaghilou** يَشْتَغِلُ *il fonctionne*, de **ichtaghala** إِشْتَغَلَ, VIIIe forme de **chaghala, yachghalou** شَغَلَ، يَشْغَلُ *occuper (une place, un emploi, son temps), travailler.*

④ **aktafì bi-** أَكْتَفِي بِـ *je me contente de*, de **iktafà**, **yaktafì** إِكْتَفَى، يَكْتَفِي, VIIIe forme de **kafà, yakfì** كَفَى، يَكْفِي *suffire* ; nous avions déjà rencontré ce verbe. Il faut noter que les verbes dont la troisième consonne est **wàw** ou **yà** – comme c'est le cas pour la deuxième consonne (voir note 1) –, présentent des irrégularités dans leur conjugaison. ▸

٨ بِلاَ شُرْفَةٍ مَعَ دُشّ فَقَطْ وَجِهَازِ تِلِفِزْيُونٍ لاَ يَشْتَغِلُ حَالِيًا

٩ وَهَذَا كُلُّهُ مُقَابِلَ عِشْرِينَ دِينَارًا، أَنْتَ مُوَافِقٌ ؟

١٠ – رُبَّمَا... أَنَا مُتَرَدِّدٌ... فِي ٱلنِّهَايَةِ سَوْفَ أَكْتَفِي بِهَا لِأَنِّي مُتْعَبٌ

١١ – غَدًا، إِنْ شَاءَ ٱللّٰهُ، سَأُعْطِيكَ غُرْفَةً أَفْخَرَ تُشْرِفُ عَلَى ٱلسَّاحَةِ

١٢ تَفَضَّلْ ! هَذَا هُوَ مِفْتَاحُ ٱلْغُرْفَةِ

⑤ **ouᶜt̲ì-ka** أُعْطِيكَ *je te donne* ; il s'agit ici de la IVe forme **aᶜt̲à**, **youᶜt̲ì** أَعْطَى، يُعْطِي de la racine ᶜ T̲W. Apprenez par cœur la conjugaison de ce verbe très usité. Vous analyserez son irrégularité plus tard (voir leçon 56).

⑥ **ghourfatan afkhar-a** غُرْفَةً أَفْخَرَ *une chambre plus luxueuse* : vous y avez reconnu l'élatif de **fàkhir** فَاخِر *luxueux*. L'élatif étant diptote, il n'y a pas de **tanwìn** au cas direct indéterminé. Il faut également remarquer que, bien que **ghourfat** soit du féminin, l'élatif reste au masculin. C'est un cas assez fréquent.

52 Exercice 1 : تَرْجِمْ Tarjim !

❶ أَحْتَاجُ إِلَى غُرْفَةٍ تُشْرِفُ عَلَى سَاحَةِ وَسَطِ ٱلْمَدِينَةِ

Ahtàjou ilà ghourfa(tin) touchrifou ᶜalà sàhati wasati (a)l-madìnat(i).

❷ لَا يَشْتَغِلُ جِهَازُ ٱلتِّلِفِزْيُونِ ٱلَّذِي هُوَ فِي غُرْفَتِي... أَلَيْسَ كَذَلِكَ ؟

Là yachtaghilou jihàzou (a)t-tilifizyoùn(i) (a)lladhì houwa fì ghourfatì... A laysa ka-dhalik(a) ?

❸ نَحْنُ غَيْرُ مُوَافِقِينَ عَلَى ذَلِكَ

Nahnou ghayrou mouwàfiqìna ᶜalà dhalik(a).

❹ هَذِهِ ٱلْغُرْفَةُ غَيْرُ نَظِيفَةٍ وَهِيَ ضَيِّقَةٌ جِدّاً

Hadhihi (a)l-ghourfa(tou) ghayrou nazìfa(tin) wa h(i)ya dayyiqa(toun) jiddan.

❺ هَلْ حَجَزَ مُسَافِرُو هَذَا ٱلْبَاصِ غُرَفاً لَهُمْ ؟

Hal hajaza mousàfiroù hadhà (a)l-bàs(i) gourafan lahoum ?

❻ نُرِيدُ أَنْ نَمْكُثَ هُنَا لِأَنَّنَا مُتْعَبُونَ

Nourìdou an namkoutha hounà li'annanà moutᶜaboùn(a).

❼ نَحْنُ مُتَرَدِّدُونَ لِأَنَّ هَذِهِ ٱلْغُرْفَةَ مُكْلِفَةٌ جِدّاً

Nahnou moutaraddidoùn(a) li'anna hadhihi (a)l-ghourfat(a) mouklifa(toun) jiddan.

❽ هَذِهِ ٱلْغُرْفَةُ ٱلْفَاخِرَةُ مَعَ حَمَّامٍ وَشُرْفَةٍ نَحْجِزُهَا لَكُمْ مُقَابِلَ أَلْفِ دِينَارٍ

Hadhihi (a)l-ghourfatou (a)l-fàkhira(tou) maᶜa hammàmin wa chourfa(tin) nahjizouhà lakoum mouqàbila alfi dìnàr(in).

Corrigé de l'exercice

❶ J'ai besoin *(vers)* d'une chambre [qui] donne *(elle donne)* sur la place du centre-ville. ❷ Le poste de télévision qui est *(lequel lui)* dans ma chambre ne fonctionne pas... n'est-ce pas ? ❸ Nous ne sommes pas d'accord là-dessus *(sur cela)*. ❹ Cette chambre n'est pas propre *(non propre)* et *(elle)* très exigüe *(étroite)*. ❺ Est-ce que les voyageurs de ce car ont réservé des chambres *(pour-eux)* ? ❻ Nous voulons rester *(que nous restions)* ici, parce que nous sommes fatigués. ❼ Nous sommes hésitants, parce que cette chambre est très chère. ❽ Cette chambre luxueuse avec salle de bain et balcon, nous vous *(pour vous)* la réservons moyennant *(en contrepartie de)* mille dinars.

Vous remarquerez que certains mots comme تِلِفِزْيُون ***tilifizyoùn*** *ou* إِنْتَرْنَت ***intarnat*** *ont été empruntés aux langues occidentales car ils traduisent de nouveaux concepts liés aux technologies modernes ; mais ce n'est pas le cas du téléphone* ***al-hàtif*** أَلْهَاتِف *: comme toujours, on puise dans le vocabulaire quotidien des nomades pour exprimer des notions modernes (voir aussi* قِطَار ***qitàr***, train, *en leçon 34). Le premier sens de ce mot est vaticinateur, c'est-à-dire celui qui criait des incantations dans le désert en invoquant les démons, essayant de se faire entendre le plus loin possible, d'où l'emprunt de ce mot pour traduire "téléphone".*

Pourquoi exiger une suite de luxe, alors que l'on dispose tout naturellement du nécessaire ? Les musulmans ne disent-ils pas :

هُوَ ٱلَّذِي جَعَلَ لَكُمُ ٱلْأَرْضَ فِرَاشًا وَٱلسَّمَاءَ بِنَاءً

Houwa alladhì jaala lakoum-ou* al-ar<u>d</u>a firàchan wa as-samà'a binà'an.

C'est Lui qui a fait *(placé)* pour vous [de] la terre une couche et [du] ciel un toit *(édifice)*.

* **la-koum-ou...** لَكُمُ : **-ou** est une voyelle d'appui devant l'article du mot qui suit.

Lecture de deuxième vague

غرفة فاخرة

١ – صباح ٱلخير ! أحتاج إلى غرفة واسعة ونظيفة
٢ مع شرفة وجهاز تلفزيون وٱلإنترنت...
٣ – ورخيصة طبعا !
٤ – بِٱلضّبط !
٥ – ما حجزت يا سيّدي. أليس كذلك ؟

---

53 Cinquante-troisième leçon (ad-darsou ath-thàlithou wa al-khamsoùna)

Safratoun ilà Toùnis
Voyage à Tunis

1 – **À où ! Hal hiya** ① **charikatou** al-**khoutoùti al-jawwiyyati at-toùnisiyyati ?**
Allô ! Est-ce que c'est *(elle)* la compagnie des lignes aériennes tunisiennes ?

2 **Ourìdou an ahjiza** ② **tadhkiratan li-adh-dhahàbi ilà madìnati Toùnis**
Je voudrais *(veux)* réserver une place *(un billet)* pour aller à *(l'allée à la ville de)* Tunis,

3 **thoumma ilà al-Qayrawàni fì al-ousboùᶜi al-qàdimi.**
puis à Kairouan *(dans)* la semaine prochaine.

Notes

① Notez bien ces deux types de question, déjà rencontrés, mais qui vont vous servir constamment : **hal houwa** + nom masc. / **hal hiya** + nom fém., *est-ce que c'est le / la ... ?* **Mà houwa** + nom masc. / **mà hiya** + nom fém. : *quel est le / la ... ?*

٦ – لا ! ما حجزت
٧ – إذن ستكون لك غرفة نظيفة ولكن ضيّقة ومظلمة
٨ بلا شرفة مع دشّ فقط وجهاز تلفزيون لا يشتغل حاليا
٩ وهذا كلّه مقابل عشرين دينارا، أنت موافق ؟
١٠ – ربّما...أنا متردّد... في ٱلنّهاية سوف أكتفي بها لأنّني متعب
١١ – غدا، إن شاء ٱلله، سأعطيك غرفة أفخر تشرف على ٱلسّاحة
١٢ تفضّل ! هذا هو مفتاح ٱلغرفة

٥٣ ألدَّرْسُ ٱلثَّالِثُ وَٱلْخَمْسُونَ

سَفْرَةٌ إِلَى تُونِس

١ – آلُو ! هَلْ هِيَ شَرِكَةُ ٱلْخُطُوطِ ٱلْجَوِّيَّةِ ٱلتُّونِسِيَّةِ ؟
٢ أُرِيدُ أَنْ أَحْجِزَ تَذْكِرَةً لِلذَّهَابِ إِلَى مَدِينَةِ تُونِس
٣ ثُمَّ إِلَى ٱلْقَيْرَوَانِ فِي ٱلْأُسْبُوعِ ٱلْقَادِمِ

② **oùridou an a**__**h**__**jiza** أُرِيدُ أَنْ أَحْجِزَ *je veux réserver* (que je réserve). Le verbe **aràda** que vous connaissez bien maintenant, s'emploie soit avec un **ma**__**s**__**dar** – voir leçon 50 –, soit avec le subjonctif, comme c'est le cas ici.

4 **Hal youmkinou an touzawwidanì** ③ **bi-ma^{c}loùmàt**in **^{c}an mawà^{c}ìdi** ar-**rihlàt**i **?**
Est-ce qu'il est possible de m'indiquer *(que tu me fournisses des informations de)* les horaires de vol *(des vols)* ?

5 – **Lahz**atan, **min fadlik**a, **abhathou ^{c}anhà fì al-hàsoùbi.**
Un instant (dir.), je vous prie, j'effectue la recherche *(je cherche à propos d'elle)* sur *(dans)* l'ordinateur.

6 – **Mà houwa** ① **si^{c}rou** at-**tadhkirat**i **dhahàban wa iyàban min fadlik**a **?**
Quel est le *(quoi lui)* prix du billet aller *(et)* retour, s'il vous *(te-*masc.*)* plaît ?

7 – **Alfou dìnàr**in **ma^{c}a takhfìd**in **bi-nisbati khamsatin wa ^{c}ichrìna fì** al-**mi'at**i, ④
Mille dinars, avec une réduction *(avec taux)* de vingt-cinq pour *(dans le)* cent

8 **idhà tamma** al-**hajzou qabla** ar-**rihlat**i **bi-khamsata ^{c}achara yaouman.**
si la réservation a *(eu)* lieu quinze jours avant le voyage *(avant le-vol avec-quinze jours).*

9 – **Tayyiboun ! Anà wa zaoujatì ghayrou moustaᶜjilayni** ⑤**...**
Bon ! Ma femme et moi *(moi et mon-épouse)*, [nous ne sommes] pas pressés *(non pressés)*...

Notes

③ **hal youmkinou an touzawwida-nì bi- ... ?**
هَلْ يُمْكِنُ أنْ تُزَوِّدَنِي بِـ *est-il possible que tu me fournisses... ?* ;
Voici un autre exemple de **youmkinou** suivi de **an** et d'un verbe au subjonctif (voir leçon 51, note 3). Remarquez que le verbe **zawwada** s'emploie toujours suivi de la préposition **bi-**.

④ Essayez de retenir par cœur la formule **ma^{c}a takhfìdin bi-nisbati... fì al-mi'ati** مَعَ تَخْفِيضٍ بِنِسْبَةِ... فِي ٱلْمِئَةِ, *avec une*

53 ٤ هَلْ يُمْكِنُ أَنْ تُزَوِّدَنِي بِمَعْلُومَاتٍ عَنْ مَوَاعِيدِ ٱلرِّحْلَاتِ ؟

٥ – لَحْظَةً، مِنْ فَضْلِكَ، أَبْحَثُ عَنْهَا فِي ٱلْحَاسُوبِ

٦ – مَا هُوَ سِعْرُ ٱلتَّذْكِرَةِ ذَهَابًا وَ إِيَابًا مِنْ فَضْلِكَ ؟

٧ – أَلْفُ دِينَارٍ مَعَ تَخْفِيضٍ بِنِسْبَةِ خَمْسَةٍ وَعِشْرِينَ فِي ٱلْمِئَةِ

٨ إِذَا تَمَّ ٱلْحَجْزُ قَبْلَ ٱلرِّحْلَةِ بِخَمْسَةَ عَشَرَ يَوْمًا

٩ – طَيِّبٌ ! أَنَا وَزَوْجَتِي غَيْرُ مُسْتَعْجِلَيْنِ ...

▸ *réduction de [tant] pour cent* (littéralement, avec réduction avec-taux de... dans le-cent), que vous compléterez avec le chiffre voulu (**ᶜachratin** عَشَرَةٍ *dix*, **khamsìna** خَمْسِينَ *cinquante*, etc.).

⑤ **ghayrou moustaᶜjilayni** غَيْرُ مُسْتَعْجِلَيْنِ *non pressés* (duel) : rappelez-vous que **ghayrou** est suivi d'un nom en annexion, donc au cas indirect. D'autre part, comme vous le remarquez ici – et aussi dans l'exercice de la leçon 52 –, **ghayr** غَيْر ne varie pas devant un adjectif au duel ou au pluriel. Nous vous l'avions signalé à la leçon 49 (§ 7).

10 Ihjiz lanà maq^{c}adayni ^{c}alà matni awwali tà'iratin
Réservez-nous *(réserve*-masc. *pour nous)* deux places *(place*-duel*)* à bord du premier avion

11 toughàdirou sabàha yaoumi ath-thalàthìna min chahri màyoù al-mouqbili.
[qui] part au matin du *(sur bord d'un premier avion il part au matin du jour)*, trente mai prochain *(trente du mois de mai le prochain)*.

12 – Jayyidoun ! Sajjaltou talabaka, wa min-a al-àni, atamannà lakoumà safratan tayyibatan ! □
Bien ! J'ai enregistré votre *(ta)* demande et, dès maintenant, je vous souhaite à tous deux un bon voyage !

Exercice 1 : تَرْجِمْ Tarjim !

❶ يُرِيدُ ٱلْمُسَافِرُ أَنْ يَحْجِزَ تَذْكِرَةً ذَهَابًا وَإِيَابًا عَلَى رِحْلَةِ ٱلْيَوْمِ ٱلتَّالِي

Yourìdou (a)l-mousàfir(ou) an yahjiza tadhkira(tan) dhahàban wa iyàban ^{c}alà rihlati (a)l-yaoumi (a)t-tàlì.

❷ مَا هِيَ أَسْعَارُ ٱلتَّذَاكِرِ لِتُونِس وَٱلرِّيَاض ؟

Mà hiya as^{c}àrou (a)t-tadhàkir(i) li-Toùnis wa (a)r-Riyàd ?

❸ هَلْ تَعْمَلُونَ فِي شَرِكَتِكُمْ تَخْفِيضًا عَلَى ٱلتَّذْكِرَةِ مِنْ تُونِس إِلَى مُرَّاكُش ؟

Hal ta^{c}maloùna fì charikatikoum takhfìdan ^{c}alà (a)t-tadhkira(ti) min Toùnis ilà Mourràkouch ?

❹ نُرِيدُ أَنْ نَعْرِفَ نِسْبَةَ هَذَا ٱلتَّخْفِيض

Nourìdou an na^{c}rifa nisbata hadhà (a)t-takhfìd(i).

١٠ إِحْجِزْ لَنَا مَقْعَدَيْنِ عَلَى مَتْنِ أَوَّلِ طَائِرَةٍ

١١ تُغَادِرُ صَبَاحَ يَوْمِ ٱلثَّلَاثِينَ مِنْ شَهْرِ مَايُو ٱلْمُقْبِلِ

١٢– جَيِّدٌ ! سَجَّلْتُ طَلَبَكَ وَمِنَ ٱلْآنِ أَتَمَنَّى لَكُمَا سَفْرَةً طَيِّبَةً

❺ أَنْتُمْ غَيْرُ مُسْتَعْجِلِينَ ...أَلَيْسَ كَذَلِكَ ؟ إِذَنْ فَعَلَيْكُمُ ٱلْإِنْتِظَارُ !

Antoum ghayrou mousta^{c}jilìn(a)... a laysa ka-dhalik(a) ? Idhan fa-^{c}alaykoum-ou (a)l-intiz̲àr(ou) !

❻ إِذَا تَمَّ ٱلْحَجْزُ قَبْلَ ٱلرِّحْلَةِ بِأُسْبُوعٍ سَيَكُونُ لَكَ تَخْفِيضٌ

Idhà tamma (a)l-h̲ajzou qabla (a)r-rih̲lat(i) bi-ousboù^{c}(in) sa-yakoùnou laka takhfìd̲(oun).

❼ سَأُسَجِّلُ طَلَبَكُمْ بَعْدَ عَشْرِ دَقَائِقَ

Sa-ousajjilou t̲alabakoum ba^{c}da ^{c}achri daqà'iq(a).

Corrigé de l'exercice

❶ Le voyageur veut réserver *(qu'il réserve)* un billet aller-*(et)*retour sur le vol du jour suivant. ❷ Quels sont *(quoi elle)* les prix des billets pour Tunis et Riyad ? ❸ Est-ce que vous faites dans votre compagnie une réduction sur le billet de Tunis à Marrakech ? ❹ Nous voulons connaître *(que nous connaissions)* le taux de cette réduction. ❺ Vous n'êtes pas pressés *(non pressés)*... n'est-ce pas ? Alors, vous devez attendre *(sur-vous l'attente)* ! ❻ Si la réservation a eu lieu une semaine avant le départ *(avant le vol avec une semaine)*, vous aurez *(il sera pour toi)* une réduction. ❼ Je vais enregistrer votre demande dans *(après)* dix minutes.

54 Lecture de deuxième vague

سفرة إلى تونس

١ – آلو! هل هي شركة ٱلخطوط ٱلجوّيّة ٱلتّونسيّة ؟
٢ أريد أن أحجز تذكرة للذّهاب إلى مدينة تونس
٣ ثمّ إلى ٱلقيروان في ٱلأسبوع ٱلقادم
٤ هل يمكن أن تزوّدني بمعلومات عن مواعيد ٱلرّحلات ؟
٥ – لحظة من فضلك ! أبحث عنها في ٱلحاسوب
٦ ما هو سعر ٱلتّذكرة ذهابا و إيابا من فضلك ؟
٧ – ألف دينار مع تخفيض بنسبة خمسة وعشرين في ٱلمئة
٨ إذا تمّ ٱلحجز قبل ٱلرّحلة بخمسة عشر يوما
٩ – طيّب ! أنا وزوجتي غير مستعجلين ...
١٠ إحجز لنا مقعدين على متن أوّل طائرة
١١ تغادر صباح يوم ٱلثّلاثين من شهر مايو ٱلمقبل
١٢ – جيّد! سجّلت طلبك ومن ٱلآن أتمنّى لكما سفرة طيّبة

---

54 Cinquante-quatrième leçon (ad-darsou ar-ràbi^{c}ou wa al-khamsoùna)

Fì al-matàri
À l'aéroport

1 – **Choukran, yà sayyidì ! Hadhà houwa al-mablaghou al-matloùbou !**
Merci, Monsieur ! Voici *(ceci lui)* la somme demandée.

2 **Ayna yoùjadou maktabou tasjìli al-amti^{c}ati, min fadlika ?**
Où se trouve le bureau d'enregistrement des bagages, s'il vous *(te)* plaît ?

3 – **Hounàlika, ilà al-yamìni.**
Là-bas, à droite.

Toùnis تُونس*, désigne à la fois le pays et la ville et, si l'on veut préciser qu'il s'agit de la capitale, on dira* **madînatou Toùnis** مَدِينَةُ تُونِس *ou* **Toùnis** *al-*ᶜ**àsimatou** تُونِس ٱلْعَاصِمَةُ*.*
*La première capitale fut Kairouan (*al-Qayrawàn* أَلْقَيْرَوَان*), qui signifie campement, bivouac, lorsque fut conquise l'Ifriqiya (qui comprenait la Tunisie et une partie de l'Algérie : l'ancienne province des Romains, Africa) en 670, sous la dynastie omeyyade. La mosquée de Kairouan, construite dans la première moitié du IXe siècle, est une des plus belles de l'architecture islamique, dont le rayonnement s'est fait sentir depuis l'Espagne jusqu'en Égypte.*
À Sousse, à côté de la Grande Mosquée, est bâti un **ribàṯ** رِبَاط *monastère fortifié, où vivaient des moines-soldats. C'est de là que partirent les expéditions vers la Sicile qui fut conquise à partir de 827 sous la dynastie aghlabide, avant d'être prise par les Comtes Normands (en 1091). Curieusement, la Sicile n'a conservé aucun monument de sa période musulmane, mais les artistes musulmans qui y étaient implantés édifièrent pour les nouveaux souverains des palais et des églises, dont certains éléments architecturaux, et surtout le décor, relèvent de l'art islamique et où l'épigraphie arabe tient une place importante.*

٥٤ أَلدَّرْسُ ٱلرَّابِعُ وَٱلْخَمْسُونَ

فِي ٱلْمَطَارِ

١ – شُكْرًا يَا سَيِّدِي ! هَذَا هُوَ ٱلْمَبْلَغُ ٱلْمَطْلُوبُ !

٢ أَيْنَ يُوجَدُ مَكْتَبُ تَسْجِيلِ ٱلْأَمْتِعَةِ ،مِنْ فَضْلِكَ ؟

٣ – هُنَالِكَ إِلَى ٱلْيَمِينِ !

54

4 – Choukran !
Merci !

5 – Walakin, tanqousou haqìbatì ! Là chakka anna ① khàdima al-foundouqi nasiya inzàlahà !
Mais il *(elle)* manque ma valise ! *(Pas de doute que)* Le garçon de l'hôtel a sûrement oublié de la descendre *(descente-elle)*.

6 – Là youhimmou ! Sa-na'khoudhouhà ^{c}inda roujoù^{c}inà.
Ce n'est pas important *(il n'importe pas)* ! Nous la [re]prendrons à notre retour.

7 – Wa fasàtìnì al-jadìdatou ?
Et mes nouvelles robes ?

8 – Ouskoutì ! Hadhà li-nihàyati al-ousboù^{c}i faqat ; saoufa achtarì ② laki foustànan jadìdan lil-haflati.
Calme-toi *(tais-toi* fém.*)* ! C'est juste pour le week-end *(ceci pour la fin de la semaine seulement)* ; je t'achèterai une robe neuve pour la cérémonie.

9 – Yà sayyidì ! Yà sayyidatì ! Arjoù minkoumà fatha al-haqà^{c}ibi ③ ! Mà hadhihi al-akyàsou ?
Monsieur, Madame ! Je vous prie d'ouvrir vos valises *(je prie de-vous-deux l'ouverture des valises)*. Qu'est-ce que c'est que ces paquets *(sacs)* ?

10 – Hadhihi hadàyà... Nahnou mad^{c}ouwwàni li-houdoùri haflati ^{c}oursin.
Ce [sont] des cadeaux... Nous sommes invités à *(l'assistance de la cérémonie d')* une noce.

Remarque sur la prononciation

Là youhimmou ! لَا يُهِمُّ *Ce n'est pas important* (il n'importe pas) : dans cette expression très courante, on ne prononcera pas la voyelle finale du verbe.

٤ – شُكْرًا !

٥ – وَلَكِنْ تَنْقُصُ حَقِيبَتِي ! لاَشَكَّ أَنَّ خَادِمَ ٱلْفُنْدُقِ نَسِيَ إِنْزَالَهَا !

٦ – لاَ يُهِمُّ ! سَنَأْخُذُهَا عِنْدَ رُجُوعِنَا

٧ – وَفَسَاتِينِي ٱلْجَدِيدَةُ ؟

٨ – أُسْكُتِي ! هَذَا لِنِهَايَةِ ٱلأُسْبُوعِ فَقَطْ، سَوْفَ أَشْتَرِي لَكِ فُسْتَانًا جَدِيدًا لِلْحَفْلَةِ

٩ – يَا سَيِّدِي، يَا سَيِّدَتِي ! أَرْجُو مِنْكُمَا فَتْحَ ٱلْحَقَائِبِ ! مَا هَذِهِ ٱلأَكْيَاسُ ؟

١٠ – هَذِهِ هَدَايَا... نَحْنُ مَدْعُوَّانِ لِحُضُورِ حَفْلَةِ عُرْسٍ

Notes

① **là chakka anna khàdima...** ...لاَ شَكَّ أَنَّ خَادِمَ *il n'y a pas de doute que le garçon* (serviteur), que nous avons traduit par *le garçon a sûrement...*

② **achtarì** أَشْتَرِي *j'achète* ; ce verbe de VIIIe forme est irrégulier, c'est-à-dire qu'au lieu de la voyelle finale **-ou**, il a un **ì** long. Vous pouvez le conjuguer à l'inaccompli en changeant simplement le préfixe : **tachtarì**, **tachtarìna**, **yachtarì**, **nachtarì**, puis **tachtaroùna**, etc.

③ **arjoù minkoumà fatha al-haqà'ibi** أَرْجُو مِنْكُمَا فَتْحَ ٱلْحَقَائِبِ *je vous prie d'ouvrir les* (je prie de-vous-deux l'ouverture des) *valises*. On peut aussi employer après **arjoù**, verbe irrégulier, **an** suivi du subjonctif. **Arjoù minka an taftaha haqìbataka** أَرْجُو مِنْكَ أَنْ تَفْتَحَ حَقِيبَتَكَ *je te prie d'ouvrir* (que tu ouvres) *ta valise*. On peut dire aussi **arjoù-ka, arjoù-ki** (etc.) أَرْجُوكَ، أَرْجُوكِ *je t'en prie*, comme vous le verrez dans l'exercice de la leçon suivante.

11 – Tayyiboun ! Tafaddalà ④ ! Hà houmà jawàzà safarikoumà wa biṯàqatà ar-roukoùbi.
Bon ! Je vous en prie, [allez-y] ! Voici *(ici eux-deux)* vos deux passeports (*permis-de voyage-vous-deux*) et les deux cartes d'embarquement.

12 Asri^{c}à ④ ! Touqli^{c}ou at-ṯà'iratou ba^{c}da nisfi sà^{c}atin.
Dépêchez-vous *(tous-deux)* ! L'avion décolle dans *(après)* une demi-heure *(moitié d'une heure)*.

13 – Wa chantatou at-tanzìfi ! Là moughàdarata doùnahà ⑤ !
Et ma trousse de toilette *(le sac du nettoyage)* ! Je ne partirai pas *(pas de départ)* sans elle !

14 – Ta^{c}àlay bi-sour^{c}atin ! Sa-achtarì laki koulla mà tourìdìna ⑥ ! □
Viens (fém.) vite *(avec vitesse)* ! Je t'achèterai *(j'achèterai pour toi)* tout ce que *(quoi)* tu voudras *(veux*-fém.*)* !

Notes

④ **tafaddalà** تَفَضَّلا *je vous en prie* (tous deux), **asri^{c}à** أَسْرِعَا *faites vite* (tous deux), sont des impératifs au duel. Comme au passé le **à** long est la marque du duel.
Retenez **tafaddal** تَفَضَّل et **tafaddalì** تَفَضَّلِي *je t'en prie* (masc. et fém.), **tafaddalà** تَفَضَّلا et **tafaddaloù** تَفَضَّلُوا (vu en leçon 31) *je vous en prie* (duel et pluriel à partir de trois).

⑤ **doùna** دُونَ et **bilà** بِلا sont équivalents, tout aussi courants l'un que l'autre, selon les régions. On peut noter une légère préférence au Maghreb pour **bilà**.

⑥ **tourìdìna** تُرِيدِينَ *tu* (fém.) *veux*, du verbe **aràda** *vouloir* : retenez-en au moins les personnes les plus usitées (**ourìdou**, **tourìdou**, **tourìdìna**, **yourìdou**, **nourìdou**, etc.).

54

١١– طَيِّبٌ ! تَفَضَّلاَ ! هَا هُمَا جَوَازَا سَفَرِكُمَا وَبِطَاقَتَا ٱلرُّكُوب

١٢ أَسْرِعَا ! تُقْلِعُ ٱلطَّائِرَةُ بَعْدَ نِصْفِ سَاعَةٍ !

١٣– وَشَنْطَةُ ٱلتَّنْظِيفِ ! لاَ مُغَادَرَةَ دُونَهَا !

١٤– تَعَالَيْ بِسُرْعَةٍ ! سَأَشْتَرِي لَكِ كُلَّ مَا تُرِيدِينَ !

*Dans les aéroports, on remarquera les panneaux indiquant l'*arrivée, ***Wousoùl*** وُصُول *et le* départ , ***Moughàdara(t)*** مُغَادَرَة, *la* douane ***Joumroùk*** جُمْرُك *et les* informations, ***Isti*ᶜ*làmàt*** إِسْتِعْلاَمَات.

Sur les compagnies aériennes des pays arabes, on ne sert pas de plateaux-repas comportant du porc, ce qui est indiqué par la mention ***ta*ᶜ*àmoun bilà khinzìrin*** طَعَامٌ بِلاَ خِنْزِير / ***khàlin min (a)l-khinzìri*** طَعَامٌ خَالٍ مِنَ الخِنْزِير nourriture sans porc, dépourvue de porc.

Il est fréquent, dans la péninsule arabique, qu'au décollage le steward prononce une invocation à Dieu pour qu'Il protège et bénisse le voyage.

*Et généralement, à l'atterrissage, on ne manque pas de remercier Dieu de s'être posé sans difficulté, en disant "****Alhamdou lillah ! Wasalnà ᶜalà salàmatin !*** ! أَلْحَمْدُ لله! وَصَلْنَا عَلَى سَلاَمَةٍ Louange à Dieu / Dieu soit loué ! Nous sommes arrivés sains et saufs *(sur sécurité)* !

Des voyageurs arabes célèbres du Moyen-Âge nous ont laissé le récit de leurs périples, qui constituent des documents très précieux sur les pays traversés, leurs habitants et leurs coutumes : entre autres – si l'on remonte dans le temps – Ibn Battuta (XIVᵉ siècle), Ibn Joubayr (XII-XIIIᵉ s.) et al-Masᶜoùdi (Xᵉ siècle), appelé "l'Hérodote des Arabes".

Exercice 1 : تَرْجِمْ Tarjim !

❶ نُرِيدُ أَنْ نَحْجِزَ تَذَاكِرَ لِلذَّهَابِ إِلَى مَدِينَةِ تُونِسَ فِي ٱلْأُسْبُوعِ ٱلْقَادِمِ

Nourìdou an nahjiza tadhàkira li-(a)dh-dhahàb(i) ilà madìnati Toùnis fì (a)l-ousboù^{c}i (a)l-qàdim(i).

❷ هَلْ يُمْكِنُ أَنْ تُزَوِّدَنَا بِمَعْلُومَاتٍ عَنْ أَسْعَارِ ٱلرِّحْلَةِ إِلَى ٱلرِّيَاضِ؟

Hal youmkinou an touzawwidanà bi-ma^{c}loùmàtin ^{c}an as^{c}àri (a)r-rihla(ti) ilà (a)r-Riyàd ?

❸ عَلَيَّ أَنْ أَحْجِزَ مَقْعَدًا عَلَى مَتْنِ ٱلطَّائِرَةِ ٱلَّتِي تَتَوَجَّهُ إِلَى مُرَّاكُش

^{c}alayya an ahjiza maq^{c}adan ^{c}alà matni (a)t-tà'ira(ti) (a)llatì tatawajjahou ilà Mourràkouch.

❹ مَا هِيَ نِسْبَةُ ٱلتَّخْفِيضِ لِلطَّلَبَةِ عَلَى ٱلرِّحْلَةِ بَيْنَ تُونِس وَمُرَّاكُش ؟

Mà hiya nisbatou (a)t-takhfìd(i) li-(a)t-talaba(ti) ^{c}alà (a)r-rihlati bayna Toùnis wa Mourràkouch ?

❺ نَحْنُ فِي حَاجَةٍ إِلَى حَقَائِبِنَا، لِأَنَّنَا نَأْخُذُ طَائِرَةً أُخْرَى تُقْلِعُ بَعْدَ سَاعَةٍ

Nahnou fì hàja(tin) ilà haqà'ibinà, li'annanà na'khoudhou tà'ira(tan) oukhrà touqli^{c}ou ba^{c}da sà^{c}a(tin).

❻ يُرِيدُ أَنْ نُقَدِّمَ جَوَازَاتِنَا قَبْلَ أَنْ نَرْكَبَ ٱلطَّائِرَةَ

Yourìdou an nouqaddima jawàzàtinà qabla an narkaba (a)t-tà'ira(ta).

❼ إِذْهَبْ إِلَى مَكْتَبِ تَسْجِيلِ ٱلْأَمْتِعَةِ وَسَجِّلْ هَذِهِ ٱلْحَقَائِبَ كُلَّهَا !

Idhhab ilà maktabi tasjìli (a)l-amti^{c}a(ti) wa sajjil hadhihi (a)l-haqà'iba koullahà !

Corrigé de l'exercice

❶ Nous voulons réserver des places *(billets)* pour aller à *(la ville de)* Tunis, *(dans)* la semaine prochaine. ❷ Est-il possible de nous donner *(tu nous fournisses avec)* des informations sur les prix de vol pour Riyad ? ❸ Il faut *(sur moi)* que je réserve une place à bord de l'avion qui va à *(se dirige vers)* Marrakech. ❹ Quelle est *(le taux de)* la réduction pour les étudiants sur le vol *(entre... et)* Tunis-Marrakech ? ❺ Nous avons besoin de nos valises, parce que nous prenons un autre avion qui décolle dans *(après)* une heure. ❻ Il veut que nous présentions nos passeports avant de monter *(que nous montions)* [dans] l'avion. ❼ Va au bureau d'enregistrement des bagages et enregistre toutes ces valises !

كَثْرَةُ ٱلسَّفَرِ تُقَرِّبُ ٱلْبَشَرَ

Kathratou as-safari touqarribou al-bachara

Les *(l'abondance de)* voyages rapprochent les hommes *(humains)*

Lecture de deuxième vague

في ٱلمطار

١ – شكرا يا سيّدي ! هذا هو ٱلمبلغ ٱلمطلوب !

٢ أين يوجد مكتب تسجيل ٱلأمتعة، من فضلك ؟

٣ – هنالك إلى ٱليمين !

٤ – شكرا !

٥ – ولكن تنقص حقيبتي ! لاشكّ أنّ خادم ٱلفندق نسي إنزالها !

٦ – لايهمّ ! سنأخذها عند رجوعنا

٧ – وفساتيني ٱلجديدة ؟

٨ – أسكتي ! هذا لنهاية ٱلأسبوع فقط، سوف أشتري لك فستانا جديدا للحفلة

٩ – يا سيّدي، يا سيّدتي ! أرجو منكما فتح ٱلحقائب ! ما هذه ٱلأكياس ؟

١٠– هذه هدايا... نحن مدعوّان لحضور حفلة عرس

١١– طيّب ! تفضّلا ! ها هما جوازا سفركما وبطاقتا ٱلرّكوب

١٢ أسرعا ! تقلع ٱلطّائرة بعد نصف ساعة !

١٣– وشنطة ٱلتّنظيف ! لا مغادرة دونها !

١٤– تعالي بسرعة ! سأشتري لك كل ما تريدين

---

55 Cinquante-cinquième leçon (ad-darsou al-khàmisou wa al-khamsoùna)

Fì mahalli al-malàbisi

Dans le magasin de vêtements

1 – **Bi-wouddì an ① arà ② hadhà al-qaftàna al-moutarraza. Hal youmkinou an oujarribahou ?**
Je voudrais voir *(avec-désir-mon que je voie)* ce caftan brodé. Est-ce que je peux l'essayer *(il-est-possible que j'essaie-lui)* ?

2 – **Tab^{c}an, yà sayyidatì ! ... Innahou younàsibouki tamàman, a laysa ka-dhalika, yà sayyidì.**
Bien sûr, madame ! ... Il vous va *(certes-lui il-convient-à-toi)* parfaitement, n'est-ce pas, monsieur ?

3 – **N... n... na^{c}am... wa lakinna as-si^{c}ra...**
Euh..., oui... , mais le prix...

فِي ٱلْمَطَارِ

٥٥ أَلدَّرْسُ ٱلْخَامِسُ وَٱلْخَمْسُونَ

فِي مَحَلِّ ٱلْمَلَابِسِ

١ – بِوُدِّي أَنْ أَرَى هَذَا ٱلْقَفْطَانَ ٱلْمُطَرَّزَ، هَلْ يُمْكِنُ أَنْ أُجَرِّبَهُ ؟

٢ – طَبْعًا يَا سَيِّدَتِي ! ... إِنَّهُ يُنَاسِبُكِ تَمَامًا، أَلَيْسَ كَذَلِكَ يَا سَيِّدِي ؟

٣ – ن... ن... نَعَمْ وَلَكِنَّ ٱلسِّعْرَ...

Notes

① L'expression **bi-wouddì an** بِوُدِّي أَنْ suivie du subjonctif vous sera constamment utile pour dire *je voudrais*, *j'aimerais*. Naturellement, vous pouvez aussi l'employer à d'autres personnes, par exemple à la première du pluriel : **bi-wouddinà an...** بِوُدِّنَا أَنْ *nous voudrions*...

② **arà** أَرَى est le subjonctif de **ra'à** رَأَى *voir* : **tarà**, **yarà**, **narà**, etc. Apprenez-le tel quel.

4 – **Qoulta lì innaka ③ sa-tachtarì lì koulla mà arghabou fìhi ④ !**
Tu m'as dit que tu m'achèterais *(tu achèteras pour moi)* tout ce que je voudrais *(ce-que je-désire dans-lui)* !

5 – **Sahìhoun ! Hadhà yaqoùlouhou al-insànou ^{c}indamà yakoùnou mousta^{c}jilan...**
Ouais *(vrai)* ! C'est ce qu'on dit *(cela il-le-dit l'être humain)* quand on *(il)* est pressé...

6 **Ounzourì ilà hadhà al-foustàni as-saghìri ! ... Là ba'sa bi-hi ⑤.**
Regarde *(vers)* cette petite robe ! ... Elle n'est pas mal *(pas de mal avec-lui)*.

7 – **Là ! Hadhà mounàsiboun li-ach-chàtì'i, laysa li-houdoùri ^{c}oursin.**
Non. C'est bien *(celui-ci convenant)* pour la plage, pas pour *(assistance de)* une noce.

8 **Thoumma, là yatanàsabou ma^{c}a qiyàsì itlàqan.**
[Et] puis ce n'est pas du tout ma taille *(non il-est-en-proportion avec ma-taille du-tout)*.

9 – **Tayyiboun ! Al-qaftànou wa chantatou at-tanzìfi, idàfatan ilà kiswatin lì – idh annaki wada^{c}ti kiswatì fì haqìbatiki –,**
Bon, le caftan et la trousse de toilette, et en plus un costume pour moi – puisque tu as mis mon costume dans ta valise –,

10 **hadhà koullouhou sa-yarfa^{c}ou qìmata nihàyati al-ousboù^{c}i !**
tout cela, ça fait un week-end cher *(élèvera la valeur de la fin de la semaine)* !

Notes

③ **qoulta lì inna-ka...** قُلْتَ لِي إِنَّكَ *tu m'as dit que (toi)...* : **qàla** est toujours suivi de **inna** – ou **inna** + pronom, comme ici – et non pas de **anna** comme c'est le cas pour les verbes de connaissance et d'opinion.

٤ – قُلْتَ لِي إِنَّكَ سَتَشْتَرِي لِي كُلَّ مَا أَرْغَبُ فِيهِ !

٥ – صَحِيحٌ ! هَذَا يَقُولُهُ ٱلْإِنْسَانُ عِنْدَمَا يَكُونُ مُسْتَعْجِلاً...

٦ أُنْظُرِي إِلَى هَذَا ٱلْفُسْتَانِ ٱلصَّغِيرِ ! لاَ بَأْسَ بِهِ

٧ – لاَ ! هَذَا مُنَاسِبٌ لِلشَّاطِئِ ، لَيْسَ لِحُضُورِ عُرْسٍ

٨ ثُمَّ لاَ يَتَنَاسَبُ مَعَ قِيَاسِي إِطْلاَقًا

٩ – طَيِّبٌ ! أَلْقَفْطَانُ وَشَنْطَةُ ٱلتَّنْظِيفِ، إِضَافَةً إِلَى كِسْوَةٍ لِي، إِذْ أَنَّكِ وَضَعْتِ كِسْوَتِي فِي حَقِيبَتِكِ

١٠ هَذَا كُلُّهُ سَيَرْفَعُ قِيمَةَ نِهَايَةِ ٱلْأُسْبُوعِ !

④ **mà arghabou fì-hi** مَا أَرْغَبُ فِيهِ *ce que je (le) désire* : **mà** est souvent repris par un pronom affixé au verbe qui suit. Ici, comme le verbe se construit avec **fì**, on suffixe le pronom à la préposition. Dans l'exercice (phrase 7), vous avez un autre exemple de cette construction, cette fois-ci avec un verbe non suivi d'une préposition ; ce sera donc plus simple à comprendre : **mà ichtaraynà-hou** مَا ٱشْتَرَيْنَاهُ *ce que nous (l') avons acheté*. C'est ce que l'on appellera une tournure idiomatique, c'est-à-dire propre à l'arabe.

⑤ **là ba'sa bi-hi** لاَ بَأْسَ بِهِ *elle* (il) *n'est pas mal* (pas de mal avec lui). La robe est du masculin en arabe. Retenez cette expression, dont le pronom suffixé peut varier, et voyez la différence avec **là ba'sa fì dhalika** لاَ بَأْسَ فِي ذَلِكَ, qui signifie *pas de mal à* (en) *cela* (voir leçon 29).

11 **Ba^{c}da dhalika, sa-nabqà** (6) **fì al-manzili sittata achhourin** (7) **doùna al-khouroùji minhou, taoufiran lil-amwàli !**
Après cela, nous resterons à la maison six mois sans en sortir *(la sortie de lui)*, en faisant des économies *(en-épargne pour-l'argent)* !

12 – **Là ! Abadan ! Hadhà moustahìloun tamàman !** □
Non ! Pas question *(jamais)* ! Cela [est] tout à fait impossible !

Exercice 1 : تَرْجِمْ Tarjim !

❶ بِوُدِّي أَنْ أَدْخُلَ هَذَا ٱلدُّكَّانَ لِلْمَلَابِسِ
Bi-wouddì an adkhoula hadhà (a)d-doukkàn(a) lil-malàbis(i).

❷ هَلْ يُمْكِنُ أَنْ أُجَرِّبَ وَاحِدًا مِنْ هَذِهِ ٱلْفَسَاتِينِ ؟
Hal youmkinou an oujarriba wàhidan min hadhihi (a)l-fasàtìn(i) ?

❸ جَرِّبْ هَذِهِ ٱلْكِسْوَةَ ! رُبَّمَا تَكُونُ مُنَاسِبَةً لِحَفْلَةِ ٱلْعُرْسِ
Jarrib hadhihi (a)l-kiswa(ta) ! Roubbamà takoùnou mounàsiba(tan) li-haflati (a)l-^{c}ours(i).

❹ بِوُدِّي أَنْ تَشْتَرِيَ لِي كُلَّ مَا أَرْغَبُ فِيهِ
Bi-wouddì an tachtariya lì koulla mà arghabou fìhi.

❺ يُرِيدُ هَذَا ٱلرَّجُلُ أَنْ نَفْتَحَ حَقَائِبَنَا ٱلَّتِي تُوجَدُ فِيهَا ٱلْهَدَايَا
Youridou hadhà (a)r-rajoul(ou) an naftaha haqà'ibanà (a)llatì toùjadou fìhà (a)l-hadàyà.

❻ مَاذَا يُوجَدُ فِي هَذِهِ ٱلْحَقَائِبِ ؟ إِفْتَحِيهَا، أَرْجُوكِ !
Màdhà yoùjadou fì hadhihi (a)l-haqà'ib(i) ? Iftahìhà, arjoùki !

١١ بَعْدَ ذَٰلِكَ، سَنَبْقَى فِي ٱلْمَنْزِلِ سِتَّةَ أَشْهُرٍ دُونَ ٱلْخُرُوجِ مِنْهُ، تَوْفِيرًا لِلْأَمْوَالِ !

١٢– لَا، أَبَدًا ! هَٰذَا مُسْتَحِيلٌ تَمَامًا !

Notes

⑥ **sa-nabqà** سَنَبْقَى *nous resterons* : vous avez sans doute reconnu le verbe **baqiya** à l'inaccompli.

⑦ **sittata achhourin** سِتَّةَ أَشْهُرٍ *[pendant] six mois* : le nombre *six* est au cas direct pour exprimer le complément de temps.

❼ كُلُّ مَا ٱشْتَرَيْنَاهُ ٱلْيَوْمَ سَيَرْفَعُ قِيمَةَ سَفْرَتِنَا

Koullou mà (i)chtaraynàhou (a)l-yaoum(a) sa-yarfa^{c}ou qìmata safratinà.

Corrigé de l'exercice

❶ Je voudrais entrer *(avec-mon-désir que j'entre)* [dans] ce magasin de vêtements. ❷ Est-ce qu'il est possible d'essayer *(que j'essaie)* une de ces robes ? ❸ Essaie ce costume ! Peut-être conviendra-t-il *(elle est convenable)* pour la cérémonie de mariage. ❹ J'aimerais que tu m'achètes tout ce que je désire. ❺ Cet homme veut que nous ouvrions les *(nos)* valises dans lesquelles se trouvent les cadeaux. ❻ Qu'y a-t-il dans ces valises ? Ouvrez-les *(ouvre[fém.]-les)*, je vous *(te)* en prie. ❼ Tout ce que nous *(l')* avons acheté aujourd'hui va augmenter le prix *(la valeur)* de notre voyage.

في محلّ ٱلملابس

١ بودّي أن أرى هذا ٱلقفطان ٱلمطرّز،هل يمكن أن أجرّبه ؟

٢ – طبعا يا سيّدتي ! إنّه يناسبك تماما، أليس كذلك يا سيّدي ؟

٣ – ن...ن... نعم ولكن ٱلسعر...

٤ – قلت لي إنّك ستشتري لي كلّ ما أرغب فيه !

٥ – صحيح! هذا يقوله ٱلإنسان عندما يكون مستعجلا...

٦ أنظري إلى هذا ٱلفستان ٱلصّغير ! لا بأس به

٧ – لا ! هذا مناسب للشّاطئ ، ليس لحضور عرس

٨ ثمّ لا يتناسب مع قياسي إطلاقا

٩ – طيّب ! ألقفطان وشنطة ٱلتّنظيف، إضافة إلى كسوة لي، إذ أنّك وضعت كسوتي في حقيبتك

١٠ هذا كلّه سيرفع قيمة نهاية ٱلأسبوع !

١١ بعد ذلك، سنبقى في ٱلمنزل ستّة أشهر دون ٱلخروج منه، توفيرا للأموال !

١٢– لا، أبدا ! هذا مستحيل تماما!

إِبْيِضَاضُ ٱلْقَلْبِ خَيْرٌ مِنْ ٱبْيِضَاضِ ٱلْقَبَاءِ

Ibyidàdou al-qalbi khayroun min ibyidàdi al-qabà'i.

La blancheur du cœur vaut mieux que celle du vêtement *(caban)*.

Comme partout ailleurs, on peut acheter des vêtements dans des magasins spécialisés à l'occidentale, mais on peut aussi en trouver dans les souqs, et en particulier des vêtements locaux. Il est possible aussi d'en faire faire par un tailleur, ***khayyàṯ*** خَيَّاط *(terme fréquemment utilisé en tant que nom propre, comme Couturier chez nous).*
Ce sont entre autres :
– des caftans *(**qafṯàn** قَفْطَان), portés par les femmes au Maghreb. Il en existe de superbement brodés au Maroc, qui servent de vêtements de cérémonie ;*
– la djellaba *(**jallàbiya** جَلاَّبِيَّة), grande robe descendant jusqu'aux chevilles, portée par les hommes dans les classes populaires en Égypte ;*
– le saroual *(سَرْوَال), ample pantalon porté par les deux sexes, surtout au Maghreb ;*
*– le **qounbaz** (قُنْبَز), sorte de gilet long ouvert, porté par les hommes au Moyen-Orient ;*
*– le **thaoub** (ثَوْب), long vêtement de coton blanc ou en drap sombre l'hiver, serré à la taille puis évasé et utilisé par les deux sexes au Machreq (Moyen-Orient) ;*
*– la **dichdacha** (دِشْدَشَة), portée dans les pays de la Péninsule Arabique.*
Tous ces vêtements, amples pour la plupart, sont bien mieux adaptés aux conditions climatiques que le costume occidental, désormais adopté presque partout.

56 Cinquante-sixième leçon (ad-darsou as-sàdisou wa al-khamsoùna)

مُرَاجَعَةٌ
Révision

Avec cette nouvelle série de leçons, vous vous êtes réellement familiarisé avec les formes dérivées des verbes. Même si vous êtes encore loin de les manier avec aisance – ce qui est tout à fait normal –, vous en avez compris le système et vous constatez qu'après avoir étudié principalement les formes II, V (dans la série précédente), puis IV et VIII dans celle-ci, vous vous sentez désormais en mesure d'aborder les formes restantes. Ce n'est qu'une question de temps, d'un peu de patience – **ṣabr** صَبْرٌ *– cette vertu tant vantée par les Arabes ! Déjà, vous en ressentez les effets !*

1 Les formes dérivées IV et VIII

• La IVe forme

Elle se forme par l'ajout d'un **hamza** sur **alif** devant la première lettre de la racine qui, alors, porte un **soukoùn** :

kataba كَتَبَ → **aktaba (a-K°TaBa), youktibou** أَكْتَبَ، يُكْتِبُ
I *écrire* IV *faire écrire*

Ce **hamza** est stable, c'est-à-dire qu'il est toujours écrit et prononcé (contrairement à celui de la forme VIII, par exemple : voir plus loin). La IVe forme a essentiellement valeur de factitif :

kharaja خَرَجَ → **akhraja, youkhrijou** أَخْرَجَ، يُخْرِجُ
sortir *faire sortir*

Un certain nombre de verbes à cette forme ne sont pas dérivés d'une racine verbale, mais d'un nom, comme :

ḫasan حَسَن → **aḫsana, youḫsinou** أَحْسَنَ، يُحْسِنُ
beau, bon *bien faire, bien agir*

Le schéma vocalique de l'inaccompli est **ou i ou** (**afᶜala** → **youfᶜilou**) :
arsala أَرْسَلَ → **yoursilou** يُرْسِلُ *envoyer* (50)
ajlasa أَجْلَسَ → **youjlisou** يُجْلِسُ *faire asseoir*

٥٦ أَلدَّرْسُ ٱلسَّادِسُ وَٱلْخَمْسُونَ

– Le masdar de IVe est **ifcàl** et les participes actif et passif **moufcil** et **moufcal** :

arsala أَرْسَلَ → **irsàl** إِرْسَال *envoi* ; **moursil** مُرْسِل *expéditeur* ; **moursal** مُرْسَل *envoyé*.

– Verbes irréguliers de IVe forme : nous ne mentionnons que ceux rencontrés dans les leçons (pour la dénomination des différents types, voir au § 2).

a) Quand ils ont un **wàw** en initiale (*verbes assimilés*) : à l'inaccompli, comme le préfixe de la personne porte la voyelle **ou**, celle-ci est allongée par le **wàw** voisin :

aouqafa أَوْقَفَ *arrêter* (50), IV de **waqafa, yaqifou** وَقَفَ، يَقِفُ *se tenir debout, être arrêté*

→ **oùqifou, toùqifou, toùqifìna, youqifou, noùqifou**, etc.

b) Quand ils ont un **à** long en deuxième position (*verbes concaves*), celui-ci se transforme en **ì** long :

aràda أَرَادَ → **yourìdou** (50) يُرِيدُ *vouloir*

c) Quand ils ont un **yà** en dernière position (*verbes défectueux*) :

acṯà, youcṯì أَعْطَى، يُعْطِي *donner*, IV de racine **cṮY**, **oucṯì-ka** أُعْطِيكَ *je te donne* (52) et aussi **toucṯì, noucṯì**, etc.

• La VIIIe forme

Elle est formée avec **hamza** + **i** sous **alif** et l'ajout de l'infixe **-ta-** après la 1re lettre de la racine. Son schéma vocalique à l'inaccompli est **a a i ou** :

I	**NaẔaRa** نَظَرَ	**yaNẔouRou** يَنْظُرُ	*regarder*
VIII	**iNtaẔaRa** إِنْتَظَرَ	**yaNtaẔiRou** يَنْتَظِرُ	*attendre*
	carafa عَرَفَ	**yacrifou** يَعْرِفُ	*connaître*
	ictarafa bi إِعْتَرَفَ بِ	**yactarifou bi** يَعْتَرِفُ بِ	*reconnaître* (51)

56 Le **hamza** est instable, c'est-à-dire qu'il ne se prononce qu'en début de phrase. Sinon, il est "avalé" par la voyelle finale du mot précédent et on écrit **alif** surmonté d'un **wa<u>s</u>la** :

wa ijtimà^{c}ou al-mou^{c}allimìna... وَٱجْتِمَاعُ ٱلْمُعَلِّمِينَ...
et la réunion des professeurs...

– valeur de la VIIIe forme :
C'est en général une forme réfléchie de la Ire :
jama^{c}a جَمَعَ *réunir* → **ijtama^{c}a** إِجْتَمَعَ *se réunir*
(le masdar **ijtimà^{c}** إِجْتِمَاع, *réunion*, a été vu à la leçon 24).

Elle peut aussi exprimer un effort fait par le sujet pour son profit :
iqtaraba min إِقْتَرَبَ مِن *s'approcher de*
de **qarouba, yaqroubou** قَرُبَ ، يَقْرُبُ *être proche*

– verbes irréguliers de VIIIe forme :
Concaves
i<u>h</u>tàja, ya<u>h</u>tàjou ilà إِحْتَاجَ ، يَحْتَاجُ إِلَى *avoir besoin de* (52)

Défectueux
ichtarà, yachtarì إِشْتَرَى ، يَشْتَرِي *acheter* (54)
et **achtarì, tachtarì, tachtarìna, nachtarì**, etc.

iktafà, yaktafì bi- إِكْتَفَى ، يَكْتَفِي بِـ *se suffire, se contenter de* (52)

2 Verbes irréguliers

Il est temps que nous abordions de manière plus systématique les verbes irréguliers. Parmi eux, il faut distinguer ceux à racine normale, mais à particularités orthographiques, et ceux à racine dite anormale, qui comportent une semi-consonne (**wàw** ou **yà**). Nous ne vous donnons ici, pour l'instant, que les éléments les plus caractéristiques des irrégularités et ne vous indiquons pas les phénomènes qui surviennent dans les formes dérivées (pour celles-ci, consultez une grammaire).

• Les verbes à modifications orthographiques

– les verbes à deuxième consonne redoublée, dits "sourds" :
marra, yamourrou مَرَّ ، يَمُرُّ en est un exemple, que vous connaissez déjà. À l'accompli : **mararatou, mararta** مَرَرْتُ ، مَرَرْتَ, etc. (voir leçon 27, note 2).

– les verbes dont la racine comporte un **hamza** sur **alif**, dits "hamzés" : les modalités d'écriture seront différentes selon qu'il se situe en première, deuxième ou troisième position (a, b, c). **56**

a) **akhadha, ya'khoudhou** أَخَذَ، يَأْخُذُ *prendre*
alif de 1re pers. + **alif** de la racine = **à** : **à'khoudhou** آخُذُ
à l'impératif, l'**alif** initial disparaît : **khoudh ! !** خُذْ *prends !* (leçon 43 et 47).

b) **sa'ala, yas'alou** سَأَلَ، يَسْأَلُ *interroger, poser une question*
Au passif et pour les participes, le support est **yà'** sans points ;
sou'ila سُئِلَ *il a été interrogé* **sà'iloun** سَائِلٌ *interrogeant*
mas'oùl مَسْئُولٌ *interrogé* (ou مَسْؤُول, avec support **wàw**).

c) **bada'a, yabda'ou** بَدَأَ، يَبْدَأُ *commencer*
bada'où بَدَأُوا ou بَدَؤُوا *ils ont commencé*
N.B. Dans tous les cas, le support du **hamza** varie suivant la voyelle qu'il porte ou celle qui précède : cela peut être **alif**, **yà** sans points ou **wàw**.

• Les verbes à racine anormale

Ils comportent dans leur racine un **wàw** ou un **yà**. Si la semi-consonne se trouve en première position, il s'agit de verbes dits "assimilés" ; si c'est en deuxième position, ces verbes sont dits "concaves" et en troisième, ce sont des verbes "défectueux" (voir l'Appendice grammatical en fin d'ouvrage).

– les verbes assimilés :
Vous connaissez déjà :
wajada وَجَدَ, **yajidou** يَجِدُ *trouver* (35 § 1)
wasala وَصَلَ, **yasilou** يَصِلُ *arriver* (42 § 2)
Le **wàw** disparaît à l'inaccompli.

– les verbes concaves :
À l'inaccompli, **càda** عَادَ devient **yacoùdou** (51) يَعُودُ. Il se conjugue à l'inaccompli comme **kàna, yakoùnou** كَانَ، يَكُونُ (38) et **qàla, yaqoùlou** قَالَ، يَقُولُ, que vous connaissez (voir leçon 42 § 2). La deuxième lettre de la racine est un **wàw**, qui apparaît dans le **où** long à l'inaccompli. Un **à** long à l'accompli peut "cacher" un **wàw** ou un **yà'** en seconde position dans la racine.

56 – les verbes défectueux :
baqiya, yabqà بَقِيَ، يَبْقَى *rester* (déjà vu en leçon 47)
sa-nabqà سَنَبْقَى *nous resterons* (55)
arjoù minka أَرْجُو مِنْكَ *je (te) prie, j'espère (de toi)* (54)
de **rajà, yarjoù an** رَجَا، يَرْجُو أَنْ *prier (de), espérer que*

3 Le subjonctif

• Formation

C'est très facile ! Il s'agit de l'inaccompli, mais avec **a** comme voyelle finale au lieu de **ou** (pour les autres personnes, nous verrons plus tard). Ceci pour toutes les formes, de I à X.
kataba كَتَبَ → **yaktoubou** يَكْتُبُ *il écrit* → **yaktouba** يَكْتُبَ *qu'il écrive*

• Emplois

Il s'emploie à peu près dans les mêmes conditions qu'en français et nous signalons ici les tournures les plus courantes – rencontrées dans cette série de leçons – qui sont suivies du subjonctif :

– *il faut* : **^{c}alà** عَلَى + pronom – **an** أَنْ + subj.
^{c}alayhà an toursila... (51) عَلَيْهَا أَنْ تُرْسِلَ...
il faut qu'elle envoie... (sur-elle qu'elle envoie), *elle doit envoyer*

– *est-il possible que / de... ?*
hal youmkinou an oujarriba-hou ? (55) هَلْ يُمْكِنُ أَنْ أُجَرِّبَهُ ؟
est-il possible que je l'essaie / est-ce que je peux l'essayer ?

هَلْ يُمْكِنُ أَنْ تُزَوِّدَنِي بِمَعْلُومَاتٍ عَنْ...
hal youmkinou an touzawwidanì bi-ma^{c}loùmàtin ^{c}an... ? (53)
est-il possible que tu me fournisses (avec) *des informations*

هَلْ يُمْكِنُنِي أَنْ أُرْسِلَ بَرْقِيَّةً
hal youmkinou-nì an oursila barqiyyatan ? (51)
m'est-il possible d'envoyer (que j'envoie) *un télégramme / est-ce que je peux envoyer un télégramme ?*

– *vouloir*
ourìdou an ahjiza أُرِيدُ أَنْ أَحْجِزَ *je veux réserver* (53)

N.B. Bien souvent, il est possible d'employer, après ces divers verbes ou tournures, un **masdar** ou bien **an** + subjonctif.

4 Subordonnées complétives

Après des verbes de connaissance, opinion, etc., *que* se traduit par une préposition suivie de **anna** (+ cas direct) :

أَعْتَرِفُ بِأَنَّ ٱلْمَشْيَ عَلَى ٱلأَقْدَامِ...

a^c^tarifou bi'anna al-**machya** ^c^**àla** al-**aqdàmi...**
je reconnais qu'aller à pieds (la marche sur les pieds)... (51)

Mais il faut noter qu'après **qàla** on emploie **inna** :

قُلْتَ لِي إِنَّكَ سَتَشْتَرِي لِي كُلَّ مَا أَرْغَبُ فِيهِ !

Qoulta lì inna-ka sa-tachtarì lì koulla mà arghabou fìhi !
Tu m'as dit que tu m'achète[rai]s tout ce que je désire[rais] ! (55)

5 Voyelle d'appui

La voyelle d'appui, qui se place devant l'article principalement, peut être **a**, **i** – vous le savez – mais aussi **ou** :

min-a al-**barìdi** مِنَ ٱلْبَرِيدِ *[venant] de la poste*

dakhalat-i al-**bayta** دَخَلَتِ ٱلْبَيْتَ *elle est entrée dans la maison*

ja^c^ala la-koum-ou al-**ar<u>d</u>a...** جَعَلَ لَكُمُ ٱلأَرْضَ...
Il a placé la terre pour vous... : voyelle **-ou** après **-houm** et **-koum** (voir la citation coranique à la fin de la leçon 52).

6 Expressions

Vous avez rencontré un certain nombre d'expressions ou de formules courantes que nous vous conseillons de relire, mémoriser et essayer de réutiliser autant que possible :

لَدَيَّ ٱلْوَقْتُ/مَا (لَيْسَ) لَدَيَّ ٱلْوَقْتُ

ladayya al-**waqtou / mà** (ou **laysa**) **ladayya** al-**waqtou**
j'ai le temps / je n'ai pas le temps (50)

a<u>h</u>tàjou ilà أَحْتَاجُ إِلَى
j'ai besoin de (52)

saoufa aktafì bi-hà سَوْفَ أَكْتَفِي بِهَا
cela (elle) *me suffira, je m'en contenterai* (52)

a laysa ka-dhalika ? أَلَيْسَ كَذَلِكَ ؟
n'est-ce pas (ainsi) ? (52, 55)

أَنْتَ مُوَافِقٌ؟ / أَنَا مُوَافِقٌ
anta mouwàfiqoun ? / anà mouwàfiqoun
es-tu d'accord, / je suis d'accord (52)

أَنَا مَحْظُوظٌ / مَحْظُوظَةٌ
anà mah<u>z</u>où<u>z</u>oun / mah<u>z</u>où<u>z</u>atoun
j'ai de la chance (je suis chanceux / chanceuse) (51)

أَنَا مُتَرَدِّدٌ
anà moutaraddidoun
j'hésite (je suis hésitant)(52)

أَنَا مُسْتَعْجِلٌ(ـــلَةٌ) / أَنَا غَيْرُ مُسْتَعْجِلٍ (ـــلَةٍ)
anà mousta^c^jiloun(-latoun) / anà ghayrou mousta^c^jilin(-latin)
je suis pressé(e) / je ne suis pas pressé(e) (50,53)

خَيْرٌ مِنْ
khayroun min
mieux que, meilleur que (51)

هَذَا هُوَ / هَذِهِ هِيَ
hadhà houwa / hadhihi hiya
voilà (celui-ci lui / celle-ci elle)(52)

مَا هُوَ ؟ / مَا هِيَ ؟
mà houwa ? / mà hiya ?
quel(le) est ? (53 et 54)

أَتَمَنَّى لَكَ
atamannà la-ka
je te souhaite (53)

لاَشَكَّ أَنَّ
là chakka anna
pas de doute que (54)

لاَ يُهِمُّ !
là youhimmou !
ce n'est pas important, peu importe (cela n'importe pas) (54)

arjoù min-ka (koumà, etc.**)** أَرْجُو مِنْكَ (+ **masdar** ou bien **an** + subj.) *je vous* (te) *prie de* (54)

تَفَضَّلْ / تَفَضَّلِي / تَفَضَّلاَ / تَفَضَّلُوا
tafa<u>dd</u>al / tafa<u>dd</u>alì ; tafa<u>dd</u>alà / tafa<u>dd</u>aloù
je t'en prie (masc. / fém.)(54) ; *je vous en prie* (duel et pluriel)(54)

ba^c^da ni<u>s</u>fi sà^c^atin بَعْدَ نِصْفِ سَاعَةٍ *dans* (après) *une demi-heure* (54)

bi-sour^c^atin بِسُرْعَةٍ *vite, avec rapidité* (54)

سَأَشْتَرِي / أَعْمَلُ كُلَّ مَا تُرِيدُ /تُرِيـدِينَ
sa-achtarì /a^c^malou koulla mà touridou / touridina
j'achèterai / je ferai tout ce que tu (masc./fém.) voudras (54)

bi-wouddì an + subj. بِوُدِّي أَنْ *j'aimerais* (55)

là ba'sa bi-hi لاَ بَأْسَ بِهِ *il n'est pas mal* (55)

Hadhà moustahìloun tamàman ! هَذَا مُسْتَحِيلٌ تَمَامًا 56
(Ceci est tout à fait) *Impossible !* (55)

Conseil
Les formes dérivées se sont laissé apprivoiser et ne vous causent plus grand souci. Quant aux verbes irréguliers, ils vous deviendront eux aussi familiers. Pour l'instant, contentez-vous de retenir les plus courants d'entre eux, aux personnes les plus souvent employées. Des comparaisons s'établiront d'elles-mêmes avec d'autres verbes de même type, puis se dégageront des règles et, en relisant les explications concernant le système des irrégularités (voir § 2), tout deviendra clair.

Exercice de révision : تَمْرِينُ مُرَاجَعَة tamrìnou mouràjacatin

Dans ce texte, les mots vous sont pratiquement tous connus sauf quelques-uns que vous pourrez, toutefois, rattacher à une racine déjà rencontrée.

1 يُرِيدُ ٱلسَّيِّدُ ٱلْخَيَّاطُ وَزَوْجَتُهُ ٱلسَّفَرَ إِلَى مِنْطَقَةِ ٱلْقَيْرَوَان لِحُضورِ عُرْسٍ قَرِيبٍ لَهُمَا

Yourìdou (a)s-sayyidou (a)l-Khayyàt(ou) wa zaoujatouhou (a)s-safara ilà mintaqati (a)l-Qayrawàn li-houdoùri cours(i) qarìbin lahoumà.

2 كَانَ عَلَى ٱلسَّيِّدِ ٱلْخَيَّاطِ أَنْ يَحْجِزَ تَذْكِرَتَيْنِ ذَهَابًا وَإِيَابًا مِنْ تُونِس إِلَى ٱلْقَيْرَوَان

Kàna calà (a)s-sayyidi (a)l-Khayyat(i) an yahjiza tadhkiratayni dhahàban wa iyàban min Toùnis ilà (a)l-Qayrawàn

3 وَعَلَى ٱلسَّيِّدَةِ أَنْ تُرْسِلَ بَرْقِيَّةً إِلَى أَهْلِهَا لِلْإِخْبَارِ بِوُصُولِهِمَا

wa calà (a)s-sayyida(ti) an toursila barqiyya(tan) ilà ahlihà li-(a)l-ikhbàri* bi-wousoùlihimà (de wasala).

4 يَوْمَ مُغَادَرَتِهِمَا، كَانَ عَلَيْهِمَا أَنْ يَأْخُذَا تَاكْسِي إِلَى ٱلْمَطَار بِسَبَبِ حَقَائِبِهِمَا ٱلثَّقِيلَة

Yaouma moughàdaratihimà, kàna calayhimà an ya'khoudhà** tàksì ilà (a)l-matàr(i) bi-sabab(i) haqà'ibihimà (a)th-thaqìla(ti)...

5 ٱلَّتِي كَانَتْ فِيهَا هَدَايَا لَا تُحْصَى، فَضْلاً عَنْ فَسَاتِينِ ٱلسَّيِّدَةِ ٱلْخَيَّاطِ لِلْحَفْلَةِ

allatì kànat fìhà hadàyà là touhsà, fadlan ^{c}an fasàtìni (a)s-sayyida(ti) (a)l-Khayyàt(i) lil-hafla(ti).

6 فِي ٱلْقَيْرَوَانِ سَيَنْزِلَانِ فِي فُنْدُقٍ فَاخِرٍ حَيْثُ سَيَأْخُذَانِ غُرْفَةً وَاسِعَةً

Fì (a)l-Qayrawàn sa-yanzilàni fì foundouq(in) fàkhir(in) haythou sa-ya'khoudhàni ghourfa(tan) wàsi^{c}a(tan)

7 مَعَ تِلِفِزْيُونٍ وَجِهَازٍ لِلْإِنْتَرْنَت ٱلَّذِي يَحْتَاجَانِ إِلَيْهِ يَوْمِيًّا

ma^{c}a tilifizyoùn(in) wa jihàz(in) li-(a)l-intarnat (a)lladhì yahtàjàni ilayhi yaoumiyyan.

8 إِنَّهُمَا غَيْرُ مُسْتَعْجِلَيْنِ

Innahoumà ghayrou mousta^{c}jilayni...

9 إِذَنْ سَيَتَفَرَّجَانِ عَلَى أَحْيَاءِ ٱلْمَدِينَةِ وَأَسْوَاقِهَا بِدُونِ تَوْفِيرٍ لِلْأَمْوَالِ

Idhan sa-yatafarrajàni ^{c}alà ahyà'i*** (a)l-madìna(ti) wa aswàqihà*** bidoùni taoufìrin lil-amwàl(i).

10 أَلَيْسَتْ هِيَ أَسْعَدَ ٱلسَّفْرَاتِ ؟

A laysat hiya as^{c}ada (a)s-safràt(i) ?

* **ikhbàr** إِخْبَار *annonce*, de la racine **khabara**.

** **ya'khoudhà** يَأْخُذَا : chute du **noùn** final au subjonctif.

*** **ahyà'i** أَحْيَاءِ = pl. de **hayy** et **aswàqi** أَسْوَاقِ = pl. de **soùq**.

Traduction

1 Monsieur al-Khayyàt (Letailleur) et son épouse ont voulu aller dans *(a-voulu le voyage à)* la région de Kairouan pour assister *(pour-assistance de)* au mariage d'un proche *(d'eux-deux)*. 2 Monsieur al-Khayyàt (Letailleur) a dû réserver *(il était sur M. L. qu'il réserve)* deux billets aller-retour Tunis-Kairouan *(de Tunis à Kairouan)* 3 et Madame a dû envoyer un télégramme à sa famille pour annoncer leur arrivée. 4 Le jour du *(de leur)* départ *(à-eux-*

deux), ils ont dû prendre un taxi [pour aller] à l'aéroport, à cause de leurs lourdes valises. 5 dans lesquelles il y avait d'innombrables cadeaux, en plus des robes de Madame al-Khayyà<u>t</u> (Letailleur) pour la noce *(cérémonie)*. 6 À Kairouan ils descendront dans un hôtel de luxe où ils prendront une grande chambre 7 avec télévision et *(un appareil d')* Internet, dont *(lesquel-)* ils ont besoin quotidiennement *(journellement)*. 8 *(Certes)* ils ne sont pas pressés... 9 Ils flâneront donc dans *(ils contempleront sur)* les quartiers de la ville et les *(ses)* souqs, sans [le souci d'] économiser *(sans l'économie de l'argent)*. 10 N'est-ce pas [là] le plus heureux des voyages ?

Lecture de deuxième vague

1 يريد ٱلسّيّد ٱلخيّاط وزوجته ٱلسّفر إلى منطقة ٱلقيروان لحضور عرس قريب لهما

2 كان على ٱلسّيّد ٱلخيّاط أن يحجز تذكرتين ذهابا وإيابا من تونس إلى ٱلقيروان

3 وعلى ٱلسّيّدة أن ترسل برقيّة إلى أهلها للإخبار بوصولهما

4 يوم مغادرتهما، كان عليهما أن يأخذا تاكسي إلى ٱلمطار بسبب حقائبهما ٱلثّقيلة

5 ٱلّتي كانت فيها هدايا لا تحصى، فضلا عن فساتين ٱلسّيّدة ٱلخيّاط للحفلة

6 في ٱلقيروان سينزلان في فندق فاخر حيث سيأخذان غرفة واسعة

7 مع تلفزيون وجهاز للإنترنت ٱلّذي يحتاجان إليه يوميّا

8 إنّهما غير مستعجلين

9 إذن سيتفرّجان على أحياء ٱلمدينة وأسواقها بدون توفير للأموال

10 أليست هي أسعد ٱلسّفرات ؟

أَلسُّؤَالُ نِصْفُ ٱلْعِلْمِ

As-sóu'àlou ni<u>s</u>fou al-ᶜilmi.

La question est la moitié du savoir.

57 *Désormais, les voyelles terminales de la marque du duel des noms et adjectifs seront omises dans la prononciation, mais pas dans la terminaison verbale pour qu'il n'y ait pas de confusion. La voyelle brève finale des verbes sera omise, mais pour l'instant uniquement pour les verbes réguliers de première forme à l'inaccompli (spécialement à la leçon 60), sauf dans le cas d'une expression comme* **^{c}alà mà youràm***ou (à la phrase 8 de cette leçon). Attention de ne pas confondre ces verbes à l'inaccompli avec l'apocopé qui apparaît dans cette série, mais qui est beaucoup plus rare.*

57 Cinquante-septième leçon (ad-darsou as-sàbi^{c}ou wa al-khamsoùna)

Ta^{c}attoulou as-sayyàrati
La panne de *(la)* voiture

1 **Kàna tàjiroun min Halab yousàfirou** ①② **^{c}abra mintaqa**tin **jabaliyya**tin **fì yaoumin chadìdi** al-**mat**ari ③**.**
Un commerçant d'Alep voyageait *(il était un commerçant... il voyage)* à travers une région montagneuse *(dans)* un jour de forte pluie *(fort de pluie)*.

2 **^{c}inda ghouroùbi ach-chams**i, **ta^{c}attalat sayyàratouhou**
Au *(chez = au moment du)* coucher du soleil, sa voiture est tombée en panne

Notes

① **kàna tàjiroun yousàfirou...** كَانَ تَاجِرٌ يُسَافِرُ *un marchand voyageait...* (il-était un marchand il-voyage) : on forme l'imparfait avec **kàna** suivi d'un verbe à l'inaccompli. Si le sujet est exprimé, il se place de préférence entre les deux, comme c'est le cas ici.
À la phrase 5, **youwàjihou**, qui a été précédé de **kàna** en début de phrase, doit être considéré aussi comme un imparfait.

② Le verbe **sàfara, yousàfirou** est une IIIe forme. Retenez bien son schéma vocalique, vous allez en rencontrer un certain nombre

Comme vous le remarquerez, il arrive qu'une voyelle terminale soit conservée pour des raisons d'harmonie ou de rythme de la phrase. Que cela ne vous trouble pas ! Rappelez-vous qu'il n'y a aucune règle stricte de prononciation. On a seulement tendance, dans le langage courant, à omettre le maximum de voyelles qui ne soient pas absolument indispensables pour la compréhension ou utiles à la liaison des mots.

57

٥٧ أَلدَّرْسُ ٱلسَّابِعُ وَٱلْخَمْسُونَ

تَعَطُّلُ ٱلسَّيَّارَةِ

١ كَانَ تَاجِرٌ مِنْ حَلَب يُسَافِرُ عَبْرَ مِنْطَقَةٍ جَبَلِيَّةٍ فِي يَوْمٍ شَدِيدِ ٱلْمَطَرِ

٢ عِنْدَ غُرُوبِ ٱلشَّمْسِ، تَعَطَّلَتْ سَيَّارَتُهُ

▸ dans cette leçon et les suivantes et, donc, vous y habituer rapidement. Repérez également **wàjaha** et **sà^c^ada** aux phrases 5 et 6. Et notez que le complément, s'il y a lieu, des verbes de IIIe forme est au cas direct : **youwàjihou mouchkilatan** يُوَاجِهُ مُشْكِلَةً *il affronte un problème,* et **sà^c^ada ba^c^douhoumà al-ba^c^da** سَاعَدَ بَعْضُهُمَا ٱلْبَعْضَ *ils se sont aidés l'un l'autre* (il-a-aidé l'un-des-deux l'autre).

③ **fì yaoumin chadìdi al-maṯari** فِي يَوْمٍ شَدِيدِ ٱلْمَطَرِ (dans) *un jour de forte pluie* : littéralement *fort de pluie*. Le mot *pluie* est ici complément d'un adjectif. Notez que l'adjectif **chadìdi**, épithète de **yaoumin**, indéterminé, est quant à lui déterminé, parce qu'il est le premier mot d'une annexion. Nous avons aussi en français ce type de construction : difficile d'accès, fort de café, dur d'oreille (déjà vu en leçon 29), etc. !

57 **3** **wa bi-at-tàlì, takhallà ^{c}an mouwàsalati** ④ **tarìqihi ilà Dimachq.**
et, de ce fait, il a renoncé à reprendre *(à la poursuite de sa)* la route pour *(vers)* Damas.

4 **Li-housni** al-**hazz**i, **kàna bi-al-jiwàr**i ④ **foundouq**oun **moutawàdi^c**oun **wa, soudfatan,**
Par bonheur *(pour le bien du sort)*, il y avait *(était)* dans les parages *(le voisinage)* un hôtel modeste et, par hasard,

5 **kàna hounàka sàhibou sayyàra**tin **youwàjihou** ①② **mouchkilatan mìkànìkiyya**tan **houwa** al-**àkhar**ou**...**
il s'y trouvait *(était là)* un automobiliste *(propriétaire d'une voiture)* [qui était] confronté à *(il affronte)* un problème mécanique lui aussi *(lui l'autre)*...

6 **fa-ta^{c}àwanà** ⑤ **wa sà^{c}ada** ② **ba^{c}douhoumà** al-**ba^{c}d**a **^{c}alà islàhi sayyàratayhimà.**
[et] alors ils *(les-deux)* ont coopéré et se sont venus en aide pour réparer *(il-a-aidé l'un-de-eux-deux l'autre sur la réparation de)* leurs deux voitures.

7 **Ba^{c}da** al-**intihà'i min ^{c}amaliyyati** al-**islàhi,** **qàla ahadou ar-rajoulayn**i **:**
Après avoir terminé les réparations *(après l'achèvement de l'opération de réparation)*, l'un des deux hommes a dit :

8 – **Al-hamdou li-Allahi ! Koullou chay'in ^{c}alà mà youràm**ou **!**
Dieu soit loué ! Tout est pour le mieux *(toute chose sur ce-qui est-désiré)* !

Notes

④ **mouwàsalat** (type **moufà^{c}alat**) مُوَاصَلَة, *poursuite*, est l'un des deux **masdar***s* de la IIIe forme ; il vient du verbe **wàsala, youwàsilou** وَاصَلَ، يُوَاصِلُ, *continuer, poursuivre, prolonger.* Le se-

٣ وَبِٱلتَّالِي تَخَلَّى عَنْ مُوَاصَلَةِ طَرِيقِهِ إِلَى دِمَشْق

٤ لِحُسْنِ ٱلْحَظِّ، كَانَ بِٱلْجِوَارِ فُنْدُقٌ مُتَوَاضِعٌ وَ صُدْفَةً

٥ كَانَ هُنَاكَ صَاحِبُ سَيَّارَةٍ يُوَاجِهُ مُشْكِلَةً مِيكَانِيكِيَّةً هُوَ ٱلْآخَرُ

٦ فَتَعَاوَنَا وَسَاعَدَ بَعْضُهُمَا ٱلْبَعْضَ عَلَى إِصْلَاحِ سَيَّارَتَيْهِمَا

٧ بَعْدَ ٱلْإِنْتِهَاءِ مِنْ عَمَلِيَّةِ ٱلْإِصْلَاحِ، قَالَ أَحَدُ ٱلرَّجُلَيْنِ :

٨ – أَلْحَمْدُ لِلّٰهِ ! كُلُّ شَيْءٍ عَلَى مَا يُرَامُ !

▸ cond **maṣdar** est de type **fiᶜàl**, comme le mot **jiwàr** جِوَار, *voisinage,* à la phrase 4, provenant du verbe **jàwara, youjàwirou** جَاوَرَ، يُجَاوِرُ, *être au voisinage de, être voisin de.*
Quant aux participes, il se forment sur le modèle **moufàᶜil / moufàᶜal**, comme **mousàfir** مُسَافِر *voyageur (=voyageant),* que vous connaissez bien.

⑤ **taᶜàwana, yataᶜàwanou** تَعَاوَنَ، يَتَعَاوَنُ, *coopérer, collaborer, s'entr'aider,* est une VIe forme, qui exprime par rapport à la IIIe une réciprocité. Le **maṣdar** est de type **tafàᶜoul** تَفَاعُل, et les participes **moutafàᶜil / moutafàᶜal** مُتَفَاعِل / مُتَفَاعَل : **taᶜàwoun** تَعَاوُن, *aide mutuelle, coopération,* et **moutaᶜàwin / moutaᶜàwan** مُتَعَاوِن، مُتَعَاوَن *coopérant / aidé.*
Vous allez repérer **maṣdars** et participes de IIIe et de VIe formes tout au long des textes de cette série de leçons.

9 **Wa lakinna al-àna, là boudda min islàhi al-boutoùni ba^{c}da islàhi as-sayyàràti !** □
Mais maintenant, il faut absolument que nous restaurions nos *(pas d'issue de la réparation des)* ventres après avoir retapé *(après la réparation des)* les voitures !

Exercice 1 : تَرْجِمْ Tarjim !

❶ كَانَ يُصْلِحُ سَيَّارَتَهُ لَمَّا وَصَلَ مُسَافِرٌ آخَرُ وَهُوَ تَاجِرٌ أَيْضًا

Kàna youslihou sayyàratahou lammà wasala mousàfiroun àkhar(ou) wa h(ou)wa tàjiroun aydan.

❷ تَعَطَّلَتْ سَيَّارَتُنَا وَبِٱلتَّالِي تَخَلَّيْنَا عَنْ فِكْرَةِ ٱلذَّهَابِ إِلَى دِمَشْق

Ta^{c}attalat sayyàratounà wa, bi-(a)t-tàlì, takhallaynà ^{c}an fikrati (a)dh-dhahàb(i) ilà Dimachq.

❸ كُنْتُ أُوَاجِهُ مُشْكِلَةً مِيكَانِيكِيَّةً وَسَاعَدَنِي صَاحِبُ سَيَّارَةٍ قَادِمٌ مِنْ حَلَب

Kountou ouwàjihou mouchkila(tan) mìkànikiyya(tan) wa sà^{c}adanì sàhibou sayyàratin qàdimoun min Halab.

❹ نَتَعَاوَنُ فِي عَمَلِيَّةِ ٱلْإِصْلَاحِ وَبَعْدَ ٱلْإِنْتِهَاءِ مِنْهَا سَنُصْلِحُ ٱلْبُطُون

Nata^{c}àwanou fì ^{c}amaliyyati (a)l-islàh(i) wa ba^{c}da (a)l-intihà'i minhà sa-nouslihou (a)l-boutoùn(a).

❺ كَانَ بَعْضُ ٱلنَّاسِ يَتَفَرَّجُونَ عَلَى جَمَالِ ٱلْجَبَلِ ٱلَّذِي كَانَ بِجِوَارِهِ قَصْرٌ قَدِيمٌ

Kàna ba^{c}dou (a)n-nàsi yatafarrajoùna ^{c}alà jamàli (a)l-jabali (a)lladhì kàna bi-jiwàrihi qasroun qadìm(oun).

٩ وَلَكِنَّ ٱلآنَ، لاَ بُدَّ مِنْ إِصْلاَحِ ٱلْبُطُونِ بَعْدَ إِصْلاَحِ ٱلسَّيَّارَاتِ !

❻ عَلَيْنَا أَنْ نُسَافِرَ عَبْرَ مِنْطَقَةٍ كَثِيرَةِ ٱلْغُبَارِ
ᶜalaynà an nousàfira ᶜabra mint̲aqa(tin) kathìrati (a)l-ghoubàr(i).

❼ كُلُّ شَيْءٍ عَلَى مَا يُرَامُ ! يُمْكِنُنَا مُوَاصَلَةُ طَرِيقِنَا إِلَى دِمَشْق
Koullou chay'in ᶜalà mà youràm(ou) ! Youmkinounà mouwàs̲alatou t̲arìqinà ilà Dimachq.

Corrigé de l'exercice

❶ Il réparait sa voiture, quand est arrivé un autre voyageur qui était *(et lui)* aussi un marchand. ❷ Notre voiture est tombée en panne et, de ce fait, nous avons renoncé à l'idée *(la pensée)* d'aller à Damas. ❸ J'affrontais un problème mécanique et un automobiliste venant d'Alep m'a aidé. ❹ Nous nous aidons réciproquement à effectuer les réparations *(dans l'opération de réparation)* et quand ce sera terminé *(après l'achèvement d'elle)*, nous restaurerons nos *(les)* ventres. ❺ Certains *(certaines gens)* contemplaient la beauté de la montagne dans les parages de laquelle *(lequel était dans son voisinage)* se trouvait un vieux château. ❻ Nous devons voyager *(sur-nous que nous-voyagions)* à travers une région où il y a beaucoup de poussière *(une région abondante en poussière)*. ❼ Tout est en ordre *(sur quoi est-désiré)* ! Nous pouvons reprendre la route *(il nous est possible la poursuite de notre route)* pour *(vers)* Damas.

57 Damas *(**Dimachq** دِمَشْق), capitale de la Syrie, fut le siège du puissant et brillant califat ommeyyade jusqu'en 750. La Grande Mosquée des Ommeyyades, par sa magnificence et son décor somptueux de mosaïques est l'un des reflets de la civilisation de cette dynastie, dont l'art juxtapose ou mêle des éléments byzantins, sassanides (iraniens) et antiques, pour bientôt aboutir à un art proprement islamique.*

*La ville d'*Alep *(**Halab** حَلَب de **halib** حَلِيب* lait *et **halaba** حَلَبَ,* traire *; Abraham aurait trait des chèvres sur cette colline) était autrefois entourée d'une muraille, interrompue par une impressionnante citadelle, toujours existante. Celle-ci, fut édifiée sur un tell conique à l'époque ayyubide, puis mamelouke, et entourée d'un profond fossé. Au pied du tell, s'étend la vieille ville avec sa grande mosquée et son lacis de rues-bazars, où il fait bon flâner.*
Cette ville est également célèbre pour ses savonneries. C'est là qu'est né le savon *(**as-sàboùn** أَلصَّابُون) il y aurait 4 000 ans, et le* Royal *(**al-malaki**yyou أَلْمَلَكِيُّ) continue à y être fabriqué suivant une tradition millénaire, à base d'huile d'olive, d'huile de laurier, d'eau et de soude (et aussi d'extrait de salicorne et cinan). Il fut rapporté en Occident par les Croisés. On peut visiter le **Khàn as-sàboùn** خَان ٱلصَّابُون, dans le souk.*

مِفْتَاحُ ٱلْبَطْنِ لُقْمَةٌ

Miftàhou al-**batni louqma**toun.

la clé du ventre [est] une bouchée

La faim vient en mangeant.

تعطّل ٱلسّيّارة

١ كان تاجر من حلب يسافر عبر منطقة جبليّة في يوم شديد آلمطر
٢ عند غروب آلشّمس، تعطّلت سيّارته
٣ وبٱلتّالي تخلّى عن مواصلة طريقه إلى دمشق
٤ لحسن ٱلحظّ كان بٱلجوار فندق متواضع و صدفة
٥ كان هناك صاحب سيّارة يواجه مشكلة ميكانيكيّة هوٱلآخر
٦ فتعاونا وساعد بعضهما ٱلبعض على إصلاح سيارتيهما
٧ بعد ٱلإنتهاء من عمليّة ٱلإصلاح، قال أحد آلرّجلين :
٨ – ألحمد لله ! كلّ شيء على ما يرام !
٩ ولكنّ ٱلآن،لابدّ من إصلاح ٱلبطون بعد إصلاح ٱلسّيّارات !

تَعَطُّلُ ٱلسَّيَّارَةِ

58 Cinquante-huitième leçon (ad-darsou ath-thàminou wa al-khamsoùna)

Darajatou ihtimàmi az-zaoujàti

La grande *(le degré de)* sollicitude des épouses

1 **Tawajjaha ar-rajoulàni ilà sàhibi al-foundouqi**
Les deux hommes se sont adressés à l'hôtelier *(au propriétaire de l'hôtel)*

2 **yatloubàni ① minhou taqdìma ta^{c}àmin lahoumà,**
en lui demandant de leur apporter *(ils demandent de-lui présentation d')* un repas *(à-eux-deux)*,

3 **wa lakin lam yakoun ② ^{c}indahou chay'oun lil-akli.**
mais il n'avait rien à manger *(il-n'était-pas chez-lui une chose pour-le-manger)*.

4 **Fa-taqàsamà fatà'ira wa fawàkiha kànat qad haddarat-hà ③ zaoujatàhoumà**
Alors ils *(tous-deux)* se sont partagé des tartes et des fruits que leurs épouses avaient préparés *(était déjà elle-a-préparé-la leurs-deux-épouses)*

5 **wa ahmalàhà li'annahoumà kànà youfakkiràni ③ fì tanàwouli al-^{c}achà'i fì mat^{c}amin.**
et [que] tous deux avaient négligés par ce qu'ils *(tous-deux)* pensaient *(dans la prise du)* dîner dans un restaurant.

Notes

① Dans les membres de phrase 1 et 2, notez la traduction française avec "en" + participe présent (= gérondif) là où l'arabe emploie l'inaccompli. En revanche, à la phrase 9, "en disant" est traduit par le participe actif du verbe **qàla** قَالَ, **qà'il** قَائِل *disant.*

② **lam yakoun** لَمْ يَكُنْ équivaut à **mà kàna** : *il n'était pas* ; c'est-à-dire que **lam** + apocopé = **mà** + accompli. On peut employer

٥٨ أَلدَّرْسُ ٱلثَّامِنُ وَٱلْخَمْسُونَ

دَرَجَةُ ٱهْتِمَامِ ٱلزَّوْجَاتِ

١ تَوَجَّهَ ٱلرَّجُلَانِ إِلَى صَاحِبِ ٱلْفُنْدُقِ

٢ يَطْلُبَانِ مِنْهُ تَقْدِيمَ طَعَامٍ لَهُمَا

٣ وَلَكِنْ لَمْ يَكُنْ عِنْدَهُ شَيْءٌ لِلْأَكْلِ

٤ فَتَقَاسَمَا فَطَائِرَ وَفَوَاكِهَ كَانَتْ قَدْ حَضَّرَتْهَا زَوْجَتَاهُمَا

٥ وَأَهْمَلَاهَا لِأَنَّهُمَا كَانَا يُفَكِّرَانِ فِي تَنَاوُلِ ٱلْعَشَاءِ فِي مَطْعَمٍ

▸ indifféremment l'une ou l'autre forme. L'apocopé est un nouveau temps, formé sur l'inaccompli de la même manière que le subjonctif, mais qui se distingue de ces deux temps par le remplacement de la dernière voyelle **-ou** (ou **-a** pour le subjonctif) par un **soukoùn** : **akoùnou** أَكُونُ *je suis*, **akoun** أَكُنْ *je suis* à l'apocopé. Notez que pour ce verbe irrégulier (concave), le **wàw** du **où** long disparaît. Aux autres personnes, c'est comme le subjonctif (voir dans l'Appendice grammatical les trois temps placés côte à côte).

③ **kànat qad haddarat-hà zaoujatàhoumà**
كَانَتْ قَدْ حَضَّرَتْهَا زَوْجَتَاهُمَا *qu'avaient préparés leurs (*deux*) épouses* : **kàna qad** suivi de l'accompli traduit le plus-que-parfait. Ne le confondez pas avec l'imparfait – rencontré à la leçon précédente –, où **kàna** est suivi de l'inaccompli. Vous en avez un exemple à la phrase 5 : **kànà youfakkiràni** كَانَا يُفَكِّرَانِ *ils pensaient.*

6 **Thoumma akhadha koullou wàhidin minhoumà hàtifahou al-jawwàla** ④
Ensuite, chacun d'eux *(chaque un de-eux-deux)* a pris son téléphone portable *(baladeur)*

7 **li-ikhbàri zaoujatihi bil-hàdithi...**
pour informer *(information de)* son épouse de *(avec)* l'incident

8 **wa chakara kilàhoumà** ⑤ **az-zaoujatayni ^{c}alà ihtimàmihimà al-kabìri.**
et ils ont remercié tous ceux leurs *(les deux)* épouses pour *(sur= quant à)* leur grande sollicitude.

9 **Ba^{c}da dhalika, tafàraqà qabla an-naoumi qà'ilayni** ① **:**
Puis *(après cela)*, ils se sont séparés avant d'aller dormir *(avant le dormir, le sommeil)* en disant *(disant*-duel-dir.*)* :

10 – **Chabi^{c}nà wa al-hamdou lillahi ! ... Inna az-zaoujàti la-kanzoun wa dhakhìratoun !** ⑥ □
Nous sommes *(avons été)* rassasiés, Dieu soit loué !
Vraiment *(certes)* les femmes sont des trésors *(un trésor-caché et un trésor-en-réserve)* !

Notes

④ **al-hàtifou al-jawwàlou** أَلْهَاتِفُ ٱلْجَوَّالُ signifie très exactement *le téléphone baladeur,* donc *téléphone portable.* Et, de même qu'en français, l'adjectif peut être employé seul, comme nom : **al-jawwàlou** أَلْجَوَّالُ *le portable.* Attention, *téléphoner à* se dit **hàtafa, youhàtifou** هَاتَفَ، يُهَاتِفُ, suivi du cas direct.

⑤ **kilàhoumà** كِلاَهُمَا *tous les deux* (les deux d'entre eux) : **kilà** كِلاَ est le duel de **koull**. Son féminin est **kiltà** كِلْتَا.

⑥ Dans cette dernière phrase, il faut remarquer l'emploi de **inna... la-**. **Inna** *certes* s'emploie beaucoup en arabe et ne se

٦ ثُمَّ أَخَذَ كُلُّ وَاحِدٍ مِنْهُمَا هَاتِفَهُ ٱلْجَوَّالَ

٧ لِإِخْبَارِ زَوْجَتِهِ بِٱلْحَادِثِ

٨ وَشَكَرَ كِلاَهُمَا ٱلزَّوْجَتَيْنِ عَلَى آهْتِمَامِهِمَا ٱلْكَبِيرِ

٩ بَعْدَ ذَلِكَ، تَفَارَقَا قَبْلَ ٱلنَّوْمِ قَائِلَيْنِ :

١٠ – شَبِعْنَا وَٱلْحَمْدُ لِلّٰهِ ! ...إِنَّ ٱلزَّوْجَاتِ لَكَنْزٌ وَذَخِيرَةٌ !

▸ traduit généralement pas en français. Mais lorsqu'il est renforcé par **la-**, on traduit cette tournure par "*vraiment... !*"
En ce qui concerne le vocabulaire, il y a ici deux mots pour exprimer *trésor* : n'en retenez qu'un, **kanz** كَنْز par exemple. Mais l'arabe, langue qui accorde beaucoup de place à l'oral, aime les phrases bien balancées et le deuxième terme vient équilibrer le propos. Après les phrases un peu abruptes des premières leçons, nous essayons de commencer à vous communiquer le sens du rythme de la langue arabe.

Exercice 1 : تَرْجِمْ Tarjim !

1 كَانَ ٱلرَّجُلاَنِ قَدْ تَفَارَقَا بَعْدَ ٱلْأَكْلِ لِلذَّهَابِ إِلَى غُرْفَتَيْهِمَا لِلنَّوْمِ

Kàna (a)r-rajoulàni qad tafàraqà ba^{c}da (a)l-akl(i) li-(a)dh-dhahàb(i) ilà ghourfatayhimà li-(a)n-naoum(i).

2 فِي ٱلنِّهَايَةِ، أَكَلُوا ٱلْفَطِيرَةَ وَٱلْفَوَاكِهَ ٱلَّتِي كَانُوا قَدْ أَهْمَلُوهَا

Fì (a)n-nihàya(ti), akaloù (a)l-fa<u>t</u>ìra(ta) wa (a)l-fawàkiha (a)llatì kànoù qad ahmaloùhà.

3 هَاتَفَ كُلُّ وَاحِدٍ مِنْهُمْ زَوْجَتَهُ لِإِخْبَارِهَا بِٱلْحَادِثِ

Hàtafa koullou wà<u>h</u>idin minhoum zaoujatahou li-ikhbàrihà bil-<u>h</u>àdith(i).

4 شَبِعَ كِلاَهُمَا وَقَالاَ إِنَّ زَوْجَتَيْهِمَا مِثْلَ كَنْزٍ لَهُمَا

Chabi^{c}a kilàhoumà wa qàlà inna zaoujatayhimà mithla kanzin lahoumà.

5 هَلْ كُنْتُمْ تُفَكِّرُونَ فِي تَنَاوُلِ ٱلْعَشَاءِ فِي مَطْعَمٍ فَاخِرٍ؟

Hal kountoum toufakkiroùna fì tanàwouli (a)l-^{c}achà'(i) fì ma<u>t</u>^{c}amin fàkhir(in) ?

6 سَوْفَ نَتَقَاسَمُ ٱلْفَطِيرَةَ ٱللَّذِيذَةَ ٱلَّتِي حَضَّرَتْهَا زَوْجَتَانَا ٱلْعَزِيزَتَانِ

Saoufa nataqàsamou (a)l-fa<u>t</u>ìra(ta) (a)l-ladhìdha(ta) (a)llatì <u>h</u>a<u>dd</u>arat-hà zaoujatànà (a)l-^{c}azìzatàn(i).

7 هَلْ عِنْدَكَ جَوَّالٌ ؟ أَحْتَاجُ إِلَى إِخْبَارِ صَدِيقِي بِمَوْعِدِ وُصُولِي إِلَى ٱلْمَطَارِ

Hal ^{c}indaka jawwàl(oun) ? A<u>h</u>tàjou ilà ikhbàri <u>s</u>adìqì bi-maou^{c}idi wou<u>s</u>oùlì ilà (a)l-ma<u>t</u>àr(i).

Corrigé de l'exercice

❶ Les deux hommes s'étaient séparés après le dîner *(le manger)* pour aller dormir dans leurs chambres *(pour-le-aller à leurs-deux-chambres-à-eux-deux pour-le-dormir)*. ❷ Finalement, ils ont mangé (pl.) la tarte et les fruits qu ils avaient négligés. ❸ Chacun d'eux a téléphoné [à] sa femme pour l'informer *(information)* de l'incident. ❹ Ils se sont tous deux rassasiés et ils ont dit que leurs *(deux)* femmes *(à tous deux)* [étaient] comme un trésor pour eux *(deux)*. ❺ Est-ce que vous pensiez *(tous-deux) (dans prise du)* dîner dans un restaurant de luxe ? ❻ Nous nous partagerons la délicieuse tarte que [nous] ont préparée nos *(deux)* chères femmes. ❼ Est-ce que tu as un portable ? J'ai besoin d'informer mon ami de mon heure d'arrivée *(de l'horaire de mon arrivée)* à l'aéroport.

عِنْدَ ٱلْبُطُونِ ضَاعَتِ ٱلْعُقُولُ

ᶜinda al-bouṯoùni ḏàᶜat-i al-ᶜouqoùlou.

chez les ventres se-sont-perdues les intelligences

Ventre affamé n'a pas d'oreilles.

*Le mot **faṯìra(t)** فَطِيرَة désigne une sorte de tarte ou pâte fourrée de toutes sortes de choses. C'est un des éléments de base de la cuisine des pays arabes. Quand un membre de la famille voyage, on lui prépare toujours un en-cas, et les "**faṯìra**" sont très pratiques à transporter. De plus, c'est un mets délicieux et apprécié.*

59 Lecture de deuxième vague

درجة آهتمام ٱلزّوجات

١ توجّه ٱلرّجلان إلى صاحب ٱلفندق

٢ يطلبان منه تقديم طعام لهما

٣ ولكن لم يكن عنده شيء للأكل

٤ فتقاسما فطائر وفواكه كانت قد حضّرتها زوجتاهما

---

59 Cinquante-neuvième leçon (ad-darsou at-tàsi^{c}ou wa al-khamsoùna)

Chijàroun bayna kàtibayni
Dispute entre deux écrivains

1 **Kànat majmoù^{c}atoun min-a al-kouttàbi touchàrikou fì ma'doubati ^{c}achà'in rasmiyyatin**
Un groupe d'écrivains *(de les-écrivains)* participait à un *(dans repas d'un)* dîner officiel

2 **aqàmat-hà ri'àsatou al-baladiyyati bi-mounàsabati manhi jà'izatin lil-àdàbi.**
[qu']offrait *(elle-a-offert-ce-eux)* la *(présidence de la)* municipalité à l'occasion de la remise d'un prix littéraire *(pour-les-belles-lettres)*.

3 **Istaqbalahoum ^{c}oumdatou al-madìnati ^{c}alà bàbi qà^{c}ati al-istiqbàli**
Le maire de la ville les a accueillis à *(sur)* la porte de la salle de réception,

4 **wa sàfahahoum moutahàwiran ① ma^{c}a koulli wàhidin minhoum ^{c}alà hidatin.**
(et) il leur a serré la main en dialoguant avec chacun d'eux séparément *(chaque un d'eux sur unité)*.

٥ وأهملاها لأنّهما كانا يفكّران في تناول ٱلعشاء في مطعم
٦ ثمّ أخذ كلّ واحد منهما هاتفه ٱلجوّال
٧ لإخبار زوجته بٱلحادث
٨ وشكر كلاهما ٱلزّوجتين على إهتمامهما ٱلكبير.
٩ بعد ذلك، تفارقا قبل ٱلنّوم قائلين :
١٠ – شبعنا وٱلحمد لله ! ...إنّ ٱلزّوجات لكنز و ذخيرة !

٥٩ أَلدَّرْسُ ٱلتَّاسِعُ وَٱلْخَمْسُونَ

شِجارٌ بَيْنَ كاتِبَيْنِ

١ كَانَتْ مَجْمُوعَةٌ مِنَ ٱلْكُتَّابِ تُشَارِكُ فِي مَأْدُبَةِ عَشَاءٍ رَسْمِيَّةٍ
٢ أَقَامَتْهَا رِئَاسَةُ ٱلْبَلَدِيَّةِ بِمُنَاسَبَةِ مَنْحِ جَائِزَةٍ لِلْآدَابِ
٣ إِسْتَقْبَلَهُمْ عُمْدَةُ ٱلْمَدِينَةِ عَلَى بَابِ قَاعَةِ ٱلْإِسْتِقْبَالِ
٤ وَصَافَحَهُمْ مُتَحَاوِرًا مَعَ كُلِّ وَاحِدٍ مِنْهُمْ عَلَى حِدَةٍ

Notes

① **moutah̲àwiran** مُتَحَاوِرًا *en dialoguant* ; ce participe, du verbe de VIe forme **tah̲àwara, yatah̲àwarou** تَحَاوَرَ، يَتَحَاوَرُ *dialoguer*, est employé au cas direct pour exprimer un complément de manière et correspond bien ici, en français, à *en* suivi du participe présent.

59 5 **Thoumma jalasa al-jamìᶜ**ou **ᶜalà mà'idatin t̲awìla**tin
Puis ils se sont tous *(la totalité)* assis à *(sur)* une longue table

6 **h̲aythou taᶜàqabat-i al-alwànou** ② **al-ladhìdha**tou.
où se sont succédé des *(les)* mets délicieux.

7 **Kàna baᶜd̲ouhoum yatanàqachoùna h̲aoula àkhiri** ③ **al-koutoubi allatì s̲adarat h̲adìthan**
Certains [d'entre eux] discutaient des derniers *(autour du dernier*[coll.] *des)* livres parus *(laquelle elle-a-paru récemment)*.

8 **wa kàna min baynihim** ④ **rajoulàni ih̲tadama baynahoumà chijàroun ᶜanìf**oun **ka-ᶜàdatihimà.**
et il y avait parmi eux *(de entre-eux)* deux hommes [qui] se disputaient âprement *(il-s'est-enflammé entre-eux-deux une dispute violente)* comme [à] leur habitude.

9 – **Limàdhà là touhàjimou al-yaouma achkhàs̲a koutoubì ka-ᶜàdatika ? Hadhà gharìb**oun **!**
Pourquoi aujourd'hui n'attaques-tu pas les personnages de mes livres comme [à] ton habitude ? C'est étonnant *(étrange)* !

10 – **Li'annaka, fì kitàbika al-akhìri** ③**, là tatah̲addathou illà ᶜan nafsika**
Parce que, dans ton dernier livre, tu ne parles que *(excepté)* de toi*(-même)*

Notes

② **alwàn** أَلْوَان est le pluriel de **laoun** لَوْن qui a plusieurs sens : *couleur*, *sorte*, *espèce* et, dans ce contexte-ci, *mets*.

③ Il faut distinguer **àkhir** آخِر – annexion, qui signifie *le dernier/les derniers de* (sorte de collectif) et, d'autre part, **akhìr** أخِير *dernier* (phrase 10).

٥ ثُمَّ جَلَسَ ٱلْجَمِيعُ عَلَى مَائِدَةٍ طَوِيلَةٍ

٦ حَيْثُ تَعَاقَبَتِ ٱلْأَلْوَانُ ٱللَّذِيذَةُ

٧ كَانَ بَعْضُهُم يَتَنَاقَشُونَ حَوْلَ آخِرِ ٱلْكُتُبِ ٱلَّتِي صَدَرَتْ حَدِيثًا

٨ وَكَانَ مِنْ بَيْنِهِمْ رَجُلَانِ ٱحْتَدَمَ بَيْنَهُمَا شِجَارٌ عَنِيفٌ كَعَادَتِهِمَا

٩ – لِمَاذَا لَا تُهَاجِمُ ٱلْيَوْمَ أَشْخَاصَ كُتُبِي كَعَادَتِكَ ؟ هَذَا غَرِيبٌ !

١٠ – لِأَنَّكَ فِي كِتَابِكَ ٱلْأَخِيرِ، لَا تَتَحَدَّثُ إِلَّا عَنْ نَفْسِكَ

شِجَارٌ بَيْنَ كَاتِبَيْنِ

④ **min baynihim** مِنْ بَيْنِهِمْ équivaut à **baynahoum** بَيْنَهُمْ *parmi eux*, mais avec un sens renforcé. À la place d'une préposition, on emploie ici une locution prépositive formée de la préposition **min** et du mot **bayn** بَيْن *séparation*, *intervalle*, au cas indirect.

59 11 **wa lan outìla** ⑤ **al-hadìtha fì al-maoudoù^c^i, makhàfata an akoùna** ⑥ **qalìla al-adabi...** □
et je n'en dirai pas plus *(et je ne prolongerai pas le propos sur le sujet)*, de crainte d'être impoli *(que je sois peu politesse)*...

Notes

⑤ **lan outìla...** لَنْ أُطِيلَ *je ne prolongerai pas...* : pour traduire un futur à la forme négative, on doit employer **lan** suivi du subjonctif. À la forme affirmative – vous le savez –, vous em- ▸

Exercice 1 : تَرْجِمْ Tarjim !

❶ لَمَّا كُنْتُ مُشَارِكًا فِي مَأْدُبَةِ عَشَاءٍ، كَثِيرًا مَا كَانَ يُهَاجِمُنِي أَحَدُ ٱلْكُتَّابِ

Lammà kountou mouchàrikan fì ma'doubati ^c^achà'(in), kathìran mà kàna youhàjimounì ahadou (a)l-kouttàb(i).

❷ كَانَ عُمْدَةُ ٱلْمَدِينَةِ يَسْتَقْبِلُ ٱلْكُتَّابَ فِي دَارِ ٱلْبَلَدِيَّةِ

Kàna ^c^oumdatou (a)l-madìna(ti) yastaqbilou (a)l-kouttàb(a) fì dàri (a)l-baladiyya(ti).

❸ كُنَّا نَتَنَاقَشُ مَرَّةً حَوْلَ أَشْخَاصِ كُتُبِنَا وَٱنْتَهَى ٱلنِّقَاشُ بِشِجَارٍ عَنِيفٍ بَيْنَنَا

Kounnà natanàqachou marratan haoula achkhàsi koutoubinà wa intahà (a)n-niqàch(ou) bi-chijàrin ^c^anìf(in) baynanà.

❹ كَانَتْ مِنْ بَيْنِهِنَّ ثَلَاثُ نِسَاءٍ كُنَّ قَدْ كَتَبْنَ ٱلْعَدِيدَ مِنَ ٱلْكُتُبِ

Kànat min baynihinna thalàthou nisà'(in) kounna qad katabna (a)l-^c^adìda min (a)l-koutoub(i).

❺ كَانُوا جَالِسِينَ فِي قَاعَةٍ وَاسِعَةٍ يَأْكُلُونَ جَمِيعَ ٱلْأَلْوَانِ ٱلْمُتَعَاقِبَةِ عَلَى ٱلْمَائِدَةِ

١١ وَلَنْ أُطِيلَ ٱلْحَدِيثَ فِي ٱلْمَوْضُوعِ، مَخَافَةَ أَنْ أَكُونَ قَلِيلَ ٱلْأَدَبِ...

▸ ployez l'inaccompli seul ou précédé de **sa-** ou **saoufa**. Attention, il est tout à fait incorrect de faire précéder **lan** de **saoufa**, comme on le rencontre parfois dans la presse.

⑥ **akoùna** أَكُونَ *que je sois* ; cette forme est le subjonctif de **kàna** et ne diffère de l'inaccompli (**akoùnou** أَكُونُ) que par sa voyelle finale.

Kànoù jàlisìna fì qà^{c}atin wàsi^{c}a(tin) ya'kouloùna jamì^{c}a (a)l-alwàni (a)l-mouta^{c}àqiba(ti) ^{c}alà (a)l-mà'ida(ti).

6 لاَ بُدَّ لَكُمْ مِنْ قِرَاءَةِ هَذَا ٱلْكِتَابِ ٱلَّذِي صَدَرَ حَدِيثًا

Là boudda lakoum min qirà'ati* hadhà (a)l-kitàbi (a)lladhì sadara hadìthan.

7 أُرِيدُ أَنْ أَتَحَدَّثَ عَنْ ذَلِكَ مَعَ كُلِّ وَاحِدٍ مِنْكُمْ عَلَى حِدَةٍ

Ourìdou an atahaddatha ^{c}an dhàlik(a) ma^{c}a koulli wàhidin minkoum ^{c}alà hida(tin).

* **qirà'a(t)** قِرَاءَة *lecture*

Littérature arabe *(pour la littérature ancienne, voir leçons 37, 43, 54)*
Avec la chute des Abbassides en 1258, l'éclat de la culture arabe s'est terni pour de longs siècles, surtout dans le domaine de la littérature. Celle-ci a connu une renaissance seulement à partir de la fin du XIXe siècle et uniquement au Moyen-Orient. Les grands auteurs sont **Gibran Khalil Gibran** *(1883-1931) au Liban et, en Égypte,* **Taha Hussein** *(1889-1973),* **Taoufiq al-Hakim** *(1898-1987) et* **Naguib Mahfouz***, prix Nobel de littérature en 1988.*

صَدِيقُكَ مَنْ صَدَقَكَ لاَ مَنْ صَدَّقَكَ

Sadìqouka man sadaqaka là man saddaqaka.
Ton ami est celui qui te dit la vérité, pas celui qui te croit.

Corrigé de l'exercice

❶ Lorsque je participais *(j'étais participant)* à un *(repas du)* dîner, il y avait souvent un écrivain [qui] m'attaquait. ❷ Le maire de la ville recevait les écrivains à la mairie *(dans la maison de la municipalité).* ❸ Nous parlions *(discutions)* une fois des *(autour des)* personnages de nos livres et la discussion s'est terminée par une violente querelle entre nous. ❹ Il y avait parmi elles trois femmes qui avaient écrit un bon *(grand-)*nombre de livres. ❺ Ils étaient assis (part. actif de **jalasa**) dans une vaste salle et mangeaient *(ils mangent)* tous *(la totalité-de)* les plats qui se succédaient *(les-se-succédant)* sur la table. ❻ Vous devez absolument *(pas d'issue pour vous de)* lire *(la lecture de)* ce livre qui vient de paraître *(lequel est-paru récemment).* ❼ Je veux parler *(que je parle)* de cela avec chacun de vous séparément *(sur unité).*

---

60 Soixantième leçon (ad-darsou as-sittoùna)

Fì al-maktabi
Au bureau

1 **Yasilou as-sayyidou ^{c}Abdou al-Qàdiri an-Nàjjàri ilà maktabihi fì as-sà^{c}ati ath-thàminati sabàhan.**
Monsieur Abdel-Kader an-Najjar *(Serviteur-du-Tout-Puissant Lemenuisier)* arrive à son bureau à huit heures *(dans la huitième heure)* du matin.

2 **Yaqoùlou lahou sadìqoun kàna qad ràfaqahou** ① **ilà hounàka :**
Un ami [qui] l'avait accompagné jusque là lui dit :

شجار بين كاتبين

١ كانت مجموعة من ٱلكتّاب تشارك في مأدبة عشاء رسميّة
٢ أقامتها رئاسة ٱلبلديّة بمناسبة منح جائزة للآداب
٣ إستقبلهم عمدة ٱلمدينة على باب قاعة ٱلإستقبال
٤ وصافحهم متحاورا مع كلّ واحد منهم على حدة
٥ ثمّ جلس ٱلجميع على مائدة طويلة
٦ حيث تعاقبت ٱلألوان ٱللّذيذة
٧ كان بعضهم يتناقشون حول آخر ٱلكتب ٱلّتي صدرت حديثا
٨ وكان من بينهم رجلان ٱحتدم بينهما شجار عنيف كعادتهما
٩ – لماذا لا تهاجم ٱليوم أشخاص كتبي كعادتك ؟ هذا غريب !
١٠ – لأنّك في كتابك ٱلأخير، لا تتحدّث إلاّ عن نفسك
١١ ولن أطيل ٱلحديث في ٱلموضوع، مخافة أن أكون قليل ٱلأدب

٦٠ أَلدَّرْسُ ٱلسِّتُّونَ

فِي ٱلْمَكْتَبِ

١ يَصِلُ ٱلسَّيِّدُ عَبْدُ ٱلْقَادِرِ ٱلنَّجَّارِ إِلَى مَكْتَبِهِ فِي ٱلسَّاعَةِ ٱلثَّامِنَةِ صَبَاحًا

٢ يَقُولُ لَهُ صَدِيقٌ كَانَ قَدْ رَافَقَهُ إِلَى هُنَاكَ :

Notes

① **kàna qad ràfaqahou** كَانَ قَدْ رَافَقَهُ *il l'avait accompagné* : il s'agit du plus-que-parfait (**kàna qad** + accompli), déjà rencontré à la leçon 58.

60 3 – **Anà adhhabou ilà al-maqhà lil-la^{c}bi bil-aouràqi wa anta tadhhabou ilà al-^{c}amali ! A^{c}ànaka Allahou !**
Moi je vais au café jouer aux *(pour le jeu avec)* cartes et toi tu vas au travail ! [Que] Dieu te vienne en aide *(t'aide)* !

4 **Ya^{c}malou as-sayyidou an-Najjàrou fì charikati ta'mìnin.**
Monsieur an-Najjar travaille dans une compagnie d'assurances.

5 **Qabla koulli chay'in, yaftahou hàsoùbahou wa yanzourou fì barìdihi al-iliktroùniyyi**
Avant toute chose, il ouvre son ordinateur et regarde *(dans = examine)* son courrier électronique,

6 **thoumma youhàtifou az-zabà'ina wa houwa yata^{c}àmalou ma^{c}a al-achkhàsi wa ach-charikàti fì ànin wàhidin.**
puis il téléphone [aux] clients, car *(et)* il travaille à la fois *(dans un moment unique)* avec des *(les)* particuliers *(personnes)* et avec des *(les)* sociétés.

7 **Li-hadhà, yajibou ^{c}alayhi an youràsila ② ha'oulà'i ③ an-nàsa jamì^{c}an.**
Pour cela, il faut *(sur-lui)* qu'il corresponde [avec] *(écrive-à)* tous ces gens *(ces gens en-totalité)*.

8 **Fì as-sà^{c}ati al-hàdiyata ^{c}achrata, fì mountasafi as-sayfi, yakoùnou al-harrou fì maktabihi chadìdan.**
À onze heures *(dans la onzième heure)*, au milieu de l'été, il fait très chaud *(la chaleur est intense)* dans son bureau.

9 **Yaghraqou ar-rajoulou fì naoumin ^{c}amìqin.**
L'homme plonge dans un profond sommeil.

10 **Fì naoumihi tazharou lahou al-jannatou allatì fìhà ^{c}ouyoùnou al-miyàhi al-bàridati**
Il voit en songe *(dans son sommeil apparaît à-lui)* le Paradis où il y a *(laquelle dans-elle)* des sources d'eaux fraîches *(les sources* les eaux les fraîches)*

60

٣ – أَنَا أَذْهَبُ إِلَى ٱلْمَقْهَى لِلَّعْبِ بِٱلْأَوْرَاقِ وَأَنْتَ تَذْهَبُ إِلَى ٱلْعَمَلِ ! أَعَانَكَ ٱللّٰهُ !

٤ يَعْمَلُ ٱلسَّيِّدُ ٱلنَّجَّارُ فِي شَرِكَةِ تَأْمِينٍ

٥ قَبْلَ كُلِّ شَيْءٍ، يَفْتَحُ حَاسُوبَهُ وَيَنْظُرُ فِي بَرِيدِهِ ٱلْإِلِكْتْرُونِيِّ

٦ ثُمَّ يُهَاتِفُ ٱلزَّبَائِنَ وَهُوَ يَتَعَامَلُ مَعَ ٱلْأَشْخَاصِ وَٱلشَّرِكَاتِ فِي آنٍ وَاحِدٍ

٧ لِهَذَا يَجِبُ عَلَيْهِ أَنْ يُرَاسِلَ هَؤُلَاءِ ٱلنَّاسَ جَمِيعًا

٨ فِي ٱلسَّاعَةِ ٱلْحَادِيَةَ عَشْرَةَ، فِي مُنْتَصَفِ ٱلصَّيْفِ يَكُونُ ٱلْحَرُّ فِي مَكْتَبِهِ شَدِيدًا

٩ يَغْرَقُ ٱلرَّجُلُ فِي نَوْمٍ عَمِيقٍ

١٠ فِي نَوْمِهِ تَظْهَرُ لَهُ ٱلْجَنَّةُ ٱلَّتِي فِيهَا عُيُونُ ٱلْمِيَاهِ ٱلْبَارِدَةِ

Notes

② **yajibou ᶜalayhi an youràsila** يَجِبُ عَلَيْهِ أَنْ يُرَاسِلَ *il faut qu'il échange de la correspondance [avec]* : **yajibou ᶜalayhi an** suivi du subjonctif est une tournure – très courante – qui exprime l'obligation. **Wajaba** signifie *falloir*. Notez que **youràsila** a un complément au cas direct : **an-nàsa** (voir leçon 57, note 2).

③ **ha'oulà'i** هَؤُلَاءِ *ces* est le pluriel du démonstratif **hadhà** et **hadhihi**, donc valable pour le pluriel masculin et féminin, comme en français.

60 **11** **wa woujoùhou hoùri al-^{c}ayni al-bàhirati...**
et les visages éblouissants des houris *(les visages des noires de l'œil les-éblouissants)*.

12 **Faj'atan, yaftahou ^{c}ouyoùnahou wa yajidou nafsahou amàma wajhi moudìratihi al-qabìhi al-qatoùbi** ④ **!** □
Soudain *(brusquement)*, il ouvre les *(ses)* yeux et il se trouve *(il trouve lui-même)* devant le visage laid [et] renfrogné de sa directrice *(le visage de sa directrice le laid le renfrogné)* !

Exercice 1 : تَرْجِمْ Tarjim !

❶ زَارَهُ زَبُونٌ كَانَ قَدْ هَاتَفَهُ لِتَأْمِينِ بَيْتِهِ
Zàrahou zaboùnoun kàna qad hàtafahou li-ta'mìni baytihi.

❷ لَمَّا فَتَحْتُ ٱلْحَاسُوبَ، وَجَدْتُ فِي بَرِيدِي ٱلْإِلِكْتُرُونِيِّ خَبَرًا غَرِيبًا
Lammà fatahtou (a)l-hàsoùb(a), wajadtou fì barìdì (a)l-iliktroùniyy(i) khabar(an) gharìb(an).

❸ يَشْتَغِلُ رِجَالُ ٱلْأَعْمَالِ هَؤُلَاءِ مَعَ شَرِكَتِنَا
Yachtaghilou rijàlou (a)l-a^{c}màl(i) ha'oulà'i ma^{c}a charikatinà.

❹ يَجِبُ عَلَيْكُمْ أَنْ لَا تَدْخُلُوا ٱلْمَكْتَبَ لِأَنَّ ٱلْمُوَظَّفَةَ غَارِقَةٌ فِي نَوْمٍ عَمِيقٍ !
Yajibou ^{c}alaykoum an là tadkhouloù (a)l-maktab(a) li'anna (a)l-mouwazzafa(ta) ghàriqa(toun) fì naoumin ^{c}amìq(in) !

١١ وَوُجوهُ حُورِ ٱلْعَيْنِ ٱلْبَاهِرَةِ

١٢ فَجْأَةً ، يَفْتَحُ عُيُونَهُ وَيَجِدُ نَفْسَهُ أَمَامَ وَجْهِ مُدِيرَتِهِ ٱلْقَبِيحِ ٱلْقَطُوبِ !

Notes

④ **amàma wajhi moudìratihi al-qabìhi al-qaṯoùbi** أمامَ وَجْهِ مُديرَته ٱلْقَبيح ٱلْقَطوب *devant le visage laid [et] renfrogné de sa directrice* : en arabe, on peut supprimer **wa** entre deux adjectifs, par une sorte d'effet de style, qui renforce le poids des deux qualificatifs.

⑤ لَمَّا فَتَحْتُ عُيُونِي، وَجَدْتُ نَفْسِي أَمَامَ وَجْهٍ قَبِيحٍ قَطُوبٍ مَا كُنْتُ أَعْرِفُهُ

Lammà fataẖtou ᶜouyoùnì, wajadtou nafsì amàma wajhin qabìẖin qaṯoùb(in) mà kountou aᶜrifouhou.

⑥ فِي مُنْتَصَفِ ٱلصَّيْفِ، أَلْحَرُّ شَدِيدٌ فِي ٱلْمَكْتَبِ إِذْ أَنَّهُ لاَ يَكُونُ فِيهِ تَكْيِيفٌ لِلْهَوَاءِ

Fì mountaṣafi (a)ṣ-ṣayf(i), al-ẖarr(ou) chadìd(oun) fì (a)l-maktab(i) idh annahou là yakoùnou fìhi takyìf(oun) lil-hawà'(i).

⑦ فِي نَوْمِهِ ٱلْعَمِيقِ، ظَهَرَتْ لَهُ ٱلْجَنَّةُ وَلَكِنْ دُونَ وُجُوهِ حُورِ ٱلْعَيْنِ ٱلْبَاهِرَةِ

Fì naoumihi (a)l-ᶜamìq(i), ẕaharat lahou (a)l-janna(tou) walakin doùna woujoùhi ẖoùri (a)l-ᶜayni (a)l-bàhira(ti).

60 Corrigé de l'exercice

❶ Un client [qui] lui avait téléphoné est venu le voir *(il-a-visité-lui)* pour assurer *(l'assurance de)* sa maison. ❷ Quand j'ai ouvert l'ordinateur, j'ai trouvé dans mon courrier électronique une nouvelle étrange. ❸ Ces hommes d'affaires *(hommes* les-affaires ceux-ci)* travaillent avec notre société. ❹ Il ne faut pas que vous entriez *(il-faut sur-vous que vous n'entriez pas)* [dans] le bureau, parce que l'employée [est] plongée dans un profond sommeil ! ❺ Quand j'ai ouvert les *(mes)* yeux, je me suis trouvé devant un visage laid [et] renfrogné [que] je ne connaissais pas *(-lui)*. ❻ Au milieu de l'été, la chaleur est intense dans le bureau, étant donné qu'il n'y a pas *(dans lui)* de climatisation. ❼ Dans son sommeil profond, le Paradis lui est apparu, mais sans les visages éblouissants des houris.

أَلْعَيْنُ تُظْهِرُ مَا فِي ٱلْقَلْبِ

Al-^{c}aynou touzhirou mà fì al-qalbi.

L'œil montre ce qui [est] dans le cœur.

Dans les pays arabes, les horaires des administrations ou des bureaux dépendent du climat. Dans la péninsule arabique, où il fait particulièrement chaud, le travail commence à six heures ou sept heures du matin pour finir vers quatorze heures. Ce qui permet à certains d'avoir une double activité, une le matin et une autre l'après-midi. Dans les autres pays, c'est en général l'horaire des pays occidentaux qui est appliqué.

Mais partout, il y a dans chaque bureau une officine où l'on prépare thé et café et les employés peuvent s'en faire monter dans leur bureau à tout moment. D'autre part, il est coutume d'offrir à tout visiteur, client ou autre, quelque chose à boire. Ceci fait partie des règles d'hospitalité en vigueur dans tout le monde arabe, comme en Orient.

في ٱلمكتب

١ يصل ٱلسّيّد عبد ٱلقادر ٱلنّجّار إلى مكتبه في ٱلسّاعة ٱلثّامنة صباحا

٢ يقول له صديق كان قد رافقه إلى هناك

٣ – أنا أذهب إلى ٱلمقهى للّعب بٱلأوراق وأنت تذهب إلى ٱلعمل ! أعانك ٱللّه !

٤ يعمل ٱلسّيّد ٱلنّجّار في شركة تأمين

٥ قبل كلّ شيء، يفتح حاسوبه وينظر في بريده ٱلإلكتروني

٦ ثمّ يهاتف ٱلزّبائن وهو يتعامل مع ٱلأشخاص وٱلشّركات في آن واحد

٧ لهذا يجب عليه أن يراسل هؤلاء ٱلنّاس جميعا

٨ في ٱلسّاعة ٱلحادية عشرة، في منتصف ٱلصّيف يكون ٱلحرّ في مكتبه شديدا

٩ يغرق ٱلرّجل في نوم عميق

١٠ في نومه تظهر له ٱلجنّة ٱلّتي فيها عيون ٱلمياه ٱلباردة

١١ ووجوه حور ٱلعين ٱلباهرة

١٢ فجأة، يفتح عيونه ويجد نفسه أمام وجه مديرته ٱلقبيح ٱلقطوب !

Il faut retenir que le vendredi est jour férié et que la fin de semaine peut commencer le jeudi à midi. Mais, quand on récite les jours de la semaine, le premier jour est dimanche.

Les houris qui peuplent le Paradis des croyants ont déjà été évoquées dans des leçons précédentes. Nous n'y revenons pas, mais n'oubliez pas l'ambivalence et l'importance du mot ***ᶜayn*** عَيْن source *et aussi* œil *qui est source de lumière.*

61 Soixante et unième leçon (ad-darsou al-**h**àdì wa as-sittoùna)

Fì ᶜiyàdati a**t**-**t**abìbi

Chez le médecin *(dans le cabinet du médecin)*

1 **Kàna rajoul**oun **cha**'iboun **moutaqàᶜid**oun **qad tazawwaja fatàtan jamìla**tan **jiddan.**
Un homme d'âge mûr *(âgé-aux-cheveux-blancs)*, retraité, avait épousé une jeune fille très belle.

2 **Kàna ghayoùran <u>h</u>attà** ① **a<u>s</u>ba<u>h</u>a** ② **al-jamìᶜ**ou **ya<u>d</u><u>h</u>akoùna minhou.**
Il était jaloux au point que *(jusqu'à)* tout le monde a commencé à rire *(il a commencé la totalité ils rient)* de lui.

3 **Dhàta yaoum**in ③, **dhahaba li-ziyàrati <u>t</u>abìb**in.
Un *(certain)* jour, il alla consulter *(pour visite d')* un médecin.

4 – **Mimmà tachkoù ?** ④
Qu'est-ce qui ne va pas *(de quoi te plains-tu)* ?

Notes

① La préposition **<u>h</u>attà** حَتَّى *jusqu'à* peut aussi être employée comme conjonction pour introduire une subordonnée de temps, de but ou de conséquence. Elle signifiera alors *au point que*, *jusqu'à ce que*, *afin que*, et sera suivie suivant le cas d'un verbe à l'accompli – comme ici –, à l'inaccompli ou au subjonctif (voir les leçons 63 §3 et 70 §3).

② **a<u>s</u>ba<u>h</u>a** أَصْبَحَ, formé sur le mot **<u>s</u>oub<u>h</u>** صُبْح *matin*, signifie littéralement "être au matin". On dira ainsi **kayfa a<u>s</u>ba<u>h</u>ta ?** كَيْفَ أَصْبَحْتَ؟ *comment es-tu ce matin, comment vas-tu ?* Ce ▸

٦١ أَلدَّرْسُ ٱلْحَادِي وَٱلسِّتُّونَ

فِي عِيَادَةِ ٱلطَّبِيبِ

١ كَانَ رَجُلٌ شَائِبٌ مُتَقَاعِدٌ قَد تَزَوَّجَ فَتَاةً جَمِيلَةً جِدًّا

٢ كَانَ غَيُورًا حَتَّى أَصْبَحَ ٱلْجَمِيعُ يَضْحَكُونَ مِنْهُ

٣ ذَاتَ يَوْمٍ، ذَهَبَ لِزِيَارَةِ طَبِيبٍ

٤ – مِمَّا تَشْكُو ؟

▸ verbe a également le sens de *devenir* et dans ce cas il se comporte comme **kàna**, c'est-à-dire qu'il est suivi d'un nom ou adjectif au cas direct. Enfin, il a le sens de *commencer à* et il est suivi d'un verbe à l'inaccompli (en français, c'est un infinitif) : **a<u>s</u>ba<u>h</u>a al-jamì^cou ya<u>d</u><u>h</u>akoùna** أَصْبَحَ ٱلْجَمِيعُ يَضْحَكُونَ *ils ont tous commencé à rire.*

③ **dhàta yaoumin** ذَاتَ يَوْمٍ *un certain jour* : le mot **dhàta** est suivi d'un nom au cas indirect, comme **ba^c<u>d</u>** بَعْض qui a le même sens : *certain.*

④ **mimmà** مِمَّا est la contraction de **min mà** مِنْ مَا؟ *de quoi ?* De même **^can man** devient **^camman** عَمَّنْ؟ *de qui ?* C'est-à-dire que lorsqu'une préposition terminée par un **noùn** est suivie de **mà**, le **noùn** est assimilé et le **mìm** redoublé (voir à l'Appendice grammatical les ***Interrogatifs***).
tachkoù تَشْكُو *tu te plains*, de **chakà, yachkoù min** شَكَى، يَشْكُو مِنْ *se plaindre de*, verbe défectueux.

5 – Yà Douktoùr ! Moundhou thalàthati achhourin ^{c}indì waja^{c}oun fì az-zahri wa fì ar-roukbatayni
Docteur, depuis trois mois, j'ai des douleurs *(une douleur)* dans le dos et les *(deux)* genoux

6 waqta sou^{c}oùdì li-ad-daraji ⑤ wa yakhfiqou qalbì bi-sour^{c}atin fà'iqatin
quand je monte *(temps-de ma-montée pour-)* les escaliers et mon cœur bat très vite *(avec une vitesse supérieure)*,

7 wa là astatì^{c}ou ⑥ al-akla doùna an toùji^{c}anì ⑦ al-ma^{c}idatou.
et je ne peux pas manger *(le fait de manger)* sans avoir mal à *(sans que fasse-mal-moi)* l'estomac.

8 – Tayyiboun ! Ikhla^c thiyàbaka ! ... saoufa afhasouka ! ...
Bon ! Déshabillez-vous *(enlève tes vêtements)* ! Je vais vous examiner...

9 Hadhihi wasfatoun li-ijrà'i tahlìlin li-ad-dami wa al-baouli wa taswìrin ich^{c}à^{c}iyyin li-az-zahri.
Voici une ordonnance pour faire faire *(pour-le-fait-de-faire-effectuer)* une analyse de *(pour le)* sang et d'urine et une radio *(imagerie radio-active)* du dos.

10 Sa-ta^{c}oùdou ilayya ba^{c}da khamsata ^{c}achara yaouman li-afhasaka ⑧ min jadìdin... □
Vous reviendrez me voir *(vers moi)* dans *(après)* quinze jours pour que je vous examine de nouveau.

Notes

⑤ **waqta sou^{c}oùdì li-ad-daraji** وَقْتَ صُعُودِي لِلدَّرَجِ *quand je monte l'escalier* (le temps-*dir.* = au moment de ma montée pour l'escalier) : **waqta** est au cas direct, qui – vous le savez – est la marque du complément de temps. On peut traduire par *quand*, *au moment où*. On pourrait dire **waqta sou^{c}oùdi ad-daraji** وَقْتَ صُعُودِ ٱلدَّرَجِ *au moment de monter* (de la montée de) *l'es-*

٥ – يَا دُكْتُور ! مُنْذُ ثَلَاثَةِ أَشْهُرٍ عِنْدِي وَجَعٌ فِي ٱلظَّهْرِ وَفِي ٱلرُّكْبَتَيْنِ

٦ وَقْتَ صُعُودِي لِلدَّرَجِ وَيَخْفِقُ قَلْبِي بِسُرْعَةٍ فَائِقَةٍ

٧ وَلَا أَسْتَطِيعُ ٱلْأَكْلَ دُونَ أَنْ تُوجِعَنِي ٱلْمَعِدَةُ

٨ – طَيِّبٌ ! إِخْلَعْ ثِيَابَكَ ! ... سَوْفَ أَفْحَصُكَ !

٩ هَذِهِ وَصْفَةٌ لِإِجْرَاءِ تَحْلِيلٍ لِلدَّمِ وَٱلْبَوْلِ وَتَصْوِيرٍ إِشْعَاعِيٍّ لِلظَّهْرِ

١٠ سَتَعُودُ إِلَيَّ بَعْدَ خَمْسَةَ عَشَرَ يَوْمًا لِأَفْحَصَكَ مِنْ جَدِيدٍ

▸ *calier* ; mais du fait que **soᶜoud** est additionné du possessif dans le premier cas, on ne peut former une annexion avec un autre nom – puisque ce mot est déjà en annexion avec le pronom affixe – et, de ce fait, on doit mettre **li-** devant le nom suivant. Vous avez déjà rencontré ce phénomène, mais sans vous y attarder. Maintenant, il est temps de le noter et d'y prêter attention.

⑥ **là astaṯìᶜou al-akla** لَا أَسْتَطِيعُ ٱلْأَكْلَ *je ne peux pas manger (le fait de manger).* Le verbe de Xᵉ forme **istaṯàᶜa** (T̲Wᶜ ; voir les racines concaves à la leçon 56) est suivi d'un **maṣdar** au cas direct ou de **an** + subjonctif (nous le verrons dans la série suivante).

⑦ **doùna an toùjiᶜanì al-maᶜidatou** دُونَ أَنْ تُوجِعَنِي ٱلْمَعِدَةُ *sans que me fasse mal l'estomac* : **doùna an** est suivi, comme en français, du subjonctif.

⑧ **li-afh̲aṣaka** لِأَفْحَصَكَ *pour que je t'examine* : **li-** suivi d'un verbe au subjonctif signifie *pour que, afin que.* On peut aussi employer un **maṣdar** après **li-**.

61 Exercice 1 : تَرْجِمْ Tarjim !

❶ لَا أَسْتَطِيعُ صُعُودَ ٱلدَّرَجِ لِأَنَّنِي مُتَقَاعِدٌ كَبِيرُ ٱلسِّنِّ

Là astati^{c}ou sou^{c}oùda (a)d-daraj(i) li'annanì moutaqà^{c}id(oun) kabìrou (a)s-sinn(i).

❷ مِمَّا تَشْكُو ؟ عِنْدِي وَجَعٌ شَدِيدٌ فِي ٱلظَّهْرِ كُلَّ يَوْمٍ صَبَاحًا

Mimmà tachkoù ? – ^{c}indì waja^c(oun) chadìd(oun) fì (a)z-zahr(i) koulla yaoumin sabàhan.

❸ أُرِيدُ أَنْ تَفْحَصَنِي لِأَنَّ قَلْبِي خَفَقَ بِسُرْعَةٍ فَائِقَةٍ وَأَنَا أَلْعَبُ بِكُرَةِ ٱلْقَدَمِ

Ourìdou an tafhasanì li'anna qalbì khafaqa bi-sour^{c}a(tin) fà'iqa(tin) wa anà al^{c}ab(ou) bi kourati* (a)l-qadam(i).

❹ يُرِيدُ ٱلطَّبِيبُ أَنْ يَخْلَعَ ٱلرَّجُلُ ٱلْمَرِيضُ ثِيَابَهُ

Yourìdou (a)t-tabìb(ou) an yakhla^{c}a (a)r-rajoulou (a)l-marìd(ou) thiyàbahou.

❺ أَعْطِنِي وَصْفَةً لِإِجْرَاءِ تَحْلِيلٍ لِلدَّمِ لِأَنِّي مَرِضْتُ دُونَ أَنْ أَعْرِفَ ٱلسَّبَبَ

A^{c}tinì wasfa(tan) li-ijrà'i tahlìlin li-(a)d-dam(i) li'annì maridtou doùna an a^{c}rifa (a)s-sabab(a).

❻ يَجِبُ أَنْ نَذْهَبَ إِلَى زِيَارَةِ طَبِيبٍ لِيَفْحَصَ بِنْتَنَا

Yajibou an nadhhaba ilà ziyàrati tabìb(in) li-yafhasa bintanà.

❼ ذَاتَ يَوْمٍ مَا ٱسْتَطَاعَ ٱلْأَكْلَ وَلَا ٱلشُّرْبَ حَتَّى مَكَثْنَا فِي بَيْتِهِ لِمُسَاعَدَتِهِ فِي كُلِّ مَا يَحْتَاجُ إِلَيْهِ

Dhàta yaoum(in), mà (i)statà^{c}a (a)l-akl(a) wa là (a)ch-chourb(a) hattà makathnà fì baytihi li-mousà^{c}adatihi fì koulli mà yahtàjou ilayhi.

* **koura(t)** كُرَة *balle*

Corrigé de l'exercice

❶ Je ne peux pas monter *(la montée de)* l'escalier, parce que je suis un retraité âgé *(grand d'âge)*. ❷ Qu'est-ce qui ne va pas *(de quoi te plains-tu)* ? – J'ai une douleur intense dans le dos tous les matins *(chaque jour au-matin)*. ❸ Je veux que vous m'examiniez *(tu m'examines)* parce que mon cœur a battu très fort *(avec rapidité supérieure)* alors que *(et moi)* je jouais *(je joue)* au football *(avec la balle de pied)*. ❹ Le médecin veut que l'homme malade ôte ses vêtements. ❺ Donnez-moi *(donne-moi)* une ordonnance pour *(fait de)* faire faire une analyse de *(pour)* sang, parce que je suis tombé malade sans savoir pourquoi *(que je connaisse la cause)*. ❻ Il faut que nous allions voir *(à visite d')* un médecin pour qu'il examine notre fille. ❼ Un *(certain)* jour, il n'a pas pu manger ni *(et pas)* boire, au point que nous sommes restés chez lui *(dans sa maison)* pour l'aider *(pour-aide-lui)* dans tout ce dont il avait besoin *(dans tout ce-qu'il a besoin vers-lui)*.

La médecine chez les Arabes

Al-Hàrith ben Kalada أَلْحَارِثْ بِن كَلَدَة *est considéré comme le premier médecin des Arabes (au* VIIe *siècle) et fut appelé* **ṯabìbou al-ᶜarabi** طَبِيبُ ٱلْعَرَب*. Reçu et interrogé par le roi sassanide Khosrow, il lui déclara qu'il se soignait avec les plantes. Dans les Hadith – recueil de paroles du Prophète –, on trouve une foule de conseils pour soigner divers maux, qui furent repris par les médecins et rebouteux. La médecine occupait une grande place dans la civilisation islamique – on y trouve même une femme médecin au* XIIe *siècle au Yémen – et il existait de nombreux traités. Ceux-ci ont été pour la plupart illustrés, et on trouve dans ces manuscrits des peintures représentant diverses opérations, telles que césarienne, trépanation, cautérisation, réduction de fracture ou opération de la cataracte.*

*Les grands noms de la médecine, ou bien de ceux qui se sont illustrés par un traité spécifique – il ne faut pas oublier que ces hommes étaient avant tout des savants universels qui, bien souvent, pratiquaient à la fois plusieurs disciplines telles que la philosophie, les mathématiques, l'astronomie, l'alchimie, l'histoire et la médecine – sont Razès (*IX-Xe*), al-Tabari (*IXe*), Avicenne (*X-XIe*), Al-Biroùni (*XIe*)...*

في عِيادَةِ ٱلطَّبيبِ

مَا شَيْبُ ٱلْمَرْءِ إلاَّ غُبارٌ أَثارَهُ رَكْضُ عُمْرِهِ

Mà chaybou al-mar'i illà ghoubàroun athàrahou rakdou ^{c}oumrihi.

pas les cheveux blancs de l'homme si ce n'est de la poussière il a soulevé-le le galop de sa vie

Les cheveux blancs de l'homme ne sont que la poussière soulevée par le galop de sa vie.

---

62 Soixante-deuxième leçon (ad-darsou ath-thànì wa as-sittoùna)

Zaoujoun ghayoùroun

Un mari jaloux

1 **Ba^{c}da fatratin, raja^{c}a ar-rajoulou ilà ^{c}iyàdati at-tabìbi**
Au bout d'un certain temps *(après une période)*, l'homme est revenu voir le *(à la consultation du)* médecin,

2 **alladhì qàla lahou ba^{c}da ittilà^{c}ihi ^{c}alà natà'iji al-fouhoùsàti :**
qui lui a dit après avoir pris connaissance *(après sa-prise-de-connaissance sur les)* des résultats des examens :

3 – **Koullou chay'in ^{c}alà mà youràmou wa al-hamdou lillahi !**
Tout va bien, Dieu soit loué !

في عيادة ٱلطّبيب

١ كان رجل شائب متقاعد قد تزوّج فتاة جميلة جدّا
٢ كان غيورا حتّى أصبح ٱلجميع يضحكون منه
٣ ذات يوم، ذهب لزيارة طبيب
٤ – ممّا تشكو ؟
٥ – يا دكتور ! منذ ثلاثة أشهر عندي وجع في ٱلظّهر وفي ٱلرّكبتين
٦ وقت صعودي للدّرج ويخفق قلبي بسرعة فائقة
٧ ولا أستطيع ٱلأكل دون أن توجعني ٱلمعدة
٨ – طيّب ! إخلع ثيابك ! ... سوف أفحصك !
٩ هذه وصفة لإجراء تحليل للدّم وٱلبول وتصوير إشعاعيّ للظّهر
١٠ ستعود إليّ بعد خمسة عشر يوما لأفحصك من جديد

---

٦٢ أَلدَّرْسُ ٱلثَّانِي وَٱلسِّتُّونَ

زَوْجٌ غَيُورٌ

١ بَعْدَ فَتْرَةٍ، رَجَعَ ٱلرَّجُلُ إلى عِيَادَةِ ٱلطَّبِيبِ
٢ ٱلَّذي قَالَ لَهُ بَعْدَ ٱطِّلاَعِهِ عَلَى نَتَائِجِ ٱلْفُحُوصَاتِ:
٣ – كُلُّ شَيْءٍ عَلَى مَا يُرَامُ وَٱلْحَمْدُ لِلّٰهِ !

4 **Ma^{c}a dhalika, khoudh hadhihi** al-**houboùba yaoumiyyan.**
Malgré *(avec)* cela, prends ces pilules chaque jour *(quotidiennement)*.

5 **Wa lakin, min haddi** al-àni, **^{c}alayka tafàdì** ① a**s-sou^{c}oùd**i **dà'iman ilà sathi** ad-dàri
Mais, à partir de maintenant *(de la-limite de-maintenant)*, il faut éviter de monter *(sur-toi le-fait-d'éviter le fait de-la-montée)* sans cesse à la terrasse de ta *(la)* maison

6 **li-at-tajassousi ^{c}alà zaoujatik**a **makhàfata an tatahaddatha ma^{c}a jàrin min-a** al-**jìr**àni ②...
pour espionner *(espionnage sur)* ta femme de crainte qu'elle [ne] bavarde avec l'un des *(un voisin de=parmi les)* voisins...

7 **Là tatasattar** ③ **dà'iman warà'a khizànati** al-**matbakh**i **li-mouràqabatihà**
Ne te cache pas sans cesse derrière l'armoire de la cuisine pour la surveiller *(pour surveillance-elle)*

8 **wa hàwil tanàwoula** at-**ta^{c}àmi ma^{c}ahà koulla yaoum**in **fì houdou'**in **wa touma'nìna**tin**...**
et essaie de prendre le *(prise du)* repas avec elle chaque jour dans le *(un)* calme et la *(une)* sérénité.

9 **Saoufa tazoùlou aoujà^{c}ouk**a **bi-sour^{c}a**tin **!**
Tes douleurs disparaîtront rapidement !

10 – **Choukran ^{c}alà** ④ **hadhihi** an-**nasìh**ati, **yà Douktoùr !**
Merci pour *(sur)* ce conseil, Docteur !

Notes

① **tafàdin** تَفَادٍ *fait d'éviter* est le **masdar** d'un verbe irrégulier (défectueux), **tafàdà, yatafàdà** تَفَادَى، يَتَفَادَى de VIe forme, qui signifie *éviter*. Ce mot a une déclinaison irrégulière à deux flexions, comme **màdin** مَاضٍ (leçon 35, § 5) : **tafàdin** تَفَادٍ (sujet et indirect), **tafàdiyan** تَفَادِيًا (direct) et **at-tafàdì** أَلتَّفَادِي (sujet et indirect), **at-tafàdiya** أَلتَّفَادِيَ (direct).

٤ مَعَ ذَلِكَ خُذْ هَذِهِ ٱلْحُبُوبَ يَوْمِيًّا

٥ وَلَكِنْ مِنْ حَدِّ ٱلْآنِ، عَلَيْكَ تَفَادِي ٱلصُّعُودِ دَائِمًا إِلَى سَطْحِ ٱلدَّارِ

٦ لِلتَّجَسُّسِ عَلَى زَوْجَتِكَ مَخَافَةَ أَنْ تَتَحَدَّثَ مَعَ جَارٍ مِنَ ٱلْجِيرَانِ...

٧ لَاتَتَسَتَّرْ دَائِمًا وَرَاءَ خِزَانَةِ ٱلْمَطْبَخِ لِمُرَاقَبَتِهَا

٨ وَحَاوِلْ تَنَاوُلَ ٱلطَّعَامِ مَعَهَا كُلَّ يَوْمٍ فِي هُدُوءٍ وَ طُمَأْنِينَةٍ

٩ سَوْفَ تَزُولُ أَوْجَاعُكَ بِسُرْعَةٍ !

١٠ – شُكْرًا عَلَى هَذِهِ ٱلنَّصِيحَةِ يَا دُكْتُور !

② **ma^c^a jàrin min-a al-jìràn** مَعَ جَارٍ مِنَ ٱلْجِيرَانِ *avec l'un des voisins* : littéralement "avec un voisin de = parmi les voisins" : rappelez-vous cette façon de traduire *l'un / l'une des.*

③ **là tatasattar** لَاتَتَسَتَّرْ *ne te cache pas* : l'impératif de forme négative (la défense), se construit avec **là** suivi d'un verbe à l'apocopé, ce nouveau temps que vous avez rencontré à la leçon 58 et que vous pourrez voir en détail à la prochaine leçon de révision.

④ **choukran ^c^alà hadhihi an-nasìhati** شُكْرًا عَلَى هَذِهِ ٱلنَّصِيحَةِ *merci pour ce conseil* : retenez cette phrase, que vous pourrez réutiliser en remplaçant **nasìhat** par d'autres mots. Par exemple, **choukran ^c^alà mousà^c^adatika** شُكْرًا عَلَى مُسَاعَدَتِكَ (**masdar** du verbe **sà^c^ada**) *merci pour ton aide.*

62 **11 Wa kharaja ar-rajoulou qà'ilan li-nafsihi :**
Et l'homme est sorti en se disant *(disant pour/à-lui-même)* :

12 – Wa Allahi ! Mà adhkà hadhà at-tabìba ! □
Par Dieu ! Il est vraiment intelligent ce toubib *(que Il-a-rendu-intelligent ce médecin)* !

Exercice 1 : تَرْجِمْ Tarjim !

❶ لَا تَأْخُذْ هَذِهِ ٱلْحُبُوبَ ٱلَّتِي هِيَ غَيْرُ مُنَاسِبَةٍ لِوَجَعِ ٱلظَّهْرِ
Là ta'khoudh hadhihi (a)l-houboùba (a)llatì hiya ghayrou mounàsiba(tin) li-waja^{c}i (a)z-zahr(i).

❷ يَا أُخْتِي ! شُكْرًا عَلَى مُرَاقَبَتِكِ لِزَوْجَتِي وَقْتَ وُجُودِهَا فَوْقَ ٱلسَّطْحِ
Yà oukhtì ! Choukran ^{c}alà mouràqabatiki li-zaoujatì waqta woujoùdihà* faouqa (a)s-sath(i).

❸ لَمْ يَنْظُرْ فِي نَتَائِجِ ٱلْفُحُوصَاتِ، وَلَكِنَّهُ أَعْطَاهُ نَصِيحَةً طَيِّبَةً
Lam yanzour fì natà'iji (a)l-fouhousàt(i), walàkinnahou a^{c}tàhou nasìha(tan) tayyiba(tan).

❹ لَاتَتَجَسَّسْ عَلَى زَوْجَتِكَ دَائِمًا مَخَافَةَ أَنْ تَصْعَدَ ٱلسَّطْحَ حَتَّى تَتَكَلَّمَ مَعَ جَارَاتِهَا
Là tatajassas ^{c}alà zaoujatik(a) dà'iman makhàfata an tas^{c}ada (a)s-sath(a) hattà tatakallama ma^{c}a jàràtihà.

❺ يَا بِنْتِي ! لَا تَتَحَدَّثِي فَوْقَ ٱلسَّطْحِ مَعَ ٱلْجِيرَانِ ! هَذَا غَيْرُ مُنَاسِبٍ لِلْمُتَزَوِّجَاتِ
Yà bintì ! Là tatahaddathì faouqa (a)s-sath(i) ma^{c}a (a)l-jìràn(i) ! Hadhà ghayrou mounàsib(in) lil-moutazawwijàt(i) !

62 ١١ وَخَرَجَ ٱلرَّجُلُ قَائِلاً لِنَفْسِهِ :
١٢ – وَٱللهِ ! مَا أَذْكَى هَذَا ٱلطَّبِيبَ !

❻ مِنْ حَدِّ ٱلْآنِ، يَجِبُ عَلَيْكَ أَنْ تَتَنَاوَلَ ٱلطَّعَامَ فِي هُدُوءٍ
Min haddi (a)l-àn(i), yajibou ᶜalayk(a) an tatanàwala (a)t-taᶜàm(a) fì houdoù'(in).

❼ يُرَاقِبُ زَوْجَتَهُ مِنَ ٱلْمَطْبَخِ مَخَافَةَ أَنْ تَفْتَحَ ٱلْبَابَ لِبَائِعٍ مُتَجَوِّلٍ !
Youràqibou zaoujatahou min-a (a)l-matbakh(i) makhàfata an taftaha (a)l-bàb(a) li-bà'iᶜin moutajawwil(in) !

* **woujoùd** وُجُود *existence, présence, fait de (se) trouver*, du verbe **wajada** وَجَدَ *trouver.*

Corrigé de l'exercice

❶ Ne prends pas ces pilules qui *(laquelle elle)* ne conviennent pas au *(non convenantes pour)* mal de dos. ❷ Ma sœur ! Merci de surveiller *(sur ta-surveillance pour)* ma femme quand [elle est] *(au-moment de sa-présence)* sur la terrasse. ❸ Il n'a pas regardé *(dans)* les résultats des examens, mais il lui a donné un bon conseil. ❹ N'espionne pas *(sur)* ta femme sans cesse, de crainte qu'elle [ne] monte [à] la terrasse pour bavarder *(afin qu'elle bavarde)* avec ses voisines. ❺ Ma fille ! Ne parle pas sur la terrasse avec les voisins ! Ceci n'est pas convenable pour les femmes mariées ! ❻ À partir de maintenant, il faut *(sur toi)* que tu prennes tes repas *(la nourriture)* dans le *(un)* calme. ❼ Il surveille sa femme de[puis] la cuisine, de crainte qu'elle n'ouvre la porte à un marchand ambulant.

62 ***Comportement en pays arabes***

Il n'y a pas plus de maris jaloux dans les pays arabes qu'ailleurs, mais les règles de la société islamique interdisent à un homme de laisser son épouse exposée aux regards et aux éventuelles avances des autres hommes. D'où cette apparente surveillance dans les réunions, qui peut se révéler très pesante aux yeux des étrangers, mais à laquelle se pliera toute femme, même celle qui travaille à l'extérieur et exerce des responsabilités professionnelles importantes ; et ceci, tout simplement, pour que son mari ne soit pas discrédité auprès de ses amis ou collègues. Donc, on ne saurait trop conseiller à des non-musulmans, hommes et femmes, en voyage dans les pays arabes, de se conformer à l'attitude générale en ce qui concerne les rapports des hommes et femmes en public. Pas de démonstration exubérante d'amitié ou d'affection, pas de familiarité avec des personnes de l'autre sexe !

De ce fait, si un homme est invité dans une famille arabe, il faudra qu'il soit très attentif à ne pas regarder de manière trop appuyée l'épouse ou les filles de son hôte. De son côté, une femme étrangère adoptera une attitude modeste et discrète vis-à-vis des hommes. Dans la rue, de même, elle s'habillera de manière "décente", c'est-à-dire en n'exhibant pas son anatomie avec des décolletés profonds, des mini-jupes et des vêtements moulants. Si elle est ainsi vêtue ou si elle est seule à la terrasse d'un café et qu'elle fume, son attitude sera jugée provocante, elle sera considérée comme une femme facile et ne devra pas s'indigner si on lui fait des propositions à peine voilées...

هُمَا كَرُكْبَتَيْ بَعِير

Houmâ ka-roukbatay ba^{c}îrin.

ils sont tous deux comme les deux genoux d'un chameau

Ils se ressemblent comme deux gouttes d'eau.

507 ٥٠٧ khamsmi'a wa sab^{c}a

زوج غيور

١ بعد فترة، رجع ٱلرّجل إلى عيادة ٱلطّبيب
٢ ٱلّذي قال له بعد ٱطّلاعه على نتائج ٱلفحوصات :
٣ - كلّ شيء على ما يرام وٱلحمد لله !
٤ مع ذلك خذ هذه ٱلحبوب يوميّا
٥ ولكن من حدّ ٱلآن، عليك تفادي ٱلصّعود دائما إلى سطح ٱلدّار
٦ للتّجسّس على زوجتك مخافة أن تتحدّث مع جار من ٱلجيران...
٧ لاتتستّر دائما وراء خزانة ٱلمطبخ لمراقبتها
٨ وحاول تناول ٱلطّعام معها كلّ يوم في هدوء و طمأنينة
٩ سوف تزول أوجاعك بسرعة !
١٠ -شكرا على هذه ٱلنّصيحة يا دكتور !
١١ وخرج ٱلرّجل قائلا لنفسه :
١٢ -وٱلله! ما أذكى هذا ٱلطّبيب !

زَوْجٌ غَيُورٌ

أَلدُّنْيَا صُعُودٌ وَٱنْحِدَارٌ

Ad-dounyà sou<u>c</u>oùdoun wa inhidàroun.

La vie *(ici-bas)* est montée et descente.

63 Soixante-troisième leçon (ad-darsou ath-thàlithou wa as-sittoùna)

مُرَاجَعَةٌ

Révision

Dans cette dernière série de leçons, vous vous êtes familiarisé avec les IIIe et VIe formes, ce qui ne constituait pas une grosse difficulté, maintenant que vous avez bien compris le mécanisme des verbes arabes. Vous avez aussi découvert de nouveaux temps, mais qui découlent de formes déjà connues – donc faciles à assimiler –, tout en vous fournissant de nouvelles possibilités d'expression. Vous arrivez maintenant au bout de votre apprentissage de l'arabe. Vous en avez déjà vu l'essentiel à la fin de cette série et la suivante viendra reprendre et compléter les acquis, afin de vous donner, avec des bases solides, le coup d'envoi !

1 Les IIIe et VIe formes

• IIIe forme : fàᶜala, youfàᶜilou فَاعَلَ، يُفَاعِلُ

Cette forme se caractérise par l'allongement de la première consonne et indique un effort fait en direction de quelqu'un ou de quelque chose. Le complément de cette forme est un nom au cas direct ou bien il est exprimé par un pronom affixe.

youhàtifou az-zabà'ina يُهَاتِفُ ٱلزَّبَائِنَ
il téléphone aux clients (60)
youwàjihou mouchkilatan يُوَاجِهُ مُشْكِلَةً
il affronte un problème (57)
s̲àfah̲ahoum صَافَحَهُم
il leur a serré la main (59)

Cette forme a deux **mas̲dar**, de type **fiᶜàl** ou **moufàᶜalat** :
– sur le modèle **fiᶜàl** فِعَال

jiwàr	جِوَار	*voisinage* (57)
de **jàwara, youjàwirou**	جَاوَرَ، يُجَاوِرُ	*être au voisinage de*

– sur le modèle **moufàᶜalat** مُفَاعَلَة

mouwàs̲alat	مُوَاصَلَة	*poursuite* (57)
de **wàs̲ala, youwàs̲ilou**	وَاصَلَ، يُوَاصِلُ	*poursuivre*

٦٣ أَلدَّرْسُ ٱلثَّالِثُ وَٱلسِّتُّونَ

mounàsabat — مُنَاسَبَة — *occasion* (59)
de **nàsaba, younàsibou** — نَاسَبَ، يُنَاسِبُ — *convenir*

mouràqabat — مُرَاقَبَة — *surveillance* (62)
de **ràqaba, youràqibou** — رَاقَبَ، يُرَاقِبُ — *surveiller* (62)

Certains verbes ont des **ma<u>s</u>dar** des deux formes :
niqàch et **mounàqacha**t — نِقَاش، مُنَاقَشَة — *discussion*
de **nàqacha**, **younàqichou** — نَاقَشَ، يُنَاقِشُ — *discuter*

L'impératif est de type **fà^{c}il** فَاعِلْ :
sà^{c}id-hou de **sà^{c}ada** — سَاعِدْهُ! : سَاعَدَ — *aide-le !, aider*

<u>h</u>àwil tanàwoula a<u>t</u>-<u>t</u>a^{c}àmi ... — حَاوِلْ تَنَاوُلَ ٱلطَّعَامِ
essaie de prendre le repas... (62)
de **<u>h</u>àwala, you<u>h</u>àwilou** — حَاوَلَ، يُحَاوِلُ — *essayer*

• VIe forme : tafà^{c}ala, yatafà^{c}alou تَفَاعَلَ، يَتَفَاعَلُ

Cette forme est la réfléchie de la troisième, ou plutôt, elle exprime une réciprocité :
nàqacha, younàqichou III — نَاقَشَ، يُنَاقِشُ — *discuter avec qqn, parler à quelqu'un*
→ **tanàqacha, yatanàqachou** VI — تَنَاقَشَ، يَتَنَاقَشُ — *discuter à plusieurs*

^{c}àwana, you^{c}àwinou III — عَاوَنَ، يُعَاوِنُ — *assister quelqu'un*
→ **ta^{c}àwana, yata^{c}àwanou** VI — تَعَاوَنَ، يَتَعَاوَنُ — *coopérer, s'entraider*

Le **ma<u>s</u>dar** est de type **tafà^{c}oul** et les participes **moufà^{c}il / moufà^{c}al** :
tanàwoul — تَنَاوُل — *prise de* (58) de **tanàwala** تَنَاوَلَ
moutawà<u>d</u>i^{c} — مُتَوَاضِع — *modeste* (57) de **tawà<u>d</u>a^{c}a** تَوَاضَعَ
mouta<u>h</u>àwir — مُتَحَاوِر — *dialoguant* (59) de **ta<u>h</u>àwara** تَحَاوَرَ
moutaqà^{c}id — مُتَقَاعِد — *retraité* (61) de **taqà^{c}ada** تَقَاعَدَ

63 L'impératif est sur le modèle **tafà^{c}al** تَفَاعَلْ :

taqàsama تَقَاسَمَ *se partager* :

taqàsamoù-hà baynakoum! تَقَاسَمُوهَا بَيْنَكُمْ *partagez-vous-la !*

Notez que le **alif** final de l'impératif de 2e personne du pluriel disparaît si on lui suffixe un pronom : تَقَاسَمُوا + ها = تَقَاسَمُوهَا.

2 Imparfait et plus-que-parfait

• L'imparfait

kàna كَانَ (à la personne voulue) + inaccompli

kànà youfakkiràni كَانَا يُفَكِّرَانِ *ils pensaient tous les deux* (58)

kountou ouchàrikou كُنْتُ أُشَارِكُ *je participais* (59, exer.)

Le sujet, s'il est exprimé, se place de préférence entre **kàna** et l'inaccompli :

kàna tàjiroun yousàfirou كَانَ تَاجِرٌ يُسَافِرُ

un marchand voyageait (57)

• Le plus-que-parfait

kàna qad كَانَ قَدْ + accompli

فَتَقَاسَمَا فَطَائِرَ وَفَوَاكِهَ كَانَتْ قَدْ حَضَّرَتْهَا زَوْجَتَاهُمَا

fa-taqàsamà fatà'ira wa fawàkiha kànat qad haddarat-hà zaoujatàhoumà

et ils (eux deux) *se sont partagé des tartes et des fruits que leur avaient préparés leurs* (deux) *femmes à tous deux* (58)

sadìqoun kàna qad ràfaqahou صَدِيقٌ كَانَ قَدْ رَافَقَهُ

un ami qui l'avait accompagné (60)

3 Subordonnées au subjonctif

– **lan** لَنْ + subjonctif = futur à la forme négative

لَنْ أُطِيلَ ٱلْحَدِيثَ فِي ٱلْمَوْضُوعِ

lan outìla al-hadìtha fì al-maoudoù^{c}i

je ne prolongerai pas mon (le) *propos sur le sujet* (59)

– **li-** لِ + subjonctif : *pour que, afin que*

li-afhasa-ka لِأَفْحَصَكَ *pour que je t'examine* (61)

– **doùna an** دُونَ أَنْ + subjonctif : *sans que*
لاَ أَسْتَطِيعُ ٱلأَكْلَ دُونَ أَنْ تُوجِعَنِي ٱلْمَعِدَةُ
là astaṯìᶜou al-akla **doùna an toùjiᶜanì** al-**maᶜidatou**
je ne peux pas manger sans avoir mal à (que me fasse mal) *l'estomac* (61)

– **yajibou an** يَجِبُ أَنْ + subjonctif : *il faut que*
Il s'agit du verbe **wajaba, yajibou** وَجَبَ، يَجِبُ *falloir.*

On emploie le plus fréquemment cette tournure avec **ᶜalà** + pronom affixe :
يَجِبُ عَلَيْهِ أَنْ يُرَاسِلَ هَؤُلاَءِ ٱلنَّاسَ جَمِيعًا
yajibou ᶜalayhi an youràsila ha'oulà'i an-nàsa jamìᶜan
il faut (sur lui) *qu'il échange de la correspondance avec tous ces gens* (60)

Pour se résumer, il y a trois façons, au choix, d'exprimer l'obligation :
- **ᶜalà** + pronom **an** + subjonctif
ᶜalayka an tadkhoula عَلَيْكَ أَنْ تَدْخُلَ
- **yajibou an** + subjonctif
yajibou an tadkhoula يَجِبُ أَنْ تَدْخُلَ
- **yajibou ᶜalà** + pronom **an** + subjonctif
yajibou ᶜalayka an tadkhoula يَجِبُ عَلَيْكَ أَنْ تَدْخُلَ

= *il faut que tu entres / tu dois entrer*

– **ḫattà** حَتَّى + subjonctif = *afin que*
ḫattà tatakallama maᶜa jàràtihà حَتَّى تَتَكَلَّمَ مَعَ جَارَاتِهَا
pour parler (afin qu'elle parle) *avec ses voisines* (leçon 62, exer. phrase 4)
ḫattà peut s'employer aussi avec l'accompli et signifie alors *au point que* (voir leçon 61, note 1).

4 L'apocopé

• Formation

L'apocopé est un nouveau temps, qui est très proche de l'inaccompli et du subjonctif et qui, de ce fait, ne vous demandera aucun effort de mémorisation.

63 Il se caractérise :
a) par le remplacement des voyelles brèves des terminaisons de l'inaccompli (ou du subjonctif) par un **soukoùn** :

kataba كَتَبَ → **yaktoubou** يَكْتُبُ → **yaktoub** يَكْتُبْ
→ **aktoubou** أَكْتُبُ → **aktoub** أَكْتُبْ *etc.*

b) par la chute, comme au subjonctif, du **noùn** final aux autres personnes de l'inaccompli (sauf aux 2e et 3e personnes du féminin pluriel) :

taktoubìna تَكْتُبِينَ → **taktoubì** تَكْتُبِي (*tu* fém.)
yaktoubàni يَكْتُبَانِ → **yaktoubà** يَكْتُبَا (duel) *etc.*

En d'autres termes, l'apocopé et le subjonctif ont exactement les mêmes formes, sauf aux personnes terminées par **-a**, qui est remplacé par un **soukoùn**. Nous vous conseillons de vous reporter à l'Appendice grammatical où sont placés en regard les uns des autres l'inaccompli, le subjonctif et l'apocopé.

• Emploi

Il s'emploie après un certain nombre de conjonctions :
– **lam** لَمْ : *ne pas* (au passé) – **lam** + apocopé = **mà** + accompli

لَمْ يَكُنْ عِنْدَهُ شَيْءٌ لِلأَكْلِ

lam yakoun ᶜindahou chay'oun lil-akli
il n'avait rien à manger (il-n'était-pas chez-ui une-chose pour-le-manger)(58)
lam yakoun équivaut donc ici à **mà kàna** ; on peut employer indifféremment l'une ou l'autre forme

– **là** لَا + apocopé = défense : *Ne* (impératif) *pas !*

لَاتَتَسَتَّرْ دَائِمًا وَرَاءَ خِزَانَةِ ٱلْمَطْبَخِ !

Là tatasattar dà'iman warà'a khizànati al-maṯbakhi !
Ne te cache pas toujours derrière l'armoire de la cuisine ! (62)

5 Démonstratif

ha'oulà'i هَؤُلَاءِ *ces* est le pluriel de **hadhà** هَذَا *ce* et de **hadhihi** هَذِه *cette.*
... ha'oulà'i an-nàsa jamìᶜan هَؤُلَاءِ ٱلنَّاسَ جَمِيعًا
... *tous ces gens* (au cas direct, dans la phrase 7 de la leçon 60)

6 Inna ... la- لَـ ... إِنَّ : renforcement

إِنَّ ٱلزَّوْجَاتِ لَكَنْزٌ وَذَخِيرَةٌ !

Inna az-zaoujàti la-kanzoun wa dhakhìratoun !
Vraiment (certes) *les femmes sont des trésors* (un trésor et un trésor) *!* (58)
Le **la-** renforce l'affirmation ou la déclaration introduite par **inna**.

7 Remarques diverses

• **kilàhoumà** كِلاَهُمَا *tous les deux* : duel de **koull** كُلّ (58)
• **bayna** بَيْنَ
min bayni-him مِنْ بَيْنِهِمْ = **bayna-houm** بَيْنَهُمْ *parmi eux* (59)
min مِنْ + nom + pronom — préposition + pronom

• **koullou wà<u>h</u>idin** كُلٌّ وَاحِدٍ *chacun*

مَعَ كُلِّ وَاحِدٍ مِنْهُمْ عَلَى حِدَةَ

ma^ca koulli wà<u>h</u>idin minhoum ^calà <u>h</u>idatin
avec chacun d'eux séparément (59)

• **mimmà** مِمَّا؟ = **min mà** مِنْ مَا؟ *de quoi ?* (61)
Le **noùn** disparaît et est remplacé par **mìm**, les deux mots ne formant plus qu'un seul. Ce phénomène se retrouve dans :
^camman عَمَّنْ؟ = **^can man** عَنْ مَنْ؟ *de qui ?*

• **dhàta yaoumin** ذَاتَ يَوْمٍ *un certain jour* (61)
Le mot **dhàta** est suivi d'un nom au cas indirect pour former des expressions de temps. On rencontre de même :
dhàta <u>s</u>abà<u>h</u>in / masà'in ذَاتَ صَبَاحٍ / مَسَاءٍ *un matin / un soir*
dhàta marratin ذَاتَ مَرَّةٍ *une fois*
• **waqta** وَقْتَ + **ma<u>s</u>dar** = *au moment où, quand*
waqta <u>s</u>ou^coùdì li-ad-daraji وَقْتَ صُعُودِي لِلدَّرَجِ
quand je monte (au moment de ma montée pour) *l'escalier* (61)

• suppression de **wa**

أَمَامَ وَجْهِ مُدِيرَتِهِ ٱلْقَبِيحِ ٱلْقَطُوبِ

amàma wajhi moudìratihi al-qabì<u>h</u>i al-qa<u>t</u>oùbi
devant le visage laid [et] renfrogné de sa directrice (devant visage de-sa-directrice le-laid le-renfrogné) (60)

63 Pour renforcer le poids des deux adjectifs, on supprime ici **wa** : il s'agit d'un effet de style.

• **wa là** ... ... وَلاَ (et pas) = *ni* (exer. 63/7)

8 Tournures et expressions

• Adjectif + nom complément ("annexion de qualification")

fì yaoumin chadìdi al-matari فِي يَوْمٍ شَدِيدِ ٱلْمَطَرِ
un jour de forte pluie (dans un jour fort de pluie) (57)
hoùri al-^{c}ayni حُورِ ٱلْعَيْنِ signifie *houri*, mais littéralement *noire de l'œil* (60).

• Expressions

– **choukran ^{c}alà** شُكْرًا عَلَى : *merci pour*

شُكْرًا عَلَى هَذِهِ ٱلنَّصِيحَةِ، يَا دُكْتُور!

Choukran ^{c}alà hadhihi an-nasìhati, yà Douktoùr !
merci pour ce conseil, Docteur ! (62)

– **Koullou cha'yin ^{c}alà mà youràmou.** كُلُّ شَيْءٍ عَلَى مَا يُرَامُ
Tout est pour le mieux (toute chose sur quoi il désire)(57 et 62)

– **A^{c}ànaka Allahou !** أَعَانَكَ ٱللّٰهُ!
Que Dieu te vienne en aide ! (60)

Exercice de révision : تَمْرِينُ مُرَاجَعَةٍ tamrìnou mouràja^{c}atin

عَائِلَةُ ٱلسَّيِّدِ ٱلنَّجَّارِ

^{c}à'ilatou (a)s-sayyidi (a)n-Najjàr(i)

❶ فِي ٱلثَّامِنَةِ صَبَاحًا، كَانَ ٱلسَّيِّدُ ٱلنَّجَّارُ يَتَنَاوَلُ ٱلْفُطُورَ ٱلَّذِي كَانَتْ زَوْجَتُهُ قَدْ حَضَّرَتْهُ

Fì (a)th-thàmina(ti) sabàhan, kàna (a)s-sayyidou (a)n-Najjàr(ou) yatanàwalou (a)l-foutoùra* (a)lladhì kànat zaoujatouhou qad haddarat-hou.

❷ كَانَ يَتَحَدَّثُ قَلِيلاً مَعَ أَطْفَالِهِ قَبْلَ مُغَادَرَتِهِمْ إِلَى ٱلْمَدْرَسَةِ، قَائِلاً لَهُم:

Kàna yataḫaddathou qalìlan maᶜa aṭfàlihi qabla moughàdaratihim ilà (a)l-madrasa(ti), qà'ilan lahoum :

❸ لاَ شِجَارَ بَيْنَكُمْ وَ بَيْنَ أَطْفَالِ ٱلآخَرِينَ !

Là chijàra baynakoum wa bayna (a)l-aṯfàli (a)l-àkharìn(a) !

❹ وَعَلَيْكُمْ أَنْ تَكُونُوا مُؤَدَّبِينَ مَعَ ٱلْمُعَلِّم !

Wa ᶜalaykoum an takoùnoù mou'addabìna maᶜa (a)l-mouᶜallim(i) !

❺ إِلَى ٱلْمَسَاءِ يَا أَوْلاَدُ !

Ilà (a)l-masà'(i), yà aoulàd(ou) !

❻ ثُمَّ كَانَ يَذْهَبُ إِلَى مَكْتَبِهِ حَيْثُ كَانَ يُهَاتِفُ بَعْضَ ٱلشَّرِكَاتِ لِلتَّأْمِين

Thoumma kàna yadhhab(ou) ilà maktabihi ḫaythou kàna youhàtifou baᶜḏa (a)ch-charikàti li-(a)t-ta'mìn(i).

❼ كَانَ يَشْرَبُ شَايًا أَو قَهْوَةً مَعَ ٱلزَّبَائِنِ ٱلَّذِينَ جَاؤُوا لِزِيَارَتِه

Kàna yachrab(ou) chày(an) aou qahwa(tan) maᶜa (a)z-zabà'ini (a)lladhìna jà'où li-ziyàratihi.

❽ فِي ٱلْمَسَاءِ، كَانَ يَعُودُ إِلَى بَيْتِهِ لِتَنَاوُلِ ٱلْعَشَاءِ وَكَانَ يَجِدُ زَوْجَتَهُ فِي ٱلْمَطْبَخ

Fì (a)l-masà'(i), kàna yaᶜoùdou ilà baytihi li-tanàwouli (a)l-ᶜachà'(i) wa kàna yajidou zaoujatahou fì (a)l-maṯbakh(i).

❾ ذَاتَ يَوْمٍ، لَمْ يَجِدْهَا، لاَ فِي ٱلْمَطْبَخِ وَ لاَ فِي غُرْفَةِ ٱلْإِسْتِقْبَالِ وَلاَ فِي غُرْفَتِهَا

Dhàta yaoum(in), lam yajid-hà, là fì (a)l-maṯbakh(i) wa là fì ghourfati (a)l-istiqbàl(i) wa là fì ghourfatihà.

❿ لَمَّا كَانَ غَيُورًا، صَعِدَ بِسُرْعَةٍ فَائِقَةٍ إِلَى ٱلسَّطْح

Lammà kàna ghayoùran, ṣaᶜida bi-sourᶜatin fà'iqa(tin) ilà (a)s-saṯh(i),

⓫ حَيْثُ وَجَدَ جَمِيعَ ٱلْجَارَاتِ يَتَحَدَّثْنَ وَيَضْحَكْنَ

haythou wajada jamì^{c}a (a)l-jàràt(i) yatahaddathna wa yadhakna.

⓬ لَمْ يَغْضَبْ لِأَنَّهُ كَانَ يَوْمَ عِيدِ مِيلَادِ زَوْجَتِهِ، وَكَانَ قَدْ نَسِيَ ذَلِكَ !

Lam yaghdab li'annahou kàna yaouma ^{c}ìdi mìlàdi zaoujatihi, wa kàna qad nasiya dhalik(a) !

⓭ جَاءَ ٱلْأَطْفَالُ أُمَّهُمْ بِهَدِيَّةٍ جَمِيلَةٍ وَٱنْتَهَتِ ٱلسَّهْرَةُ فِي سَلَامٍ وَطُمَأْنِينَةٍ

Jà'a (a)l-atfàl(ou) oummahoum bi-hadiyatin jamìla(tin) wa (i)ntahat-i (a)s-sahrat(ou)* fì salàmin wa touma'nìna(tin)

⓮ وَكَانَ كُلُّ شَيْءٍ عَلَى مَا يُرَامُ !

wa kàna koullou chay'(in) ^{c}alà mà youràm(ou) !

⓯ لَنْ يَنْسَى ٱلسَّيِّدُ ٱلنَّجَّارُ عِيدَ مِيلَادِ زَوْجَتِهِ فِي ٱلْمُسْتَقْبَلِ!

Lan yansà (a)s-sayyidou (a)n-Najjàr(ou) ^{c}ìda mìlàdi zaoujatihi fì (a)l-moustaqbal(i) !

* **foutoùr** فُطُور *petit déjeuner* ; **sahrat** سَهْرَة *soirée*

Traduction

La famille de monsieur an-Najjàr (Lemenuisier)

❶ À huit heures *(dans la huitième)* du matin, monsieur an-Najjàr prenait le petit déjeuner que lui avait préparé son épouse. ❷ Il parlait un peu avec ses enfants avant qu'ils partent *(leur départ vers)* à l'école, leur disant : ❸ – Pas de dispute entre vous et *(entre)* les autres enfants ! ❹ Il faut *(sur vous)* que vous soyez polis avec le professeur ! ❺ À ce soir, les enfants ! ❻ Ensuite, il allait à son bureau où il téléphonait [à] quelques sociétés *(pour)* d'assurance. ❼ Il buvait du thé ou du café avec les clients qui venaient *(lesquels sont venus)* lui rendre visite *(pour sa visite)*. ❽ Le soir, il rentrait à la *(sa)* maison pour prendre le dîner et il trouvait son épouse dans la cuisine. ❾ Un *(certain)* jour, il ne l'a trouvée ni à la cuisine, ni au salon *(chambre de réception)*, ni dans sa chambre. ❿ Comme *(étant donné qu')* il était jaloux, il est monté très vite *(avec une vitesse supérieure)* à la terrasse, ⓫ où il a trouvé toutes les voisines [en train] de bavarder et de rire *(elles bavardent et elles rient)*. ⑫ Il ne s'est pas fâché, parce que *(-lui* = "le fait est que"*)* c'était l'anniversaire *(le jour de la fête de la naissance de)* sa femme, et il [l']avait oublié *(cela)* ! ⑬ Les enfants ont apporté *(sont venus leur mère*-dir. *avec)* un beau cadeau à leur mère et la soirée s'est terminée dans la *(une)* paix et la *(une)* sérénité ; ⑭ *(et)* tout était pour le mieux ! ⑮ Monsieur an-Najjàr n'oubliera pas l'anniversaire de son épouse à l'avenir !

Voilà ! Vous êtes déjà bien avancé en arabe et vous allez voir que vous pouvez désormais vous faire comprendre. Il suffit d'un peu de volonté et de pratique, ainsi que de patience de la part de votre interlocuteur... Et si certains prétendent que vous êtes encore loin du compte, eh bien, laissez dire !

لاَ يَضُرُّ ٱلسَّحَابَ نُبَاحُ ٱلْكِلاَبِ

Là ya<u>d</u>arrou as-**sa<u>h</u>à**ba **noubà<u>h</u>ou** al-**kilàbi !**

il ne fait pas de mal [aux] nuages l'aboiement des chiens

Les aboiements des chiens ne font pas de mal aux nuages !

Lecture de deuxième vague

عائلة ٱلسّيّد ٱلنّجّار

1 في ٱلثّامنة صباحا، كان ٱلسّيّد ٱلنّجّار يتناول ٱلْفطور ٱلّذي كانت زوجته قد حضّرته

2 كان يتحدّث قليلا مع أطفاله قبل مغادرتهم إلى ٱلمدرسة، قائلا لهم :

3 لا شجار بينكم و بين أطفال ٱلآخرين !

4 وعليكم أن تكونوا مؤدّبين مع ٱلمعلّم !

5 إلى ٱلمساء يا أولاد !

6 ثمّ كان يذهب إلى مكتبه حيث كان يهاتف بعض ٱلشّركات للتّأمين

7 كان يشرب شايا أو قهوة مع ٱلزّبائن ٱلّذين جاؤوا لزيارته

8 في ٱلمساء، كان يعود إلى بيته لتناول ٱلعشاء وكان يجد زوجته في ٱلمطبخ

⑨ ذات يوم، لم يجدها، لا في ٱلمطبخ ولا في غرفة ٱلإستقبال ولا في غرفتها

⑩ لمّا كان غيورا، صعد بسرعة فائقة إلى ٱلسّطح

⑪ حيث وجد جميع ٱلجارات يتحدّثن ويضحكن

Dans cette nouvelle série de leçons, vous n'aurez que peu de choses à découvrir. Juste quelques points à compléter. Pour en terminer avec les formes dérivées, nous ferons le point sur les VIIe et X^e formes, qui ne vous sont pas inconnues, et nous mentionnerons la IXe, très peu usitée. Nous n'hésiterons pas à faire quelques rappels de points grammaticaux déjà rencontrés afin de consolider vos connaissances.

64 Soixante-quatrième leçon (ad-darsou ar-ràbi^cou wa as-sittoùna)

Fì markazi ach-chour**ṯ**ati

Au commissariat *(centre)* de police

1 – **Yà sayyidì ach-chourṯiyyou, ^cindamà nazaltou, ma^ca rifàqin,**
Monsieur l'agent de police, quand je suis descendu avec des camarades,

2 **min-a al-bàsi raqm thamànoùna alladhì yanṯaliqou** ① **min mal^cabi al-madìnati,**
du bus numéro quatre-vingt qui *(lequel)* part du stade municipal *(de la ville)*,

Notes

① **inṯalaqa, yanṯaliqou** يَنْطَلِقُ ، إِنْطَلَقَ *être lâché, libéré, partir, démarrer*. C'est une VIIe forme, que vous aviez déjà rencontrée dans les séries précédentes, mais sur laquelle nous ne nous étions pas attardés. On ajoute le préfixe **in-** à la forme nue : **fa^cala** فَعَلَ → **infa^cala** إِنْفَعَلَ ou ici **ṯalaqa**, **yaṯlouqou**

⓬ لم يغضب لأنّه كان يوم عيد ميلاد زوجته، وكان قد نسي ذلك !
⓭ جاء ٱلأطفال أمّهم بهديّة جميلة وٱنتهت ٱلسّهرة في سلام وطمأنينة
⓮ وكان كلّ شيء على ما يرام !
⓯ لن ينسى ٱلسّيّد ٱلنّجّار عيد ميلاد زوجته في ٱلمستقبل !

Dans ces textes seront omises les voyelles finales des élatifs, des verbes irréguliers ou de formes dérivées à l'inaccompli qui sont d'usage très courants, comme ***youmkin****ou,* ***yajib****ou,* ***ourìd****ou,* ***yakoùn****ou, etc., ainsi que les terminales dans les nombres. Toutefois, on prononcera le* ***tà' marbouṯa*** *(sans la voyelle qu'il porte) du nombre devant un nom masculin pour différencier bien nettement celui-ci du nombre sans* ***tà' marbouṯa*** *devant un nom féminin.*

٦٤ أَلدَّرْسُ ٱلرَّابِعُ وَٱلسِّتُّونَ

فِي مَرْكَزِ ٱلشُّرْطَةِ

١ – يَا سَيِّدِي ٱلشُّرْطِيُّ، عِنْدَمَا نَزَلْتُ مَعَ رِفَاقٍ
٢ مِنَ ٱلْبَاصِ رَقْم ثَمَانُونَ ٱلَّذِي يَنْطَلِقُ مِنْ مَلْعَبِ ٱلْمَدِينَةِ

▸ طَلَقَ، يَطْلُقُ *lâcher, libérer* → **in-ṯalaqa** إِنْطَلَقَ. La VIIe forme est le réfléchi-passif de la première, comme vous le constatez dans cet exemple. Le maṣdar est **inṯilàq** إِنْطِلاَق *fait de se libérer, démarrage, départ*, et ses participes sont **mounṯaliq / mounṯalaq** مُنْطَلِق / مُنْطَلَق *qui démarre / point de départ.* Vous rencontrerez d'autres exemples de cette forme dérivée dans les leçons suivantes et ils seront recensés à la leçon 70. Dans cette leçon, vous repérerez aussi à la phrase 11 le verbe **infajara, yanfajirou** إِنْفَجَرَ، يَنْفَجِرُ qui signifie *éclater.*

3 **làhaztou ghiyàba chantatì ar-riyàdiyyati allatì fìhà nouqoùdoun wa àlatou taswìrin.**
j'ai constaté que je n'avais plus *(l'absence de)* mon sac de sport *(sportif)* dans lequel *(laquelle dans-elle)* [il y avait] de l'argent et un appareil photo *(de photographie)*.

4 **Hal yajibou ᶜalayya al-iᶜlànou ᶜan sariqatin am ② fouqdànin ?**
Est-ce que je dois faire *(est-ce-que il-faut sur-moi)* une *(la)* déclaration de *(d'un)* vol ou de *(d'une)* perte ?

5 – **Awwalan arjoù minka al-kachfa ᶜan houwiyyatika wa mal'a hadhihi al-istimàrati.**
En premier lieu *(premièrement)*, je vous prie *(je-prie de-toi)* de donner *(la révélation de)* votre *(ton)* identité et *(le fait)* de remplir *(de)* ce formulaire.

6 **ᶜinda'idhin, yaqoùlou chourtiyyoun àkharou :**
Un autre policier dit alors :

7 – **Qoul li-asdiqà'ika al-wàqifìna ᶜalà al-bàbi an yadkhouloù ③ li-taqdìmi chinatihim.**
Dis à tes amis qui sont à *(se-tenant-debout sur)* la porte d'entrer pour montrer leurs sacs *(qu'ils entrent pour-présentation-de leurs-sacs)*.

8 – **Yà chabàbou ! Kam antoum, wa kam chantatan ladaykoum ?**
Jeunes gens ! Combien êtes-vous et combien de sacs avez-vous *(auprès-de-vous)* ?

9 – **Nahnou khamsatoun wa fì aydìnà ④ khamsou chinatin.**
Nous [sommes] cinq et [nous avons] cinq sacs dans les *(nos)* mains.

10 – **Wa hadhihi ach-chantatou... ᶜalà zahrika ? Hadhihi hiya as-sàdisatou !**
Et ce sac... sur ton dos ? Voilà *(celle-ci elle)* le sixième !

٣ لَاحَظْتُ غِيَابَ شَنْطَتِي ٱلرِّيَاضِيَّةِ ٱلَّتِي فِيهَا نُقُودٌ وَ آلَةُ تَصْوِير

٤ هَلْ يَجِبُ عَلَيَّ ٱلْإِعْلَانُ عَنْ سَرِقَةٍ أَمْ فُقْدَانٍ ؟

٥ – أَوَّلاً، أَرْجُو مِنْكَ ٱلْكَشْفَ عَنْ هُوِيَّتِكَ وَمَلْءَ هَذِهِ ٱلإِسْتِمَارَةِ

٦ عِنْدَئِذٍ، يَقُولُ شُرْطِيٌّ آخَرُ :

٧ – قُلْ لِأَصْدِقَائِكَ ٱلْوَاقِفِينَ عَلَى ٱلْبَابِ أَنْ يَدْخُلُوا لِتَقْدِيمِ شَنَطِهِمْ !

٨ – يَا شَبَابُ! كَمْ أَنْتُمْ، وَكَمْ شَنْطَةً لَدَيْكُمْ ؟

٩ – نَحْنُ خَمْسَةٌ وَفِي أَيْدِينَا خَمْسُ شَنَطٍ

١٠ – وَهَذِهِ ٱلشَّنْطَةُ عَلَى ظَهْرِكَ ؟ هَذِهِ هِيَ ٱلسَّادِسَةُ !

Notes

② **hal... ᶜan sariqatin am fouqdànin ?** هَلْ... عَنْ سَرِقَةٍ أَم فُقْدَانٍ؟ *est-ce que... de vol ou de perte ?* Vous vous rappelez que dans une phrase interrogative, *ou bien* se traduit par **am**, alors que dans une phrase affirmative on emploie **aou** أَوْ (voir leçon 43, note 3).

③ **qoul li-aṣdiqà'ika... an yadkhouloù**
قُل لِأَصْدِقَائِكَ... أَنْ يَدْخُلُوا *dis à tes amis... d'entrer* (qu'ils entrent). Retenez cette manière de traduire *dire de* + verbe à l'infinitif : **qàla an** + subjonctif, alors que *dire que* se traduit par **qàla inna** (suivi d'un pronom affixe ou d'un nom au cas direct).

④ **aydìnà** أَيْدِينَا *nos mains* : **yad** يَد *main* a pour pluriel irrégulier **aydin** أَيْدٍ *des mains*, **al-aydì** أَلأَيْدِي *les mains.*

64 **11** **Fa-infajara ach-chourt̲iyyàni d̲ah̲kan** ⑤ **wa ma^{c}ahoumà ach-choubbànou alladhìna** ⑥ **qàloù :**
Alors les deux policiers ont éclaté de rire *(en-matière-de-rire)*, ainsi que *(et avec eux-deux)* les jeunes gens qui ont dit :

12 – **Hadhihi hafwatoun jadìda**toun **min A**h̲**madinà** al-**ghàfil** ! □
Voilà *(celle-ci)* une nouvelle bévue de notre Ahmad le distrait !

Notes

⑤ **infajara d̲ah̲kan** إِنْفَجَرَ ضَحْكًا *éclater de rire* (en rire, en matière de rire). Cette expression correspond très bien à celle du français, avec le mot **d̲ah̲k** employé au cas direct pour exprimer la manière. ▸

Exercice 1 : تَرْجِمْ Tarjim !

❶ عِنْدَمَا كُنْتُ أَعُودُ مِنَ ٱلْمَلْعَبِ، هَاجَمَنِي ثَلَاثَةُ شُبَّانٍ وَأَخَذُوا شَنْطَتِي
^{c}indamà kountou a^{c}oùdou min-a (a)l-mal^{c}ab(i), hàjamanì* thalàthatou choubbàn(in) wa akhadhoù chant̲atì.

❷ يَجِبُ عَلَيَّ ٱلْإِعْلَانُ عَنْ فِقْدَانِ آلَتِي لِلتَّصْوِيرِ
Yajib(ou) ^{c}alayya (a)l-i^{c}làn(ou) ^{c}an fouqdàni àlatì li-(a)t-tas̲wìr(i).

❸ قُلْ لِرِفَاقِكَ إِنَّ عَلَيْهِمْ أَنْ يُقَدِّمُوا شَنَطَهُمْ فِي مَرْكَزِ ٱلشُّرْطَةِ
Qoul li-rifàqik(a) inna ^{c}alayhim an youqaddimoù chinat̲ahoum fì markazi (a)ch-chourt̲a(ti).

❹ أُعْطِيكَ هَذِهِ ٱلْإِسْتِمَارَةَ لِمَلْئِهَا وَسَجِّلْ هُوِيَّتَكَ وَعُنْوَانَكَ
Ou^{c}t̲ìka hadhihi (a)l-istimàra(ta) li-mal'ihà wa sajjil houwiyyatak(a) wa ^{c}ounwànak(a).

١١ فَٱنْفَجَرَ ٱلشُّرْطِيَّانِ ضَحْكًا وَمَعَهُمَا ٱلشُّبَّانُ ٱلَّذِينَ قَالُوا :

١٢ – هَذِهِ هَفْوَةٌ جَدِيدَةٌ مِنْ أَحْمَدِنَا ٱلْغَافِلِ !

⑥ **alladhìna** ٱلَّذِينَ *lesquels* est le pluriel de **alladhì** ٱلَّذِي ; celui de **allatì** ٱلَّتِي est **allàtì** ٱلَّاتِي ou **allawàti** ٱللَّوَاتِي *lesquelles*.

فِي مَرْكَزِ ٱلشُّرْطَةِ

5 كَانَتِ ٱلْبَنَاتُ يَضْحَكْنَ لِأَنَّهُ كَانَتْ فِي يَدِ إِحْدَاهُنَّ شَنْطَةٌ وَعَلَى ظَهْرِهَا شَنْطَةٌ أُخْرَى

Kànat-i (a)l-banàt(ou) yadhakna li'annahou kànat fì yadi ihdàhounna chanta(toun) wa ᶜalà zahrihà chantatoun oukhrà.

6 أَيُّهَا ٱلْغَافِلُ ! لَا تَقُلْ لَنَا إِنَّ ذَلِكَ هَفْوَةٌ جَدِيدَةٌ مِنْكَ !

Ayyouhà (a)l-ghàfil(ou) ! Là taqoul lanà inna dhalika hafwa(toun) jadìda(toun) minka !

7 هَلْ هَذِهِ ٱلشَّنْطَةُ ٱلْخَامِسَةُ أَمِ ٱلسَّادِسَةُ ؟

Hal hadhihi (a)ch-chanta(tou) (a)l-khàmisa(tou) am-i (a)s-sàdisa(tou) ?

* **hàjamanì** هَاجَمَنِي de **hàjama** هَاجَمَ *attaquer.*

64 Corrigé de l'exercice

❶ Quand je revenais du stade, trois jeunes m'ont attaqué et ont pris mon sac. ❷ Il faut *(il-faut sur-moi)* que je déclare *(la déclaration de)* la perte de mon appareil de *(appareil-mon pour)* photo *(photographie)*. ❸ Dis à tes camarades qu'il faut *(que sur-eux)* qu'ils présentent leurs sacs au commissariat *(centre)* de police. ❹ Je te donne ce formulaire pour que tu le remplisses *(pour remplissage-elle)* : *(et)* inscris ton identité et ton adresse. ❺ Les jeunes filles riaient parce qu'il *(lui[neutre])* y avait *(était)* dans la main de l'une d'elles un sac et et un autre *(sac)* sur son dos. ❻ Ô [toi], le distrait ! Ne nous dis pas que cela est une nouvelle bévue de ta part *(de toi)* ! ❼ Est-ce que ce sac est le cinquième ou le sixième ?

Dans les pays arabes, comme presque partout ailleurs, le football est un des sports les plus populaires. L'athlétisme y est aussi particulièrement apprécié et a permis à bon nombre de pays de remporter de nombreuses médailles. En ce qui concerne les manifestations sportives traditionnelles, citons les courses de chevaux – au Maroc et dans les Émirats Arabes Unis, les dirigeants possèdent les plus belles écuries du monde –, les courses de dromadaires et il ne faut pas oublier les magnifiques fantasias marocaines.

En ce qui concerne la police : sachez que dans les lieux touristiques il existe le plus souvent une police spéciale pour les étrangers et que dans certains pays on doit signaler sa présence à la police locale.

في مركز ٱلشرطة

١ – يا سيّدي ٱلشّرطيّ،عندما نزلت مع رفاق
٢ من ٱلباص رقم ثمانون ٱلّذي ينطلق من ملعب ٱلمدينة
٣ لاحظت غياب شنطتي ٱلرّياضيّة ٱلّتي فيها نقود و آلة تصوير
٤ هل يجب عليّ ٱلإعلان عن سرقة أم فقدان ؟
٥ – أوّلا، أرجو منك ٱلكشف عن هويّتك وملء هذه ٱلإستمارة
٦ عندئذ، يقول شرطيّ آخر :
٧ – قل لأصدقائك ٱلواقفين على ٱلباب أن يدخلوا لتقديم شنطهم !
٨ – يا شباب ! كم أنتم ، وكم شنطة لديكم ؟
٩ – نحن خمسة وفي أيدينا خمس شنط
١٠– وهذه ٱلشّنطة على ظهرك ؟ هذه هي ٱلسّادسة !
١١ فٱنفجر ٱلشّرطيّان ضحكا ومعهما ٱلشّبّان ٱلّذين قالوا :
١٢– هذه هفوة جديدة من أحمدنا ٱلغافل !

مَنْ يَضْحَكُ أَخِيرًا يَضْحَكُ كَثِيرًا

Man ya<u>dh</u>akou akhìran ya<u>dh</u>akou kathìran !

qui rira en dernier rira beaucoup

Rira bien qui rira le dernier !

65 Soixante-cinquième leçon (ad-darsou al-khàmisou wa as-sittoùna)

Fì al-masrifi
À la banque

1 – Anà sà'ihoun... Hal youmkinou an tousà^{c}idanì...
Je [suis] touriste... Pouvez-vous m'aider *(est-ce qu'il est possible que tu m'aides)*...

2 Lam ajid ① sarràfan ② fì al-matàri.
Je n'ai pas trouvé de bureau de change *(changeur)* à l'aéroport.

3 – ^{c}alà ar-ra'si wa al-^{c}ayni ③, yà sayyidì ! Màdhà tourìdou ?
Bien volontiers *(sur la tête et l'œil)*, Monsieur ! Que voulez-vous *(veux-tu)* ?

4 – Bi-wouddì al-housoùlou ^{c}alà mablaghi hadhà ach-chìki alladhì qìmatouhou khamsoumi'ati doùlàr, naqdan ④.
Je voudrais toucher *(avec-mon-désir l'obtention sur la somme de)* ce chèque de *(lequel sa valeur)* cinq cents dollars en argent liquide.

5 Wa ka-dhalika, ahtajou ilà taghyìri hadhihì al-yoùroù ilà ^{c}oumlatin mahalliyyatin.
Et aussi *(comme cela)*, j'ai besoin de changer *(vers fait-de-changer)* ces euros en *(vers)* monnaie locale.

6 – Kam waraqatan ^{c}indaka minhà fì yadika ?
Combien de billet[s] avez-vous *(chez-toi de-elle = d'euros dans ta-main)* ?

Notes

① **lam ajid** لَمْ أَجِدْ *je n'ai pas trouvé* : vous retrouvez ici l'emploi de **lam** suivi de l'apocopé, qui donne un sens de passé au verbe (voir leçon 58) ; **ajid** est l'apocopé du verbe dit "assimilé" **wa-jada, yajidou** وَجَدَ، يَجِدُ. ▶

٦٥ أَلدَّرْسُ ٱلْخَامِسُ وَٱلسِّتُّونَ

فِي ٱلْمَصْرِفِ

١ – أَنَا سَائِحٌ... هَلْ يُمْكِنُ أَنْ تُسَاعِدَنِي ؟

٢ لَمْ أَجِدْ صَرَّافًا فِي ٱلْمَطَارِ

٣ – عَلَى ٱلرَّأْسِ وَ ٱلْعَيْنِ، يَا سَيِّدِي ! مَاذَا تُرِيدُ ؟

٤ – بِوُدِّي ٱلْحُصُولُ عَلَى مَبْلَغِ هَذَا ٱلشِّيكِ ٱلَّذِي قِيمَتُهُ خَمْسُمِئَةِ دُولَارٍ، نَقْدًا

٥ وَكَذَلِكَ أَحْتَاجُ إِلَى تَغْيِيرِ هَذِهِ ٱلْيُورُو إِلَى عُمْلَةٍ مَحَلِّيَّةٍ

٦ – كَمْ وَرَقَةً عِنْدَكَ مِنْهَا فِي يَدِكَ ؟

② **ṣarràf** صَرَّاف *changeur*, est un type de mot très courant (**fa^{cc}àl** فَعَّال) qui désigne celui qui exerce un métier ou une activité. Vous avez déjà rencontré **najjàr** نَجَّار *menuisier*, à la leçon 60.

③ **^{c}alà ar-rà'si wa al-^{c}ayni** عَلَى ٱلرَّأْسِ وَٱلْعَيْنِ, littéralement *sur la tête et l'œil* : retenez cette jolie expression, courante, qui signifie *bien volontiers* et n'oubliez pas de l'utiliser !

④ **naqdan** نَقْدًا *en argent liquide, en numéraire, comptant* : voici encore un complément de manière au cas direct. Vous devez y être habitué maintenant.

7 – **ᶜichroùna, ay mà youᶜàdilou alfay yoùroù.**
Vingt, ce qui fait *(c'est-à-dire ce-qui équivaut-à)* deux mille euros.

8 – **Jayyidoun ! Walàkin hadhà mablaghoun kabìroun... mà ᶜindì nouqoùdoun kàfiyatoun...**
Bien ! Mais c'est une grosse somme... je n'ai pas suffisamment d'argent *(de l'argent suffisant)*...

9 **wa youghliqou al-bankou abwàbahou al-àna...**
et la banque va fermer *(ferme la banque ses-portes maintenant)*...

10 **Wa adàfa al-mouwazzafou qà'ilan bi-chay'in min-a al-infiᶜàli**
Et l'employé ajouta *(disant)* avec une pointe *(une chose)* d'humeur :

11 – **Tafaddal ghadan sabàhan !**
(Je vous en prie) [revenez] demain matin !

12 – **Al-mouchkilatou annanì fì hàjatin màssatin ilà hadhihi an-nouqoùdi,**
Le problème, [c'est] que j'ai *(que-moi dans)* un besoin pressant de *(vers)* cet argent,

13 **li'annì ᶜathartou ᶜalà bisàtin istithnà'iyyin wa bi-siᶜrin moughrin,**
parce que je suis tombé sur un tapis exceptionnel et à un prix intéressant *(incitatif)*,

14 **walakin ᶜalayya an achtariyahou faouran.**
mais il faut *(sur-moi)* que je l'achète tout de suite.

15 – **ᶜindì laka nasìhatoun wouddiyyatoun : "Daᶜ-i** (5) **al-bà'iᶜa yantazirou qalìlan**
Je vais vous donner *(chez-moi pour-toi)* un conseil d'ami *(amical)* : "Faites un peu attendre le vendeur *(laisse le vendeur il-attend un-peu)*

16 **hattà tastafìda** (6) **ghadan min siᶜrin akthara ighrà'an !".** □
[et] demain vous aurez (*afin-que tu-bénéficies demain d'*) un prix [encore] plus intéressant (*plus en-fait-d'incitation*)!"

٧ – عِشْرُونَ، أَيْ مَا يُعَادِلُ أَلْفَيْ يُورُو

٨ – جَيِّدٌ ! وَلَكِنْ هَذَا مَبْلَغٌ كَبِيرٌ...مَا عِنْدِي نُقُودٌ كَافِيَةٌ

٩ وَيُغْلِقُ ٱلْبَنْكُ أَبْوَابَهُ ٱلآنَ

١٠ وَأَضَافَ ٱلْمُوَظَّفُ قَائِلاً، بِشَيْءٍ مِنَ ٱلْإِنْفِعَالِ :

١١ – تَفَضَّلْ غَدًا صَبَاحًا !

١٢ – أَلْمُشْكِلَةُ أَنَّنِي فِي حَاجَةٍ مَاسَّةٍ إِلَى هَذِهِ ٱلنُّقُودِ

١٣ لِأَنِّي عَثَرْتُ عَلَى بِسَاطٍ إِسْتِثْنَائِيٍّ وَبِسِعْرٍ مُغْرٍ

١٤ وَلَكِنْ، عَلَيَّ أَنْ أَشْتَرِيَهُ فَوْرًا

١٥ – عِنْدِي لَكَ نَصِيحَةٌ وُدِّيَّةٌ : دَعِ ٱلْبَائِعَ يَنْتَظِرُ قَلِيلاً

١٦ – حَتَّى تَسْتَفِيدَ غَدًا مِنْ سِعْرٍ أَكْثَرَ إِغْرَاءً !

Notes

⑤ **da**[c] دَعْ est l'impératif du verbe "assimilé" **wada**[c]**a**, **yada**[c]**ou** وَدَعَ، يَدَعُ *laisser.* Le **-i** qui est rajouté ici – vous vous en souvenez –, n'est qu'une voyelle d'appui. Elle ne doit pas être confondue avec le **ì** long qui est la marque du féminin à l'impératif. Remarquez la construction après ce verbe : on pourrait s'attendre à **an** + subjonctif, mais cet impératif est tout simplement suivi de l'inaccompli : *laisse il attend.*

⑥ **<u>h</u>attà tastafìda min...** حَتَّى تَسْتَفِيدَ مِنْ *afin que tu bénéficies de* : voici un autre exemple de la conjonction **<u>h</u>attà** suivie du subjonctif (voir leçon 63 § 3).

65 Exercice 1 : تَرْجِمْ Tarjim !

❶ هَلْ يُمْكِنُ أَنْ تُسَاعِدُونَا لِأَنَّنَا لَا نَسْتَطِيعُ تَغْيِيرَ ٱلْيُورُو فِي ٱلْمَطَارِ

Hal youmkin(ou) an tousàᶜidoùnà* li'annanà là nastatìᶜou taghyìra (a)l-yoùroù fì (a)l-matàr(i).

❷ هَٰذِهِ ٱلْبِنْتُ سَائِحَةٌ، بِوُدِّهَا أَنْ تُغَيِّرَ أَلْفَ يُورُو إِلَى ٱلْعُمْلَةِ ٱلْمَحَلِّيَّةِ

Hadhihi (a)l-bint(ou) sà'iha(toun), bi-wouddihà an toughayyira alfa yoùroù ilà (a)l-ᶜoumla(ti) (a)l-mahalliyya(ti).

❸ عِنْدِي ثَلَاثَةُ آلَافِ دُولَارٍ: كَمْ تُرِيدُ مِنَ ٱلْأَوْرَاقِ ٱلنَّقْدِيَّةِ ؟

ᶜindì thalàthatou àlàf(i) doùlàr: kam tourìd(ou) min-a al-aouràqi (a)n-naqdiyya(ti)** ?

❹ بِوُدِّي أَنْ أَعْرِفَ كَمْ يُورُو تُعَادِلُ مِئَةُ دِرْهَمٍ

Bi-wouddì an aᶜrifa kam yoùroù touᶜàdilou mi'at(ou) dirham(in).

❺ لَا تَشْتَرِ بِسَاطًا بِٱلسِّعْرِ ٱلْأَوَّلِ ٱلَّذِي طَلَبَهُ مِنْكَ ٱلْبَائِعُ !

Là tachtari bisàtan bi-(a)s-siᶜri (a)l-awwali (a)lladhì talabahou minka (a)l-bà'iᶜ(ou) !

❻ إِذَا بَقِيَ بَائِعُ ٱلْأَبْسِطَةِ فِي ٱنْتِظَارِنَا مَسَاءَ ٱلْيَوْمِ يُمْكِنُ أَنْ نَسْتَفِيدَ غَدًا مِنْ سِعْرٍ أَرْخَصَ

Idhà baqiya bà'iᶜou (a)l-absita(ti) fì (i)ntizàrinà masà'a (a)l-yaoum(i), youmkinou an nastafìda ghadan min siᶜrin arkhas(a).

❼ لَمْ أَحْصُلْ عَلَى ٱلْمَبْلَغِ بِٱلْيُورُو ٱلَّذِي كُنْتُ أَحْتَاجُ إِلَيْهِ

Lam ahsoul ᶜalà (a)l-mablagh(i) bil-yoùroù (a)lladhì kountou ahtàjou ilayhi.

* **tousàᶜidoù + nà** : l'alif final du subjonctif disparaît devant un pronom affixe.

** **al-aouràqi (a)n-naqdiyya(ti)** = *feuilles monétaires* = *billets*

Corrigé de l'exercice

❶ Pourriez-vous nous aider *(est-ce qu'il est possible que vous nous aidiez)* parce que nous ne pouvons pas changer *(le-fait-de-changer des)* les euros à l'aéroport ? ❷ Cette jeune fille est une touriste, elle désire changer *(qu'elle change)* mille euros en monnaie locale. ❸ J'ai trois mille dollars : combien de billets *(feuilles monétaires)* voulez-vous ? ❹ J'aimerais savoir *(avec-désir-mon que je-sache)* à combien d'euros équivalent cent dirhams. ❺ N'achète pas un tapis au premier prix que te demande *(il a demandé de-toi)* le vendeur ! ❻ Si le vendeur de tapis reste *(est resté)* à nous attendre *(dans notre-attente)* ce soir *(soir-du jour)*, il est possible que demain nous obtenions *(bénéficions d')* un prix plus bas *(meilleur marché)*. ❼ Je n'ai pas obtenu la somme *(sur le montant)* en euros dont j'avais besoin *(lequel j'étais dans besoin vers lui)*.

Les monnaies des pays arabes :
*– le **dinar** (**dìnàr** ٱلدِّينَار)*
Algérie, Tunisie, Lybie, Iraq, Jordanie, Koweït, Bahreïn.
*– le **dirham** ٱلدِّرْهَم*
Maroc, Émirats Arabes Unis, Yémen (à côté du riyal).
*– le **riyal** (**riyàl** ٱلرِّيَال)*
Arabie Saoudite, Qatar, Oman, Yémen (à côté du dirham)
*– la livre (**lìra(t)** ٱللِّيرَة* lire*)*
*Égypte (ٱلْجُنَيْه ٱلْمِصْرِيّ), Syrie (ٱللِّيرَة ٱلسُّورِيَّة), Liban (ٱللِّيرَة ٱللُّبْنَانِيَّة), Soudan (*livre égyptienne / syrienne / libanaise / soudanaise*).*
– le franc (ٱلْفَرَنْك)
les Comores (franc comorien), Djibouti (franc djiboutien).
*Et encore : l'**oùqiya** ألأُوقِيَة* once *en Mauritanie, le **shekel** ٱلشيكل en Palestine et le* shilling *somalien en Somalie.*

مَنْ نَظَرَ فِي ٱلْعَوَاقِبِ سَلِمَ مِنَ ٱلنَّوَائِبِ

Man nazara fì al-ᶜawàqibi salima min-a an-nawà'ibi.
Qui examine *(a examiné)* les conséquences,
échappe *(a échappé)* aux malheurs.

في ٱلمصرف

١ – أنا سائح... هل يمكن أن تساعدني؟

٢ لم أجد صرّافا في ٱلمطار

٣ – على ٱلرّأس و ٱلعين، يا سيّدي ! ماذا تريد ؟

٤ – بودّي ٱلحصول على مبلغ هذا ٱلشّيك ٱلّذي قيمته خمسمئة دولار، نقدا

٥ وكذلك أحتاج إلى تغيير هذه ٱليورو إلى عملة محلّيّة

٦ – كم ورقة عندك منها في يدك ؟

٧ – عشرون، أي ما يعادل ألفي يورو

٨ – جيّد ! ولكن هذا ٱلمبلغ كبير... ما عندي نقود كافية

٩ ويغلق ٱلبنك أبوابه ٱلآن

١٠ وأضاف ٱلموظّف قائلا، بشيء من ٱلإنفعال

---

66 Soixante-sixième leçon (ad-darsou as-sàdisou wa as-sittoùna)

Al-mousàwamatou
(Le) Marchandage

1 – **Bi-kam hadhà al-bisàt**ou ?
(À) Combien ce tapis ?

2 – **Al-ahmar**ou ① **am-i al-abyad**ou ?
Le rouge ou le blanc ?

Notes

① **ahmar** أَحْمَر *rouge* et **abyad** أَبْيَض *blanc* sont des adjectifs diptotes, comme tous les adjectifs de couleur (et aussi ceux désignant des particularités physiques ou mentales, voir leçon 70, § 1, forme dérivée IX). Nous pouvons y ajouter **asfar** أَصْفَر *jaune*, **akhdar** أَخْضَر *vert*, **azraq** أَزْرَق *bleu* et **aswad**

١١– تفضّل غدا صباحا !
١٢– ألمشكلة أنّني في حاجة ماسّة إلى هذه ٱلنّقود
١٣ لأنّي عثرت على بساط إستثنائيّ وبسعر مغر
١٤ ولكن، عليّ أن أشتريه فورا
١٥– عندي لك نصيحة ودّيّة : دع ٱلبائع ينتظر قليلا
١٦– حتّى تستفيد غدا من سعر أكثر إغراء !

فِي ٱلْمَصْرِفِ

٦٦ أَلدَّرْسُ ٱلسَّادِسُ وَ ٱلسِّتُّونَ

أَلْمُسَاوَمَةُ

١ – بِكَمْ هَذَا ٱلْبِسَاطُ ؟
٢ – ٱلْأَحْمَرُ أَمِ ٱلْأَبْيَضُ ؟

▸ أَسْوَد *noir*. Vous remarquez que leur forme au masculin est celle d'un élatif, diptote lui aussi. Le féminin, quant à lui, est construit sur le modèle **faᶜlà'** فَعْلَاء. Voici leurs formes respectives : **h̲amrà'** حَمْرَاء *rouge*, **bayd̲à'** بَيْضَاء *blanche*, **s̲afrà'** صَفْرَاء *jaune*, **khad̲rà'** خَضْرَاء *verte*, **zarqà'** زَرْقَاء *bleue*, **saoudà'** سَوْدَاء *noire*.

3 – **Hadhà al-ahmarou alladhì fìhi achkàloun mounsajimatoun wa rousoùmoun moulawwanatoun.**
Ce rouge-ci qui a *(lequel dans lui)* des motifs harmonieux et des dessins colorés.

4 – **Hadhà rakhìsoun... thamanouhou sittatou àlàfi dirhamin.**
Il *(celui-ci)* n'est pas cher... son prix [est de] six mille dirhams.

5 – **Hadhà là chay'a bi-an-nisbati laka yà ayyouhà at-tàjirou al-ghaniyyou !**
Pour toi ce n'est rien *(ceci pas une chose avec-le-rapport à-toi)*, ô toi, *(le)* riche marchand !

6 **Walakin bi-an-nisbati lì youmaththilou hadhà al-mablaghou ^{c}achrata achhourin min-a al-^{c}amali...**
Mais pour moi *(avec-le-rapport à-moi)*, cela *(cette somme)* représente dix mois de travail...

7 **Àsifoun... Là astatì^{c}ou an achtariyahou** ②**... Ma^{c}a as-salàmati !**
Désolé... Je ne peux pas l'acheter *(que je l'achète)*... Au revoir *(avec la sécurité)*

8 – **Intazir** ③ **! Sa-a^{c}malou laka takhfidan wa hadhihi tadhiyatoun... atroukouhou laka bi-khamsati àlàfin !**
Attends ! Je vais te faire un rabais et c'est un [vrai] sacrifice *(celle-ci un sacrifice)*... je te le laisse à cinq mille !

9 – **Là... là ourìdou minka tadhiyatan.**
Non... je ne veux pas que tu te sacrifies [pour moi] *(de-toi un sacrifice)*.

Notes

② **là astatì^{c}ou an achtariyahou** لاَ أَسْتَطِيعُ أَنْ أَشْتَرِيَهُ *je ne peux pas l'acheter* : voici un exemple de l'emploi du verbe **istatà^{c}a**

٣ – هَذَا ٱلْأَحْمَرُ ٱلَّذِي فِيهِ أَشْكَالٌ مُنْسَجِمَةٌ وَرُسُومٌ مُلَوَّنَةٌ

٤ – هَذَا رَخِيصٌ... ثَمَنُهُ سِتَّةُ آلافِ دِرْهَم

٥ – هَذَا لاَ شَيْءَ بِٱلنِّسْبَةِ لَكَ يَا أَيُّهَا ٱلتَّاجِرُ ٱلْغَنِيُّ !

٦ وَلَكِنْ بِٱلنِّسْبَةِ لِي يُمَثِّلُ هَذَا ٱلْمَبْلَغُ عَشْرَةَ أَشْهُرٍ مِنَ ٱلْعَمَلِ...

٧ آسِفٌ! لاَ أَسْتَطِيعُ أَنْ أَشْتَرِيَهُ... مَعَ ٱلسَّلاَمَةِ !

٨ إِنْتَظِرْ ! سَأَعْمَلُ لَكَ تَخْفِيضًا وَهَذِهِ تَضْحِيَةٌ... أَتْرُكُهُ لَكَ بِخَمْسَةِ آلاَفٍ !

٩ – لاَ ... لاَ أُرِيدُ مِنْكَ تَضْحِيَةً

أَلْمُسَاوَمَةُ

▸ avec **an** et le subjonctif. Vous aviez rencontré précédemment (leçon 61) ce verbe suivi d'un maṣdar.

③ **intaẓir ! !** إِنْتَظِرْ *attends !*, impératif du verbe de VIIIe forme, **intaẓara**, que vous connaissez bien.

10 **Innì waffartou thalàthata àlàfi dirhamin faqat li-chirà'i bisàtin li-ibnatì allatì tatazawwajou qarìban.**
(Certes) Moi, j'ai mis de côté *(j'ai épargné)* trois mille dirhams seulement en vue de *(pour)* l'achat d'un tapis pour ma fille qui *(laquelle)* se marie prochainement.

11 **Ma^{c}a as-salàmati !**
Au revoir *(avec la sécurité)* !

12 – **Là tansarif** ④ **! Lammà kànat hadhihi hadiyyatan li-bintika, yà ayyouhà al-abou al-karìmou,**
Ne t'en va pas ! Puisque c'est *(était celle-ci le)* un cadeau pour ta fille, ô *(toi)* généreux père,

13 **fa-khoudh-hou bi-thalàthati àlàfi dirhamin... doùna ayyi ribhin lì** ⑤ **!**
alors prends-le pour *(à)* trois mille dirhams... sans aucun *(quelconque)* bénéfice pour moi !

14 – **Bàraka Allahou fìka li-karamika ghayri al-mahdoùdi, yà Hàjjou !** □
Que Dieu te bénisse pour ta générosité sans limites *(non limitée)*, ô Pèlerin *(ô [toi qui] as-accompli-le-pèlerinage-à-la-Mecque)* !

Notes

④ **là tansarif !** لاَ تَنْصَرِفْ! *ne t'en va pas !* : il s'agit de la défense, exprimée par **là** + apocopé, dont vous avez rencontré un premier exemple en leçon 62. Il s'agit ici d'une VIIe forme, **insarafa, yansarifou** إِنْصَرَفَ، يَنْصَرِفُ *s'en aller* (voir leçon 64, note 1).

⑤ **doùna ayyi ribhin lì** دُونَ أَيِّ رِبْحٍ لِي *sans aucun bénéfice pour moi* : le mot **ayy** (suivi d'un nom en annexion) signifie *quel* dans une phrase interrogative et *un quelconque*, *aucun*, dans une phrase négative.

١٠ إِنِّي وَفَّرْتُ ثَلَاثَةَ آلَافِ دِرْهَمٍ فَقَطْ لِشِرَاءِ بِسَاطٍ لِإِبْنَتِي ٱلَّتِي تَتَزَوَّجُ قَرِيبًا

١١ مَعَ ٱلسَّلَامَةِ !

١٢- لَا تَنْصَرِفْ ! لَمَّا كَانَتْ هَذِهِ هَدِيَّةً لِبِنْتِكَ، يَا أَيُّهَا ٱلْأَبُ ٱلْكَرِيمُ

١٣ فَخُذْهُ بِثَلَاثَةِ آلَافِ دِرْهَمٍ... دُونَ أَيِّ رِبْحٍ لِي !

١٤- بَارَكَ ٱللّٰهُ فِيكَ لِكَرَمِكَ غَيْرِ ٱلْمَحْدُودِ، يَا حَاجُّ !

Hàjj حَاجّ pèlerin *est le titre donné à ceux qui ont accompli* le Grand Pèlerinage ***(al-hajjou al-kabìrou*** ٱلْحَجُّ ٱلْكَبِيرُ*), c'est-à-dire celui de La Mecque, que tout bon musulman devrait avoir accompli – sauf empêchement majeur – au moins une fois dans sa vie.*
Ce titre se donne par respect, mais aussi parfois de manière un peu moqueuse, comme c'est le cas dans le contexte de cette leçon.
Ce pèlerinage comporte de nombreuses règles quant aux comportements, vêtements, rites, etc. À La Mecque, le pèlerin doit accomplir des circumambulations, c'est-à-dire tourner autour de la Kaaba ***(al-Ka***[c]***bat*** ٱلْكَعْبَة*) qui contient la pierre noire. Celle-ci est probablement une météorite qui était vénérée par les Arabes païens de la période anté-islamique. Le Prophète Mouhammad a détruit toutes les idoles qui se trouvaient à l'intérieur, a déclaré que la Kaaba avait été construite par Abraham, mais, tout en annonçant un dieu unique, a repris certains rites du pèlerinage ancien, comme la circumambulation.*

Exercice 1 : تَرْجِمْ Tarjim !

❶ بِكَمْ هَذِهِ ٱلْأَبْسِطَةُ، مِنْ فَضْلِكَ ؟ وَ مَا هُوَ ٱلْأَرْخَصُ ؟
Bi-kam hadhihi (a)l-absita(tou), min fadlik(a) ? Wa mà houwa (a)l-arkhas(ou) ?

❷ بِوُدِّي أَنْ أَشْتَرِيَ بِسَاطًا أَحْمَرَ أَوْ أَبْيَضَ. هَلْ هَذَا مَوْجُودٌ عِنْدَكَ ؟
Bi-wouddì an achtariya bisàtan ahmar(a) aou abyad(a). Hal hadhà maoujoùd(oun)* cindak(a) ?

❸ هَذَا غَالٍ جِدًّا ! مَا وَفَّرْتُ مَا يَكْفِي لِشِرَاءِ مِثْلِ هَذَا ٱلْبِسَاطِ!
Hadhà ghàlin jiddan ! Mà waffartou mà yakfì li-chirà'i mithli hadhà (a)l-bisàt(i).

❹ لَمْ يَسْتَطِعِ ٱلزَّبُونُ أَنْ يَشْتَرِيَهُ لِأَنَّ هَذَا ٱلْمَبْلَغَ يُمَثِّلُ بِٱلنِّسْبَةِ لَهُ سَنَةً كَامِلَةً مِنَ ٱلْعَمَلِ
Lam yastatic-i (a)z-zaboùn(ou) an yachtariyahà li'anna hadhà (a)l-mablagh(a) youmaththil(ou) bi-(a)n-nisba(ti) lahou sanatan kàmila(tan) min (a)l-camal(i).

❺ إِنْتَظِرَا ! سَأَعْمَلُ لَكُمَا تَخْفِيضًا: أَتْرُكُ لَكُمَا هَذَا ٱلْبِسَاطَ مُقَابِلَ أَلْفِ دِينَارٍ فَقَطْ !
Intazirà ! Sa-acmal(ou) lakoumà takhfìd(an) : atroukou lakoumà hadhà (a)l-bisàt(a) mouqàbila alf dìnàr(in) faqat.

❻ لَنْ أَنْصَرِفَ مِنْ هُنَا حَتَّى تَعْمَلَ لِي تَخْفِيضًا !
Lan ansarifa min hounà hattà tacmala lì takhfìd(an) !

❼ لِي كَرَمٌ غَيْرُ مَحْدُودٍ... أُعْطِيكَ ٱلْبِسَاطَ دُونَ أَيِّ رِبْحٍ لِي !
Lì karamoun ghayrou mahdoùd(in)... ouctìka (a)l-bisàt(a) doùna ayyi ribhin lì !

* **maoujoùd** مَوْجُود *existant, se trouvant,* participe passif du verbe **wajada**.

Corrigé de l'exercice

❶ *(À)* Combien [coûtent] ces tapis, s'il vous plaît ? *(Et)* Lequel est *(quoi lui)* le meilleur marché ? ❷ J'aimerais acheter *(avec-désir-mon que j'achète)* un tapis rouge ou bien blanc. Est-ce que vous en avez *(cela se trouvant chez toi)* ? ❸ C'est très cher ! Je n'ai pas épargné suffisamment *(ce-qui suffit)* pour l'achat d'un tel tapis *(comme ce tapis)*. ❹ Le client n'a pas pu les acheter *(que il-achète-elle)*, parce que cette somme représente *(avec-le-rapport)* pour lui une année complète de travail. ❺ Attendez *(tous les deux)* ! Je vais vous faire *(à tous deux)* un rabais : je vous laisse ce tapis pour *(en contrepartie de)* seulement mille dinars. ❻ Je ne m'en irai pas d'ici tant que vous ne me ferez pas *(jusqu'à ce que vous fassiez pour moi)* un rabais ! ❼ J'ai une générosité sans limites... je vous *(te)* donne le tapis sans aucun bénéfice pour moi !

أَصْدِقَاؤُكَ ثَلاَثَةٌ: صَدِيقُكَ وَ صَدِيقُ صَدِيقِكَ وَعَدُوُّ عَدُوِّكَ

A<u>s</u>diqà'ouka thalàthatoun : <u>s</u>adìqouka wa <u>s</u>adìqou <u>s</u>adìqika wa ᶜadouwwou ᶜadouwwika !

Tes amis [sont de] trois [sortes] : ton ami, *(et)* l'ami de ton ami et l'ennemi de ton ennemi !

Lecture de deuxième vague

ألمساومة

١ – بكم هذا ٱلبساط ؟

٢ – ٱلأحمر أم ٱلأبيض ؟

٣ – هذا ٱلأحمر ٱلّذي فيه أشكال منسجمة و رسوم ملوّنة

٤ – هذا رخيص... ثمنه ستّة آلاف درهم

٥ – هذا لا شيء بالنّسبة لك يا أيّها ٱلتاجر ٱلغنيّ !

٦ ولكن بٱلنّسبة لي يمثّل هذا ٱلمبلغ عشرة أشهر من ٱلعمل...

٧ آسف ! لا أستطيع أن أشتريه.. مع ٱلسّلامة !

٨ – إنتظر ! سأعمل لك تخفيضا وهذه تضحية...أتركه لك بخمسة آلاف !

٩ – لا... لا أريد منك تضحية

١٠ إنّي وفّرت ثلاثة آلاف درهم فقط لشراء بساط لإبنتي ٱلّتي تتزوّج قريبا

67 Soixante-septième leçon (ad-darsou as-sàbiᶜou wa as-sittoùna)

Dans cette leçon, qui traite des éléments naturels, vous allez trouver beaucoup de vocabulaire nouveau. Que cela ne vous effraie pas ! Vous n'en retiendrez que ce qui vous est nécessaire pour l'instant, mais cette leçon pourra vous servir de référence.

Ràᶜiyàni ① fì jabali Loubnàn
Deux bergers dans la montagne du Liban

1 – **Al-bardou qàrisoun al-yaouma wa qad youthlijou ② !**
Il fait très froid *(le froid est vif)* aujourd'hui et il [va] peut-être neiger *(peut-être il neige)* !

2 – **Bi-at-ta'kìdi ! Wa lakin, laou kounnà fì ar-rabìᶜi la-dhahabnà ③ natajawwalou fì as-sahli**
Pour sûr *(avec certitude)* Mais, si nous avions été *(avons été)* au printemps, nous serions allés *(nous sommes allés)* nous promener *(nous nous promenons)* dans la plaine

Notes

① **ràᶜin** رَاعٍ *berger* a un pluriel irrégulier : **rouᶜàt** رُعَاة.

② **wa qad youthlijou** وَقَدْ يُثْلِجُ *et il va peut-être neiger* : tout d'abord, rappelez-vous le sens de **qad** قَدْ *peut-être* lorsqu'il ►

١١ مع ٱلسّلامة !
١٢– لا تنصرف ! لمّا كانت هذه هديّة لبنتك، يا أيّها ٱلأب ٱلكريم
١٣ فخذه بثلاثة آلاف درهم... دون أيّ ربح لي !
١٤– بارك ٱللّه فيك لكرمك غير ٱلمحدود، يا حاجّ !

٦٧ أَلدَّرْسُ ٱلسَّابِعُ وَ ٱلسِّتُّونَ

رَاعِيَانِ فِي جَبَلِ لُبْنَان

١ – أَلْبَرْدُ قَارِسٌ ٱلْيَوْمَ وَقَدْ يُثْلِجُ !
٢ – بِٱلتَّأْكِيدِ ! وَ لَكِنْ لَوْ كُنَّا فِي ٱلرَّبِيعِ لَذَهَبْنَا نَتَجَوَّلُ فِي ٱلسَّهْلِ

▸ est suivi de l'inaccompli (voir leçon 38), alors qu'il peut aussi servir à rendre le plus-que-parfait après **kàna** et suivi de l'accompli (voir leçon 58).

③ **laou kounnà fì ar-rabìᶜi la-dhahabnà...** لَوْ كُنَّا فِي ٱلرَّبِيعِ لَذَهَبْنَا *si nous avions été au printemps, nous* serions allés... La phrase conditionnelle exprimant un irréel du passé se construit en arabe selon le schéma suivant : **laou** + accompli, **la-** + accompli. Vous en avez d'autres exemples aux phrases 6 et 9.
Idhà إِذَا, que vous avez rencontré en leçon 53, introduit quant à lui un potentiel : *si, au cas où* : **idhà tamma al-hajzou...** إِذَا تَمَّ ٱلْحَجْزُ *si* (dans le cas où) *la réservation s'effectue...*

3 **moutafarrijayni ^{c}alà a<u>t</u>-<u>t</u>abì^{c}ati wa hiya takh<u>d</u>arrou** ④ **!**
en contemplant *(contemplant-duel*-dir. *sur)* la nature verdoyante *(et elle elle-verdoie)*.

4 – Na^{c}am ! Wa lakinnanà fì ach-chità'i wa aydì moujammadatoun !
Oui ! Mais nous sommes en hiver et j'ai les mains *(et mes-mains)* gelées !

5 **Li-naqtarib** ⑤ **mina an-nàri !**
Approchons-nous [donc] du feu !

6 – Àh ! Laou kounnà fì a<u>s</u>-<u>s</u>ayfi la-na<u>s</u>abtou ③ **khaymatì fì qalbi boustànin wàsi^{c}in ^{c}alà <u>d</u>iffati jadwalin**
Ah ! Si nous avions été en été, j'aurais planté *(j'ai planté)* ma tente au cœur d'un vaste jardin, au bord d'un ruisseau,

7 **a<u>st</u>àdou as-samaka fì mà'ihi al-bàridi al-azraqi wa astarì<u>h</u>ou.**
je pêcherais *(je pêche)* le poisson dans ses eaux *(son-eau)* fraîche[s] [et] bleue[s] et me reposerais *(je me repose)*.

Notes

④ **takh<u>d</u>arrou** تَخْضَرُّ *elle verdoie* : il s'agit du verbe **ikh<u>d</u>arra, yakh<u>d</u>arrou** يَخْضَرُّ ، إِخْضَرَّ de IXe forme, celle-ci se caractérisant par le préfixe **-i** et le redoublement de la dernière lettre de la racine (**if^{c}alla, yaf^{c}allou** يَفْعَلُّ ، إِفْعَلَّ). Cette forme, très peu usitée, est essentiellement utilisée pour les verbes dérivant de noms de couleurs (ou encore désignant des particularités physiques ou mentales). Il faut en connaître l'existence, c'est tout. Le **ma<u>s</u>dar** est de type **if^{c}ilàl**, comme le mot **iswidàd** إِسْوِدَاد *assombrissement*, à la phrase 12. Et le participe se forme sur le modèle **mouf^{c}all** مُفْعَلّ : **moukh<u>d</u>arr** مُخْضَرّ *verdissant.* Cette IXe forme, contrairement aux autres, n'a qu'un participe, de type passif en **-a**.

٣ مُتَفَرِّجِيْنَ عَلَى ٱلطَّبِيعَةِ وَهِيَ تَخْضَرُّ !

٤ – نَعَمْ ! وَلَكِنَّنَا فِي ٱلشِّتَاءِ وَأَيْدِي مُجَمَّدَةٌ !

٥ لِنَقْتَرِبْ مِنَ ٱلنَّارِ !

٦ – آه ! لَوْ كُنَّا فِي ٱلصَّيْفِ لَنَصَبْتُ خَيْمَتِي فِي قَلْبِ بُسْتَانٍ وَاسِعٍ عَلَى ضِفَّةِ جَدْوَلٍ

٧ أَصْطَادُ ٱلسَّمَكَ فِي مَائِهِ ٱلْبَارِدِ ٱلأَزْرَقِ وَأَسْتَرِيحُ !

⑤ **li-naqtarib... !** لِنَقْتَرِبْ! *approchons-nous !* **Li-** suivi de l'apocopé sert à traduire un injonctif, c'est-à-dire un ordre que l'on se donne à soi-même ou à des tierces personnes. Il peut s'employer à toutes les personnes, même aux 2es, à côté de l'impératif. En français, de même, on peut dire "Va au diable !" ou "Que tu ailles au diable". En revanche, nous n'avons pas l'injonctif à la 1re personne du singulier. Il ne faut pas confondre cette construction avec **li-** suivi du subjonctif, qui signifie *afin que*. Vous avez un autre exemple d'injonctif à la phrase 13 : **li-nousallim ilà** لِنُسَلِّمْ إِلَى *confions à... !* et **fal-noughàdir-i...** فَلْنُغَادِرِ *quittons...* : **fal-** فَلْ... est la contraction de **fa-** additionné de **li-**. Notez, par ailleurs, la voyelle d'appui -i après l'apocopé.

8 – **Là takoun mouta^{c}annitan** ⑥ **fa-outrouk hadhà al-kalàma al-fàrigha idh annanà fì ach-chità'i.**
Ne sois pas entêté et laisse ces *(ce)* propos vains *(creux)*, puisque nous [sommes] en hiver.

9 – **Àh ! Laou kounnà fì bidàyati al-kharìfi la-dhahabnà** ③ **ilà al-ghàbati**
Ah ! Si nous avions été au début de l'automne, nous serions allés *(nous sommes allés)* dans la forêt

10 **natafarrajou ^{c}alà al-achjàri al-moutalawwinati !**
pour contempler *(nous contemplons)* les arbres aux couleurs variées *(multicolores)* !

11 – **Na^{c}am ! Wa lakinnanà fì ach-chità'i... wa al-yaouma, koullou chay'in ramàdiyyoun**
Oui, mais nous sommes en hiver... et aujourd'hui, tout *(chaque chose)* est gris *(couleur-de-cendre)*

12 **wa as-samà'ou ^{c}alà wachki al-iswidàdi** ④ **!**
et le ciel est sur le point de s'assombrir *(du noircissement)* !

13 – **Li-nousallim** ⑤ **qati^{c}a al-ghanami ilà jaddinà fal-noughàdir-i** ⑤ **al-makàna ilà al-manàtiqi**
[Eh bien,] confions le troupeau de moutons à notre grand-père et quittons l'endroit pour *(vers)* des *(les)* régions

14 **allatì là yoùjadou fìhà illà as-sayfou wa ar-rabì^{c}ou faqat !** □
où il n'y a que *(laquelle pas est-trouvé dans elle sauf)* l'été et le printemps *(seulement)* !

Notes

⑥ **là takoun mouta^{c}annitan** لَا تَكُنْ مُتَعَنِّتًا *ne sois pas entêté* : voici encore un exemple de l'emploi de l'apocopé pour exprimer la défense (voir leçon 62). Ici, il s'agit de l'apocopé du verbe **kàna**, **yakoùnou**, كَانَ، يَكُونُ. Notez la disparition du **où** long, dans ce type de verbe – dit concave –, aux personnes qui portent un **soukoùn** final : **akoun** أَكُنْ (1re pers. du sing.), **takoun** تَكُنْ (2e pers. du masc. sing.), mais **takoùnì** تَكُونِي (2e pers. du fém. sing.). Rappelez-vous aussi que l'adjectif qui suit **kàna** est au cas direct.

67

٨ – لاَ تَكُنْ مُتَعَنِّتًا فَأَتْرُكَ هَذَا ٱلْكَلاَمَ ٱلْفَارِغَ إِذْ أَنَّنَا فِي ٱلشِّتَاءِ

٩ – آه ! لَوْ كُنَّا فِي بِدَايَةِ ٱلْخَرِيفِ لَذَهَبْنَا إِلَى ٱلْغَابَةِ

١٠ نَتَفَرَّجُ عَلَى ٱلْأَشْجَارِ ٱلْمُتَلَوِّنَةِ !

١١– نَعَمْ ! وَلَكِنَّنَا فِي ٱلشِّتَاءِ... وَٱلْيَوْمَ كُلُّ شَيْءٍ رَمَادِيٌّ

١٢ وَٱلسَّمَاءُ عَلَى وَشْكِ ٱلْإِسْوِدَادِ !

١٣– لِنُسَلِّمْ قَطِيعَ ٱلْغَنَمِ إِلَى جَدِّنَا فَلْنُغَادِرِ ٱلْمَكَانَ إِلَى ٱلْمَنَاطِقِ

١٤ ٱلَّتِي لاَ يُوجَدُ فِيهَا إِلاَّ ٱلصَّيْفُ وَٱلرَّبِيعُ فَقَطْ !

*Le Liban, pays essentiellement montagneux, tire son nom du Mont Liban qui porte sur son flanc occidental la forêt mythique des "Cèdres de Dieu" (**Hourch Ardi ar-Rabb** حُرْشُ أَرْضِ ٱلرَّبِّ* forêt des cèdres du Seigneur*), dont certains auraient plus de trois mille ans. Des cèdres du Liban auraient été utilisés pour la construction du Temple de Salomon (xe siècle avant J.-C.). Haut lieu de pèlerinage depuis le XIIIe siècle, cette forêt est toujours visitée par des voyageurs venant du monde entier.*
*On visitera également la vallée de la Qadishà ou Vallée Sainte (**Wàdî Qàdìchà** وَادِي قَادِيشَا en syriaque), sorte de canyon aux parois abruptes qui abrite de nombreux monastères datant, pour certains, des premiers siècles de l'ère chrétienne et qui renferment des peintures de diverses époques. Ce site impressionnant et d'une grande beauté, est occupé par des villages et fondations monastiques maronites.*

67 Exercice 1 : تَرْجِمْ Tarjim !

❶ إِذَا كَانَ ٱلْبَرْدُ قَارِسًا لَنْ نَذْهَبَ إِلَى ٱلْجَبَلِ

Idhà kàna (a)l-bardou qàrisan lan nadhhaba ilà (a)l-jabal(i).

❷ أَلْبَرْدُ قَارِسٌ ٱلْيَوْمَ وَيُثْلِجُ خَارِجَ ٱلْبَيْتِ، لَاتَخْلَعْ ثِيَابَكَ !

Al-bardou qàris(oun) al-yaoum(a) wa youthlijou khàrija (a)l-bayt(i). Là takhla^c thiyàbak(a) !

❸ إِذَا سَلَّمْتَ قَطِيعَ ٱلْغَنَمِ إِلَى جَدِّكَ، إِسْتَطَعْتَ أَنْ تَذْهَبَ إِلَى مِنْطَقَةٍ رَبِيعِيَّةٍ

Idhà sallamta qaṯì^{c}a (a)l-ghanam(i) ilà jaddik(a), istaṯa^{c}ta an tadhhaba ilà minṯaqa(tin) rabì^{c}iyya(tin).

❹ لَوْ ذَهَبْنَا يَوْمَ أَمْسِ إِلَى ٱلْغَابَةِ لَرَأَيْنَا أَشْجَارًا مُتَلَوِّنَةً

Laou dhahabnà yaouma ams(i) ilà (a)l-ghàba(ti) la-ra'aynà achjàran moutalawwina(tan).

❺ لَا تَكُونِي مُتَعَنِّتَةً فَٱلسَّمَاءُ عَلَى وَشْكِ ٱلْإِسْوِدَادِ. لِنَعُدْ إِلَى ٱلْمَنْزِلِ !

Là takoùnì mouta^{c}annita(tan) fa-as-samà'ou ^{c}alà wachki (a)l-iswidàd(i). Li-na^{c}oud ilà (a)l-manzil(i) !

❻ لِنَتَفَرَّجْ عَلَى ٱلطَّبِيعَةِ فِي بِدَايَةِ ٱلرَّبِيعِ فِي جَبَلِ لُبْنَانَ ٱلْجَمِيلِ !

Li-natafarraj ^{c}alà (a)ṯ-ṯabì^{c}a(ti) fì bidàyati (a)r-rabì^c(i) fì jabali Loubnàn-i * (a)l-jamìl(i) !

❼ لَوْ لَمْ تَكُنْ مَرِيضًا لَاسْتَطَعْنَا أَنْ نَنْزِلَ إِلَى ٱلسَّهْلِ مَعَ ٱلْغَنَمِ

Laou lam takoun mariḏan la-(i)staṯa^{c}nà an nanzila ilà (a)s-sahl(i) ma^{c}a (a)l-ghanam(i).

* **Loubnàn-i** : le **-i** est ici une voyelle d'appui, le mot **Loubnàn** ne portant généralement pas de voyelle finale.

Corrigé de l'exercice

❶ S'il fait très froid *(si a été le froid intense)*, nous n'irons pas à la montagne. ❷ Aujourd'hui, il [fait] très froid *(le froid [est] intense)* et il neige dehors *(hors de la maison)*. N'enlève pas tes vêtements ! ❸ Si tu confiais *(tu as confié)* le troupeau de moutons à ton grand-père, tu pourrais *(tu as pu)* aller *(que tu ailles)* dans une région [où règne] le printemps *(printanière)*. ❹ Si nous étions allés *(sommes allés)* hier dans *(à)* la forêt, nous aurions vu *(nous avons vu)* des arbres multicolores. ❺ Ne sois pas entêtée, car le ciel est sur le point de s'assombrir *(l'assombrissement)*. Rentrons à la maison ! ❻ Contemplons la nature au début du printemps dans la belle montagne du Liban. ❼ Si tu n'avais pas été *(tu n'as pas été)* malade, nous aurions pu *(nous avons pu)* descendre *(que nous descendions)* dans *(vers)* la plaine avec les moutons.

سَحَابَةُ صَيْفٍ عَنْ قَلِيلٍ تَتَقَشَّعُ

Sa<u>h</u>àbatou <u>s</u>ayfiñ ᶜan qalìlin* tataqachchaᶜou.

Un nuage d'été bien vite *(après un petit peu de temps)* se dissipe.

* ***ᶜan qalìlin = baᶜda waqtin qalìlin***

Lecture de deuxième vague

راعيان في جبل لبنان

١ – ألبرد قارس أليوم وقد يثلج !

٢ – بٱلتّأكيد ! و لكن لو كنّا في ٱلرّبيع لذهبنا نتجوّل في ٱلسّهل

٣ متفرّجين على ٱلطّبيعة وهي تخضرّ !

٤ – نعم ! ولكنّنا في ٱلشّتاء وأيدي مجمّدة !

٥ لنقترب من ٱلنّار !

٦ – آه ! لو كنّا في ٱلصّيف لنصبت خيمتي في قلب بستان واسع على ضفّة جدول

٧ أصطاد ٱلسّمك في مائه ٱلبارد لأرزق وأستريح !

٨ – لا تكن متعنّتا فأترك هذا ٱلكلام ٱلفارغ إذ أنّنا في ٱلشّتاء

٩ – آه لو كنّا في بداية ٱلخريف لذهبنا إلى ٱلغابة

68 Soixante-huitième leçon (ad-darsou ath-thàminou wa as-sittoùna)

Dans cette leçon aussi, le vocabulaire va être assez abondant, mais une fois de plus, il n'est pas question de tout retenir dans l'immédiat. Vous pourrez y puiser les mots utiles quand vous le souhaiterez et, en relisant et en écoutant l'enregistrement à plusieurs reprises, un certain nombre de mots vous deviendront familiers, termes que vous pourrez entendre couramment à la radio arabe.
La prononciation, ici, est celle de la radio ou de la télévision.

Mouqtatafàtoun min-a as-sahàfati
Extraits de presse

1 – Awwala amsi, in^{c}aqada ① fì San^{c}à', mou'tamaroun douwaliyyoun haoula himàyati al-bì'ati.
Avant-hier, s'est tenue à Sanaa une conférence internationale sur *(autour, à propos)* la protection de l'environnement.

2 – ^{c}alà as-sàhati al-koubrà, amàma mabnà majlisi an-nouwwàbi,
Sur la Grand'Place, devant *(le bâtiment de)* la Chambre *(Assemblée)* des Députés,

١٠ نتفرّج على ٱلأشجار ٱلمتلوّنة !
١١– نعم ! ولكنّنا في ٱلشّتاء...وٱليوم كلّ شيء رماديّ
١٢ وٱلسّماء على وشك ٱلإسوداد !
١٣– لنسلّم قطيع ٱلغنم إلى جدّنا فلنغادر ٱلمكان إلى ٱلمناطق
١٤ ٱلّتي لايوجد فيها إلاّ ٱلصّيف وٱلرّبيع فقط

---

٦٨ أَلدَّرْسُ ٱلثَّامِنُ وَٱلسِّتُّونَ

مُقْتَطَفَاتٌ مِنَ ٱلصَّحَافَةِ

١ – أَوَّلَ أَمْسِ، إِنْعَقَدَ فِي صَنْعَاءَ، مُؤْتَمَرٌ دُوَلِيٌّ حَوْلَ حِمَايَةِ ٱلْبِيئَةِ

٢ – عَلَى ٱلسَّاحَةِ ٱلْكُبْرَى، أَمَامَ مَبْنَى مَجْلِسِ ٱلنُّوَّابِ

مُقْتَطَفَاتٌ مِنَ
ٱلصَّحَافَةِ

Notes

① **in^c^aqada, yan^c^aqidou** إِنْعَقَدَ، يَنْعَقِدُ *se tenir* est la VIIe forme du verbe **^c^aqada, ya^c^qidou** عَقَدَ، يَعْقِدُ *tenir* (ici : *une conférence*). Vous allez peu à peu repérer les verbes de VIIe forme et en deviner le sens, si vous connaissez déjà la racine.

3 **tamma tanzìmou mouzàhara**tin **min ajli** as-salàmi **wa at-tanmiya**ti **fì bouldàni** al-**bahri** al-**abyadi** al-**moutawassiti**.
a eu lieu *(organisation d')* une manifestation pour *(dans but-de)* la paix et le développement des *(dans les)* pays de la Méditerranée *(la mer le blanc le moyen).*

4 – **Ba^c^da zouhri** al-**yaoumi, qàma wazìrou ath-thaqàfa**ti **bi-tadchìni mouthafi** al-**founoùni** al-**mou^c^àsira**ti.
Cet après-midi *(après le midi d'aujourd'hui),* le ministre de la culture a inauguré *(a-procédé... à-l'inauguration-du)* le musée d'art *(des arts)* contemporain.

5 – **Lam tattakhidh-i** al-**houkoùma**tou **ba^c^dou** ② al-**ijrà'àti** al-**làzima**ta **li-takhfìdi moustawà** al-**bitàla**ti **fì** al-**bala**di.
Le gouvernement n'a pas encore pris les mesures nécessaires à *(pour)* la réduction *(du niveau)* du chômage dans le pays.

6 – **Raghma** al-**mou'achchiràti** al-**kathìra**ti al-**moutawaffira**ti **ladayhà,**
Malgré les nombreux indices dont elle dispose *(disponibles auprès-d'elle),*

7 **lam tastati^c^-i** ach-**chourta**tou, **ilà** al-**àni, i^c^tiqàla** al-**lousoùsi alladhìna** ③ **hàjamoù** al-**banka** al-**markaziyya akhìra**n.
la police n'a pas pu jusqu'à présent *(maintenant)* arrêter *(l'arrestation des)* les gangsters qui *(lesquels)* ont attaqué dernièrement la Banque Centrale.

Sanaa (**San^c^à'** صَنْعَاء) *est la capitale du Yémen. Les Arabes qui peuplaient cette région fertile du sud de la péninsule arabique à l'époque anté-islamique devinrent très vite sédentaires en s'adonnant à l'agriculture. Leur architecture vernaculaire, le plus souvent en pisé, est d'une grande originalité : les maisons sont de hauts cubes de huit à dix-neuf étages, avec des fenêtres soulignées de frises décoratives blanches.*

٣ تَمَّ تَنْظِيمُ مُظَاهَرَةٍ مِنْ أَجْلِ ٱلسَّلَامِ وَٱلتَّنْمِيَةِ فِي بُلْدَانِ ٱلْبَحْرِ ٱلْأَبْيَضِ ٱلْمُتَوَسِّطِ

٤ – بَعْدَ ظُهْرِ ٱلْيَوْمِ، قَامَ وَزِيرُ ٱلثَّقَافَةِ بِتَدْشِينِ مُتْحَفِ ٱلْفُنُونِ ٱلْمُعَاصِرَةِ

٥ – لَمْ تَتَّخِذِ ٱلْحُكُومَةُ بَعْدُ ٱلْإِجْرَاءَاتِ ٱللَّازِمَةَ لِتَخْفِيضِ مُسْتَوَى ٱلْبَطَالَةِ فِي ٱلْبَلَدِ

٦ – رَغْمَ ٱلْمُؤَشِّرَاتِ ٱلْكَثِيرَةِ ٱلْمُتَوَفِّرَةِ لَدَيْهَا

٧ لَمْ تَسْتَطِعِ ٱلشُّرْطَةُ، إِلَى ٱلْآنَ، إِعْتِقَالَ ٱللُّصُوصِ ٱلَّذِينَ هَاجَمُوا ٱلْبَنْكَ ٱلْمَرْكَزِيَّ أَخِيرًا

Notes

② **lam tattakhidh-i** al-**houkoùmatou baᶜdou...**
لَمْ تَتَّخِذِ ٱلْحُكُومَةُ بَعْدُ *le gouvernement n'a pas encore pris...* **tattakhidh** est l'apocopé de **ittakhadha, yattakhidou** إِتَّخَذَ، يَتَّخِذُ, VIIIᵉ forme de **akhadha** أَخَذَ, et signifie *prendre pour soi, adopter.*
Retenez **lam** + apocopé + **baᶜdou**, *ne pas... encore.* Vous notez que le verbe à l'apocopé s'accompagne d'une voyelle d'appui s'il précède l'article **al-** ou un mot commençant par un **alif** instable. Ce sont des petits détails auxquels vous vous habituerez vite. Si vous désirez en avoir une vue d'ensemble, reportez-vous à l'Appendice grammatical.

③ **alladhìna** ٱلَّذِينَ *lesquels* : vous l'avez déjà rencontré en leçon 64 note 5.

8 **Asfara infijàroun lil-ghàzi fì binàyatin sakaniyyatin ᶜan khamsati qatlà** ④ **wa ᶜachrati jar<u>h</u>à** ④ **taqrìban.**
Une explosion de *(pour-le)* gaz dans un immeuble d'habitation a fait *(s'est-soldé... par)* cinq morts et une dizaine de blessés *(dix blessés environ)*.

9 – **Nachratou al-a<u>h</u>wàli al-jawwiyyati :**
Bulletin météorologique *(des états atmosphériques)* :

10 **Ghadan, yakoùnou al-jawwou <u>h</u>àrran jiddan maᶜa tahdìdàtin li-<u>h</u>oudoùthi ᶜawà<u>s</u>ifa** ④ **fì al-masà'i.** □
Demain, le temps *(atmosphère)* sera *(est)* très chaud avec des menaces *(pour la survenance de)* d'orage *(de tempêtes)* en soirée *(dans le soir)*.

Notes

④ **qatlà** قَتْلَى *morts*, et **jar<u>h</u>à** جَرْحَى *blessés*, sont les pluriels respectifs de **qatìl** قَتِيل et **jarì<u>h</u>** جَرِيح. Ils sont irréguliers et indéclinables, comme **marì<u>d</u>, mar<u>d</u>à** مَرِيض، مَرْضَى *malade(s)*. ▸

La presse arabe
La lecture des journaux arabes vous permettra de voir l'actualité sous un autre éclairage et de réajuster les informations diffusées dans la presse occidentale. Les plus grands titres, du moins ceux que l'on peut trouver le plus fréquemment en Europe, sont :

• *Pour le Maghreb* ***al-Maghrib*** أَلْمَغْرِب **:**

Al-ᶜalam أَلْعَلَم Le Drapeau, *Maroc*

Ach-Chaᶜb أَلشَّعْبُ Le Peuple, *Algérie*

Al-Wa<u>t</u>an أَلْوَطَن La Patrie, *Algérie*

Ach-Chouroùq أَلشُّرُوق L'Aurore, *Tunisie*

• *Pour le Machreq* ***al-Machriq*** أَلْمَشْرِق *(Proche et Moyen-Orient*

68 ٨ أَسْفَرَ إِنْفِجَارٌ لِلْغَازِ فِي بِنَايَةٍ سَكَنِيَّةٍ عَنْ خَمْسَةِ قَتْلَى وَعَشْرَةِ جَرْحَى تَقْرِيبًا

٩ – نَشْرَةُ ٱلْأَحْوَالِ ٱلْجَوِّيَّةِ :

١٠ غَدًا، يَكُونُ ٱلْجَوُّ حَارًّا جِدًّا مَعَ تَهْدِيدَاتٍ لِحُدُوثِ عَوَاصِفَ فِي ٱلْمَسَاءِ

▸ Ce sont des schémas de pluriels irréguliers qui peu à peu vont vous devenir familiers. Les verbes correspondants sont **qatala**, **yaqtoulou** قَتَلَ، يَقْتُلُ *tuer*, et **jara<u>h</u>a**, **yajra<u>h</u>ou** جَرَحَ، يَجْرَحُ *blesser* et **qàtil** قَاتِل signifie *meurtrier, tueur, assassin.*
De même, à la phrase 10, **ᶜawà<u>s</u>if** عَوَاصِف *tempêtes* (de **ᶜà<u>s</u>ifa(t)**) est un type de pluriel interne que vous commencez à bien connaître.

أَلشَّرْقُ ٱلْأَدْنَى وَٱلشَّرْقُ ٱلْأَوْسَط :

Al-Qoudsou (a)l-ᶜArabìyy أَلْقُدْسُ ٱلْعَرَبِيّ Jérusalem arabe, *Palestine*

Ach-Charqou (a)l-Aousat أَلشَّرْقُ ٱلْأَوْسَط Le Moyen-Orient, *Arabie Saoudite*

Al-Ahràm ٱلْأَهْرَام Les Pyramides *et* ***Al-Joumhoùriya(t)*** أَلْجُمْهُورِيَّة La République, *Égypte*

Al-Khalìj أَلْخَلِيج Le Golfe, *Émirats Arabes Unis*

An-Nahàr أَلنَّهَار Le Jour *et* ***Al-<u>H</u>ayàt*** أَلْحَيَاة La Vie, *Liban*

Ad-Doustoùr أَلدُّسْتُور La Constitution *et* ***As-Safìr*** أَلسَّفِير L'Ambassadeur, *Syrie*

Exercice 1 : تَرْجِمْ Tarjim !

❶ أَلْيَوْمَ عَقَدَ ٱلْوُزَرَاءُ مُؤْتَمَرًا حَوْلَ مُشْكِلَةِ ٱلْبِطَالَةِ

Al-yaoum(a), ^{c}aqada (a)l-wouzarà'(ou) mou'tamar(an) haoula mouchkilati (a)l-bitàla(ti).

❷ فِي مُقْتَطَفَاتٍ صَحَافِيَّةٍ، قَرَأْنَا أَنَّ مُظَاهَرَةً مِنْ أَجْلِ ٱلسَّلَامِ تَمَّتْ فِي ٱلْعَدِيدِ مِنَ ٱلدُّوَلِ

Fì mouqtatafàtin sahàfiyya(tin), qara'nà* anna mouzàhara(tan) min ajli (a)s-salàm(i) tammat fì (a)l-^{c}adìdi min (a)d-douwal(i).

❸ لَوْ كَانَ هُنَاكَ ٱهْتِمَامٌ أَكْبَرُ بِتَنْمِيَةِ ٱلْبُلْدَانِ ٱلْفَقِيرَةِ لَكَانَ ٱلسَّلَامُ مُؤَمَّنًا فِي ٱلْمِنْطَقَةِ كُلِّهَا

Laou kàna hounàka (i)htimàmoun akbar(ou) bi-tanmiyati (a)l-bouldàni (a)l-faqìra(ti), la-kàna (a)s-salàmou mou'ammanan fì (a)l-mintaqati koullihà.

❹ لَوْ كَانَتْ لَدَى ٱلشُّرْطَةِ مُؤَشِّرَاتٌ كَافِيَةٌ لَاعْتَقَلَتِ ٱللُّصُوصَ ٱلَّذِينَ سَرَقُوا مَبْلَغًا كَبِيرًا مِنْ مَكْتَبِ ٱلصَّرْفِ

Laou kànat ladà ach-chourta(ti) mou'achchiràtoun kàfiya(toun) la-(i)^{c}taqalat-i (a)l-lousoùsa (a)lladhìna saraqoù mablaghan kabìran min maktabi (a)s-sarf(i).

❺ أَسْفَرَ إِنْفِجَارُ ٱلْغَازِ ٱلَّذِي حَدَثَ أَوَّلَ أَمْسِ عَنْ ثَلَاثَةِ قَتْلَى وَسِتَّةِ جَرْحَى

Asfara infijàrou al-ghàzi (a)lladhì hadatha awwala ams(i) ^{c}an thalàthati qatlà wa sittati jarhà.

❻ إِذَا كَانَتْ هُنَاكَ تَهْدِيدَاتٌ بِحُدُوثِ عَوَاصِفَ، لَنْ نَسْتَطِيعَ أَنْ نُسَافِرَ مَسَاءَ ٱلْيَوْمِ

Idhà kànat hounàka tahdìdàt(oun) bi-houdoùthi ^{c}awàsif(a), lan nastatì^{c}a an nousàfira masà'a (a)l-yaoum(i).

❼ غَدًا يَعْقِدُ ٱلنُّوَّابُ، فِي ٱلْعَاصِمَةِ، مُؤْتَمَرًا صَحَفِيًّا عَنِ ٱلْإِجْرَاءَاتِ ٱللَّازِمَةِ لِحِمَايَةِ ٱلْبِيئَةِ

Ghadan, ya^{c}qidou an-nouwwàbou fì (a)l-^{c}às̲ima(ti) mou'tamaran s̲ah̲afiyy(an) ^{c}an-i (a)l-ijrà'àti (a)l-làzima(ti) li-h̲imàyati (a)l-bì'at(i).

* **qara'a, yaqra'ou** قَرَأَ، يَقْرَأُ *lire.*

Corrigé de l'exercice

❶ Aujourd'hui, les ministres ont tenu une conférence sur *(à propos du)* le problème du chômage. ❷ Dans des extraits de presse, nous avons lu qu'une manifestation pour *(dans le but de)* la paix a eu lieu dans un [grand] nombre d'États. ❸ S'il y avait un souci *(intérêt)* plus grand pour le développement des pays pauvres, la paix serait assurée dans toute la région. ❹ Si la police avait eu des indices suffisants, elle aurait arrêté les gangsters qui ont volé une somme importante *(grande)* au *(du)* bureau de change. ❺ L'explosion de gaz qui est survenue avant-hier a fait *(s'est soldé par)* trois morts et six blessés. ❻ S'il y avait des menaces *(avec-survenance)* d'orage nous ne pourrions *(pourrons)* pas partir en voyage *(que nous voyagions)* ce soir. ❼ Demain, les députés tiennent dans la capitale une conférence de presse sur les mesures nécessaires à *(pour)* la protection de l'environnement.

لِكُلِّ حَادِثٍ حَدِيثٌ

Li-koulli h̲àdithin h̲adìthoun.

pour chaque événement un propos

Chaque chose en son temps.

69 Lecture de deuxième vague

مقتطفات من ٱلصّحافة

١ – أوّل أمس إنعقد في صنعاء، مؤتمر دوليّ حول حماية ٱلبيئة
٢ – على ٱلسّاحة ٱلكبرى، أمام مبنى مجلس ٱلنّوّاب
٣ – تمّ تنظيم مظاهرة من أجل ٱلسّلام وٱلتّنمية في بلدان ٱلبحر ٱلأبيض ٱلمتوسّط
٤ – بعد ظهر ٱليوم، قام وزير ٱلثّقافة بتدشين متحف ٱلفنون ٱلمعاصرة
٥ – لم تتّخذ ٱلحكومة بعد ٱلإجراءات ٱللاّزمة لتخفيض مستوى ٱلبطالة في ٱلبلد

---

69 Soixante-neuvième leçon (ad-darsou at-tàsi^{c}ou wa as-sittoùna)

Taz̲àhouràtoun **thaqàfiyya**toun ①
Manifestations culturelles

1 – **Aqtarih̲ou ^{c}alayki mouchàhadata film**in **nasìtou ismahou yata^{c}allaqou bi-tarbiyati al-khouyoùli** ② **al-^{c}arabiyya**ti
Je te *(sur-toi)* propose [d'aller] voir *(le visionnement d')* un film, [dont] j'ai oublié le *(son)* nom, [qui] concerne l'élevage des chevaux arabes

Notes

① **taz̲àhouràt**oun **thaqàfiyyat**oun تَظَاهُرَاتٌ ثَقَافِيَّةٌ *manifestations culturelles.* Vous remarquez qu'on emploie souvent un mot distinct de celui ci-dessus pour les manifestations politiques : **mouz̲àharàt**oun **siyàsiyya**toun مُظَاهَرَاتٌ سِيَاسِيَّةٌ (leçon 68). Mais il s'agit de mots tirés de la même racine **z̲ahara**, ▶

٦ – رغم ٱلمؤشّرات ٱلكثيرة ٱلمتوفّرة لديها
٧ لم تستطع ٱلشّرطة، إلى ٱلآن، إعتقال ٱللّصوص ٱلّذين هاجموا ٱلبنك ٱلمركزيّ أخيرا
٨ أسفر إنفجار للغاز في بناية سكنيّة عن خمسة قتلى وعشرة جرحى تقريبا
٩ – نشرة ٱلأحوال ٱلجوّية :
١٠ غدا، يكون ٱلجوّ حارّا جدّا مع تهديدات لحدوث عواصف في ٱلمساء

---

٦٩ أَلدَّرْسُ ٱلتَّاسِعُ وَٱلسِّتُّونَ

تَظَاهُرَاتٌ ثَقَافِيَّةٌ

١ – أَقْتَرِحُ عَلَيْكَ مُشَاهَدَةَ فِيلْمٍ نَسِيتُ إِسْمَهُ يَتَعَلَّقُ بِتَرْبِيَةِ ٱلْخُيُولِ ٱلْعَرَبِيَّةِ

▸ **yazharou** يَظْهَرُ، ظَهَرَ *apparaître*, provenant respectivement des formes VI et III.

② Le mot **khouyoùl** خُيُول est le pluriel du nom collectif **khayl** خَيْل, signifiant *chevaux* et *équidés*. Il désigne alors, de manière générale, "des groupes de chevaux". De même qu'il existe en arabe des pluriels de pluriels (**balad** بَلَد, **bilàd** بِلاد, **bouldàn** بُلْدَان *pays*), on trouve parfois le pluriel de noms collectifs, ce qui peut paraître assez déroutant.

2 wa houwa mouchawwiqoun jiddan hasaba mà sami^{c}tou ③.
et qui est tout à fait *(très)* passionnant, selon ce que j'ai entendu [dire].

3 You^{c}radou hadhà ach-charìtou fì sìnamà «al-Hourriyyati».
Ce film passe *(est projeté)* au cinéma «*(la)* Liberté».

4 Hal you^{c}jibouki an nadhhaba li-mouchàhadatihi ?
Est-ce que [cela] te plairait *(plaît-toi*[fém.]*)* d'aller le voir *(que nous-allions pour-son-visionnement)* ?

5 – Na^{c}am... Matà ?
Oui... Quand ?

6 – Ba^{c}da ghadin masà'an, ba^{c}da ad-douroùsi, wa qad naltaqì fì maqhà «al-Qoubbati adh-dhahabiyyati».
Après-demain soir, après les cours, et nous pourrions nous retrouver *(et peut-être nous-nous-retrouvons)* au café *(de)* «La Coupole d'Or».

7 Hal yourdìki dhalika ③ ?
Cela te convient ?

8 – Tamàman ! Khàssatan ④ wa innì atatalla^{c}ou ilà ba^{c}di al-istiràhati al-àna ba^{c}da al-intihà'i min-a al-imtihànàt ...
Tout à fait ! D'autant plus que *(en particulier et certes-moi)* j'aspire à un petit peu de *(certain)* repos maintenant que les examens sont finis *(maintenant après la fin des examens)*...

Remarque concernant l'écriture

On écrit souvent **wa houwa** et **wa hiya** avec un soukoun : وَهْوَ، وَهْيَ.

٢ وَهْوَ مُشَوِّقٌ جِدًّا حَسَبَ مَا سَمِعْتُ

٣ يُعْرَضُ هَذَا ٱلشَّرِيطُ فِي سِينَمَا «ٱلْحُرِّيَّةِ»

٤ هَلْ يُعْجِبُكِ أَنْ نَذْهَبَ لِمُشَاهَدَتِهِ ؟

٥ – نَعَمْ ! ... مَتَى؟

٦ – بَعْدَ غَدٍ مَسَاءً، بَعْدَ ٱلدُّرُوسِ، وَقَدْ نَلْتَقِي فِي مَقْهَى «ٱلْقُبَّةِ ٱلذَّهَبِيَّةِ»

٧ هَلْ يُرْضِيكِ ذَلِكَ ؟

٨ – تَمَامًا ! خَاصَّةً وَإِنِّي أَتَطَلَّعُ إِلَى بَعْضِ ٱلْإِسْتِرَاحَةِ ٱلْآنَ بَعْدَ ٱلْإِنْتِهَاءِ مِنَ ٱلْإِمْتِحَانَاتِ...

Notes

③ Retenez dans ce texte les expressions **hasaba mà samiᶜtou** حَسَبَ مَا سَمِعْتُ *selon ce que j'ai entendu* ; **hal yourdì-ka/ki dhalika ?** هَلْ يُرْضِيكَ/ــكِ ذَلِكَ ؟ *cela te*[masc./fém.] *convient-il ?* ; **là tansa maouᶜidanà !** لَا تَنْسَ مَوْعِدَنَا ! *n'oublie pas notre rendez-vous !*

④ Remarquez ici encore la relation entre les mots **khàss** خَاصّ, **khàssatan** خَاصَّةً, **moukhassas** مُخَصَّص, **khousoùsiyyat** خُصُوصِيَّة *particularité*, etc., de la racine KH S S. Vous comprenez sans doute l'intérêt de connaître le sens des formes dérivées et cela se fera insensiblement – soyez sans crainte, à ce sujet –, si vous vous intéressez quelque peu aux familles de mots.

69

9 Àh ! Hal ta^{c}rifou anna hounàka haflatan moùsìqiyyatan moukhassasatan ④ li-at-tarabi al-andalousiyyi fì al-masrahi al-baladiyyi ?
Ah ! Sais-tu qu'il y a *(que là)* un concert *(cérémonie musicale)* consacré à la musique *(émotion-esthétique)* andalouse au Théâtre de la Ville *(municipal)* ?

10 Yajibou an là tafoùtanà hadhihi al-foursatou ⑤ li'anna al-fannànìna yaqoùmoùna bi-jaoulatin douwaliyyatin qarìban
Nous ne devons pas manquer *(il-faut que ne-pas échappe-nous)* cette occasion, parce que les artistes vont partir en *(effectuent une)* tournée internationale prochainement

11 wa lan ya^{c}oùdoù ilaynà illà ba^{c}da ^{c}àmayni aou thalàthati a^{c}wàmin !
et ils ne reviendront pas chez *(vers)* nous avant *(sauf après)* deux *(an-*duel[indir.]*)* ou trois ans.

12 – Tayyiboun ! Saoufa ahjizou at-tadhàkira li-houdoùri al-haflati.
Bien ! Je vais réserver des *(les)* places pour *(la présence au)* le concert.

13 – Idhan fa-ilà al-liqà'i ! ... Là tansa maou^{c}idanà ③ !
Alors, au revoir *(à la rencontre)* ! ... N'oublie pas notre rendez-vous !

14 – Abadan ! Kayfa ansàhou yà sàhibata ^{c}ouyoùni al-ghazàli wa yà rafì^{c}ata ad-dhaouqi wa ath-thaqàfati ⑥ ! □
Jamais de la vie *(pas-du-tout)* ! Comment [pourrais-je] l'oublier *(je l'oublie)*, ô ma belle aux *(ô propriétaire d')* yeux de gazelle, *(et)* à la culture et au goût si raffinés *(ô raffinée du goût et de la culture)* !

٩ آه! هَلْ تَعْرِفُ أَنَّ هُنَاكَ حَفْلَةً مُوسِيقِيَّةً مُخَصَّصَةً لِلطَّرَبِ ٱلْأَنْدَلُسِيِّ فِي ٱلْمَسْرَحِ ٱلْبَلَدِيِّ ؟

١٠ يَجِبُ أَنْ لاَ تَفُوتَنَا هَذِهِ ٱلْفُرْصَةُ لِأَنَّ ٱلْفَنَّانِينَ يَقُومُونَ بِجَوْلَةٍ دُوَلِيَّةٍ قَرِيبًا

١١ وَلَنْ يَعُودُوا إِلَيْنَا إِلاَّ بَعْدَ عَامَيْنِ أَوْ ثَلاَثَةِ أَعْوَامٍ !

١٢ – طَيِّبٌ ! سَوْفَ أَحْجِزُ ٱلتَّذَاكِرَ لِحُضُورِ ٱلْحَفْلَةِ

١٣ – إِذَنْ فَإِلَى ٱللِّقَاءِ ! ... لاَ تَنْسَ مَوْعِدَنَا !

١٤ – أَبَدًا ! كَيْفَ أَنْسَاهُ، يَا صَاحِبَةَ عُيُونِ ٱلْغَزَالِ وَيَا رَفِيعَةَ ٱلذَّوْقِ وَٱلثَّقَافَةِ !

Notes

⑤ **yajibou an là tafoùtanà hadhihi al-fourṣatou**
يَجِبُ أَنْ لاَ تَفُوتَنَا هَذِهِ ٱلْفُرْصَةُ *nous ne devons pas manquer cette occasion* (il-faut que ne-pas échappe-[à]nous cette occasion). Rappelez-vous **an là** + subjonctif, *que ne pas* et **wa là** *ni*. La forme **tafoùta** est le subjonctif du verbe concave **fàta**, **yafoùtou** فَاتَ، يَفُوتُ *échapper*.

⑥ **yà rafìᶜata ad-dhaouqi wa ath-thaqàfati**
يَا رَفِيعَةَ ٱلذَّوْقِ وَٱلثَّقَافَةِ *ô [si] raffinée quant au goût et à la culture* : il s'agit ici d'un complément d'adjectif, exprimé par l'annexion (annexion de qualification), comme vous l'avez déjà vu aux leçons 57 et 60.

69 Exercice 1 : تَرْجِمْ Tarjim !

❶ إِذَا رَغِبْتِ فِي مُشَاهَدَةِ هَذَا ٱلْفِيلْمِ، يُمْكِنُ أَنْ نَذْهَبَ إِلَى ٱلسِّينَمَا بَعْدَ غَدٍ وَبَعْدَ ٱلدُّرُوسِ

Idhà raghibti fì mouchàhadati hadhà (a)l-fìlm(i) youmkin(ou) an nadhhaba ilà (a)s-sìnamà ba^{c}da ghad(in) wa ba^{c}da (a)d-douroùsi.

❷ بِوُدِّي ٱلْحُضُورُ إِلَى حَفْلَةِ ٱلطَّرَبِ ٱلْأَنْدَلُسِيِّ وَلَكِنْ، عَلَيْنَا أَنْ نَحْجِزَ ٱلتَّذَاكِرَ قَبْلَ شَهْرٍ مِنْهَا

Bi-wouddì (a)l-houdoùr(ou) ilà haflati (a)t-tarabi (a)l-andalousiyy(i) wa lakin, ^{c}alaynà an nahjiza (a)t-tadhàkir(a) qabla chahrin minhà.

❸ يَجِبُ أَنْ لاَ تَفُوتَكُمْ هَذِهِ ٱلْفُرْصَةُ لِأَنَّ هَذِهِ ٱلتَّظَاهُرَاتِ ٱلثَّقَافِيَّةَ سَتَكُونُ ٱسْتِثْنَائِيَّةً

Yajib(ou) an là tafoùtakoum hadhihi (a)l-foursa(tou) li'anna hadhihi (a)t-tazàhouràti (a)th-thaqàfiyya(ta) sa-takoùnou (i)stithnà'iyya(tan).

❹ سَمِعْتُ بِأَنَّ هَذَا ٱلْفِيلْمَ ٱلْخَاصَّ بِتَرْبِيَةِ ٱلْأَطْفَالِ بِدُونِ عَائِلاَتٍ مُشَوِّقٌ

Sami^{c}tou bi-anna hadhà (a)l-fìlm(a) (a)l-khàss(a) bi-tarbiyati (a)l-atfàl(i) bi-doùni ^{c}à'ilàt(in) mouchawwiq(oun).

❺ لاَ تَنْسَيْ مَوْعِدَكِ أَمَامَ مَسْرَحِ ٱلْمَدِينَةِ مَعَ صَدِيقَتِكِ يَاسْمِينَة

Là tansay maou^{c}idaki amàma masrahi (a)l-madìna(ti) ma^{c}a sadìqatiki Yàsmìna(t).

❻ أَنَا عَطْشَانَةٌ ! لِنَذْهَبْ إِلَى ٱلْقُبَّةِ ٱلذَّهَبِيَّةِ نَشْرَبُ شَيْئًا ! هَلْ يُرْضِيكِ ذَلِكَ ؟

Anà ^{c}atchàna(toun) ! Li-nadhhab ilà "(a)l-Qoubba(ti) (a)dh-dhahabiyya(ti)" nachrab(ou) (/li-nachrab) chay'(an) ! Hal yourdìka dhalik(a) ?

69 ❼ أَقْتَرِحُ عَلَيْكَ أَنْ نَسْتَرِيحَ قَلِيلاً بَعْدَ أَنِ ٱنْتَهَيْنَا مِنَ ٱلْإِمْتِحَانَاتِ
Aqtari<u>h</u>ou ^{c}alayk(a) an nastarì<u>h</u>a qalìlan ba^{c}da an intahaynà min-a (a)l-imti<u>h</u>ànàt(i).

Corrigé de l'exercice

❶ Si tu (fém.) désires *(as désiré) (le fait de)* voir ce film, nous pouvons aller *(il est possible que nous allions)* au cinéma après-demain, (*et*) après les cours. ❷ J'aimerais *(le fait d')* assister au récital de musique andalouse, mais nous devons réserver *(sur nous que nous réservions)* les billets un mois auparavant *(avant un mois de-lui)*. ❸ Vous ne devez pas manquer cette occasion, parce que ces manifestations culturelles seront *(sera)* exceptionnelles. ❹ J'ai entendu [dire] que ce film consacré *(propre à)* à l'éducation des enfants sans familles [est] passionnant. ❺ N'oublie pas ton (fém.) rendez-vous devant le théâtre de la ville avec ton amie Yasmina. ❻ J'ai soif *(moi assoiffée)* ! Allons boire quelque chose à "la Coupole d'Or" ! Cela te (masc.) convient-il ? ❼ Je te propose que nous nous reposions un peu, après que nous en ayons terminé avec (*nous avons terminé de*) les examens.

69 *Le mot* **ghazàl** غَزَال *signifie* gazelle, *gracieux animal du désert aux grands yeux noirs qui symbolise la beauté féminine. Il ne doit pas être confondu avec* **ghazal** غَزَل *qui est un type de* poésie lyrique amoureuse. *Sur ce mot s'est formé le verbe* **ghàzala, youghàzilou** *III* غَازَلَ، يُغَازِلُ *qui signifie* faire la cour à une femme, conter fleurette, flirter. *Le ghazal, long poème lyrique, très prisé des Arabes, comprend une série de distiques, composés chacun de deux* vers *ou de sortes d'*hémistiches *(**misrà**ᶜ مِصْرَاع) qui riment entre eux. La rime finale des distiques est la même tout au long du poème (**qàfiya(t)** قَافِيَة).*

Dans les leçons 66 et 67, les couleurs ont été évoquées. Nous revenons ici sur le mot **a<u>h</u>mar** أَحْمَر, *fém.* **<u>h</u>amrà'** حَمْرَاء, rouge. *Il nous reporte immédiatement au fameux palais maure de Grenade, appelé l'Alhambra, c'est-à-dire* La Rouge *(le terme féminin* **qalᶜa(t)** قَلْعَة château, citadelle, *étant sous-entendu). En effet, sur l'éperon rocheux qui domine la ville de Lorca, les murailles ocrées de la forteresse nasride (XIII-XVᵉ siècles) rougeoient somptueusement sous le soleil couchant, ce qui lui a valu son nom. Cette imposante enceinte flanquée de tours abrite des palais d'une architecture et d'un décor très élaborés et délicats, s'insérant dans un cadre naturel conçu pour recréer le Paradis sur terre. L'art islamique y atteint un degré de raffinement extrême.*
Grenade fut le dernier bastion maure en Espagne, tombé en 1492, alors que la Reconquête avait repris possession de la majorité des territoires dès le milieu du XIIIᵉ siècle. Pendant les huit siècles de présence arabe en Espagne, le pays connut une succession de conflits, mais aussi des périodes d'alliance et d'entente entre princes chrétiens et musulmans. Cette cohabitation fut un creuset où les deux civilisations s'interpénétrèrent et s'enrichirent mutuellement.

هُدُوءُ ٱللَّيْلِ يُوحِي

Houdoù'ou al-layli yoù<u>h</u>ì.

le calme de la nuit inspire

La nuit porte conseil.

تظاهرات ثقافيّة

١ – أقترح عليك مشاهدة فيلم نسيت إسمه يتعلّق بتربية ٱلخيول ٱلعربيّة
٢ وهو مشوّق جدّا حسب ما سمعت
٣ يعرض هذا ٱلشّريط في سينما «ٱلحرّيّة»
٤ هل يعجبك أن نذهب لمشاهدته ؟
٥ – نعم !... متى ؟
٦ – بعد غد مساء، بعد ٱلدّروس، وقد نلتقي في مقهى ٱلقبّة ٱلذّهبيّة
٧ هل يرضيك ذلك ؟
٨ – تماما ! خاصّة وإنّي أتطلّع إلى بعض ٱلإستراحة ٱلآن بعد ٱلإنتهاء من ٱلإمتحانات
٩ آه ! هل تعرف أنّ هناك حفلة موسيقيّة مخصّصة للطّرب ٱلأندلسيّ في ٱلمسرح ٱلبلديّ
١٠ يجب أن لا تفوتنا هذه ٱلفرصة لأنّ ٱلفنّانين يقومون بجولة دوليّة قريبا
١١ ولن يعودوا إلينا إلاّ بعد عامين أو ثلاثة أعوام !
١٢– طيّب ! سوف أحجز ٱلتّذاكر لحضور ٱلحفلة
١٣– إذن فإلى ٱللّقاء ! ... لا تنس موعدنا !
١٤– أبدا ! كيف أنساه، يا صاحبة عيون ٱلغزال ويا رفيعة ٱلذّوق وٱلثّقافة !

70 Soixante-dixième leçon (ad-darsou as-sab^{c}oùna)

مُرَاجَعَةٌ
Révision

Vous voici arrivé au bout de votre apprentissage de l'arabe, du moins en ce qui concerne les bases et l'arabe quotidien. Vous avez sans doute bien pénétré la structure de l'arabe et compris maintenant qu'il serait dommage d'apprendre des mots complètement dissociés les uns des autres en faisant abstraction du système morphologique, qui permet tant de combinaisons à partir d'une racine.
Il vous restera maintenant à perfectionner patiemment votre maniement des verbes réguliers et irréguliers, à approfondir votre connaissance de la langue au travers de textes de presse et de littérature – ou techniques, si besoin est –, et surtout à tester et réajuster constamment vos acquis en parlant chaque fois que possible avec des arabophones.

Dans cette avant-dernière série, qui clôture les leçons d'arabe – viendra ensuite une ultime série avec des phrases utiles de la vie courante et des anecdotes –, vous avez vu quelques nouveaux points grammaticaux ou lexicaux que nous allons passer rapidement en revue :

1 Formes dérivées

• La VIIe forme

Elle se caractérise par le préfixe **in-** :
fa^{c}ala → infa^{c}ala, yanfa^{c}ilou فَعَلَ ← إِنْفَعَلَ، يَنْفَعِلُ
C'est une réfléchie, comme la VIIIe, de la Ire forme :
kasara كَسَرَ *casser* → **inkasara** إِنْكَسَرَ *se casser*

Vous avez rencontré **inṯalaqa, yanṯaliqou** إِنْطَلَقَ، يَنْطَلِقُ *partir, démarrer*, de **ṯalaqa, yaṯlouqou** طَلَقَ، يَطْلُقُ *lâcher, libérer*, et **infajara, yanfajirou** إِنْفَجَرَ، يَنْفَجِرُ *exploser* (du verbe **fajara, yafjourou** *faire jaillir l'eau*) à la leçon 64 (note1) et d'autres encore dans les leçons suivantes.

Le **maṣdar** est de type **infi^{c}àl** :

infi^{c}àl	إِنْفِعَال	*humeur, émotion* (65)
infijàr	إِنْفِجَار	*explosion* (68)

٧٠ أَلدَّرْسُ ٱلسَّبْعُونَ

Les participes sont de type **mounfa^{c}il / mounfa^{c}al**, comme **moun-sajim** مُنْسَجِم *harmonieux* (66), de **insajama ma^{c}a** إِنْسَجَمَ مَعَ *(s')harmoniser avec.*

Retenez **là tans̲arif !** لاَ تَنْصَرِفْ! (de **ins̲arafa**) *Ne t'en va pas !* (66)

• La IXe forme

Elle est très peu usitée, puisqu'elle sert essentiellement à exprimer le fait de devenir de telle ou telle couleur ou encore d'être doté d'une particularité physique ou mentale (et elle se forme à partir d'adjectifs de couleur ou exprimant une difformité, lesquels sont diptotes ; voir leçon 66, note 1). Elle se traduit donc par *devenir rouge*, *tordu*, etc.

Elle se caractérise par le préfixe **-i** et le redoublement de la troisième lettre de la racine :
ikhd̲arra (KH D̲ R), **yakhd̲arrou** إِخْضَرَّ، يَخْضَرُّ *verdir, verdoyer* (67). Le **mas̲dar** est de type **if^{c}ilàl** إِفعلال, comme :
iswidàd إِسْوِدَاد *fait de noircir, assombrissement* (67).
Il n'y a qu'un participe, de type **mouf^{c}all** مُفْعَلّ : **mouswadd** مُسْوَدّ *noirci.*

• La Xe forme

Elle se forme avec le préfixe **ist-** :
istaqbala, yastaqbilou (de **qabila** قَبِلَ) إِسْتَقْبَلَ، يَسْتَقْبِلُ *recevoir, accueillir.*
Vous en avez déjà rencontré quelques exemples dans les séries précédentes, mais sans vous y arrêter. Entre autres, à la leçon 61, était apparu le verbe **istat̲à^{c}a, yastat̲ì^{c}ou** إِسْتَطَاعَ، يَسْتَطِيعُ *pouvoir*, qui a été repris dans cette série. C'est un verbe très courant, mais, attention, il est irrégulier (dit "concave", racine T̲ W ^{c}). Il faudra donc essayer d'en retenir les personnes les plus utiles pour vous actuellement : **astat̲ì^{c}ou** أَسْتَطِيعُ, **tastat̲ì^{c}ou** تَسْتَطِيعُ, **yastat̲ì^{c}ou** يَسْتَطِيعُ, **nastat̲ì^{c}ou** نَسْتَطِيعُ, *je peux*, *tu peux*, *il peut*, *nous pouvons...*

De même, les verbes suivants sont irréguliers :
istafàda, yastafìdou min إِسْتَفَادَ، يَسْتَفِيدُ مِن *bénéficier de, tirer profit de* (racine F Y D)(65)
istaràha, yastarìhou إِسْتَرَاحَ، يَسْتَرِيحُ *se reposer* (racine R W H)(67)

Cette forme exprime une action faite à son propre profit. Elle peut être la réfléchie de la IV :
akhbara أَخْبَرَ *informer* → **istakhbara** إِسْتَخْبَرَ *s'informer*

Son masdar est de type **istif^{c}àl** إِسْتِفْعَال et ses participes sur le modèle **moustaf^{c}il / moustaf^{c}al** مُسْتَفْعِل / مُسْتَفْعَل :

istiqbàl	إِسْتِقْبَال	*fait de recevoir, réception, accueil* (53)
istimàrat	إِسْتِمَارَة	*formulaire* (de **amara**) (64)
istithnà'	إِسْتِثْنَاء	*exception* (de TH N Y) (65)
istiràhat	إِسْتِرَاحَة	*repos* (69)

2 La phrase conditionnelle

Il y a trois conjonctions qui introduisent des phrases conditionnelles : **idhà** إِذَا, **in** إِنْ et **laou** لَوْ, mais **in** n'est plus beaucoup employée. Les verbes des deux propositions sont généralement à l'accompli. Mais parfois, on peut avoir aussi l'inaccompli, et dans la principale, un impératif ou un futur. Voici les nuances exprimées par ces trois types d'hypothèse, qui ne correspondent pas toujours exactement à notre classement, dans les langues latines, en potentiel, irréel du présent et irréel du passé. Le choix instinctif de la conjonction se fera avec le temps. Pour l'instant, voici un schéma qui pourra vous guider :

a) Éventualité :
idhà إِذَا + accompli – (**fa** فَ)-accompli / inaccompli / futur
Si + présent / *Quand* + futur

إِذَا بَقِيَ بَائِعُ ٱلْأَبْسِطَةِ فِي ٱنْتِظَارِنَا مَسَاءَ ٱلْيَوْمِ يُمْكِنُ أَنْ نَسْتَفِيدَ غَدًا مِن سِعْرٍ أَرْخَصَ

Idhà baqiya bà'i^{c}ou al-absitati fì intizàrinà masà'a al-yaoumi, youmkinou an nastafìda ghadan min si^{c}rin arkhasa.
Si le marchand de tapis reste (est resté) *ce soir à nous attendre* (dans attente de nous), *il est possible que demain nous obtenions*

(bénéficions d') *un meilleur* (marche) *prix* (65, exer.). **70**

أَلْفُ دِينَارٍ مَعَ تَخْفِيضٍ بِنِسْبَةِ خَمْسَةٍ وَعِشْرِينَ فِي ٱلْمِئَةِ ، إِذَا تَمَّ ٱلْحَجْزُ قَبْلَ ٱلرِّحْلَةِ بِخَمْسَةَ عَشَرَ يَوْمًا .

Alfou dìnàrin ma^{c}a takhfì<u>d</u>in bi-nisbati khamsatin wa ^{c}ichrìna fì al-mi'ati, idhà tamma al-<u>h</u>ajzou qabla ar-ri<u>h</u>lati bi-khamsata ^{c}achara yaouman.
Mille dinars, avec une réduction de (d'un pourcentage de) *vingt-cinq pour cent, si la réservation a* (eu) *lieu* (avec) *quinze jours avant le voyage.* (53)

b) Ḥypothèse réalisable :
in إِنْ + accompli – **fa** فَ-accompli / inaccompli
Si (au cas où) + présent / imparfait. Vous n'en avez rencontré qu'un exemple avec l'expression **In chà'a Allahou !** إِنْ شَاءَ ٱللَّهُ *Si Dieu le veut* (l'a voulu) *!*
Et dans la prochaine série, vous allez trouver, dans une anecdote, la phrase suivante :

أَلْوَيْلُ لَكَ إِنْ كَانَ يُشْبِهُكَ !

Al-waylou laka in kàna youchbihouka !
Malheur à toi s'il te ressemble (ressemblait) *!* (73)

c) Hypothèse irréalisable ou non réalisée :
laou لَوْ + accompli – **la** لَ-accompli correspondant en français à :
Si + imparfait / plus-que-parfait

لَوْ كُنَّا فِي ٱلرَّبِيعِ، لَذَهَبْنَا نَتَجَوَّلُ فِي ٱلسَّهْلِ

Laou kounnà fì ar-rabì^{c}i, la-dhahabnà natajawwalou fì as-sahli...
Si nous avions été au printemps, nous serions allés nous promener (nous nous promenons) *dans la plaine...* (67)

3 Subordonnées au subjonctif

• **qàla li- ... an** ... أَنْ ... قَالَ لِ : *dire à [quelqu'un] de*
qoul li-a<u>s</u>diqà'ika... an yadkhoulou... قُلْ لِأَصْدِقَائِكَ... أَنْ يَدْخُلُوا
dis à tes amis... d'entrer (qu'ils entrent) (64)

Faites bien la différence entre *dire de* – qui équivaut à donner un ordre à quelqu'un – et *dire que* – qui permet simplement d'introduire une information. Dans ce dernier cas, vous le savez, on emploie la conjonction **inna** إِنَّ (suivie d'un nom au cas direct ou d'un pronom) :

هُوَ يَقُولُ إِنَّ ٱلْجَوَّ حَارٌّ جِدًّا

Houwa yaqoùlou inna al-jawwa hàrroun jiddan.
Lui, il dit qu'il fait très chaud (que le temps [est] chaud très).

• istatà^ca an إِسْتَطَاعَ أَنْ **:** *pouvoir* **+ infinitif**

là astatì^cou an achtariyahou لاَ أَسْتَطِيعُ أَنْ أَشْتَرِيَهُ
je ne peux pas l'acheter (que je l'achète) (66)
On peut aussi employer un **masdar**, vous l'aviez vu à la leçon 61.

• hattà حَتَّى **+ subjonctif =** *afin que, de telle sorte que*

دَعِ ٱلْبَائِعَ يَنْتَظِرُ قَلِيلاً حَتَّى تَسْتَفِيدَ غَدًا مِنْ سِعْرٍ أَكْثَرَ إِغْرَاءً !

Da^c-i al-bà'i^ca yantazirou qalìlan hattà tastafìda ghadan min si^crin akthara ighrà'an.
Laisse un peu attendre le vendeur, afin que / de telle sorte que demain tu obtiennes (bénéficies d') *un prix plus intéressant* (65).

Vous savez que **hattà** peut s'employer avec d'autres temps et des sens différents (reportez-vous à la leçon 63 § 4, ainsi qu'à l'Appendice grammatical).

• an là أَنْ لاَ

Notez enfin qu'après **an** on emploie **là** si la subordonnée est de forme négative :

يَجِبُ أَنْ لاَ تَفُوتَنَا هَذِهِ ٱلْفُرْصَةُ

Yajibou an là tafoùtanà hadhihi al-foursatou...
Il ne faut pas manquer (que nous échappe) *cette occasion...*

4 Autres emplois de l'apocopé

• Injonctif : li- لِـ **+ apocopé**

Il traduit l'impératif de 1re personne du pluriel, mais il peut s'employer aussi à toutes les personnes :
Li-naqtarib min-a an-nàri ! لِنَقْتَرِبْ مِنَ ٱلنَّارِ !
Approchons-nous du feu ! (67)

لِنُسَلِّمْ قَطِيعَ ٱلْغَنَمِ إِلَى جَدِّنَا فَلْنُغَادِرِ ٱلْمَكَانَ إِلَى ٱلْمَنَاطِقِ ...
Li-nousallim qat̲i^{c}a al-ghanami ila jaddinà fal-noughàdir-i al-makàna ilà al-manàt̲iqi...
Confions le troupeau de moutons à notre grand-père et quittons l'endroit pour les régions... (67)

Notez que **fa + li** s'écrit **fal-** : فَ + لِ ← فَلْ

لِيَذْهَبْ إِلَى ٱلْمَكْتَبِ ! / لِأَذْهَبْ إِلَى ٱلْمَكْتَبِ !
Li-yadhhab ilà al-maktabi ! / Li-adhhab ilà al-maktabi !
Qu'il aille au bureau ! / Que j'aille au bureau !

• **lam (apocopé) ba^{c}dou** لَمْ بَعْدُ : *ne pas encore*

لَمْ تَتَّخِذِ ٱلْحُكُومَةُ بَعْدُ ٱلْإِجْرَاءَاتِ ٱللَّازِمَةَ لِتَخْفِيضِ مُسْتَوَى ٱلْبِطَالَةِ فِي ٱلْبَلَدِ
Lam tattakhidh-i al-h̲oukoùmatou ba^{c}dou al-ijrà'àti al-làzimata li-takhfid̲i moustawà al-bit̲àlati fi al-baladi.
Le gouvernement n'a pas encore pris les mesures nécessaires à la réduction du chômage dans le pays (68).

5 Relatif

alladhì أَلَّذِي *lequel* → **alladhìna** أَلَّذِينَ *lesquels*
allatì أَلَّتِي *laquelle* → **allàtì** أَلَّاتِي / **allawàtì** أَللَّوَاتِي *lesquelles*

لَمْ تَسْتَطِعِ ٱلشُّرْطَةُ إِلَى ٱلْآنِ ٱعْتِقَالَ ٱللُّصُوصِ ٱلَّذِينَ هَاجَمُوا ٱلْبَنْكَ ٱلْمَرْكَزِيَّ أَخِيرًا
Lam tastat̲i^{c}-i ach-chourt̲atou ilà al-àni i^{c}tiqàla al-lous̲oùs̲i alladhìna hàjamoù al-banka al-markaziyya akhìran.
La police n'a pas pu arrêter jusqu'à présent les gangsters qui ont attaqué dernièrement la Banque Centrale (68).

6 Complément de temps ou manière au cas direct

En premier lieu, recensons les autres emplois du cas direct :

70 • **Après kàna** كَانَ

Là takoun mouta^{c}annitan (67) لاَتَكُنْ مُتَعَنِّتًا
Ne sois pas entêté.

غَدًا يَكُونُ ٱلْجَوُّ حَارًّا جِدًّا

Ghadan yakoùnou al-jawwou hàrran jiddan.
Demain il fera (le temps sera) *très chaud* (68).

• **Après li'anna** لِأَنَّ**, anna** أَنَّ**, inna** إِنَّ**, kam** كَمْ

kam chantatan ? كَمْ شَنْطَةً ؟ *combien de sacs ?* (64)

kam waraqatan ? كَمْ وَرَقَةً ؟ *combien de billets ?* (65)

• **Complément circonstanciel de temps :**

al-yaouma أَلْيَوْمَ *aujourd'hui* (67)

ghadan / ghadan sabàhan غَدًا/ غَدًا صَبَاحًا *demain / demain matin* (65)

akhìran أَخِيرًا *récemment* (68)

faouran فَوْرًا *immédiatement* (65)

qarìban قَرِيبًا *bientôt* (66)

etc.

• **Complément de manière**

– adverbe

tamàman تَمَامًا *tout à fait* (69)

taqrìban تَقْرِيبًا *environ* (68)

khàssatan خَاصَّةً *surtout* (69)

abadan أَبَدًا *pas du tout* (55)(69)

et **jiddan** جِدًّا *très*, **qalìlan** قَلِيلاً *peu*, **kathìran** كَثِيرًا *beaucoup*, etc.

– = *en tant que, en matière de*

naqdan نَقْدًا *en liquide* (65)

infajara dahkan إِنْفَجَرَ ضَحْكًا *éclater de rire* (64)

7 am / aou أَوْ / أَمْ : *ou bien*

On emploie **aou** dans une phrase affirmative et **am** dans une phrase interrogative :
Houwa fì Dimachq aou Halab. هُوَ فِي دِمَشْق أَوْ حَلَب
Il est à Damas ou [à] Alep.

هَلْ يَجِبُ عَلَيَّ ٱلإِعْلاَنُ عَنْ سَرِقَةٍ أَمْ فُقْدَانٍ ؟
Hal yajibou a^c layya al-i^c lànou ^c an sariqatin am fouqdànin ? (64)
Est-ce que je dois faire une déclaration de vol ou de perte ?

Al-ahmarou am-i al-abyadou ? أَلأَحْمَرُ أَمِ ٱلأَبْيَضُ ؟
Le rouge ou le blanc ? (66)

Mais, attention, **am** أَمْ s'emploie seulement si l'interrogation porte sur les mots qu'elle relie ; dans le cas contraire, on utilise **aou** أَوْ, même si la phrase est interrogative. Voici un exemple (à la leçon 74, phrase 5 ; cette série ne comporte plus de notes grammaticales) qui vous fera comprendre cette subtilité :

كَمْ يُسَاوِي ذَلِكَ بِٱلْيُورُو أَوْ بِٱلدُّولاَرَاتِ ؟
Kam yousàwì dhalika bil-yòuroù aou bi-ad-doùlàràti ?
Combien cela fait-il (équivaut) *en euros ou en dollars ?*
L'interrogation ne porte pas sur le choix entre les euros et les dollars, mais sur l'équivalence de la somme en euros ou bien en dollars.

8 Voyelle d'appui : -a, -i, -ou

• -a avec min مِنْ

(rappel : déjà vu en leçons 12 et 56 § 5)
Li-naqtarib min-a an-nàri ! لِنَقْتَرِبْ مِنَ ٱلنَّارِ!
Approchons-nous du feu ! (67)

• -i avec am, ^c an

nom ou verbe terminé par une consonne (3e personne du féminin singulier de l'accompli, impératif, apocopé...) :
am-i : (voir les exemples du § 7)

fì jabali Loubnàn-i al-jamìli فِي جَبَلِ لُبْنَانِ ٱلْجَمِيلِ
dans la belle montagne du Liban (67, exer. phrase 6)

Fata<u>h</u>at-i al-bàba. فَتَحَتِ ٱلْبَابَ
Elle a ouvert la porte.

لَمْ تَتَّخِذِ ٱلْحُكُومَةُ بَعْدُ ...
Lam tattakhidh-i al-<u>h</u>oukoùmatou ba^{c}dou...
Le gouvernement n'a pas encore pris... (68)

... fal-noughàdir-i al-makàna فَلْنُغَادِرِ ٱلْمَكَانَ
... et quittons l'endroit (67)

• -ou

après les pronoms **houm**, **antoum**, **koum** et le suffixe **-toum** du passé. Vous allez rencontrer un exemple dans la leçon 72 (anecdote) :
عَلِّمْهُمُ ٱلسِّبَاحَةَ قَبْلَ ٱلْكِتَابَةِ
^{c}allim-houm-ou as-sibà<u>h</u>ata qabla al-kitàbati !
Apprends-leur la natation avant l'écriture !

9 Expressions ou phrases usuelles

<u>H</u>asaba mà sami^{c}tou... حَسَبَ مَا سَمِعْتُ
D'après ce que j'ai entendu dire... (69)

هَلْ يُرْضِيكِ (ـــكَ، ـــكُمْ، ـــكُمَا)
Hal your<u>d</u>ì-ki (-ka / -koum / -koumà) ?
Cela te (fém.) *convient-il* (te[masc.], vous, vous-deux) *?* (69)

^{c}alà ar-ra'si wa al-^{c}ayni ! عَلَى ٱلرَّأْسِ وَٱلْعَيْنِ !
Bien volontiers (sur la tête et l'œil) *!* (65)

Là tansa maou^{c}idanà ! لاَ تَنْسَ مَوْعِدَنَا !
N'oublie pas notre rendez-vous ! (69)

Exercice de révision : تَمْرِينُ مُرَاجَعَةٍ tamrìnou mouràja^{c}atin

أَلصَّدِيقَتَانِ

As-sadìqatàn(i)

❶ أَلسَّلاَمُ عَلَيْكِ ! مَاذَا تَعْمَلِينَ هُنَا أَمَامَ ٱلْمَسْرَحِ ؟

– As-salàmou ^{c}alayki ! Màdhà ta^{c}malìna hounà, amàma (a)l-masrah(i) ?

❷ أَنْتَظِرُ خَطِيبِي لِلذَّهَابِ مَعَهُ إِلَى سِينَمَا «ٱلْحُرِّيَةِ» ٱلَّتِي تُوجَدُ فِي ٱلشَّارِعِ ٱلْمُجَاوِرِ

– Antazir(ou) khatìbì li-(a)dh-dhahàb(i) ma^{c}ahou ilà sìnamà "(a)l-Hourriyya(ti)" (a)llatì toùjadou fì (a)ch-chàri^{c}i (a)l-moujàwir(i).

❸ لَمْ يَصِلْ بَعْدُ... هُوَ مُتَأَخِّرٌ بِرُبْعِ سَاعَةٍ فَإِنِّي قَلِقَةٌ

Lam yasil ba^{c}d(ou). Houwa moúta'akhkhir(oun) bi-roub^{c}i sà^{c}a(tin) fa-innì qaliqa(toun)*.

❹ لاَتَقْلَقِي ! لَوْ لَمْ يَسْتَطِعْ أَنْ يَحْضُرَ لَهَاتَفَكِ عَلَى جَوَّالِهِ. أَلَيْسَ كَذَلِكَ ؟

– Là taqlaqì* ! Laou lam yastati^{c} an yahdoura la-hàtafaki ^{c}alà jawwàlihi. A laysa ka-dhalik(a) ?

❺ حَرَكَةُ ٱلْمُرُورِ شَدِيدَةٌ هَذَا ٱلْمَسَاءَ

Harakatou (a)l-mouroùr(i) chadìda(toun) hadhà (a)l-masà'(a).

❻ وَأَنْتِ؟ إِلَى أَيْنَ تَذْهَبِينَ ؟

– Wa anti ? Ilà ayna tadhhabìn(a) ?

❼ أَنَا أَذْهَبُ لِشِرَاءِ أَجْهِزَةٍ مَنْزِلِيَّةٍ جَدِيدَةٍ فِي هَذَا ٱلدُّكَّانِ ٱلَّذِي يَعْمَلُ فِيهِ إِبْنُ عَمِّي

– Anà adhhab(ou) li-chirà'i ajhiza(tin) manziliyya(tin) jadìda(tin) fì hadhà (a)d-doukkàni (a)lladhì ya^{c}mal(ou) fìhi ibnou ^{c}ammì.

❽ وَلَكِنْ يَجِبُ عَلَيَّ أَنْ أُسَاوِمَ، وَٱلْحَمْدُ لِلّٰهِ سَيَحْضُرُ زَوْجِي لِمُسَاعَدَتِي

Walakin, yajib(ou) ᶜalayya an ousàwima ; wa (a)l-hamdou li-(A)llah(i), sa-yahdourou zaoujì li-mousàᶜadatì.

❾ لَوْ ذَهَبْتِ إِلَى ٱلْمَرْكَزِ ٱلتِّجَارِيِّ لَحَصَلْتِ عَلَى أَسْعَارٍ أَكْثَرَ إِغْرَاءً

– Laou dhahabti ilà (a)l-markazi (a)t-tijàriyy(i) la-hasalti ᶜalà asᶜàrin akthar(a) ighrà'(an)

❿ نَعَمْ، وَلَكِنَّ ٱلْمَسَافَةَ بَعِيدَةٌ وَهُنَا ٱلْأَجْهِزَةُ حَدِيثَةٌ وَجَمِيلَةٌ فِي نَفْسِ ٱلْوَقْتِ

– Naᶜam, wa lakinna (a)l-masàfa(ta)** baᶜida(toun) wa hounà (a)l-ajhiza(tou) hadìtha(toun) wa jamìla(toun) fì nafsi (a)l-waqt(i).

⓫ آه ! هَا هُوَ كَرِيم ! مَعَ ٱلسَّلَامَةِ !

– Àh ! Hà houwa Karìm ! Maᶜa (a)s-salàma(ti) !

⓬ لِنَتَهَاتَفْ غَدًا حَتَّى نَتَّفِقَ عَلَى مَوْعِدٍ لِلْحُضُورِ إِلَى حَفْلَةٍ لِلطَّرَبِ ٱلْأَنْدَلُسِيِّ. إِلَى ٱللِّقَاءِ

– Li-natahàtaf ghadan hattà nattafiqa*** ᶜalà maouᶜidin lil-houdoùr(i) ilà hafla(tin) li-(a)t-tarab(i) (a)l-andalousiyy(i). Ilà (a)l-liqà'(i) !

* **qaliq** قَلِق *inquiet* de **qaliqa, yaqlaqou** قَلِقَ، يَقْلَقُ *s'inquiéter*
** **masàfa(t)** مَسَافَة *distance*
*** **ittafaqa, yattafiqou ᶜalà** VIII إِتَّفَقَ، يَتَّفِقُ عَلَى *être d'accord pour, convenir de*

Traduction

Les deux amies

❶ – Bonjour ! Que fais-tu là, devant le théâtre ? ❷ – J'attends mon fiancé pour aller *(pour le fait d'aller)* avec lui au cinéma *(la)* "Liberté" qui se trouve dans la rue voisine. ❸ Il n'est pas encore arrivé. Il est en retard (de **ta'akhkhara**) d'un quart d'heure et je suis inquiète. ❹ – Ne t'inquiète pas ! S'il n'avait pas pu venir *(qu'il soit présent)*, il t'aurait appelée *(téléphoné)* sur son portable, n'est-ce pas ? ❺ La circulation *(le mouvement du passage* – de **marra)** est dense ce soir. ❻ – Et toi, où vas-tu ? ❼– Moi, je vais acheter (*pour achat de*) des appareils ménagers neufs dans le *(ce)* magasin où travaille mon cousin. ❽ Mais, il faut que je marchande et, Dieu soit loué, mon mari sera là *(présent)* pour m'aider *(pour mon aide)*. ❾ – Si tu étais allée au centre commercial, tu aurais eu *(obtenu sur)* des prix plus intéressants *(plus en fait d'incitation)*. ❿ – Oui, mais c'est loin *(la distance lointaine)* et ici les appareils sont modernes et beaux à la fois *(dans le même temps)*. ⓫ – Ah, voici Karim ! Au revoir ! ⓬ – Téléphonons-nous demain afin de convenir *(sur)* d'un rendez-vous pour aller à un concert de *(pour la)* musique andalouse. Au revoir !

Voilà ! Vous avez désormais en main l'essentiel de l'arabe. Vous pouvez exprimer tout ce que vous voulez. Ne craignez pas de parler, même si vous faites des fautes dans les verbes irréguliers et les pluriels de noms qui restent la difficulté majeure de l'arabe. Vous vous corrigerez petit à petit et on vous pardonnera ces lapsus... Mais quel atout de pouvoir communiquer directement avec les arabophones partout dans le monde et en particulier, bien entendu, dans les 22 pays où cette langue est pratiquée ! N'hésitez pas à insister pour qu'on parle avec vous l'arabe moderne unifié et non pas le dialectal – sauf si vous êtes au fin fond du désert ou de la campagne ! Cet arabe est le plus proche de l'arabe classique, avec seulement un vocabulaire qui a un peu évolué ou s'est enrichi de mots nouveaux ; c'est celui de la presse et de la télévision et il vous permet de vous adresser avec la même langue à des millions de personnes !

إِذَا أَتَتْنِي مَذَمَّتِي مِنْ نَاقِصٍ فَهْيَ ٱلشَّهَادَةُ لِي بِأَنِّي كَامِلُ

Idhà atatnì madhammatì min nàqi<u>s</u>in
fa-hiya ach-chahàdatou lì bi-annì kàmiloun*.

si me-vient dénigrement-moi d'un imparfait
alors-elle le témoignage pour-moi de-que-moi un-parfait
Si de me dénigrer me vient d'un être imparfait,
c'est le meilleur témoignage de ma perfection.

* **-ou** au lieu de **-oun** : licence poétique.

ألصّديقتان

1 ألسّلام عليك ! ماذا تعملين هنا أمام ٱلمسرح ؟

2 أنتظر خطيبي للذّهاب معه إلى سينما «ٱلحرّيّة» ٱلّتي توجد في ٱلشّارع ٱلمجاور

3 لم يصل بعد... هو متأخّر بربع ساعة فإنّي قلقة

4 لا تقلقي ! لو لم يستطع أن يحضر لهاتفك على جوّاله. أليس كذلك ؟

5 حركة ٱلمرور شديدة هذا ٱلمساء

6 وأنت؟ إلى أين تذهبين ؟

Nous vous donnons ici des phrases ou expressions qu'en principe vous n'avez pas déjà apprises. En ce qui concerne les salutations, revoyez les leçons où elles apparaissent ou bien consultez la liste qui figure à la fin du lexique.

Ici, la prononciation sera la plus proche de celle du langage courant, un parler quotidien qui reste toutefois correct et compréhen-

71 Soixante et onzième leçon (ad-darsou al-hàdì wa as-sab^{c}oùna)

Al-adabou
La politesse

1 **Hal tahassanat sihhatou oummika ? Arjoù minka an touballighahà tahiyyàtì ma^{c}a koulli taqdìrì wa ihtiràmì.**
Votre mère va-t-elle mieux *(est-ce-que s'est-améliorée la santé de ta-mère)* ? Je vous prie de lui tranmettre *(que tu-lui-transmettes)* mes respectueuses salutations *(mes-salutations avec toute mon-estime et mon-respect)*.

7 أنا أذهب لشراء أجهزة منزيّة جديدة في هذا ٱلدّكّان ٱلّذي يعمل فيه إبن عمّي

8 ولكن يجب عليّ أن أساوِم، وٱلحمد لله سيحضر زوجي لمساعدتي

9 لو ذهبت إلى ٱلمركز ٱلتّجاريّ لحصلت على أسعار أكثر إغراء

10 نعم، ولكنّ ٱلمسافة بعيدة وهنا ٱلأجهزة حديثة وجميلة في نفس ٱلوقت

11 آه ! ها هو كريم ! مع ٱلسّلامة !

12 لنتهاتف غدا حتّى نتّفق على موعد للحضور إلى حفلة للطّرب ٱلأندلسيّ. إلى ٱللّقاء !

sible. Parfois, on n'entendra pas les voyelles finales des noms en annexion que, jusqu'à présent, nous avions maintenues pour éviter toute équivoque du point de vue grammatical. Si vous êtes déconcerté par ces nombreuses omissions, eh bien, nous vous le redisons, prononcez tout ! Mais ne vous êtes-vous pas déjà habitué à quelques omissions ? Le reste viendra en temps voulu.

٧١ أَلدَّرْسُ ٱلْحَادِي وَٱلسَّبْعُونَ

أَلأَدَبُ

١ هَلْ تَحَسَّنَتْ صِحَّةُ أُمِّكَ ؟ أَرْجُو مِنْكَ أَنْ تُبَلِّغَهَا تَحِيَّاتِي مَعَ كُلِّ تَقْدِيرِي وَٱحْتِرَامِي

71 2 **Ou^{c}dhournì ^{c}alà ta'akhkhourì ^{c}an-i al-maou^{c}idi... wa lakin, fàja'anì amroun khàrijoun ^{c}an iràdatì (ghayrou moutawaqqa^{c}in).**
Excusez-moi d'arriver en retard au rendez-vous *(... sur le-fait-d'être-en-retard de=par-rapport-à l'heure)*... mais j'ai eu un empêchement *(m'a-surpris une affaire)* indépendant *(extérieur)* de ma volonté (imprévisible).

3 **Yous^{c}idounì an ata^{c}arrafa ilayka. / Youcharrifounì at-ta^{c}arroufou ilayka.**
Je suis très heureux de faire votre connaissance *(il-me-réjouit que je-fasse-connaissance vers-toi)*. / Je suis très honoré d'avoir fait / de faire votre connaissance *(il-m'honore le-fait-de-faire-connaissance vers-toi)*.

4 **Arjoùka ! Tafaddal lil-mouchàrakati fì ^{c}achà'inà bi-koulli basàtatin wa oukhouwwatin !**
Je vous en prie, venez partager *(pour-le-partage dans)* notre dîner, à la bonne franquette *(avec toute simplicité et fraternité)* !

5 **Choukran ^{c}alà ikràmika ! Wa lakin, ma^{c}a al-asafi, là astatì^{c}ou an aqbala da^{c}wataka.**
Vous êtes trop aimable *(merci sur ton-attention)*. Mais, malheureusement *(avec la désolation)*, je ne puis accepter *(que j'accepte)* votre *(ton)* invitation.

6 **Alfou choukrin ^{c}alà hadhihi al-iqàmati allatì kànat moumti^{c}atan lil-ghàyati fì baytikoum.**
Mille mercis pour *(sur)* ce séjour, qui a été extrêmement agréable *(agréable pour-l'extrême)* chez vous *(dans maison-votre-*pl.*)*.

7 **Là ourìdou iz^{c}àjaka (an ouz^{c}ijaka) fì mithli hadhihi as-sà^{c}ati.**
Je ne voudrais pas vous déranger à cette heure *(non je-veux dérangement-ton (que je-dérange-toi) dans semblable-de cette heure)*.

٢ أُعْذُرْنِي عَلَى تَأَخُّرِي عَنِ ٱلْمَوْعِدِ... وَلَكِنْ، فَاجَأَنِي أَمْرٌ خَارِجٌ عَنْ إِرَادَتِي (غَيْرُ مُتَوَقَّعٍ)

٣ يُسْعِدُنِي أَنْ أَتَعَرَّفَ إِلَيْكَ / يُشَرِّفُنِي ٱلتَّعَرُّفُ إِلَيْكَ

٤ أَرْجُوكَ ! تَفَضَّلْ لِلْمُشَارَكَةِ فِي عَشَائِنَا بِكُلِّ بَسَاطَةٍ وَأُخُوَّةٍ !

٥ شُكْرًا عَلَى إِكْرَامِكَ ! وَلَكِنْ، مَعَ ٱلْأَسَفِ، لَا أَسْتَطِيعُ أَنْ أَقْبَلَ دَعْوَتَكَ

٦ أَلْفُ شُكْرٍ عَلَى هَذِهِ ٱلْإِقَامَةِ ٱلَّتِي كَانَتْ مُمْتِعَةً لِلْغَايَةِ فِي بَيْتِكُمْ

٧ لَا أُرِيدُ إِزْعَاجَكَ (أَنْ أُزْعِجَكَ) فِي مِثْلِ هَذِهِ ٱلسَّاعَةِ

N.B. Ce qui est entre parenthèses est l'indication d'une autre forme possible, mais ne figure pas dans l'enregistrement.

71 **8** **Hal min** al-**moumkini an tounàwilanì** al-**milha, min fadlika ?**
Pouvez-vous me passer *(est-ce-que du possible que tu-me-donnes)* le sel, je vous prie *(de ta-faveur)* ?

9 **Hal youmkin**ou **an asta^{c}ìra minka qalamak**a **?**
Est-ce que je pourrais vous emprunter votre stylo *(est-ce-que il-est-possible que j'emprunte de-toi ton-stylo)* ?

10 **Hal youmkin**ou **an touqaddima lì khidma**tan **?**
Pouvez-vous me rendre un service *(est-ce-que il-est-possible que tu-présentes à-moi un-service)* ?

11 **Anà àsif**oun **! Là astatì^{c}**ou **an ouràfiqaka ilà** al-**maqhà li-annanì mousta^{c}jil**oun**.** □
Je [suis] désolé ! Je ne peux pas t'accompagner *(que je-t'accompagne)* au café parce que je suis pressé.

Hikàyat حِكَايَة Anecdote
Jouhà*

جُحَا

كَانَ جُحَا قَدْ إِشْتَرَى ثَلَاثَ تُفَّاحَاتٍ فَذَهَبَ إِلَى مَنْزِلِهِ
وَكَسَرَ إِحْدَاهَا فَوَجَدَ فِيهَا دُودَةً
ثُمَّ كَسَرَ ٱلثَّانِيَةَ فَوَجَدَ فِيهَا دُودَةً أَيْضًا.
فَأَطْفَأَ ٱلشَّمْعَةَ وَأَكَلَ ٱلثَّالِثَةَ فِي ٱلظَّلَامِ !

Kàna Jouhà qad ichtarà thalàtha touffàhàtin fa-dhahaba ilà manzilihi
wa kasara ihdàhà fa-wajada fìhà doùdatan
thoumma kasara ath-thàniyata fa-wajada fìhà doùdatan aydan.

71 ٨ هَلْ مِنَ ٱلْمُمْكِنِ أَنْ تُنَاوِلَنِي ٱلْمِلْحَ، مِنْ فَضْلِكَ؟

٩ هَلْ يُمْكِنُ أَنْ أَسْتَعِيرَ مِنْكَ قَلَمَكَ ؟

١٠ هَلْ يُمْكِنُ أَنْ تُقَدِّمَ لِي خِدْمَةً ؟

١١ أَنَا آسِفٌ! لاَ أَسْتَطِيعُ أَنْ أُرَافِقَكَ إِلَى ٱلْمَقْهَى لِأَنَّنِي مُسْتَعْجِلٌ

Fa-aṯfa'a ach-cham^{c}ata wa akala ath-thàlithata fì aẕ-ẕalàmi !

Jouhà acheta trois pommes et rentra *(alla)* chez lui ;
(et) il coupa l'une d'elles et y trouva un ver ;
puis il coupa la deuxième et y trouva encore *(aussi)* un ver.
Alors il éteignit la bougie et mangea la troisième dans l'obscurité !

* ***Jouẖà** est un personnage légendaire de la littérature arabe mais, en fait, de manière plus large de tout le Proche et Moyen-Orient, ainsi que du Maghreb. Chez les Persans et les Turcs, c'est un mollah qui s'appelle respectivement Mollà Nasreddin et Nasreddin Hoja (remarquez l'inversion des consonnes du mot). L'origine de ce type de personnage serait sans doute grecque. Ce personnage, à la fois débonnaire, naïf, malin et retors, cristallise autour de ses bonnes histoires tout l'humour populaire transmis et vivifié par la tradition orale tout au long des siècles.*

ألأدب

١ هل تحسّنت صحّة أمّك ؟ أرجو منك أن تبلّغها تحيّاتي مع كلّ تقديري وٱحترامي
٢ أعذرني على تأخّري عن ٱلموعد... ولكن، فاجأني أمر خارج عن إرادتي (غير متوقّع)
٣ يسعدني أن أتعرّف عليك / يشرّفني ٱلتّعرّف إليْك
٤ أرجوك ! تفضّل للمشاركة في عشائنا بكلّ بساطة وأخوّة !

72 Soixante-douzième leçon (ad-darsou ath-thànì wa as-sab^{c}oùna)

Fì al-madìnati
En ville

1 **Oud^{c}ou (Nàdi) lì tàksì* min fadlik**a **! Hal houwa hourr**oun **?**
Appele[z]-moi un taxi, s'il vous *(te)* plaît ! Est-ce qu'il *(lui)* est libre ?

2 **Kam waqt**an **tastaghriqou** ar-**rihl**atou **?**
Combien de temps dure le trajet *(périple)* ?

3 **Qif hounà, min fadlik**a **! Harakatou** al-**mouroùr**i **sa^{c}ba**toun **jiddan wa hounàka zihàm**oun **jounoùniyy**oun.
Arrêtez-vous *(arrête-toi)* ici, je vous *(te)* prie. Il y a trop de circulation *(le mouvement de la circulation [est] difficile très)* et il y a un embouteillage monstre *(une presse démentielle)*.

* **tàksì** تَاكْسِي et non "**taksìyyan**". On ne décline pas, en principe, les noms d'origine étrangère.

٥ شكرا على إكرامك ! ولكن، مع ٱلأسف، لا أستطيع أن أقبل دعوتك
٦ ألف شكر على هذه ٱلإقامة ٱلّتي كانت ممتعة للغاية في بيْتكم
٧ لا أريد إزعاجك (أن أزعجك) في مثل هذه ٱلسّاعة
٨ هل من ٱلممكن أن تناولني ٱلملْح، من فضلك ؟
٩ هل يمكن أن أستعير منك قلمك ؟
١٠ هل يمكن أن تقدّم لي خدمة ؟
١١ أنا آسف! لا أستطيع أن أرافقك إلى ٱلمقهى لأنّني مستعجل

٧٢ أَلدَّرْسُ ٱلثَّانِي وَٱلسَّبْعُونَ

فِي ٱلْمَدِينَةِ

١ أُدْعُ (نَادِ) لِي تَاكْسِي مِنْ فَضْلِكَ! هَلْ هُوَ حُرٌّ؟
٢ كَمْ وَقْتًا تَسْتَغْرِقُ ٱلرِّحْلَةُ ؟
٣ قِفْ هُنَا مِنْ فَضْلِكَ ! حَرَكَةُ ٱلْمُرُورِ صَعْبَةٌ جِدًّا وَهُنَاكَ زِحَامٌ جُنُونِيٌّ

4 **Hal youmkinou**ka **inzàlì, lahz**atan, **amàma mouwazzi^{c}in àliyy**in **li-an-nouqoùd**i **?**
Est-ce que vous pouvez m'arrêter *(il-est-possible-toi fait-de-faire-descendre-moi)* un moment devant un distributeur automatique d'*(pour l')* argent ?

5 **Min ayna yantaliq**ou a**t-tàksì al-jamà^{c}iyy**ou a**l-moutawajjih**ou **ilà Bàbi** a**n-Nas**r**i** ** **?**
D'où part le taxi collectif pour *(le-se-dirigeant vers)* Bàb (a)n-Nasr *(la Porte de la Victoire)* ?

6 **Kam tousàwì** a**r-rihla**tou **min Toùnis ilà Sayyidì Boù Sa^{c}ìd*** ?**
Combien coûte le trajet de Tunis à Sidi Bou Saïd ?

7 **Hadhà houwa** a**l-mablagh**ou **mouqàbila maq^{c}adayn**i**... hal houwa madboùt**oun **?**
Voici l'argent pour *(la somme en contrepartie de)* deux places. C'est *(est-ce que lui)* juste ?

8 **Mà houwa aqsar**ou **tarìq**in **ilà** a**l-banki** a**l-watan**iyy**i** **?**
Quel est le plus court chemin pour [aller à] *(vers)* la Banque Nationale ?

9 **Ayna yoùjad**ou a**l-mouthaf**ou a**l-wataniyy**ou **? Hal houwa maftoùh**oun **am moughlaq**oun a**l-yaoum**a **?**
Où se trouve le musée national ? Est-il ouvert ou fermé aujourd'hui ?

10 **Hal youmkin**ou **an tadoullanà ^{c}alà mat^{c}am**in **jayyid**in **wa rakhìs**in **nisbiyy**an **youqaddimoùna fìhi ta^{c}àm**an **mahalliyy**an **?**
Pouvez-vous nous indiquer *(est-il possible que tu nous indiques sur)* un bon restaurant, *(et)* pas trop cher *(bon marché relativement)*, avec *(ils présentent dans-lui)* des spécialités *(nourriture)* locales ?

11 **Hal-i** a**l-khidmat**ou **mahsoùbat**oun **? Hal taqbaloùna bitàqat**a **al-i'timàn**i **?** □
Le service est-il compris ? Acceptez-vous la carte de crédit ?

٤ هَلْ يُمْكِنُكَ إِنْزَالِي، لَحْظَةً، أَمَامَ مُوَزِّعٍ آلِيٍّ لِلنُّقُودِ؟

٥ مِنْ أَيْنَ يَنْطَلِقُ ٱلتَّاكْسِي ٱلْجَمَاعِيُّ ٱلْمُتَوَجِّهُ إِلَى بَابِ ٱلنَّصْرِ ؟

٦ كَمْ تُسَاوِي ٱلرِّحْلَةُ مِنْ تُونِس إِلَى سَيِّدِي بُوسَعِيد ؟

٧ هَذَا هُوَ ٱلْمَبْلَغُ مُقَابِلَ مَقْعَدَيْنِ... هَلْ هُوَ مَضْبُوطٌ؟

٨ مَا هُوَ أَقْصَرُ طَرِيقٍ إِلَى ٱلْبَنْكِ ٱلْوَطَنِيِّ؟

٩ أَيْنَ يُوجَدُ ٱلْمُتْحَفُ آلْوَطَنِيُّ ؟ هَلْ هُوَ مَفْتُوحٌ أَمْ مُغْلَقٌ ٱلْيَوْمَ ؟

١٠ هَلْ يُمْكِنُ أَنْ تَدُلَّنَا عَلَى مَطْعَمٍ جَيِّدٍ وَرَخِيصٍ نِسْبِيًّا يُقَدِّمُونَ فِيهِ طَعَامًا مَحَلِّيًّا ؟

١١ هَلِ ٱلْخِدْمَةُ مَحْسُوبَةٌ ؟ هَلْ تَقْبَلُونَ بِطَاقَةَ ٱلْإِئْتِمَانِ ؟

** Une des portes de la ville fatimide du Caire (fin du XIe siècle).

*** Jolie petite ville, aux maisons blanches et volets bleus, à une vingtaine de kilomètres de Tunis : touristique et branchée, réellement séduisante.

قَالَ ٱلْحَجَّاجُ لِمُؤَدِّبِ بَنِيهِ :
«عَلِّمْهُمُ ٱلسِّبَاحَةَ قَبْلَ ٱلْكِتَابَةِ
فَإِنَّهُمْ يَجِدُونَ مَنْ يَكْتُبُ عَنْهُمْ
وَلَا يَجِدُونَ مَنْ يَسْبَحُ عَنْهُمْ !»

Qàla al-Hajjàjou* li-mou'addibi banìhi :
"ᶜallimhoum-ou as-sibàhata qabla al-kitàbati
fa-innahoum yajidoùna man yaktoubou ᶜanhoum
wa là yajidoùna man yasbahou ᶜanhoum !"
Al-Hajjàj dit au précepteur de ses fils :
"Apprends-leur la natation avant l'écriture.
Car ils trouveront [toujours] quelqu'un pour écrire *(qui écrit)* à leur place,
mais *(et)* ils ne trouveront personne pour nager *(un-qui nage)* à leur place."

* *Gouverneur de l'Irak pour le compte du calife omeyyade Abdel Malik ben Marwàn, au* VIII*e siècle*

سَأَلَ رَجُلٌ آخَرَ عَنْ دَرْبِ ٱلْحَمِيرِ
قَالَ : هُوَ أَيُّ دَرْبٍ دَخَلْتَهُ !

Sa'ala rajouloun àkhara ᶜan darbi* al-hamìri.
Qàla : Houwa ayyou darbin dakhaltahou !
Un homme demanda à un autre où était *(à propos de)* la rue des Ânes.
Il répondit *(il dit)* : N'importe quelle rue où tu entreras *(lui n'importe-quel[le] rue tu-es-entré-lui) !*

* **darb** دَرْب *rue, ruelle, sentier.*

في ٱلمدينة

١ أدع (ناد) تاكسي من فضلك ! هل هو حرّ ؟

٢ كم وقتا تستغرق ٱلرّحلة ؟

٣ قف هنا من فضلك ! حركة ٱلمرور صعبة جدّا وهناك زحام جنونيّ

٤ هل يمكنك إنزالي، لحظة، أمام موزّع آليّ للنّقود ؟

٥ من أين ينطلق ٱلتّاكسي ٱلجماعيّ ٱلمتوجّه إلى باب ٱلنّصر ؟

٦ كم تساوي ٱلرّحلة من تونس إلى سيّدي بوسعيد ؟

٧ هذا هو ٱلمبلغ مقابل مقعدين... هل هو مضبوط ؟

٨ ما هو أقصر طريق إلى ٱلبنك ٱلوطنيّ ؟

٩ أين يوجد ٱلمتحف ٱلوطنيّ ؟ هل هو مفتوح أم مغلق ٱليوم ؟

١٠ هل يمكن أن تدلّنا على مطعم جيّد ورخيص نسبيّا يقدّمون فيه طعاما محلّيّا ؟

١١ هل ٱلخدمة محسوبة ؟ هل تقبلون بطاقة ٱلإئتمان ؟

73 Soixante-treizième leçon (ad-darsou ath-thàlithou wa as-sab^{c}oùna)

As-safarou
Le voyage

1 **Qàmat wikàlatou** “**al-Wàha**ti” **bi-tanzìmi safratinà. Ayna moumaththilouhà ?**
Notre voyage a été organisé par l’agence “Oasis” *(a-effectué l’agence de l’Oasis l’organisation de)*. Où [est] son représentant ?

2 **Hal youmkinou an tanqoulanà ilà al-matàr**i **ma^{c}a amti^{c}atinà wa kam yakoùnou** as-**si^{c}r**ou **?**
Pouvez-nous conduire *(est-ce-que il-est-possible que tu-nous-transportes)* à l’aéroport avec nos bagages ? Combien cela fera-t-il *(et combien est le prix)* ?

3 **Mà houwa raqm**ou ar-**rihl**ati, **wa fì ayyati sà^{c}**atin **touqli^{c}ou** a**t-tà’ira**tou **?**
Quel *(lui)* [est] le numero du vol et à quelle heure est le départ de *(décolle)* l’avion ?

4 **Hal tabqà maqà^{c}i**dou **chàghira**toun **^{c}alà** ar-**rihl**ati **bayna Dimachq wa** al-**Qàhir**ati **?** **Anà mousta^{c}jiloun jiddan.**
Est-ce qu’il reste des places libres *(vacantes)* sur le vol Damas-Le Caire *(entre D. et Le C.)* ? Je suis très pressé.

5 **Là yabqà maq^{c}ad**oun **wàhid**oun **! Wa lakin, qìla lì inna** a**t-tà’ir**ata **ghayr**ou **mouktazza**tin, **bal innahà fàrigh**atoun **taqrìban !**
Il n’y a pas *(il ne reste pas)* une seule place ! On m’a dit pourtant *(mais il-a-été-dit à-moi)* que l’avion n’était pas plein, mais au contraire *(que-elle)* presque vide !

6 **Hal yahtàjou** ar-**ra^{c}àyà al-oùroùbbiyyoùn**a **ilà ta’chìra**tin **li-doukhoùli (li-ziyàrati) dhalika** al-**baladi ?**
Faut-il un visa pour les ressortissants européens *(est-ce-que a-besoin les... vers un visa)* pour aller dans *(pour-visite / entrée-de)* ce pays ?

٧٣ أَلدَّرْسُ ٱلثَّالِثُ وَٱلسَّبْعُونَ

أَلسَّفَرُ

١ قَامَتْ وِكَالَةُ «ٱلْوَاحَةِ» بِتَنْظِيمِ سَفَرِتِنَا. أَيْنَ مُمَثِّلُهَا ؟

٢ هَلْ يُمْكِنُ أَنْ تَنْقُلَنَا إِلَى ٱلْمَطَارِ مَعَ أَمْتِعَتِنَا وَكَمْ يَكُونُ ٱلسِّعْرُ ؟

٣ مَاهُوَ رَقْمُ ٱلرِّحْلَةِ، وَفِي أَيَّةِ سَاعَةٍ تُقْلِعُ ٱلطَّائِرَةُ ؟

٤ هَلْ تَبْقَى مَقَاعِدُ شَاغِرَةٌ عَلَى ٱلرِّحْلَةِ بَيْنَ دِمَشْق وَ ٱلْقَاهِرَةِ ؟ أَنَا مُسْتَعْجِلٌ جِدًّا.

٥ لاَ يَبْقَى مَقْعَدٌ وَاحِدٌ ! وَلَكِنْ قِيلَ لِي إِنَّ ٱلطَّائِرَةَ غَيْرُ مُكْتَظَّةٍ بَلْ إِنَّهَا فَارِغَةٌ تَقْرِيبًا !

٦ هَلْ يَحْتَاجُ ٱلرَّعَايَا ٱلأُورُوبِّيُّونَ إِلَى تَأْشِيرَةٍ لِدُخُولِ (لِزِيَارَةِ) ذَلِكَ ٱلْبَلَدِ

73 7 **Mà ^{c}indì mà ou^{c}linou ^{c}anhou illà hadhà al-bisàtou as-saghì^{c}rou wa hadhihi al-hadàyà at-tadhkàriyyatou lil-asdiqà'i.**
Je n'ai rien à déclarer *(pas chez-moi quoi je-déclare de-lui),* sauf ce petit tapis et ces cadeaux-souvenirs pour les amis.

8 **Mà houwa hadafou safratika ? – Innahà safratou a^{c}màlin.**
Quel *(lui)* [est] le but de votre *(ton)* voyage ? – C'est *(certes-lui)* un voyage d'affaires.

9 **Bi-wouddì an asta'jira sayyàratan lil-qiyàmi bi-jaoulatin siyàhiyyatin ^{c}abra al-mintaqati.**
Je voudrais louer *(avec-désir-mon que je-loue)* une voiture pour faire *(l'accomplissement d')* un circuit *(tournée)* touristique dans *(à travers)* la région.

10 **Ahtàjou ilà mourchidin khabìrin yousà^{c}idounì ^{c}alà ikhtiràqi as-sahrà'i.**
Il me faudrait *(j'ai-besoin vers)* un guide expérimenté pour m'aider à traverser *(il m'aide sur la traversée du)* le désert.

11 **Mà houwa al-ittijàhou as-salìmou li-adh-dhahàbi ilà al-Batrà' *.** □
Quelle est la bonne *(qui-convient)* direction pour *(l')* aller à Pétra ?

Pétra *(**al-Batrà'** ٱلْبَتْرَاء), site mondialement connu, est un des joyaux de la Jordanie. Il témoigne de la civilisation raffinée des Nabatéens, tribu arabe qui a régné sur le nord-ouest de la péninsule arabique entre le* IV*e siècle avant J.-C. et le premier de notre ère, avant que la région soit annexée par les Romains. Les Nabatéens mirent à profit une extraordinaire formation géologique constituée d'un amas de falaises de granit blanc, rouge ou noir, au cœur duquel ils bâtirent une cité de style hellénistique et creusèrent des tombeaux dans les hautes parois du site. Cet ensemble était imprenable, accessible seulement par un long et étroit défilé, le Siq.*

٧ مَا عِنْدي مَا أُعْلِنُ عَنْهُ إِلاَّ هَذَا ٱلْبِسَاطُ ٱلصَّغِيرُ وَهَذِهِ ٱلْهَدَايَا ٱلتَّذْكَارِيَّةُ لِلأَصْدِقَاءِ

٨ مَا هُوَ هَدَفُ سَفْرَتِكَ ؟ – إِنَّهَا سَفْرَةُ أَعْمَالٍ

٩ بُودِّي أَنْ أَسْتَأْجِرَ سَيَّارَةً لِلْقِيَامِ بِجَوْلَةٍ سِيَاحِيَّةٍ عَبْرَ ٱلْمِنْطَقَةِ

١٠ أَحْتَاجُ إِلَى مُرْشِدٍ خَبِيرٍ يُسَاعِدُنِي عَلَى ٱخْتِرَاقِ ٱلصَّحْرَاءِ

١١ مَا هُوَ ٱلإِتِّجَاهُ ٱلسَّلِيمُ لِلذَّهَابِ إِلَى ٱلْبَتْرَاءِ ؟

<u>H</u>ikàyat حِكَايَة

حَبلَتْ إِمْرَأَةُ يَزِيد فقَالَتَ لَهُ
وَكَانَ قَبِيحَ ٱلصُّورَةِ :
«أَلْوَيْلُ لَكَ إِنْ كَانَ يُشْبِهُكَ !»
فَقَالَ لَهَا :
«أَلْوَيْلُ لَكِ إِنْ لَمْ يُشْبِهْنِي !»

<u>H</u>abalat imra'atou Yazìd fa-qàlat lahou
wa kàna qabì<u>h</u>a a<u>s</u>-<u>s</u>oùrati :
Al-waylou laka in kàna youchbihouka !
Fa-qàla lahà :
– Al-waylou laki in lam youchbihnì !

La femme de Yazid tomba enceinte et lui dit
– car *(et)* il était laid *(de visage)* :
— Malheur à toi s'il te ressemble !
Et il lui répondit :
— Et malheur à toi s'il ne me ressemble pas !

khamsmi'a wa arbaᶜa wa tisᶜoùn ٥٩٤ 594

ٱلسّفر

١ قامت وكالة «ٱلواحة» بتنظيم سفرتنا. أين ممثّلها ؟

٢ هل يمكن أن تنقلنا إلى ٱلمطار مع أمتعتنا وكم يكون ٱلسّعر ؟

٣ ما هو رقم ٱلرّحلة، وفي أيّة ساعة تقلع ٱلطّائرة ؟

٤ هل تبقى مقاعد شاغرة على ٱلرّحلة بين دمشق و ٱلقاهرة ؟ أنا مستعجل جدّا.

٥ لايبقى مقعد واحد! ولكن قيل لي إنّ ٱلطّائرة غير مكتظّة بل إنّها فارغة تقريبا !

---

74 Soixante-quatorzième leçon (ad-darsou ar-ràbi^{c}ou wa as-sab^{c}oùna)

Ach-chirà'ou

Les achats *(l'achat)*

1 **Kam li-hadhà al-qamìs̲i ? / Kam yousàwì hadhà al-qamìs̲ou ?**
Combien [coûte] cette tunique *(combien pour-cette... / ... égale...)* ?

2 **Hal ^{c}indakoum nafsou al-qamìs̲i wa lakin, akbarou wa bil-laouni al-akhd̲ari ?**
Est-ce que vous avez la même *(chemise)*, mais plus grande et de *(avec-la)* couleur verte ?

3 **Ourìdou qiyàsan akbara min hadhà / Ourìdou qiyàsan as̲ghara minhou.**
Je voudrais la *(une)* taille au-dessus *(plus-grand de cela)* / ... en dessous *(plus-petit de-lui)*.

٦ هل يحتاج ٱلرّعايا ٱلأوروبّيّون إلى تأشيرة لدخول (لزيارة) ذلك ٱلبلد

٧ ما عندي ما أعلن عنه إلاّ هذا ٱلبساط ٱلصّغير وهذه ٱلهدايا ٱلتّذكاريّة للأصدقاء

٨ ما هو هدف سفرتك ؟ - إنّها سفرة أعمال

٩ بودّي أن أستأجر سيّارة لقيام بجولة سياحيّة عبر ٱلمنطقة

١٠ أحتاج إلى مرشد خبير يساعدني على ٱختراق ٱلصّحراء

١١ ماهو ٱلإتّجاه ٱلسّليم لنذّهاب إلى ٱلبتراء ؟

٧٤ أَلدَّرْسُ ٱلرَّابِعُ وَٱلسَّبْعُونَ

أَلشِّرَاءُ

١ كَمْ لِهَذَا ٱلْقَمِيصِ ؟ / كَمْ يُسَاوِي هَذَا ٱلْقَمِيصُ ؟

٢ هَلْ عِنْدَكُمْ نَفْسُ ٱلْقَمِيصِ وَلَكِنْ أَكْبَرُ وَ بِٱللَّوْنِ ٱلأَخْضَرِ ؟

٣ أُرِيدُ قِيَاسًا أَكْبَرَ مِنْ هَذَا /أَصْغَرَ مِنْهُ

4 **Hal youmkinou an ta^{c}mala lì takhfidan idhà ichtaraytou hadhihi al-manàdìla ath-thalàthata aou hadhihi al-majmoù^{c}ata min-a al-atbàqi an-nouhàsiyyati ?**
Pouvez-vous me faire *(est-ce-que il-est-possible que tu-fasses pour-moi)* une réduction si j'achète *(j'ai acheté)* ces trois foulards ou cet ensemble de plats en cuivre ?

5 **Kam yousàwì (you^{c}àdilou) dhalika bil-yoùroù aou bid-doùlàràti ?**
Combien cela fait-il en *(équivaut cela avec-)* euros ou en *(avec-)*dollars ?

6 **Abhathou ^{c}an khayyàtin màhirin youfassilou lì qamìsan min hadhà al-qoumàchi.**
Je cherche *(de)* un bon *(habile)* tailleur [pour qu'] il me fasse *(il-taille pour-moi)* une tunique dans *([à partir] de)* ce tissu.

7 **Hal youmkinou an oujarriba hadhà as-sirwàla (al-bantaloùna) ?**
Puis-je essayer *(est-ce-que il-est-possible que j'essaie)* ce saroual / pantalon ?

8 **Hadhà ghàlin akthara min-a al-làzimi ! Là ourìdou infàqa koulli an-nouqoùdi al-maoujoùdati ma^{c}ì.**
C'est trop cher *(ceci cher plus de le-nécessaire)* ! Je ne veux pas dépenser *(la dépense de)* tout l'argent que j'ai sur *(l'existant avec-)*moi.

9 **Hal youmkinou an taroudda lì as-sarfa ^{c}an waraqatin naqdiyyatin qìmatouhà mi'atou dirhamin ?**
Pouvez-vous me rendre la monnaie sur un billet de *(est-ce-que il-est-possible que tu-rendes à-moi la-monnaie de un-billet monétaire sa-valeur)* cent dirhams ?

٤ هَلْ يُمْكِنُ أَنْ تَعْمَلَ لِي تَخْفِيضًا إِذَا ٱشْتَرَيْتُ هَذِهِ ٱلْمَنَادِيلَ ٱلثَّلَاثَةَ أَوْ هَذِهِ ٱلْمَجْمُوعَةَ مِنَ ٱلأَطْبَاقِ ٱلنُّحَاسِيَّةِ ؟

٥ كَمْ يُسَاوِي (يُعَادِلُ) ذَلِكَ بِٱلْيُورُو أَوْ بِٱلدُّولَارَاتِ ؟

٦ أَبْحَثُ عَنْ خَيَّاطٍ مَاهِرٍ يُفَصِّلُ لِي قَمِيصًا مِنْ هَذَا ٱلْقُمَاشِ.

٧ هَلْ يُمْكِنُ أَنْ أُجَرِّبَ هَذَا ٱلسِّرْوَالَ (ٱلْبَنْطَلُونَ)؟

٨ هَذَا غَالٍ أَكْثَرَ مِنَ ٱللَّازِمِ ! لَا أُرِيدُ إِنْفَاقَ كُلِّ ٱلنُّقُودِ ٱلْمَوْجُودَةِ مَعِي

٩ هَلْ يُمْكِنُ أَنْ تَرُدَّ لِي ٱلصَّرْفَ عَنْ وَرَقَةٍ نَقْدِيَّةٍ قِيمَتُهَا مِئَةُ دِرْهَمٍ ؟

أَلشِّرَاءُ

10 **Hal ᶜindakoum fawàkih**ou **ṯàzaja**toun **wa ayna youmkinou chirà'ou dajàjin maqliyy**in **?**
Est-ce que vous avez *(chez-vous)* des fruits frais et où peut-on *(il-est-possible)* acheter des poulets rôtis *(du poulet frit* = collectif*)*.

11 **Hal hounàka h̲ànoùt**oun* **yabìᶜoùna fìhi tawàbila wa h̲ouboùb**an **?** □
Est-ce qu'il y a une boutique où l'on vend *(ils-vendent dans-lui)* des épices et des céréales ?

* **h̲ànoùt** حَانُوت signifie petite boutique où l'on vend épices, fruits secs, confitures, etc., à la différence de **doukkàn** qui est le terme générique.

H̲ikàyat حِكَايَة

تَزَوَّجَ رَجُلٌ إِمْرَأَةً قَصِيرَةً
فَقِيلَ لَهُ فِي ذَلِكَ فَقَالَ :
إِنَّ ٱلْمَرْأَةَ شَرٌّ،
وَقَصِيرُ ٱلشَّرِّ خَيْرٌ مِنْ طَوِيلِهِ !

Tazawwaja rajouloun imra'atan qaṣìratan
faqìla lahou fì dhalika fa-qàla :
Inna al**-mar'ata charroun,**
wa qaṣìrou ach-charri khayroun min ṯawìlihi.
Un homme épousa une femme [de] petite *(courte)* [taille] ;
on lui en fit la remarque *(et il-a-été-dit à-lui dans-cela)* et il répondit *(et-il-dit)* :
– Certes la femme est un mal ;
mais un petit mal vaut mieux qu'un grand *(et petit-de mal [est] meilleur de son-long)* !

١٠ هَلْ عِنْدَكُمْ فَوَاكِهُ طَازَجَةٌ وَأَيْنَ يُمْكِنُ شِرَاءُ دَجَاجٍ مَقْلِيّ ؟

١١ هَلْ هُنَاكَ حَانُوتٌ يَبِيعُونَ فِيهِ تَوَابِلَ وَحُبُوبًا ؟

Lecture de deuxième vague

ٱلشّراء

١ كم لهذا ٱلقميص ؟ / كم يساوي هذا ٱلقميص ؟

٢ هل عندكم نفس ٱلقميص ولكن أكبر و بٱللّون ٱلأخضر؟

٣ أريد قياسا أكبر من هذا ، أصغر منه

٤ هل يمكن أن تعمل لي تحفيضا إذا ٱشتريت هذه ٱلمناديل ٱلثّلاثة أو هذه ٱلمجموعة من ٱلأطباق ٱلنّحاسيّة ؟

٥ كم يساوي (يعادل) ذلك بٱليورو أو بٱلدّولارات ؟

٦ أبحث عن خيّاط ماهر يفصّل لي قميصا من هذا ٱلقماش.

٧ هل يمكن أن أجرّب هذا ٱلسّروال (ٱلبنطلون) ؟

٨ هذا غال أكثر من ٱللاّزم لا أريد إنفاق كلّ ٱلنّقود ٱلموجودة معي

٩ هل يمكن أن تردّ لي ٱلصّرف عن ورقة نقديّة قيمتها مئة درهم ؟

١٠ هل عندكم فواكه طازجة وأين يمكن شراء دجاج مقليّ ؟

١١ هل هناك حانوت يبيعون فيه توابل وحبوبا ؟

75 Soixante-quinzième leçon (ad-darsou al-khàmisou wa as-sabcoùna)

As-siyàhatou
(Le) Tourisme

1 **Nahnou souyàhoun. Nahnou fì coutlatin.**
Nous [sommes] touristes. Nous [sommes] en vacances.

2 **Mà hiya al-mawàqicou al-mouthìratou lil-ihtimàmi**
Quels *(quoi elle=eux)* [sont] les sites intéressants *(les-suscitant pour-l'intérêt)*

3 **wa mà hiya al-àthàrou ar-ra'ìsiyyatou allatì yajibou at-tafarroujou calayhà fì al-mintaqati ?**
et quels sont les principaux monuments *(vestiges)* à voir *(laquelle il-faut la-contemplation sur-elle)* dans la région ?

4 **Mà houwa al-mawsimou al-afdalou li-ziyàrati al-mintaqati al-jabaliyyati fì janoùbi al-baladi ?**
Quelle *(lui)* est la meilleure saison pour visiter *(visite de)* la région montagneuse du *(dans le)* sud du pays ?

5 **Hal yousmahou lanà bi-nasbi khaymatinà wa bi-ìqàfi sayyàratinà hounà ?**
Nous est-il permis de planter *(est-ce-que il-est-permis pour-nous avec-fait-de-plante-de)* notre tente et de garer *(l'arrêt de)* notre voiture ici ?

6 **Hadhihi roukhsatou as-siyàqati wa lakin, mà wajadtou bitàqata at-ta'mìni ad-douwaliyyata.**
Voici mon *(le)* permis de conduire, mais je ne retrouve pas *(je n'ai pas trouvé)* l'attestation *(la carte)* d'assurance internationale.

7 **Hal yajoùzou an oùqifa sayyàratì hounà ? Bi-wouddì an là adfaca gharàmatan.**
Est-ce que peux garer (*il-est-permis que je-gare*) ma voiture ici ? Je ne voudrais pas payer (*avec-désir-mon que ne-pas je-paye*) une amende.

٧٥ أَلدَّرْسُ ٱلْخَامِسُ وَٱلسَّبْعُونَ

أَلسِّيَاحَةُ

١ نَحْنُ سُيَاحٌ. نَحْنُ فِي عُطْلَةٍ

٢ مَاهِيَ ٱلْمَوَاقِعُ ٱلْمُثِيرَةُ لِلْإِهْتِمَامِ،

٣ وَ مَاهِيَ ٱلْآثَارُ ٱلرَّئِيسِيَّةُ ٱلَّتِي يَجِبُ ٱلتَّفَرُّجُ عَلَيْهَا فِي ٱلْمِنْطَقَة ؟

٤ مَا هُوَ ٱلْمَوْسِمُ ٱلْأَفْضَلُ لِزِيَارَةِ ٱلْمِنْطَقَةِ ٱلْجَبَلِيَّةِ فِي جَنُوبِ ٱلْبَلَدِ ؟

٥ هَلْ يُسْمَحُ لَنَا بِنَصْبِ خَيْمَتِنَا وبِإِيقَافِ سَيَّارَتِنَا هُنَا ؟

٦ هَذِهِ رُخْصَةُ ٱلسِّيَاقَةِ وَلَكِنْ، مَا وَجَدْتُ بِطَاقَةَ ٱلتَّأْمِينِ ٱلدُّوَلِيَّةَ

٧ هَلْ يَجُوزُ أَنْ أُوقِفَ سَيَّارَتِي هُنَا ؟ بِوُدِّي أَنْ لَا أَدْفَعَ غَرَامَةً

75 **8 Hal-i at-taswìrou masmoùhoun bi-hi am là ? – Là, hadhà mamnoù^{c}oun !**
Est-ce qu'il est permis ou non de faire des photos *(est-ce-que la-prise-de-photos permise avec-lui ou non)* ? – Non, c'[est] interdit !

9 ^{c}Alàyya an oursila bitàqàtin **barìdiyya**tan **ilà jamì^{c}i aqàribì wa asdiqà'ì.**
Je dois envoyer *(sur-moi que j'envoie)* des cartes postales à tous mes parents *(l'ensemble-de mes-proches)* et *(mes)* amis.

10 Nahnou fì hàjatin **ilà ijrà'i masà^{c}in idàriyya**tin **ladà qounsouliyyati baladinà.**
Nous avons besoin d'effectuer *(nous dans un besoin vers accomplissement de)* des démarches *(administratives)* au *(auprès du)* consulat de notre pays.

11 Hal youmkinouka mouràfaqatounà ilayhi ? / Hal laka an tatafaddala bi-mouràfaqatinà ilà hounàka **?**
Pouvez-vous nous y conduire *(est-ce-que possible-toi l'accompagnement-de-nous vers-lui)* ? / Auriez-vous l'amabilité de nous accompagner jusque là *(est-ce-que à-toi que tu-veuilles-bien avec-notre accompagnement à là-bas)* ?

12 Ayna yoùjadou al-mirhàdou, min fadlika ? – Fì nihàyati al-mamarri, ilà al-yasàri **(al-yamìn**i**).**
Où se trouvent les toilettes, s'il vous plaît ? – Au bout *(dans la fin)* du couloir, à *(vers)* gauche / à droite.

٨ هَلِ ٱلتَّصْوِيرُ مَسْمُوحٌ بِهِ أَمْ لاَ ؟
-لاَ هَذَا مَمْنُوعٌ

٩ عَلَيَّ أَنْ أُرْسِلَ بِطَـقَاتٍ بَرِيدِيَّةً إِلَى جَمِيعِ أَقَارِبِي وَ أَصْدِقَائِي

١٠ نَحْنُ فِي حَاجَةٍ إِلَى إِجْرَاءِ مَسَاعٍ إِدَارِيَّةٍ لَدَى قُنْصُلِيَّةِ بَلَدِنَا

١١ هَلْ يُمْكِنُكَ مُرَافَقَتُنَا إِلَيْهِ ؟ / هَلْ لَكَ أَنْ تَتَفَضَّلَ بِمُرَافقتنا إِلَى هُنَاكَ ؟

١٢ أَيْنَ يُوجَدُ ٱلْمِرْحَاضُ، مِنْ فَضْلِكَ ؟
– فِي نِهَايَةِ ٱلْمَمَرِّ، إِلَى ٱلْيَسَارِ / ٱلْيَمِينِ

Pour désigner les toilettes ou W.C., il existe en arabe, comme en français, plusieurs termes, dont certains assez poétiques :

baytou ar-ràhati	بَيْتُ ٱلرَّاحَةِ	*maison du confort = lieux d'aisances, commodités*
baytou al-adabi	بَيْتُ ٱلأَدَبِ	*maison de la politesse*
baytou al-khalà'i	بَيْتُ ٱلخَلاَءِ	*maison de la solitude* fait penser au *"petit coin"*
daouratou al-miyahi	دَوْرَةُ ٱلْمِيَاهِ	*circuit des eaux* équivaut à *water-closet (cabinet d'eau)*
kanìf	كَنِيف	*latrines*

Nous avons choisi d'employer dans ce texte **mirhàd** مِرْحَاض, sans doute le plus courant, un peu partout.

قَالَ رَجُلٌ لِرَجُلٍ :

«بِحَقِّ ٱلْقَرَابَةِ ٱلَّتِي بَيْنِي وَبَيْنَكَ !»

فَقَالَ لَهُ :

«وَأَيَّةُ قَرَابَةٍ بَيْنِي وَبَيْنَكَ ؟»

قَالَ:

«أَبُوكَ خَطَبَ أُمِّي فَلَوْ أَنَّهُ تَزَوَّجَهَا لَكُنْتَ أَخِي !!»

Qàla rajouloun li-rajoulin :
– Bi-h̲aqqi al-qaràbati allatì baynì wa baynaka !
Fa-qàla lahou :
– Wa ayyatou qaràbatin baynì wa baynaka ?
Qàla :
– Aboùka khat̲aba oummì
fa-laou annahou tazawwajahà la-kounta akhì !

Un homme dit à un autre *(à un homme)* :
– Par *(le droit de)* la parenté qui est entre toi et moi *(laquelle entre moi et entre toi)* !
Alors [ce dernier] lui répondit *(il lui a dit)* :
– Et quelle parenté entre toi et *(entre)* moi ?
Il répondit *(il dit)* :
– Ton père a demandé [la main de] ma mère,
et s'il l'avait épousée, eh bien tu aurais été mon frère !

ألسّياحة

١ نحن سياح. نحن في عجلة
٢ ما هي ٱلمواقع ٱلمثيرة للإهتمام
٣ و ماهي ٱلآثار ٱلرّئيسيّة ٱلّتي يجب ٱلتّفرّج عليها في ٱلمنطقة ؟
٤ ماهو ٱلموسم ٱلأفضل لزيارة ٱلمنطقة ٱلجبليّة في جنوب ٱلبلد ؟
٥ هل يسمح لنا بنصب خيمتنا وبإيقاف سيّارتنا هنا ؟
٦ هذه رخصة ٱلسّياقة ولكن، ما وجدت بطاقة ٱلتّأمين ٱلدّوليّة
٧ هل يجوز أن أوقف سيّارتي هنا ؟ بودّي أن لا أدفع غرامة
٨ هل ٱلتّصوير مسموح به أم لا ؟ - لا، هذا ممنوع !
٩ عليّ أن أرسل بطاقات بريديّة إلى جميع أقاربي و أصدقائي
١٠ نحن في حاجة إلى إجراء مساع إداريّة لدى قنصليّة بلدنا
١١ هل يمكنك مرافقتنا إليه ؟ / هل لك أن تتفضّل بمرافقتنا إلى هناك ؟
١٢ أين يوجد ٱلمرحاض، من فضلك ؟ - في نهاية ٱلممرّ، إلى ٱليسار / ٱليمين

76 Soixante-seizième (ad-darsou as-sàdisou wa as-sab^{c}oùna)

At-tawàrì'ou
(Les) Urgences

1 **Ajidou nafsì fì hàlatin sayyi'**atin **jiddan. Hal youmkin**ou **da^{c}watou at-tabìb**i **?**
Je me sens très mal *(je-trouve moi-même dans un état mauvais très)*. Peut-on appeler *(est-ce-que il-est-possible l'appel du)* le médecin ?

2 **Anà mahmoùm**oun**... ouhissou bi-taqazzouz**in**.**
J'ai de la fièvre *(je suis fiévreux)* et envie de vomir *(je-ressens avec-écœurement / nausée)*.

3 **Adkhilnì al-moustachfà (al-^{c}iyàd**ata**) !**
Emmenez-moi *(fais-moi entrer)* [à] l'hôpital / [à] la clinique !

4 **Toùji^{c}ounì al-asnàn**ou**... ^{c}alàyya an azoùra tabìban lil-asnà**ni **li-yakhla^{c}a min-nì dars**an**.**
J'ai mal aux dents *(fait-mal-moi les dents)*. Je dois aller chez *(sur-moi que je-visite)* un dentiste *(un médecin pour les dents)* pour me faire arracher *(pour qu'il arrache de-moi)* une molaire.

5 **Ayna saydaliyy**atou **al-khifàrat**i **? ^{c}Alàyya an achtarìya dawà'**an **bi-chaklin ^{c}àjil**in**.**
Où [est] la pharmacie de *(la)* garde ? Je dois acheter un médicament de toute urgence *(avec-manière urgente)*.

6 **Hal hounàka moustaousaf**oun**, qarìban min hounà, li-tanàwouli houqn**atin **(ibr**atin**) ?**
Y a t-il un dispensaire près d'ici pour me faire faire *(pour-prise d')* une injection / piqûre ?

7 **Là boudda min da^{c}wati sayyàrat**i **najd**atin**... tarfoudou sayyàratì al-intilàq**a / **là tourìd**ou **sayyàratì an tantaliq**a**.**
Il faut absolument appeler *(pas d'issue [hors] de l'appel d')* un dépanneur *(une voiture de dépannage)*... ma voiture ne veut pas démarrer *(elle-refuse ma-voiture le démarrage / ne elle-veut ma-voiture que elle-démarre)*.

٧٦ أَلدَّرْسُ ٱلسَّادِسُ وَٱلسَّبْعُونَ

أَلطَّوَارِئُ

١ أَجِدُ نَفْسي فِي حَالَةٍ سَيِّئَةٍ جِدًّا، هَلْ يُمْكِنُ دَعْوَةُ ٱلطَّبِيبِ ؟

٢ أَنَا مَحْمُومٌ... أُحِسُّ بِتَقَزُّزٍ

٣ أَدْخِلْنِي ٱلْمُسْتَشْفَى (ٱلْعِيَادَةَ) !

٤ تُوجِعُنِي ٱلْأَسْنَانُ ... عَلَيَّ أَنْ أَزُورَ طَبِيبًا لِلأَسْنَانِ لِيَخْلَعَ مِنِّي ضَرْسًا

٥ أَيْنَ صَيْدَلِيَّةُ ٱلْخِفَارَةِ ؟ عَلَيَّ أَنْ أَشْتَرِيَ دَوَاءً بِشَكْلٍ عَاجِلٍ

٦ هَلْ هُنَاكَ مُسْتَوْصَفٌ، قَرِيبًا مِنْ هُنَا، لِتَنَاوُلِ حُقْنَةٍ (إِبْرَةٍ) ؟

٧ لاَبُدَّ مِنْ دَعْوَةِ سَيَّارَةِ نَجْدَةٍ... تَرْفُضُ سَيَّارَتِي ٱلإِنْطِلاَقَ/ لاَ تُرِيدُ سَيَّارَتِي أَنْ تَنْطَلِقَ.

8 **Kàna hounàka ẖàdith**ou **sayyàra**tin**... là boudda min ikhṯàri** ach-**chourṯa**ti.
Il y a eu *(a-été là)* un accident de voiture. Il faut absolument prévenir *(... de avertissement de)* la police.

9 **Ta^{c}arraḏtou li-i^{c}tidà'**in **(li-houjoùm**in**) qabla qalìl**in **; ittas̱ilou bi-**ach-**chourṯa**ti **!**
On vient de m'agresser *(j'ai subi / j'ai été exposé à une agression / attaque avant peu)* ; appelez *(prenez-contact avec)* la police.

10 **Là boudda min ikhlà'i** al-**makàn**i **bi-sour^{c}a**tin **fa-hounàka indhà**roun **bi-infijàri qounboula**tin.
Il faut absolument évacuer immédiatement les lieux *(l'évacuation de-l'endroit avec vitesse)* parce qu'il y a une alerte à la *(l'explosion d'une)* bombe.

11 **Al-ghaouth**ou **! Al-ghaouth**ou **! Anà fì khaṯa**rin **!**
Au secours ! Au secours ! Je suis en *(dans un)* danger.

H̱ikàyat حِكَايَة

قَالَ عَمْرُو لِمُعَاوِيَة :

«لَمْ أَدْخُلْ فِي شَيْءٍ قَطُّ إِلاَّ خَرَجْتُ مِنْهُ.»

قَالَ مُعَاوِيَة :

«لَكِنَّنِي لاَ أَدْخُلُ فِي شَيْءٍ أُرِيدُ ٱلْخُرُوجَ مِنْهُ !»

Qàla ^{c}Amrou* li-Mou^{c}àwiyat :
– Lam adkhoul fì chay'in qaṯṯou illà kharajtou minhou.
Qàla Mou^{c}àwiyat :
– Lakinnanì là adkhoulou fì chay'in ourìdou al-**khouroùja minhou !**

٨ كَانَ هُنَاكَ حَادِثُ سَيَّارَةٍ...لاَ بُدَّ مِنْ إِخْطَارِ ٱلشُّرْطَةِ

٩ تَعَرَّضْتُ لِاعْتِدَاءٍ (لِهُجُومٍ) قَبْلَ قَلِيلٍ...؛ إِتَّصِلُوا بِٱلشُّرْطَةِ !

١٠ لاَ بُدَّ مِنْ إِخْلاَءِ ٱلْمَكَانِ بِسُرْعَةٍ فَهُنَاكَ إِنْذَارٌ بِٱنْفِجَارِ قُنْبُلَةٍ

١١ أَلْغَوْثُ! أَلْغَوْثُ! أَنَا فِي خَطَرٍ!

Amr dit à Mouawiya :
– [Jamais] je ne me suis mis dans une situation *(chose)* sans en être sorti.
Mouawiya répondit :
– Mais moi, je ne me mets pas dans une situation dont je voudrais *(veux)* sortir !

** Amr est un général qui conquit l'Égypte en 641, devint le gouverneur de la région alors que Mouawiya l'était à Damas (avant de devenir calife, fondateur de la dynastie omeyyade). Il fit construire la première mosquée, tout près du Nil, sur le site qui deviendra le Caire. Cette mosquée, reconstruite sur le même plan, existe toujours dans le sud-ouest de la ville, puisque celle-ci n'a cessé de se développer au cours des siècles vers le nord-est.*

ٱلطوارئ

١ أجد نفسي في حالة سيّئة جدّا، هل يمكن دعوة ٱلطّبيب ؟
٢ أنا محموم... أحسّ بتقزّز
٣ أدخلني ٱلمستشفى (ٱلعيادة) !
٤ توجعني ٱلأسنان... عليّ أن أزور طبيبا للأسنان ليخلع منّي ضرسا
٥ أين صيدليّة ٱلخفارة ؟ عليّ أن أشتري دواء بشكل عاجل

---

77 Soixante-dix-septième leçon (ad-darsou as-sàbiᶜou wa as-sabᶜoùna)

*Le ton de cette dernière leçon étant plus solennel, on conservera parfois les voyelles finales, afin de donner à la phrase un certain rythme oratoire (par exemple, **taftahou laka** à la phrase 1).*

Ayyouhà al-moutaᶜallimou as-saboùrou !
Ô [toi], l'apprenant patient !

1 **Taftahou laka al-loughatou al-ᶜarabiyyatou abwàba ᶜàlamin sàhirin jadhdhàbin**
La langue arabe t'ouvre la porte *(les portes)* d'un monde fascinant et attirant,

2 **wa houwa baᶜìdoun wa qarìboun minka fì nafsi al-waqti.**
à la fois lointain et proche *(et lui lointain et proche de-toi dans âme du temps)*.

3 **Hadhà al-ᶜàlamou al-ᶜarabiyyou, al-islàmiyyou bi-mouᶜzamihi, moutajànisoun**
Ce monde arabe, islamique pour sa plus grande part *(avec-plupart-sa)*, est homogène

٦ هل هناك مستوصف، قريبا من هنا، لتناول حقنة (إبرة) ؟
٧ لابدّ من دعوة سيّارة نجدة... ترفض سيّارتي ٱلإنطلاق / لا تريد سيّارتي أن تنطلق
٨ كان هناك حادث سيّارة... لابدّ من إخطار ٱلشّرطة
٩ تعرّضت لاعتداء (لهجوم) قبل قليل...؛ إتّصلوا بٱلشّرطة !
١٠ لا بدّ من إخلاء ٱلمكان بسرعة فهناك إنذار بٱنفجار قنبلة
١١ ألغوث ! ألغوث ! أنا في خطر !

٧٧ أَلدَّرْسُ ٱلسَّابِعُ وَٱلسَّبْعُونَ

أَيُّهَا ٱلْمُتَعَلِّمُ ٱلصَّبُورُ !

١ تَفْتَحُ لَكَ ٱللُّغَةُ ٱلْعَرَبِيَّةُ أَبْوَابَ عَالَمٍ سَاحِرٍ جَذَّابٍ
٢ وَهُوَ بَعِيدٌ وَقَرِيبٌ مِنْكَ فِي نَفْسِ ٱلْوَقْتِ
٣ هَذَا ٱلْعَالَمُ ٱلْعَرَبِيُّ، ٱلإِسْلَامِيُّ بِمُعْظَمِهِ، مُتَجَانِسٌ

77

4 **^{c}alà ar-raghmi min koulli mà yazharou fìhi min ikhtilàfin bachariyyin wa joughràfìyyin wa hadàriyyin.**
malgré *(sur le-malgré de)* toutes les *(tout ce-qui apparaît dans-lui [en fait] de)* différence[s] humaine[s], *(et)* géographique[s] et de civilisation.

5 **Innahou ta'aththara* fì ach-charqi bi-ta'rìkhi wa hadàrati Àsiyà**
(Certes-lui) il a été influencé à l'Est par l'histoire et la civilisation de l'Asie

6 **kamà tatawwara fì al-gharbi fì janoùbi al-Bahri al-Abyadi al-Moutawassiti,**
de même qu'il s'est développé à l'Ouest, au Sud de la mer Méditerranée *(la-mer la-blanche la-moyenne)*,

7 **hattà sàra qarìban minnà wa qàmat baynanà ^{c}alàqàtoun akhawiyyatoun mouthmiratoun moundhou zamanin tawìlin.**
au point qu'il est devenu proche de nous et [que] *(a-effectué entre-nous)* des relations fraternelles [et] fructueuses se sont établies depuis longtemps *(un temps long)*.

8 **Saoufa youmkinouka qirà'atou chay'in min chi^{c}ri al-^{c}Arabi qabla al-islàmi**
Tu pourras lire un peu *(il te sera possible la lecture d'une chose)* de la poésie des Arabes [d']avant l'islam

9 **wa al-istifàdatou min-a an-nousoùsi al-qadìmati wa min-a al-hikami**
et *(le fait de)* tirer profit des textes anciens, *(et)* [des traits] de sagesse,

10 **wa al-amthàli wa abyàti chou^{c}arà'i al-qouroùni al-woustà,**
ainsi que *(et)* des proverbes et des vers des poètes du Moyen Âge.

٤ عَلَى ٱلرَّغْمِ مِنْ كُلِّ مَا يَظْهَرُ فِيهِ مِنْ إِخْتِلاَفٍ بَشَرِيٍّ وَجُغْرَافِيٍّ وَحَضَارِيٍّ

٥ إِنَّهُ تَأَثَّرَ فِي ٱلشَّرْقِ بِتَأْرِيخِ وَحَضَارَةِ آسِيَا

٦ كَمَا تَطَوَّرَ فِي ٱلْغَرْبِ فِي جَنُوبِ ٱلْبَحْرِ ٱلْأَبْيَضِ ٱلْمُتَوَسِّطِ

٧ حَتَّى صَارَ قَرِيبًا مِنَّا وَقَامَتْ بَيْنَنَا عَلاَقَاتٌ أَخَوِيَّةٌ مُثْمِرَةٌ مُنْذُ زَمَنٍ طَوِيلٍ.

٨ سَوْفَ يُمْكِنُكَ قِرَاءَةُ شَيْءٍ مِنْ شِعْرِ ٱلْعَرَبِ قَبْلَ ٱلْإِسْلَامِ

٩ وَٱلْإِسْتِفَادَةُ مِنَ ٱلنُّصُوصِ ٱلْقَدِيمَةِ وَ مِنَ ٱلْحِكَمِ

١٠ وَٱلْأَمْثَالِ وَأَبْيَاتِ شُعَرَاءِ ٱلْقُرُونِ ٱلْوُسْطَى

فِي ٱلْمَكْتَبِ

* **ta'aththara** تَأَثَّرَ est un verbe de V[e] forme à la voix active, mais qui se traduit en français par un passif : *être affecté*, *être influencé*.

77 11 **Kamà yakoùnou bi-istitâ^{c}atika al-ittilà^{c}ou ^{c}alà touhafi al-adabi al-^{c}arabiyyi al-mou^{c}àsiri**
Tu pourras aussi connaître *(de-même il-est de-ta-possibilité la-prise-de-connaissance sur)* des chefs-d'œuvre de la littérature arabe contemporaine

12 **wa moutàla^{c}atou** ** **as-souhoufi al-^{c}arabiyyati al-yaoumiyyati.**
et lire *(le-fait-de-lire)* les quotidiens arabes *(les-journaux arabes les-quotidiens).*

13 **Min al-àni, fa-fì ayyi baladin ^{c}arabiyyin tazoùrouhou,**
Dès maintenant, *(eh bien)* dans [n'importe] quel pays arabe [que] tu visiteras *(tu-le-visites)*,

14 **youmkinouka an touqaddira hafàwata istiqbàli al-^{c}Arabi wa diyàfatihim**
il te sera *(t'est)* possible d'apprécier *(que tu-apprécies)* la chaleur de l'accueil des Arabes et de leur hospitalité,

15 **khàssatan idhà ihtaramta ^{c}àdàtihim wa taqàlìdahoum wa ka-dhalika mabàdi'ahoum-ou ad-dìniyyata.**
surtout si tu respectes *(si tu-as-respecté)* leurs habitudes et leurs coutumes, ainsi que *(et comme-cela)* leurs principes religieux.

16 **Khitàman, natamannà laka koulla an-najàhi wa at-taoufìqi fì jaoulatika**
Pour finir *(finalement / en clôture)*, nous te souhaitons plein *(tout)* succès et réussite dans ta pérégrination *(tournée)*

17 **^{c}abra al-^{c}àlami al-^{c}arabiyyi wa loughatihi.**
à travers le monde arabe et sa langue.

** **moutàla^{c}at** مُطَالَعَة est la lecture silencieuse, l'examen attentif d'une chose, alors que **qirà'at** قِرَاءَة est la lecture à haute voix.

١١ كَمَا يَكُونُ بِٱسْتِطَاعَتِكَ ٱلإِطِّلاَعُ عَلَى تُحَفِ ٱلْأَدَبِ ٱلْعَرَبِيِّ ٱلْمُعَاصِرِ 77

١٢ وَمُطَالَعَةُ ٱلصُّحُفِ ٱلْعَرَبِيَّةِ ٱلْيَوْمِيَّةِ

١٣ مِنَ ٱلآنِ فَفِي أَيِّ بَلَدٍ عَرَبِيٍّ تَزُورُهُ

١٤ يُمْكِنُكَ أَنْ تُقَدِّرَ حَفَاوَةَ ٱسْتِقْبَالِ ٱلْعَرَبِ وَضِيَافَتِهِمْ

١٥ خَاصَّةً إِذَا ٱحْتَرَمْتَ عَادَاتِهِمْ وَتَقَالِيدَهُمْ وَكَذَلِكَ مَبَادِئَهُمُ ٱلدِّينِيَّةَ

١٦ خِتَامًا، نَتَمَنَّى لَكَ كُلَّ ٱلنَّجَاحِ وَٱلتَّوْفِيقِ فِي جَوْلَتِكَ

١٧ عَبْرَ ٱلْعَالَمِ ٱلْعَرَبِيِّ وَلُغَتِهِ !

Hikàyat حِكَايَة

كَانَ ٱلْمُتَوَكِّلُ قَدْ أَلْزَمَ إِبْنَ ٱلسِّكِّيتِ
تَأْدِيبَ وَلَدِهِ ٱلْمُعْتَزِّ بِٱللَّهِ
فَلَمَّا جَلَسَ عِنْدَهُ قَالَ لَهُ :
«بِأَيِّ شَيْءٍ يُحِبُّ ٱلأَمِيرُ أَنْ نَبْدَأَ ؟»
فَقَالَ ٱلْمُعْتَزُّ : «بِٱلْإِنْصِرَافِ !»

77 **Kàna al-Moutawakkilou* qad alzama Ibna as-Sikkìti ta'dìba waladihi al-Mou^{c}tazzi bi-Allahi.**
Fa-lammà jalasa ^{c}indahou qàla lahou :
– Bi-ayyi chay'in youhibbou al-amìrou an nabda'a ?
Fa-qàla al-Mou^{c}tazzou : – Bi-al-insiràfi*!

Al-Moutawakkil* avait chargé Ibn as-Sikkìt *(Fils du Taciturne)* de l'éducation de son fils al-Mou^{c}tazz Billah.
Et quand il *(Ibn As-Sikkìt)* s'est assis auprès de lui, il lui a dit :
– Par quoi *(quelle chose)* le prince Mou^{c}tazz aimerait-il *(aime)* commencer ?
Et Mou^{c}tazz de répondre : – Par m'en aller *(le fait de s'en aller)* !

* **insiràf** a le double sens de *déclinaison* et de *fait de s'en aller* : du verbe **insarafa**, **yansarifou** VII يَنْصَرِفُ ،إِنْصَرَفَ *s'en aller* (leçon 66) et aussi *se décliner* (un mot).

* *Al-Moutawakkil est l'un des cinq califes abbassides qui se sont établis à Samarra entre 836 et 886, délaissant pour un temps Bagdad en raison de troubles politiques. Ils ont fait de Samarra une ville florissante, avec de magnifiques mosquées et des palais-cités. La mosquée de Moutawakkil était la plus grande du monde islamique, entourée d'une double enceinte et ornée d'un minaret en spirale s'inspirant des ziggourats (tours ayant fonction de temple et d'observatoire à l'époque des Babyloniens).*

أيّها ٱلمتعلّم ٱلصّبور !

١ تفتح لك ٱللّغة ٱلعربيّة أبواب عالم ساحر جذّاب
٢ وهو بعيد وقريب منك في نفس ٱلوقت
٣ هذا ٱلعالم ٱلعربيّ، ٱلإسلاميّ بمعظمه، متجانس
٤ على ٱلرّغم من كلّ ما يظهر فيه من ٱختلاف بشريّ وجغرافيّ وحضاريّ
٥ إنّه تأثّر في ٱلشّرق بتأريخ وحضارة آسيا
٦ كما تطوّر في ٱلغرب في جنوب ٱلبحر ٱلأبيض ٱلمتوسّط
٧ حتّى صار قريبا منّا وقامت بيننا علاقات أخويّة مثمرة منذ زمن طويل.
٨ سوف يمكنك قراءة شيء من شعر ٱلعرب قبل ٱلإسلام
٩ وٱلإستفادة من ٱلنّصوص ٱلقديمة ومن ٱلحكم
١٠ وٱلأمثال وأبيات شعراء ٱلقرون ٱلوسطى
١١ كما يكون بٱستطاعتك ٱلإطّلاع على تحف ٱلأدب ٱلعربيّ ٱلمعاصر
١٢ ومطالعة ٱلصّحف ٱلعربيّة ٱليوميّة.
١٣ من ٱلآن ففي أيّ بلد عربيّ تزوره
١٤ يمكنك أن تقدّر حفاوة ٱستقبال ٱلعرب وضيافتهم
١٥ خاصّة إذا ٱحترمت عاداتهم وتقاليدهم وكذلك مبادئهم ٱلدّينيّة
١٦ ختاما، نتمنّى لك كلّ ٱلنّجاح وٱلتّوفيق في جولتك
١٧ عبر ٱلعالم ٱلعربيّ ولغته !

619 ٦١٩ sittoumi'a wa tis^{c}ata ^{c}achara

INDEX GRAMMATICAL

Sommaire de l'Appendice grammatical

Appendice grammatical

1 Le nom et l'adjectif

1.1 L'article al- أَلْ = le / la / les

– Il s'emploie avec un nom ou un adjectif à un cas déterminé :

al-baytou al-jamìlou أَلْبَيْتُ ٱلْجَمِيلُ
la belle maison (la-maison la-belle)

– Il a deux écritures : en tête de phrase أَلـ et en milieu de phrase ٱلـ.

– Quand l'article est précédé d'un mot terminé par une voyelle, le **a** de **al-** est "avalé" par cette dernière.

– Assimilation du **làm** par les lettres solaires :
Dans la prononciation, le **làm** de l'article ne s'entend plus et la lettre solaire est redoublée ; toutefois le **làm** reste écrit (mais, sans **soukoùn)** et la lettre initiale solaire porte un **chadda** :
al + rajoulou → **ar-rajoulou** أَلرَّجُلُ *l'homme*
Les 14 lettres solaires sont **tà'**, **thà'**, **dàl**, **dhàl**, **rà'**, **zà'**, **sìn**, **chìn**, **<u>s</u>àd**, **<u>d</u>àd**, **<u>t</u>à'**, **<u>z</u>à'**, **làm** et **noùn** (les 14 autres étant dites lunaires).

– Écriture de l'article précédé de **li-** et de **bi-** :
Lorsqu'on place **li-** devant un nom portant l'article, l'**alif** disparaît :
li- + (a)l = lil- : **lil-waladi** لِلْوَلَدِ *pour l'enfant*
Lorsqu'on place **bi-** devant un nom portant l'article, la lettre **bà'** se lie à **alif** – ce qu'il ne faut pas lire **bà**.
bi- + (a)l = bil- : **bil-qalami** بِٱلْقَلَمِ *avec le stylo*

1.2 Les cas

Utilisés pour les noms, adjectifs et participes, ils sont au nombre de trois. Le cas sujet, le cas direct et le cas indirect.
Le cas direct recouvre principalement la notion de complément d'objet direct du français ; il est aussi utilisé pour former des compléments de manière et de temps.

Le cas indirect s'emploie après les prépositions et aussi pour le deuxième terme d'une annexion.

	Déterminé	Indéterminé →	Déterminé	Indéterminé
Sujet	**-ou** ـُ	**-oun** ـٌ	**al-waladou** أَلْوَلَدُ *l'enfant*	**waladoun** وَلَدٌ *un enfant*
Direct	**-a** ـَ	**-an** ـً	**al-qalama** أَلْقَلَمَ *le stylo* (COD)	**qalaman** قَلَمًا *un stylo* (COD)
Indirect	**-i** ـِ	**-in** ـٍ	**fì** al-**bayti** فِي ٱلْبَيْتِ *dans la maison*	**fì baytin** فِي بَيْتٍ *dans une maison*

Certains noms n'ont que deux cas quand ils sont indéterminés et sont dits “diptotes” (voir ***Pluriels internes***).

1.3 Détermination et indétermination

Les noms et adjectifs peuvent être déterminés ou indéterminés.
Un nom est déterminé par :
– l'article : **al-waladou** أَلْوَلَدُ *l'enfant*
– un pronom affixe : **waladouhou** وَلَدُهُ *son enfant (à lui)*
– un nom en annexion : **waladou al-jàri** وَلَدُ ٱلْجَارِ *l'enfant du voisin*

1.4 Annexion

Elle peut être simple, double ou multiple :

– simple : وَسَطُ ٱلْبُسْتَانِ / وَسَطُ بُسْتَانِهَا
wasaṯou al-boustàni / wasaṯou boustànihà
le milieu du jardin / le milieu de son jardin (à elle)

– double **wasaṯou boustàni al-jàri** وَسَطُ بُسْتَانِ ٱلْجَارِ
le milieu du jardin du voisin

wasaṯou boustàni jàrihi وَسَطُ بُسْتَانِ جَارِهِ
le milieu du jardin de son voisin (à lui)

N.B. On remarque que seul le deuxième mot de l'annexion (ou seul le troisième dans le cas d'une double annexion) porte l'article, sauf s'il est additionné d'un pronom affixe. Les second et troisième termes sont toujours au cas indirect. Le premier peut porter l'un des trois cas :

وَجَدْتُ قِطَّ وَلَدِ ٱلْأُسْتَاذِ فِي وَسَطِ بُسْتَانِ ٱلْجَارِ

Wajadtou qi<u>tt</u>a waladi al-oustàdhi fì wasa<u>t</u>i boustàni al-jàri.

J'ai trouvé le chat du fils du maître au (dans le) *milieu du jardin du voisin.*

1.5 Genre des noms, des adjectifs et des participes

• Féminin des noms

Pour un certain nombre de noms, on ajoute **-at (tà' marboù<u>t</u>a)** :

wàlid وَالِد → **wàlid**at وَالِدَة
père → *mère*

mouᶜ**allim** مُعَلِّم → **mou**ᶜ**allim**at مُعَلِّمَة
enseignant *enseignante*

Pour d'autres, il existe un nom spécifique (comme en français) :

rajoul رَجُل **imra'**at إِمْرَأَة
homme *femme*

walad وَلَد **bint** بِنْت
garçon, fils *fille*

ab* أَب **oumm** أُمّ
père *mère*

* **ab** أَب *père*, de même que **akh** أَخ *frère* : lorsqu'ils sont en annexion, leur voyelle finale devient longue.

aboù al-**binti** أَبُو ٱلْبِنْتِ *le père de la fille*

ra'aytou abà Rachìd رَأَيْتُ أَبَا رَشِيد *j'ai vu le père de Rachid*

li-akhì Yàsmìnatin لِأَخِي يَاسْمِينَةٍ *pour le frère de Yasmina*

En arabe, un nom qui ne porte pas la terminaison **-at** est en général masculin :

bayt بَيْت *maison*

ijtimà^{c} إِجْتِمَاع *réunion*, etc.

Attention de ne pas se laisser influencer par le français en ce qui concerne les accords.

Toutefois, quelques noms sans la terminaison **-at** sont féminins :

chams شَمْس *soleil*

nàr نَار *feu*

rìh رِيح *vent*

dàr دَار *maison*

nafs نَفْس *âme,* etc.

Et, en général, les parties doubles du corps :

yad يَد *main*

sàq سَاق *jambe*

^{c}ayn عَيْن *œil*, etc.

Il faut signaler aussi que les pluriels de noms masculins désignant un groupe se terminant par **ta' marboutà** s'accordent, malgré leur forme, au masculin pluriel :

talabat طَلَبَة *étudiants* (pluriel de **tàlib** طَالِب)

وَصَلَ ٱلطَّلَبَةُ ٱلسُّورِيُّونَ إِلَى جَامِعَةِ دِمَشْق

Wasala at-talabatou as-soùriyyoùna ilà jàmi^{c}ati Dimachq.
Les étudiants syriens sont arrivés à l'université de Damas.

• *Féminin des adjectifs et participes*

Pour former le féminin, on ajoute également **-at** :

qadìm قَدِيم *ancien* → **qadìmat** قَدِيمَة *ancienne*

mourattab مُرَتَّب *rangé* → **mourattabat** مُرَتَّبَة *rangée*

1.6 Pluriel des noms, adjectifs et participes

• Pluriel externe, à deux cas

	Masculin	Féminin	
	déterm./indéterm	déterm.	indéterm.
Cas sujet :	**-oùna** ـُونَ	**-àtou** ـَاتُ	**-àtoun** ـَاتٌ
Cas direct / ind. :	**-ìna** ـِينَ	**-àti** ـَاتِ	**-àtin** ـَاتٍ

– masculin

أَلْمُسَافِرُونَ
al-mousàfiroùna
les voyageurs

لِلْمُسَافِرِينَ
lil-mousàfirìna
pour les voyageurs

وَجَدْتُ ٱلْمُسَافِرِينَ ٱلْقَادِمِينَ مِنْ مِصْر

Wajadtou al-mousàfirìna al-qàdimìna min Misr.
J'ai trouvé les voyageurs qui venaient (les-venant) *d'Égypte.*

Ces deux terminaisons du pluriel externe sont amputées du **noùn** final lorsque le mot est en annexion, soit avec un autre nom, soit lorsqu'il est additionné d'un suffixe :

mousàfiroù al-qitàri مُسَافِرُو ٱلْقِطَارِ
les voyageurs du train
li-mousàfirì al-qitàri لِمُسَافِرِي ٱلْقِطَارِ
pour les voyageurs du train

خَادِمُو ٱلْبَيْتِ
khàdimoù al-bayti
les serviteurs de la maison

خَادِمُوهُ
khàdimoùhou
ses serviteurs

– féminin

mou^{c}allimat مُعَلِّمَة → **mou^{c}allimàt** مُعَلِّمَات *enseignante(s)*

Cas sujet	مُعَلِّمَاتٌ **mou^{c}allimàtoun**	أَلْمُعَلِّمَاتُ **al-mou^{c}allimàtou**
Cas direct / indirect	مُعَلِّمَاتٍ **mou^{c}allimàtin** *des enseignantes*	أَلْمُعَلِّمَاتِ **al-mou^{c}allimàti** *les enseignantes*

• ***Pluriel interne***

La structure du mot se modifie, en conservant les mêmes consonnes de base, mais avec l'addition, parfois, de voyelles longues, d'un **alif** ou de semi-consonnes (**wàw** ou **yà'**). Il convient d'apprendre le pluriel en même temps que le singulier ; peu à peu, on pourra pressentir quelle va être la forme du pluriel :

dayf ضَيْف → **douyoùf** ضُيُوف *invité(s), hôte(s)*

tifl طِفْل → **atfàl** أَطْفَال *enfant(s)*

sadìq صَدِيق → **asdiqà'** أَصْدِقَاء (diptote) *ami(s)*

amìr أَمِير → **oumarà'** أُمَرَاء (diptote) *prince(s)*

màddat مَادَّة → **mawàdd** مَوَادّ *matière(s)*

kìs كِيس → **akyàs** أَكْيَاس *sac(s)*

etc.

Voir la liste (non exhaustive, bien entendu) de la leçon 42.

Les pluriels internes de quatre lettres et plus sont généralement diptotes, c'est-à-dire que lorsqu'ils sont indéterminés, ils ne portent pas de **tanwìn** et n'ont alors que deux cas, **-ou** et **-a** :

sujet	**al-asdiqà'ou** *les amis*	أَلْأَصْدِقَاءُ	**asdiqà'ou** *des amis*	أَصْدِقَاءُ
direct	**al-asdiqà'a**	أَلْأَصْدِقَاءَ	**asdiqà'a**	أَصْدِقَاءَ
indirect	**al-asdiqà'i**	أَلْأَصْدِقَاءِ	**asdiqà'a**	أَصْدِقَاءَ

1.7 Le duel

Il n'a que deux terminaisons : **-àni / ayni**, qui s'ajoutent aux noms, adjectifs, participes, démonstratifs et relatifs.

	Masculin		Féminin	
Cas sujet	**-àni**	ـــانِ	**-atàni**	ـــتَانِ
Cas direct / indirect	**-ayni**	ـــيْنِ	**-atayni**	ـــتَيْنِ

أَلصَّدِيقَان
as-sadìqàni
les deux amis
مَعَ ٱلصَّدِيقَيْن
maᶜa as-sadìqayni
avec les deux amis

أَلصَّدِيقَتَان
as-sadìqatàni
les deux amies
مَعَ ٱلصَّدِيقَتَيْن
maᶜa as-sadìqatayni
avec les deux amies

Quand le nom au duel est en annexion, le **noùn** final disparaît et le mot se termine donc par un **à** long ou un **y** ; dans ce dernier cas, on ajoutera la voyelle d'appui **-i** devant un nom portant l'article :

mouᶜallimà al-madrasati مُعَلِّمَا ٱلْمَدْرَسَةِ
les deux professeurs de l'école
mouᶜallimatà madrasatì مُعَلِّمَتَا مَدْرَسَتِي
les deux professeurs (femmes) de mon école
li-mouᶜallimay-i al-madrasati لِمُعَلِّمَيِ ٱلْمَدْرَسَةِ
pour les deux professeurs de l'école
li-mouᶜallimatay aoulàdihi لِمُعَلِّمَتَيْ أَوْلَادِهِ
pour les deux professeurs (femmes) de ses enfants

1.8 Les diptotes (voir Pluriel interne)

Les diptotes ont, de manière normale, trois cas quand ils sont déterminés, mais seulement deux (**ou**, **a**, **a**, sans **tanwìn**) lorsqu'ils sont indéterminés. Sont diptotes un grand nombre de pluriels internes, les élatifs, les adjectifs de couleur et un certain nombre de noms propres.

1.9 Noms et adjectifs irréguliers

– **màdin**	مَاضٍ	*passé*
qàdin	قَاضٍ	*cadi*
ᶜàlin	عَالٍ	*élevé*
ghàlin	غَالٍ	*cher*, etc.

	Indéterminé		Déterminé	
suj.	**màdin**	مَاضٍ	**al-màdì**	أَلْمَاضِي
dir. / indir.	**màdiyan**	مَاضِيًا	**al-màdiya**	أَلْمَاضِيَ

– **maqhan** مَقْهًى *café (lieu)*

mabnan مَبْنًى *immeuble, bâtiment,* etc.

	Indéterminé		Déterminé	
suj./ dir. / indir.	**maqhan**	مَقْهًى	**al-maqhà**	أَلْمَقْهَى

1.10 L'adjectif

• *L'adjectif épithète*

– Indéterminé ou déterminé il se place après le nom et, quand il est déterminé, il porte lui aussi l'article :

qi<u>tt</u>oun jamìloun قِطٌّ جَمِيلٌ *un beau chat*

madìnatoun qadìmatoun مَدِينَةٌ قَدِيمَةٌ *une ville ancienne*

al-qi<u>tt</u>ou al-jamìlou أَلْقِطُّ ٱلْجَمِيلُ *le beau chat* (le-chat le-beau)

– Si le nom est déterminé par un pronom affixe ou par une annexion et, de ce fait, ne porte pas l'article, l'adjectif épithète, quant à lui, est précédé de l'article :

qi<u>tt</u>ouhou al-jamìlou قِطُّهُ ٱلْجَمِيلُ
son beau chat (chat-à-lui le-beau)
a<u>t</u>fàlou al-oustàdhi al-kibàrou أَطْفَالُ ٱلأُسْتَاذِ ٱلْكِبَارُ
les grands enfants du maître (enfants du maître les grands)

– Après un pluriel de choses, l'adjectif se met au féminin singulier :
al-amàkinou al-jamìlatou أَلْأَمَاكِنُ ٱلْجَمِيلَةُ
les beaux endroits (les endroits la belle)

Quand il y a deux noms en annexion, l'adjectif peut parfois être attribué à l'un ou l'autre des deux termes :

مَرُّوا بِشَوَارِعِ ٱلْمَدِينَةِ ٱلْجَمِيلَةِ
Marroù bi-chawàri^{c}i al-madìnati al-jamìlati.
Ils sont passés par les belles rues de la ville (leçon 27)
ou bien *ils sont passés par les rues de la belle ville.*

• *L'adjectif attribut*

– Il est au cas sujet indéterminé, dans une phrase nominale (sans verbe) :

Al-mousàfirou ^{c}arabiyyoun. أَلْمُسَافِرُ عَرَبِيٌّ
Le voyageur [est] arabe.

– Après **kàna**, **asbaha**, **amsà**, **sàra**, il se met au cas direct indéterminé. Les trois derniers verbes sont dits “les sœurs de **kàna**” : **akhawàtou “kàna”** «كَانَ» أَخَوَاتُ . Ils signifient respectivement *être (au matin)*, *être (au soir)* et *devenir*.

Kàna al-ijtimà^{c}ou moumtàzan. كَانَ ٱلْإِجْتِمَاعُ مُمْتَازًا
La réunion était parfaite (était la-réunion un-parfait).

Ceci est vrai, même si un mot est intercalé entre **kàna** (ou les verbes de même construction) et le nom :
Kàna hadhà ad-doukkànou jadìdan. كَانَ هَذَا ٱلدُّكَّانُ جَدِيدًا
Cette boutique était (une) *nouvelle.*

• Adjectif + nom en annexion
= complément de spécificité ou “annexion de qualification”:
thaqìlou as-sam^{c}i ثَقِيلُ ٱلسَّمْعِ
dur d'oreille
jamìlatou al-wajhi جَمِيلَةُ ٱلْوَجْهِ
au beau visage (belle de visage)

1.11 L'élatif

L'élatif se forme à partir d'un adjectif avec le schéma **af^{c}al** au masculin et **fou^{c}là** au féminin. Il signifie *plus... / le plus...* et sert à construire des comparatifs et superlatifs. Voir leçon 42 § 7.

kabìr كَبِير *grand* → **akbar** أَكْبَر *plus grand*
koubrà كُبْرَى *plus grande*

al-maydànou al-akbarou أَلْمَيْدَانُ ٱلْأَكْبَرُ
la grand-place (la place le-plus-grand)
as-soùqou al-koubrà أَلسُّوقُ ٱلْكُبْرَى
le grand marché (le marché la-plus-grande) (**soùq** est le plus souvent féminin)

L'élatif est diptote.

1.12 Le vocatif et l'exclamation

• *Vocatif*

yà... ! يَا! **ayyouhà... !** أَيُّهَا / **ayyatouhà...** أَيَّتُهَا

– **yà** + nom au cas sujet sans article :

yà A<u>h</u>madou ! / yà a<u>t</u>fàlou ! يَا أَحْمَدُ ! / يَا أَطْفَالُ !

(ô) Ahmed ! (ô) les enfants !

– **yà** + nom en annexion au cas direct

yà binta <u>s</u>adìqì al-akbari يَا بِنْتَ صَدِيقِي ٱلأَكْبَرِ

(ô) fille de mon plus grand ami !

– **(yà) ayyouhà** يَا أَيُّهَا / **(yà) ayyatouhà** يَا أَيَّتُهَا + nom au cas sujet avec article au cas sujet. Cette forme est plus solennelle.

يَا أَيُّهَا ٱلنَّائِبُ / ٱلنُّوَّابُ

(yà) ayyouhà an-nà'ibou / an-nouwwàbou

ô député ! / ô députés !

(yà) ayyatouhà al-mar'atou / an-nisà'ou يَا أَيَّتُهَا ٱلْمَرْأَةُ / ٱلنِّسَاءُ

ô femme ! / ô femmes !

– **(yà) ayyouhà...** يَا أَيُّهَا + nom + adjectif épithète

(yà) ayyouhà al-amìrou al-jamìlou يَا أَيُّهَا ٱلأَمِيرُ ٱلْجَمِيلُ

ô beau prince !

(yà) ayyatouhà al-amìratou al-jamìlatou يَا أَيَّتُهَا ٱلأَمِيرَةُ ٱلْجَمِيلَةُ

ô belle princesse !

• *Exclamatif*

– **mà + afala...** (IVe forme) ! مَا + أَفْعَلَ... !

Mà adhkà hadhà a<u>t</u>-<u>t</u>abìba ! مَا أَذْكَى هَذَا ٱلطَّبِيبَ!

Quel médecin intelligent (comme Il-a-fait-intelligent ce médecin) !

Mà adhkàhou ! مَا أَذْكَاهُ!

Comme il est intelligent (comme Il-l'a-fait-intelligent) !

– **yà la-...** + nom (sans article au cas direct) ! يَا لَـ !

yà la-<u>h</u>a<u>zz</u>a ! يَا لَحَظِّ! *quelle chance !*

– **yà la-**pron. + **min** + nom indét.[indir.] (le pronom s'accorde avec le nom)

يَا لَهُ مِنْ أَحْمَقَ / يَا لَهَا مِنْ حَمْقَاءَ !

Yà lahou min a<u>h</u>maqa / Yà lahà min <u>h</u>amqà'a !
Quelle idiot / Quelle idiote !

1.13 Le diminutif

L'une des formes courantes du diminutif est sur le modèle **fou^cayl** فُعَيْل :

qa<u>s</u>r قَصْر *château* → **qou<u>s</u>ayr** قُصَيْر *petit château*
ba<u>h</u>r بَحْر *mer* → **bou<u>h</u>ayrat** بُحَيْرَة *lac* (petite-mer)

2 Démonstratifs et relatifs

2.1 Démonstratifs

hadhà هَذَا *ce...-ci* / **dhalika** ذَلِكَ *ce...-là*

Ils sont employés comme adjectifs, suivis d'un nom avec l'article, ou comme pronoms, suivis d'un nom sans article.

• *Adjectifs démonstratifs*
– **hadhà** هَذَا (masc.) / **hadhihi** هَذِهِ (fém.) + nom avec l'article
hadhà al-baladou هَذَا ٱلْبَلَدُ
ce pays(-ci)
fì hadhihi al-madìnati فِي هَذِهِ ٱلْمَدِينَةِ
dans cette ville(-ci)

Quand il y a un nom en annexion, on reporte **hadhà** après le groupe de termes :
fì markazi al-madìnati hadhà فِي مَرْكَزِ ٱلْمَدِينَة هَذَا
dans ce centre-ville (dans le centre de la ville celui-ci)

– **haoulà'i** هَؤُلَاءِ : pluriel (masc. et fém.)

هَؤُلَاءِ ٱلرِّجَالُ
haoulà'i ar-rijàlou
ces hommes(-ci)

هَؤُلَاءِ ٱلْمُعَلِّمَاتُ
haoulà'i al-mou^callimàtou
ces enseignantes(-ci)

– **dhalika** ذَلِكَ *celui-là* / **tilka** تِلْكَ *celle-là* (plus éloigné par rapport à **hadhà**)

فِي هَذَا ٱلْبَيْتِ	mais	فِي ذَلِكَ ٱلْبَيْتِ
fì hadhà al-bayti		**fì dhalika al-bayti**
dans cette maison(-ci)		*dans cette maison(-là)*

Pour les autres formes de **dhalika** et pour celles du duel des démonstratifs, voir tableau ci-dessous.

• *Pronoms démonstratifs*

hadhà et **hadhihi** peuvent être employés aussi comme pronoms :

Hadhà firàchoun. هَذَا فِرَاشٌ
C'est un lit (celui-ci [est] un lit).

Mais, attention, pour dire "c'est le / la / les...", "c'est mon / ma / mes...", on emploiera le pronom personnel :

Houwa at-tabìbou. هُوَ ٱلطَّبِيبُ
C'est le médecin (lui le-médecin).

Hiya rasà'ilouka. هِيَ رَسَائِلُكَ
Ce sont tes lettres (elles tes-lettres).

Singulier		Pluriel	Duel	
masc.	fém.	(masc./fém.)	(suj./ dir. – indir.)	
هَذَا **hadhà**	هَذِهِ **hadhihi**	هَؤُلَاءِ **ha'oulà'i**	هَذَانِ / هَذَيْنِ masc. **hadhàni / hadhayni**	ذَانِكَ / ذَيْنِكَ masc. **dhànika / dhaynaka**
ذَلِكَ **dhalika***	تِلْكَ **tilka**	أُولَائِكَ **oùlà'ika**	هَتَانِ / هَتَيْنِ fém. **hatàni / hatayni**	تَانِكَ / تَيْنِكَ fém. **tànika / taynaka**

* **dhalika** ذَلِكَ s'écrit parfois avec un **alif** suscrit sur le **dhà'** : ce signe témoigne d'un ancien **à** long (qui, d'ailleurs, est souvent marqué dans la prononciation).

2.2 Le relatif أَلَّذِي alladhì : *lequel, qui, que, dont...*

Il ne s'emploie qu'après un nom déterminé :

إِشْتَرَيْتُ ٱلْفَسَاتِينَ ٱلَّتِي رَأَيْتُهَا أَمْسِ فِي دُكَّانِهِ

Ichtaraytou al-fasàtìna allatì ra'aytouhà amsi fì doukkànihi.
J'ai acheté les robes que (lesquelles) *j'ai vues hier dans sa boutique.*

mais :

إِشْتَرَيْتُ فَسَاتِينَ رَأَيْتُهَا أَمْسِ فِي هَذَا ٱلدُّكَّانِ

Ichtaraytou fasàtìna ra'aytouhà amsi fì hadhà ad-doukkàni.
J'ai acheté des robes [que] j'ai vues (des robes je-les-ai-vues) *hier dans cette boutique.*
Voir à ce sujet la leçon 49 § 10.

	Singulier	Pluriel	Duel (cas suj. / dir. – ind.)
masc.	ٱلَّذِي **alladhì**	ٱلَّذِينَ **alladhìna**	ٱللَّذَانِ / ٱللَّذَيْنِ **alladhàni / alladhayni**
fém.	ٱلَّتِي **allatì**	ٱلَّاتِي / ٱلَّوَاتِي **allàtì (/ allawàtì)**	ٱللَّتَانِ / ٱللَّتَيْنِ **allatàni / allatayni**

Le **hamza** de **alladhì** est instable. C'est pourquoi, on écrit un **wa<u>s</u>la** sur l'**alif** initial.

3 Les verbes *être* et *avoir*

3.1 Le verbe être

• ***Au passé***

kàna كَانَ (voir la conjugaison à la fin de cet appendice)
L'attribut est au cas direct :
Kàna as-safarou mout^ciban. كَانَ ٱلسَّفَرُ مُتْعِبًا
Le voyage était fatigant.
Kountou fil-qi<u>t</u>àri. كُنْتُ فِي ٱلْقِطَارِ
J'étais dans le train.

• ***Au présent***

yakoùnou يَكُونُ : il a une valeur de présent, mais aussi de futur.

• ***La phrase nominale, sans verbe être***

Al-qittou fì al-boustàni. أَلْقِطُّ فِي ٱلْبُسْتَانِ
Le chat [est] dans le jardin.
Ismì Mouhammadoun. إِسْمِي مُحَمَّدٌ
Mon nom [est] Mohammad.

• ***Le verbe "ne pas être" :* laysa** لَيْسَ

– Ce verbe, bien que conjugué à l'accompli, a un sens de présent. L'attribut, comme après **kàna**, est au cas direct.

Laysa at-ta^{c}àmou tayyiban hounà. لَيْسَ ٱلطَّعَامُ طَيِّبًا هُنَا
La nourriture n'est pas bonne ici.

– Dans une phrase interrogative, on écrit **a** et non **hal** devant **laysa** : **a-laysa... ?** أَ لَيْسَ...؟

– Pour exprimer "ne pas être" au futur, on emploiera **lan** + subjonctif de **kàna** :

لَنْ تَكُونَ هَذِهِ ٱلْعُطْلَةُ سَعِيدَةً

Lan takoùna hadhihi al-^{c}outlatou sa^{c}ìdatan.
Ces vacances ne seront pas heureuses (cette "vacance" ne sera pas une-heureuse).

3.2 Traduction du verbe avoir

On emploie **li-** / **la-** لَـ / لِـ *à, pour*, ou encore **^{c}inda** عِنْدَ ou **ladà** لَدَى *chez, auprès de,* dans une phrase nominale :

Lahou sayyàratoun jamìlatoun. لَهُ سَيَّارَةٌ جَمِيلَةٌ
Il a (à-lui) *une belle voiture.*
^{c}indakoum nouqoùdoun. عِنْدَكُمْ نُقُودٌ
Vous avez (chez-vous, auprès de vous) *de l'argent.*

li- exprime la propriété et **^{c}inda** (ou **ladà**) signifie *chez, auprès de soi, sur soi.*

4 Négation.

4.1 Du verbe

mà مَا + accompli *ne pas* + passé

lam لَمْ + apocopé		*ne pas* + passé
là لَا + inaccompli		*ne pas* + présent
lan لَنْ + subjonctif		*ne pas* + futur
là... illà	لَا ... إِلَّا	*ne... que*
lam... ba^cdou + accompli	لَمْ...بَعْدُ	*ne pas... encore* (passé)
lammà + accompli	لَمَّا	*ne pas... encore* (passé)
mà / lam + accompli / apocopé **qattou**	مَا ، لَمْ... قَطُّ	*ne... jamais* (passé)
là + inaccompli **abadan**	لَا ... أَبَدًا	*ne... jamais*
lan + subjonctif **abadan**	لَنْ . . أَبَدًا	*ne... jamais* (futur)

4.2 Devant un nom

là لَا + mot déterminé sans l'article au cas direct : c'est la négation dite absolue.

là mouchkilata	لَا مُشكِلَةَ	*pas de problème*
là ba'sa (fi dhalika)	لَا بَأْسَ (فِي ذَلِكَ)	*pas de mal (à cela)*
là chakka anna...	لَا شَكَّ أَنَّ...	*pas de doute que*
là boudda an...	لَا بُدَّ أَنْ...	*il faut absolument* (pas d'issue que)
illà + nom au cas sujet	إِلَّا	*sauf, excepté, ne... que*

4.3 Mots négatifs = négation + indéfinis

On obtient l'équivalent des mots négatifs en français en employant un verbe à la forme négative suivi d'un indéfini :
mà / là / lam + verbe ou **laysa**, suivis du mot "chose", d'un pronom indéfini ou d'un adverbe :

• **chay'oun** شَيْءٌ *chose = rien*
Mà ra'à chay'an. مَا رَأَى شَيْئًا
Il n'a rien vu (il n'a pas vu une chose).

لَا يَفْهَمُ شَيْئًا
Là yafhamou chay'an.
Il ne comprend rien (il ne comprend pas une chose).

لَيْسَ (هُنَاكَ) شَيْءٌ فِي ٱلْبُسْتَانِ
Laysa (hounàka) chay'oun fil-boustàni.
Il n'y a rien (pas une chose) *dans le jardin.*

• **a<u>h</u>adoun** أَحَدٌ *quelqu'un = personne*

لَا أَحَدَ فِي ٱلْمَيْدَانِ
Là a<u>h</u>ada fì al-maydàni.
Il n'y a absolument personne sur la place : ici, emploi de la négation absolue.

لَمْ يَصِلْ أَحَدٌ
Lam ya<u>s</u>il a<u>h</u>adoun.
Personne n'est arrivé.

لَا يَتَكَلَّمُ أَحَدٌ
Là yatakallamou a<u>h</u>adoun.
Personne ne parle.

• **ayyoun** أَيٌّ + nom déterm. [ind.] *chacun = aucun, nul*

لَا يُوجَدُ لَحْمٌ فِي أَيِّ مَكَانٍ ٱلْيَوْمَ
Là yoùjadou la<u>h</u>moun fì ayyi makànin al-yaouma.
Il n'y a (il n'est trouvé) *de la viande nulle part* (en aucun endroit) *aujourd'hui.*

• **yaouman** يَوْمًا *un jour = jamais*

مَا قَالَ لِي ذَلِكَ يَوْمًا
Mà qàla lì dhalika yaouman.
Il ne m'a jamais (un jour) *dit cela.*

4.4 Contraire d'un adjectif ou d'un nom (*in-, non-, dé-*)

• **ghayr** غَيْر + adjectif indéterminé + **-in**

فِرَاشُكَ غَيْرُ مُرَتَّبٍ
Firàchouka ghayrou mourattabin.
Ton lit n'est pas fait (non ordonné).

Le mot **ghayr** peut se décliner (**-ou/-a/-i**), mais ne change pas devant un nom féminin, ni au pluriel, ni au duel.

هَذِهِ ٱلْغُرْفَةُ غَيْرُ نَظِيفَةٍ
Hadhihi al-ghourfatou ghayrou na<u>z</u>ìfatin.
Cette chambre n'est pas propre (non propre).

نَحْنُ غَيْرُ مُوَافِقِينَ عَلَى ذَلِكَ
Na<u>h</u>nou ghayrou mouwàfiqìna ʿalà dhalika.
Nous ne sommes pas d'accord (non d'accord) *là-dessus.*

• **^{c}adamou** عَدَمُ + nom en annexion indéterminé

^{c}adamou tafàhoumin عَدَمُ تَفَاهُم *incompréhension*

^{c}adamou woujoùdin عَدَمُ وُجُودٍ *inexistence, absence*

5 Indéfinis

koull كُلّ + nom sing. indét.[indir.] = *tout, toute, tous, toutes ; chaque*

koull كُلّ + nom pl. indét.[indir.] = *tous les, chaque*

nom + **koull** كُلّ + pron. = *tout entier, tous*

koullou wà<u>h</u>idin / wà<u>h</u>idatin كُلُّ وَاحِدٍ / وَ حِدَةٍ *chacun(e)*

ayy / ayyat* أَيّ / أَيَّة *quelconque, n'importe quel(le)*

ayy / ayyat أَيّ / أَيَّة + négation = *aucun* (voir ***Négation***)

jamì^c جَميع + nom en annexion avec article = *l'ensemble de, la totalité de = tout(e), tou(te)s*

ba^c<u>d</u> بَعْض + nom sing. avec article } *un peu de, quelque ; certain(s)*
+ nom pl. avec article

a<u>h</u>ad / i<u>h</u>dà أَحَد / إحْدَى + nom avec art. annexion = *un(e) des*

wà<u>h</u>id / wà<u>h</u>idat min وَاحِد / وَاحِدَة مِنْ + nom ou pronom = *chacun(e) de, l'un(e) de*

sà'ir سَائِر *le reste de, tous les autres*

* **ayyat** s'emploie devant un nom féminin, mais a tendance à être remplacé par le masculin **ayy**.

6 Divers mots-outils et expressions

6.1 Affirmation

na^{c}am نَعَمْ *oui*

ay na^{c}am أَيْ نَعَمْ *mais oui, bien entendu*

balà بَلَى *si, oui* (après question interro-négative)

6.2 Emploi de nafs

Le mot **nafs, anfous** نَفْس، أَنْفُس *être, âme, essence,* permet d'exprimer plusieurs notions : il signifie *le même* ou encore *lui-même.*

Ce mot permet également de traduire certains verbes réfléchis (quand la racine ne possède pas de forme dérivée de sens réfléchi).

– nom + **nafs** نَفْس + pronom (s'accordant avec le nom) : *le même*

ᶜàda ar-rajoulou nafsouhou. عَادَ ٱلرَّجُلُ نَفْسُهُ
Le même homme est revenu.

– nom + **bi-nafsi** بِنَفْس + pronom affixe : *lui / elle...-même, en personne*

Istaqbalanì al-wazìrou bi-nafsihi. إِسْتَقْبَلَنِي ٱلْوَزِيرُ بِنَفْسِهِ
Le ministre en personne m'a reçu.

– verbe + **nafs** نَفْس + pronom = verbe réfléchi

ghasala nafsahou	غَسَلَ نَفْسَهُ	*il s'est lavé*
ghasaloù anfousahoum	غَسَلُوا أَنْفُسَهُمْ	*ils se sont lavés*
qàlat li-nafsihà	قَالَتْ لِنَفْسِهَا	*elle s'est dit*

7 Prépositions et adverbes

7.1 Les prépositions (+ nom au cas indirect)

• Liées au mot

bi-	بِـ	*avec*
li- / la-	لِـ / لَـ	*pour* (**li-** + nom et **la-** + pronom)
ka-	كَـ	*comme* (jamais suivi d'un pronom)

• Non liées

fì	فِي	*dans*
ilà	إِلَى	*vers, à*
min	مِنْ	*de*
ᶜalà	عَلَى	*sur*
ᶜan	عَنْ	*de*
<u>h</u>attà*	حَتَّى	*jusqu'à*
maᶜa	مَعَ	*avec*
moundhou*	مُنْذُ	*depuis*

qabla	قَبْلَ	*avant*
ba^{c}da	بَعْدَ	*après, dans* (temps)
faouqa	فَوْقَ	*au-dessus*
tahta	تَحْتَ	*sous*
amàma	أَمَامَ	*devant*
warà'a	وَرَاءَ	*derrière*
ladà	لَدَى	*chez, auprès de*
mithla	مِثْلَ	*comme*
didda	ضِدَّ	*contre*
raghma	رَغْمَ	*malgré*
qourba	قُرْبَ	*près de*
tibqa	طِبْقَ	*d'après*
bayna	بَيْنَ	*entre*
badala	بَدَلَ	*au lieu de*
haoula	حَوْلَ	*autour*
khilàla	خِلَالَ	*pendant*
^{c}abra	عَبْرَ	*à travers*
doùna	دُونَ	*sans*
nahwa	نَحْوَ	*vers*
illà (+ cas suivant fonction)	إِلَّا	*sauf, si ce n'est...*

* prépositions qui ne peuvent être suivies d'un pronom affixe.

Particularités d'écriture :
^{c}alà, **ilà**, **ladà** : le **à** long devient **y** devant un pronom affixe :

^{c}alaykoum	عَلَيْكُمْ	*sur vous*
ilayka	إِلَيْكَ	*vers toi* (masc.)
ladayki	لَدَيْكِ	*auprès de toi* (fém.)

Avec le pronom affixe de la 1re pers. du sing., le **y** est redoublé :

عَلَيَّ	إِلَيَّ	لَدَيَّ
ᶜalayya	**ilayya**	**ladayya**
sur moi	*vers moi*	*auprès de moi*

• *Locutions prépositives*

Un certain nombre des prépositions mentionnées ci-dessus sont formées en fait d'un nom au cas direct. On peut aussi employer ce nom au cas indirect précédé d'une préposition proprement dite (c'est-à-dire qui ne peut être précédée d'une autre préposition).

qourba	قُرْبَ	*près de*
min qourbi	مِنْ قُرْبِ	*à proximité de*
ᶜinda	عِنْدَ	*chez*
min ᶜindi	مِنْ عِنْدِ	*de chez*

7.2 Adverbes et locutions adverbiales

Ils sont de constructions différentes. Il s'agit souvent d'un nom, d'un participe ou d'un adjectif additionné de la terminaison **-an**. Ou encore, ils sont composés d'une préposition et d'un nom.

• *Lieu*

fì al-khàriji	فِي ٱلْخَارِجِ	*à l'extérieur, dehors*
fì ad-dàkhili	فِي ٱلدَّاخِلِ	*à l'intérieur, dedans*
yamìnan	يَمِينًا	*à droite*
ᶜalà al-yamìni	عَلَى ٱلْيَمِينِ	*à droite*
yasàran	يَسَارًا	*à gauche*
ᶜalà al-yasàri	عَلَى ٱلْيَسَارِ	*à gauche*
hounà	هُنَا	*ici*
hounàka	هُنَاكَ	*là*
hounàlika	هُنَالِكَ	*là-bas*
ta<u>h</u>ta	تَحْتَ	*sous, dessous, en bas*

faouqa	فَوْقَ	*sur, au-dessus, dessus, en haut*
fì koulli makànin	فِي كُلِّ مَكَانٍ	*partout*
qarìban (min)	قَرِيبًا (مِنْ)	*près (de)*
ba^{c}ìdan	بَعِيدًا	*loin*
fì al-bou^{c}di	فِي ٱلْبُعْدِ	*au loin*
ba^{c}ìdan ^{c}an	بَعِيدًا عَنْ	*loin de*

• *Temps*

amsi / yaouma amsi	أَمْسِ / يَوْمَ أَمْسِ	*hier*
awwala amsi	أَوَّلَ أَمْسِ	*avant-hier*
al-yaouma	أَلْيَوْمَ	*aujourd'hui*
sabàhan	صَبَاحًا	*le matin*
masà'an	مَسَاءً	*le soir*
ghadan	غَدًا	*demain*
min-a al-ghadi	مِنَ ٱلْغَدِ	*dès demain*
ba^{c}da ghadin	بَعْدَ غَدٍ	*après-demain*
ba^{c}da al-ghadi	بَعْدَ ٱلْغَدِ	*après-demain*
yaouman mà	يَوْمًا مَا	*un jour quelconque*
qarìban	قَرِيبًا	*bientôt*
ghàliban	غَالِبًا	*souvent*
kathìran mà	كَثِيرًا مَا	*souvent*
hàlan	حَالًا	*de suite, aussitôt, immédiatement*
al'àn	أَلْآنَ	*maintenant*
ba^{c}da az-zouhri	بَعْدَ ٱلظُّهْرِ	*l'après-midi*
dà'iman	دَائِمًا	*toujours*

abadan	أَبَدًا	*jamais, à jamais*
moujaddadan	مُجَدَّدًا	*de nouveau*
faouran	فَوْرًا	*tout de suite, aussitôt*
bàkiran	بَاكِرًا	*tôt*
mouta'akhkhiran	مُتَأَخِّرًا	*tard*
qablan / min qablou	قَبْلاً / مِن قَبْلُ	*auparavant*
ba^{c}dan / min ba^{c}dou	بَعْدًا / مِنْ بَعْدُ	*après, par la suite*

• *Manière*

machyan	مَشْيًا	*à pied*
naqdan	نَقْدًا	*en liquide, comptant* (argent)
ma^{c}an	مَعًا	*ensemble*
bi-sour^{c}atin	بِسُرْعَةٍ	*vite*
sarì^{c}an	سَرِيعًا	*rapidement*
^{c}alà mahlin	عَلَى مَهْلٍ	*lentement*
kàmilan	كَامِلاً	*complètement*
ka-dhalika	كَذَلِكَ	*ainsi, de même*
tamàman	تَمَامًا	*tout à fait*
khàs̲s̲atan	خَاصَّةً	*en particulier*
t̲ab^{c}an	طَبْعًا	*naturellement, bien sûr*

Avec la terminaison **-an**, on peut former à volonté des adverbes à partir d'un adjectif de relation – et c'est la tendance actuelle –, comme : **ijtimà^{c}iyy** إِجْتِمَاعِيّ *social* → **ijtimà^{c}iyyan** إِجْتِمَاعِيًّا *socialement* etc.

• *Quantité*

qalìlan	قَلِيلاً	*(un) peu*
kathìran	كَثِيرًا	*beaucoup*
ayd̲an	أَيْضًا	*aussi*

jiddan	جدًّا	*très*
taqrìban	تَقْرِيبًا	*environ*
bil-kifàyati	بِٱلْكِفَايَةِ	*assez*
lil-ghàyati	لِلْغَايَةِ	*extrêmement*
bi-ifràtin	بِإِفْرَاطٍ	*excessivement*

• ***Autres***

marhaban !	مَرْحَبًا !	*bienvenue !*
hasanan !	حَسَنًا !	*bien !*

7.3 Les compléments de temps et de manière

• ***Temps***

Il se met au cas direct :

al-yaouma	أَلْيَوْمَ	*aujourd'hui*
sabàha al-**yaoumi**	صَبَاحَ ٱلْيَوْم	*ce matin*
waqta sou^{c}oùdì...	وَقْتَ صُعُودِي...	*au moment de monter* (de mon fait de monter)

Baqiya sanatan kàmilatan. بَقِيَ سَنَةً كَامِلَةً
Il est resté une année entière.

• ***Manière***

Il est généralement au cas direct avec différentes constructions :
– un **masdar** employé seul :
Sàha ghadaban. صَاحَ غَضَبًا *Il cria de colère.*

– **masdar** du verbe de la phrase + adjectif :
Yamchì machyan sarì^{c}an. يَمْشِي مَشْيًا سَرِيعًا
Il marche rapidement = Il marche [d'] une marche rapide.

كَانَ يَنْزِلُ ٱلْمَطَرُ نُزُولاً شَدِيدًا
Kàna yanzilou al-**matarou nouzoùlan chadìdan.**
Il pleuvait fortement (la pluie descendait d'une descente forte).

– un participe actif au cas direct :
qàla dàhikan قَالَ ضَاحِكًا *il a dit en riant* (riant[dir.])

8 Les interrogatifs

mà / màdhà ? (1)	مَا / مَاذَا ؟	*quoi / que ?*
bima ? (2)	بِمَ ؟	*avec quoi ?*
fìma ? (2)	فِمَ ؟	*dans quoi ?*
mimma ? / mimmà ? (3)	مِمَّ ؟ / مِمَّا ؟	*de quoi ?*
man ?	مَنْ ؟	*qui ?*
li-man ?	لِمَنْ ؟	*à qui ?*
^{c}amman ? (3)	عَمَّنْ ؟	*de qui ?*
kayfa ?	كَيْفَ ؟	*comment ?*
matà ?	مَتَى	*quand ?*
lima ? / limàdhà ?	لِمَ ؟ / لِمَاذَا ؟	*pourquoi ?*
ayna ?	أَيْنَ ؟	*où ?*
ilà ayna ?	إِلَى أَيْنَ ؟	*où* (vers où)
min ayna ?	مِنْ أَيْنَ ؟	*d'où ?*
kam + nom indét. sing. [dir.] **?**	كَمْ ؟	*combien ?*
kam min + nom dét.[ind.] **?** (4)	كَمْ مِنْ؟	*combien ?*
bikam ?	بِكَمْ ؟	*(à) combien* (cela se vend) *?*
ayy / ayyat	أَيّ / أَيَّة	*quel ?*
hal ?	هَلْ ؟	*est-ce que*
a- ? (5)	أَ ؟	*est-ce que ?*
a-là / a-mà / a-lam ?	أَلاَ / أَمَا / أَلَمْ ؟	*est-ce que... ne pas ?*
a-... am...	أَ... أَمْ	*est-ce que... ou bien... ?*
a-laysa (ka-dhalika) ?	أَلَيْسَ (كَذَلِكَ) ؟	*n'est-ce pas ?*
a-laysa (hounàka)... ?	أَلَيْسَ (هُنَاكَ)... ؟	*n'y a-t-il pas ?*

(1) Ces deux mots s'emploient indeféremment. Toutefois, **màdhà** donne plus d'importance à la question posée (**màdhà fa^{c}alta** = c'est quoi ce que tu as fait là ?).
(2) Lorsqu'on suffixe **mà** à une préposition, cet interrogatif perd l'**alif**.
(3) Les prépositions **min** et **^{c}an** voient leur **noùn** final assimilé par le **mìm** initial de **mà** ou de **man**, qui est alors redoublé.
(4) On emploie **kam min ?** lorsqu'il est difficile de dénombrer la quantité ou quand il s'agit d'une quantité importante ; le nom déterminé au cas indirect peut être singulier ou pluriel.
(5) La particule interrogative **a** se suffixe au mot qui suit – une négation ou **laysa** – et parfois aussi au premier mot d'une phrase interrogative comprenant une alternative exprimée par **am** :

أَ هِيَ فِي ٱلْمَكْتَبِ أَمْ فِي ٱلسُّوقِ ؟

A hiya fì al-maktabi am fì as-soùqi ?
Est-elle au bureau ou au marché ?

9 Conjonctions

9.1 Conjonctions de coordination

wa		وَ	*et*
thoumma		ثُمَّ	*puis*
fa-		فَـ	*et alors*
ammà... fa-		أَمَّا . . . فَـ	*quant à... eh bien...*
bal		بَلْ	*mais, mais bien plus*
am ?		أَمْ ؟	*... ou (bien)... ?*
aou		أَوْ	*ou, ou bien*
inna	+ pron. affixe / nom[dir.]	إِنَّ	*certes*
li'anna	+ pron. affixe / nom[dir.]	لِأَنَّ	*parce que*
walakinna	+ pron. affixe / nom[dir.]	وَلَكِنَّ	*mais*
illà anna	+ pron. affixe / nom[dir.]	إِلَّا أَنَّ	*néanmoins, sauf que*
walakin + verbe (précédé ou non de **mà / là**)		وَلَكِنْ	*mais*

wa qad	وَ قَدْ	*alors que*
qad + inaccompli	قَدْ	*peut-être que*
idhan	إِذَنْ / إِذًا	*alors*

9.2 Conjonctions de subordination

anna	أَنَّ	*que* (introduit des complétives)
qàla inna	قَالَ إِنَّ	*dire que*
an	أَنْ	*que*
lammà + accompli	لَمَّا	*lorsque*
^{c}indamà	عِنْدَمَا	*quand, lorsque*
baynamà	بَيْنَمَا	*tandis que*
koullamà	كُلَّمَا	*chaque fois que*
moundhou an	مُنْذُ أَنْ	*depuis que*
qad / laqad	قَدْ / لَقَدْ	renforce le sens du passé
mà... lam	مَا... لَمْ	*tant que... ne... pas*
^{c}alà an	عَلَى أَنْ	*à condition que*
ma^{c}a an	مَعَ أَنْ	*bien que*
qabla an + subjonctif	قَبْلَ أَنْ	*avant que*
ba^{c}da an + accompli / subjonctif	بَعْدَ أَنْ	*après avoir / après que*
hattà + accompli / subjonctif	حَتَّى	*jusqu'à ce que*
doùna an + subjonctif	دُونَ أَنْ	*sans que*
ilà an + subjonctif	إِلَى أَنْ	*jusqu'à ce que*
li- + subjonctif	لِـ	*pour que, afin que*
li'allà + subjonctif	لِئَلَّا	*pour que... ne... pas*
bi-haythou + subjonctif	بِحَيْثُ	*de sorte que*

in + inaccompli (1)	إِنْ	*si* (éventualité) (presque plus usité)
idhà + accompli (1)	إِذَا	*si* (éventualité, potentiel)
laou... la- (1)	لَوْ ... لَـ	*si* (irréel du passé)
hattà walaou	حَتَّى وَلَوْ	*même si*
(yajibou) ᶜalà-pronom	(يَجِبُ) عَلَى ...	*il faut que*
an + subjonctif (2)	أَنْ ..	

(1) Pour les phrases conditionnelles, voir la leçon 70 § 2.
(2) Pour l'obligation, voir la leçon 56 § 3.

10 Les nombres

10.1 Les nombres ordinaux

Voir les numéros de leçons.
Notez qu'entre 11 et 19, l'ordinal est figé au cas direct :
ad-darsou ath-thàlitha ᶜachara أَلدَّرْسُ ٱلثَّالِثَ عَشَرَ
(la) treizième leçon

10.2 Les nombres cardinaux

Voir les numéros de pages.
La numération est assez complexe en arabe. Il faut retenir deux choses :
– On emploie le nombre au féminin pour les noms comptés masculins et le nombre au masculin pour les noms féminins (ceci de 1 à 19 et pour les unités dans les nombres supérieurs à 19).

De 3 à 10 : nombre + nom au pluriel	cas direct
De 11 à 99 : nombre + nom au singulier	cas direct
De 100 à 1000 et plus : nombre + nom au singulier	cas indirect

	Masculin		Féminin		
1	**wà<u>h</u>idoun**	وَاحِدٌ	**wà<u>h</u>idatoun**	وَاحِدَةٌ	١
2	**ithnàni**	إِثْنَانِ	**ithnatàni**	إِثْنَتَانِ	٢
3	**thalàthou** + rapport d'annexion	ثَلَاثُ	**thalàthatou** + rapport d'annexion	ثَلَاثَةُ	٣

4	**arba^c^ou**	أَرْبَعُ	**arba^c^atou**	أَرْبَعَةُ	٤
5	**khamsou**	خَمْسُ	**khamsatou**	خَمْسَةُ	٥
6	**sittou**	سِتُّ	**sittatou**	سِتَّةُ	٦
7	**sab^c^ou**	سَبْعُ	**sab^c^atou**	سَبْعَةُ	٧
8	**thamànì**	ثَمَانِي	**thamàniyatou**	ثَمَانِيَةُ	٨
9	**tis^c^ou**	تِسْعُ	**tis^c^atou**	تِسْعَةُ	٩
10	**^c^achrou**	عَشْرُ	**^c^achratou**	عَشْرَةُ	١٠

Exemples :

– avec **baytoun, bouyoùtoun** (masculin) بَيْتٌ، بُيُوتٌ *maison(s)*

baytoun wà<u>h</u>idoun (masc.)	بَيْتٌ وَاحِدٌ	*une maison*
baytàni ithnàni (masc. duel)	بَيْتَانِ إِثْنَانِ	*deux maisons*
thalàthatou (fém.) **bouyoùtin**	ثَلاثَةُ بُيُوتٍ	*trois maisons*
sittatou (fém.) **bouyoùtin**	سِتَّةُ بُيُوتٍ	*six maisons*, etc.

– avec **madìnatoun, moudounoun** (féminin) مَدِينَةٌ، مُدُنٌ *ville(s)*

madìnatoun wà<u>h</u>idatoun (fém.)	مَدِينَةٌ وَاحِدَةٌ	*une ville*
madìnatàni ithnatàni (fém. duel)	مَدِينَتَانِ إِثْنَتَانِ	*deux villes*
thalàthou (masc.) **moudounin**	ثَلاثُ مُدُنٍ	*trois villes*
tis^c^ou (masc.) **moudounin**	تِسْعُ مُدُنٍ	*neuf villes*, etc.

– à partir de 11 (attention : le nom compté s'accorde au cas direct ou indirect selon le dernier chiffre qui le précède. Comparez les deux exemples marqués par un astérisque) :

arba^c^ata ^c^achara kitàban	أَرْبَعَةَ عَشَرَ كِتَابًا	*quatorze livres*
ithnàni wa ^c^ichroùna qalaman	إِثْنَانِ وَ عِشْرُونَ قَلَمًا	*vingt-deux stylos*
sab^c^oumi'ati ra'sin* (accord avec la centaine)	سَبْعُمِئَةِ رَأْسٍ	*sept cents têtes (de bétail)*
alf, pl. **àlàf / ouloùf**	أَلْف، آلاف / أُلُوف	*mille, millier*
alfàni	أَلْفَانِ	*deux mille*

653 ٦٥٣ sittoumi'a wa thalàtha wa khamsoùn

Les chiffres s'écrivent dans le même ordre qu'en français (de gauche à droite). C'est la même chose pour le nombre prononcé et écrit, sauf que les unités viennent se placer avant les dizaines. Il y quelques décennies, on commençait par les unités, puis les dizaines, les centaines et les milliers. Attention, le choix du cas du nom compté se fait en fonction du dernier nombre mentionné :

١٠٨٥٦ عَشْرَةُ آلَافٍ وَ ثَمَانِيمِئَةٍ وَ سِتَّةٌ وَ خَمْسُونَ يَوْمًا

ᶜachratou àlàfin wa thamànìmi'atin wa sittatoun wa khamsoùna yaouman* (accord avec la dizaine)

10 856 : *dix mille huit cent cinquante-six jours*

فِي سَنَةِ أَلْفٍ وَ تِسْعِمِئَةٍ وَ تِسْعَةٍ وَ تِسْعِينَ

fì sanati alfin wa tisᶜimi'atin wa tisᶜatin wa tisᶜìna

en l'année mille neuf cent quatre-vingt dix-neuf

فِي سَنَةِ أَلْفَيْنِ وَ خَمْسَةٍ

fì sanati alfayni wa khamsatin

en l'an deux mille cinq

Les nombres portent les trois cas suivant la fonction du nom compté dans la phrase (sauf entre 11 et 19, figés au cas direct).

11 Le verbe

11.1 Modes et temps.

Il n'y a, en fait, que deux modes principaux : **l'accompli** et **l'inaccompli** (voir tableaux).

• *L'accompli*

À partir de l'accompli, on peut former l'imparfait et le plus-que-parfait :

– Imparfait : **kàna** كَانَ + verbe à l'inaccompli :

كَانَ يَعُودُ إِلَى ٱلْبَيْتِ فِي ٱلسَّاعَةِ ٱلسَّادِسَةِ مَسَاءً

Kàna yaᶜoùdou ilà al-bayti fì as-sàᶜati as-sàdisati masà'an.

Il rentrait à la maison à six heures du soir.

– Plus-que-parfait : **kàna qad** كَانَ قَدْ + accompli

أَكَلَ فَطِيرَةً كَانَتْ قَدْ حَضَّرَتْهَا زَوْجَتُهُ

Akala fatìratan kànat qad haddarathà zaoujatouhou.

Il a mangé une tarte qu'avait préparée son épouse.

• *L'inaccompli*

À partir de l'inaccompli, on forme le futur, le subjonctif, l'apocopé et l'impératif.

– <u>Futur</u> : il s'agit tout simplement de l'inaccompli auquel on préfixe la particule **sa-** ou que l'on fait précéder de **saoufa** سَوْفَ.

سَنَرْجِعُ بَعْدَ أُسْبُوعٍ / سَوْفَ نَرْجِعُ...

Sa-narji^{c}ou ba^{c}da ousboù^{c}in ou bien **Saoufa narji^{c}ou...**
Nous reviendrons dans une semaine.

– <u>Subjonctif</u> : c'est comme l'inaccompli, en remplaçant les voyelles brèves finales **-ou** par **-a** et en supprimant le **noùn** final des autres terminaisons, sauf aux personnes 2f et 3f (2m et 3m : le **noùn** est supprimé et remplacé par un **alif**)
Ourìdou an takhrouja min hounà. أُرِيدُ أَنْ تَخْرُجَ مِنْ هُنَا
Je veux que tu sortes d'ici.

– <u>Apocopé</u> : comme le subjonctif, mais en remplaçant les voyelles finales brèves par un **soukoùn**.

Là taf^{c}al ka-dhalika ! ! لَا تَفْعَلْ كَذَلِكَ *Ne fais pas ainsi !*
Lam yajlis. لَمْ يَجْلِسْ *Il ne s'est pas assis.*

– <u>Impératif</u> (voir aussi la leçon 49 § 5)
Il peut avoir trois schémas vocaliques différents, correspondant à ceux de l'inaccompli :

modèle :	**if^{c}al !** ! إِفْعَلْ	**if^{c}il !** ! إِفْعِلْ	**ouf^{c}oul !** ! أُفْعُلْ
inaccompli en	**(a-a-ou)**	**(a-i-ou)**	**(a-ou-ou)**

accompli	**sami^{c}a** سَمِعَ	**jalasa** جَلَسَ	**nazara** نَظَرَ
inaccompli	**yasma^{c}ou** يَسْمَعُ	**yajlisou** يَجْلِسُ	**yanzourou** يَنْظُرُ
impératif	**isma^{c} !** ! إِسْمَعْ *écoute !*	**ijlis !** ! إِجْلِسْ *assieds-toi !*	**ounzour !** ! أُنْظُرْ *regarde !*

• *Le passif*

Au passif les schémas vocaliques sont les suivants :

	Accompli	Inaccompli
3 syllabes	**ou-i-a** **koutiba** كُتِبَ *il a été écrit*	**ou-a-ou** **youktabou** يُكْتَبُ *il est écrit*
4 syllabes	**ou-ou-i-a** **oustoukhdima** أُسْتُخْدِمَ *il a été employé*	**ou-a-a-ou** **youstoukhdamou** يُسْتَخْدَمُ *il est employé*
5 syllabes	**(ou)-ou-ou-i-a** **tousoullima** تُسُلِّمَ *il a été reçu*	**ou-a-a-a-ou** **youtasallamou** يُتَسَلَّمُ *il est reçu*

• ***Les participes***

Les participes actif et passif sont sur les modèles **fà^{c}il** et **maf^{c}oùl** :

kataba كَتَبَ → **kàtib** كَاتِب *celui qui écrit, écrivain*

→ **maktoùb** مَكْتُوب *ce qui est écrit, écrit*

• ***Le masdar***

Il peut prendre des formes très differentes, les plus courantes étant :

Modèle	Accompli	→	**masdar**
fa^{c}l فَعْل	**akala (ou)** أَكَلَ	→	**akl** أَكْل *fait de manger, repas*
fa^{c}al فَعَل	**^{c}amila (a)** عَمِلَ	→	**^{c}amal** عَمَل *travail*
fou^{c}oùl فُعُول	**kharaja (ou)** خَرَجَ	→	**khouroùj** خُرُوج *sortie*
fi^{c}àlat فِعَالَة	**tajara (ou)** تَجَرَ	→	**tijàrat** تِجَارَة *commerce*

Tableau des temps de la Ire forme

La Ire forme peut avoir des schémas vocaliques différents à l'accompli : **a-a-a / a-i-a / a-ou-a**.

À l'inaccompli de même, la deuxième voyelle peut être **a**, **i** ou **ou** (ce que les dictionnaires indiquent entre parenthèses à côté du verbe) :

fahima فَهِمَ (a) → **yafhamou** يَفْهَمُ *comprendre*

raja^{c}a رَجَعَ (i) → **yarji^{c}ou** يَرْجِعُ *revenir*

kataba كَتَبَ (ou) → **yaktoubou** يَكْتُبُ *écrire*

Ex. : **jalasa, yajlisou** جَلَسَ، يَجْلِسُ *s'asseoir, être assis* :

		Accompli	Inaccompli	Subjonctif	Apocopé	Impératif
Singulier	1mf	جَلَسْتُ **jalastou**	أَجْلِسُ **ajlisou**	أَجْلِسَ **ajlisa**	أَجْلِسْ **ajlis**	
	2m	جَلَسْتَ **jalasta**	تَجْلِسُ **tajlisou**	تَجْلِسَ **tajlisa**	تَجْلِسْ **tajlis**	إِجْلِسْ ! **ijlis !**
	2f	جَلَسْتِ **jalasti**	تَجْلِسِينَ **tajlisìna**	تَجْلِسِي **tajlisì**	تَجْلِسِي **tajlisì**	إِجْلِسِي ! **ijlisì !**
	3m	جَلَسَ **jalasa**	يَجْلِسُ **yajlisou**	يَجْلِسَ **yajlisa**	يَجْلِسْ **yajlis**	
	3f	جَلَسَتْ **jalasat**	تَجْلِسُ **tajlisou**	تَجْلِسَ **tajlisa**	تَجْلِسْ **tajlis**	
Duel	2mf	جَلَسْتُمَا **jalastoumà**	تَجْلِسَانِ **tajlisàni**	تَجْلِسَا **tajlisà**	تَجْلِسَا **tajlisà**	إِجْلِسَا ! **ijlisà !**
	3m	جَلَسَا **jalasà**	يَجْلِسَانِ **yajlisàni**	يَجْلِسَا **yajlisà**	يَجْلِسَا **yajlisà**	
	3f	جَلَسَتَا **jalasatà**	تَجْلِسَانِ **tajlisàni**	تَجْلِسَا **tajlisà**	تَجْلِسَا **tajlisà**	
Pluriel	1mf	جَلَسْنَا **jalasnà**	نَجْلِسُ **najlisou**	نَجْلِسَ **najlisa**	نَجْلِسْ **najlis**	
	2m	جَلَسْتُمْ **jalastoum**	تَجْلِسُونَ **tajlisoùna**	تَجْلِسُوا **tajlisoù**	تَجْلِسُوا **tajlisoù**	إِجْلِسُوا ! **ijlisoù !**
	2f	جَلَسْتُنَّ **jalastounna**	تَجْلِسْنَ **tajlisna**	تَجْلِسْنَ **tajlisna**	تَجْلِسْنَ **tajlisna**	إِجْلِسْنَ ! **ijlisna !**
	3m	جَلَسُوا **jalasoù**	يَجْلِسُونَ **yajlisoùna**	يَجْلِسُوا **yajlisoù**	يَجْلِسُوا **yajlisoù**	
	3f	جَلَسْنَ **jalasna**	يَجْلِسْنَ **yajlisna**	يَجْلِسْنَ **yajlisna**	يَجْلِسْنَ **yajlisna**	

Futur : **saoufa / sa-** + inaccompli

saoufa yajlisou / sa-yajlisou سَوْفَ يَجْلِسُ / سَيَجْلِسُ

Imparfait : **kàna** + inaccompli

kàna yajlisou كَانَ يَجْلِسُ

Plus-que-parfait : **kàna qad** + accompli

kàna qad jalasa كَانَ قَدْ جَلَسَ

N.B. : L'accompli a des <u>suffixes</u> pour marquer les personnes et l'inaccompli des <u>préfixes</u> (**a-, ta-, ya-, na-**).

11.2 Pronoms et terminaisons verbales

Dans un certain nombre de cas, il y a des corrélations très nettes entre les terminaisons du verbe, surtout à l'accompli, et les pronoms affixes ou isolés. Le tableau ci-dessous vous permettra de visualiser ces ressemblances.

kataba كَتَبَ *écrire*

Verbe à l'accompli	Pronoms sujets	Pronoms affixes
كَتَبْتُ **katabtou**	أَنَا **anà** *(je)*	ـــي / ـــنِي **-ì / -nì**
كَتَبْتَ **katabta**	أَنْتَ **anta** *(tu m.)*	ـــكَ **-ka**
كَتَبْتِ **katabti**	أَنْتِ **anti** *(tu f.)*	ـــكِ **-ki**
كَتَبَ **kataba**	هُوَ **houwa** *(il)*	ـــهُ / ـــهِ **-hou / -hi**
كَتَبَا **katabà**	هُمَا **houmà** *(eux deux)*	ـــهُمَا / ـــهِمَا **-houmà / -himà**
كَتَبَتْ **katabat**	هِيَ **hiya** *(elle)*	ـــهَا **-hà**
كَتَبَتَا **katabatà**	هُمَا **houmà** *(elles deux)*	ـــهُمَا / ـــهِمَا **-houmà / -himà**

كَتَبْنَا **katabnà**	نَحْنُ **nahnou** *(nous)*	ـــنَا **-nà**
كَتَبْتُمْ **katabtoum**	أَنْتُمْ **antoum** *(vous m.)*	ـــكُمْ **-koum**
كَتَبْتُنَّ **katabtounna**	أَنْتُنَّ **antounna** *(vous f.)*	ـــتُنَّ **-tounna**
كَتَبْتُمَا **katabtoumà**	أَنْتُمَا **antoumà** *(vous deux m.f.)*	ـــكُمَا **-koumà**
كَتَبُوا **kataboù**	هُمْ **houm** *(ils)*	ـــهُمْ / ـــهِمْ **-houm /-him**
كَتَبْنَ **katabna**	هُنَّ **hounna** *(elles)*	ـــهُنَّ / ـــهِنَّ **-hounna /-hinna**

– Les pronoms affixes tiennent lieu de possessifs et de pronoms à multiples fonctions. Ils peuvent s'accrocher au nom, au verbe ou à une préposition.

– Si le nom est au cas indirect, les pronoms affixes commençant par **-hou** deviennent **-hi** :

Wasalà ma^{c}a waladi-himà. وَصَلاَ مَعَ وَلَدِهِمَا

Ils sont arrivés avec leur fils (à eux deux).

N.B. : quand on suffixe un pronom à une forme verbale terminée par **-où** avec **alif** orthographique (c'est-à-dire qui ne se prononce pas), cet **alif** disparaît :

kataboù كَتَبُوا *ils ont écrit*
kataboùhà كَتَبُوهَا *ils l'ont écrite*

11.3 L'accord du verbe avec son sujet

– Au singulier : accord en genre

كَتَبَ ٱلْوَلَدُ / كَتَبَتِ ٱلْبِنْتُ

Kataba al-waladou. / Katabat-i al-bintou.
L'enfant a écrit. / La fille a écrit.

– Au pluriel
Si le verbe est placé avant le sujet : accord en genre mais au singulier :

Wa<u>s</u>alat-i al-**banàtou.** وَصَلَتِ ٱلْبَنَاتُ
Les filles sont arrivées (elle-est-arrivée les filles).
Wa<u>s</u>ala al-**mousàfiroùna.** وَصَلَ ٱلْمُسَافِرُونَ
Les voyageurs sont arrivés (il-est-arrivé les voyageurs).

mais :
Al-mousàfiroùna wa<u>s</u>aloù. أَلْمُسَافِرُونَ وَصَلُوا
les voyageurs sont arrivés.
L'arabe standard a tendance à abuser de cette licence.

– S'il s'agit d'un pluriel de choses, le verbe se met à la 3ᵉ pers. du féminin singulier :
Kànat-i al-**amàkinou jamìlatan.** كَانَتِ ٱلْأَمَاكِنُ جَمِيلَةً
Les endroits étaient beaux (elle-était les-endroits une-belle).

11.4 Double complément d'objet direct

C'est la construction, en arabe, du verbe *donner quelque chose à quelqu'un* (et d'autres verbes qui ont un sens proche, *offrir*, *enseigner*, etc. où les deux compléments sont au cas direct).

يُعْطِي يَاسْمِنَةً / ٱلْبِنْتَ هَدِيَّةً نَفِيسَةً
Youᶜ<u>t</u>ì Yàsmìnatan / al-**binta hadiyyatan nafìsatan.**
Il donne [à] Yasmina / [à] la jeune fille un cadeau précieux (leçon 29).

ᶜallamahou al-**<u>h</u>isàba.** عَلَّمَهُ ٱلْحِسَابَ
Il lui a enseigné (il-a-enseigné-lui) *le calcul.*

11.5 Tableau des formes dérivées (avec une forme I comme référence)

À la différence de la Iʳᵉ forme, les formes dérivées ont toujours un même schéma consonantique et vocalique. Les modèles sont respectivement indiqués à la suite du tableau.

	Accompli	Inaccompli	Participe actif	Impératif	masdar
I	كَتَبَ **kataba**	يَكْتُبُ **yaktoubou**	كَاتِب **kàtib**	أُكْتُبْ ! **ouktoub !**	كِتَابَة **kitàbat**
	écrire				
II	دَرَّسَ **darrasa**	يُدَرِّسُ **youdarrisou**	مُدَرِّس **moudarris**	دَرِّسْ ! **darris !**	تَدْرِيس **tadrìs**
	enseigner				
III (1)	شَاهَدَ **chàhada**	يُشَاهِدُ **youchàhidou**	مُشَاهِد **mouchàhid**	شَاهِدْ ! **chàhid !**	مُشَاهَدَة **mouchàhadat** (2)
	assister à				
IV	أَرْسَلَ **arsala**	يُرْسِلُ **yoursilou**	مُرْسِل **moursil**	أَرْسِلْ ! **arsil !**	إِرْسَال **irsàl**
	envoyer				
V	تَفَرَّجَ **tafarraja**	يَتَفَرَّجُ **yatafarrajou**	مُتَفَرِّج **moutafarrij**	تَفَرَّجْ ! **tafarraj !**	تَفَرُّج **tafarrouj**
	contempler				
VI	تَنَاقَشَ **tanàqacha**	يَتَنَاقَشُ **yatanàqachou**	مُتَنَاقِش **moutanàqich**	تَنَاقَشْ ! **tanàqach !**	تَنَاقُش **tanàqouch**
	discuter				
VII	إِنْفَجَرَ **infajara**	يَنْفَجِرُ **yanfajirou**	مُنْفَجِر **mounfajir**	إِنْفَجِرْ ! **infajir !**	إِنْفِجَار **infijàr**
	exploser				
VIII (2)	إِشْتَغَلَ **ichtaghala**	يَشْتَغِلُ **yachtaghilou**	مُشْتَغِل **mouchtaghil**	إِشْتَغِلْ ! **ichtaghil !**	إِشْتِغَال **ichtighàl**
	fonctionner				
IX	إِخْضَرَّ **ikhdarra**	يَخْضَرُّ **yakhdarrou**	مُخْضَرّ **moukhdarr**	إِخْضَرَّ ! **ikhdarra !**	إِخْضِرَار **ikhdiràr**
	verdir				
X	إِسْتَقْبَلَ **istaqbala**	يَسْتَقْبِلُ **yastaqbilou**	مُسْتَقْبِل **moustaqbil**	إِسْتَقْبِلْ ! **istaqbil !**	إِسْتِقْبَال **istiqbàl**
	recevoir				

I	**fa^c^ala**	فَعَلَ	VI	**tafà^c^ala**	تَفَاعَلَ
II	**fa^cc^ala**	فَعَّلَ	VII	**infa^c^ala**	إِنْفَعَلَ
III	**fà^c^ala**	فَاعَلَ	VIII	**ifta^c^ala**	إِفْتَعَلَ
IV	**af^c^ala**	أَفْعَلَ	IX	**if^c^alla**	إِفْعَلَّ
V	**tafa^cc^ala**	تَفَعَّلَ	X	**istaf^c^ala**	إِسْتَفْعَلَ

– Le participe passif a toujours la même forme que le participe actif, mais l'avant-dernière voyelle est **a** au lieu de **i**. La IXe n'a pas de participe passif.

(1) Le **masdar** de IIIe forme peut être aussi de forme **if^c^àl** :
jàhada, youjàhidou جَاهَدَ، يُجَاهِدُ → **jihàd** جِهَاد
s'efforcer de *effort*

(2) À la VIIIe forme, lorsque la première consonne est une lettre emphatique, il y a quelques particularités : si la première consonne est un **tà'** ou un **ṯà'**, il y a redoublement de l'infixe **-ta-**, et si c'est une lettre emphatique, elle influe sur cet infixe qui devient **-ṯa-** ; de même, les verbes assimilés ont une double lettre et commencent par **itta-** :

tabi^c^a تَبِعَ *suivre* → **ittaba^c^a** إِتَّبَعَ *suivre, observer*

ṯala^c^a طَلَعَ *monter* → **ittala^c^a ^c^alà** إِطَّلَعَ عَلَى *s'informer de*

ḏaraba ضَرَبَ *frapper* → **iḏṯaraba** إِضْطَرَبَ *être agité*

wasala وَصَلَ *arriver, lier* → **ittasala bi-** إِتَّصَلَ بِـ *communiquer avec, contacter*

• ***Les verbes quadrilitères***

La majorité des verbes sont trilitères (racines à 3 lettres), mais il en existe aussi un petit nombre qui sont bilitères ou quadrilitères. Le plus courant d'entre ces derniers, souvent donné en modèle, est **tarjama**, **youtarjimou** تَرْجَمَ، يُتَرْجِمُ *traduire* (TRJM), qui a donné **terjuman** (***tercüman*** en turc) et, de là, *truchement, drogman*, c'est-à-dire *traducteur, interprète*.

11.6 Verbes irréguliers

Nous ne pouvons pas vous donner dans le cadre de cet ouvrage un aperçu complet des verbes irréguliers, mais nous avons essayé de

vous en présenter les types les plus courants. De même, vous aurez ici à votre disposition un certain nombre de tableaux de conjugaison, mais nous vous conseillons vivement de vous référer au “Bescherelle des verbes arabes” pour tous les autres types de verbes.
En arabe, on distingue des verbes réguliers – dits “sains” – et des irréguliers – dits “malades”. Parmi les premiers, il faut aussi signaler quelques particularités d'écriture : ce sont les verbes “sourds” et “hamzés”. Quant aux seconds, ils se divisent en verbes “assimilés”, “concaves“ et “défectueux”, dont la racine comporte une ou plusieurs semi-voyelles **yà'** ي et **wàw** و.

• Verbes à particularités orthographiques

– Verbes sourds :
marra, yamourrou مَرَّ، يَمُرُّ (voir leçons 27 et 56)
– Verbes hamzés :
akhadha, ya'khoudhou أَخَذَ، يَأْخُذُ (voir leçon 56)

• Verbes “malades” ou irréguliers (voir aussi leçon 56 § 2)

Assimilés	Concaves	Défectueux
• **wàw** en initiale وَجَدَ، يَجِدُ **wajada, yajidou** **W** J D	• **wàw** en 2e position كَانَ، يَكُونُ **kàna, yakoùnou** K **W** N قَالَ، يَقُولُ **qàla, yaqoùlou** Q **W** L	• **wàw** en finale دَعَا، يَدْعُو **da^{c}à, yad^{c}où** D ^{c} **W**
• **yà'** en initiale يَبِسَ، يَيْبَسُ **(yabisa, yaybasou)** (**Y** B S) (pas de particularités et peu d'exemples)	• **yà'** en 2e position بَاعَ، يَبِيعُ **bà^{c}a, yabì^{c}ou** B **Y** ^{c}	• **yà'** en finale مَشَى، يَمْشِي **machà, yamchì** M CH **Y** بَقِيَ، يَبْقَي **baqiya, yabqà** B Q **Y** (**yà'** apparent)

N.B. Il existe aussi des verbes dont la racine comporte deux semi-voyelles.

• *Verbe assimilé :* **wajada, yajidou** (W J D) وَجَدَ، يَجِدُ *trouver*

		Accompli	Inaccompli	Subjonctif	Apocopé	Impératif
Singulier	1mf	وَجَدْتُ **wajadtou**	أَجِدُ **ajidou**	أَجِدَ **ajida**	أَجِدْ **ajid**	
	2m	وَجَدْتَ **wajadta**	تَجِدُ **tajidou**	تَجِدَ **tajida**	تَجِدْ **tajid**	جِدْ! **jid !**
	2f	وَجَدْتِ **wajadti**	تَجِدِينَ **tajidìna**	تَجِدِي **tajidì**	تَجِدِي **tajidì**	جِدِي! **jidì !**
	3m	وَجَدَ **wajada**	يَجِدُ **yajidou**	يَجِدَ **yajida**	يَجِدْ **yajid**	
	3f	وَجَدَتْ **wajadat**	تَجِدُ **tajidou**	تَجِدَ **tajida**	تَجِدْ **tajid**	
Duel	2mf	وَجَدْتُمَا **wajadtoumà**	تَجِدَانِ **tajidàni**	تَجِدَا **tajidà**	تَجِدَا **tajidà**	جِدَا! **jidà !**
	3m	وَجَدَا **wajadà**	يَجِدَانِ **yajidàni**	يَجِدَا **yajidà**	يَجِدَا **yajidà**	
	3f	وَجَدَتَا **wajadatà**	تَجِدَانِ **tajidàni**	تَجِدَا **tajidà**	تَجِدَا **tajidà**	
Pluriel	1mf	وَجَدْنَا **wajadnà**	نَجِدُ **najidou**	نَجِدَ **najida**	نَجِدْ **najid**	
	2m	وَجَدْتُمْ **wajadtoum**	تَجِدُونَ **tajidoùna**	تَجِدُوا **tajidoù**	تَجِدُوا **tajidoù**	جِدُوا! **jidoù !**
	2f	وَجَدْتُنَّ **wajadtounna**	تَجِدْنَ **tajidna**	تَجِدْنَ **tajidna**	تَجِدْنَ **tajidna**	جِدْنَ! **jidna !**
	3m	وَجَدُوا **wajadoù**	يَجِدُونَ **yajidoùna**	يَجِدُوا **yajidoù**	يَجِدُوا **yajidoù**	
	3f	وَجَدْنَ **wajadna**	يَجِدْنَ **yajidna**	يَجِدْنَ **yajidna**	يَجِدْنَ **yajidna**	

• *Verbe concave :* **kàna, yakoùnou** (K W N) كَانَ، يَكُونُ *être*

		Accompli	Inaccompli	Subjonctif	Apocopé	Impératif
Singulier	1mf	كُنْتُ **kountou**	أَكُونُ **akoùnou**	أَكُونَ **akoùna**	أَكُنْ **akoun**	
	2m	كُنْتَ **kounta**	تَكُونُ **takoùnou**	تَكُونَ **takoùna**	تَكُنْ **takoun**	كُنْ! **koun !**
	2f	كُنْتِ **kounti**	تَكُونِينَ **takoùnìna**	تَكُونِي **takoùnì**	تَكُونِي **takoùnì**	كُونِي! **koùnì !**
	3m	كَانَ **kàna**	يَكُونُ **yakoùnou**	يَكُونَ **yakoùna**	يَكُنْ **yakoun**	
	3f	كَانَتْ **kànat**	تَكُونُ **takoùnou**	تَكُونَ **takoùna**	تَكُنْ **takoun**	
Duel	2mf	كُنْتُمَا **kountoumà**	تَكُونَانِ **takoùnàni**	تَكُونَا **takoùnà**	تَكُونَا **takoùnà**	كُونَا! **koùnà !**
	3m	كَانَا **kànà**	يَكُونَانِ **yakoùnàni**	يَكُونَا **yakoùnà**	يَكُونَا **yakoùnà**	
	3f	كَانَتَا **kànatà**	تَكُونَانِ **takoùnàni**	تَكُونَا **takoùnà**	تَكُونَا **takoùnà**	
Pluriel	1mf	كُنَّا **kounnà**	نَكُونُ **nakoùnou**	نَكُونَ **nakoùna**	نَكُنْ **nakoun**	
	2m	كُنْتُمْ **kountoum**	تَكُونُونَ **takoùnoùna**	تَكُونُوا **takoùnoù**	تَكُونُوا **takoùnoù**	كُونُوا! **koùnoù !**
	2f	كُنْتُنَّ **kountounna**	تَكُنَّ **takounna**	تَكُنَّ **takounna**	تَكُنَّ **takounna**	كُنَّ! **kounna !**
	3m	كَانُوا **kànoù**	يَكُونُونَ **yakoùnoùna**	يَكُونُوا **yakoùnoù**	يَكُونُوا **yakoùnoù**	
	3f	كُنَّ **kounna**	يَكُنَّ **yakounna**	يَكُنَّ **yakounna**	يَكُنَّ **yakounna**	

• *Verbe concave :* **bà^{c}a, yabì^{c}ou** (B Y ع) باعَ، يَبِيعُ *vendre*

		Accompli	Inaccompli	Subjonctif	Apocopé	Impératif
Singulier	1mf	بِعْتُ **bi^{c}tou**	أَبِيعُ **abì^{c}ou**	أَبِيعَ **abì^{c}a**	أَبِعْ **abi^{c}**	
	2m	بِعْتَ **bi^{c}ta**	تَبِيعُ **tabì^{c}ou**	تَبِيعَ **tabì^{c}a**	تَبِعْ **tabi^{c}**	بِعْ ! **bi^{c} !**
	2f	بِعْتِ **bi^{c}ti**	تَبِيعِينَ **tabì^{c}ìna**	تَبِيعِي **tabì^{c}ì**	تَبِيعِي **tabì^{c}ì**	بِيعِي ! **bì^{c}ì !**
	3m	بَاعَ **bà^{c}a**	يَبِيعُ **yabì^{c}ou**	يَبِيعَ **yabì^{c}a**	يَبِعْ **yabi^{c}**	
	3f	بَاعَتْ **bà^{c}at**	تَبِيعُ **tabì^{c}ou**	تَبِيعَ **tabì^{c}a**	تَبِعْ **tabi^{c}**	
Duel	2mf	بِعْتُمَا **bi^{c}toumà**	تَبِيعَانِ **tabì^{c}àni**	تَبِيعَا **tabì^{c}à**	تَبِيعَا **tabì^{c}à**	بِيعَا ! **bì^{c}à !**
	3m	بَاعَا **bà^{c}à**	يَبِيعَانِ **yabì^{c}àni**	يَبِيعَا **yabì^{c}à**	يَبِيعَا **yabì^{c}à**	
	3f	بَاعَتَا **bà^{c}atà**	تَبِيعَانِ **tabì^{c}àni**	تَبِيعَا **tabì^{c}à**	تَبِيعَا **tabì^{c}à**	
Pluriel	1mf	بِعْنَا **bi^{c}nà**	نَبِيعُ **nabì^{c}ou**	نَبِيعَ **nabì^{c}a**	نَبِعْ **nabi^{c}**	
	2m	بِعْتُمْ **bì^{c}toum**	تَبِيعُونَ **tabì^{c}oùna**	تَبِيعُوا **tabì^{c}où**	تَبِيعُوا **tabì^{c}où**	بِيعُوا ! **bì^{c}où !**
	2f	بِعْتُنَّ **bi^{c}tounna**	تَبِعْنَ **tabi^{c}na**	تَبِعْنَ **tabi^{c}na**	تَبِعْنَ **tabi^{c}na**	بِعْنَ ! **bi^{c}na !**
	3m	بَاعُوا **bà^{c}où**	يَبِيعُونَ **yabì^{c}oùna**	يَبِيعُوا **yabì^{c}où**	يَبِيعُوا **yabì^{c}où**	
	3f	بِعْنَ **bi^{c}na**	يَبِعْنَ **yabi^{c}na**	يَبِعْنَ **yabi^{c}na**	يَبِعْنَ **yabi^{c}na**	

• *Verbe défectueux :* **da^{c}à, yad^{c}où** (D ^{c} W) دَعَا، يَدْعُو *appeler*

		Accompli	Inaccompli	Subjonctif	Apocopé	Impératif
Singulier	1mf	دَعَوْتُ **da^{c}aoutou**	أَدْعُو **ad^{c}où**	أَدْعُوَ **ad^{c}ouwa**	أَدْعُ **ad^{c}ou**	
	2m	دَعَوْتَ **da^{c}aouta**	تَدْعُو **tad^{c}où**	تَدْعُوَ **tad^{c}ouwa**	تَدْعُ **tad^{c}ou**	أُدْعُ! **oud^{c}ou !**
	2f	دَعَوْتِ **da^{c}aouti**	تَدْعِينَ **tad^{c}ìna**	تَدْعِي **tad^{c}ì**	تَدْعِي **tad^{c}ì**	أُدْعِي! **oud^{c}ì !**
	3m	دَعَا **da^{c}à**	يَدْعُو **yad^{c}où**	يَدْعُوَ **yad^{c}ouwa**	يَدْعُ **yad^{c}ou**	
	3f	دَعَتْ **da^{c}at**	تَدْعُو **tad^{c}où**	تَدْعُوَ **tad^{c}ouwa**	تَدْعُ **tad^{c}ou**	
Duel	2mf	دَعَوْتُمَا **da^{c}aoutoumà**	تَدْعُوَانِ **tad^{c}ouwàni**	تَدْعُوَا **tad^{c}ouwà**	تَدْعُوا **tad^{c}où**	أُدْعُوَا ! **oud^{c}ouwà !**
	3m	دَعَوَا **da^{c}awà**	يَدْعُوَانِ **yad^{c}ouwàni**	يَدْعُوَا **yad^{c}ouwà**	يَدْعُوَا **yad^{c}ouwà**	
	3f	دَعَتَا **da^{c}atà**	تَدْعُوَانِ **tad^{c}ouwàni**	تَدْعُوَا **tad^{c}ouwà**	تَدْعُوَا **tad^{c}ouwà**	
Pluriel	1mf	دَعَوْنَا **da^{c}aounà**	نَدْعُو **nad^{c}où**	نَدْعُوَ **nad^{c}ouwa**	نَدْعُ **nad^{c}ou**	
	2m	دَعَوْتُمْ **da^{c}aoutoum**	تَدْعُونَ **tad^{c}oùna**	تَدْعُوا **tad^{c}où**	تَدْعُوا **tad^{c}où**	أُدْعُوا ! **oud^{c}où !**
	2f	دَعَوْتُنَّ **da^{c}aoutounna**	تَدْعُونَ **tad^{c}oùna**	تَدْعُونَ **tad^{c}oùna**	تَدْعُونَ **tad^{c}oùna**	أُدْعُونَ! **oud^{c}oùna !**
	3m	دَعَوْا **da^{c}aou**	يَدْعُونَ **yad^{c}oùna**	يَدْعُوا **yad^{c}où**	يَدْعُوا **yad^{c}où**	
	3f	دَعَوْنَ **da^{c}aouna**	يَدْعُونَ **yad^{c}oùna**	يَدْعُونَ **yad^{c}oùna**	يَدْعُونَ **yad^{c}oùna**	

• ***Verbe défectueux :*** **machà, yamchì** (M CH **Y**) مَشَى، يَمْشِي *marcher*

		Accompli	Inaccompli	Subjonctif	Apocopé	Impératif
Singulier	1mf	مَشَيْتُ **machaytou**	أَمْشِي **amchì**	أَمْشِيَ **amchiya**	أَمْشِ **amchi**	
	2m	مَشَيْتَ **machayta**	تَمْشِي **tamchì**	تَمْشِيَ **tamchiya**	تَمْشِ **tamchi**	إِمْشِ **imchi !**
	2f	مَشَيْتِ **machayti**	تَمْشِينَ **tamchìna**	تَمْشِي **tamchì**	تَمْشِي **tamchì**	إِمْشِي ! **imchì !**
	3m	مَشَى **machà**	يَمْشِي **yamchì**	يَمْشِيَ **yamchiya**	يَمْشِ **yamchi**	
	3f	مَشَتْ **machat**	تَمْشِي **tamchì**	تَمْشِيَ **tamchiya**	تَمْشِ **tamchi**	
Duel	2mf	مشَيْتُمَا **machaytoumà**	تَمْشِيَانِ **tamchiyàni**	تَمْشِيَا **tamchiyà**	تَمْشِيَا **tamchiyà**	إِمْشِيَا ! **imchiyà !**
	3m	مَشَيَا **machayà**	يَمْشِيَانِ **yamchiyàni**	يَمْشِيَا **yamchiyà**	يَمْشِيَا **yamchiyà**	
	3f	مَشَتَا **machatà**	تَمْشِيَانِ **tamchiyàni**	تَمْشِيَا **tamchiyà**	تَمْشِيَا **tamchiyà**	
Pluriel	1mf	مَشَيْنَا **machaynà**	نَمْشِي **namchì**	نَمْشِيَ **namchiya**	نَمْشِ **namchi**	
	2m	مَشَيْتُمْ **machaytoum**	تَمْشُونَ **tamchoùna**	تَمْشُوا **tamchoù**	تَمْشُوا **tamchoù**	إِمْشُوا ! **imchoù !**
	2f	مَشَيْتُنَّ **machaytounna**	تَمْشِينَ **tamchìna**	تَمْشِينَ **tamchìna**	تَمْشِينَ **tamchìna**	إِمْشِينَ ! **imchìna !**
	3m	مَشَوْا **machaou**	يَمْشُونَ **yamchoùna**	يَمْشُوا **yamchoù**	يَمْشُوا **yamchoù**	
	3f	مَشَيْنَ **machayna**	يَمْشِينَ **yamchìna**	يَمْشِينَ **yamchìna**	يَمْشِينَ **yamchìna**	

• *Verbe défectueux :* **baqiya, yabqà** (B Q Y) بَقِيَ، يَبْقَى *rester*

		Accompli	Inaccompli	Subjonctif	Apocopé	Impératif
Singulier	1mf	بَقِيتُ **baqìtou**	أَبْقَى **abqà**	أَبْقَى **abqà**	أَبْقَ **abqa**	
	2m	بَقِيتَ **baqìta**	تَبْقَى **tabqà**	تَبْقَى **tabqà**	تَبْقَ **tabqa**	إِبْقَ! **ibqa !**
	2f	بَقِيتِ **baqìti**	تَبْقَيْنَ **tabqayna**	تَبْقَيْ **tabqay**	تَبْقَيْ **tabqay**	إِبْقَيْ! **ibqay !**
	3m	بَقِيَ **baqiya**	يَبْقَى **yabqà**	يَبْقَى **yabqà**	يَبْقَ **yabqa**	
	3f	بَقِيَتْ **baqiyat**	تَبْقَى **tabqà**	تَبْقَى **tabqà**	تَبْقَ **tabqa**	
Duel	2mf	بَقِيتُمَا **baqìtoumà**	تَبْقَيَانِ **tabqayàni**	تَبْقَيَا **tabqayà**	تَبْقَيَا **tabqayà**	إِبْقَيَا ! **ibqayà !**
	3m	بَقِيَا **baqiyà**	يَبْقَيَانِ **yabqayàni**	يَبْقَيَا **yabqayà**	يَبْقَيَا **yabqayà**	
	3f	بَقِيَتَا **baqiyatà**	تَبْقَيَانِ **tabqayàni**	تَبْقَيَا **tabqayà**	تَبْقَيَا **tabqayà**	
Pluriel	1mf	بَقِينَا **baqìnà**	نَبْقَى **nabqà**	نَبْقَى **nabqà**	نَبْقَ **nabqa**	
	2m	بَقِيتُمْ **baqìtoum**	تَبْقَوْنَ **tabqaouna**	تَبْقَوْا **tabqaou**	تَبْقَوْا **tabqaou**	إِبْقَوْا! **ibqaou !**
	2f	بَقِيتُنَّ **baqìtounna**	تَبْقَيْنَ **tabqayna**	تَبْقَيْنَ **tabqayna**	تَبْقَيْنَ **tabqayna**	إِبْقَيْنَ! **ibqayna !**
	3m	بَقُوا **baqoù**	يَبْقَوْنَ **yabqaouna**	يَبْقَوْا **yabqaou**	يَبْقَوْا **yabqaou**	
	3f	بَقِينَ **baqìna**	يَبْقَيْنَ **yabqayna**	يَبْقَيْنَ **yabqayna**	يَبْقَيْنَ **yabqayna**	

Bibliographie

La bibliographie concernant la langue arabe est extrêmement abondante. Nous vous indiquerons ici juste quelques outils de travail.

BESCHERELLES, *Les Verbes arabes*, Hatier, Paris, 1999.

REIG (Daniel), *Dictionnaire arabe-français, français-arabe*, Larousse, Paris, 1983.

MOUNGED, *Dictionnaire français-arabe*, éd. Dar el-Machreq, Beyrouth, 1998.

SCHMIDT (Jean-Jacques), *Dictionnaire franco-arabe. Mots utiles de la vie courante*, Éditions du Dauphin, Paris, 1982.

LECOMTE (Gérard), *Grammaire de l'arabe*, PUF, Paris, 1980.

NEYRENEUF (Michel) et AL-HAKKAK (Ghalib), *Grammaire active de l'arabe*, Le livre de poche, Paris, 1996.

SCHMIDT (Jean-Jacques), *Sept clés pour comprendre le monde arabe*, Éditions du Dauphin, Paris, 2006

À propos de la civilisation islamique :

SOURDEL (Dominique et Janine), *Dictionnaire historique de l'islam*, PUF, Paris, 1980.

MIQUEL (André), avec la collaboration de LAURENS (Henri), *L'Islam et sa civilisation, VII-XXe siècles*, Armand Colin, Paris, 1977, 1990.

PAPADOPOULO (A.), *L'Islam et l art musulman*, Éditions Citadelles, Mazenod, Paris, 1976.

STIERLIN (Henri), *L'Architecture de l'islam. De l'Atlantique au Gange*, Office du Livre, Fribourg, 1979.

HATTSTEIN (Markus) et DELIUS (Peter), *Arts et civilisations de l'Islam*, Könemann, Cologne, 2000.

^{c}alà ar-ra'si wa al-^{c}ayni ! ! على ٱلرّأس وٱلعين *Bien volontiers !* (sur la tête et l'œil) !

A^{c}ànaka Allahou ! ! أعانك ٱلله *Que Dieu te vienne en aide !*

Ahlan bika (biki) ! Ahlan bikoum ! ! أهلاً بك(بكِ)!أهلاً بكم
Bienvenue à toi (masc./fém.) / à vous !

Ahlan wa sahlan ! ! أهلاً وسهلا *Bonjour ! Bienvenue !*

Ahtàjou ilà ... Ahtàjou ilà ^{c}oumlatin mahalliyyatin.
أحتاج إلى...أحتاج إلى عملة محلّيّة
J'ai besoin de... J'ai besoin de monnaie locale.

A laysa ka-dhalika ? ؟ أليس كذلك *N'est-ce pas* (ainsi) *?*

Al-hamdou lillah! !الحمد لله *Dieu soit loué !*

Anà mahzoùzoun / mahzoùzatoun. أنا محظوظ/محظوظة *J'ai de la chance* (je suis chanceux / chanceuse).

Anà mousta^{c}jiloun(-latoun) / anà ghayrou mousta^{c}jilin(-latin).
أنا مستعجل(مستعجلة) / أنا غير مستعجل(مستعجلة)
Je suis pressé(e) / je ne suis pas pressé(e).

Anà moutaraddidoun. أنا متردّد *J'hésite* (je suis hésitant).

Arjoù min-ka (-ki, -koum, -koumà...) + **masdar** ou bien **an** + subj. أرجو منك (ـــكِ، ـــكم، ـــكما)...أن *Je vous* (te) *prie de...*

As-salàmou ^{c}alayka ! – Wa ^{c}alayka as-salàmou !
ألسّلام عليك! - وعليك ٱلسّلام!
Bonjour (le salut [soit] sur toi) ! – *Bonjour* (et sur toi [soit]) le salut) *!*

Atamannà laka safratan sa^{c}ìdatan. أتمنّى لك سفرة سعيدة *Je te souhaite un bon* (heureux) *voyage.*

Ayna yoùjadou maktabou al-barìdi ? / Ayna toùjadou al-jàmi^{c}atou ? أين يوجد مكتب ٱلبريد ؟ - أين توجد ٱلجامعة ؟
Où se trouve le bureau de poste / l'Université ?

Ba^{c}da nisfi sà^{c}atin. بعد نصف ساعة *Dans* (après) *une demi-heure*

Bàraka Allahou fika ! !بارك ٱلله فيك *Que Dieu te bénisse ! (Merci !)*

Bi-koulli souroùrin ! ! بكلّ سرور *Avec plaisir !*

Bi-wouddì an nadhhaba ilà al-madìnati. بودّي أن نذهب إلى ٱلمدينة *J'aimerais que nous allions à la ville.*

Choukran ! Choukran ᶜalà... ... شكرا ! شكرا على *Merci ! Merci pour...*

Choukran jazìlan ! – ᶜAfwan ! ! شكرا جزيلا ! – عفوا *Merci beaucoup ! – De rien !*

Choukran ᶜalà hadhihi an-na<u>s</u>ì<u>h</u>ati, yà Douktoùr !

شكرا على هذه ٱلنّصيحة يا دكتور !

Merci pour ce conseil, Docteur !

<u>D</u>arabta ᶜou<u>s</u>foùrayni bi-<u>h</u>ajarin wà<u>h</u>idin.

ضربت عصفورين بحجر واحد

Faire (tu as fait) *d'une pierre deux coups.*

Hadhà houwa... / hadhihi hiya... ... هذا هو.../هذه هي *Voici le / la...* (celle-ci elle, celui-ci lui /...)

Hadhà maqhan. هذا مقهى *Voici un café* (celui-ci un café).

Hadhà mousta<u>h</u>ìloun tamàman ! ! هذا مستحيل تماما *Ceci est tout à fait impossible !*

Hal anta mouwàfiqoun ? – Naᶜam, anà mouwàfiqoun.

هل أنت موافق ؟ – نعم، أنا موافق.

Es-tu d'accord ? – Oui, je suis d'accord.

Hal your<u>d</u>ì-ki (-ka / -koum / -koumà) dhalika ?

هل يرضيكِ(ـــكَ، ـــكم، ـــكما) ذلك ؟

Cela te (fém.) *convient-il* (te[masc.], vous, vous deux) *?*

<u>H</u>asaba mà samiᶜtou حسب ما سمعت *d'après ce que j'ai entendu*

Ilà al-liqà'i ! ! إلى ٱللقاء *Au revoir !*

Kayfa al-ᶜà'ilatou ? ؟ كيف ٱلعائلة *Comment va la famille ?*

Koullou chay'in ᶜalà mà youràmou. كلّ شيء على ما يرام *Tout est pour le mieux* (toute chose sur quoi il est désiré).

Koulloulhoum bi-khayrin, al-hamdou lil-Allahi !

كلّهم بخير، ألحمد لله !

Tout le monde va bien, Dieu soit loué ! (44)

Là ba'sa ! Là ba'sa fì dhalika ! ! لابأس ! لابأس في ذلك *Il n'y a pas de mal ! Il n'y a pas de mal à cela.*

Là ba'sa bi-hi. لابأس به *Il n'est pas mal./ Ce n'est pas mal.*

Là boudda li- + *pronom* **min...** ...لابدّ ل... من *Il faut absolument que...*

Là boudda lì min al-moughàdarati al-àna.

لابدّ لي من ٱلمغادرة ٱلآن

Il faut absolument que je parte (pas d'issue pour moi hors le-fait-de-partir) *maintenant.*

Là chakka anna... لاشكّ أنّ *Pas de doute que...*

Là chakka annaka mout^{c}aboun jiddan. لاشكّ أنّك متعب جدّا *Il n'y a pas de doute que tu es très fatigué.*

Ladayya al-waqtou / mà (ou **laysa**) **ladayya al-waqtou.**

لديّ ٱلوقت / ما (ليس) لديّ ٱلوقت

J'ai le temps / je n'ai pas le temps.

Là hamma laka illà mouchàhadatou at-tilifizyoùn !

لا همّ لك إلّا مشاهدة ٱلتلفزيون

Tu ne penses qu'à regarder la télévision (pas de souci pour toi sauf le visionnement de la télévision) *!*

Là hamma lahà illà ach-chirà'ou. لاهمّ لها إلّا ٱلشّراء *Elle ne pense qu'à acheter* (qu'à l'achat).

Là tansa maou^{c}idanà ! ! لاتنس موعدنا *N'oublie pas notre rendez-vous !*

Là youhimmou ! ! لايهمّ *Ce n'est pas important / Peu importe* (cela n'importe pas) *!*

Mà akhbàrouka ? ؟ ما أخبارك *Comment va ?* (Quelles sont tes nouvelles ?)

Mabroùk ! ! مبروك *Félicitations !*

Mà chà'a Allahou ! !ماشاء ٱللّه *Bravo ! Félicitations !*

Mà hadhihi al-faou*d*à ? ؟ ما هذه ٱلفوضى *Quel est ce désordre ?*

Mà houwa ? / Mà hiya... ? ؟ ما هو ؟ / ما هي... *Quel(le) est... ?*

Mamnoùnoun. ممنون *Très obligé. / Merci.*

Ou^{c}dhournì ! ! أعذرني *Excuse[z]-moi !*

Ourìdou an adhhaba ilà as-soùqi / ilà Dimachq.

أريد أن أذهب إلى ٱلسّوق/ إلى دمشق

Je veux aller au souq / à Damas.

Sa-achtarì / a^{c}malou koulla mà tourìdou / tourìdìna.

سأشتري / أعمل كلّ ما تريد / تريدين

J'achèterai / je ferai tout ce que tu voudras (masc./fém.).

Saoufa aktafì bi-hà ! ! سوف أكتفي بها *Cela* (elle) *me suffira, je m'en contenterai !*

Ta^{c}àla ! / Ta^{c}àlay ! ! تعالي ! / ! تعل *Viens !* (toi masc. / fém.)

Tafa*dd*al / Tafa*dd*alì ; Tafa*dd*alà / Tafa*dd*aloù !

تفضّل ! تفضّلي ! تفضّلا ! تفضّلوا !

Je t'en prie (masc. / fém.), *je vous en prie* (duel et pluriel).

Yabdoù anna... Yabdoù annahou sa-youm*t*irou.

يبدو أنّ... يبدو أنّه سيمطر

Il semble que... Il semble qu'il va pleuvoir (que-lui[impersonnel] il-va-pleuvoir).

Yakfì ! / Hadhà yakfì. هذا يكفي !/ يكفي *Il suffit. / Cela suffit.*

Ichàràtou al-**mouroùri** إشارات ٱلمرور Panneaux de signalisation

Khaffif as-**sour^{c}ata.** ! خفّف ٱلسّرعة *Ralentir* (diminue la vitesse) *!*

Kha*t*aroun ! ! خطر *Danger !*

Mamnoù^{c}oun **al-wouqoùf**ou. ممنوع ٱلوقوف *Défense de stationner.*

Qif ! ! قف *Stop* (arrête-toi) *!*

Tamahhal ! ! تمهّل *Ralentir* (ralentis) *!*

***T*arìq**oun **masdoùd**oun. طريق مسدود *Voie barrée.*

L'heure

Kam-i as-**sà^{c}at**ou? كم ٱلسّاعة ؟ *Quelle heure est-il ?*

Hiya as-**sà^{c}a**tou al-**khàmisa**tou **wa** ar-**roub^c**ou / **wa** ath-**thoulth**ou / **wa** an-**nisf**ou.

هي ٱلسّاعة ٱلخامسة وٱلرّبع / وٱلثّلث / وٱلنّصف

Il est cinq heures et quart / (et) *vingt* (tiers [d'heure]) */ et demie.*

Hiya as-**sàdisa**tou **illà** ar-**roub^c**i / **illà** ath-**thoulth**i.

هي ٱلسادسة إلّا ٱلرّبع / إلّا ٱلثّلث

Il est six heures moins le quart / moins vingt (tiers).

Hiya al-**wàhida**tou* **wa khamsou daqà'iq**a / **illà** ^{c}**achri daqà'iq**a.

هي ٱلواحدة و خمس دقائق / إلّا عشر دقائق

*Il est une heure** (et) *cinq* (minutes) / *moins dix* (minutes).

* **ba^{c}da** a**z-zouh**ri بعد ٱلظّهر *de l'après-midi* ou al-**wàhida**tou **lay-lan** ألواحدة ليلاً *une heure du matin.*

Houwa a**z-zouhr**ou. هو ٱلظّهر *Il est midi.*

Houwa mountasafou al-**layl**i. هو منتصف ٱلليل *Il est minuit.*

Lexique arabe-français

Vous trouverez dans ce lexique tous les mots de la méthode mais aussi tous les mots d’usage courant qui n’y figureraient pas.

• L’ordre alphabétique est celui de la transcription phonétique utilisée dans ce livre (et non l’ordre des lettres de l’alphabet arabe). La lettre **^{c}ayn** est classée en début de lexique et les lettres spéciales comme **<u>d</u>** et **dh** seront intégrées à la lettre **d**.

• Les noms sont suivis de leur pluriel et lorsqu’il s’agit d’un pluriel irrégulier, celui-ci est également classé à la lettre commençant ce pluriel ; vous trouverez par exemple “**<u>t</u>ifl** / **a<u>t</u>fàl**” à la lettre **t** et “**a<u>t</u>fàl**, pl. de **<u>t</u>ifl**” à la lettre **a**.

• Les verbes sont présentés sous leur forme “accompli/inaccompli”, et leur n° de la forme dérivée, s’il y a lieu, est indiqué.

Abréviations utilisées :

adj. = adjectif
adv. = adverbe
coll. = collectif
dipt. = diptote
fém. = féminin
fig. = sens figuré
intr. = intransitif
irrég. = irrégulier
masc. = masculin
pl. = pluriel
poss. = possessif
pron. = pronom
sing. = singulier
subj. = subjonctif
subst. = substantif
tr. = transitif

^{c}abd / ^{c}abìd	عبد/عبيد	44	serviteur, esclave
^{c}abìd	عبيد		*pl. de* ^{c}abd
^{c}abra	عبر	57	à travers
^{c}àcha, ya^{c}ìchou	عاش/ يعيش		vivre
^{c}achà’	عشاء	58	dîner *(subst.)*
^{c}àda(t) / ^{c}àdàt	عادة/عادات	77	habitude
^{c}àda, ya^{c}oùdou	عاد يعود	51	revenir
^{c}àdala, you^{c}àdilou III	عادل، يعادل	65	équivaloir à
^{c}àdatan	عادة	38	d’habitude, en général
^{c}adìdou min (al-~)	ألعديد من	51	un grand nombre de
^{c}àdiyy	عاديّ		ordinaire
^{c}afwan	عفوا	43	de rien (réponse à “merci”)
^{c}ajà’ib	عجائب		*pl. de* ^{c}ajìba(t)
^{c}ajala(t)	عجلة	21	hâte, empressement, précipitation
^{c}ajala(t) / -àt	عجلة/ات		roue

^{c}ajìb	عجيب		étonnant
^{c}ajìba(t) / ^{c}ajà'ib	عجيبة/عجائب		merveille
^{c}àjil	عاجل	76	urgent
^{c}alà	على	19	sur
^{c}àlam / ^{c}awàlim	عالم/عوالم	48, 77	monde
^{c}àlamiyy(an)	عالميًّا	46	mondial(ement)
^{c}alà-*pronom* an + *subj.*	على .. أن	50	être obligé de, devoir
^{c}alàqa(t) / -àt	علاقة/ات	77	relation
^{c}àlin	عال	44	élevé
^{c}allama, you^{c}allimou II	علّم، يعلّم	72	enseigner
^{c}amal / a^{c}màl	عمل/أعمال	43, 60	travail, action, œuvre
^{c}amaliyya(t) / -àt	عمليّة/ات	57	opération
^{c}àmil / ^{c}oummàl	عامل/عمّال	33	ouvrier
^{c}amila, ya^{c}malou	عمل، يعمل	33	travailler, faire, agir
^{c}amìq	عميق	60	profond
^{c}àmm	عامّ	26	public
^{c}amm / a^{c}màm,	عمّ/أعمام	36	oncle paternel
^{c}amma(t) / -àt	عمّة/ات		tante paternelle
^{c}anàwìn	عناوين		*pl. de* ^{c}ounwàn
^{c}anìf	عنيف	59	violent
^{c}ànis / ^{c}awànis	عانس/عوانس		vieille fille
^{c}Arab	عرب	39	Arabes
^{c}arabiyy	عربيّ	39	arabe *(adj.)*
^{c}arabiyya(t) (al-~)	العربيّة	51	arabe, [langue] arabe
^{c}arafa, ya^{c}rifou	عرف، يعرف	31	connaître, savoir
^{c}ard̲	عرض		offre
^{c}arìd̲	عريض		large
^{c}arin *(irrég.)*	عار		nu
^{c}arìs, ^{c}aroùs	عريس، عروس	33	fiancé
^{c}as̲abiyy	عصبيّ		nerveux
^{c}as̲àfir	عصافير		*pl. de* ^{c}ous̲foùr
^{c}às̲ifa(t) / ^{c}awàs̲if	عاصفة/عواصف	68	tempête, orage
^{c}às̲ima(t) / ^{c}awàs̲im	عاصمة/عواصم	20	capitale
^{c}as̲ìr	عصير	46	jus
^{c}at̲chàn *(dipt.)*	عطشان	29	assoiffé, qui a soif
^{c}athara, ya^{c}thourou ^{c}alà	عثر، يعثر على	65	tomber sur, trouver par hasard
^{c}àt̲ifa(t) / ^{c}awàt̲if	عاطفة/عواطف		sentiment

^{c}àṯil/oùna ^{c}an-i (a)l-^{c}amali	عاطل/ون عن العمل		chômeur(s)
^{c}awàs̱if	عواصف		*pl. de* ^{c}às̱ifa(t)
^{c}awàs̱im	عواصم		*pl. de* ^{c}às̱ima(t)
^{c}awàṯif	عواطف		*pl. de* ^{c}atifa(t)
^{c}ayb / ^{c}ouyoùb	عيب/عيوب		défaut
^{c}ayn / ^{c}ouyoùn	عين/عيون	46, 60	source, œil
^{c}azafa, ya^{c}zifou ^{c}alà àlati moùsìqiyya	عزف، يعزف على آلة موسيقيّة		jouer d'un instrument de musique
^{c}ibàra(t) / -àt	عبارة/ات		phrase
^{c}ichq	عشق		amour
^{c}ìd /a^{c}yàd	عيد/أعياد	33	fête
^{c}ìdou (a)l-mìlàdi	عيد ٱلميلاد	36	anniversaire
^{c}ilm / ^{c}ouloùm	علم/علوم	56	savoir, science
^{c}inda	عند	23	chez, auprès de
^{c}inda'idhin	عندئذ	36	alors, à ce moment-là
^{c}indamà	عندما	55, 64	quand, lorsque
^{c}iqàb	عقاب		punition
^{c}iyàda(t) / -àt	عيادة/ات	61, 76	consultation, cabinet, clinique
^{c}ouloùm	علوم		*pl. de* ^{c}ilm
^{c}oulyà *(élatif)*	عليا	44	supérieure
^{c}oumdatou (a)l-madìnati	عمدة ٱلمدينة	59	maire de la ville
^{c}oumla(t) / -àt	عملة/ات	65	monnaie, devise
^{c}oummàl	عمّال		*pl. de* ^{c}àmil
^{c}oumoùmiyy	عموميّ		public
^{c}oumyàn	عميان		*pl. de* a^{c}mà
^{c}ounouq / a^{c}nàq	عنق/أعناق		cou
^{c}ounwàn / ^{c}anàwìn	عنوان/عناوين	51	adresse, titre (d'un livre)
^{c}ouqoùba(t) / -àt	عقوبة/ات		punition
^{c}ours	عرس	44	noce
^{c}ous̱foùr / ^{c}as̱àfir	عصفور/عصافير	44	moineau
^{c}ouṯal	عطل		*pl. de* ^{c}ouṯla(t)
^{c}ouṯla(t) / -àt, ^{c}ouṯal	عطلة/ات، عطل	75	désœuvrement, chômage, congé, vacances
^{c}ouyoùn	عيون		*pl. de* ^{c}ayn
^{c}ouzzàb	عزّاب		*pl. de* a^{c}zabou
a laysa	أليس	29	est-ce que *(+ négation)* ?
a^{c}àda, you^{c}ìdou IV	أعاد، يعيد		recommencer, répéter

a^{c}àna, you^{c}ìnou IV	أعان، يعين	60	aider
a^{c}dhara, you^{c}dhirou IV	أعذر، يعذر	71	excuser
a^{c}jaba, you^{c}jibou IV	أعجب، يعجب		plaire
a^{c}là *(élatif)*	أعلى	44	supérieur
a^{c}lana, you^{c}linou IV	أعلن، يعلن	73	déclarer, annoncer
a^{c}mà / ^{c}oumyàn	أعمى / عميان		aveugle
a^{c}màl	أعمال		*pl. de* ^{c}amal
a^{c}nàq	أعناق		*pl. de* ^{c}ounouq
a^{c}tinì IV	أعطني	30	donne-moi
a^{c}wàm	أعوام		*pl. de* ^{c}amm
a^{c}yàd	أعياد		*pl.de* ^{c}ìd
a^{c}zabou / ^{c}ouzzàb	أعزب / عزّاب	44	célibataire
à'bà'	آباء		*pl. de* aboun, parents (père et mère)
abadan	أبدًا	29	pas du tout, jamais (de la vie)
abadan (là... ~)	لا... أبدًا		ne... jamais
abkam / boukm	أبكم / بكم		muet
abnà'...	أبناء...	44	*pl.* de ibn
abou	أب	38	père
abràj	أبراج		*pl. de* bourj
absita(t)	أبسطة		*pl. de* bisàt
abwàb	أبواب		*pl. de* bàb
abyad	أبيض	66	blanc
abyàt	أبيات	77	*pl. de* bayt (poésie)
ach^{c}ala, youch^{c}ilou IV	أشعل، يشعل		brûler *(tr.)*
ach^{c}àr	أشعار		*pl. de* chi^{c}r
achbaha, youchbihou IV	أشبه، يشبه	73	ressembler à
achhour	أشهر		*pl. de* chahr
achjàr	أشجار		*pl. de* chajara(t)
achkàl	أشكال		*pl. de* chakl
achraf	أشرف	40	plus noble
achrafa, youchrifou ^{c}alà IV	أشرف، يشرف على	52	donner sur, dominer, superviser
achràr	أشرار		*pl. de* charr
achrita(t)	أشرطة		*pl. de* charìt
achyà'	أشياء	38	*pl. de* chay'
adà^{c}a, youdi^{c}ou IV	أضاع، يضيع		perdre

adab	أدب	59	politesse ; littérature
àdàb	آداب	59	belles-lettres
adàfa, youdìfou IV	أضاف، يضيف	65	ajouter
àdhàn	آذان		*pl. de* oudhoun
adhkà, youdhkì IV	أذكى، يذكي	62	rendre intelligent
adhrou^{c}	أذرع		*pl. de* dhirà^{c}
adhwàq	أذواق		*pl. de* dhaouq
adkhala, youdkhilou IV	أدخل، يدخل	76	faire entrer
adràs	أضراس		*pl. de* dars
adwà'	أضواء		*pl. de* daou'
adwàr	أدوار		*pl. de* daour
adwiya(t)	أدوية		*pl. de* dawà'
adyàn	أديان		*pl. de* dìn
afdal	أفضل	75	meilleur
afkàr	أفكار		*pl. de* fikra(t)
aflàm	أفلام		*pl. de* film
afràn	أفران		*pl. de* fourn
africha(t)	أفرشة		*pl. de* firàch
aghànin	أغان		*pl. de* oughniya(t)
aghbira(t)	أغبرة		*pl. de* ghoubàr
aghbiyà'	أغبياء		*pl. de* ghabiyy
aghlaqa, youghliqou IV	أغلق، يغلق	65	fermer
aghlàt	أغلاط		*pl. de* ghalat
aghmàd	أغماد		*pl. de* ghimd
aghnà *(élatif)*	أغنى	48	plus riche
aghniyà'	أغنياء		*pl. de* ghaniyy
aghoustous	أغسطس		août
ahabba, youhibbou IV	أحبّ، يحبّ		aimer
ahad	أحد		quelqu'un
ahad (là... ~)	لا... أحد		personne
ahamma, youhimmou IV	أهمّ، يهمّ	54	être important, importer
ahassa, youhissou bi-IV	أحسّ، يحسّ بـ	76	ressentir, sentir (qqch.)
ahassa, youhissou bi-(a)l-bardi IV	أحسّ، يحسّ بالبرد		avoir froid
ahbàb	أحباب		*pl. de* habìb
ahdà, youhdì ilà IV	أهدى، يهدي إلى	48	offrir à
ahdàf	أهداف		*pl. de* hadaf
ahdara, youhdirou IV	أحضر، يحضر		apporter

ahdath *(élatif)*	أحدث	48	plus moderne
ahdàth	أحداث		*pl. de* hadath
ahdhiya(t)	أحذية		*pl. de* hidhà'
ahfàd	أحفاد		*pl. de* hafìd
ahibbà'	أحبّاء		*pl. de* habìb
ahl	أهل	33	famille
ahlàm	أحلام		*pl. de* houlm
ahlan bi-	أهلا بـ	31	bienvenue à
ahmala, youhmilou IV	أهمل، يهمل	58	négliger
ahmar	أحمر	66	rouge *(masc.)*
ahsan *(élatif)*	أحسن	48	meilleur, plus beau
ahwàl	أحوال		*pl. de* hàl
ahyà'	أحياء		*pl. de* hayy
ahyànan	أحيانا		parfois
ahzàb	أحزاب		*pl. de* hizb
ahzàn	أحزان		*pl. de* houzn
ajànib	أجانب		*pl. de* ajnabiyy
ajbàn	أجبان		*pl. de* joubn
ajdàd	أجداد		*pl. de* jadd
ajhiza(t)	أجهزة		*pl. de* jihàz
ajmal	أجمل	36	plus beau / belle
ajnabiyy / ajànib	أجنبيّ/أجانب	43	étranger
ajnàs	أجناس		*pl. de* jins
ajràs	أجراس		*pl. de* jaras
ajwà'	أجواء		*pl. de* jaww
ajwiba(t)	أجوبة		*pl. de* jawàb
akàdhìb	أكاذيب		*pl. de* kadhib
akala, ya'koulou	أكل، يأكل	31	manger
akbarou min *(élatif)*	أكبر من	74	plus grand / âgé que
akhadha, ya'khoudhou	أخذ، يأخذ	10	prendre
àkhar	آخر	39	autre
akhawiyy	أخويّ	77	fraternel
akhbàr	أخبار		*pl. de* khabar
akhdar	أخضر	66	vert
akhdh	أخذ	51	prise (fait de prendre)
akhìr	أخير		dernier
akhìran	أخيرا	50	enfin
akhoun / ikhwa(t), ikhwàn	أخ/إخوة، إخوان	39	frère

akhras / khours	أخرس/خرس		muet
akhṯà'	أخطاء		*pl. de* khaṯa'
akhṯàr	أخطار		*pl. de* khaṯar
akhṯara, youkhṯirou IV	أخطر، يخطر		avertir, prévenir
akhwàl	أخوال		*pl. de* khàl
akìd	أكيد		sûr
akkada, you'akkidou II	أكّد، يؤكّد	67	affirmer, assurer
akl	أكل	32	repas, manger *(subst.)*
akla(t) / -àt	أكلة/ات	34	plat, mets
akyàs	أكياس		*pl. de* kìs
àla(t) / -àt	آلة/ات	64	appareil, machine, instrument
àlàf	آلاف		*pl. de* alf
al-àna	ألآن		maintenant
àlatou taṯswirin	آلة تصوير	64	appareil photo
alf / àlàf, ouloùf	ألف/آلاف، ألوف	46	mille
alghà, youlghì IV	ألغى، يلغي		annuler
alẖifa(t)	ألحفة		*pl. de* liẖàf
àliyy	آليّ	72	automatique
alladhì	ألّذي	46	lequel
Allah	ألله	17	Dieu
allatì	ألّتي	43	laquelle
àloù !	آلوا !	53	allô !
alqàb	ألقاب		*pl. de* laqab
alsina(t)	ألسنة		*pl. de* lisàn
alwàn	ألوان	59	mets *(subst.)*
alwàn	ألوان		*pl. de* laoun
alzama, youlzimou bi- IV	ألزم، يلزم بـــ	77	charger de, contraindre, obliger à
am ?	أم ؟	43	ou bien ?
amàkin	أماكن		*pl. de* makàn
àmàl	آمال		*pl. de* amal
amal / àmàl	أمل/آمال		espoir
amala, ya'moulou	أمل، يأمل		espérer
amàma	أمام	41	devant
àmana, you'minou bi- IV	آمن، يؤمن بـــ		croire à, avoir foi en
amìn	أمين		sûr, de confiance
amìr / oumarà' *(dipt.)*	أمير/أمراء	37	prince, gouverneur, commandeur

amkina(t)	أمكنة		*pl. de* makàn
ammà	أمّا	20	mais
amr / awàmir	أمر/أوامر	47	ordre, injonction
amr / oumoùr	أمر/أمور	71	affaire
ams̱àr	أمصار		*pl. de* mis̱r
amsi	أمس	18	hier
amṯàr	أمطار		*pl. de* maṯar
amṯara, youmṯirou IV	أمطر، يمطر	57	pleuvoir
amthàl	أمثال		*pl. de* mathal
amti^{c}a(t)	أمتعة		*pl. de* matà^{c}
amwàl	أموال	41	*pl. de* màl
àn / awàn, àwina(t)	آن/أوان، آونة	44	moment
an + *subjonctif*	أن	50	que
anà	أنا	9	moi, je
anchiṯa(t)	أنشطة		*pl. de* nachàṯ
andalousiyy	أندلسيّ	69	andalou
anf / ounoùf	أنف/أنوف	37	nez
anfous	أنفس		*pl. de* nafs
anhà, younhì IV	أنهى، ينهي		terminer
anhàr	أنهار		*pl. de* nahr
anhour	أنهر		*pl. de* nahr
àni (min-a (a)l-~) [fa s̱à^{c}idan]	من الآن فصاعدًا		désormais
ànisatì	آنستي	38	mademoiselle
ans̱àf	أنصاف		*pl. de* nis̱f
anta ; anti	أنتَ؛ أنتِ	10, 13	toi, tu *(masc., fém.)*
antoumà	أنتما	37	vous deux *(masc., fém.)*
antounna	أنتنّ	45	vous *(fém.)*
anwà^{c}	أنواع		*pl. de* naou^{c}
anwàr	أنوار		*pl. de* noùr
aou	أو	43	ou bien
aoujà^{c}	أوجاع		*pl. de* waja^{c}
aouja^{c}a, yoùji^{c}ou IV	أوجع، يوجع	61	faire mal, être douloureux
aoulàd	أولاد		*pl. de* walad
aouqafa, yoùqifou IV	أوقف، يوقف	50, 75	arrêter, garer
aouqàt	أوقات		*pl. de* waqt
aouràq	أوراق		*pl. de* waraqa(t)
aousàkh	أوساخ		*pl. de* wasakh

aousàt	أوساط		*pl. de* wasat
aousat, woustà *(élatif masc., fém.)*	أوسط، وسطى	77	moyen(ne)
aqall	أقلّ		moins
aqàma, youqìmou IV	أقام، يقيم	59	mettre sur pied, offrir (un repas...)
aqàrib	أقارب		*pl. de* qarìb
aqbiyà	أقبيا		*pl. de* qabà'
aqdàm	أقدام		*pl. de* qadam
aqdam *(élatif)*	أقدم	40	plus ancien
aqla^{c}a, youqli^{c}ou IV	أقلع، يقلع	54	décoller, appareiller
aqlàm	أقلام		*pl. de* qalam
aqmàr	أقمار		*pl. de* qamar
aqmicha(t)	أقمشة		*pl. de* qoumàch
aqribà'	أقرباء		*pl. de* qarìb
aqsàm	أقسام		*pl. de* qism
aqsar *(élatif)*	أقصر	72	plus court
aràda, yourìdou IV	أراد، يريد	43	vouloir
arbà^{c}	أرباع		*pl. de* roub^{c}
arbàh	أرباح		*pl. de* ribh
ard	أرض		sol, terre
ardà, yourdì IV	أرضى، يرضي	69	satisfaire, convenir
arjoù min-ka/ki/koum...	أرجو منكَ/ـكِ/ـكم	54	je te / vous prie
arkàn	أركان		*pl. de* roukn
arqàm	أرقام	73	*pl. de* raqm
arsala, yoursilou IV	أرسل، يرسل	50	envoyer
as^{c}ad *(élatif)*	أسعد	48	plus heureux
as^{c}ada, yous^{c}idou IV	أسعد، يسعد	71	rendre heureux
as^{c}àr	أسعار		*pl. de* si^{c}r
as'ila(t)	أسئلة		*pl. de* sou'àl
asàba, yousìbou IV	أصاب يصيب		avoir raison
asàbì^{c}	أسابيع		*pl. de* ousboù^{c}
asàbi^{c}	أصابع		*pl. de* isba^{c}
asamm / soumm	أصمّ/صمّ		sourd
asàtidha(t)	أساتذة		*pl. de* oustàdh
asbàb	أسباب		*pl. de* sabab
asbaha, yousbihou IV	أصبح، يصبح	61	"être au matin", devenir, commencer à

asdiqà’	أصدقاء		*pl. de* sadìq
asfar	أصفر	66	jaune *(masc.)*
asfàr	أسفار		*pl. de* safar
asfara, yousfirou ᶜan IV	أسفر، يسفر عن	68	se solder par, aboutir à, dévoiler, révéler
asgharou min	أصغر من	74	plus petit / jeune que
ashàb	أصحاب		*pl. de* sàhib
àsif	آسف	66	désolé
Àsiyà	آسيا	77	Asie
aslaha, youslihou IV	أصلح، يصلح	57	réparer
asliha(t)	أسلحة		*pl. de* silàh
asmàk	أسماك		*pl. de* samaka(t)
asnàf	أصناف		*pl. de* sinf
asnàn	أسنان		*pl. de* sinn
asriᶜ ! IV	أسرع !	54	dépêche-toi !
asrija(t)	أسرجة		*pl. de* siràj
astouh	أسطح		*pl. de* sath
aswad	أسود	66	noir
aswàq	أسواق		*pl. de* soùq
aswàt	أصوات		*pl. de* saout
aswira(t)	أسورة		*pl. de* siwàr
asyàf	أصياف		*pl. de* sayf
atà, ya’tì bi-	أتى، يأتي بـ		apporter
atàha, youtìhou IV	أتاح، يتيح		permettre
atàla, youtìlou IV	أطال، يطيل	59	prolonger
atbàq	أطباق		*pl. de* tabaq
atfa’a, youtfi’ou IV	أطفأ، يطفئ	71	éteindre
atfàl	أطفال		*pl. de* tifl
àthàr	آثار		*pl. de* athar
athar / àthàr	أثر/آثار	75	vestige, trace, monument
athàth	أثاث		meubles
athlaja, youthlijou IV	أثلج، يثلج	67	neiger
athmàn	أثمان		*pl. de* thaman
athmàr	أثمار		*pl. de* thamra(t)
athwàb	أثواب		*pl. de* thaoub
atibbà’	أطبّاء		*pl. de* tabìb
atrach / tourch	أطرش/طرش		sourd
atriba(t)	أتربة		*pl. de* touràb

awàmir	أوامر		*pl. de* amr
awàn	أوان		*pl. de* àn
àwina(t)	آونة		*pl. de* àn
awwal	أوّل	53	premier
awwala amsi	أوّل أمس	68	avant-hier
ay	أي	65	c'est-à-dire, soit
ayd̲an	أيضا	25	aussi
aydin	أيد		*pl. de* yad
ayna ?	أين؟	11	où ?
ayqaz̲a, yoùqiz̲ou IV	أيقظ، يوقظ		réveiller
ayy / ayya(t)	أيّ ؟/ أيّة ؟	38	n'importe quel(le), quel(le) ?
ayyàm	أيّام		*pl. de* yaoum
ayyouhà	أيّها	45	ô
az^{c}aja, youz̲^{c}ijou IV	أزعج، يزعج	71	déranger
azhàr		36	*pl. de* zahra(t)
azhar *(élatif)*	أزهر	40	plus brillant, resplendissant
azmàn	أزمان		*pl. de* zaman
azmina(t)	أزمنة		*pl. de* zamàn
azraq	أزرق	66	bleu
azwàj	أزواج		*pl. de* zaouj
bà^{c}a, yabì^{c}ou	باع، يبيع	74	vendre
ba^{c}d̲	بعض	44	certain(s)
ba^{c}da	بعد	24	après, dans *(compl. de temps)*
ba^{c}da nis̲fi sà^{c}atin	بعد نصف ساعة	54	dans une demi-heure
ba^{c}da (a)z̲-z̲ouhri	بعد الظهر	24	après-midi
ba^{c}da z̲ouhri (a)l-yaoumi	بعد ظهر اليوم	25	cet après-midi
ba^{c}dou	بعد		encore
ba^{c}dou (lam + *apocopé* ~)	بعد(لم)	68	ne pas… encore
ba^{c}d̲ouhoumà lil-ba^{c}d̲i	بعضهما للبعض	43	l'un à l'autre
ba^{c}ìd (^{c}an)	بعيد عن	40	lointain, loin (de)
ba^{c}ìr / bou^{c}ràn	بعير/ بعران		chameau
bà'i^{c} / -oùna, bà'a(t)	بائع/ون باعة	41	vendeur
bàb / abwàb, bìbàn	باب/أبواب، بيبان	47	porte
bachara(t)	بشرة		peau, épiderme
bachariyy	بشريّ	77	humain

bada'a, yabda'ou	بدأ، يبدأ	56	commencer
baddala, youbaddilou II	بدّل، يبدّل		changer *(tr.)*
badhala, yabdhoulou	بذل، يبذل	41	dépenser
badhl	بذل	40	dépense
badìhiyy	بديهيّ		évident
bahatha, yabhathou ^{c}an	بحث، يبحث عن	74	chercher
bàhir	باهر	60	éblouissant
bahr / bihàr	بحر/ بحار	39	mer
Bahrou (a)l-Abyadou (a)l-Moutawassitou (al-~)	ألبحر الأبيض المتوسّط	77	la mer Méditerranée
bahthan ^{c}an	بحثًا عن	36	en quête de, à la recherche de
bakà, yabkì	بكى، يبكي		pleurer
bakhchìch	بخشيش		pourboire
bàkhira(t) / bawàkhir	باخرة بواخر		bateau
bàkiran	باكرًا		tôt
bal	بل	48	bien plus, et même
balad / bilàd, bouldàn	بلد/بلاد، بلدان	48	pays
baladiyy	بلديّ	59	municipal
baladiyya(t) / -àt	بلديّة/ات	59	municipalité
ballagha, youballighou II	بلّغ، يبلّغ	71	transmettre
banàt	بنات		*pl. de* bint
bank / bounoùk	بنك/بنوك	65	banque
bannà' / -oùna	بنّاء/ون		maçon
banoù	بنو		*pl. de* ibn
bantaloùn / -àt	بنطلون/ات	74	pantalon
baoul	بول	61	urine
baqara(t) / baqar *(coll.)*	بقرة/بقر	48	vache(s) ; bœufs, bovins
baqiya, yabqà	بقي، يبقى	46	rester, demeurer
baqqàl / -oùna	بقّال/ون		épicier
bard	برد	67	froid *(subst.)*
bardàn (kàna ~)	كان بردان		avoir froid
bàrid	بارد	60	froid *(adj.)*
barìd	بريد	19	poste
barqiyya(t) / -àt	برقيّة/ات	51	télégramme
bàs / -àt	باص/ات	34	autobus, car
basala(t) / basal *(coll.)*	بصلة/بصل		oignon
basàta(t)	بساطة	71	simplicité

basàt̲atin (bi-koulli ~)	بكلّ بساطة	71	en toute simplicité
basàtin	بساتين		*pl. de* boustàn
basìt̲	بسيط		simple
basma(t) / -àt	بسمة/ات		sourire *(subst.)*
bat̲at̲a(t)	بطاطة		pomme de terre
bat̲n / bout̲oùn	بطن/بطون	57	ventre
bat̲t̲àriyya(t) / -àt	بطّاريّة/ات		batterie
bawàkhir	بواخر		*pl. de* bàkhira(t)
bayd̲a(t) / bìd̲	بيضة/بيض		œuf
bayd̲à'	بيضاء	66	blanche
bayt / abyàt	بيت/أبيات	48	vers, distique
bayt / bouyoùt	بيت/بيوت	5	maison
bi-	بـــ	9	avec, à
bì'a(t)	بيئة	68	environnement
bì'a(t) (ᶜilmou (a)l-~)	علم ٱلبيئة	68	écologie
bìd̲	بيض		*pl. de* bayd̲a(t)
bidàya(t)	بداية	67	début
bilà	بلا	39	sans
bilàd	بلاد		*pl. de* balad
binàya(t) / -àt	بناية/يات	68	immeuble, bâtiment
bint / banàt	بنت/بنات	8	fille
bintou (a)l-ᶜammi	بنت ٱلعمّ	36	cousine (côté paternel)
bìra(t)	بيرة		bière
bisàt̲ / absit̲a(t), bousout̲	بساط/أبسطة، بسط	47	tapis
bit̲àla(t)	بطالة	68	chômage
bit̲àqa(t) / -àt	بطاقة/ات	51	carte
bit̲àqatou (a)l-houwiyyati	بطاقة ٱلهويّة		pièce d'identité
bit̲àqatou (a)l-i'timàni	بطاقة ٱلإئتمان	72	carte de crédit
bit̲àqatou (a)t-ta'mìni	بطاقة ٱلتّأمين	75	carte / attestation d'assurance
bit̲àqatoun barìdiyyatoun	بطاقة بريديّة	75	carte postale
bouᶜràn	بعران		*pl. de* baᶜìr
boudda (là ~ la-+ *pron.* min)	لابدّ لـــ...من	40	il faut absolument, devoir
boudda (là ~ lì min)	لابدّ لي من	40	il me faut absolument
bouh̲ayra(t) / -àt	بحيرة/ات		lac
boukm	بكم		*pl. de* abkam
bouldàn	بلدان		*pl. de* balad
bounniyy	بنّيّ		marron (couleur)

bounoùk	بنوك		*pl. de* bank
bourj / abràj	برج/أبراج		tour (une)
bourtouqàl	برتقال	46	oranges *(coll.)*
bousouṯ	بسط		*pl.* de bisàṯ
boustàn / basàtìn	بستان/بساتين	13	jardin
bouṯ'in (bi-~)	ببطء		lentement
bouṯoùn	بطون		*pl. de* baṯn
bouyoùt	بيوت		*pl. de* bayt
cha^{c}b / chou^{c}oùb	شعب/شعوب		peuple
chà^{c}ir / chou^{c}arà' *(dipt.)*	شاعر/شعراء	37	poète
cha^{c}ra(t) / -àt, cha^{c}r *(coll.)*	شعرة/ات، شعر	33	cheveu
cha^{c}ara, yach^{c}ourou bi-	شعر، يشعر بـ		sentir (qqch.)
chà'ib	شائب	61	homme d'âge mûr, vieux, aux cheveux blancs
chab^{c}àn	شبعان		rassasié
chabàb	شباب	45	jeunesse
chabàbìk	شبابيك		*pl. de* choubbàk
chàbb / choubbàn	شابّ/شبّان	32	jeune homme
chadìd	شديد	57	intense, fort
chàghir	شاغر	73	vacant, libre
chahàda(t)	شهادة	38	témoignage, attestation, certificat, diplôme ; profession de foi musulmane
chàhada, youchàhidou III	شاهد، يشاهد	45	regarder, assister à, témoigner
chàẖina(t) / -àt	شاحنة/ات		camion
chahiyya(t) ṯayyiba(t) !	شهية طيّبة!		Bon appétit !
chaẖm / chouẖoùm	شحم/شحوم		graisse
chahr / achhour, chouhoùr	شهر/أشهر، شهور	33	mois
chajar *(coll.)*	شجر		arbres
chajara(t) / achjàr	شجرة/أشجار	67	arbre
chakà, yachkoù min	شكا، يشكو من	61	se plaindre de
chakara, yachkarou	شكر، يشكر	58	remercier
chakhs̠ / achkhàs̠	شخص/أشخاص	31	personne (individu)
chakka (là ~ anna)	لا شكّ أنّ	54	pas de doute que
chakl / achkàl	شكل/أشكال	66	forme, motif, dessin
chaklin ṯabì^{c}iyyin (bi-~)	بشكل طبيعي		normalement, naturellement

chakwà	شكوى		plainte
cham^{c}a(t) / -àt, cham^{c} (coll.)	شمعة/ات، شمع	71	bougie, chandelle
chamàl	شمال	77	nord
chamàliyy	شماليّ		nordique, septentrional
chams (*fém.*)	شمس	46	soleil
chanṯa(t) / chinaṯ	شنطة/شنط	64	sac
chaouka(t) / -àt	شوكة/ات		fourchette
charaf	شرف		honneur
chàraka, youchàrikou fì III	شارك، يشارك في	59	participer à
chàri^{c} / chawàri^{c}	شارع/ شوارع	31	rue, avenue
chariba, yachrabou	شرب، يشرب	45	boire
charìf / chourafà'	شريف/شرفاء	40	noble
charika(t) / -àt	شركة/ات	38	société, entreprise, association
charìṯ / achriṯa(t)	شريط/أشرطة	69	film
charq (ach-~)	ٱلشرق	77	[l']est
charqiyy	شرقيّ	77	oriental
charr / achràr	شرّ/أشرار	74	mal *(subst.)*
charrafa, youcharrifou II	شرّف، يشرّف	71	honorer
chàṯi' / chawàṯi'	شاطئ/شواطئ	55	plage
chawàri^{c}	شوارع		*pl. de* chàri^{c}
chawàṯi'	شواطئ		*pl. de* chàṯi'
chày	شاي	46	thé
chay' / achyà'	شيء/أشياء	22	chose
chay'an fa-chay'an	شيئًا فشيئًا	46	peu à peu
chayàṯìn	شياطين		*pl. de* chayṯàn
chayṯàn / chayàṯìn	شيطان/شياطين؛	21	diable, démon ; Satan
chi^{c}r / ach^{c}àr	شعر/أشعار	77	poésie
chijàr / -àt	شجار/ات	59	dispute
chìk / -àt	شيك/ات	65	chèque
chinaṯ	شنط		*pl. de* chanṯa(t)
chirà'	شراء	40	fait d'acheter, achat
chità'	شتاء	67	hiver
chou^{c}arà' *(dipt.)*	شعراء	77	*pl. de* chà^{c}ir
chou^{c}oùb	شعوب		*pl. de* cha^{c}b
chou^{c}oùr	شعور		sentiment
choubbàk / chabàbìk	شبّاك/شبابيك	50	guichet

choubbàn	شبّان		*pl. de* chàbb
chouẖoùm	شحوم		*pl. de* chaẖm
chouhoùr	شهور		*pl. de* chahr
choukran, ~ ^{c}alà	شكرا، شكرا على	17	merci, ~ pour
chouqaq	شقق		*pl. de* chouqqa(t)
chouqqa(t) / chouqaq	شقّة/شقق		appartement
chourafà'	شرفاء		*pl. de* charìf
chourb	شرب	45	fait de boire, absorption
chourba(t)	شربة		soupe
chourfa(t) / -àt	شرفة/ات	52	balcon
chourṯa(t)	شرطة	64	police
chourṯiyy / -oùna	شرطيّ/ون	64	policier (*subst.*)
da^{c}à, yad^{c}où	دعا، يدعو	72	appeler, inviter
da^{c}wa(t) / -àt	دعوة/ات	71	invitation
ḏà'i^{c}	ضائع		perdu
ḏabṯi (bi-(a)ḏ-~)	بالضبط	52	exactement
dafa^{c}a, yadfa^{c}ou	دفع، يدفع	32	pousser, payer
dafàtir	دفاتر		*pl. de* daftar
daftar / dafàtir	دفتر/دفاتر	51	cahier, carnet
ḏaẖika, yaḏẖakou min	ضحك، يضحك من	61	rire, ~ de, se moquer de
ḏaẖk	ضحك	64	rire *(subst.)*
dajàja(t) / dajaj *(coll.)*	دجاجة/دجاج	30	poule
ḏajìj	ضجيج		bruit
dakàkìn	دكاكين		*pl. de* doukkàn
dakhala, yadkhoulou *(dir.)*	دخل يدخل	3	entrer dans
dakhkhana, youdakhkhinou II	دخّن يدخّن		fumer
ḏakhm	ضخم	37	énorme
dalla, yadoullou ^{c}alà	دلّ، يدلّ على	72	indiquer
dam / dimà'	دم/دماء	61	sang
ḏaou' / aḏwà'	ضوء/أضواء	46	lumière
daoula(t) / douwal	دولة/دول	48	État
daour / adwàr, daoura(t) / -àt	دور/أدوار، دورة/ات	50	tour (un), rôle
daqà'iq	دقائق		*pl. de* daqìqa(t)
daqìqa(t) / daqà'iq	دقيقة/دقائق		minute
dàr / doùr	دار / دور	47	maison
dàra, yadoùrou	دار، يدور	43	tourner
ḏaraba, yaḏribou	ضرب، يضرب	44	frapper

daraj	درج	61	escalier
daraja(t) / -àt	درجة/ات	58	degré
darasa, yadrousou	درس، يدرس	3	étudier
darb / douroùb	درب/دروب	72	rue, ruelle, sentier
darràja(t) hawà'iyya(t)	درّاجة هوائيّة		bicyclette
darrasa, youdarrisou II	درّس، يدرّس	33	enseigner
d̲ars / ad̲ràs	ضرس/أضراس	76	molaire
dars / douroùs	درس/دروس	1	leçon
d̲aw'iyy	ضوئيّ	45, 76	lumineux
dawà' / adwiya(t)	دواء/أدوية		médicament, remède
dawàlìb	دواليب		*pl. de* doùlàb
d̲ayf / d̲ouyoùf	ضيف/ضيوف	36	invité, hôte
d̲ayyiq	ضيّق	52	étroit
dhahab	ذهب	22	or
dhahàb	ذهاب	53	aller *(subst.)*
dhahaba, yadhhabou	ذهب، يذهب	11	aller
dhahàban wa iyàban	ذهابا وإيابا	53	(en) aller et retour
dhakà'	ذكاء	42	intelligence
dhakhà'ir	ذخائر		*pl. de* dhakhìra(t)
dhakhìra(t) / dhakhà'ir	ذخيرة/ذخائر	58	trésor en réserve
dhàkira(t)	ذاكرة	48	mémoire
dhakiyy	ذكيّ	38	intelligent
dhalika	ذلك	22	cela
dhaouq / adhwàq	ذوق/أذواق	69	goût, bon goût
dhàta yaoumin	ذات يوم	61	un certain jour
dhirà^{c} / adhrou^{c}	ذراع/أذرع		bras
dichdacha(t) / -àt	دشداشة/ات	55	dichdacha (vêtement)
d̲iffati (^{c}alà ~)	على ضفّة...	67	au bord de (cours d'eau)
dimà'	دماء		*pl. de* dam
dìn / adyàn	دين/أديان	44	religion
dìniyy	دينيّ		religieux *(adj.)*
diràsa(t) / -àt	دراسة/ات	38	étude
dìsambar	ديسمبر		décembre
d̲iyàfa(t)	ضيافة	77	hospitalité
doualiyy	دوليّ	68	international
douchch	دشّ	52	douche
doùda(t) / dìdàn, doùd *(coll.)*	دودة/ديدان، دود	71	ver

douhn / douhoùn	دهن/دهون	45	pommade, graisse
douhoùn	دهون		*pl. de* douhn
doukhàn	دخان		fumée
doukhoùl	دخول	73	entrée (action)
doukkàn / dakàkìn	دكّان/دكاكين	8	boutique
doùlàb / dawàlìb	دولاب/دواليب		roue
doùlàr / -àt	دولار/ات	74	dollar
doùna	دون	54	sans
doundourma(t)	دندرمة		glace (à manger)
doùr	دور		*pl. de* dàr
douroùb	دروب		*pl. de* darb
douroùs	دروس	12	*pl. de* dars
douwal	دول		*pl. de* daoula(t)
douyoùf	ضيوف		*pl. de* dayf
fa-	فـ	20	eh bien
fà'iq	فائق	61	supérieur
faddala, youfaddilou II	فضّل، يفضّل	34	préférer
fadla(t) / -àt	فضلة/ات		ordure
fadlan ^{c}an dhalika	فضلاً عن ذلك	48	outre, de plus
fàha, yafoùhou	فاح، يفوح		sentir (dégager une odeur)
fahasa, yafhasou	فحص، يفحص	61	examiner
fahima, yafhamou	فهم، يفهم	29	comprendre
fahs / fouhoùs / fouhoùsàt	فحص/فحوص/فحوصات	62	examen
faj'atan	فجأة	60	soudain, brusquement
fàja'a, youfàji'ou III	فاجأ، يفاجئ	71	surprendre
fajr	فجر	46	aube
fàkhir	فاخر	48	luxueux, de luxe
fàkiha(t) / fawàkih	فاكهة/فواكه	58	fruit
fakkara, youfakkirou fì II	فكّر، يفكّر في	58	penser à
fallàh / -oùna	فلاّح/ون	34	paysan
fam	فم	37	bouche
fanàdiq	فنادق	25	*pl. de* foundouq
fanàjìn	فناجين		*pl. de* finjàn
fann / founoùn	فنّ/فنون	68	art
fannàn / -oùna	فنّان/ون	69	artiste
faoudà	فوضى	47	anarchie, désordre
faouqa	فوق	46	au-dessus, sur

faouran	فورًا	25	immédiatement
faqada, yafqidou	فقد، يفقد		perdre
faqat	فقط	30, 41	seulement, ne... que
faqìr / fouqarà’	فقير/فقراء		pauvre
farah	فرح	34	joie
faràmil	فرامل		*pl. de* farmala(t)
Faransà	فرنسا	42	France
faransiyy	فرنسيّ	42	français
faransiyya(t) (al-~)	الفرنسيّة	43	le français (langue)
fàrigh	فارغ	67	creux, vide, vain
fariha, yafrahou	فرح، يفرح	22	se réjouir
farmala(t) / faràmil	فرملة/فرامل		frein
farraqa, youfarriqou II	فرّق، يفرّق		séparer
fasala, yafsilou	فصل، يفصل		séparer
fasàtìn	فساتين		*pl. de* foustàn
fasl / fousoùl	فصل/فصول	67	saison, chapitre
fassala, youfassilou II	فصّل، يفصّل	74	tailler, détailler
fatà(t) / fatayàt	فتاة/يات	61	jeune fille
fàta, yafoùtou	فات، يفوت	69	manquer, échapper, passer
fatà’ir	فطائر		*pl. de* fatìra(t)
fataha, yaftahou	فتح، يفتح	47	ouvrir
fatan / fityàn	فتى/فتيان	61	jeune homme
fatayàt	فتيات		*pl. de* fatà(t)
fath	فتح	54	ouverture (action)
fatìra(t) / fatà’ir	فطيرة/فطائر	58	tarte
fatra(t) / -àt	فترة/ترات	62	période
fawàkih	فواكه		*pl. de* fàkiha(t)
fawqa	فوق	46	en haut
fì	في	5	dans
fi’a(t) / -àt	فئة/ات		classe, catégorie
fibrà’ir	فبراير		février
fidda(t)	فضّة		argent (métal)
fikra(t) / afkàr	فكرة/أفكار	57	pensée
film / aflàm	فيلم/أفلام	69	film
finjàn / fanàjìn	فنجان/فناجين		tasse
firàch / africha(t)	فراش/أفرشة	47	lit
fitr	فطر	33	rupture du jeûne

fityàn	فتيان		*pl. de* fatan
foudoùliyy / -oùna	فضوليّ/ون		curieux, badaud
fouhoùs / fouhoùsa(t)	فحوص/ات		*pl. de* fahs
foundouq / fanàdiq	فندق/فنادق	23	hôtel
founoùn	فنون		*pl. de* fann
fouqarà’	فقراء		*pl. de* faqìr
fouqdàn	فقدان	64	perte
fouras	فرص		*pl. de* foursa(t)
fourn / afràn	فرن/أفران		four
foursa(t) / fouras	فرصة/فرص	69	occasion
fousoùl	فصول		*pl. de* fasl
foustàn / fasàtìn	فستان/فساتين	54	robe
foustouq	فستق	46	pistache *(coll.)*
foùta(t) / fouwat	فوطة/فوط		serviette de table
foutoùr	فطور	63	petit déjeuner
ghàba(t) / -àt	غابة/ات	67	forêt
ghabiyy / aghbiyà’	غبيّ/أغبياء		imbécile
ghadà’	غداء		déjeuner *(subst.)*
ghadan	غدا	41	demain
ghàdara, youghàdirou III	غادر، يغادر	53	partir, quitter
ghadbàn	غضبان	47	fâché
ghàfil / -oùna	غافل/ون	64	distrait, négligent
ghalat / aghlàt	غلط/أغلاط		erreur, faute
ghàlin *(irrég.)*	غال	74	cher
ghalìz	غليظ		gros, épais
ghanam	غنم	67	mouton *(coll.)*
ghaniyy / aghniyà’	غنيّ/أغنياء	48	riche
ghannà, youghannì II	غنّى، يغنّي		chanter
ghaouth	غوث	76	secours
gharàma(t) / -àt	غرامة/ات	75	amende, pénalité
gharb	غرب	77	ouest
gharbiyy	غربيّ	77	occidental
gharìb	غريب	30	étrange, curieux, bizarre
ghariqa, yaghraqou	غرق، يغرق	60	sombrer, être submergé
gharsoùn	غرسون	31	garçon (serveur)
ghasala, yaghsilou	غسل، يغسل	26	laver
ghàyati (lil-~)	للغاية	71	à l’extrême, extrêmement
ghayoùr	غيور	61	jaloux

ghayr + *adj.[indéter. ind.]*	غير	47	non-+ *adj.*
ghayyara, youghayyirou II	غيّر، يغيّر	65	changer *(tr.)*
ghàz / -àt	غاز/ات	68	gaz
ghazàl	غزال	32	gazelle
ghimd / aghmàd	غمد/أغماد	42	fourreau
ghiyàb	غياب	64	absence de, manque
ghoubàr / aghbira(t)	غبار/أغبرة	26	poussière
ghoudoùni dhalika (fì ~)	في غضون ذلك	47	sur ces entrefaites, pendant ce temps
ghouraf	غرف		*pl. de* ghourfa(t)
ghourfa(t) / ghouraf	غرفة/غرف	47	pièce, chambre
ghouroùbou (a)ch-chamsi	غروب ٱلشّمس	46	coucher du soleil
ghràm / -àt	غرام/ات		gramme
-hà	ـــها	15	son *(poss. fém.)*, elle, la
hà + *pronom isolé*	هـ...	54	voici...
hà'it / hitàn	حائط/حيطان		mur
ha'oulà'i	هؤلاء	60	ces
habba(t) / -àt, houboùb,	حبّة/أت، حبوب	74	grain, pilule, céréale
habìb / ahibbà', ahbàb	حبيب/أحبّاء، أحباب		amoureux
habila, yahbalou	حبل، يحبل	73	tomber enceinte
hadaf / ahdàf	هدف/أهداف	73	but
hadàra(t) / -àt	حضارة/ات	77	civilisation
hadàriyy	حضاريّ	77	de civilisation, civilisé
hadath / ahdàth	حدث/أحداث		événement
hadàyà	هدايا		*pl. de* hadiyya(t)
hadba(t) / -àt	هضبة/ات		colline
hadd / houdoùd	حدّ/حدود	62	limite
haddàd /-oùna	حدّاد/ون		forgeron
haddara, youhaddirou II	حضّر، يحضّر	58	préparer
hadhà	هذا	24, 27	ce, cet
hadhà houwa...	هذا هو...		voici *(fém.)*
hadhihi	هذه		cette
hadhihi hiya...	هذه هي...		voici *(masc.)*
hàdi'	هادئ		tranquille
hadìd	حديد		fer
hadìqa(t) / hadà'iq	حديقة/حدائق		parc, jardin
hàdir	حاضر		prêt *(adj.)*
hadìth	حديث	48	moderne

hàdith / hawàdith	حادث/حوادث	58	incident, accident
hadìthan	حديثًا	59	récemment
hadiyya(t) / hadàyà	هديّة/هدايا	36	cadeau
hafìd / ahfàd, hafìda(t) / -àt	حفيد/أحفاد، حفيدة/ات		petit-fils, petite-fille
hàfil bi-	حافل —	34	plein de
hàfiz	حافظ	24	qui a appris le Coran par cœur
hafla(t) / -àt	حفلة/ات	54	cérémonie, fête
hafwa(t) / -àt	هفوة/ات	64	bévue, bavure
hàja(t) / -àt	حاجة/ات	33	besoin
hajar / hijàra(t)	حجر/حجارة	44	pierre
hàjatin (kàna fì ~ ilà)	كان في حاجة إلى	33	avoir besoin de
hajaza, yahjizou	حجز/يحجز	52	réserver
hajj	حجّ	66	pèlerinage
hàjj / houjjàj	حاجّ/حجّاج	66	pèlerin
hajz	حجز	53	réservation
hakà, yahkì	حكى، يحكي	46	raconter
hakadhà	هكذا	41	ainsi
hakìm / houkamà'	حكيم/حكماء	48	sage
hal ?	هل؟	13	est-ce que ?
hal hounàka ?	هل هناك؟	29	y a-t-il ?
hal houwa / hal hiya... ?	هل هو؟ هل هي؟	53	est-ce que c'est le / la... ?
hàl / ahwàl	حال/أحوال	17	état, situation
halama, yahloumou	حلم، يحلم		rêver
hàlan	حالًا		tout de suite
hàlatou (a)l-madaniyyatou (al-~)	ألحالة ٱلمدنيّة	44	état civil
halawiyyàt	حلويات	32	dessert
hàliyàn	حاليًا	52	actuellement
halwà / halawiyàt	حلوى/حلويات	32	halva ; *au pl.* : sucreries
halwàniyy / -oùna	حلوانيّ/ون	29	confiseur
hamd	حمد	17	louange
hamìr	حمير		*pl. de* himàr
hamm / houmoùm	همّ/هموم	40	préoccupation, souci
hammàm / -àt	حمّام/ات	26	salle de bains, bains, hammam
hamrà'	حمراء	66	rouge *(fém.)*

handasa(t)	هندسة	38	géométrie
hanì'an !	هنيئًا!		Bon appétit !
hànoùt / hawànìt	حانوت/حوانيت	74	boutique d'épices
haoud / ahwàd	حوض/أحواض		bassin, piscine
haoula	حول	37	autour, alentour
haqà'ib	حقائب		*pl. de* haqìba(t)
haqìba(t) / haqà'ib	حقيبة/حقائب	54	valise
haqìqatan	حقيقة		vraiment
haqìqiyy	حقيقيّ		véritable
haql / houqoùl	حقل/حقول		champ
haqq / houqoùq	حقّ/حقوق	33	droit *(jur.)*, droits
haqqan	حقّا		vraiment
harà'iq	حرائق		*pl. de* harìq
haraba, yahribou	هرب، يهرب	47	fuir
haraka(t) / -àt	حركة/ات	72	mouvement
haràra(t)	حرارة		fièvre, chaleur
harb / houroùb	حرب، حروب		guerre
harij	حرج		critique *(adj.)*
harìq / harà'iq	حريق/حرائق		incendie
harìr	حرير		soie
harr	حرّ	60	chaleur
hàrr	حارّ	68	chaud
hasaba	حسب	69	selon
hasala, yahsoulou ^{c}alà	حصل، يحصل على	38	obtenir, acquérir
hasan	حسن	29	bon, beau
hasana, yahsanou	حسن، يحسن	57	être bien, beau
hasanan !	حسنا!	30	bien !
hàsoùb / hawàsìb	حاسوب/حواسيب	60	ordinateur
hàtafa, youhàtifou III *(dir.)*	هاتف، يهاتف	58	téléphoner à
hàtif / hawàtif	هاتف/هواتف	38	téléphone
hattà	حتّى	41	jusqu'à
hawà'	هواء	25	air, atmosphère
hawàdith	حوادث		*pl.de* hàdith
hàwala, youhàwilou an III	حاول يحاول أن	62	essayer de, tenter de
hawànìt	حوانيت		*pl. de* hànoùt
hawàsìb	حواسيب		*pl. de* hàsoùb
hawàtif	هواتف	58	*pl. de* hàtif
hàwin (*irr.*) / houwa(t)	حاوٍ/حواة	45	charmeur de serpents

hayawàn / -àt	حيوان/ات		animal
haythou	حيث	41	où
hayy	حيّ		vivant
hayy / ahyà’	حيّ/أحياء	27	quartier
hayyin	هيّن		facile
hazìn	حزين		triste
hazina, yahzanou	حزن، يحزن		avoir de la peine, être triste
hazz / houzoùz	حظّ/حظوظ	57	lot, chance
hazzi (li-housni (a)l-~)	لحسن الحظّ	57	heureusement, par bonheur, par chance
hidatin (ᶜalà ~)	على حدة	59	séparément
hidhà’ / ahdhiya(t)	حذاء/أحذية		chaussure
hijàra(t)	حجارة		*pl. de* hajar
hijra(t)	هجرة	36	émigration, Hégire
hikàya(t) / -àt	حكاية/ات	46	histoire, anecdote
himàr / hamìr	حمار/حمير	72	âne
himàya(t)	حماية	68	protection
hiraf	حرف		*pl. de* hirfa(t)
hirfa(t) / hiraf	حرفة/حرف		profession, métier
hisàb / -àt	حساب/ات	32	compte, addition
hitàn	حيطان		*pl. de* hà’it
hiya	هي	22	elle
hizb / ahzàb	حزب/أحزاب		parti
-hou / -hi	ـــهُ/ـــهِ	12	son, sa *(poss. masc.)*, lui, le *(pron. pers.)*
houbb	حبّ		amour
houboùb	حبوب	62	*pl. de* habba(t)
houdoù’	هدوء	62	calme, tranquillité
houdoùd	حدود		*pl. de* hadd
houdoùr	حضور	54	présence, assistance à
houdoùth	حدوث	68	survenance, arrivée (d’un événement)
houjjàj	حجاج		*pl. de* hàjj
houjoùm	هجوم		attaque
houkamà’	حكماء		*pl. de* hakìm
houkoùma(t) (-àt)	حكومة/ات	68	gouvernement
houlm / ahlàm	حلم/أحلام		rêve

houmà / -houmà	هما/ــهما	37	eux / elles deux
hoummà	حمّى		fièvre
hoummous	حمّص	41	pois chiche
houmoùm	هموم		*pl. de* hamm
hounà	هنا	17	ici
hounàka	هناك	23	là, il y a
hounàlika	هنالك	54	là-bas
hounna / -hounna	هنّ/ــهنّ	36	elles
houqan	حقن		*pl. de* houqna(t)
houqna(t) / houqan	حقنة/حقن		injection
houqoùl	حقول		*pl. de* haql
houqoùq	حقوق		*pl. de* haqq
houroùb	حروب		*pl. de* harb
hourr	حرّ	72	libre
hourriya(t) / -àt	حرّية/ات	69	liberté
housn	حسن	57	bien, beauté
housoùl ^{c}alà	حصول على	38	obtention de
houwa	هو	11	lui, il
houwa(t)	حواة		*pl. de* hàwin
houwiyya(t) / -àt	هويّة/ات	64	identité
houzn / ahzàn	حزن/أحزان		peine, chagrin
houzoùz	حظوظ		*pl. de* hazz
-ì	ي	13	mon *(poss. masc. et fém.)*
i^{c}làn / -àt IV	إعلان/ات	64	déclaration, annonce
i^{c}taqada, ya^{c}taqidou VIII	إعتقد، يعتقد		croire, penser
i^{c}taqala, ya^{c}taqilou VIII	إعتقل، يعتقل	68	arrêter (un malfaiteur)
i^{c}tarafa, ya^{c}tarifou bi-VIII	إعترف، يعترف بـ	51	reconnaître, avouer
i^{c}tidà' / -àt VIII	إعتداء/ات	76	attentat, agression
i^{c}tiqàl VIII	إعتقال	68	arrestation
i'timàn VIII	إئتمان	72	confiance, crédit
ibar	إبر		*pl. de* ibra(t)
ibil *(coll.)*	إبل		chameaux
ibn / abnà' akh	إبن أخ		neveu (fils du frère)
ibn / abnà' chaqìq	إبن شقيق		neveu (fils de la sœur)
ibn / banoùn, abnà'	إبن/بنون، أبناء	72	fils
ibna(t) / banàt akh	إبنة/بنات أخ		nièce (fille du frère)
ibna(t) / banàt chaqìq	إبنة/بنات شقيق		nièce (fille de la sœur)

ibnou (a)l-^{c}ammi	إبن ٱلعمّ	36	cousin (côté maternel)
ibra(t) / ibar	إبرة/إبر	76	piqûre, épingle
ibrìl	إبريل		avril
ibtasama, yabtasimou VIII	إبتسم، يبتسم		sourire *(verbe)*
ibtisàm / -àt VIII	إبتسام/ات		sourire *(subst.)*
ibyidàd IX	إبيضاض	55	blancheur
ich^{c}à^{c}iyy	إشعاعيّ	61	radio-actif
ichta^{c}ala, yachta^{c}ilou VIII	إشتعل، يشتعل		brûler *(intr.)*
ichtaghala, yachtaghilou VIII	إشتغل، يشتغل	52	fonctionner
ichtarà, yachtarì VIII	إشترى، يشتري	54	acheter
idàfatan ilà IV	إضافة إلى	55	en plus de, outre
idàriyy	إداريّ	75	administratif
idh anna	إذ أنّ	55	puisque
idhà^{c}a(t) / -àt IV	إذاعة/ات		radio
idhan	إذن	30	alors
idràb / -àt IV	إضراب/ات		grève
iftàr IV	إفطار		petit déjeuner, repas qui rompt le jeûne (Ramadan)
iftaraqa, yaftariqou ^{c}an VIII	إفترق، يفترق عن		se séparer de
ighrà' / -àt IV	إغراء/ات	65	incitation
ihdà	إحدى	36	une
ihtadama, yahtadimou VIII	إحتدم، يحتدم	59	s'enflammer, être vif
ihtàja, yahtàjou ilà VIII	إحتاج، يحتاج إلى	52	avoir besoin de
ihtamma, yahtammou bi- VIII	إهتمّ يهتمّ بـ		s'intéresser à
ihtarama, yahtarimou VIII	إحترم، يحترم		respecter
ihtimàm / -àt VIII	إهتمام/ات	58	intérêt, souci, préoccupation
ihtiràm / -àt VIII	إحترام/ات	71	respect
ìjàr / -àt IV	إيجار/ات		location, fait de louer (appartement...)
ijrà' / -àt IV	إجراء/ات	68	accomplissement de, mesure
ijrà' IV	إجراء	61	fait d'effectuer qqch.
ijtimà^{c} / ijtimà^{c}àt VIII	إجتماع/ات	24	réunion
ikhbàr bi-IV	إخبار بـ	58	annonce de
ikhdarra, yakhdarrou IX	إخضرّ، يخضرّ	67	verdir
ikhlà' IV	إخلاء	76	évacuation (fait d'évacuer)

ikhtàr IV	إخطار	76	avertissement
ikhtàra, yakhtàrou VIII	إختار، يختار		choisir
ikhtilàf / -àt VIII	إختلاف/ات	77	différence
ikhtiràq VIII	إختراق	73	traversée
ikhtisàrin (bi-~) VIII	بٱختصار		bref *(adv.)*
ikràm IV	إكرام	71	attention, offre
iksìr	إكسير	45	élixir
iktafà, yaktafì bi-VIII	إكتفى، يكتفي بـ	52	se contenter de
ilà	إلى	11	vers, à
ilà (a)l-liqà'	إلى ٱللقاء!	44	au revoir ! (à la rencontre)
ilà àkhirihi		39	etc.
iliktroùniyy	إلكترونيّ	60	électronique *(adj.)*
illà	إلّا	38	moins, sauf, excepté
iltaqà, yaltaqì VIII	إلتقى، يلتقي	69	se rencontrer, se retrouver
imta^{c}ada, yamta^{c}idou VIII	إمتعض، يمتعض من		se vexer, s'irriter de
imtihàn / -àt VIII	إمتحان/ات	69	examen
in^{c}aqada, yan^{c}aqidou VII	إنعقد، ينعقد	68	se tenir
indhàr / -àt IV	إنذار/ات	76	alerte
infajara, yanfajirou VII	إنفجر، ينفجر	64	éclater, exploser
infàq IV	إنفاق	74	dépense
infasala, younfasilou ^{c}an VII	إنفصل، ينفصل عن		se séparer de
infi^{c}àl / -àt VII	إنفعال/ات	65	humeur, émotion
infijàr / -àt VII	إنفجار/ات	68	explosion
infiràd VII	إنفراد		solitude
inkilìziyya(t) (al-~)	ألإنكليزيّة	43	l'anglais (langue)
inna	إنّ	22	certes
innamà	إنّما	43	seulement, mais, néanmoins
insarafa, yansarifou VII	إنصرف، ينصرف	66, 77	s'en aller, partir, se décliner (en grammaire)
insiràf VII	إنصراف	77	départ (fait de s'en aller) ; déclinaison
intabih !, intabihì !, intabihoù ! VIII	إنتبه! إنتبهي! إنتبهوا!		Attention ! (toi *masc.*, *fém.*, vous)
intahà, yantahì VIII	إنتهى، ينتهي	69	finir *(intr.)*, s'achever, se terminer

int̲alaqa, yant̲aliqou VII	إنطلق، ينطلق	64	partir, démarrer
intarnat (al-~)	ألإنترنت	52	internet
intaz̲ara, yantaz̲irou VIII	إنتظر، ينتظر	50	attendre
intihà' VIII	إنتهاء	57	fin, achèvement
int̲ilàq VII	إنطلاق	76	fait de démarrer ou de partir, démarrage
intiz̲àr VIII	إنتظار	34	attente
inzàl IV	إنزال	54	fait de faire descendre, descente de
ìqàf IV	إيقاف	75	arrêt, stationnement (action)
iqàma(t) IV	إقامة	71	séjour
iqtaraba, yaqtaribou min VIII	إقترب، يقترب من	56	s'approcher de
iqtarah̲a, yaqtarih̲ou ^{c}alà VIII	إقترح، يقترح على	69	proposer à
iràda(t) / -àt IV	إرادة/ات	71	volonté
irsàl IV	إرسال	50	envoi
is̲àba(t)	إصابة/ات		blessure
is̲ba^c / as̲àbi^c	إصبع/أصابع		doigt
is̲dàr IV	إصدار	47	émission, promulgation
is̲làh̲ IV	إصلاح	57	réparation
islàm	إسلام	42	islam
islàmiyy	إسلاميّ	40	islamique
ism / asmà'	إسم/أسماء	16	nom
isma^c !	إسمع!	45	écoute !
ista^{c}àra, yasta^{c}irou min X	إستعار، يستعير من	71	emprunter à...
ista^{c}mala, yasta^{c}milou X	إستعمل، يستعمل		utiliser
ista'jara, yasta'jirou X	إستأجر، يستأجر	73	louer (appartement, *etc.*)
is̲t̲àda, yas̲t̲àdou VIII	إصطاد، يصطاد	67	chasser
is̲t̲àda, yas̲t̲àdou VIII (a)s-samaka	إصطاد، يصطاد السّمك	67	pêcher
istaghraqa, yastaghriqou X	إستغرق، يستغرق	72	durer
istakhdama, yastakhdimou X	إستخدم، يستخدم		utiliser
istamarra, yastamirrou X	إستمرّ، يستمرّ	46	continuer
istaqbala, yastaqbilou X	إستقبل، يستقبل	59	recevoir, accueillir
istaràh̲a, yastarìh̲ou X	إستراح، يستريح	67	se reposer

istat̲àᶜa, yastat̲iᶜou X	إستطاع، يستطيع	61	pouvoir (*verbe*)
istayqaz̲a, yastayqiz̲ou X	إستيقظ، يستيقظ		se réveiller
istifàda(t) min X	إستفادة من	77	fait de tirer profit de
istafàda, yastafìdou min X	إستفاد، يستفيد من	65	tirer profit de, bénéficier de
istimàra(t) / -àt X	ستمارة/ات	64	formulaire
istiqbàl X	ستقبال	47	réception
istiràh̲a(t) X	ستراحة	69	repos, entracte
istit̲àᶜa(t) X	ستطاعة	77	possibilité
istithnà'iyy X	إستثنائيّ	65	exceptionnel
iswidàd IX	إسوداد	67	noircissement, assombrissement
it̲àr / -àt mat̲t̲àtiyy(at)	إطار/ات مطّاطيّ (ة)		pneu
it̲làqan	إطلاقًا	55	pas du tout
ittafaqa, yattafiqou VIII	إتّفق، يتّفق	70	se mettre d'accord
ittakhadha, yattakhidhou VIII	إتّخذ، يتّخذ	68	prendre, adopter
ittas̲ala, yattas̲ilou bi-VIII	إتّصل، يتّصل بـ	76	prendre contact avec
ittijàh /-àt VIII	إتّجاه/ات	73	direction
it̲t̲ilàᶜ ᶜalà VIII	إطّلاع على	62	fait de se mettre au courant, prise de connaissance de
izᶜàj IV	إزعاج	71	dérangement
jà'a, yajì'ou	جاء، يجيء	38	venir
jà'a, yajì'ou bi-	جاء، يجيء بـ	38	apporter
jà'iza(t) / jawà'iz	جائزة/جوائز	59	prix
jabal / jibàl	جبل/جبال	45	montagne
jabaliyy	جبليّ	57	montagneux
jadàwil	جداول		*pl. de* jadwal
jadd / ajdàd	جدّ/أجداد	11	grand-père
jadda(t) / -àt	جدّة/ات		grand-mère
jàdda(t) / -àt	جادّة/ات		avenue
jadhdhàb	جذّاب	77	attirant, séduisant
jadìd	جديد	11	nouveau, neuf
jadwal / jadàwil	جدول/جداول	67	ruisseau, rivière
jàff	جافّ		sec
jàhiz	جاهز		prêt *(adj.)*
jalàbìb	جلابيب		*pl. de* jilbàb
jalasa, yajlisou	جلس، يجلس	2	s'asseoir, être assis

jalìd	جليد		glace (eau gelée)
jama^{c}a, yajma^{c}ou	جمع، يجمع	56	réunir
jamà^{c}iyy	جماعيّ	72	collectif
jamàhìr	جماهير		*pl. de* joumhoùr
jamàl	جمال	40	beauté
jamal / jimàl	جمل/جمال	39	chameau
jamàrik	جمارك		*pl. de* joumrouk
jamì^c (al-~)	ألجميع		tout le monde
jamì^c + *annexion*	جميع	32	ensemble de
jàmi^c / jawàmi^c	جامع/جوامع	22, 28	mosquée principale
jàmi^{c}a(t), / -àt	جامعة/ات	33	université
jàmi^{c}iyy	جامعيّ	38	universitaire
jamìl	جميل	13	beau
jànib / jawànib	جانب/جوانب		côté
janna(t) / -àt	جنّة/ات	31	paradis
janoùb	جنوب	77	sud
janoùbiyy	جنوبيّ		méridional
jaou^{c}àn *(dipt.)*	جوعان	31	affamé, qui a faim
jaoula(t) / -àt	جولة/ات	69	tournée, promenade
jàr / jìràn	جار/جيران	15	voisin
jarà, yajrì	جرى، يجري		courir
jaras / ajràs	جرس/أجراس		sonnette
jarh̲à	جرحى		*pl. de* jarìh̲
jarìh̲ / jarh̲à	جريح جرحى	68	blessé
jarraba, youjarribou II	جرّب يجرّب	55	essayer
jasìm	جسيم		gros
jawà'iz	جوائز		*pl. de* jà'iza(t)
jawàb / ajwiba(t)	جواب/أجوبة		réponse
jawàmi^c	جوامع	40	*pl. de* jàmi^c
jawànib	جوانب		*pl. de* jànib
jawàz / -àt	جواز ات	54	passeport
jaww /ajwà'	جوّ/أجواء	68	temps (météo)
jawwàl (hàtifoun ~)	هاتف جوّال	58	[téléphone] portable
jawwiyy	جوّيّ	53	aérien
jayb / jouyoùb	جيب/جيوب		poche
jaych / jouyoùch	جيش، جيوش		armée
jayyid	جيّد	23	bon
jàza, yajoùzou an	جاز يجوز أن	75	il est permis de

jazìl	جزيل	43	abondant
jazìra(t) / jazà'ir	جزيرة/جزائر	27	île
jazà'ir (al-~)	الجزائر	27	Alger, Algérie
jazzàr / -oùna	جزّار/ون		boucher
ji^{c}a(t)	جعة		bière
jibàl	جبال		*pl. de* jabal
jidàr / joudràn	جدار/جدران		mur
jiddan	جدّا	18	très
jiddiyy	جدّيّ		sérieux
jiha(t) / -àt	جهة/ات		côté
jihàz / ajhiza(t)	جهاز/أجهزة	52	appareil, poste, instrument
jilbàb / jalàbìb	جلباب/جلابيب	55	djellaba
jild, jouloùd	جلد/جلود		cuir, peau
jimàl	جمال		*pl. de* jamal
jins / ajnàs	جنس/أجناس	44	sexe, genre
jinsiyya(t) / -àt	جنسيّة/ات	44	nationalité
jiràh	جراح		*pl. de* jourh
jìràn	جيران		*pl. de* jàr
jisr / jousoùr	جسر/جسور		pont
jiwàr	جوار	57	voisinage, parages
joubn / ajbàn	جبن/أجبان		fromage
joudràn	جدران		*pl. de* jidàr
joughràfiyy	جغرافيّ	77	géographique
jouloùd	جلود		*pl. de* jild
joumal	جمل		*pl. de* joumla(t)
joumhoùr / jamàhìr	جمهور/جماهير	46	public, foule
joumhoùriyya(t) / -àt	جمهوريّة/يات		république
joumla(t) / joumal	جملة/جمل		phrase
joumlati (bi-(a)l-~)	بالجملة		bref *(adv.)*
joumrouk / jamàrik	جمرك/جمارك		douane
joundiyy / jounoùd	جنديّ/جنود		soldat
jounoùd	جنود		*pl. de* joundiyy
jounoùniyy	جنونيّ	72	démentiel
jourh / jiràh, jouroùh	جرح/جراح، جروح		blessure
jouroùh	جروح		*pl. de* jourh
jousoùr	جسور		*pl. de* jisr
jouyoùb	جيوب		*pl. de* jayb
jouzour	جزر		*pl. de* jazìra(t)

-ka	ـــكَ	11	ton *(poss. masc.)*, toi, te
ka^{c}b ghazàl	كعب غزال	32	corne de gazelle
ka'anna-+ *pron.*	كأنّ	44	comme si + *pron.*, de la même manière que, on dirait que + *pron.*
ka's / kou'oùs, kìsàn	كأس/كؤوس، كيسان		verre (à boire)
kabàb	كباب	30	brochette
kabìr	كبير	22	grand
kachf	كشف	64	fait de révéler, révélation
kadhaba, yakdhibou	كذب، يكذب		mentir
kadhib / akàdhìb	كذب/أكاذيب		mensonge
kafà, yakfì	كفى، يكفي	38	suffire
kalàm	كلام	45	langage, paroles
kalb / kilàb	كلب/كلاب	15	chien
kalima(t) / -àt	كلمة/ات	39	mot
kam ?	كم؟	31	combien ?
kam yousàwì, tousàwì... ? III	كم يسوي، تساوي... ؟	72	combien coûte *(sujet masc., fém.)*... ?
kamà + *verbe*	كما	39	comme
kàmil	كامل	66	entier
kàna, yakoùnou	كان، يكون	24, 38	être
kanz / kounoùz	كنز/كنوز	58	trésor caché
kàràj / -àt	كاراج/ات	50	garage
karam	كرم	66	générosité
karàsin	كراس		*pl. de* koursiyy
karìm / kiràm, kouramà'	كريم/كرام، كرماء	66	généreux
karrara, youkarrirou II	كرّر، يكرّر		recommencer, répéter
kasb	كسب		gain
kasaba, yaksibou	كسب، يكسب		gagner
kasara, yaksirou	كسر، يكسر	49	casser
kasàwì	كساوي		*pl. de* kiswa(t)
kaslàn *(dipt.)*, kasoùl	كسلان، كسول		paresseux
kataba, yaktoubou	كتب، يكتب	1	écrire
katàtìb	كتاتيب		*pl. de* kouttàb
kathìr	كثير	26	abondant
kathìran ; ~ mà	كثيرا كثيرا ما	22	beaucoup ; souvent
kàtib / kouttàb	كاتب/كتّاب	1, 59	écrivain
kawà, yakwì	كوى، يكوي		repasser

kayfa ?	كيف؟	17	comment ?
khabar / akhbàr	خبر/أخبار	44	nouvelle
khabìr / khoubarà'	خبير/خبراء	73	expérimenté, expert
khachab	خشب		bois (matière)
khadamàt	خدمات		*pl. de* khidma(t)
khadhala, yakhdhoulou	خذل، يخذل		abandonner, délaisser
khadrà'	خضراء	66	verte
khadràwàt	خضراوات		légumes
khàfa, yakhàfou	خاف، يخاف		avoir peur
khafaqa, yakhfiqou	خفق، يخفق	61	battre (cœur)
khafìf	خفيف		léger, mince
khàl / akhwàl	خال/أخوال	36	oncle maternel
khàla(t) / -àt	خالة/ات	36	tante maternelle
khala^{c}a, yakhla^{c}ou	خلع، يخلع	61	ôter, arracher, enlever
khalata, yakhlitou	خلط، يخلط		mélanger
khàlin	خال		vide, libre
khaouf	خوف		peur
kharà'it	خرائط		*pl. de* kharìta(t)
kharaja, yakhroujou	خرج، يخرج	8	sortir
kharìf	خريف	67	automne
khàrij (al-~)	ألخارج	50	l'extérieur, l'étranger
khàriji (fì *ou* ilà (a)l-~)	في/إلى ٱلخارج		dehors, à l'extérieur
khàrijoun ^{c}an	خارج عن	71	extérieur à
kharìta(t) / kharà'it	خريطة/خرائط		carte (géo.)
kharoùf / khirfàn	خروف/خرفان		agneau
khasàra(t) / khasà'ir	خسارة/خسائر	40	dégât, perte, dommage
khàss	خاصّ	39	particulier, spécial
khàss bi-	خاصّ بـ		privé, propre à
khàssatan	خاصّة	69	en particulier, surtout, spécialement
khàta, yakhìtou	خاط، يخيط		coudre
khata' / akhtà'	خطأ/أخطاء		erreur, faute
khataba, yakhtoubou	خطب، يخطب	40	prêcher
khatar / akhtàr	خطر، أخطار	76	danger
khatìb / khoutabà'	خطيب/خطباء	40	prédicateur, orateur ; fiancé, prétendant
khatir	خطر	76	dangereux
khatt / khoutoùt	خط/خطوط	53	ligne ; calligraphie *(sing.)*

khattou (a)s-sarì^{c}ou (al-~) /	ألخطّ ٱلسّريع		autoroute
khayl *(coll.)*	خيل	69	chevaux
khayma(t) / khiyam, khiyàm	خيمة/خيم، خيام	75	tente
khayr	خير	23	bien (le bien, le bon)
khayroun min...	خير من	38	mieux
khayyàt / -oùna	خيّاط/ون	55	tailleur, couturier
khazà'in	خزائن		*pl. de* khizàna(t)
khidma(t) / khadamàt	خدمة/ات	72	service (restauration)
khifàra(t) III	خفارة	76	garde *(fém.)*, de ~
khirfàn	خرفان		*pl. de* kharoùf
khitàman	ختاماً	77	pour finir, enfin
khiyam, khiyàm	خيم، خيام	67	*pl. de* khayma(t)
khizàna(t) / khazà'in	خزانة/خزائن	62	armoire
khoubarà'	خبراء		*pl. de* khabìr
khoubz	خبز	30	pain
khoudar	خضر		légumes
khoufyatan	خفية	47	en cachette, en catimini
khouroùj	خروج	47	sortie (action)
khours	خرس		*pl. de* akhras
khoutabà'	خطباء		*pl. de* khatìb
khoutat	خطط		*pl. de* khoutta(t)
khoutoùt	خطوط		*pl. de* khatt
khoutoùt (a)s-sarì^{c}a(t) (al-~)	ألخطوط ٱلسّريعة		autoroutes
khoutta(t) / khoutat	خطّة/خطط		plan, tactique
-ki	ـــكِ	9	ton *(poss. fém.)*, toi, te *(fém.)*
kibrìt	كبريت		allumette
kilàhoumà	كلاهما	58	tous les deux
kiràm	كرام		*pl. de* karìm
kìs / akyàs	كيس/أكياس	41	sac
kìsàn	كيسان		*pl. de* ka's
kiswa(t) / kasàwì, kisà'	كسوة/كساوي، كساء	55	costume
kitàb / koutoub	كتاب/كتب	4	livre
kitàba(t)	كتابة	72	lecture
kou'oùs	كؤوس		*pl. de* ka's

koubrà *(élatif fém.)*	كبرى	41	plus grande
koull + *nom sing.* + -in	كل	39	tout, chaque
koullou (a)n-nàsi	كل ٱلنّاس		tout le monde
-koumà	ـــكما	37	vous deux *(masc. / fém.)*
kouniya(t)	كنية	44	nom de famille
-kounna	ـــكنّ	45	vous *(fém.)*
kounoùz	كنوز		*pl. de* kanz
kouramà'	كرماء		*pl. de* karìm
koursiyy / karàsin *(irrég.)*	كرسيّ/كراس		chaise
koutoub	كتب		*pl. de* kitàb
kouttàb	كتّاب		*pl. de* kàtib
kouttàb / katàtìb	كتّاب/كتاتيب		école coranique
là !	لا!	13	non !
là / lam/... ba^{c}dou	لا/لم/...بعد		ne... plus
là / mà / laysa… illà	لا/ما/ليس...إلاّ	38	ne… que
là / mà... fì ayyi makànin	لا/ما...في أيّ مكان		nulle part
là ba'sa !	لا بأس!	29	pas de mal, ça va
là ba'sa bi-hi	لا بأس به!	55	il n'est pas mal
là touhsà IV	لا تحصى	39	innombrable *(fém.)*
la^{c}b / al^{c}àb	لعب/ألعاب	60	jeu
la^{c}iba, yal^{c}abou	لعب، يلعب	60	jouer
ladà	لدى	50	dans, à, pour, chez, auprès de
ladayya	لديّ	56	pour moi, auprès de moi
ladayya / mà ladayya (a)l-waqtou	لديّ/ مالديّ ٱلوقت	50	j'ai / je n'ai pas le temps
ladhdha(t) / -àt	لذّة/ات	41	plaisir
ladhìdh	لذيذ	31	délicieux
làhaza, youlàhizou III	لاحظ، يلاحظ	64	constater, observer, remarquer
lahm / louhoùm	لحم/لحوم	30	viande
lahn / alhàn	لحن/ألحان		chant, air
lahw	لهو		divertissement
lahza(t) / lahazàt	لحظة/لحظات	53	moment
laoun / alwàn	لون/ألوان	59	couleur
laouz *(coll.)*	لوز	46	amandes
laqab / alqàb	لقب/ألقاب	44	surnom, titre

laqiya, yalqà	لقي، يلقى	41	rencontrer
layàlin	ليال		*pl. de* layl, layla(t)
layl, layla(t) / layàlin	ليل، ليلة/ليال	46	nuit
layla(toun) sa^{c}ida(toun)	ليلة سعيدة		bonne nuit
laysa	ليس	29	ne pas être
laysa ka-dhalika (a ~ ?)	أليس كذلك؟	52	n’est-ce pas ?
layyin	ليّن		doux
làzim	لازم	68	nécessaire
li-, la-	لِ، لَ...	10	pour, à
li’anna		26	parce que
lihàf / alhifa(t)	لحاف/ألحفة		drap
limàdhà ?	لماذا؟	23	pourquoi ?
lisàn / alsina(t)	لسان/ألسنة	77	langue (langage et organe)
liss / lousoùs	لصّ/لصوص	68	voleur, brigand, gangster
Loubnàn	لبنان	67	Liban
lougha(t) / -àt	لغة/ات	39	langue, langage
louhoùm	لحوم		*pl. de* lahm
lousoùs	لصوص		*pl. de* liss
m à’ida(t) / mawà’id	مائدة/موائد	19	table
mà houwa / mà hiya... ?	ماهو؟/ماهي؟	53	quel / quelle est... ?
mà youràmou *(passif)*	ما يرام		ce qui est désiré
mà, mà ?	ما، ما؟	4, 12	ce que, ne pas *(accompli)* ; quoi, que ?
mà... ba^{c}dou	ما.. بعد		ne... plus
ma^{c}a	مع	20	avec
ma^{c}a (a)l-asafi	مع ٱلأسف	71	malheureusement
ma^{c}àjim	معاجم		*pl. de* mou^{c}jam
ma^{c}an	معًا	41	ensemble *(adv.)*
ma^{c}àrid	معارض		*pl. de* ma^{c}rid
ma^{c}ida(t)	معدة	61	estomac
ma^{c}joùnou (a)l-asnàni	معجون ٱلأسنان		dentifrice
ma^{c}loùma(t) / -àt	معلومة/ات	53	information
ma^{c}rid / ma^{c}àrid	معرض/معارض		exposition
mà’ / miyàh	ماء/مياه	30	eau
ma’doubatou (a)l-^{c}achà’i	مأدبة ٱلعشاء	59	[repas du] dîner
mabàligh	مبالغ	72	*pl. de* mablagh
mabànin *(irr.)*	مبان		*pl. de* mabnan
mabda’ / mabàdi’	مبدأ/مبادئ		principe

mablagh / mabàligh	مبلغ/مبالغ	54	somme, montant
mabloùl	مبلول		mouillé
mabnan / mabànin	مبنى/مبان	48	immeuble, bâtiment, édifice
mabroùk	مبروك!	44	Félicitations !
machà, yamchì	مشى، يمشي	51	marcher
machàkil	مشاكل		*pl. de* mouchkila(t)
machghoùl	مشغول		occupé
machhoùr	مشهور	17	célèbre
machyàn	مشيًا	51	en marchant
machyoun	مشي	51	marche (à pied)
mad^couww / -oùna	مدعو/ون	54	invité
madàkhil	مداخل		*pl. de* madkhal
madàris	مدارس		*pl. de* madrasa(t)
madboùt	مضبوط	72	juste
màdda(t) / mawàdd	مادّة/موادّ	38	matière
madda, yamouddou	مدّ، يمدّ		tendre (la main, *etc.*)
màdhà ?	ماذا؟	32	quoi ?
màdin	ماض	31	passé, dernier
madìna(t), moudoun	مدينة/مدن	16	ville
madìnat Toùnis	مدينة تونس	53	[la ville de] Tunis
madkhal / madàkhil	مدخل/مداخل		entrée (lieu)
madrasa(t) / madàris	مدرسة/مدارس	21	école
mafàtìh	مفاتيح		*pl. de* miftàh
mafqoùd	مفقود		perdu
maftouh	مفتوح	72	ouvert
maghàrif	مغارف		*pl. de* mighrafa(t)
mahajja(t) / -àt	محجّة/ات		avenue
mahàkim	محاكم		*pl. de* mahkama(t)
mahaliyy	محلّيّ	65	local (*adj.*)
mahall / -àt	محلّ/ات	43	lieu, local, endroit
mahall(-àt) tijàriyy(-at)	محلّ/ات تجاريّ /ة	43	magasin
mahallou (a)l-mìlàdi	محلّ ٱلميلاد	44	lieu de naissance
mahàra(t)	مهارة		habileté
mahàrim	محارم		*pl. de* mahrama(t)
mahatta(t) / -àt, mahattatou (a)l-qitàri	محطّة/ات، محطّة ٱلقطار	33	station, gare (ferroviaire)
mahdoùdi (ghayrou (a)l-~)	غير ٱلمحدود	66	illimité, sans limites

màhir / -oùna	ماهر/ون	74	habile
mahkama(t) / mahàkim	محكمة/محاكم		tribunal
mahmoùm / -oùna	محموم/ون	76	fiévreux, fébrile
mahrama(t) / mahàrim	محرمة/محارم		mouchoir
mahsoùb	محسوب	72	compris
mahzoùz	محظوظ	45	chanceux
mahzoùzoun (anà ~)	أنا محظوظ	51	j'ai de la chance
majàl / -àt	مجال/ات		champ *(fig.)*, domaine
majàlis	مجالس		*pl. de* majlis
majalla(t) / -àt	مجلّة/ات	43	revue
majànìn	مجانين		*pl. de* majnoùn
majjàniyy	مجّانيّ		gratuit
majlis / majàlis	مجلس/مجالس	37	salon de réception, salle de réunion
majmoùᶜa(t) / -àt	مجموعة/ات	59	ensemble *(subst.)*, groupe
majnoùn / majànìn	مجنون/مجانين		fou
makàbih	مكابح		*pl. de* mikbah
makàn / amàkin, amkina(t)	مكان/أماكن، أمكنة	27	endroit, lieu
makànis	مكانس		*pl. de* miknasa(t)
makànou (a)l-wilàdati	مكان ٱلولادة	44	lieu de naissance
makatha, yamkouthou	مكث، يمكث	15	rester
makàtib	مكاتب		*pl. de* maktab
makhàbiz	مخابز		*pl. de* makhbaza(t)
makhàfata an	مخافة أن	59	de crainte de / que
makhàrij	مخارج		*pl. de* makhraj
makhbaza(t) / makhàbiz	مخبزة/مخابز		boulangerie
makhraj / makhàrij	مخرج/مخارج		sortie (lieu)
makhzan / makhàzin	مخزن/مخازن		magasin
makkana, youmakkinou min II	مكّن، يمكّن من		permettre de
maksoùr	مكسور		cassé
maktab / makàtib	مكتب/مكاتب	8	bureau
maktaba(t) / -àt	مكتبة/ات		bibliothèque
maktabou / makàtibou (a)s-sarfi	مكتب/مكاتب ٱلصّرف	65	bureau(x) de change
màl / amwàl	مال/أموال	55	bien, biens, argent
malᶜab / malàᶜib	ملعب/ملاعب	64	stade

mal’	ملء	64	fait de remplir
malà^{c}ib	ملاعب		*pl. de* mal^{c}ab
malà^{c}iq	ملاعق		*pl. de* mil^{c}aqa(t)
mala’a, yamla’ou	ملأ، يملأ	64	remplir
malàbis	ملابس		*pl. de* malbas
malaka, yamlikou	ملك، يملك	38	posséder
malbas / malàbis	ملبس/ملابس	26	vêtement
malik / mouloùk	ملك/ملوك	37	roi
malika(t) / -àt	ملكة/ات		reine
malla, yamallou	ملّ، يملّ		s’ennuyer
mamarr /-àt	ممرّ/ات	75	couloir
mamnoù^{c}	ممنوع	50	interdit *(adj.)*
mamnoùn	ممنون	43	reconnaissant, obligé
man ?	من؟	8	qui ?
manàbir	منابر		*pl. de* minbar
manàchif	مناشف		*pl. de* minchafa(t)
manàdìl	مناديل		*pl. de* mindìl
manàfid̲	منافض		*pl. de* minfad̲a(t)
manàra(t) / -àt	منارة/ات	46	phare, minaret
manàt̲iq	مناطق	48	*pl. de* mint̲aqa(t)
manàzil	منازل		*pl. de* manzil
manh̲	منح	59	remise, octroi
mansoùj / -àt	منسوج/ات	41	tissu (tissé)
mans̲oùr	منصور	44	victorieux
manzil / manàzil	منزل/منازل	36	maison, domicile, étape, campement
maou^{c}id / mawà^{c}id	موعد/مواعيد	69	rendez-vous, horaire, date
maoud̲où^{c} / mawàd̲ì^{c}	موضوع/مواضيع	59	sujet, thème
maoujoùd	موجود	74	existant
maouqi^{c} / mawàqi^{c}	موقع/مواقع	75	site
maousim / mawàsim	موسم/مواسم	75	saison
maq^{c}ad / maqà^{c}id	مقعد/مقاعد	53	siège, banc, place
maqà^{c}id	مقاعد	72	*pl. de* maq^{c}ad
maqhan / maqàhin	مقهى/مقاه	29	café (lieu)
maqliyy	مقليّ	74	frit
maràh̲ìd̲	مراحيض		*pl. de* mirh̲àd̲
maràkiz	مراكز		*pl. de* markaz
mard̲à	مرضى		*pl. de* marìd̲

Marhaban !	مرحبا !	25	Bienvenue !
marìd / mardà	مريض/مرضى	25	malade
marida, yamradou	مرض، يمرض	25	tomber malade
markaz / maràkiz	مركز/مراكز	22	centre
marra(t) / -àt	مرّة/ات	50	fois
marra, yamourrou	مرّ، يمرّ	19	passer
marratan oukhrà / مرّة جديدة ~ jadidatan	مرّة أخرى،	50	encore une fois, une autre fois, de nouveau
màrs	مارس		mars
mas^{c}an / masà^{c}in *(dipt.)*	مسعى/مساع	75	démarche
masà^{c}in *(dipt.)*	مساع		*pl.de* mas^{c}an *(irrég.)*
masà^{c}in idàriyya(t)	مساع إدريّة	75	démarches administratives
masà'	مساء	41	soir
masà'(a) al-khayr(i)	مساء الخير		bonsoir
masàbìh	مصابيح		*pl. de* misbàh
masàfa(t)	مسافة	70	distance
masàjid	مساجد		*pl. de* masjid
masàkìn	مساكين		*pl. de* miskìn
masàni^{c}	مصانع		*pl. de* masna^{c}
masàrif	مصارف		*pl. de* masrif
masàrih	مسارح		*pl. de* masrah
masbah / masàbih	مسبح/مسابح		piscine
masjid / masàjid	مسجد/مساجد	22	mosquée
masmoùh bi	مسموح بـ	75	permis de
masmoùm	مسموم		empoisonné
masna^{c} / masàni^{c}	مصنع/مصانع		usine
masrah / masàrih	مسرح/مسارح	69	théâtre
masrif / masàrif	مصرف/مصارف	65	banque
masroùr	مسرور	24	joyeux, heureux
màss	ماسّ	65	pressant
mat^{c}am / matà^{c}im	مطعم/مطاعم	30	restaurant
matà ?	متى؟	24	quand ?
màta, yamoùtou	مات، يموت		mourir
matà^{c} / amti^{c}a(t)	متاع/أمتعة	54	bagage
matà^{c}im	مطاعم		*pl. de* mat^{c}am
matàbikh	مطابخ	47	*pl. de* matbakh
matàhif	متاحف	72	*pl. de* mouthaf
matar / amtàr	مطر/أمطار	57	pluie

matàr / -àt	مطار/ات	54	aéroport
matbakh / matàbikh	مطبخ/مطابخ	47	cuisine (lieu)
mathal / amthàl	مثل/أمثال	77	proverbe
mathalan	مثلا	39	par exemple
maththala, youmaththilou II	مثّل، يمثّل	66	représenter
matloùb	مطلوب	54	demandé
matni (^{c}alà ~)	على متن	53	à bord de
mawà^{c}ìd	مواعيد	53	*pl. de* maou^{c}id
mawà'id	موائد		*pl. de* mà'ida(t)
mawàdì^{c}	مواضيع		*pl. de* maoudoù^{c}
mawàqi^{c}	مواقع		*pl. de* maouqi^{c}
mawàsim	مواسم		*pl. de* maousim
mawwàd	موادّ		*pl. de* màdda(t)
mayàdìn	ميادين		*pl. de* maydàn
maydàn / mayàdìn	ميدان/ميادين		place (de ville)
màyoù	مايو	53	mai
mazaja, yamzijou	مزج، يمزج		mélanger
mi'a(t) / -àt	مئة/ات	53	cent
michwàt	مشواة		grill
miftàh / mafàtìh	مفتاح/مفاتيح	52	clé
mighrafa(t) / maghàrif	مغرفة/مغارف		grosse cuillère
mihan	مهن		*pl. de* mihna(t)
mihfazatou (a)n-nouqoùdi	محفظة ٱلنّقود	41	portefeuille, porte-monnaie
mihna(t) / mihan	مهنة/مهن	44	profession
mihràb	محراب	40	mihrab : niche dans le mur de la mosquée
mìkànìkiyy	ميكانيكيّ	57	mécanique *(adj. et subst.)*
mikbah / makàbih	مكبح/مكابح		frein
miknasa(t) / makànis	مكنسة/مكانس	47	balai
mikwàt	مكواة		fer à repasser
mil^{c}aqa(t) / malà^{c}iq	ملعقة/ملاعق		cuillère
mìlàd	ميلاد	36	naissance
milh / amlàh	ملح/أملاح	71	sel
min	من	12	de (provenance)
min ajli	من أجل	68	pour, au profit de
min fadlika / -ki / -koum	من فضلك/ـــكِ/ـــكم	23	s'il te / vous plaît

min-a (a)l-àni	من الآن	53	dès maintenant
minbar / manàbir	منبر/منابر	40	chaire à prêcher
minchafa(t) / manàchif	منشفة/مناشف		serviette de toilette
mindìl / manàdìl	منديل/مناديل	74	foulard, mouchoir
minfada(t) / manàfid	منفضة/منافض		cendrier
mintaqa(t) / manàtiq	منطقة/مناطق	26	région, zone
mirhàd / maràhìd	مرحاض/مراحيض	75	toilettes, W.C.
misbàh / masàbìh	مصباح/مصابيح		lampe
miskìn / masàkìn	مسكين/مساكين		pauvre, misérable
Misr	مصر	19	Égypte
misr / amsàr	مصر/أمصار	19	métropole
miyàh	مياه	60	*pl. de* mà'
mizàh	مزاح		plaisanterie
mou^{c}allim / -oùna II	معلّم/ون	18	professeur
mou^{c}aqqad II	معقّد		sûr, certain
mou^{c}àsir / -oùna III	معاصر/ون	68	contemporain
mou^{c}attal II	معطّل	57	en panne
mou^{c}jam / ma^{c}àjim	معجم/معاجم		dictionnaire
mou^{c}jib IV	معجب		étonnant
mou^{c}jiz IV	معجز	45	miraculeux
mou^{c}àwin / -oùna IV	معاون/ون		aide, adjoint, collaborateur
mou'achchir / -àt II	مؤشّر/ات	68	indice
mou'addib / -oùna II	مؤدّب/ون	72	précepteur
mou'dhin IV	مؤذٍ		nuisible
mou'tamar / -àt VIII	مؤتمر/ات	68	conférence, congrès
moubakkiran	مبكّرًا		tôt
mouballal II	مبلّل		mouillé
mouchàhada(t) III	مشاهدة	69	fait de voir, fait d'assister à
mouchàraka(t) III	مشاركة	71	participation
mouchawwiq II	مشوّق	46	passionnant
mouchkila(t) / machàkil	مشكلة/مشاكل	57	problème
moudad	مدد		*pl. de* moudda(t)
moudarà'	مدراء		*pl. de* moudìr
moudda(t) / moudad	مدّة/مدد	50	durée, période, laps de temps
moudì' IV	مضيء		lumineux
moudìr / moudarà'	مدير/مدراء	60	directeur

moudìra(t) / -àt	مديرة/ات	60	directrice
moudirr IV	مضرّ		nuisible
moufaddal	مفضّل	34	préféré
moufàraqa(t) III	مفارقة	48	séparation
moufid IV	مفيد		utile
moughàdara(t) III	مغادرة	54	départ
moughlaq IV	مغلق	72	fermé
moughrin *(irrég.)* IV	مغرٍ	65	incitatif
mouhàmin / mouhàmiya(t) III	محامٍ/محامية	44	avocat(e)
mouhammas II	محمّص	46	torréfié, grillé
mouharrik / -àt II	محرّك/ات		moteur
mouhimm IV	مهمّ		intéressant
mouhìqqan (kàna ~)	كان محقّا		avoir raison
moujaddadan	مجدّدا		encore une fois, de nouveau
moujammad II	مجمّد	67	gelé
moujaouhar /-àt	مجوهر/ات	41	bijou
moukassar II	مكسّر		cassé
moukhassas li-II	مخصّص لـ	69	consacré à, réservé à
moukhatta(t) / -àt II	مخطّط/ات		plan
moukhtalif VIII	مختلف	45	différent
mouklif IV	مكلف	23	coûteux
mouktazz bi-VIII	مكتظّ بـ	73	plein de
moulawwan II	ملوّن	66	coloré
mouloùk	ملوك		*pl. de* malik
moumaththil / -oùna II	ممثّل/ون	73	représentant, acteur
moumill	مملّ		ennuyeux
moumkin (min-a (a)l-~ an) IV	من الممكن أن		il est possible que
moumtàz VIII	ممتاز	24	parfait
moumti^{c} IV	ممتع	71	agréable
mounàsaba(t) / -àt III	مناسبة/ات	33	occasion
mounàsib III	مناسب	55	qui convient
moundhou	منذ	44	depuis
mounsajim VII	منسجم	66	harmonieux
mounkasir VII	منكسر		cassé
mountachir VIII	منتشر	47	répandu, diffusé
mountasaf VIII	منتصف	46	milieu, moitié

mountasafou (a)l-layli	منتصف ٱلليل	46	minuit
mounza^{c}ij / -oùna VII	منزعج/ون		énervé
mouqàbila III	مقابل	52	en contrepartie, pour
mouqàbili (fì (a)l-~)	في ٱلمقابل		en face
mouqaddima(t) / -àt II	مقدّمة/ات	50	début, préface
mouqbil IV	مقبل	53	prochain, à venir
mouqtataf / -àt VIII	مقتطف/ات	68	extrait
mourabbà	مربّى		confiture
mouràfaqa(t) III	مرافقة	75	accompagnement
mouràqaba(t) III	مراقبة	62	surveillance
mourattab II	مرتّب	47	ordonné
mourattabin (ghayrou ~)	غير مرتّب	47	désordonné
mourchid /-oùna IV	مرشد/ون	73	guide
mouroùr	مرور	72	circulation
moursal ilayhi IV	مرسل إليه	51	destinataire
moursil IV	مرسل	51	expéditeur
mourtàh / -oùna li- VIII	مرتاح/ون لـ		content de
mousà^{c}ada(t) ^{c}alà III	مساعدة على	47	aide à
mousàfir / -oùna) III	مسافر/ون	26	voyageur
mousajjal II	مسجّل	50	recommandé, enregistré, inscrit
mousàwama(t) / -àt III	مساومة/ات	66	marchandage, tractation
mousìban (kàna ~) IV	كان مصيبًا		avoir raison
mousinn / -oùna	مسنّ/ون		âgé
moùsìqiyy	موسيقيّ	69	musical
mousta^{c}jil / -oùna X	مستعجل/ون	50	pressé
moustachfà / moustachfayàt	مستشفى/يات	76	hôpital
moustachfayàt	مستشفيات		*pl. de* moustachfà
moustahìl X	مستحيل	55	impossible
moustamirr X	مستمرّ	46	constant, continu
moustaoud^{c}ou (a)l-haqà'ibi X	مستودع ٱلحقائب		consigne à bagages
moustaousaf X	مستوصف		dispensaire
moustaqbal X	مستقبل	50	futur *(subst.)*, avenir
moustawà / -yàt	مستوى/يات	68	niveau
mout^{c}ab IV	متعب	26	fatigué
mout^{c}ib IV	متعِب		fatigant
mouta^{c}allim / -oùna V	متعلّم/ون	77	apprenant

mouta^{c}annit / -oùna V	متعنّت/ون	67	entêté
moutacharrif / -oùna V	متشرّف/ون	71	enchanté, honoré
moutadà'iq VI	متضايق		mal à l'aise
moutafarrij ^{c}alà V	متفرّج على	67	contemplant
moutahàwir VI	متحاور	59	dialoguant
moutàla^{c}a(t) III	مطالعة		lecture (muette)
moutalawwin V	متلوّن	67	multicolore
moutaqà^{c}id VI	متقاعد	61	retraité
moutaraddid V	متردّد	52	hésitant
moutarraz II	مطرّز	55	brodé
moutawàdi^{c} VI	متواضع	57	modeste
moutawaffir V	متوفّر	68	disponible, abondant
moutawajjih ilà V	متوجّه إلى	72	qui se dirige vers
moutawaqqa^{c}in (ghayrou ~) V	غير متوقّع	71	imprévu
moutawassit V	متوسّط	68	moyen *(adj.)*
moutazawwij V	متزوّج	44	marié
mouthaf / matàhif	متحف/متاحف	68	musée
mouthallaj II	مثلّج	46	glacé, glace (à manger)
mouthannà	مثنّى	37	duel (en grammaire)
mouthìr li- IV	مثير ل	75	suscitant
mouthìr li-(a)l-ihtimàm	مثير للإهتمام	75	intéressant
mouthmir IV	مثمر	77	fructueux
mouwàfiq III	موافق	52	[qui est] d'accord
mouwàsala(t) III	مواصلة	57	poursuite de
mouwàzzaf / -oùna II	موظّف/ون	51, 65	employé
mouwazzi^{c} II	موزّع	72	distributeur
mouwazzi^{c}oun àliyyoun li-(a)n-nouqoùdi	موزّع آليّ للنّقود	72	distributeur automatique d'argent
mouzàhara(t) (-àt) III	مظاهرة/ات	58	manifestation
mouzàri^{c} / -oùna III	مزارع/ون	48	agriculteur, fermier
mouzlim IV	مظلم	52	sombre
na^{c}am	نعم	19	oui
na^{c}asa, yan^{c}asou	نعس، ينعس		dormir
na^{c}nà^{c}	نعناع	46	menthe
nà'ib / nouwwàb	نائب/نوّاب	68	député
nabbaha, younabbihou II	نبّه، ينبّه		réveiller
nachàt /-àt, anchita(t)	نشاط/ات،أنشطة	41	activité, énergie
nàchif	ناشف		sec

nachra(t) / -àt	نشرة/ات	68	bulletin (d'information)
nàdà, younàdì III	نادى، ينادي	72	appeler
nàdiran mà	نادرًا ما		rarement
nafaqa(t) / -àt	نفقة/ات		dépense
nafaqatì (^{c}alà ~)	على نفقتي		à ma charge, à mes frais
nàfidha(t) / nawàfidh	نافذة/ نوافذ		fenêtre
nafìs	نفيس	20	précieux
nafs / anfous, noufoùs	نفس/أنفس، نفوس	38	âme
nafs + *pronom*	نفس	38	soi-même, même
naghma(t) / -àt			air, mélodie
nahada, yanhadou	نهض، ينهض		se lever
nàhiya(t) / nawàhin *(irrég.)*	ناحية/نواحٍ		région, côté
nahnou	نحن	22	nous
nahr / anhour, anhàr	نهر/أنهر، أنهار		fleuve
najàh / -àt	نجاح/ات		succès, réussite
najda(t)	نجدة/ات		aide, secours
najjàr / -oùna	نجّار/ون	60	menuisier
nàma, yanàmou	نام، ينام		dormir
naou^c / anwà^c	نوع/أنواع	39	catégorie, genre, espèce, sorte
naoum	نوم	58	fait de dormir, sommeil
naqala, yanqoulou	نقل، ينقل	73	transporter
naqasa, yanqousou	نقص، ينقص	54	manquer
naqd / nouqoùd	نقد/نقود	23	argent
naqd	نقد		critique *(subst. fém.)*
nàr *(fém.)* / nìràn	نار/نيران	67	feu
nàs	ناس	45	gens
nasà'ih	نصائح		*pl. de* nasìha(t)
nasaba, yansoubou	نصب، ينصب	67	planter, mettre debout, dresser (tente)
nàsaba, younàsibou III	ناسب، يناسب	55	convenir à, être adapté à
nasb (a)l-khayma(t)	نصب ٱلخيمة	75	fait de planter, de dresser la tente
nasìha(t) / nasà'ih	نصيحة/نصائح	62	conseil
nasiya, yansà	نسي، ينسى	43	oublier
nasr	نصر	72	victoire
natà'ij	نتائج		*pl. de* natìja(t)
natìja(t) / natà'ij	نتيجة/نتائج	62	résultat

nawàfidh	نوافذ		*pl. de* nàfidha(t)
nawàhin	نواحٍ		*pl. de* nàhiya(t)
nàwala, younàwilou III	ناول/يناول	71	donner, fournir
nazala, yanzilou	نزل، ينزل	23	descendre
nazara, yanzourou (~ ilà, ~ fì)	نظر، ينظر إلى/ في	32, 45	regarder (vers) ; regarder dans, examiner
nazìf	نظيف	52	propre
nazzafa, younazzifou II	نظّف، ينظّف	47	nettoyer
nazzàràt	نظّارات		lunettes
nihàya(t) / -àt	نهاية/ات	32	fin
niqàch / -àt III	نقاش/ات	59	discussion
nìràn	نيران		*pl. de* nàr
nisà' (pl. de mar'a(t)	نساء	40, 44	femmes
nisba(t) / nousoub	نسبة/نسب	53	taux, proportion, rapport
nisbiyyan	نسبيّاً	72	relativement
nisf (wa (a)n-~)	والنّصف		et demi
nisf / ansàf	نصف/أنصاف	54	moitié, demi
nisfou sà^{c}atin	نصف ساعة	54	demi-heure
noùfambar	نوفمبر		novembre
noufàya(t) / -àt	نفاية/ات		ordure
noufoùs	نفوس		*pl. de* nafs
nouhàsiyy	نحاسيّ	74	en cuivre
nouqoùd	نقود		*pl. de* naqd
noùr / anwàr	نور/أنوار	38	lumière
nouwwàb	نوّاب		*pl. de* nà'ib
ou^{c}dhournì	أعذرني	43	excuse(z)-moi
oudhoun / àdhàn	أذن/آذان		oreille
oughmiya, youghmà ^{c}alà IV *(passif)*	أغمى/يغمى على		s'évanouir
oughniya(t) / -àt, aghànin *(irrég.)*	أغنية/ات، أغانٍ		chant
oukhouwwa(t)	أخوّة	71	fraternité
oukhrà	أخرى	39	une autre
oukht / akhawàt	أخت/أخوات	33	sœur
ouktoùbar	أكتوبر		octobre
ouloùf	ألوف		*pl. de* alf
oumarà' *(dipt.)*	أمراء		*pl. de* amìr
oumm /oummahàt	أمّ/أمّهات	34	mère

oummahàt	أمّهات	34	*pl. de* oumm
oumoùr	أمور		*pl. de* amr
ounoùf	أنوف		*pl. de* anf
Oùroùbbà	أوروبّا	48, 48	Europe
oùroùbbiyy / -oùna	أوروبّيّ/ون	48	européen
ousboùᶜ / asàbìᶜ	أسبوع/أسابيع	27	semaine
ouskout / ì !	أسكت!/أسكتي!	54	tais-toi *(masc., fém.)* !
oustàdh / asàtidha(t)	أستاذ/أساتذة	10	maître
qàᶜa(t) / -àt	قاعة/ات	59	salle
qà'il	قائل	44	disant
qà'ima(t) / qawà'im	قائمة/قوائم	32	liste, carte (restaurant)
qabà' / aqbiya(t)	قباء/أقبية	55	caban
qabìh̲	قبيح	60	laid
qabla	قبل	32	avant
qabla (a)l-yaoumi	قبل ٱليوم	37	auparavant, avant aujourd'hui
qabla / baᶜda (a)l-mìlàdi	قبل/بعد ٱلميلاد	36	avant / après J.-C.
qad + *accompli* ; + *inaccompli*	قد	38	déjà ; peut-être, il se peut que
qad̲à, yaqd̲ì (a)l-waqta	قضى، يقضي ٱلوقت		passer le temps
qàda, yaqoùdou	قاد، يقود		conduire
qadam / aqdàm	قدم/أقدام	51	pied
qaddàha(t) / -àt	قدّاحة/ات		briquet
qaddama nafsahou II	قدّم نفسه	48	se présenter
qaddama, youqaddimou II	قدّم، يقدّم	71	présenter
qaddara, youqaddirou II	قدّر، يقدّر	48	estimer
qadhir	قذر		sale
qàdhoùra(t) / -àt	قاذورة/ات		saleté
qadìm	قديم	16	vieux, ancien
qàdim / -oùna	قادم/ون	26	venant
qafàt̲ìn	قفاطين		*pl. de* qaft̲àn
qaft̲àn / qafàt̲ìn	قفطان/قفاطين	55	caftan
qahwa(t)	قهوة	29	café
qalᶜa(t) / qilàᶜ	قلعة/قلاع		forteresse
qàla, yaqoùlou	قال، يقول	9, 41	dire
qalam / aqlàm	قلم/أقلام	9	crayon, stylo, roseau à écrire (calligraphie)
qalb / qouloùb	قلب/قلوب	34	cœur

qalìl	قليل	59	peu, faible *(adj.)*
qalìlan	قليلا	23	peu *(adv.)*
qaliqa, yaqlaqou	قلق، يقلق		s'inquiéter
qàma, yaqoùmou	قام، يقوم	68, 73	se tenir debout, s'établir
qàma, yaqoùmou bi-	قام، يقوم بـــ	68, 73	effectuer, procéder
qamar / aqmàr	قمر/أقمار		lune
qamìs / qoumsàn	قميص/قمصان	74	tunique, chemise
qàmoùs / qawàmìs	قاموس/قواميس		dictionnaire
qanàbil	قنابل		*pl. de* qounboula(t)
qanàtir	قناطر		*pl. de* qantara(t)
qànoùn / qawànìn	قانون/قوانين		loi
qantara(t) / qanàtir	قنطرة/قناطر		pont
qaràba(t)	قرابة	75	parenté
qariba, yaqrabou	قرب، يقرب	56	être proche
qarada(t)	قردة		*pl. de* qird
qaràr / -àt	قرار/ات		décision
qarìb (min)	قريب من	40	proche de
qarìb / aqribà', aqàrìb	قريب/أقرباء، أقارب	75	proche *(subst.)*
qarìban	قريبًا		bientôt
qarìban min	قريبًا من	26	près de
qàris	قارس	67	pinçant, intense
qarn / qouroùn	قرن/قرون	77	siècle
qàrra(t) / -àt	قارّة/ات		continent
qarya(t) / qouran	قرية/قرًى	33	village
qàsin / qousàt	قاس/قساة		dur, cruel
qasìr	قصير	74	petit, court
qasr / qousoùr	قصر/قصور	37	palais
qàss	قاصّ	46	conteur
qassa, yaqoussou	قصّ، يقصّ	46	raconter, conter
qassàb / -oùna	قصّاب/ون		boucher
qata^{c}a, yaqta^{c}ou	قطع، يقطع		couper
qatala, yaqtoulou	قتل، يقتل		tuer
qatì^{c} / qout^{c}àn	قطيع/قطعان	67	troupeau
qatìl / qatlà	قتيل/قتلى	68	[qui est] mort, tué
qatlà	قتلى		*pl. de* qatìl
qatoùb	قطوب	60	renfrogné
qattou (lam... ~)	لم...قطّ		ne... jamais
qawà'im	قوائم		*pl. de* qà'ima(t)

qawàmìs	قواميس		*pl. de* qàmoùs
qawànìn	قوانين		*pl. de* qànoùn
Qayrawàn (al-~)	ألقيروان	53	Kairouan
qibla(t)	قبلة	40	direction de la Mecque
qìla lì inna...	قيل لي إنّ	73	on m'a dit que...
qilà^{c}	قلاع		*pl. de* qal^{c}a(t)
qìma(t) / qiyam	قيمة/قيم	55	valeur
qirà'a(t) / -àt	قراءة/ات	59, 77	lecture (à haute voix)
qird / qarada(t)	قرد/قردة	45	singe
qis̲as̲	قصص		*pl. de* qis̲s̲a(t)
qism / aqsàm	قسم/أقسام		section
qis̲s̲a(t) / qis̲as̲	قصّة/قصص	46	conte, histoire
qit̲^{c}a(t) / qit̲a^{c}	قطعة/قطع		morceau
qit̲a^{c}	قطع		*pl. de* qit̲^{c}a(t)
qit̲àr / -àt	قطار/ات	33	train
qit̲at̲	قطط		*pl. de* qit̲t̲
qit̲t̲ / qit̲at̲	قطّ/قطط	13	chat
qiyam	قيم	74	*pl. de* qìma(t)
qiyàm bi-	قيام بـ	73	accomplissement de, fait d'effectuer
qiyàs / -àt	قياس/ات	55	taille, rapport, comparaison
qoubab	قبب		*pl. de* qoubba(t)
qoubba(t) / qoubab	قبّة/قبب	69	coupole, dôme
qoubba^{c}a(t) / -àt	قبّعة/ات		chapeau
qoubla(t) / -àt	قبلة/ات	45	baiser *(subst.)*
qouloùb	قلوب		*pl. de* qalb
qoumàch / aqmicha(t)	قماش/أقمشة	74	tissu
qoums̲àn	قمصان	74	*pl. de* qamìs̲
qounbàz	قنباز	55	gilet traditionnel
qounboula(t) / qanàbil	قنبلة/قنابل	76	bombe
qouns̲ouliyya(t) / -àt	قنصليّة/ات	75	consulat
qouran	قرًى		*pl. de* qarya(t)
qourbi (bil-~ min)	بٱلقرب من	46	à proximité de, près de
qouroùn	قرون		*pl. de* qarn
qouroùnou (al-~ (a)l-woust̲à)	ألقرون ٱلوسطى	77	le Moyen Âge
qous̲oùr	قصور		*pl. de* qas̲r

qouṯ^{c}àn	قطعان		*pl. de* qatì^c
qouṯn	قطن		coton
qouwan	قوًى		*pl. de* qouwwa(t)
qouwwa(t) / -àt, qouwan	قوّة/ات، قوًى		force
ra^{c}àyà	رعايا	73	*pl. de* ra^{c}iyya(t)
rà^{c}in *(irrég.)* / rou^{c}à(t)	راعٍ/رعاة	67	berger
ra^{c}iyya(t) /ra^{c}àyà	رعيّة/رعايا	73	sujet, ressortissant
ra'à, yarà	رأى، يرى	36	voir
rà'i^c	رائع	45	extraordinaire
ra'ìs / rou'asà'	رئيس/رؤساء		chef
ra'ìsiyy	رئيسيّ	75	principal
ra'ìsou (a)l-joumhoùriyyati	رئيس ٱلجمهوريّة		président de la République
ra'ìsou (a)l-wouzarà'i	رئيس ٱلوزراء		premier ministre
ra's / rou'oùs	رأس/ رؤوس	48	tête
ra'si wa (a)l-^{c}ayni (^{c}alà (a)r-~)	على ٱلرّأس وٱلعين	65	bien volontiers
rabb / arbàb	ربّ/أرباب		maître
rabbou (a)l-bayti	ربّ ٱلبيت		maître de maison
rabì^c	ربيع	67	printemps
radd / roudoùd	ردّ/ردود		réponse, réplique
radda, arouddou	ردّ، يردّ	37	répondre, répliquer, rendre
raddada, youraddidou II	ردّد، يردّد		répéter
ràdioù	راديو		radio
rafa^{c}a, yarfa^{c}ou	رفع، يرفع	45	soulever, lever, relever
ràfaqa, youràfiqou III	رافق، يرافق	43	accompagner
rafi^c	رفيع	59	élevé, éminent, raffiné
rafiq / rifàq, roufaqà'	رفيق/رفاق، رفقاء	54	camarade, compagnon
raghiba, yarghabou fì	رغب، يرغب في	55	désirer
raghma	رغم	68	malgré
raghmi (^{c}alà (a)r-~ min)	على ٱلرّغم من		malgré
rajà, yarjoù min... an	رجا، يرجو من...أن	71	prier (quelqu'un) de
raja^{c}a, yarji^{c}ou	رجع، يرجع	20	revenir, retourner
rajoul / rijàl	رجل/رجال	4	homme
rakaḏa, yarkouḏou	ركض، يركض		courir
rakhìs̱	رخيص	23	bon marché
rakiba, yarkabou	ركب، يركب	34	monter sur, dans (monture, véhicule)

ramà, yarmì bi-	رمى، يرمي بـ		jeter
ramàd	رماد	67	cendre
ramàdiyy	رماديّ	67	cendré
raml / rimàl	رمل/رمال		sable
raqaba(t) / riqàb	رقبة/رقاب		cou
ràqaba, youràqibou III	راقب، يراقب	62	surveiller, contrôler
raqada, yarqoudou	رقد، يرقد		être couché
raqìq	رقيق		mince
raqm / arqàm	رقم/أرقام	64	chiffre, numéro, chiffre
raqqasa, youraqqisou II	رقّص، يرقّص	45	faire danser
raqs / -àt	رقص/ات	45	danse
rasà'il	رسائل		*pl. de* risàla(t)
rasìfou (a)l-mìnà'i	رصيف ٱلميناء		quai (port)
rasìfou mahattati (a)l-qitàri	رصيف محطّة ٱلقطار		quai de gare
rasm / rousoùm	رسم/رسوم	66	dessin
rasmiyy	رسميّ	59	officiel
ratib	رطب		humide
rattaba, yourattibou II	رتّب، يرتّب	47	ranger, ordonner
ri'àsa(t)	رئاسة	59	présidence
ribàt / -àt	رباط/ات	53	monastère fortifié
ribh / arbàh	ربح/أرباح	66	bénéfice
ridà	رضى	39	consentement
rifàq	رفاق		*pl. de* rafìq
rìh / riyàh	ريح/رياح		vent
rihla(t) / -àt	رحلة/ات	53	vol, périple
rijàl	رجال	4	*pl. de* rajoul
rimàl	رمال		*pl. de* raml
riqàb	رقاب		*pl. de* raqaba(t)
risàla(t) / rasà'il	رسالة/رسائل	19	lettre
Riyàd (ar-~)	ألرّياض	23	Riyad
riyàdiyy	رياضيّ	64	de sport, sportif
rou^{c}à(t)	رعاة		*pl. de* rà^{c}in
rou'asà'	رؤساء		*pl. de* ra'ìs
rou'oùs	رؤوس		*pl. de* ra's
roub^{c} / arbà^{c}	ربع/أرباع	70	quart
roubbamà	ربّما	52	peut-être
roudoùd	ردود		*pl. de* radd

roufaqà’	رفقاء	64	*pl. de* rafìq
roujoùc	رجوع	27	retour
roukba(t)	ركبة	61	genou
roukhas̲	رخص	75	*pl. de* roukhs̲a(t)
roukhs̲a(t) / roukhas̲	رخصة/ رخص	75	autorisation, licence, permis, permission
roukhs̲atou (a)s-siyàqati	رخصة ٱلسّياقة	75	permis de conduire
roukn / arkàn	ركن/أركان		coin
roukoùb	ركوب	54	embarquement
rousoùm	رسوم		*pl. de* rasm
rouwaydan	رويدا		lentement
roùznàma(t) / -àt	روزنامة/ات		calendrier
sa-, saoufa	ســ، سوف		*particule du futur*
sàca(t) / -àt	ساعة/ات	24	heure
sacàda(t)	سعادة	41	bonheur
sàcada, yousàcidou calà III	ساعد، يساعد على	57	aider à
s̲acb	صعب	39	difficile
sacìd / soucadà’	سعيد/ سعداء	48	heureux
sa’ala, yas’alou	سأل، يسأل	56	interroger, poser une question, questionner
sà’ih̲ / souyàh̲	سائح/سياح	75	touriste
sà’iq / -oùna, souwwàq	سائق/ون، سوّاق		chauffeur
sabab / asbàb	سبب/أسباب	25	cause
sababi (bi-~)	بسبب	25	à cause de
s̲abàh̲	صباح	19	matin
S̲abàh̲a (a)l-khayri !	صباح ٱلخير!	38	Bonjour ! (le matin)
S̲abàh̲a (a)n-noùri !	صباح ٱلنّور!	38	Bonjour ! (le matin ; réponse)
sabah̲a, yasbah̲ou	سبح، يسبح	72	nager
s̲àboùn	صابون	57	savon
s̲aboùr	صبور	77	patient, constant
s̲abr	صبر	40	patience
sàda(t)	سادة		*pl. de* sayyid
s̲adara, yas̲dourou	صدر، يصدر	59	paraître (publication)
s̲adìq / as̲diqà’	صديق/أصدقاء	20, 30	ami
s̲àfah̲a, yous̲àfih̲ou III *(dir.)*	صافح، يصافح	59	serrer la main
safar / asfàr	سفر/أسفار	26	voyage
sàfara, yousàfirou III	سافر، يسافر	57	voyager

saff / soufoùf	صفّ / صفوف		rang
safha(t) / -àt	صفحة/ات		page
safìna(t) / soufoun	سفينة/ سفن		bateau
safìr / soufarà'	سفير/ سفراء		ambassadeur
safra(t) / -àt	سفرة/ ات	27	voyage, trajet
safrà'	صفراء	66	jaune *(fém.)*
safratou a^{c}màlin	سفرة أعمال	73	voyage d'affaires
saghìr	صغير	34	petit, jeune
sàha(t) / -àt	ساحة/ات	43	place publique
sàha, yasìhou	صاح، يصيح		crier
sahàb	سحاب		*pl. de* sahàba(t)
sahàba(t) / sahàb	سحابة/سحاب	67	nuage
sahàfa(t)	صحافة	68	presse
sahàrà	صحارى		*pl. de* sahrà'
sahara, yasharou	سحر/ يسحر	46	ensorceler, charmer
sàhib / ashàb	صاحب/ أصحاب	57	maître, propriétaire, possesseur de
sahìfa(t) / souhouf	صحيفة/صحف		journal
sahìh	صحيح	38	sain, vrai
sahìh (hadhà ~)	هذا صحيح	38	[c'est] vrai
sàhil / sawàhil	ساحل/ سواحل	39	rivage
sahl	سهل		facile
sahl / souhoùl	سهل/ سهول	67	plaine
sahn / souhoùn	صحن/صحون		assiette
sahrà' / sahàrà	صحراء/صحارى	73	désert
sajà'ir	سجائر		*pl. de* sijàra(t)
sakàkìn	سكاكين		*pl. de* sikkìn
sakana, yaskounou	سكن، يسكن		habiter
sakaniyy	سكنيّ	68	d'habitation, résidentiel
sakata, yaskoutou	سكت، يسكت	54	se taire
sakhab	صخب		bruit
sàkhib	صخب		bruyant
sàkhin	ساخن		chaud
sàkin / soukkàn	ساكن/سكّان	68	habitant
sàkit	ساكت		silencieux
sakràn / soukàrà	سكران/سكارى		ivre
salàm	سلام	20	salut, paix
salàmàt	سلامات	34	salutations

s̲alà(t) / s̲alawàt	صلاة/وات		prière
salat̲a(t) / -àt	سلطة/ات	32	salade
s̲alawàt	صلوات		*pl. de* s̲alà(t)
s̲àlih̲	صالح		sain
s̲àlih̲ li-(a)ch-chourbi	صالح للشّرب		buvable, potable
salla(t) / -àt	سلّة/ات	34	• panier
s̲allah̲a, yous̲allih̲ou II	صلّح، يصلّح	57	réparer
sallama, yousallimou ilà II	سلّم، يسلّم إلى	67	confier, remettre à
sam^c	سمع	29	ouïe
samà' / samàwàt	سماء/ سماوات	67	ciel
samah̲a, yasmah̲ou bi-	سمح، يسمح بـ		permettre de
samaka(t) / asmàk, samak *(coll.)*	سمكة/أسماك، سمك	30	poisson
samàwàt	سماوات		*pl. de* samà'
sami^{c}a, yasma^{c}ou	سمع، يسمع	40	entendre, écouter
samìk	سميك		épais
s̲àmit	صامت		silencieux
sana(t) / sanawàt	سنّة/سنوات	33	année
s̲anàdìq	صناديق		*pl. de* s̲oundoùq
saoudà'	سوداء	66	noire
saoufa	سوف	32	*particule du futur*
s̲aouma^{c}a(t) / s̲awàmi^c	صومعة/صوامع	46	ermitage, minaret
s̲aout / as̲wàt	صوت/أصوات	29	voix, son, bruit
sàq / sìqàn	ساق/سيقان		jambe
sàqa, yasoùqou	ساق، يسوق		conduire
saqat̲a, yasqout̲ou	سقط، يسقط		tomber
saqf / souqoùf	سقف/ سقوف		toit
s̲àra, yas̲ìrou	صار، يصير	77	devenir
s̲arakha, yas̲rakhou	صرخ، يصرخ		crier
saraqa, yasriqou	سرق، يسرق	64	voler, dérober
saràwìl	سراويل	74	*pl. de* sirwàl
s̲arf	صرف	74	dépense, change, monnaie
sariqa(t) /-àt	سرقة/ات	64	vol
s̲arràf / -oùna	صرّاف/ون	65	changeur
sat̲h̲ / ast̲ouh̲, sout̲oùh̲	سطح/أسطح،سطوح	62	surface, terrasse
sàwà, yousàwì III	ساوى، يساوي	74	égaler, valoir
sawàh̲il	سواحل		*pl. de* sàh̲il
sàwama, yousàwimou III	ساوم، يساوم	66	marchander

s̲awàmi^c	صوامع		*pl. de* s̲aouma^{c}a(t)
s̲aydaliyya(t) / -àt	صيدليّة/ات	76	pharmacie
s̲ayf / as̲yàf	صيف/أصياف	60	été
sayf / souyoùf	سيف/سيوف	42	sabre
sayt̲ara, yousayt̲irou ^{c}alà	سيطر، يسيطر على		contrôler
sayyàra(t) / -àt	سيّارة/ات	20	voiture
sayyaratou (a)n-naqli	سيّارة ٱلنّقل		camion
sayyid / sàda(t)	سيّد/سادة	30	sieur, seigneur
sayyidì / sàdoutì	سيّدي/سادتي	30	monsieur, messieurs
sayyida(t) / -àt	سيّدة/ات		dame
sayyidatì / sayyidàtì	سيّدتي/سيّداتي	45	madame, mesdames
si^{c}r / as^{c}àr	سعر/أسعار	53	prix
sibàh̲a(t)	سباحة	72	natation
sibtambar	سبتمبر		septembre
sifàra(t) / àt	سفارة/ات		ambassade
s̲ifr / as̲fàr	صفر/أصفار		zéro
s̲ih̲ha(t)	صحّة	71	santé
sìjàra(t) / sajà'ir	سيجارة/سجائر		cigarette
sikkìn / sakàkìn	سكين/سكاكين		couteau
silàh̲ / aslih̲a(t)	سلاح/أسلحة		arme
sìnamà	سينما	69	cinéma
s̲inf / as̲nàf	صنف/أصناف		classe, catégorie, rang
s̲ìniyya(t) / -àt	صينيّة/ات		plateau (objet)
sinn	سنّ	39	âge
sinn / asnàn	سنّ/أسنان	76	dent
sìqàn	سيقان		*pl. de* sàq
siràj / asrija(t)	سراج/أسرجة	46	flambeau, torche
sirwàl / saràwìl	سروال/سراويل	55	saroual (sorte de pantalon)
siwàr / aswira(t)	سوار/أسورة	22	bracelet
siyàh̲a(t)	سياحة	75	tourisme
siyàh̲iyy	سياحيّ	73	touristique
siyàqa(t)	سياقة	75	conduite
sou^{c}adà'	سعداء		*pl. de* sa^{c}ìd
s̲ou^{c}oùd	صعود	61	montée
sou'àl / as'ila(t)	سؤال/أسئلة	56	question
s̲oudfatan	صدفة	57	par hasard
s̲oùf	صوف		laine
soufarà'	سفراء		*pl. de* safìr

soufoùf	صفوف		*pl. de* saff
soufoun	سفن		*pl. de* safina(t)
souhouf	صحف	43	pl. de sahìfa(t)
souhoùl	سهول		*pl. de* sahl
souhoùn	صحون		*pl. de* sahn
soukàrà	سكّارى		*pl. de* sakràn
soukkàn	سكّان	68	*pl. de* sàkin ; population
soukkar	سكر		sucre
soukoùt	سكوت	39	silence
soulb	صلب		dur
soumiha, yousmahou bi-	سمح، يسمح بـــ	75	être permis de
soumm	صمّ		*pl. de* asamm
soumm / soumoùm	سمّ/ سموم		poison
soumoùm	سموم		*pl. de* soumm
sounan	سنن		*pl. de* sounna(t)
soundoùq / sanàdìq	صندوق/صناديق	51	caisse, coffre, boîte, malle
soundoùq barìd	صندوق بريد	51	boîte postale
soundoùqou (a)z-zibalati	صندوق ٱلزّبالة		poubelle
sounna(t) / sounan	سنّة/سنن		tradition populaire, en vigueur
soùq *(fém./ masc.)* / aswàq	سوق/أسواق	11	marché, souk
souqoùf	سقوف		*pl. de* saqf
sour^{c}a(t) / -àt	سرعة/ات	54	vitesse, rapidité
sour^{c}atin (bi-~)	بسرعة	54	vite, avec rapidité
soùra(t) / souwar	صورة/صور	73	visage, image
souroùr	سرور		joie, plaisir
souroùrin (bi-koulli ~)	بكل سرور		avec plaisir, volontiers
soutoùh	سطوح		*pl. de* sath
souwar	صور		*pl. de* soùra(t)
souwwàq	سوّاق		*pl. de* sà'iq
souyàh	سياح		*pl. de* sà'ih
souyoùf	سيوف		*pl. de* sayf
ta^{c}ab	تعب		peine, fatigue
ta^{c}àla ! ta^{c}àlay !	تعال! تعالي!	45	viens ! (toi *masc., fém.*)
ta^{c}allaqa, yata^{c}allaqou bi-V	تعلّق، يتعلّق بـــ	59	concerner, avoir trait à
ta^{c}àm, *pl.* at^{c}ima	طعام/أطعمة	31	nourriture
ta^{c}àmala, yata^{c}àmalou ma^{c}a VI	تعامل، يتعامل مع	60	travailler avec, traiter avec

ta^{c}annata, yata^{c}annatou V	تعنّت، يتعنّت	67	s'entêter
ta^{c}àqaba, yata^{c}àqabou VI	تعاقب، يتعاقب	59	se succéder
ta^{c}arraḏa, yata^{c}arraḏou li-V	تعرّض، يتعرّض لـ		être exposé à, être victime de
ta^{c}arrouf ilà, ~ ^{c}alà V	تعرّف إلى، ~ على	71, 75	fait de faire la connaissance de, ~ avec
ta^{c}aṯṯala, yata^{c}aṯṯalou V	تعطّل، يتعطّل	57	tomber en panne
ta^{c}aṯṯoul V	تعطّل	57	panne
ta^{c}àwana, yata^{c}àwanou VI	تعاون، يتعاون	57	coopérer, collaborer, s'entraider
ta^{c}awwada, yata^{c}awwadou V	تعوّد، يتعوّد		s'habituer
ta'akhkhara, yata'akhkharou V	تأخّر، يتأخّر	40	être en retard
ta'akhkhour V	تأخّر	71	retard
ta'akhkhourin (bi-~)	بتأخّر	71	tard
ta'aththara, yata'aththarou bi-V	تأثّر، يتأثّر بـ	77	être influencé par
ta'chìra(t) / -àt	تأشيرة/ات	73	visa
ta'dìb	تأديب		correction, éducation
ṯà'ira(t) / -àt	طائرة/ات	53	avion
ta'kìd II	تأكيد	67	affirmation
ta'mìn / -àt II	تأمين/ات	60	assurance
ta'rìkhou (a)l-mìlàdi / (a)l-wilàdati	تأريخ ٱلميلاد /ٱلولادة	48	date de naissance
ta'rìkh / tawàrìkh	تأريخ/تواريخ	40	histoire, date
ṯab^{c}an	طبعًا	52	naturellement
tabaddala, yatabaddalou V	تبدّل، يتبدّل		changer *(intr.)*
ṯabaq / aṯbàq	طبق/أطباق	74	assiette, plat, plateau
tabassoum V	تبسّم		sourire *(subst.)*
ṯàbi^c / ṯawàbi^c	طابع/طوابع	51	timbre, tampon
ṯabì^{c}a(t)	طبيعة	67	nature
tabi^{c}a, yatba^{c}ou	تبع، يتبع	46	suivre
tàbi^{c}ou (a)n-nas̲s̲i	تابع ٱلنّصّ	46	suite du texte
ṯabìb / aṯibbà'	طبيب/أطبّاء	61	médecin
ṯabìbou (a)l-asnàni	طبيب ٱلأسنان	76	dentiste
tàbil / tawàbil	تابل/توابل	74	épice
ṯabiq / ṯawàbiq	طابق/طوابق		étage
ṯàboùr / ṯawàbìr	طابور/طوابير	50	queue, colonne, file
tacharrafnà ! V	تشرّفنا !		enchanté !
tadchìn II	تدشين	68	inauguration

tadhàkir	تذاكر		*pl. de* tadhkira(t)
tadhakkara, yatadhakarrou V	تذكّر، يتذكّر		se souvenir
tadhiya(t) / -àt II	تضحية/ات	66	sacrifice
tadhkàriyy	تذكاريّ	73	qui fait se souvenir de
tadhkira(t) / tadhàkir	تذكرة/تذاكر	53	billet
tafaddal !, tafaddalì ! tafaddaloù ! V	تفضّل/تفضّلي/تفضّلو !	31	je t'en prie (toi *masc., fém.*), je vous en prie
tafàdin *(irrég.)* VI	تفادٍ	62	fait d'éviter
tafakkara, yatafakkarou V	تفكّر، يتفكّر		penser, réfléchir
tafàraqa, yatafàraqou VI	تفارق، يتفارق	58	se séparer
tafarraja, yatafarrajou calà V	تفرّج، يتفرّج على	67	contempler
tafarrouj calà V	تفرّج على	40	contemplation de, spectacle de
taghaddà, yataghaddà V	تغدّى، يتغدّى		déjeuner *(verbe)*
taghayyara, yataghayyarou V	تغيّر، يتغيّر	65	changer *(intr.)*
taghyìr II	تغيير	65	change (fait de changer)
tahàdatha, yatahàdathou can VI	تحادث، يتاحدث عن	59	parler de, s'entretenir de
tahàjama, yatahàjamou VI	تهاجم، يتهاجم	59	s'attaquer l'un l'autre
tahassana, yatahassanou hàlouhou V	تحسّن، يتحسّن حاله	71	s'améliorer, aller mieux
tahdìd / -àt II	تهديد/ات	68	menace
tahdìr II	تحضير	47	préparation
tahiyya(t) / -àt	تحيّة/ات	71	salutations
tahlìl / -àt II	تحليل/ات	61	analyse
tahliya(t)	تحلية		dessert
tahta	تحت	47	sous
tajammaca, yatajammacou V	تجمّع،يتجمّع	45	se rassembler
tajassous V	تجسّس	62	espionnage
tajawwala, yatajawwalou V	تجوّل، يتجوّل	67	se promener, déambuler
tàjin	طاجن	30	tajine
tàjir / toujjàr	تاجر/ تجّار	17	commerçant
takallama, yatakallamou V	تكلّم، يتكلّم	43	parler
takhayyama, yatakhayyamou V	تخيّم،يتخيّم		camper, faire du camping
takhakayyoum V	تخيّم		camping
takhallà, yatakhallà can V	تخلّى، يتخلّى عن	57	renoncer à
takhfìd II	تخفيض	53	réduction
tàksì *(invar.)* / taksiyàt	تاكسي/يات	72	taxi

takyìf II	تكييف	25	conditionnement
takyìfou (a)l-hawà'i	تكييف ٱلهواء	25	climatisation
ṯalab / -àt	طلب/ات	53	demande
ṯalaba(t)	طلبة		*pl. de* ṯàlib
ṯalaba, yaṯloubou	طلب، يطلب	32	demander
talàmìdh	تلاميذ	12	*pl. de* tilmìdh
tàlì (bi-(a)t-~)	بٱلتّالي	57	de ce fait
ṯàlib / ṯoullàb, ṯalaba(t)	طالب، طلّاب، طلبة	39	étudiant
tàlin *(irrég.)*	تالٍ	51	suivant, qui suit
tall / tilàl	تلّ/تلال		colline
tamàman	تمامًا	39	tout à fait, complètement, parfaitement
tamannà, yatamannà V	تمنّى، يتمنّى	53	souhaiter
ṯamàṯa(t) / ṯamàṯim	طماطة/طماطم		tomate
ṯamàṯim	طماطم		*pl. de* ṯamaṯa(t)
tàmm	تامّ		entier, complet
tamma, yatimmou	تمّ، يتمّ	53	avoir lieu, s'accomplir
tamthìl II	تمثيل		représentation
tanaffous V	تنفّس		respiration
tanànìr	تنانير		*pl. de* tannoura(t)
tanàqacha, yatanàqachou VI	تناقش، يتناقش	59	discuter
tanàsaba, yatanàsabou ma^{c}a VI	تناسب، يتناسب مع	55	être proportionné à, convenir à, correspondre à
tanàwoul VI	تناول	58	prise de
tanàwoubi (bi-(a)t-~)	بٱلتّناوب		à tour de rôle
tanàzala, yatanàzalou ^{c}an VI	تنازل، يتنازل عن		renoncer à
tanmiya(t)	تنمية	68	développement
tannoùra(t) / tanànìr	تنّورة / تنانير		jupe
tanẕìf II	تنظيف	47	nettoyage
tanẕìm / -àt II	تنظيم/ات	68	fait d'organiser, organisation
taoufìq II	توفيق	77	réussite, assistance de Dieu
taoufìran li- II	توفيرا لـ	55	en épargnant, pour économiser
taouqì^c / -àt, tawàqì^c II	توقيع/ات، تواقيع		signature

taqàlìd II	تقاليد		*pl. de* taqlìd
taqàsama, yataqàsamou VI	تقاسم، يتقاسم	58	se partager qqch., partager
taqàwìm II	تقاويم		*pl. de* taqwìm
taqazzouz V	تقزّز	76	écœurement
taqdìr II	تقدير	71	estime
taqlìd / taqàlìd II	تقليد/تقاليد	77	tradition
taqrìban	تقريبا	68	environ, presque
ṯaqs	طقس		temps (météo)
taqwìm II	تقويم		correction, redressement
taqwìmou (a)s-sanati	تقويم ٱلسّنة		calendrier, almanach
ṯarab	طرب	69	émotion esthétique, musique
taraka, yatroukou	ترك، يترك	50	laisser, abandonner
tarbiya(t) II	تربية	69	élevage, éducation
ṯard / ṯouroùd	طرد/طرود	50	paquet
ṯarìq / ṯourouq, ṯourouqàt	طريق/طرق،طرقات	72	route, chemin, voie
ṯariyy	طريّ	30	frais (produit)
tarjama, youtarjimou	ترجم، يترجم	Ex. 1	traduire
tasattara, yatasattarou V	تسترّ، يتسترّ	62	se cacher
tasawwouq V	تسوّق	40	shopping
tasjìl II	تسجيل	38	inscription
tas̲lìh̲ / -àt II	تصليح/ات		réparation
tasliya(t) II	تسلية		divertissement
tas̲wìr II	تصوير	61	imagerie, représentation
taṯalla^{c}a, yataṯalla^{c}ou ilà V	تطلّع، يتطلّع إلى	69	aspirer à
taṯawwara, yataṯawwarou V	تطوّر، يتطوّر	77	se développer, évoluer
ṯawàbi^{c}	طوابع		*pl. de* ṯàbi^{c}
tawàbil	توابل		*pl. de* tàbil
ṯawàbìr	طوابير		*pl. de* ṯàboùr
tawajjaha, yatawajjahou ilà V	توجّه، يتوجّه إلى	51, 58	se diriger vers, s'adresser à
tawàqì^{c} II	تواقيع		*pl. de* taouqì^{c}
tawaqqouf V	توقّف		arrêt
ṯawàrì'	طوارئ	76	urgences
tawàrìkh	تواريخ		*pl. de* ta'rìkh
ṯawìl	طويل	34	long, grand de taille
taz̲àhoura(t) / -àt VI	تظاهرة/ات	69	manifestation
ṯàzaj	طازج	74	frais

tazawwaja, yatazawwajou V	تزوّج، يتزوّج	44	épouser, se marier
thakhìn	ثخين		épais
thalj / thouloùj	ثلج/ثلوج		glace (neige)
thallàja(t) / -àt II	ثلاّجة/ات		réfrigérateur
thaman / athmàn	ثمن/أثمان	66	prix
thamra(t) / -àt, thimàr, athmàr, thamr *(coll.)*	ثمرة/ات، ثمار، أثمار، ثمر	36	fruit
thaoub / thiyàb, athwàb	ثوب/ثياب،أثواب	61	habit, vêtement, manteau
thaoura(t) / -àt	ثورة/ات		révolution
thaqàfa(t) / -àt	ثقافة/ات	68	culture
thaqàfiyy	ثقافيّ	69	culturel
thaqìl	ثقيل	29	lourd
thaqìlou (a)s-sam^{c}i	ثقيل ٱلسّمع	29	dur d'oreille
thiyàb	ثياب	55	*pl. de* thaoub
thouloùj	ثلوج		*pl. de* thalj
thoumma	ثمّ	15	ensuite, puis
t̲ibb	طبّ	44	médecine
t̲ifl / at̲fàl	طفل، أطفال	48	enfant
tijàra(t)	تجارة	38	commerce
tijàriyy	تجاريّ	43	commercial
tilàl	تلال		*pl. de* tall
tilifizyoùn / -àt	تلفزيون/ات	52	télévision
tilmìdh / talàmìdh	تلميذ، تلاميذ	12	élève
touffàh̲a(t) / -àt, touffàh̲ *(coll.)*	تفّاحة/ات، تفّاح	71	pomme
touh̲af	تحف		*pl. de* touh̲fat
touh̲fa(t) / touh̲af	تحفة، تحف		chef-d'œuvre
toujjàr	تجّار		*pl. de* tàjir
t̲oullàb	طلاّب		*pl. de* t̲àlib
t̲oullàbiyy	طلاّبيّ	39	estudiantin, d'étudiant
t̲ouma'nìna(t)	طمأنينة	62	sérénité
Toùnis	تونس	53	Tunisie
touràb / atriba(t)	تراب/أتربة		terre
t̲ourch	طرش		*pl. de* at̲rach
t̲ourouq, t̲ourouqàt	طرق، طرقات	57	*pl. de* t̲arìq
touwouffiyya, youtawaffà V *(passif)*	توفّي، يتوفّى		mourir, décéder
wa	و	2	et
wa (a)l-h̲amdou lillah	وٱلحمد لله!	23	Dieu soit loué ! Grâce à Dieu !

wa illà	وإلاّ		sinon
wa lakinna	ولكنّ	23	mais
wa^{c}ada, ya^{c}idou bi-	وعد، يعد بـ		promettre
wachki (^{c}alà ~)	على وشك	67	sur le point de
wada^{c}a, yada^{c}ou	وضع، يضع	47	poser, mettre, laisser
waffara, youwaffirou II	وفّر، يوفّر	66	épargner
wahda(t)	وحدة		solitude
wahdì	وحدي	37	moi seul
wàhid, wahìd	واحد، وحيد	42	seul, unique, solitaire
waja^{c} / aoujà^{c}	وجع/أوجاع	61	douleur
wajaba, yajibou an	وجب، يجب أن	60	falloir, devoir *(verbe)*
wajada, yajidou	وجد، يجد	6	trouver
wàjaha, youwàjihou III	واجه، يواجه	57	affronter, faire face à
wajh / woujoùh	وجه/وجوه	60	visage
wàjib / -àt	واجب/ات		devoir *(subst.)*
wàjiha(t) / -àt	واجهة/ات	41	vitrine
walad / aoulàd	ولد/أولاد	3, 28	enfant, garçon
wàlid / -oùna	والد/ون	6	père
wàlida(t) / -àt	والدة/ات		mère
wàlidàni (al-~)	ألولدان		les [deux] parents (le père et la mère)
wallà^{c}a(t) / -àt	ولاّعة/ات		briquet
waqafa, yaqifou	وقف، يقف	50, 64	être debout, être arrêté, s'arrêter
wàqif	واقف	64	qui se tient debout, arrêté
waqqa^{c}a, youwaqqi^{c}ou II	وقّع، يوقّع		signer
waqt / aouqàt	وقت/أوقات	40	temps, moment
waqta	وقت	61	pendant, au moment de
warà'a	وراء	62	derrière
waraqa(t) / aouràq	ورقة/أوراق	60	feuille, carte, billet
warda(t) / wouroùd, ward *(coll.)*	وردة/ورود، ورد		rose (fleur)
wasakh / aousàkh	وسخ/أوساخ		saleté
wasala, yasilou	وصل، يصل	19	arriver
wasat / aousàt	وسط/أوساط	13	milieu
wasfa(t) / -àt	وصفة/ات	61	ordonnance
wàsi^{c}	وسع	52	vaste
wasikh	وسخ		sale

wàsiṯati (bi-~)	بواسطة	45	au moyen de, grâce à
waṯaniyy	وطنيّ	72	national
wattara, youwattirou II	وتّر، يوتّر		tendre (un fil, *etc.*)
waylou (al-~ la-ka /-ki !)	ألويل لكَ! ألويل لكِ!	73	malheur à toi *(masc./fém.)* !
wazìr / wouzarà’	وزير/وزراء	68	ministre
wikàla(t) / -àt	وكالة/ات	73	agence
wouddì (bi-~ an + *subjonctif*)	بودّي أن	55	je voudrais, j’aimerais
woujoùh	وجوه		*pl. de* wajh
woulida, yoùladou *(passif)*	ولد، يولد		naître
wouqoùf	وقوف	50	arrêt, stationnement
wouroùd	ورود		*pl. de* warda(t)
wouṣoùl	وصول	54	arrivée
wousṯà	وسطى		moyenne
wouzarà’	وزراء		*pl. de* wazìr
yà	يا	17	ô
yabdoù anna + *pron.*	يبدو أنّ	41	il semble que
yàbis	يابس		sec
yad / aydin *(irrég.)*	يد/أيد	19	main
yakfì (hadhà ~)	هذا يكفي	42	cela suffit
yamìnou (al-~)	أليمين	43	la droite
yaouma amsi	يوم أمس	18	hier
yanà’ir	يناير		janvier
ya^{c}oud (lam ~)	لم يعد...		ne... plus
yaoum / ayyàm	يوم/أيّام	18	jour
yaouma (al-~)	أليوم	30	aujourd’hui
yaouma (a)l-aẖadi	يوم ألأحد		dimanche
yaouma amsi	يوم أمس	18	hier
yaouman mà	يومًا ما	38	un jour quelconque
yaoumi (a)l-ghadi (fì ~)	في يوم ألغد	27	le lendemain
yaoumou (a)l-aẖadi	يوم ألأحد	30	dimanche
yaoumou (a)l-arbi^{c}à’	يوم ألأربعاء	28	mercredi
yaoumou (a)l-ithnayni	يوم ألإثنين	28	lundi
yaoumou (a)l-joumou^{c}ati	يوم ألجمعة	28	vendredi
yaoumou (a)l-khamìsi	يوم ألخميس	24	jeudi
yaoumou (a)l-thoulàthà’	يوم ألثّلاثاء	28	mardi
yaoumou (a)s-sabti	يوم ألسّبت	25	samedi
yasàrou (al-~)	أليسار	43	la gauche

yàsmìn	ياسمين	36	jasmin
Yàsmìna(toun)	ياسمينة	36	Yasmina
youᶜṯì IV	يعطي	36	il donne
youhimou (là ~ !) IV	لا يهمّ !		cela ne fait rien !
yoùlyoù	يوليو		juillet
youmkinou an... IV	يمكن أن	46	il est possible que
yoùnyoù	يونيو		juin
youràmou *(passif)*	يرام	57	il est désiré / voulu
yoùroù	يورو	65	euro
zabà'in	زبائن		*pl. de* zaboùn
zaboùn / zabà'in	زبون/زبائن	30	client
z̲ahara, yaz̲harou	ظهر/ يظهر	60	apparaître
zàhir	زاهر	40	brillant
z̲ahr	ظهر	61	dos
zahra(t) / azhàr, zouhoùr	زهرة/أزهار، زهور	36	fleur
z̲alàm	ظلام	71	obscurité
z̲alama, yaz̲limou	ظلم، يظلم	52	causer du tort, opprimer
zamàn / azmina(t)	زمان/أزمنة	77	temps, époque
zaman / azmàn	زمن/أزمان	77	temps, période
z̲anna, yaz̲ounnou	ظنّ، يظنّ		croire, penser
zaouj / azwàj	زوج/أزواج	40	époux, mari
zaouja(t) / -àt	زوجة/ات	40	épouse
zaoujatou (a)l-akhi	زوجة الأخ		belle-sœur
zàra, yazoùrou	زار، يزور	47	visiter, rendre visite
z̲arf / z̲ouroùf	ظرف/ظروف		enveloppe
zarqà'	زرقاء	66	bleue
zawàj	زواج	33	mariage
zawàyà	زوايا		*pl. de* zàwiya(t)
zawwada, youzawwidou bi-II	زوّد، يزوّد بـ	53	fournir
zayt / zouyoùt	زيت/زيوت		huile
zaytoùna(t) / zaytoùn *(coll.)*	زيتونة/زيتون		olive
zibàla(t) /-àt	زبالة		ordure
zih̲àm	زحام	72	presse, embouteillage
z̲ill / z̲ilàl	ظلّ/ظلال		ombre
ziyàra(t) / -àt	زيارة/ات	22	visite
zoubda(t)	زبدة		beurre
zouhoùr	زهور	40	*pl. de* zahra(t)
z̲ouhr	ظهر	24	midi

zoujàj	زجاج		verre (matière)
z̲oulma(t) / z̲ouloumàt	ظلمة/ظلمات	52	ténèbre
z̲ouloumàt	ظلمات		*pl. de* z̲oulma(t)
z̲ouroùf	ظروف		*pl. de* z̲arf

Lexique français-arabe

à	bi-, fì, ilà, li-, la-	ب، في، إلى، ل، ل	
abandonner (délaisser)	khadhala, yakhdhoulou	خذل، يخذل	
abandonner (laisser)	taraka, yatroukou	ترك، يترك	50
abondant	kathìr, jazìl	كثير، جزيل	26, 43
aboutir à	asfara, yousfirou ᶜan IV	أسفر، يسفر عن	68
absence de	ghiyàb	غياب	64
absorption (fait de boire)	chourb	شرب	45
accident	hàdith / hawàdith	حادث،/حوادث	58
accompagnement	mouràfaqa(t) III	مرافقة	75
accompagner	ràfaqa, youràfiqou III	رافق، يرافق	43
accomplir (s'~)	tamma, yatimmou	تمّ، يتمّ	53
accomplissement de	qiyàm bi-, ijrà'	قيام بـــ، إجراء	73, 75
accord (qui est d'~) *(adj.)*	mouwàfiq III	موافق	52
accord (se mettre d'~)	ittafaqa, yattafiqou VIII	إتّفق، يتّفق	70
accueillir	istaqbala, yastaqbilou X	إستقبل، يستقبل	59
achat	chirà'	شراء	40
acheter	ichtarà, yachtarì VIII	إشترى، يشتري	54
achèvement	intihà' VIII	إنتهاء	57
achever (s'~)	intahà, yantahì VIII	إنتهى، ينتهي	57
acquérir	hasala, yahsoulou ᶜalà	حصل، يحصل على	44
acteur	moumaththil / -oùna II	ممثّل، ـــون	73
action	ᶜamal / aᶜmàl	عمل/أعمال	60
activité	nachàt / -àt, anchita(t)	نشاط/ات، أنشطة	41
actuellement	hàliyan	حاليّا	52
adapté à (être ~)	nàsaba, younàsibou III	ناسب، يناسب	55
addition	hisàb / -àt	حساب/ات	32
administratif	idàriyy	إداريّ	75
adopter	ittakhadha, yattakhidhou VIII	إتّخذ، يتّخذ	68
adresse (courrier)	ᶜounwàn / ᶜanàwìn	عنوان، عناوين	51
adresser à (s'~)	tawajjaha, yatawajjahou ilà V	توجّه، يتوجّه إلى	58
aérien	jawwiyy	جوّيّ	53
aéroport	matàr / -àt	مطار/ات	54
affaire	amr / oumoùr	أمر/ أمور	71
affamé	jaouᶜàn *(dipt.)*	جوعان	31
affirmation	ta'kìd II	تأكيد	67
affirmer	akkada, you'akkidou II	أكّد، يؤكّد	67

affronter	wàjaha, youwàjihou III	واجه، يواجه	57
âge	sinn	سنّ	39
âgé	mousinn	مسن	
âgé (plus ~)	akbar *(élatif)*	أكبر	48
agence	wikàla(t) / -àt	وكالة/ات	73
agir	^{c}amila, ya^{c}malou	عمل، يعمل	60
agneau	kharoùf / khirfàn	خروف، خرفان	
agréable	moumti^c IV	ممتع	71
agression	i^{c}tidà’ / i^{c}tidà’àt VIII	إعتداء، إعتداءات	76
agriculteur	mouzàri^c / -oùna	مزارع/ـــون	48
aide (à)	mousà^{c}ada(t) ^{c}alà III,	مساعدة على،	47
	najda(t)	نجدة	
aide (personne)	mou^{c}àwin /-oùna	معاون، /ـــون	
aider	a^{c}àna, you^{c}ìnou IV	أعان، يعين	60
aider à	sà^{c}ada, yousà^{c}idou ^{c}alà III	ساعد، يساعد على	57
aimer	ahabba, youhibbou IV	أحبّ، يحبّ	
ainsi	hakadhà	هكذا	41
air	hawà’	هواء	25
air (musique)	naghma(t) / -àt	نغمة/ات	
ajouter	adàfa, youdìfou IV	أضاف، يضيف	65
alentour	haoula	حول	37
alerte	indhàr / -àt IV	إنذار/ات	76
Algérie, Alger	al-Jazà’ir	ألجزائر	27
aller (s’en ~)	insarafa, yansarifou VII	إنصرف، ينصرف	64
aller *(subst.)*	dhahàb	ذهاب	53, 50
aller *(verbe)*	dhahaba, yadhhabou	ذهب، يذهب	11
aller et retour	dhahàban wa iyàban	ذهابا وإيابا	53
allô !	àloù !	آلو !	53
allumette	kibrìt	كبريت	
almanach	taqwìm / taqàwìm	تقويم، تقاويم	
alors	idhan, ^{c}indà’idhin	إذن، عندئذ	30, 36
amandes	laouz *(collectif)*	لوز	46
ambassade	sifàra(t) / àt	سفارة/ات	
ambassadeur	safìr / soufarà’	سفير/سفراء	
âme	nafs / anfous, noufoùs	نفس/أنفس، نفوس	38
améliorer (s’~)	tahassana, yatahassanou V	تحسّن، يتحسّن	71
amende	gharàma(t) / -àt	غرامة/ات	75
ami	sadìq / asdiqà’	صديق، أصدقاء	20, 30

amour	houbb, ^{c}ichq	حبّ، عشق	
amoureux *(subst.)*	habìb / ahibbà', ahbàb	حبيب/ أحبّاء، أحباب،	
	^{c}àchiq / ^{c}ouchchàq	عاشق / عشّاق	
analyse	tahlìl / -àt II	تحليل/ات	61
anarchie	faoudà	فوضى	47
ancien	qadìm	قديم	16
ancien (plus ~)	aqdam *(élatif)*	أقدم	40
andalou	andalousiyy	أندلسيّ	69
âne	himàr / hamìr	حمار/حمير	72
anecdote	hikàya(t) / -àt	حكاية/ات	72
anglais *(adj.)*	inkilìziyy	إنكليزيّ	43
anglais (l'~) (langue)	al-inkilìziyya(t)	ألإنكليزيّة	43
animal	hayawàn / -àt	حيوان/ات	
année	sana(t) / sanawàt	سنة/سنوات	38
anniversaire	^{c}ìdou (a)l-mìlàdi	عيد ٱلميلاد	36
annonce de	i^{c}làn / -àt ^{c}an IV,	إعلان/ات عن،	64
	ikhbàr bi- IV	إخبار بـ	58
annoncer	a^{c}lana, you^{c}linou IV	أعلن، يعلن	73
annuler	alghà, youlghì IV	ألغى، يلغي	
août	aghoustous	أغسطس	
apparaître	zahara, yazharou	ظهر، يظهر	60
appareil	jihàz / ajhiza(t), àlat / -àt	جهاز/أجهزة، آلة/ات	52, 64
appareiller	aqla^{c}a, youqli^{c}ou IV	أقلع ، يقلع	54
appartement	chouqqa(t) / chouqaq	شقّة، شقق	
appeler	nàdà, younàdì III,	نادى، ينادي،	72
	da^{c}à, yad^{c}où	دعا، يدعوا	
apporter	atà, ya'tì bi-,	أتى، يأتي ب،	
	jà'a, yajì'ou bi-	جاء، يجيء ب	63
apprenant	mouta^{c}allim / -oùna V	متعلّم/ـون	77
approcher de (s'~)	iqtaraba, yaqtaribou min VIII	إقترب، يقترب من	56
après	ba^{c}da	بعد	24
après-midi	ba^{c}da (a)z-zouhri	بعد ٱلظّهر	24, 25
après-midi (cet ~)	ba^{c}da zouhri (a)l-yaoumi	بعد ظهر ٱليوم	24, 25
arabe *(adj.)*	^{c}arabiyy	عربيّ	39
arabe (l'~) (langue)	al-^{c}arabiyya(t)	ألعربيّة	39
Arabes	^{c}Arab	عرب	39
arbre	chajara(t) / achjàr ;	شجرة/أشجار؛	67
	chajar *(coll.)*	شجر	

argent (métal)	fidda(t)	فضّة	
argent (monnaie)	naqd / nouqoùd, màl / amwàl	نقد/نقود، مال/أموال	23, 41
arme	silàh / asliha(t)	سلاح/أسلحة	
armée	jaych / jouyoùch	جيش/جيوش	
armoire	khizàna(t) / khazà'in	خزانة/خزائن	62
arracher	khala^{c}a, yakhla^{c}ou	خلع، يخلع	76
arrestation	i^{c}tiqàl VIII	إعتقال	68
arrêt	wouqoùf, ìqàf IV, tawaqqouf V	وقوف، إيقاف، توقّف	50, 75
arrêté (être ~), arrêter (s'~)	waqafa, yaqifou	وقف، يقف	50
arrêté (qui se tient ~)	wàqif	واقف	50
arrêter (son véhicule)	aouqafa, yoùqifou IV	أوقف، يوقف	50
arrêter (un malfaiteur)	i^{c}taqala, ya^{c}taqilou VIII	إعتقل، يعتقل	68
arrivée	wousoùl	وصول	54
arrivée (d'un événement)	houdoùth	حدوث	68
arriver	wasala, yasilou	وصل، يصل	19
art	fann / founoùn	فنّ/فنون	68
artiste	fannàn / -oùna	فنّان/ـــون	69
Asie	Àsiyà	آسيا	77
aspirer à	tatalla^{c}a, yatatalla^{c}ou ilà V	تطلّع، يتطلّع إلى	69
asseoir (s'~)	jalasa, yajlisou	جلس، يجلس	2
assiette	sahn / souhoùn, tabaq / atbàq	صحن/صحون، طبق/أطباق	74 74
assis (être ~)	jalasa, yajlisou	جلس، يجلس	2
assistance à (présence à)	houdoùr	حضور	54
assistance de Dieu	taoufiq II	توفيق	77
assister à	chàhada, youchàhidou III	شاهد، يشاهد	45
assister à (fait d'~)	mouchàhada(t) III	مشاهدة	69
assoiffé	^{c}atchàn	عطشان	29
assombrissement	iswidàd IX	إسوداد	67
assurance	ta'mìn / -àt II	تأمين/ات	60
assurance (carte, attestation d'~)	bitàqatou (a)t-ta'mìni	بطاقة ٱلتّأمين	75
assurer (affirmer)	akkada, you'akkidou II	أكّد، يؤكّد	67
atmosphère	hawà'	هواء	25
attaque	houjoùm	هجوم	77

attaquer (s'~) l'un l'autre	tahàjama, yatahàjamou VI	تهاجم، يتهاجم	59
attendre	intazara, yantazirou VIII	إنتظر، ينتظر	50
attentat	iᶜtidà' / -àt VIII	إعتداء/ات	
attente	intizàr VIII	إنتظار	34
attention (une ~) (fait d'honorer)	ikràm IV	إكرام	71
attestation	chahàda(t) / -àt	شهادة/ات	38
attirant	jadhdhàb	جذّاب	77
aube	fajr	فجر	46
au-dessus	faouqa	فوق	46
aujourd'hui	al-yaouma	أليوم	30
auparavant	qabla (a)l-yaoumi	قبل ٱليوم	37
auprès de	ᶜinda, ladà	عند، لدى	23, 50
auprès de moi	ladayya	لديّ	56
aussi	aydan	أيضاً	25
autobus, autocar	bàs / -àt	باص/ات	34
automatique	àliyy	آليّ	72
automne	kharìf	خريف	67
autorisation	roukhsa(t) / roukhas	رخصة/رخص	75
autoroute	al-khattou (a)s-sarìᶜou	ألخطّ ٱلسّريع	
autour	haoula	حول	37, 39
autre (un, une ~)	àkhar, oukhrà	آخر، أخرى	39
avant	qabla	قبل	32
avant aujourd'hui	qabla (a)l-yaoumi	قبل ٱليوم	37
avant-hier	awwala amsi	أوّل أمس	68
avec	maᶜa, bi-	مع، بـ	9, 20
avenir *(subst.)*	moustaqbal X	مستقبل	50
avenue	mahajja(t) / -àt, jadda(t) / -àt	محجّة/ات، جدّة/ات	
aveugle	aᶜmà / ᶜoumyàn	أعمى، عميان	
avion	tà'ira(t) / -àt	طائرة/ات	53
avocat(e)	mouhàmin, mouhàmiya(t)	محام، محامية	44
avoir de la peine	hazina, yahzanou	حزن، يحزن	
avoir froid	ahassa, youhissou bi-(a)l-bardi IV, kàna bardàn	أحسّ، يحسّ بٱلبرد، كان بردان	
avoir peur	khàfa, yakhàfou	خاف، يخاف	
avoir raison	asàba, yousìbou IV ; kàna mouhiqqan, kàna mousìban	أصاب، يصيب، كان محقّاً، كان مصيبا	

avouer	iᶜtarafa, yaᶜtarifou bi- VIII	إعترف، يعترف بـ	51
avril	ibrìl	إبريل	
badaud	foudoùliyy / -oùna	فضوليّ/ــون	
bagage	matàᶜ / amtiᶜa(t)	متاع/أمتعة	54
bain	hammàm / -àt	حمّام/ات	26
baiser *(subst.)*	qoubla(t) / -àt	قبلة/ات	45
balai	miknasa(t) / makànis	مكنسة/مكانس	47
balcon	chourfa(t) / -àt	شرفة/ات	52
banc	maqᶜad / maqàᶜid	مقعد/مقاعد	
banque	masrif / masàrif,	مصرف/مصارف،	65
	bank / bounoùk	بنك/بنوك	65
bassin	haoud / ahwàd	حوض/أحواض	
bateau	bàkhira(t) / bawàkhir,	باخرة/بواخر،	
	safìna(t) / soufoun	سفينة/سفن	
bâtiment	binàya(t) / -àt,	بناية/ات،	68
	mabnan / mabànin	مبنى/مبان	
batterie	battàriyya(t) / -àt	بطاريّة/ات	
battre (cœur)	khafaqa, yakhfiqou	خفق، يخفق	61
bavure	hafwa(t) / -àt	هفوة/ات	64
beau	jamìl, hasan	جميل، حسن	13
beau (être ~)	hasana, yahsanou	حسن، يحسن	57
beau / belle (plus ~)	ahsan, ajmal *(élatif)*	أحسن، أجمل	36, 48
beaucoup	kathìran	كثيرا	22
beauté	jamàl, housn	جمال، حسن	40, 57
belles-lettres	àdàb	آداب	59
belle-sœur	zaoujatou (a)l-akhi	زوجة ٱلأخ	
bénéfice	ribh / arbàh	ربح/أرباح	66
bénéficier de	istafàda, yastafìdou min X	إستفاد، يستفيد من	65
béni	mabroùk	مبروك	44
berger	ràᶜin *(irrég.)* / rouᶜà(t)	راع/رعاة	67
besoin	hàja(t) / -àt	حاجة/ات	33
besoin de (avoir ~)	kàna fì hàjatin ilà,	كان في حاجة إلى،	33, 52
	ihtàja,yahtàjou ilà VIII	إحتاج، يحتاج إلى	
beurre	zoubda(t)	زبدة	
bévue	hafwa(t) / -àt	هفوة/ات	64
bibliothèque	maktaba(t) / -àt	مكتبة/ات	
bicyclette	darràja(t) hawà'iyya(t)	درّاجة هوائيّة	
bien !	hasanan !	حسنا !	30

bien (être ~)	hasana, yahsanou	حسن، يحسن	57
bien (le bien, le bon)	khayr, housn	خير، حسن	23, 38
bien plus	bal	بل	48
bien(s)	màl / amwàl	مال/أموال	41, 55
bientôt	qarìban	قريبا	
bienvenue !	marhaban !	مرحبا !	16, 31
bière	bìra(t), ji^{c}a(t)	بيرة، جعة	
bijou	moujaouhar /-àt	مجوهر/ات	41
billet (de banque ; ticket)	waraqa(t) / aouràq, tadhkira(t) / tadhàkir	ورقة/أوراق، تذكرة/تذاكر	53, 60
bizarre	gharìb	غريب	30
blanc(he)	abyad, baydà'	أبيض، بيضاء	66
blancheur	ibyidàd IX	إبيضاض	55
blessé	jarìh / jarhà	جريح/جرحى	68
blessure	jourh / jiràh, jouroùh ; isàba(t) / -àt	جروح/جراح، جروح؛ إصابة/ات	
bleu(e)	azraq, zarqà'	أزرق، زرقاء	66
bleue	zarqà'	زرقاء	66
bœufs	baqar *(coll.)*	بقر	48
boire (fait de ~)	chourb	شرب	45
boire *(verbe)*	chariba, yachrabou	شرب، يشرب	45
bois (matière)	khachab	خشب	
boîte	soundoùq / sanàdìq	صندوق/صناديق	51
boîte postale	soundoùq barìd	صندوق بريد	51
bombe	qounboula(t) / qanàbil	قنبلة/قنابل	76
bon	jayyid, hasan	جيّد، حسن	23
bon marché	rakhìs	رخيص	23
bonne nuit	layla(toun) sa^{c}ìda(toun)	ليلة سعيدة	
bonheur ; par ~	sa^{c}àda(t) ; li-housni (a)l-hazzi	سعادة؛ لحسن ٱلحظّ!	41, 57
bonjour	sabàha (a)l-khayri, sabàha (a)n-noùri (réponse)	صباح ٱلخير، صباح ٱلنّور	38 38
bonsoir	masà'a (a)l-khayr	مساء ٱلخير	
bord (à ~ de)	^{c}alà matni	على متن	53
bord (au ~ d'un cours d'eau)	^{c}alà diffati	على ضفة	67
bouche	fam	فم	37
boucher	jazzàr / -oùna ; qassàb / -oùna	جزّار/ون؛ قصّاب/ـــون	

bougie	cham^{c}a(t) / -àt , cham^{c} *(coll.)*	شمعة/ات، شمع	71
boulangerie	makhbaza(t) / makhàbiz	مخبزة/مخابز	
boutique	doukkàn / dakàkìn	دكّان/دكاكين	8
boutique d'épices	h̲ànoùt / h̲awànìt	حانوت/حوانيت	74
bovins	baqar *(coll.)*	بقر	48
bracelet	siwàr / aswira(t)	سوار/أسورة	22
bras	dhirà^{c} / adhrou^{c}	ذراع/أذرع	
bref *(adv.)*	bi-(a)l-joumlati, bi-ikhtis̲àrin	بٱلجملة،بٱختصار	
brigand	lis̲s̲ / lous̲oùs̲	لصّ/لصوص	68
brillant	zàhir	زاهر	
brillant (plus ~)	azhar *(élatif)*	أزهر	40
briquet	qaddàha(t) / -àt ;	قدّاحة/ات؛	
	wallà^{c}a(t) / -àt	ولّاعة/ات	
brochette	kabàb	كباب	30
brodé	mout̲arraz II	مطرّز	55
bruit	d̲ajìj	ضجيج	
bruit (vacarme)	s̲akhab	صخب	
bruit (son)	s̲aout / as̲wàt	صوت/أصوات	29
brûler *(intr.)*	ichta^{c}ala, yachta^{c}ilou VIII	إشتعل، يشتعل	
brûler *(tr.)*	ach^{c}ala, youch^{c}ilou IV	أشعل، يشعل	
brusquement	faj'atan	فجأة	60
bruyant	s̲akhib	صخب	
bulletin	nachra(t) / -àt-	نشرة/ات	68
bureau	maktab / makàtib	مكتب/مكاتب	8
but	hadaf / ahdàf	هدف/أهداف	73
buvable	s̲àlih̲ li-(a)ch-chourbi	صالح للشّرب	
c'est-à-dire	ay	أي	65
caban	qabà' /aqbiya(t)	قباء/أقبيةً	55
cabinet (médecin)	^{c}iyàda(t) / -àt	عيادة/ات	61
cacher (se ~)	tasattara, yatasattarou V	تستر،يتستّر	62
cachet	h̲abba(t) / h̲ouboùb	حبّة، حبوب	62
cachette (en ~)	khoufyatan	خفية	47
cadeau	hadiyya(t) / hadàyà	هديّة/هدايا	36
café (breuvage)	qahwa(t)	قهوة	29
café (lieu)	maqhan / maqàhin	مقهى/مقاه	29
cahier	daftar / dafàtir	دفتر/دفاتر	51
caisse	s̲oundoùq / s̲anàdìq	صندوق/صناديق	51
calendrier	roùznàma(t) / -àt ;	روزنامة/ات،	
	taqwìmou (a)s-sanati	تقويم ٱلسّنة	

calligraphie	khatt	خطّ	53
calme	houdoù’	هدوء	62
camarade	rafîq / rifàq	رفيق/رفاق	64
camion	chàhina(t) / -àt ;	شاحنة/ات؛	
	sayyaratou (a)n-naqli	سيّارة ٱلنّقل	
campement	manzil / manàzil	منزل/منازل	36
camper, faire du camping	takhayyama, yatakhayyamou V	تخيّم، يتخيّم	67
camping	takhayyoum V	تخيّم	
capitale	^{c}àsima(t) / ^{c}awàsim	عاصمة/عواصم	20
carnet	daftar / dafàtir	دفتر/دفاتر	51
carte	bitàqa(t) / -àt	بطاقة/ات	51, 60
carte (géo.)	kharìta(t) / kharà’it	خريطة/خرائط،	
	ou khàrita(t) /-àt	خارطة/ات	
carte (restaurant)	qà’ima(t) / qawà’im	قائمة/قوائم	
carte de crédit	bitàqatou (a)l-i timàni	بطاقة ٱلإئتمان	72
carte postale	bitàqatoun barìdiyyatoun	بطاقة بريديّة	75
cassé	maksoùr, moukassar V,	مكسور، مكسّر–	
	mounkasir VII	منكسر	
casser	kasara, yaksirou	كسر، يكسر	49
catégorie	naou^{c} / anwà^{c} ;	نوع/أنواع	39
	sinf / asnàf ;	صنف/أصناف،	
	fi’a(t) / -àt	فئة/ات	
catimini (en ~)	khoufyatan	خفية	47
cause	sabab / asbàb	سبب/أسباب	25
cause (à ~ de)	bi-sababi	بسبب	25
ce que	mà	ما	4
ce, cet	hadhà	هذا	24
cela	dhalika	ذلك	22
célèbre	machhoùr	مشهور	17
célibataire	a^{c}zabou / ^{c}ouzzàb	أعزب/عزّاب	44
celle-ci ; celle-là	hadhihi ; tilka	هذه؛ تلك	27
celui-ci ; celui-là	hadhà ; dhalika	هذا؛ ذلك	22, 24
cendre	ramàd	رماد	67
cendré	ramàdiyy	رماديّ	67
cendrier	minfada(t) / manàfid	منفضة/منافض	
cent	mi’a(t) / -àt	مئة/ات	53
centre	markaz / maràkiz	مركز/مراكز	22
céréale	habb, habba(t) / houboùb	حبّ، حبّة/حبوب	74

cérémonie	hafla(t) / -àt	حفلة/ات	54
certain (sûr)	mou^{c}akkad	مؤكّد	
certain(s)	ba^{c}d	بعض	44
certes	inna	إنّ	22
certificat	chahàda(t) / -àt	شهادة/ات	38
ces	ha'oulà'i	هؤلاء	60
cette	hadhihi	هذه	27
chagrin	houzn / ahzàn	حزن/أحزان	
chaire à prêcher	minbar / manàbir	منبر/منابر	40
chaise	koursiyy / karàsin *(irrég.)*	كرسيّ/كراس	
chaleur	harr, haràra(t)	حرّ، حرارة	60
chambre	ghourfa(t) / ghouraf	غرفة/غرف	47
chameau	jamal / jimàl, ibil *(coll.)*	جمل/جمال، إبل	39
	ba^{c}ìr / bou^{c}ràn,	بعير/بعران،	
champ	haql / houqoùl	حقل/حقول	
champ *(fig.)*	majàl / -àt	مجال/ات	
chance	hazz, / houzoùz	حظّ، حظوظ	57
chance (par ~)	li-housni (a)l-hazzi	لحسن ٱلحظّ	57
chanceux	mahzoùz	محظوظ	45
chandelle	cham^{c}a(t) / -àt, cham^c *(coll.)*	شمعة/ات، شمع	71
change	taghyìr II, sarf	تغيير، صرف	65
change (bureau de ~)	maktabou / makàtibou	مكتب/مكاتب	65
	(a)s-sarfi	ٱلصّرف	
changer *(intr.)*	tabaddala, yatabaddalou V,	تبدّل، يتبدّل،	
	taghayyara, yataghayyarou V	تغيّر، يتغيّر	65
changer *(tr.)*	baddala, youbaddilou II,	بدّل، يبدّل،	
	ghayyara, youghayyirou II	غيّر، يغيّر	
changeur	sarràf / -oùna	صرّاف/ون	65
chant	oughniya(t) / -àt,	أغنية/ات،	
	aghànin *(irrég.)*	أغان	
chanter	ghannà, youghannì II	غنّى، يغنّي	
chapeau	qoubba^{c}a(t) / -àt	قبّعة/ات	
chaque	koull + *nom* +-in	كلّ	39
chapitre	fasl / fousoùl	فصل/فصول	67
charger de	alzama, youlzimou bi- IV	ألزم، يلزم بـــ	77
charmer	sahara, yasharou	سحر، يسحر	46
charmeur de serpents	hàwin / houwà(t)	حاو/حواة	45
chasser	istàda, yastàdou VIII	إصطاد، يصطاد	67

chat	qitt / qitat	قطّ/قطط	13
chaud	hàrr ; sàkhin	حارّ، ساخن	68
chauffeur	sà'iq / -oùna, souwàq	سائق/ون، سواق	
chaussure	hidhà' / ahdhiya(t)	حذاء/أحذية	
chef	ra'ìs / rou'asà'	رئيس/رؤساء	
chef-d'œuvre	touhfa(t) / touhaf	تحفة/تحف	
chemin	tarìq / tourouq, tourouqàt	طريق/طرق،طرقات	57
chemise	qamìs / qoumsàn	قميص/قمصان	74
chèque	chìk / -àt	شيك/ات	65
cher	ghàlin *(irrég.)*	غال	74
chercher	bahatha, yabhathou ^{c}an	بحث، يبحث عن	74
chevaux	khayl *(coll.)*	خيل	69
cheveu	cha^{c}ra(t) / -àt, cha^{c}r *(coll.)*	شعرة/ات، شعر	33
chez	^{c}inda, ladà	عند، لدى	23, 50
chien	kalb / kilàb	كلب/كلاب	15
chiffre	raqm / arqàm	رقم/أرقام	64
choisir	ikhtàra, yakhtàrou VIII	إختار، يختار	
chômage	bitàla(t)	بطالة	68, 75
chômeur(s)	^{c}àtil / -oùna ^{c}an-i (a)l-^{c}amali	عاطل/ون عن ٱلعمل	
chose	chay' / achyà'	شيء/أشياء	22
ciel	samà' / samàwàt	سماء/سماوات	67
cigarette	sìjàra(t) / sajà'ir	سيجارة/سجائر	
cinéma	sìnamà	سينما	69
circulation	mouroùr	مرور	72
civilisation	hadàra(t) / hadàràt	حضارة/ات	77
civilisation (de ~)	hadàriyy	حضاريّ	77
civilisé	hadàriyy	حضاريّ	77
classe	sinf / asnàf, fi'a(t) / -àt	صنف/أصناف،فئة/ات	
clé	miftàh / mafàtìh	مفتاح/مفاتيح	52
client	zaboùn / zabà'in	زبون/زبائن	30
climatisation	takyìfou (a)l-hawà'i	تكييف ٱلهواء	25
clinique	^{c}iyàda(t) / -àt	عيادة/ات	61
cœur	qalb / qouloùb	قلب/قلوب	34
coffre	soundoùq / sanàdìq	صندوق/صناديق	51
coin	roukn / arkàn	ركن/أركان	
coin	zàwiya(t) / zawàyà	زاوية/زوايا	
collaborer	ta^{c}àwana, yata^{c}àwanou VI	تعاون، يتعاون	57

collectif	jamàᶜiyy	جماعيّ	72
colline	hadba(t) / -àt, tall / tilàl	هضبة/ات، تلّ/تلال	
colonne	tàboùr / tawàbìr	طابور/طوابير	50
coloré	moulawwan II	ملوّن	66
combien ?	kam ?	كم؟	31
commandeur	amìr / oumarà'	أمير/أمراء	37
comme	kamà *(+ verbe)*	كما	39
comme si *(+ pron.)*	ka'anna-	كأنّ	
commencer	bada'a, yabda'ou ;	بدأ، يبدأ؛	56
	asbaha, yousbihou IV	أصبح، يصبح	61
comment ?	kayfa ?	كيف؟	17
commerçant	tàjir / toujjàr	تاجر/تجّار	17
commerce	tijàra(t)	تجارة	38
commercial	tijàriyy	تجاريّ	43
compagnon	rafìq / rifàq	رفيق/رفاق	64
comparaison	qiyàs / -àt	قياس/ات	55
complet	tàmm	تامّ	
complètement	tamàman	تماما	39
comprendre	fahima, yafhamou	فهم،يفهم	29
compris (inclus)	mahsoùb	محسوب	72
compte	hisàb / -àt	حساب/ات	32
concerner	taᶜallaqa, yataᶜallaqou bi- V	تعلّق،يتعلّق بـ	69
conditionnement	takyìf II	تكييف	25
conduire	qàda, yaqoùdou ;	قاد،يقود؛	
	sàqa, yasoùqou	ساق، يسوق	
conduite	siyàqa(t)	سياقة	75
conférence	mou'tamar / -àt VIII	مؤتمر/ات	68
confiance	i'timàn VIII	إئتمان	72
confiance (de ~)	amìn	أمين	
confier	sallama, yousallimou ilà II	سلّم،يسلّم إلى	67
confiseur	halwàniyy / -oùna	حلوانيّ/ون	29
confiture	mourabbà	مربّى	
congé	ᶜoutla(t) / -àt, ᶜoutal	عطلة/ات،عطل	75
congrès	mou'tamar / -àt VIII	مؤتمر/ات	68
connaissance (prise de ~)	ittilàᶜ ᶜalà	إطلاع على	62
connaissance avec / de (fait de faire ~)	taᶜarrouf ilà / ᶜalà V	تعرّف إلى / على	71
connaître	ᶜarafa, yaᶜrifou	عرف، يعرف	31

consacré à	moukhassas li- II	مخصّص لـ	69
conseil	nasiha(t) / nasà'ih	نصيحة/ نصائح	62
consentement	ridà	رضى	39
considération	ihtimàm / -àt VIII	إهتمام/ات	58
consigne à bagages	moustaouda^{c}ou (a)l-haqà'ibi	مستودع ٱلحقائب	
constant	moustamirr X	مستمرّ	46
constater	làhaza, youlàhizou III	لاحظ، يلاحظ	64
consulat	qounsouliyya(t) / -àt	قنصليّة/ات	75
consultation	^{c}iyàda(t) / -àt	عيادة/ات	61
contact avec (prendre ~)	ittasala, yattasilou bi- VIII	إتّصل، يتّصل بـ	76
conte	qissa(t) / qisas	قصّة/قصص	46
contemplant	moutafarrij ^{c}alà V	متفرّج على	67
contemplation de	tafarrouj ^{c}alà V	تفرّج على	40
contempler	tafarraja, yatafarrajou ^{c}alà V	تفرّج، يتفرّج على	67
contemporain	mou^{c}àsir / -oùna	معاصر/ون	68
content de	mourtàh / oùna li-	مرتاح/ون لـ	
contenter de (se ~)	iktafà, yaktafì bi- VIII	إكتفى، يكتفي بـ	52
conter	qassa, yaqoussou	قصّ، يقصّ	46
conteur	qàss / qoussàs	قاصّ/قصّاص	46
continent	qàrra(t) / -àt	قارّة/ات	
continu	moustamirr X	مستمرّ	46
continuer	istamarra, yastamirrou X	إستمرّ، يستمرّ	46
contraindre	alzama, youlzimou IV	ألزم، يلزم	77
contrepartie de (en ~)	mouqàbila + *cas ind.*	مقابل	52
contrôler	ràqaba, youràqibou III ;	راقب، يراقب؛	
	saytara, yousaytirou ^{c}alà	سيطر، يسيطر على	
convenir à	nàsaba, younàsibou III ;	ناسب، يناسب؛	55
	tanàsaba, yatanàsabou	تناسب، يتناسب مع؛	55
	ma^{c}a VI ; ardà, yourdì IV	أرضى، يرضي	
convient (qui ~)	mounàsib	مناسب	
coopérer	ta^{c}àwana, yata^{c}àwanou VI	تعاون، يتعاون	57
corne de gazelle	ka^{c}b (a)l-ghazàl	كعب ٱلغزال	32
correction	taqwìm / taqàwìm ;	تقويم / تقاويم؛	
	ta'dìb	تأديب	
correspondre à	tanàsaba, yatanàsabou ma^{c}a VI	تناسب يتناسب مع	55
costume	kiswa(t) / kasàwì, kisà'	كسوة/كساو، كساء	55
côté	jànib / jawànib ;	جانب/جوانب؛	
	jiha(t) / -àt ;	جهة/ات؛	
	nàhiya(t) / nawàhin *(irrég.)*	ناحية/نواح	

coton	qoutn	قطن	
cou	^{c}ounouq / a^{c}nàq ;	عنق/أعناق؛	
	raqaba(t) / riqàb	رقبة/رقاب	
couché (être ~)	raqada, yarqoudou	رقد، يرقد	
coucher du soleil	ghouroùbou (a)ch-chamsi	غروب ٱلشّمس	46
coudre	khàta, yakhìtou	خاط، يخيط	
couleur	laoun / alwàn	لون/ألوان	59
couloir	mamarr / -àt	ممرّ/ات	75
couper	qata^{c}a, yaqta^{c}ou	قطع، يقطع	
coupole	qoubba(t) / qoubab	قبّة/قبب	69
courant (fait de se mettre au ~)	ittilà^{c} ^{c}alà VIII	إطلاع على	62
courir	rakada, yarkoudou ;	ركض، يركض؛	61
	jarà, yajrì	جرى، يجري	
court	qasìr	قصير	74
court (plus ~)	aqsar *(élatif)*	أقصر	74
cousin (côté paternel)	ibnou (a)l-^{c}ammi	إبن ٱلعمّ	36
cousine (côté paternel)	bintou (a)l-^{c}ammi	بنت ٱلعمّ	36
coûte (combien... ?)	kam yousàwì *(masc.)* / tousàwì *(fém.)* ? III	كم يساوي / تساوي	72
couteau	sikkìn / sakàkìn	سكين/سكاكين	
coûteux	mouklif IV	مكلف	23
couturier	khayyàt / -oùna	خيّاط/ون	55
crainte de / que	makhàfata an	مخافة أن	59
crayon	qalam / aqlàm	قلم/أقلام	9
crédit	i'timàn VIII	إئتمان	72
creux	fàrigh	فارغ	67
crier	sàha, yasìhou ;	صاح، يصيح؛	
	sarakha, yasroukhou II	صرخ، يصرخ	
critique *(adj.)*	harij	حرج	
critique *(subst. fém.)*	naqd	نقد	
croire	i^{c}taqada, ya^{c}taqidou VIII ;	إعتقد، يعتقد؛	
	zanna, yazounnou	ظنّ، يظنّ	
croire à	àmana, you'minou bi- IV	آمن، يؤمن ب	
cruel	qàsin / qousàt	قاس/قساة	
cuillère	mil^{c}aqa(t) / malà^{c}iq	ملعقة/ملاعق	
cuir	jild / jouloùd	جلد/جلود	
cuisine (lieu)	matbakh / matàbikh	مطبخ/مطابخ	47

cuivre (en ~)	nouhàsiyy	نحاسيّ	74
cultivateur	mouzàri^{c} / -oùna	مزارع/ون	48
culture	thaqàfa(t) / -àt	ثقافة/ات	68
culturel	thaqàfiyy	ثقافيّ	69
curieux *(adj.)*	gharìb	غريب	30
curieux *(adj. et subst.)*	foudoùliyy / -oùna	فضوليّ/ون	
dame	sayyida(t) / -àt	سيّدة/ات	45
danger	khatar / akhtàr	خطر/أخطار	76
dangereux	khatir	خطر	
dans	fì, ladà ;	في، لدى؛	50
	ba^{c}da *(+ compl^t de temps)*	بعد	
danse	raqs / -àt	رقص/ات	45
danser (faire ~)	raqqasa, youraqqisou II	رقّص، يرقّص	45
date	maou^{c}id / mawà^{c}id ;	موعد/مواعيد،	53
	ta'rìkh / tawàrìkh	تاريخ، تواريخ	77
de	min ; ^{c}an	من؛ مع	12
déambuler	tajawwala, yatajawwalou V	تجوّل، يتجوّل	67
debout (être, se tenir ~)	waqafa, yaqifou ;	وقف، يقف؛	64
	qàma, yaqoùmou	قام، يقوم	
debout (qui se tient ~)	wàqif	واقف	64
début	mouqaddima(t) / -àt ;	مقدّمة/ات؛	50
	bidàya(t) / -àt	بداية/ات	67
décéder	touwouffiyya, youtawaffà *(passif)*	توفّيّ، يتوفّى	
décembre	dìsambar	ديسمبر	
décision	qaràr / -àt	قرار/ات	
déclaration	i^{c}làn / -àt IV	إعلان/ات	64
déclarer	a^{c}lana, you^{c}linou IV	أعلن، يعلن	73
déclinaison (grammaire)	insiràf VII	إنصراف	77
décliner (se ~) (en grammaire)	insarafa, yansarifou VII	إنصرف،ينصرف	77
décoller	aqla^{c}a, youqli^{c}ou IV	أقلع، يقلع	54
défaut	^{c}ayb / ^{c}ouyoùb	عيب،عيوب	
dégât	khasàra(t) / khasà'ir	خسارة/خسائر	40
degré	daraja(t) / -àt	درجة/ات	58
dehors	fì / ilà (a)l-khàriji	في / إلى ٱلخارج	50
déjà	qad + *accompli*	قد	38
déjeuner *(subst.)*	ghadà'	غداء	
déjeuner *(verbe)*	taghaddà, yataghaddà V	تغدّى، يتغدّى	

délaisser	khadhala, yakhdhoulou	خذل، يخذل	
délicieux	ladhìdh	لذيذ	31
demain	ghadan	غدا	41
demande	t̲alab / -àt	طلب/ات	53
demandé	mat̲loùb	مطلوب	54
demander	t̲alaba, yat̲loubou	طلب، يطلب	32
démarche	mas^{c}an / masà^{c}in *(irrég.)*	مسعى/مساع	75
démarches administratives	masà^{c}in idàriyyatoun	مساع إداريّة	75
démarrage	int̲ilàq VII	إنطلاق	64
démarrer	int̲alaqa, yant̲aliqou VII	إنطلق، ينطلق	64
démentiel	jounoùniyy	جنونيّ	72
demeure	manzil / manàzil	منزل/منازل	36
demeurer	baqiya, yabqà	بقي، يبقى	46
demi	nis̲f	نصف	
dent	sinn / asnàn	سنّ، أسنان	76
dentifrice	ma^{c}joùnou (a)l-asnàni	معجون ٱلأسنان	
dentiste	t̲abìbou (a)l-asnàni	طبيب ٱلأسنان	76
départ	moughàdara(t) III, ins̲iràf VII	مغادرة؛ إنصراف	54, 77
dépêcher (se ~)	asra^{c}a, yousri^{c}ou IV	أسرع، يسرع	54
dépense	badhl ; infàq ; s̲arf	بذل؛ إنفاق؛ صرف	40, 74
dépenser	badhala, yabdhoulou ; anfaqa / younfiqou	بذل، يبذل؛ أنفق، ينفق	40
depuis	moundhou	منذ	44
député	nà'ib / nouwwàb	نائب/نوّاب	68
dérangement	iz^{c}àj IV	إزعاج	71
déranger	az^{c}aja, youz^{c}ijou IV	أزعج، يزعج	71
dernier	akhìr ; màd̲in	أخير؛ ماض	31
derrière	warà'a	وراء	62
descendre	nazala, yanzilou	نزل، ينزل	23
descendre (fait de faire ~)	inzàl IV	إنزال	72
descente	inzàl IV	إنزال	54
désert	s̲ah̲rà' / s̲ah̲àrà	صحراء/صحارى	73
désirer	raghiba, yarghabou fì	رغب، يرغب في	55
désœuvrement	^{c}out̲la(t) / -àt, ^{c}out̲al	عطلة/ات، عطل	75
désolé	àsif	آسف	66
désordonné	ghayrou mourattabin II	غير مرتّب	47
désordre	faoud̲à	فوضى	47

désormais	min-a (a)l-àni [fa sà^{c}idan]	من ٱلآن فصاعدا	
dessert	halawiyyàt ; tahliya(t)	حلويات؛ تحلية	
dessin	rasm / rousoùm	رسم/رسوم	66
destinataire	moursal ilayhi IV	مرسل إليه	51
détailler	fassala, youfassilou II	فصّل يفصّل	74
deux (tous les ~)	kilàhoumà	كلاهما	58
devant	amàma	أمام	41
développement	tanmiya(t) II	تنمية	68
développer (se ~)	tatawwara, yatatawwarou V	تطوّر، يتطوّر	77
devenir	asbaha, yousbihou IV ;	أصبح، يصبح؛	61
	sàra, yasìrou	صار، يصير	
devise	^{c}oumla(t) / -àt	عملة/ات	65
dévoiler	asfara, yousfirou ^{c}an IV	أسفر، يسفر عن	68
devoir *(subst.)*	wàjib / -àt	واجب/ات	
devoir *(verbe)*	wajaba, yajibou an... ;	وجب، يجب أن...	50, 60
	^{c}alà-*pronom* an + *subj.*	على...أن	
diable	chaytàn / chayàtìn	شيطان/شياطين	21
dialoguant	moutahàwir VI	متحاور	59
dichdacha	dichdacha(t) / -àt	دشدشة	55
dictionnaire	mou^{c}jam / ma^{c}àjim ;	معجم/معاجم؛	
	qàmoùs / qawàmìs	قاموس/قواميس	
Dieu	Allah	ألله	17
différence	ikhtilàf / -àt VIII	إختلاف/ات	77
différent	moukhtalif VIII	مختلف	45
difficile	sa^{c}b	صعب	39
diffusé	mountachir VIII	منتشر	47
dimanche	yaoumou (a)l-ahadi	يوم ٱلأحد	30
dîner *(subst.)*	^{c}achà' ; ma'doubatou	عشاء؛ مأدبة	58, 59
	(a)l-^{c}achà'i	ٱلعشاء	
diplôme	chahàda(t) / -àt	شهادة/ات	38
dire	qàla, yaqoùlou	قال،يقول	9, 41
directeur	moudìr / moudarà'	مدير/مدراء	60
direction	ittijàh /-àt VIII	إتّجاه/ات	73
direction de la Mecque	qibla(t)	قبلة	40
directrice	moudìra(t) / -àt	مديرة/ات	60
dirige (qui se ~)	moutawajjih ilà V	متوجّه إلى	72
diriger vers (se ~)	tawajjaha, yatawajjahou ilà V	توجّه، يتوجّه	51
disant	qà'il	قائل	44

discussion	niqàch / -àt III	نقاش/آت	59
discuter	tanàqacha, yatanàqachou VI	تناقش، يتناقش	59
dispensaire	moustaousaf X	مستوصف	
disponible, abondant	moutawaffir V	متوفّر	68
dispute	chijàr / -àt	شجار/ات	59
distance	masàfa(t)	مسافة	70
distrait	ghàfil	غافل	64
distributeur	mouwazzi^c II	موزّع	72
distributeur automatique d'argent	mouwazzi^{c}oun àliyyoun li(a)n-nouqoùdi	موزّع آليّ للنّقود	72
divertissement	lahw ; tasliya(t) / -àt	لهو؛ تسلية/ات	
djellaba	jilbàb / jalàbìb	جلباب/جلابيب	55
doigt	isba^c / asàbi^c	إصبع/أصابع	
dollar	doùlàr / -àt	دولار/ات	74
domaine	majàl / -àt	مجال/ات	
dôme	qoubba(t) / qoubab	قبّة/قبب	69
domicile	manzil / manàzil	منزل/منازل	36
dominer (surplomber)	achrafa, youchrifou ^{c}alà IV	أشرف، يشرف على	52
dommage	khasàra(t) / khasà'ir	خسارة/خسائر	40
donner	a^{c}tà, you^{c}tì IV ;	أعطى، يعطي؛	36
	nàwala, younàwilou III	ناول، يناول	71
donner sur	achrafa, youchrifou ^{c}alà IV	أشرف، يشرف على	52
dormir	na^{c}asa, yan^{c}asou ;	نعس، ينعس؛	
	nàma, yanàmou	نام، ينام	58
dos	zahr	ظهر	61
douane	joumrouk / jamàrik	جمرك/جمارك	
douche	douchch	دشّ	52
douleur	waja^c / aoujà^c	وجع/أوجاع	61
douloureux (être ~)	aouja^{c}a, youùji^{c}ou IV	أوجع/يوجع	61
doute (pas de ~ que)	là chakka anna	لاشكّ أنّ	54
doux	layyin	ليّن	
drap	lihàf / alhifa(t)	لحاف/ألحفة	
dresser (tente)	nasaba, yansibou	نصب،ينصب	67
droit (juridique)	haqq / houqoùq	حقّ/حقوق	33
droite (la ~)	al-yamìnou	أليمين	43
duel (en grammaire)	al-mouthannà	ألمثنّى	37
dur	soulb ; qàsin / qousàt	صلب، قاس/قساة	
dur d'oreille	thaqìlou (a)s-sam^{c}i	ثقيل ألسّمع	29

durée	moudda(t) / moudad	مدّة/مدد	50
durer	istaghraqa, yastaghriqou X	إستغرق، يستغرق	72
eau	mà' / miyàh	ماء/مياه	30, 60
éblouissant	bàhir	باهر	60
échapper	fàta, yafoùtou	فات،يفوت	54
éclater	infajara, yanfajirou VIII	إنفجر، ينفجر	50
écœurement	taqazzouz V	تقزّز	76
école	madrasa(t) / madàris	مدرسة/مدارس	21
école coranique	kouttàb / katàtìb	كتّاب/كتاتيب	
écologie	^{c}ilmou (a)l-bì'ati	علم ٱلبيئة	68
économiser (pour)	taoufìran li- II	توفيرا لـــ	55
écouter	sami^{c}a, yasma^{c}ou	سمع، يسمع	45
écrire	kataba, yaktoubou	كتب، يكتب	1
écriture	kitàba(t)	كتابة	77
écrivain	kàtib / kouttàb	كاتب، كتّاب	1
édifice	mabnan / mabànin ;	مبنى/مبان؛	48
	binàya(t) / -àt	بناية/ات	68
éducation	tarbiya(t), ta'dìb	تربية، تأديب	69
effectuer	qàma, yaqoùmou bi-	قام، يقوم ب	73
effectuer qqch. (fait d'~)	ijrà' IV ; qiyàm bi-	إجراء؛ قيام بـــ	61, 73
égaler	sàwà, yousàwì III	ساوى، يساوي	
Égypte	Misr	مصر	19
eh bien	fa-	فـــ...	20
électronique *(adj.)*	iliktroùniyy	إلكترونيّ	60
élevage	tarbiya(t) II	تربية	69
élève	tilmìdh / talàmìdh	تلميذ، تلاميذ	12
élevé (haut)	^{c}àlin ; rafì^{c}	عال؛ رفيع	44, 69
élixir	iksìr	إكسير	45
elle(s)	hiya, -hà ;	هي، ـــها؛	22, 36
	hounna, -hounna	هنّ، ـــهنّ	
embarquement	roukoùb	ركوب	54
embouteillage	zihàm III	زحام	72
émigration	hijra(t)	هجرة	36
éminent	rafì^{c}	رفيع	69
émission	isdàr IV	إصدار	47
émotion	infi^{c}àl / -àt VII	إنفعال/ات	65
employé	mouwazzaf /-oùna II	موظّف/ون	51
empoisonné	masmoùm	مسموم	

emprunter	ista^{c}àra, yasta^{c}ìrou min X	إستعار، يستعير من	71
en face	fì (a)l-mouqàbili III	في ٱلمقابل	
enceinte (tomber ~)	habila, yahbalou	حبل، يحبل	73
enchanté	moutacharrif / -oùna V	متشرّف/ون	
enchanté(s) !	tacharrafnà ! V	تشرّفنا!	
encore	ba^{c}dou	بعد	
encore une fois	moujaddadan, marratan oukhrà (ou jadìdatan)	مجدّدا، مرّة أخرى (جديدة)	50
endroit	mahall / -àt ; makàn / amàkin, amkina(t)	محلّ/ات؛ مكان/أماكن، أمكنة	27, 43
énergie (activité)	nachàt, / -àt anchita(t)	نشاط/ات، أنشطة	41
énervé	mounza^{c}ij / -oùna VII	منزعج/ون	
enfant	walad / awlàd ; tifl / atfàl	ولد/أولاد؛ طفل/أطفال	3 48
enfin	akhìran, khitàman	أخيرا، ختاما	50
enflammer (s'~) *(fig.)*	ihtadama, yahtadimou VIII	إحتدم، يحتدم	59
enlever	khala^{c}a, yakhla^{c}ou	خلع، يخلع	61
ennuyer (s'~)	malla, yamallou	ملّ، يملّ	
ennuyeux	moumill	مملّ	
énorme	dakhm	ضخم	37
enregistré	mousajjal II	مسجّل	50
enseigner	darrasa, youdarrisou II ; ^{c}allama, you^{c}allimou II	درّس، يدرّس؛ علّم، يعلّم	33 72
ensemble *(adv.)*	ma^{c}an	معا	41
ensemble *(subst.)*	majmoù^{c}a(t) / -àt	مجموعة/ات	74
ensemble de	jamì^c + *annexion*	جميع...	32
ensorceler	sahara, yasharou	سحر، يسحر	46
ensuite	thoumma	ثمّ	15
entendre	sami^{c}a, yasma^{c}ou	سمع، يسمع	40
entêté	mouta^{c}annit /-oùna V	متعنّت/ون	67
entêter (s'~)	ta^{c}annata, yata^{c}annatou V	تعنّت، يتعنّت	67
entier	kàmil, tàmm	كامل، تامّ	
entracte	istiràha(t) X	إستراحة	69
entraider (s'~)	ta^{c}àwana, yata^{c}àwanou VI	تعاون، يتعاون	57
entrée (action)	doukhoùl	دخول	73
entrée (lieu)	madkhal / madàkhil	مدخل / مداخل	
entrefaites (sur ces ~)	fì ghoudoùni dhalika	في غضون ذلك	47
entreprise (société)	charika(t) / -àt	شركة/ات	38

entrer (faire ~)	adkhala, youdkhilou IV	أدخل،يدخل	76
entrer dans	dakhala, yadkhoulou *(dir.)*	دخل، يدخل	3
entretenir (s'~ de)	tah̲àdatha, yatah̲àdathou ^{c}an VI	تحادث، يتحادث عن	59
enveloppe	z̲arf / z̲ouroùf	ظرف/ظروف	
environ	taqrìban	تقريبا	68
environnement	bì'a(t)	بيئة	68
envoi	irsàl IV	إرسال	50
envoyer	arsala, yoursilou IV	أرسل، يرسل	50
épais	samìk ; thakhìn ; ghalìz̲	سميك؛ ثخين؛ غليظ	
épargnant (en)	taoufìran li- II	توفيرا لـ	55
épargner	waffara, youwaffirou II	وفّر، يوفّر	66
épice	tàbil / tawàbil	تابل/توابل	74
épicier	baqqàl / -oùna	بقّال/ون	
épiderme	bachara(t)	بشرة	
épingle	ibra(t) / ibar	إبرة/إبر	
épouse	zaouja(t) / -àt	زوجة/ات	40
épouser	tazawwaja, yatazawwajou V	تزوّج، يتزوّج	44
époux	zaouj / azwàj	زوج/أزواج	40
équivaloir à	^{c}àdala, you^{c}àdilou III	عادل، يعادل	65
erreur	ghalat̲ / aghlàt̲, khat̲a' / akht̲à	غلط/أغلاط، خطأ/أخطاء	
escalier	daraj	درج	61
esclave	^{c}abd / ^{c}abìd	عبد/عبيد	44
espèce	naou^{c} / anwà^{c}	نوع/أنواع	39
espérer	amala, ya'moulou	أمل، يأمل	
espionnage	tajassous V	تجسّس	62
espoir	amal / àmàl	أمل/آمال	
essayer (vêtement...)	jarraba, youjarribou II	جرّب،يجرّب	55
essayer de	h̲àwala, youh̲àwilou an III	حاول،يحاول أن	62
est (l'~)	ach-charqou	ألشّرق	77
est-ce que ?	hal ?	هل؟	13
est-ce que c'est le / la... ?	hal houwa / hal hiya... ?	هل هو/هل هي؟	53
estime	taqdìr II	تقدير	71
estimer	qaddara, youqaddirou II	قدّر، يقدّر	48
estomac	mà^{c}ida(t)	معدة	61
estudiantin, d'étudiant	t̲oullàbiyy	طلاّبيّ	39
et	wa	و	2

établir (s'~)	qàma, yaqoùmou	قام، يقوم	77
étage	tàbiq / tawàbiq	طابق/طوابق	
étape	manzil / manàzil	منزل/منازل	36
État	daoula(t) / douwal	دولة/دول	48
état	hàl / ahwàl	حال/أحوال	17
état civil	al-hàlatou (a)l-madaniyyatou	ألحالة ٱلمدنيّة	44
etc.	ilà àkhirihi	إلى آخره	39
été	sayf / asyàf	صيف، أصياف	60
éteindre	atfa'a, youtfi'ou IV	أطفأ، يطفئ	71
étonnant	^{c}ajìb ; mou^{c}jib	عجيب؛ معجب	
étrange	gharìb	غريب	30
étranger	ajnabiyy / ajànib	أجنبيّ/أجانب	43
étranger (l'~)	al-khàrij	ألخارج	50
être	kàna, yakoùnou	كان، يكون	24
être (ne pas ~)	laysa	ليس	38
être (au matin)	asbaha, yousbihou IV	أصبح، يصبح	61
étroit	dayyiq	ضيّق	52
étude	diràsa(t) / -àt	دراسة/ات	38
étudiant	tàlib / toullàb, talaba(t)	طالب/طلاّب، طلبة	39
étudier	darasa, yadrousou	درس، يدرس	3
euro	yoùroù	يورو	65
Europe	Oùroùbbà	أوروبّا	48
européen	oùroùbbiyy / -oùna	أوروبّيّ/ون	48
eux deux / elles deux	houmà / -houmà	هما/ـــهما	37
évacuation (fait d'évacuer)	ikhlà' IV	إخلاء	
évanouir (s'~)	oughmiya, youghmà ^{c}alà IV *(passif)*	أغمي، يغمى على	
événement	hadath / ahdàth	حدث/أحداث	
évident	badìhiyy	بديهيّ	
éviter (fait d'~)	tafàdin *(irreg.)* VI	تفاد	62
évoluer	tatawwara, yatatawwarou V	تطوّر، يتطوّر	77
exactement	bi-(a)d-dabt	بالضّبط	52
examen	fahs / fouhoùs / fouhoùsàt ; imtihàn / -àt VIII	فحص/فحوص/فحوصات؛ إمتحان/ات	62, 69
examiner	nazara, yanzourou fì ; fahasa, yafhasou	نظر، ينظر في؛ فحص، يفحص	32, 61
excepté	illà	إلاّ	38

exceptionnel	istithnà'iyy X	إستثنائيّ	65
excuse(z)-moi	ou^{c}dhournì	أعذرني	43
excuser	a^{c}dhara, you^{c}dhirou IV	أعذر، يعذر	71
exemple (par ~)	mathalan	مثلا	39
existant	maoujoùd	موجود	74
expéditeur	moursil IV	مرسل	51
expérimenté	khabìr / khoubarà'	خبير/خبراء	73
expert	khabìr / khoubarà'	خبير/خبراء	73
exploser	infajara, yanfarijou VII	إنفجر، ينفجر	
explosion	infijàr / -àt VII	إنفجار/ات	68
exposé (être ~ à)	ta^{c}arrad̲a, yata^{c}arrad̲ou li- V	تعرّض،يتعرّض لـ	50
exposition	ma^{c}rid̲ / ma^{c}àrid̲	معرض/معارض	
extérieur (l'~)	al-khàrij	ألخارج	50
extérieur (à l'~)	fì *ou* ilà (a)l-khàriji	في/ إلى ٱلخارج	
extérieur à	khàrijoun ^{c}an	خارج عن	71
extrait	mouqtat̲af (-àt) VIII	مقتطف/ات	68
extraordinaire	rà'i^c	رائع	45
extrême (à l'~), extrêmement	lil-ghàyati	للغاية	71
face à (faire)	wàjaha, youwàjihou III	واجه، يواجه	57
fâché	ghad̲bàn	غضبان	47
facile	hayyin, sahl	هيّن، سهل	
faible (peu abondant, peu nombreux)	qalìl	قليل	59
faim (qui a ~)	jaou^{c}àn *(dipt.)*	جوعان	31
faire	^{c}amila, ya^{c}malou	عمل، يعمل	33
fait (de ce ~)	bi-(a)t-tàlì	بٱلتّالي	57
falloir	wajaba, yajibou an	وجب، يجب أن	60
famille	ahl	أهل	33
fatigant	mout^{c}ib IV	متعب	
fatigue	ta^{c}ab	تعب	
fatigué	mout^{c}ab IV	متعب	26
faute	ghalat̲ / aghlàt̲, khat̲a' / akhtà'	غلط/أغلاط، خطأ/أخطاء	
fébrile	mah̲moùm / -oùna	محموم/ون	76
femme	mar'a(t) *ou* imra'a(t)	مرأة – إمرأة	40
femmes	nisà'	نساء	40
fenêtre	nàfidha(t) / nawàfidh	نافذة/نوافذ	

fer	hadìd	حديد	
fer à repasser	mikwàt	مكواة	
fermé	moughlaq IV	مغلق	72
fermer	aghlaqa, youghliqou IV	أغلق، يغلق	65
ferronnier	haddàd / -oùna	حدّاد/ون	
fête	^{c}ìd / a^{c}yàd, hafla(t) / -àt	عيد/أعياد، حفلة/ات	33, 54
feu	nàr / nìràn	نار/نيران	67
feuille	waraqa(t) / aouràq	ورقة/أوراق	60
février	fibrà'ir	فبراير	
fiancé	^{c}arìs / ^{c}oursàn ;	عريس/عرسان؛	33
	khatìb / khoutabà'	خطيب/خطباء	40
fiancée	^{c}aroùs	عروس	33
fièvre	hoummà ; haràra(t)	حمّى؛ حرارة	
fiévreux	mahmoùm / -oùna	محموم/ون	76
file	tàboùr / tawàbìr	طابور/طوابير	50
fille	bint / banàt	بنت/بنات	8
film	charìt / acharita(t) ;	شريط/أشرطة؛	69
	film / aflàm	فيلم/أفلام	
fils	ibn / banoùn, abnà'	إبن/بنون، أبناء	44
fin	nihàya(t) / -àt, intihà' VIII	نهاية/ات،إنتهاء	32, 57
finir *(intr.)*	intahà, yantahì VIII	إنتهى، ينتهي	69
finir (pour ~)	khitàman	ختاما	77
flambeau	siràj / asrija(t)	سراج/أسرجة	46
fleur	zahra(t) / azhàr, zouhoùr	زهرة/أزهار،زهور	36
fleuve	nahr / anhour, anhàr	نهر/أنهر، أنهار	
foi (avoir ~ en)	àmana, you'minou bi- IV	آمن، يؤمن بـــ	
fois	marra(t) / -àt	مرّة/ات	50
fois (une autre ~)	marratan oukhrà ;	مرّة أخرى؛	50
	marratan jadìdatan	مرّة جديدة	
fonctionner	ichtaghala, yachtaghilou VIII	إشتغل، يشتغل	52
force	qouwwa(t) / -àt, qouwàn	قوّة/ات، قوى	
forêt	ghàba(t) / -àt, ghàb	غابة/ات، غاب	67
forgeron	haddàd / -oùna	حدّاد/ون	
forme	chakl / achkàl	شكل/أشكال	66
formulaire	istimàra(t) / -àt X	إستمارة/ات	64
fort (intense)	chadìd	شديد	57
forteresse	qal^{c}a(t) / qilà^c	قلعة/قلاع	
fou	majnoùn / majànìn	مجنون/مجانين	

foulard	mindìl / manàdìl	منديل/مناديل	74
foule	joumhoùr / jamàhìr	جمهور/جماهير	46
four	fourn / afràn	فرن/أفران	
fourchette	chaouka(t) / -àt	شوكة/ات	
fournir	zawwada, youzawwidou bi- II	زوّد،يزوّد بـــ	71
fourreau	ghimd / aghmàd	غمد،أغماد	42
frais (produit)	tariyy ; tàzaj	طريّ؛ طازج	30, 74
français	faransiyy	فرنسيّ	42
français (le ~)(langue)	al-faransiyya(t)	ألفرنسيّة	43
France	Faransà	فرنسا	42
frapper	daraba, yadribou	ضرب، يضرب	44
fraternel	akhawiyy	أخويّ	77
fraternité	oukhouwwa(t)	أخوّة	71
frein	farmala(t) / faràmil ;	فرملة/فرامل؛	
	mikbah / makàbih	مكبح/مكابح	
frère	akhoun / ikhwa(t), ikhwàn	أخ/ إخوة، إخوان	39
frit	maqliyy	مقليّ	74
froid *(adj.)*	bàrid	بارد	60
froid *(subst.)*	bard	برد	67
fromage	joubn / ajbàn	جبن/أجبان	
fructueux	mouthmir IV	مثمر	77
fruit	thamra(t) / -àt, thimàr,	ثمرة/ات، ثمار، أثمار؛	36
	athmàr ; fàkiha(t) / fawàkih	فاكهة/فواكه	58
fuir	haraba, yahribou	هرب، يهرب	47
fumée	doukhàn	دخان	
fumer	dakhkhana, youdakhkhinou II	دخّن، يدخّن	
futur *(particule du)*	saoufa, sa-+ *inacc.*	سوف، ســـ	32
futur *(subst.)*	moustaqbal	مستقبل	50
gagner	kasaba, yaksibou	كسب، يكسب	
gain	kasb	كسب	
gangster	liss / lousoùs	لصّ/لصوص	68
garage	kàràj / -àt	كاراج/ات	50
garçon	walad / aoulàd	ولد/أولاد	3, 28
garçon (serveur)	gharsoùn	غرسون	31
garde (fait de garder)	khifàra(t) III	خفارة	76
gare	mahatta(t) / -àt (a)l-qitàri	محطّة/ات ألقطار	33
garer (son véhicule)	aouqafa, yoùqifou IV	أوقف، يوقف	75
gauche (la ~)	al-yasàrou	أليسار	43

gaz	ghàz / -àt	غاز/ات	68
gazelle	ghazàl	غزال	32
gelé	moujammad II	مجمّد	67
généralement (d'ordinaire)	^{c}àdatan	عادة	38
généreux	karìm / kiràm, kouramà'	كريم/ كرام، كرماء	66
générosité	karam	كرم	66
genou	roukba(t)	ركبة	61
genre	jins / ajnàs ; naou^{c} / anwà^{c}	جنس/أجناس؛ نوع/أنواع	39
gens	nàs	ناس	45
géographique	joughràfiyy	جغرافيّ	77
géométrie	handasa(t)	هندسة	38
glacé	mouthallaj II	مثلّج	46
glace (à manger)	doundourma(t) ; mouthallaj II	دندرمة؛ مثلّج	
glace (eau gelée)	jalìd	جليد	
goût, bon goût	dhaouq / adhwàq	ذوق/أذواق	69
gouvernement	h̲oukoùma(t) (-àt)	حكومة/ات	68
gouverneur	amìr / oumarà'	أمير/أمراء	37
grâce à	bi-wàsit̲ati	بواسطة	45
grain	h̲abba(t) / h̲ouboùb, h̲abb *(coll.)*	حبّة/حبوب، حبّ	74
graisse	chah̲m / chouh̲oùm ; douhn / douhoùn	شحم/شحوم؛ دهن/دهون	46
gramme	ghràm / -àt	غرام/ات	
grand	kabìr	كبير	22
grand (plus ~ que)	akbarou min *(élatif)*	أكبر من	22
grand (de taille)	t̲awìl	طويل	74
grand (plus ~)	akbar, koubrà *(élatif)*	أكبر/كبرى	41
grand-mère	jadda(t) / -àt	جدّة/ات	
grand-père	jadd / ajdàd	جدّ/أجداد	11
gratuit	majjàniyy	مجّانيّ	
grève	id̲ràb / -àt IV	إضراب/ات	
grill	michwàt	مشواة	
grillé	mouh̲ammas̲ II	محمّص	46
gros	jasìm, ghaliz̲	جسيم، غليظ	
grosse cuillère	mighrafa(t) / maghàrif	مغرفة/مغارف	
groupe	majmoù^{c}a(t) / -àt	مجموعة/ات	59

guerre	h̲arb / h̲ouroùb	حرب/حروب	
guichet	choubbàk / chabàbìk	شبّاك/شبابيك	50
guide	mourchid / -oùna IV	مرشد/ون	73
habile	màhir / -oùna	ماهر/ون	74
habit	thaoub / thiyàb	ثوب/ثياب	61
habitant	sàkin / soukkàn	ساكن/سكان	68
habitation (d')	sakaniyy	سكنيّ	68
habiter	sakana, yaskounou	سكن، يسكن	68
habitude	^{c}àda(t) / -àt	عادة/ات	77
habitude (d'~)	^{c}àdatan	عادة	38
habituer (s'~)	ta^{c}awwada, yata^{c}awwadou V	تعوّد، يتعوّد	
halte	manzil / manàzil	منزل/منازل	36
halva	h̲alwà / h̲alawiyàt	حلوى/حلويات	32
hammam	h̲ammàm / -àt	حمّام/ات	26
harmonieux	mounsajim VII	منسجم	66
hasard (par ~)	s̲oudfatan	صدفة	57
hâte (presse)	zih̲àm III	زحام	72
haut (en ~)	fawqa	فوق	46
Hégire	hijra(t)	هجرة	36
hésitant	moutaraddid / -oùna V	متردّد/ون	52
heure	sà^{c}a(t) / -àt	ساعة/ات	24
heureusement	li-h̲ousni (a)l-h̲az̲z̲i	لحسن ٱلحظّ	57
heureux	sa^{c}ìd / sou^{c}adà'	سعيد/سعداء	48
heureux (rendre ~)	as^{c}ada, yous^{c}idou IV	أسعد، يسعد	71
heureux (plus ~)	as^{c}ad *(élatif)*	أسعد	48
hier	amsi, yaouma amsi	أمس، يوم أمس	18
histoire	h̲ikàya(t) / -àt ;	حكاية/ات؛	46
	qis̲s̲a(t) / qis̲as̲ ;	قصّة/قصص؛	
	ta'rìkh / tawàrìkh	تأريخ/تواريخ	
hiver	chità'	شتاء	67
homme	rajoul / rijàl	رجل/رجال	4
honneur	charaf	شرف	71
honoré	moutacharrif / -oùna V	متشرّف/ون	71
honorer	charrafa, youcharrifou II	شرّف، يشرّف	71
hôpital	moustachfà / moustachfayàt	مستشفى/مستشفيات	76
horaire	maou^{c}id / mawà^{c}id	موعد/مواعيد	53
hospitalité	d̲iyàfa(t)	ضيافة	77

hôte	mad^{c}ouww / -oùna ;	مدعوّ/ون؛	54
	d̲ayf / d̲ouyoùf	ضيف/ضيوف	36
hôtel	foundouq / fanàdiq	فندق/فنادق	23
huile	zayt / zouyoùt	زيت/زيوت	
humain	bachariyy	بشريّ	77
humeur	infi^{c}àl / -àt VII	إنفعال/ات	65
humide	rat̲ib	رطب	
ici	hounà	هنا	17
identité	houwiyya(t) / -àt	هويّة/ات	64
île	jazìra(t) / jazà'ir	جزيرة/جزائر	27
illimité	ghayrou (a)l-mah̲doùdi	غير ٱلمحدود	66
image	s̲oùra(t) / s̲ouwar	صورة/صور	73
imagerie	tas̲wìr II	تصوير	61
imbécile	ghabiyy / aghbiyà'	غبيّ/أغبياء	
imitation	taqlìd	تقليد	
immédiatement	faouran	فورا	25
immeuble	mabnan / mabànin ;	مبنى/مبان؛	48
	binàya(t) / -àt	بناية/ات	68
important (être ~), importer	ahamma, youhimmou IV	أهمّ، يهمّ	54
importe (n'~ quel)	ayy, ayya(t)	أيّ، أيّة	38
impossible	moustah̲il X	مستحيل	55
imprévu	ghayrou moutawaqqa^{c}in V	غير متوقع	71
inauguration	tadchìn II	تدشين	68
incendie	h̲arìq / h̲arà'iq	حريق/حرائق	
incident	h̲àdith / h̲awàdith	حادث/حوادث	58
incitatif	moughrin *(irrég.)* IV	مغر	65
incitation	ighrà' / -àt IV	إغراء/ات	65
indice	mou'achchir / -àt II	مؤشّر/ات	68
indiquer	dalla, yadoullou ^{c}alà	دلّ، يدلّ على	72
influencé (être ~ par)	ta'aththara, yata'aththarou bi- V	تأثّر، يتأثّر بـ	77
information	ma^{c}loùma(t) / -àt	معلومة/ات	53
ingénièrie	handasa(t)	هندسة	38
injection	h̲ouqna(t) / h̲ouqan	حقنة/حقن	76
innombrable *(fém.)*	là touh̲s̲à IV	لاتحصى	39
inquiéter (s'~)	qaliqa, yaqlaqou	قلق، يقلق	70
inscription	tasjìl II	تسجيل	38
inscrit	mousajjal II	مسجّل	50

instrument	jihàz / ajhiza(t)	جهاز/أجهزة	52
intelligence	dhakà’	ذكاء	42
intelligent	dhakiyy	ذكيّ	38
intelligent (rendre ~)	adhkà, youdhkì IV	أذكى، يذكي	62
intense	chadìd, qàris	شديد، قارس	57, 67
interdit *(adj.)*	mamnoù^{c}	ممنوع	50
intéressant	mouhimm, mouthìr li-(a)l-ihtimàm	مهمّ، مثير للإهتمام	75
intéresser à (s’~)	ihtamma, yahtammou bi- VIII	إهتمّ،يهتمّ بـــ	
intérêt	ihtimàm / -àt	إهتمام/ات	58
international	doualiyy	دوليّ	68
internet	al-intarnat	ألإنترنت	52
interroger	sa’ala, yas’alou	سأل، يسأل	56
invitation	da^{c}wa(t) / -àt	دعوة/ات	71
invité	mad^{c}ouww /-oùna ;	مدعوّ/ون؛	54
	dayf / douyoùf	ضيف/ضيوف	36
irriter de (s’~)	imta^{c}ada, yamta^{c}idou min VIII	إمتعض،يمتعض من	
islam	islàm	إسلام	42
islamique	islàmiyy	إسلاميّ	40
ivre	sakràn / soukàrà	سكران/سكارى	
J.-C. (avant ~/ après ~)	qabla / ba^{c}da (a)l-mìlàdi	قبل/ بعد ٱلميلاد	36
jaloux	ghayoùr / -oùna	غيور/ون	61
jamais (de la vie)	abadan	أبدا	29
jambe	sàq / sìqàn	ساق/سيقان	
janvier	yanà’ir	يناير	
jardin	boustàn / basàtìn	بستان/بساتين	13
jasmin	yàsmìn	ياسمين	36
jaune *(masc., fém.)*	asfar, safrà’	أصفر، صفراء	66
jeter	ramà, yarmì bi-	رمى، يرمي بـــ	
jeu	la^{c}b / al^{c}àb	لعب/ألعاب	60
jeudi	yaoumou (a)l-khamìsi	يوم ٱلخميس	24
jeune	saghìr	صغير	34
jeûne	saoum	صوم	
jeune (plus ~)	asghar *(élatif)*	أصغر	74
jeûne (rupture du ~)	fitr	فطر	33
jeune fille	fatà(t) / fatayàt	فتاة/فتيات	61
jeune homme	chàbb / choubbàn ;	شابّ/شبّان؛	32
	fatan / fityàn	فتىً/ فتيان	61

jeunesse	chabàb	شباب	45
joie	farah	فرح	34
jouer	la^{c}iba, yal^{c}abou	لعب، يلعب	60
jouer d'un instrument	^{c}azafa, ya^{c}zifou ^{c}alà àlati moùsìqiyya	عزف، يعزف على آلة موسيقيّ	
jour	yaoum / ayyàm	يوم/أيّام	18
jour (un ~ quelconque)	yaouman mà	يوما ما	38
jour (un certain ~)	dhàta yaoumin	ذات يوم	61
journal	sahìfa(t) / souhouf	صحيفة/صحف	43
joyeux	masroùr / -oùna	مسرور/ون	24
juillet	yoùlyoù	يوليو	
juin	yoùnyoù	يونيو	
jupe	tannoùra(t) / tanànìr	تنّورة/تنانير	
jus	^{c}asìr	عصير	46
jusqu'à	hattà	حتّى	41
juste (exact)	madboùt	مضبوط	72
Kairouan	al-Qayrawàn	ألقيروان	53
là	hounàka	هناك	29
là-bas	hounàlika	هنالك	54
lac	bouhayra(t) / -àt	بحيرة/ات	
laid	qabìh	قبيح	60
laine	soùf	صوف	
laisser	taraka, yatroukou	ترك، يترك	50
lampe	misbàh / masàbìh	مصباح/مصابيح	
langage	kalàm, lougha(t) / -àt	كلام، لغة/ات	39, 45
langue (organe et idiome ; idiome)	lisàn / alsina(t) ; lougha(t) / -àt	لسان/ألسنة؛ لغة/ات	77
laps de temps	moudda(t) / moudad	مدّة/مدد	50
laquelle	allatì	ألّتي	43
large	^{c}arìd	عريض	
laver	ghasala, yaghsilou	غسل، يغسل	26
leçon	dars / douroùs	درس/دروس	12
lecture	qirà'a(t) / -àt, moutàla^{c}a(t) III	قراءة/ات، مطالعة/ات	72
léger	khafìf	خفيف	
légumes	khadràwàt, khoudar	خضراوات، خضر	
lendemain (le ~)	fì yaoumi (a)l-ghadi	في يوم ٱلغد	27
lentement	bi-bout'in, rouwaydan	ببطء، رويدا	

lequel	alladhì	ألّذي	46
lettre	risàla(t) / rasà'il	رسالة/رسائل	19
lever	rafa^{c}a, yarfa^{c}ou	رفع، يرفع	45
lever (se ~)	nahada, yanhadou	نهض، ينهض	
Liban	Loubnàn	لبنان	67
liberté	hourriya(t) / -àt	حرّية/ات	69
libre	hourr ; chàghir ; khàlin	حرّ؛ شاغر؛ خالٍ	72
licence	roukhsa(t) / roukhas	رخصة/رخص	75
lieu	makàn / amàkin, amkina(t) ;	مكان/أماكن،أمكنة؛	27
	mahall / -àt	محلّ/ات	43
lieu (avoir ~)	tamma, yatimmou	تمّ، يتمّ	53
lieu de naissance	mahallou (a)l-mìlàdi ;	محلّ ٱلميلاد؛	44
	makànou (a)l-wilàdati	مكان ٱلولادة	44
ligne	khatt / khoutoùt	خطّ/خطوط	53
limite	hadd / houdoùd	حدّ/حدود	62
limites (sans)	ghayrou (a)l-mahdoùdi	غير ٱلمحدود	66
liste	qà'ima(t) / qawà'im	قائمة/قوائم	32
lit	firàch / africha(t)	فراش/أفرشة	47
littérature	adab	أدب	59
livre	kitàb / koutoub	كتاب/كتب	4
local *(adj.)*	mahalliyy	محلّيّ	65
local *(subst.)*	mahall / -àt	محلّ/ات	43
location (fait de louer)	ìjàr / -àt IV	إيجار/ات	
loi	qànoùn / qawànìn	قانون/قوانين	
loin de	ba^{c}ìd ^{c}an	بعيد عن	40
lointain	ba^{c}ìd	بعيد	40
long	tawìl	طويل	34
lorsque	^{c}indamà	عندما	55
lot	hazz / houzoùz	حظّ/حظوظ	57
louange	hamd	حمد	17
louer (appartement, etc.)	ista'jara, yasta jirou X	إسأجر، يستأجر	73
lui	houwa	هو	11
lumière	noùr / anwàr ;	نور/أنوار؛	38
	daou'/ adwà'	ضوء/أضواء	46
lumineux	daw'iyy, moudì'	ضوئيّ، مضيء	
lundi	yaoumou (a)l- thnayni	يوم ٱلإثنين	28
lune	qamar / aqmàr	قمر/أقمار	
lunettes	nazzàràt	نظّارات	

luxueux, de luxe	fàkhir	فاخر	48
maçon	bannà' / -oùna	بنّاء/ون	
madame	sayyidatì	سيّدتي	45
mademoiselle	ànisatì	آنستي	38
magasin	mahall(-àt) tijàriyy(-at) ;	محلّ/ات تجاريّ/ة؛	43
	makhzan / makhàzin	مخزن/مخازن	
mai	màyoù	مايو	53
main	yad / aydin	يد/أيد	19
maintenant ; dès ~	al-àn ; min-a (a)l-àni	ألآن؛ من ٱلآن	53
maire de la ville	^{c}oumdatou (a)l-madìnati	عمدة ٱلمدينة	59
mais	wa lakinna ; ammà ; innamà	ولكنّ؛ أمّا؛ إنّما	20
maison	bayt / bouyoùt ; dàr /	بيت/بيوت؛ دار/	5, 47
	doùr ; manzil / manàzil	دور؛ منزل/ منازل	
maître	oustàdh / asàtidha(t) ;	أستاذ/أساتذة؛	10
	sàhib / ashàb ;	صاحب/أصحاب	58
	rabb / arbàb	ربّ/أرباب؛	
maître de maison	rabbou (a)l-bayti	ربّ ٱلبيت	
mal *(subst.)*	charr / achràr	شرّ/أشرار	74
mal (faire ~)	aouja^{c}a, yoùji^{c}ou IV	أوجع، يوجع	61
mal à l'aise	moutadàyiq	متضايق	
malade	marìd / mardà	مريض/مرضى	25
malade (tomber)	marida, yamradou	مرض، يمرض	25
malgré	raghma ; ^{c}alà (a)r-raghmi	رغم؛ على ٱلرّغم	68, 77
	min	من	
malheureusement	ma^{c}a (a)l-asafi	مع ٱلأسف	71
malle	soundoùq / sanàdìq	صندوق/صناديق	51
manger (fait de ~ ; *subst.*)	akl	أكل	32, 46
manger (verbe)	akala, ya'koulou	أكل، يأكل	31
manifestation	mouzàhara(t) (-àt) III ;	مظاهرة/ات؛	68, 69
	tazàhoura(t) / -àt VI	تظاهرة/ات	
manque	ghiyàb	غياب	64
manquer	fàta, yafoùtou ;	فات، يفوت؛	69
	naqasa, yanqousou	نقص،ينقص	
manteau	thaoub / thiyàb	ثوب/ثياب	61
marchandage	mousàwama(t) / -àt III	مساومة/ات	66
marchander	sàwama, yousàwimou III	ساوم، يساوم	66
marchant (en ~)	machyàn	مشيا	51
marche	machy	مشي	51

marché	soùq *(fém.ou masc.)* / aswàq	سوق/أسواق	11
marcher	machà, yamchì	مشى، يمشي	51
mardi	yaoumou (a)l-thoulàthà'	يوم ٱلثّلاثاء	28
mari	zaouj / azwàj	زوج/أزواج	40
mariage	zawàj	زواج	33
marié	moutazawwiz V	متزوّج	44
marié (nouveau ~)	^{c}arìs / ^{c}oursàn	عريس/عرسان	33
marron (couleur)	bounniyy	بنّيّ	
mars	màrs	مارس	
matière	màdda(t) / mawàdd	مادّة/موادّ	38
matin	s̲abàh̲	صباح	19
mécanique *(adj.)*	mìkànìkiyy	ميكانيكيّ	57
médecin	t̲abìb / at̲ibbà'ou	طبيب/أطبّاء	61
médecine	t̲ibb	طبّ	44
médicament	dawà' / adwiya(t)	دواء/أدوية	76
Méditerranée (la mer)	al-Bah̲rou (a)l-Moutawassit̲ou	ألبحر ٱلمتوسّط	77
meilleur	khayroun min	خير من؛	51
	afd̲al ; ah̲san *(élatif)*	أفضل؛ أحسن	75
mélanger	khalat̲a, yakhlit̲ou ;	خلط، يخلط	
	mazaja, yamzijou	مزج، يمزج	
même (y compris) ; et ~ ; de ~	h̲attà ; bal ; ka-dhalika	حتّى؛ بل؛ كذلك	48
mémoire	dhàkira(t)	ذاكرة	48
menace	tahdìd (-àt) II	تهديد/ات	68
mensonge	kadhib / akàdhìb	كذب/أكاذيب	
menthe	na^{c}nà^{c}	نعناع	46
mentir	kadhaba, yakdhibou	كذب، يكذب	
menuisier	najjàr / -oùna	نجّار/ون	60
mer	bah̲r / bih̲àr	بحر/بحار	39
merci, ~ pour	choukran, ~ ^{c}alà	شكرا على	17
merci	mamnoùn / -oùna	ممنون/ون	43
mercredi	yaoumou (a)l-arbi^{c}à'	يوم ٱلأربعاء	28
mère	wàlida(t) / -àt ;	والدة/ات؛	
	oumm / oummahàt	أمّ/أمّهات	34
méridional	janoùbiyy	جنوبيّ	77
merveille	^{c}ajìba(t) / ^{c}ajà'ib	عجيبة، عجائب	
mesdames	sayyidàtì	سيّداتي	45
mesure (exécutive)	ijrà' / -àt IV	إجراء/ات	68

métier	hirfa(t) / hiraf	حرفة/حرف	
métropole	misr / amsàr	مصر/أمصار	19
mets *(subst.)*	akla(t) / -àt ; alwàn	أكلة/ات؛ ألوان	34, 59
mettre	wadaᶜa, yadaᶜou	وضع، يضع	47
mettre sur pied	aqàma, youqìmou IV	أقام، يقيم	59
meubles	athàth	أثاث	
midi	zouhr	ظهر	24
mieux que	khayroun min	خير من	51
mieux (aller ~)	tahassana, yatahassanou hàlouhou V	تحسّن، يتحسّن حاله	71
milieu	wasat / awsàt ;	وسط/ أوساط؛	13
	mountasaf VIII	منتصف	46
mille	alf / àlàf, ouloùf	ألف/آلاف، ألوف	46
minaret	manàra(t) / -àt ;	منارة/ات؛	46
	saoumaᶜa(t) / sawàmiᶜ	صومعة/صوامع	46
mince	khafìf, raqìq	خفيف، رقيق	
ministre	wazìr / wouzarà'	وزير/وزراء	68
minuit	mountasafou (a)l-layli	منتصف الليل	46
minute	daqìqa(t) / daqà'iq	دقيقة/دقائق	
miraculeux	mouᶜjiz IV	معجز	45
misérable	miskìn / masàkìn	مسكين/مساكين	
moderne, plus ~	hadìth, ahdath *(élatif)*	حديث، أحدث	48
modeste	moutawàdiᶜ VI	متواضع	57
moi	anà	أنا	9
moineau	ᶜousfoùr / ᶜasàfir	عصفور/عصافير	44
moins	aqall, illà	أقلّ، إلاّ	38
mois	chahr / chouhoùr, achhour	شهر/شهور، أشهر	33
moitié	nisf / ansàf ;	نصف/أنصاف؛	54
	mountasaf VIII	منتصف	46
molaire	dars / adràs	ضرس/أضراس	76
moment	waqt / aouqàt ;	وقت/أوقات؛	40
	àn / àwina(t) ;	آن/آونة؛	44
	lahza(t) / lahazàt	لحظة/ات	
moment-là (à ce ~)	ᶜinda'idhin	عندئذ	36
mon *(poss.masc. et fém.)*	-ì	ي	13
monastère fortifié	ribàt / -àt	رباط/ات	53
monde	ᶜàlam / ᶜawàlim	عالم/عوالم	48
mondial(ement)	ᶜàlamiyy(an)	عالميّا	46

monnaie	coumla(t) / -àt	عملة/ات	65
montagne	jabal / jibàl	جبل/جبال	45
montagneux	jabaliyy	جبليّ	57
montant	mablagh / mabàligh	مبلغ/ مبالغ	72
montée	soucoùd	صعود	61
monter sur, dans (monture, véhicule)	rakiba, yarkabou	ركب، يركب	34
monument	athar / àthàr	أثر/آثار	75
moquer de (se ~)	dahika, yadhakou min	ضحك، يضحك من	61
morceau	qitca(t) / qitac	قطعة/قطع	
mort (tué)	qatìl / qatlà	قتيل/قتلى	68
mosquée	masjid / masàjid	مسجد/مساجد	22
mosquée (principale)	jàmic / jawàmic	جامع/جوامع	40
mot	kalima(t) / -àt	كلمة/ات	39
moteur	mouharrik / -àt	محرّك/ات	
motif (dessin)	chakl / achkàl	شكل/أشكال	66
mouchoir	mahrama(t) / mahàrim ; mindìl / manàdìl	محرمة/محارم؛ منديل/مناديل	
mouillé	mabloùl, mouballal	مبلول، مبلّل	
mourir	màta, yamoùtou ; touwouffiyya, youtawaffà V	مات ، يموت؛ توفّي، يتوفّى	
mouton	ghanam *(coll.)*	غنم	67
mouvement	haraka(t) / -àt	حركة/ات	17
moyen *(subst.)*	wàsita(t)	واسطة	
moyen *(adj.)*	moutawassit V ; aousat, wousta *(élatif masc., fém.)*	متوسّط؛ أوسط، وسطى	68, 77
Moyen Âge	al-qouroùnou (a)l-wousta	ألقرون ٱلوسطى	77
moyen de (au ~)	bi-wàsitati	بواسطة	45
muet	abkam / boukm ; akhras / khours	أبكم، بكم؛ أخرس، خرس	
multicolore	moutalawwin V	متلوّن	67
municipal	baladiyy	بلديّ	59
municipalité	baladiyya(t) / -àt	بلديّة/ات	59
mur	hà'it / hitàn, jidàr / joudràn	حائط/حيطان، جدار/جدران	
musée	mouthaf / matàhif	متحف/متاحف	68
musical	moùsìqiyy	موسيقيّ	69
musique	tarab	طرب	69

n'est-ce pas ?	a laysa ka-dhalika ?	أليس كذلك؟	52
nager	sabaha, yasbahou	سبح، يسبح	72
naissance	mìlàd, wilàda(t)	ميلاد، ولادة	36
naissance (date de ~)	ta'rìkhou (a)l-mìlàdi / (a)l-wilàdati	تاريخ ٱلميلاد/ ألولادة	44
naître	woulida, yoûladou *(passif)*	ولد، يولد	
natation	sibàha(t)	سباحة	72
national	wataniyy	وطنيّ	72
nationalité	jinsiyya(t) / -àt	جنسيّة/ات	44
nature	tabì^{c}a(t)	طبيعة	67
naturellement	tab^{c}an, bi-chaklin tabì^{c}iyyin	طبعا، بشكل طبيعيّ	52
ne pas	mà *(+ accompli)* / là *(+ inaccompli)*	ما... /لا...	
ne pas... encore	lam *(+ apocopé)* ba^{c}dou	لم... بعد	68
	là / lam / mà. . ba^{c}dou	لا/لم/ما... بعد	
ne... plus	lam ya^{c}oud	لم يعد...	
ne… que	là / mà / laysa… illà	لا/ما/ليس... إلّا	38, 41
néanmoins	innamà	إنّما	43
nécessaire	làzim	لازم	68
négligent	ghàfil / -oùna	غافل/ون	64
négliger	ahmala, youhmilou IV	أهمل/ يهمل	58
neige	thalj / thouloùj	ثلج/ثلوج	67
neiger	athlaja, youthlijou IV	أثلج، يثلج	67
nerveux	^{c}asabiyy	عصبيّ	
nettoyage	tanzìf II	تنظيف	47
nettoyer	nazzafa, younazzifou II	نظّف، ينظّف	47
neveu	ibn / abnà' akh ;	إبن/أبناء أخ؛	
	ibn / abnà' chaqìq	إبن/أبناء شقيق	
nez	anf / ounoùf	أنف/أنوف	37
nièce	ibna(t) / banàt akh ;	إبنة/بنات أخ؛	
	ibna(t) / banàt chaqìq	إبنة/بنات شقيق	
niveau	moustawà / -yàt	مستوى/يات	68
noble	charìf / chourafà'	شريف/شرفاء	40
noble (plus ~)	achraf *(élatif)*	أشرف	
noce	^{c}ours	عرس	44
noir	aswad, saoudà'	أسود، سوداء	66
noircissement	iswidàd IX	إسوداد	67
nom	ism / asmà'	إسم/أسماء	16
nombre (un grand ~ de)	al-^{c}adìdou min	ألعديد من	51

non !	là !	لا!	13
non- *(+ adj.)*	ghayr *(+ adj.[indéter. ind.])*	غير	47
nord	ach-chamàlou	ألشّمال	77
nordique	chamàliyy	شماليّ	
normalement	bi-chaklin tabì^{c}iyyin	بشكل طبيعيّ	
nourriture	ta^{c}àm / at^{c}ima	طعام/أطعمة	31
nous	nahnou	نحن	22
nouveau	jadìd	جديد	11
nouveau (de ~)	marratan jadìdatan	مرّة جديدة	50
nouvelle *(subst.)*	khabar / akhbàr	خبر/أخبار	44
novembre	noùfambar	نوفمبر	
nu	^{c}arin *(irrég.)*	عار	
nuage	sahàba(t) / sahàb	سحابة/ سحاب	67
nuisible	mou'dhin, moudirr IV	مؤذ، مضرّ	
nuit	layl, layla(t) / layàlin	ليل، ليلة/ليال	46
nulle part	là / mà... fì ayyi makànin	لا/ما... في أيّ مكان	
numéro	raqm / arqàm	رقم/ أرقام	73
ô	yà ayyouhà	يا أيّها	17, 45
obligé de (être ~)	^{c}alà-*pronom* an + *subj.*	على ...أن	50
obliger à	alzama, youlzimou bi- IV	ألزم، يلزم بـــ	
obscurité	zalàm	ظلام	71
observer	làhaza, youlàhizou III	لاحظ، يلاحظ	64
obtenir	hasala, yahsoulou ^{c}alà	حصل، يحصل على	38
obtention de	housoùl ^{c}alà	حصول على	38
occasion	mounàsaba(t) / -àt ;	مناسبة/ات؛	33
	foursa(t) / fouras	فرصة/فرص	69
occidental	gharbiyy	غربيّ	77
occupé	machghoùl	مشغول	
octobre	ouktoùbar	أكتوبر	
octroi (de)	manh	منح	59
œil, yeux	^{c}ayn / ^{c}ouyoùn	عين/عيون	46, 60
œuf	bayda(t) / bìd	بيضة/بيض	
œuvre	^{c}amal / a^{c}màl	عمل/أعمال	43
officiel	rasmiyy	رسميّ	59
offre	^{c}ard / ^{c}ouroùd	عرض/عروض	71
offrir à ; ~ (un repas)	ahdà, youhdì ilà IV ;	أهدى، يهدي إلى؛	48
	aqàma, youqìmou bi- IV	أقام، يقيم بـــ	59
oignon	basala(t) / basal *(coll.)*	بصلة/بصل	

olive	zaytoùna(t) / zaytoùn *(coll.)*	زيتونة/زيتون	
ombre	zill	ظلّ	
oncle paternel	^{c}amm / a^{c}màm	عمّ/أعمام	36
oncle maternel	khàl / akhwàl	خال/أخوال	
opération	^{c}amaliyya(t) / -àt	عمليّة/ات	57
opprimer	zalama, yazlimou	ظلم، يظلم	52
or	dhahab	ذهب	22
orage	^{c}àsifa(t) / ^{c}awàsif	عاصفة/عواصف	68
oranges *(nom coll.)*	bourtouqàl	برتقال	46
orateur	khatìb / khoutabà'	خطيب/خطباء	40
ordinaire	^{c}àdiyy	عاديّ	
ordinateur	hàsoùb / hawàsìb	حاسوب/حواسيب	60
ordonnance	wasfa(t) / -àt	وصفة/ات	61
ordonné (rangé)	mourattab II	مرتّب	47
ordonner (mettre en ordre)	rattaba, yourattibou II	رتّب، يرتّب	47
ordre (injonction)	amr / awàmir	أمر/أوامر	47
ordure	fadla(t) / -àt ; zibàla(t) /-àt	فضلة/ات؛ زبالة/ات	
oreille	oudhoun / àdhàn	أذن/آذان	
organisation	tanzìm / -àt II	تنظيم/ات	73
organiser (fait d'~)	tanzìm II	تنظيم	68
oriental	charqiyy	شرقيّ	77
ôter	khala^{c}a, yakhla^{c}ou	خلع، يخلع	61
où ; où ?	haythou ; ayna ?	حيث؛ أين؟	11, 41
ou bien ; ou bien... ?	aou ; am... ?	أو؛ أم؟	43
oublier	nasiya, yansà	نسي، ينسى	43
ouest	gharb	غرب	77
oui	na^{c}am	نعم	19
ouïe	sam^{c}	سمع	29
outre	fadlan ^{c}an	فضلاً عن	48
outre *(prépos.)*	idàfatan ilà IV	إضافة إلى	55
ouvert	maftoùh	مفتوح	72
ouverture (action)	fath	فتح	54
ouvrir	fataha, yaftahou	فتح، يفتح	47
ouvrier	^{c}àmil / ^{c}oummàl	عامل/عمّال	
page	safha(t) / -àt	صفحة/ات	
pain	khoubz	خبز	30
paix	salàm	سلام	20

palais	qasr / qousoùr	قصر/قصور	37
panier	salla(t) / -àt	سلّة/ات	34
panne	taᶜattoul V	تعطّل	57
panne (tomber en ~)	taᶜattala, yataᶜattalou V	تعطّل، يتعطّل	57
pantalon	bantaloùn / -àt	بنطلون/ات	74
paquet	tard / touroùd	طرد/طرود	50
par exemple	mathalan	مثلا	
paradis	janna(t) / -àt	جنّة/ات	31
parages	jiwàr III	جوار	57
paraître (publication)	sadara, yasdourou	صدر، يصدر	59
parc	hadìqa(t) / hadà'iq	حديقة/ حدائق	
parce que	li'anna	لأنّ	26
parenté	qaràba(t)	قرابة	75
parents	àbà'	آباء	
parents (les deux ~)	al-wàlidàni	ألوالدان	
paresseux	kaslàn, kasoùl	كسلان، كسول	
parfait	moumtàz VIII	ممتاز	24
parfaitement	tamàman	تماما	39
parfois	ahyànan	أحيانا	
parler	takallama, yatakallamou V	تكلّم، يتكلّم	43
parler de	tahàdatha, yatahàdathou	تحادث، يتحادث	59
(s'entretenir de)	ᶜan VI	عن	
paroles	kalàm	كلام	45
partager, se ~ qqch.	taqàsama, yataqàsamou VI	تقاسم، يتقاسم	58
parti	hizb / ahzàb	حزب/أحزاب	
participation	mouchàraka(t) III	مشاركة	59
participer à	chàraka, youchàrikou fì III	شارك،يشارك في	59
particulier	khàss	خاصّ	39
particulier (en ~)	khàssatan	خاصّة	69
partir	ghàdara, youghàdirou III ;	غادر، يغادر؛	53
	intalaqa, yantaliqou VII ;	إنطلق، ينطلق؛	64
	insarafa, yansarifou VII	إنصرف، ينصرف	77
pas du tout	abadan ; itlàqan	أبدا؛ إطلاقا	29, 55
passé	màdin *(irrég.)*	ماضٍ	31
passeport	jawàz / -àt	جواز/ات	54
passer	marra, yamourrou ;	مرّ، يمرّ؛	19
	fàta, yafoùtou	فات، يفوت	54
passer le temps	qadà, yaqdì (a)l-waqta	قضى، يقضي ٱلوقت	

passionnant	mouchawwiq II	مشوّق	46
patience	sabr	صبر	40
patient	saboùr	صبور	77
pauvre	faqìr / fouqarà' ;	فقير/فقراء؛	
	miskìn / masàkìn	مسكين/مساكين	
payer	dafa^{c}a, yadfa^{c}ou	دفع، يدفع	32
pays	balad / bilàd, bouldàn	بلد، بلاد، بلدان	48
paysan	fallàh / -oùna	فلّاح/ون	34
peau	jild / joulòùd ; bachara(t)	جلد/جلود؛ بشرة	
pêcher	istàda, yastàdou	إصطاد، يصطاد	67
	(a)s-samaka VIII	ٱلسّمك	
peine	houzn / ahzàn ; ta^{c}ab	حزن/أحزان؛ تعب	
pèlerin	hàjj / houjjàj	حاجّ/حجّاج	66
pèlerinage	hajj	حجّ	66
pénalité	gharàma(t) / -àt	غرامة/ات	75
pendant	athnà'a, waqta	أثناء، وقت	
pendant ce temps	fì ghoudoùni dhalika	في غضون ذلك	47
pendant que	baynamà, fìmà anna	بينما، فيما أنّ	
pensée	fikra(t) / afkàr	فكرة، أفكار	57
penser	i^{c}taqada, ya^{c}taqidou VIII ;	إعتقد، يعتقد؛	
	zanna, yazounnou ;	ظنّ، يظنّ؛	
	tafakkara, yatafakkarou V	تفكّر، يتفكّر	
penser à	fakkara, youfakkirou fì II	فكّر، يفكّر في	58
perdre	adà^{c}a, youdì^{c}ou IV ;	أضاع، يضيع؛	
	faqada, yafqidou	فقد، يفقد	
perdu	dà'i^c, mafqoùd	ضائع، مفقود	
père	wàlid / -oùna	والد/ون	6, 38
père de	aboù... / àbà'ou...	أبو.../آباء...	
père et la mère (le ~)	al-wàlidàni	ألوالدان	
période	moudda(t) / moudad ;	مدّة/مدد؛	50
	fatra(t) / -àt	فترة/ات	62
périple	rihla(t) / -àt	رحلة/ات	53
permettre	atàha, youtìhou	أتاح، يتيح	
permettre de	makkana, youmakkinou min II ;	مكّن، يمكّن من...	
	samaha, yasmahou bi-	سمح، يسمح بـ	
permis *(subst.)*	roukhsa(t) / roukhas	رخصة/رخص	75
permis	masmoùh	مسموح	75

permis (être ~ de)	soumiha, yousmahou bi- ;	سمح، يسمح بـ؛	75
	jàza, yajoùzou an	جاز، يجوز أن	75
permis de conduire	roukhsatou (a)s-siyàqati	رخصة ٱلسّياقة	75
permission	roukhsa(t) / roukhas	رخصة/رخص	75
personne (individu)	chakhs / achkhàs	شخص/أشخاص	31
perte	khasàra(t) / khasà'ir ;	خسارة/خسائر؛	40
	fouqdàn	فقدان	64
petit	saghìr, qasìr	صغير، قصير	34, 39
petit (plus ~)	asghar, aqsar *(élatif)*	أصغر،أقصر	
petit déjeuner	foutoùr, iftàr	فطور، إفطار	63
petit-fils, petite-fille	hafìd / ahfàd,	حفيد/أحفاد؛	
	hafìda(t) / -àt	حفيدة/ات	
peu *(adj. en arabe ; adv.)*	qalìl ; qalìlan	قليل؛ قليلا	23
peu à peu	chay'an fa-chay'an	شيئا فشيئا	46
peuple	cha^{c}b / chou^{c}oùb	شعب/ شعوب	
peur	khaouf	خوف	
peut-être	roubbamà	ربّما	52
peut-être (il se peut que…)	qad + *inaccompli*	قد	38
phare	manàra(t) / -àt	منارة/ات	46
pharmacie	saydaliyya(t) / -àt	صيدليّة/ات	76
photo (appareil ~)	àlatou taswìrin	آلة تصوير	64
phrase	^{c}ibàra(t) / -àt ;	عبارة/ات؛	
	joumla(t) / joumal	جملة/جمل	
pièce	ghourfa(t) / ghouraf	غرفة/غرف	47
pièce d'identité	bitàqatou (a)l-houwiyyati	بطاقة ٱلهويّة	
pied	qadam / aqdàm	قدم/أقدام	51
pierre	hajar / hijàra(t)	حجر/حجارة	44
pilule	habba(t) / -àt, houboùb	حبّة/ات، حبوب	62
pinçant (froid)	qàris	قارس	67
piqûre	ibra(t) / ibar	إبرة/إبر	76
piscine	haoud / ahwàd,	حوض/أحواض،	
	masbah / masàbih	مسبح/مسابح	
pistache	foustouq *(collectif)*	فستق	46
place (publique)	sàha(t) / -àt ;	ساحة/ات؛	43
	maydàn / mayàdìn	ميدان/ميادين	
place (siège)	maq^{c}ad / maqà'id	مقعد/مقاعد	73
placer	wada^{c}a, yada^{c}ou	وضع، يضع	47

plage	chàt̲ì' / chawàt̲i'	شاطئ/شواطئ	55
plaindre (se) de	chakà, yachkoù min	شكا، يشكو من	61
plaine	sahl / souhoùl	سهل/سهول	67
plainte	chakwà / chakàwà	شكوى/شكاوى	61
plaire	a^cjaba, you^cjibou IV	أعجب، يعجب	69
plaisanterie	mizàh̲	مزاح	
plaisir	ladhdha(t) / -àt	لذة/ات	41
plaît (s'il te / vous ~)	min fad̲lika / -ki / -koum	من فضلك/ك/ـــكُم	23
plan	moukhat̲t̲at̲ / -àt II ;	مخطّط/ات	
	khout̲t̲a(t) / khout̲at̲	خطّة/خطط	
planter	nas̲aba, yans̲ubou	نصب، ينصب	67
planter la tente (fait de ~)	nasbou (a)l-khaymati	نصب ٱلخيمة	75
plat (mets ; assiette)	akla(t) / -àt ;	أكلة/ات؛	34
	t̲abaq / at̲bàq	طبق/أطباق	74
plateau (objet)	s̲iniyya(t) / -àt	صينيّة/ات	
plein (de)	h̲àfil bi-, mouktazz bi- VIII	حافل بـــ، مكتظّ بـــ	34, 73
pleurer	bakà, yabkì	بكى، يبكي	
pleuvoir	amt̲ara, youmt̲irou IV	أمطر، يمطر	
pluie	mat̲ar / amt̲àr	مطر/أمطار	57
plus	akthar *(élatif)*	أكثر	
plus de	akthar min	أكثر من	
plus (en ~ de)	fad̲lan ^can ; id̲àfatan ilà	فضلا عن؛ إضافة إلى	48, 55
pneu	it̲àr / -àt ; mat̲t̲at̲iyy(at)	إطار/ات؛ مطّاطيّ	
poche	jayb / jouyoùb	جيب/جيوب	
poésie	chi^cr / ach^càr	شعر،أشعار	77
poète	chà^cir / chou^carà'	شاعر/شعراء	37
point (sur le ~ de)	^calà wachki	على وشك...	67
pois chiche	h̲oummous̲	حمّص	41
poison	soumm / soumoùm	سمّ/سموم	
poisson	samaka(t) / asmàk,	سمكة/أسماك،	30
	samak *(coll.)*	سمك	
police	chourt̲a(t)	شرطة	64
policier *(subst.)*	chourt̲iyy / -oùna	شرطيّ/ون	64
politesse	adab	أدب	59
pommade	douhn / douhoùn	دهن/دهون	45
pomme	touffàh̲a(t) / -àt, touffàh̲ *(coll.)*	تفّاحة/ات، تفّاح	71
pomme de terre	bat̲àt̲a(t)	بطاطة	
pont	jisr / jousoùr	جسر/جسور؛	
	qant̲ara(t) / qanàt̲ir	قنطرة/قناطر	

population	soukkàn	سكّان	
porte	bàb / abwàb, bìbàn	باب/أبواب، بيبان	47
portefeuille, porte-monnaie	mihfazatou (a)n-nouqoùdi	محفظة ٱلنّقود	41
poser	wada^{c}a, yada^{c}ou	وضع، يضع	47
posséder	malaka, yamlikou	ملك، يملك	38
possesseur de	sàhib / ashàb	صاحب/أصحاب	58
possibilité (fait de pouvoir)	istità^{c}a(t) X	إستطاعة	77
possible	moumkin	ممكن	46
possible (il est ~ de)	youmkinou an ; min-a (a)l-moumkini an	يمكن أن من ٱلممكن أن	46
poste (courrier)	barìd	بريد	19
poste (appareil)	jihàz / ajhiza(t)	جهاز/أجهزة	52
potable	sàlih li-(a)ch-chourbi	صالح للشّرب	
poubelle	soundoùqou (a)z-zibalati	صندوق ٱلزّبالة	
poule	dajàja(t)	دجاجة	30
pour	li-, la-, min ajli	لـــ، لـــ، من أجل	10, 68
pourboire	bakhchìch	بخشيش	
pourquoi ?	limàdhà ?	لماذا؟	23
poursuite de	mouwàsala(t) III	مواصلة	57
poussière	ghoubàr / aghbira(t)	غبار/أغبرة	26
pouvoir *(verbe)*	istatà^{c}a, yastatì^{c}ou X	إستطاع، يستطيع	61
précepteur	mou'addib / -oùna II	مؤدّب/ون	72
prêcher	khataba, yakhtoubou	خطب، يخطب	40
précieux	nafìs	نفيس	20
prédicateur	khatìb / khoutabà'	خطيب/خطباء	40
préface	mouqaddima(t) / -àt II	مقدّمة/ات	50
préféré	moufaddal II	مفضّل	34
préférer	faddala, youfaddilou	فضّل، يفضّل	34
premier	awwal	أوّل	53
premier ministre	ra'ìsou (a)l-wouzarà'i	رئيس ٱلوزراء	
prendre	akhadha, ya'khoudhou ; ittakhadha, yattakhidhou VIII	أخذ، يأخذ؛ إتّخذ، يتّخذ	10 68
préoccupation	hamm / houmoùm ; ihtimàm / -àt VIII	همّ/ هموم؛ إهتمام/ات	40 58
préparation	tahdìr II	تحضير	47
préparer	haddara, youhaddirou II	حضّر، يحضّر	47

près de (à proximité de)	qarìban min ;	قريبا من؛	26, 46
	bil-qourbi min	بالقرب من	
présence	houdoùr	حضور	54
présenter	qaddama, youqaddimou II	قدّم، يقدّم	71, 48
présenter (se ~)	qaddama nafsahou II	قدّم نفسه	
présidence	ri'àsa(t)	رئاسة	59
président de la République	ra'ìsou (a)l-joumhoùriyyati	رئيس ٱلجمهوريّة	
presque	taqrìban	تقريبا	68
pressant	màss	ماسّ	65
pressé	mousta^{c}jil / -oùna X	مستعجل/ون	50
presse (affluence)	zihàm III	زحام	72
presse (journaux)	sahàfa(t)	صحافة	68
prêt *(adj.)*	hàdir, jàhiz	حاضر، جاهز	
prétendant	khatìb / khoutabà'	خطيب/خطباء	40
prier (quelqu'un) de	rajà, yarjoù min... an	رجا، يرجو من... أن	71
prière	salàt	صلاة	
prince	amìr / oumarà'	أمير/أمراء	37
principal	ra'ìsiyy	رئيسيّ	75
principe	mabda' / mabàdì'	مبدأ/مبادئ	
printemps	rabì^c	ربيع	67
prise (fait de prendre)	akhdh, tanàwoul VI	أخذ، تناول	51, 58
privé	khàss	خاصّ	39
prix (récompense)	jà'iza(t) / jawà'iz	جائزة/جوائز	53
prix (valeur)	si^{c}r / as^{c}àr	سعر/أسعار؛	59
	thaman / athmàn	ثمن/أثمان	66
problème	mouchkila(t) / machàkil	مشكلة/مشاكل	57
procéder à	qàma, yaqoùmou bi-	قام، يقوم بـــ	68
prochain	mouqbil IV	مقبل	53
proche (être ~)	qariba, yaqrabou	قرب، يقرب	56
proche *(subst.)*	qarìb / aqribà', aqàrib	قريب/أقرباء، أقارب	75
proche de	qarìb min	قريب من	40
professeur	mou^{c}allim / -oùna II	معلم/ون	28
profession	hirfa(t) / hiraf ;	حرفة/حرف؛	44
	mihna(t) / mihan	مهنة/مهن	
profession de foi musulmane	chahàda(t)	شهادة	38
profit de (au ~)	min ajli	من أجل	68

profit (fait de tirer ~ de)	istifàda(t) min X	إستفادة من	77
profit de (tirer ~)	istafàda, yastafìdou min X	إستفاد، يستفيد من	65
profond	^{c}amìq	عميق	60
prolonger	atàla, youtìlou IV	أطال، يطيل	59
promener (se ~)	tajawwala, yatajawwalou V	تجوّل، يتجوّل	67
promettre	wa^{c}ada, ya^{c}idou bi-	وعد، يعد بـــ	
promulgation	isdàr IV	إصدار	47
proportion	nisba(t) / nousoub	نسبة/نسب	44, 53
proportionné à (être ~)	tanàsaba, yatanàsabou ma^{c}a VI	تناسب، يتناسب مع	55
proposer à	iqtaraha, yaqtarihou ^{c}alà VIII	إقترح، يقترح على	69
propre (net)	nazìf	نظيف	52
propre à	khàss bi-	خاصّ بـــ	39
propriétaire	sàhib / ashàb	صاحب/أصحاب	58
protection	himàya(t)	حماية	68
proverbe	mathal / amthàl	مثل/أمثال	77
proximité de (à ~)	bil-qourbi min	بٱلقرب من	46
public *(adj.)*	^{c}àmm, ^{c}oumoùmiyy	عامّ، عموميّ	26
public *(subst.)*	joumhoùr / jamàhìr	جمهور/جماهير	46
puis	thoumma	ثمّ	15
puisque	idh anna	إذ أنّ	55
punition	^{c}iqàb ; ^{c}ouqoùba(t) / -àt	عقاب؛ عقوبة/ات	
quai (port)	rasìfou (a)l-mìnà'i	رصيف ٱلميناء	
quai de gare	rasìfou mahattati (a)l-qitàri	رصيف محطّة ٱلقطار	
quand	^{c}indamà	عندما	55
quand ?	matà ?	متى؟	24
quart	roub^{c} / arbà^{c}	ربع/أرباع	
quartier	hayy / ahyà'	حيّ/أحياء	27
que	an + *subjonctif*	أن	50
que ?	mà ?	ما؟	12
quel / quelle est... ?	mà houwa / mà hiya... ?	ماهو/ماهي؟	53
quel(le) ?	ayy, ayya(t) ?	أيّ، ايّة؟	38
quelques	ba^{c}d	بعض	
quelqu'un	ahad	أحد	
question	sou'àl / as'ila(t)	سؤال/أسئلة	56
question (poser une ~), questionner	sa'ala, yas'alou	سأل، يسأل	56
quête de (en ~)	bahthan ^{c}an	بحثا عن	36
queue	tàboùr / tawàbìr	طابور/طوابير	50

qui ?	man ?	من؟	8
quitter	ghàdara, youghàdirou III	غادر، يغادر	53
quoi ?	mà ?, màdhà ?	ما؟، ماذا؟	32
raconter	hakà, yahkì	حكى، يحكي	46
radio	ràdioù, idhà^{c}a(t) / -àt IV	راديو، إذاعة/ات	
radio-actif	ich^{c}à^{c}iyy	إشعاعيّ	61
raffiné	rafì^{c}	رفيع	69
rang	sinf / asnàf ;	صنف/أصناف؛	
	saff / soufouf	صفّ/صفوف	
ranger	rattaba, yourattibou II	رتّب، يرتّب	47
rapidement	bi-sour^{c}atin	بسرعة	54
rapidité	sour^{c}a(t)	سرعة	54
rapport (~ entre)	qiyàs / -àt ;	قياس/ات؛	74
	nisba(t) / nousoub	نسبة/نسب	53
rarement	nàdiran mà	نادرًا ما	
rassasié	chab^{c}àn	شبعان	
rassembler (se ~)	tajamma^{c}a, yatajamma^{c}ou V	تجمّع، يتجمّع	45
récemment	hadìthan	حديثا	59
réception	istiqbàl X	إستقبال	47
recevoir	istaqbala, yastaqbilou X	إستقبل، يستقبل	59
recherche (à la ~ de)	bahthan ^{c}an	بحثًا عن	36
recommandé (lettre, etc.)	mousajjal II	مسجّل	50
recommencer	a^{c}àda, you^{c}ìdou IV ;	أعاد، يعيد؛	
	karrara, youkarrirou II	كرّر، يكرّر	
reconnaissant	mamnoùn	ممنون	43
reconnaître	i^{c}tarafa, ya^{c}tarifou bi- VIII	إعترف، يعترف بـ	51
redressement	taqwìm / taqàwìm	تقويم/تقاويم	
réduction	takhfìd II	تخفيض	53
réfléchir	tafakkara, yatafakkarou V	تفكّر، يتفكّر	
réfrigérateur	thallàja(t) / -àt II	ثلاّجة/ات	
regarder	nazara, yanzourou ilà	نظر، ينظر إلى	32
région	mintaqa(t) / manàtiq ;	منطقة/مناطق؛	26
	nàhiya(t) / nawàhin	ناحية/نواح	
réjouir (se ~)	fariha, yafrahou	فرح، يفرح	22
relation	^{c}alàqa(t) / -àt	علاقة/ات	77
relativement	nisbiyyan	نسبيا	72
relever	rafa^{c}a, yarfa^{c}ou	رفع، يرفع	45
religieux	dìniyy	دينيّ	

religion	dìn / adyàn	دين/أديان	44
remarquer	làhaza, youlàhizou III	لاحظ، يلاحظ	64
remède	dawà' / adwiya(t)	دواء/أدوية	45, 76
remercier	chakara, yachkarou	شكر، يشكر	58
remettre à	sallama, yousallimou ilà II	سلّم، يسلّم إلى	67
remise de	manh	منح	59
remplir	mala'a, yamla'ou	ملأ، يملأ	64
remplir (fait de ~)	mal'	ملء	64
rencontre	liqà' / -àt	لقاء/ات	44
rencontrer	laqiya, yalqà	لقي، يلقى	41
rencontrer (se ~)	iltaqà, yaltaqì VIII	إلتقى، يلتقي	69
rendez-vous	maou^{c}id / mawà^{c}ìd	موعد/مواعيد	71
rendre	radda, yarouddou	ردّ، يردّ	74
rendre visite	zàra, yazoùrou	زار، يزور	47
renfrogné	qatoùb	قطوب	60
renoncer à	takhallà, yatakhallà ^{c}an V, تخلّى، يتخلّى عن		57
	tanàzala, yatanàzalou ^{c}an VI تنازل، يتنازل عن		
répandu	mountachir VIII	منتشر	47
réparation	taslìh / -àt II ; islàh IV	تصليح/ات؛ إصلاح	57
réparer	aslaha, youslihou IV ;	أصلح، يصلح؛	57
	sallaha, yousallihou II	صلّح، يصلّح	
repas (fait de manger)	akl	أكل	32
repas qui rompt le jeûne	iftàr IV	إفطار	
repasser	kawà, yakwì	كوى، يكوي	
répéter	a^{c}àda, you^{c}ìdou IV ;	أعاد، يعيد؛	
	karrara, youkarrirou II ;	كرّر، يكرّر؛	
	raddada, youraddidou II	ردّد، يردّد	
réplique	radd / roudoùd	ردّ/ردود	
répliquer	radda, yarouddou	ردّ، يردّ	37
répondre	radda, yarouddou	ردّ، يردّ	37
réponse	jawàb / ajwiba(t)	جواب/أجوبة	
réponse	radd / roudoùd	ردّ/ردود	
repos	istiràha(t) X	إستراحة	69
reposer (se ~)	istaràha, yastarìhou X	إستراح، يستريح	67
représentant	moumaththil / -oùna II	ممثّل/ون	73
représentation	tamthìl II	تمثيل	61
représenter	maththala, youmaththilou II	مثّل، يمثّل	66
république	joumhoùriyya(t) / -àt	جمهوريّة/ات	

réservation	hajz	حجز	53
réservé à	moukhassas li- II	مخصّص لـ	69
réserver	hajaza, yahjizou	حجز، يحجز	52
résidentiel	sakaniyy	سكنيّ	68
respect	ihtiràm / -àt VIII	إحترام/ات	71
respecter	ihtarama, yahtarimou VIII	إحترم، يحترم	
respiration	tanaffous V	تنفّس	
resplendissant	azhar *(élatif)*	أزهر	40
ressembler à	achbaha, youchbihou IV	أشبه، يشبه	73
ressentir	ahassa, youhissou bi- IV	أحسّ، يحسّ بـ	76
ressortissant	ra^{c}iyya(t) / ra^{c}àyà	رعيّة/رعايا	73
restaurant	mat^{c}am / matà^{c}im	مطعم/مطاعم	30
rester	makatha, yamkouthou ;	مكث، يمكث؛	15
	baqiya, yabqà	بقي، يبقى	46
résultat	natìja(t) / natà'ij	نتيجة/نتائج	62
retard	ta'akhkhour V	تأخّر	71
retard (être en ~)	ta'akhkhara, yata'akhkharou V	تأخّر، يتأخّر	40
retour	roujoù^{c}	رجوع	27
retourner	^{c}àda, ya^{c}oùdou	عاد، يعود	51
retraité	moutaqà^{c}id VI	متقاعد	61
retrouver (se ~)	iltaqà, yaltaqì VIII	إلتقى، يلتقي	69
réunion	ijtimà^{c} / -àt VIII	إجتماع/ات	24
réunir	jama^{c}a, yajma^{c}ou	جمع، يجمع	56
réussite	najàh / -àt ; taoufìq	نجاح/ات؛ توفيق	77
rêve	houlm / ahlàm	حلم/أحلام	
réveiller	ayqaza, youqizou IV ;	أيقظ، يوقظ؛	
	nabbaha, younabbihou II	نبّه، ينبّه	
réveiller (se~)	istayqaza, yastayqizou X	إستيقظ، يستيقظ	
révélation	kachf	كشف	64
révéler	asfara, yousfirou ^{c}an IV	أسفر، يسفر عن	68
révéler (fait de ~)	kachf	كشف	64
revenir	raja^{c}a, yarji^{c}ou ;	رجع، يرجع،	20, 51
	^{c}àda, ya^{c}oùdou	عاد، يعود	
rêver	halama, yahloumou	حلم، يحلم	
revoir (au ~) !	ilà (a)l-liqà' !	إلى ٱللقاء!	44
révolution	thaoura(t) / -àt	ثورة/ات	
revue	majalla(t) / -àt	مجلّة/ات	43
riche	ghaniyy / aghniyà'	غنيّ/أغنياء	48

riche (plus ~)	aghnà *(élatif)*	أغنى	
rien (de ~ !) (réponse à “merci”)	^{c}afwan !	عفوًا!	43
rire (de)	dahika, yadhakou (min)	ضحك، يضحك من	44, 64
rire *(subst.)*	dahk	ضحك	64
rivage	sàhil / sawàhil	ساحل/سواحل	39
robe	foustàn / fasàtìn	فستان/فساتين	54
roi	malik / mouloùk	ملك/ملوك	37
rose (fleur)	warda(t) / wouroùd, ward *(coll.)*	وردة/ورود، ورد	
roseau à écrire (calligraphie)	qalam / aqlàm	قلم/أقلام	9
roue	^{c}ajala(t) / -àt ;	عجلة/ات؛	
	doùlàb / dawàlìb	دولاب/دواليب	
rouge	ahmar, hamrà’ *(masc., fém.)*	أحمر، حمراء	66
route	tarìq / tourouq / -àt	طريق/طرق/ات	57
rue	chàri^c / chawàri^c	شارع/شوارع	31
ruelle	darb / douroùb	درب/دروب	72
ruisseau	jadwal / jadàwil	جدول/جداول	67
sable	raml / rimàl	رمل/رمال	
sabre	sayf / souyoùf	سيف/سيوف	42
sac	kìs / akyàs ;	كيس/أكياس؛	41
	chanta(t) / chinat	شنطة/شنط	64
sacrifice	tadhiya(t) / -àt II	تضحية/ات	66
sage	hakìm / houkamà’	حكيم/حكماء	48
sain	sàlih, sahìh	صالح، صحيح	38
saison	maousim / mawàsim,	موسم/مواسم/	75
	fasl /fousoùl	فصل/فصول	
salade	salata(t) / -àt	سلطة/ات	32
sale	qadhir, wasikh	قذر، وسخ	
saleté	qàdhoùra(t) / -àt,	قاذورة/ات،	
	wasakh / aousàkh	وسخ/أوساخ	
salle	qà^{c}a(t) / -àt	قاعة/ات	59
salle de bain	hammàm / -àt	حمّام/ات	26
salle de réunion	majlis / majàlis	مجلس/مجالس	37
salon de réception	majlis / majàlis ;	مجلس/مجالس؛	37
	ghourfa(t) (a)l-istiqbàli	غرفة ٱلإستقبال	47
salut	salàm	سلام	20
salutations	salàmàt ; tahiyya(t) / -àt	سلامات؛ تحيّة/ات	34, 71

samedi	yaoumou (a)s-sabti	يوم ٱلسّبت	25
sang	dam / dimà'	دم/دماء	61
sans	bilà, doùna	بلا، دون	39, 54
santé	sihha(t)	صحّة	71
saroual	sirwàl / saràwìl	سروال/سراويل	55
Satan	ach-chaytànou	ألشّيطان	21
satisfaire	ardà, yourdì IV	أرضى، يرضي	69
sauf	illà	إلاّ	38
savoir *(verbe)*	^{c}arafa, ya^{c}rifou	عرف، يعرف	31
savoir *(subst.)*	^{c}ilm / ^{c}ouloùm	علم/علوم	56
savon	sàboùn	صابون	57
science	^{c}ilm / ^{c}ouloùm	علم/علوم	56
sec	jàff ; nàchif ; yàbis	جافّ؛ ناشف؛ يابس	
secours	najda(t)	نجدة	
secours (au ~)	al-ghaouth (ou) !	ألغوث!	76
section	qism / aqsàm	قسم/أقسام	
séduisant	jadhdhàb	جذّاب	77
seigneur	sayyid / sàda	سيّد/سادة	30
séjour	iqàma(t) IV	إقامة	71
sel	milh / amlàh	ملح/أملاح	71
selon	hasaba	حسب	69
semaine	ousboù^{c} / asàbì^{c}	أسبوع/أسابيع	27
semble (il ~ que)	yabdoù anna – *pron.*	يبدو أنّ	41
sentier	darb / douroùb	درب/دروب	72
sentiment	^{c}àtifa(t) / ^{c}awàtif ; chou^{c}oùr	عاطفة/عواطف؛ شعور	
sentir (dégager une odeur)	fàha, yafoùhou	فاح، يفوح	
sentir (qqch.)	ahassa, youhissou IV bi- ; cha^{c}ara, yach^{c}ourou bi-	أحسّ، يحسّ بـ؛ شعر، يشعر بـ	76
séparation	moufàraqa(t) III	مفارقة	48
séparément	^{c}alà hidatin	على حدة	59
séparer	farraqa, youfarriqou II ; fasala, yafsilou	فرّق، يفرّق؛ فصل، يفصل	
séparer (se ~)	tafàraqa, yatafàraqou VI	تفارق، يتفارق	58
séparer (se ~ de)	iftaraqa, yaftariqou ^{c}an VIII ; infasala, yanfasilou ^{c}an VII	إفترق، يفترق عن؛ إنفصل، ينفصل عن	
septembre	sibtambar	سبتمبر	
septentrional	chamàliyy	شماليّ	

sérénité	touma'nìna(t)	طمأنينة	62
sérieux	jiddiyy	جدّي	
serrer la main	sàfaha, yousàfihou III *(dir.)*	صافح، يصافح	59
service (restauration)	khidma(t) / -àt, khadamàt	خدمة/ات، خدمات	72
serviette de table	foùta(t) / fouwat	فوطة/فوط	
serviette de toilette	minchafa(t) / manàchif	منشفة/مناشف	
serviteur	^{c}abd / ^{c}abìd	عبد/عبيد	44
seul	wahd, wàhid	وحد، واحد	42
seul (moi ~)	wahdì	وحدي	37
seulement	faqat, innamà	فقط، إنّما	30
sexe	jins / ajnàs	جنس/أجناس	44
shopping	tasawwouq V	تسوّق	40
siècle	qarn / qourouùn	قرن/قرون	77
siège	maq^{c}ad /maqà^{c}id	مقعد/مقاعد	53
signature	taouqì^c / -àt, tawàqì^c	توقيع/ات، تواقيع	
signer	waqqa^{c}a, youwaqqi^{c}ou II	وقّع، يوقّع	
silence	soukoùt	سكوت	39
silencieux	sàkit, sàmit	ساكت، صامت	
simple	basìt	بسيط	
simplicité	basàta(t)	بساطة	71
singe	qird / qarada(t)	قرد/ قِرَدة	45
sinon	wa illà	وإلاّ	
site	maouqi^c / mawàqi^c	موقع/مواقع	75
situation	hàl / ahwàl	حال/أحوال	17
société	charika(t) / -àt	شركة/ات	38
sœur	oukht / akhawàt	أخت/أخوات	33
soie	harìr	حرير	
soif (qui a ~)	^{c}atchàn	عطشان	29
soi-même	nafs + *pronom*	نفس	38
soir	masà'	مساء	41
soit	ay	أي	65
sol	ard	أرض	52
soldat	joundiyy / jounoùd	جنديّ/جنود	
solder (se ~ par)	asfara, yousfirou ^{c}an IV	أسفر، يسفر عن	68
soleil	chams *(fém.)*	شمس	46
solitaire	wàhid	واحد	42
solitude	infiràd, wahda(t)	إنفراد، وحدة	
sollicitude	ihtimàm / -àt VIII	إهتمام/ات	58

sombre	mouzlim	مظلم	52
sombrer	ghariqa, yaghraqou	غرق، يغرق	60
somme (montant)	mablagh / mabàligh	مبلغ/مبالغ	54
sommeil	naoum	نوم	58
son, sa, ses	-hou / -hi / -hà *(poss. masc., fém.)*	ــهُ/ــهِ/ــها	12, 15
sonnette	jaras / ajràs	جرس/أجراس	
sorte	naou^c / anwà^c	نوع/أنواع	39
sortie (action)	khouroùj	خروج	47
sortie (lieu)	makhraj / makhàrij	مخرج/مخارج	
sortir	kharaja, yakhroujou	خرج، يخرج	8
souci	hamm / houmoùm ;	همّ/هموم؛	40
	ihtimàm / -àt VIII	إهتمام/ات	58
soudain	faj'atan	فجأة	60
souhaiter	tamannà, yatamannà V	تمنّى، يتمنّى	53
souk	soùq *(fém./masc.)* / aswàq	سوق/أسواق	11
soulever	rafa^{c}a, yarfa^{c}ou	رفع، يرفع	45
soupe	chourba(t)	شربة	
source	^{c}ayn / ^{c}ouyoùn	عين/عيون	60
sourd	asamm / soumm ;	أصمّ/صمّ؛	
	atràch / tourch	أطرش/طرش	
sourire *(subst.)*	basma(t) / -àt ;	بسمة/ات؛	
	ibtisàm / -àt, tabasoum	إبتسام/ات، تبسّم	
sourire *(verbe)*	ibtasama, yabtasimou VIII	إبتسم، يبتسم	
sous	tahta	تحت	47
souvenir (qui fait se ~ de)	tadhkàriyy	تذكاريّ	73
souvenir (se ~)	tadhakkara, yatadhakkarou V	تذكّر، يتذكّر	
souvent	kathìran mà	كثيرًا ما	59
spécial(ement)	khàss ; khàssatan	خاصّ، خاصّة	39, 69
spectacle de	tafarrouj ^{c}alà V	تفرّج على	40
sport (de ~), sportif	riyàdiyy	رياضيّ	64
stade	mal^{c}ab / malà^{c}ib	ملعب/ملاعب	64
station	mahatta(t) / -àt	محطّة/ات	33
stationnement (action)	ìqàf IV	إيقاف	75
stylo	qalam / aqlàm	قلم/أقلام	9
submergé (être ~)	ghariqa, yaghraqou	غرق، يغرق	60
succéder (se ~)	ta^{c}àqaba, yata^{c}àqabou VI	تعاقب، يتعاقب	59
succès	najàh / -àt ; taoufìq	نجاح/ات؛ توفيق	77
sucre	sukkar	سكّر	

sud	janoùb	جنوب	77
suffire	kafà, yakfì	كفى، يكفي	38
suite du texte	tàbi^{c}ou (a)n-nassi	تابع ٱلنّص	46
suivant	tàlin *(irrég.)*	تال	51
suivre	tabi^{c}a, yatba^{c}ou	تبع، يتبع	46
sujet (personnne)	ra^{c}iyya(t) / ra^{c}àyà	رعيّة/رعايا	73
sujet (thème)	maoudoù^c / mawàdì^c	موضوع/مواضيع	59
supérieur	fà'iq ; a^{c}là, ^{c}ouyà *(élatif masc., fém.)*	فائق؛ أعلى، عليا	44, 61
superviser	achrafa, youchrifou ^{c}alà IV	أشرف، يشرف على	52
sur	^{c}alà, faouqa	على، فوق	19, 46
sûr (qqch. ; qq'un)	akìd, mou^{c}akkad ; amìn	أكيد، مؤكّد، أمين	
surnom	laqab / alqàb	لقب/ألقاب	44
surprendre	fàja'a, youfàji'ou III	فاجأ، يفاجئ	71
surtout	khàssatan	خاصّة	69
surveillance	mouràqaba(t) III	مراقبة	62
surveiller	ràqaba, youràqibou III	راقب، يراقب	62
survenance (fait de se produire, survenir)	houdoùth	حدوث	68
suscitant	mouthìr li- IV	مثير لـ	75
table	mà'ida(t) / mawà'id	مائدة/موائد	19
tactique	khoutta(t) / khoutat	خطّة/خطط	
taille	qiyàs / -àt	قياس/ات	74
tailler	fassala, youfassilou II	فصّل، يفصّل	74
tailleur	khayyàt / -oùna	خيّاط/ون	74
taire (se ~)	sakata, yaskoutou	سكت، يسكت	54
tajine	tàjin	طاجن	30
tampon	tàbi^c / tawàbi^c	طابع/طوابع	51
tante maternelle	khàla(t) / -àt	خالة/ات	
tante paternelle	^{c}amma(t) / -àt	عمّة/ات	36
tapis	bisàt / absita(t), bousout	بساط/ابسطة، بسط	47
tard	bi-ta'akhkhourin	بتأخّر	
tarte	fatìra(t) / fatà'ir	فطيرة/فطائر	58
tasse	finjàn / fanàjìn	فنجان/فناجين	
taux	nisba(t) / nousoub	نسبة/نسب	53
taxi	tàksì *(inv.)* / taksiyàt	تاكسي/تاكسيات	72
télégramme	barqiyya(t) / -àt	برقيّة/ات	51
téléphone	hàtif / hawàtif	هاتف/هواتف	38, 58

téléphone portable	jawwàl	جوّال	58
téléphoner à	hàtafa, youhàtifou III *(dir.)*	هاتف، يهاتف	58
télévision	tilifiziyoùn / -àt	تلفزيون/ات	52
témoignage	chahàda(t) / -àt	شهادة/ات	38
tempête	^{c}àsifa(t) / ^{c}awàsif	عاصفة/عواصف	68
temps (époque)	zamàn / azmina(t)	زمان/أزمنة	77
temps (période)	zaman / azmàn	زمن/أزمن	
temps (moment)	waqt / aouqàt	وقت/أوقات	40
temps (météo)	jaww / ajwà' ; taqs	جوّ/أجواء؛ طقس	68
tendre (la main, etc.)	madda, yamouddou	مدّ، يمدّ	
tendre (un fil, etc.)	wattara, youwattirou II	وتّر، يوتّر	
ténèbre	zoulma(t) / zouloumàt	ظلمة/ظلمات	52
tenir (se ~, avoir lieu)	in^{c}aqada, yan^{c}aqidou VII	إنعقد، ينعقد	68
tente	khayma(t) / khiyàm, khiyam	خيمة/خيام،خيم	67
tenter de	hàwala, youhàwilou an III	حاول، يحاول أن	62
terminer	anhà, younhì IV	أنهى، ينهي	69
terminer (se ~)	intahà, yantahì VIII	إنتهى، ينتهي	69
terrasse	sath / soutoùh	سطح/سطوح	62
terre	ard, touràb / atriba(t)	أرض، تراب/أتربة	52
tête	ra's / rou'oùs	رأس/رؤوس	48
thé	chày	شاي	46
théâtre	masrah, / masàrih	مسرح/مسارح	69
thème (sujet)	maoudoù^c / mawàdì^c	موضوع/مواضيع	59
timbre	tàbi^c / tawàbi^c	طابع/طوابع	51
tissu	qoumàch / aqmicha(t)	قماش/أقمشة	74
tissu (tissé)	mansoùj / -àt	منسوج/ات	41
titre (de qqn)	laqab / alqàb,	لقب/ألقاب	44
titre (d'un livre)	^{c}ounwàn / ^{c}anàwìn	عنوان/عناوين	51
toi *(masc., fém.)*	anta, anti	أنتَ/أنتِ	10, 13
toilettes, W.C.	mirhàd / maràhìd	مرحاض/مراحيض	75
toit	saqf / souqoùf	سقف/سقوف	
tomate	tamàta(t) / tamàtim	طماطة/طماطم	
tomber	saqata, yasqoutou	سقط، يسقط	
tomber sur (trouver par hasard)	^{c}athara, ya^{c}thourou ^{c}alà	عثر، يعثر على	65
ton, ta, tes *(poss. masc., fém.)*	-ka, -ki,	ـــكَ- ـــكِ	9, 11
torche	siràj / asrija(t)	سراج/أسرجة	46

tort (causer du ~)	z̲alama, yaz̲limou	ظلم، يظلم	52
tôt	bàkiran, moubakkiran	باكرًا، مبكّرًا	
tour (un ~)	daour / adwàr ; daoura(t) / -àt	دور/أدوار؛ دورة/ات	50
tour (une ~)	bourj / abràj	برج/أبراج	
tour de rôle (à ~)	bi-(a)t-tanàwoùbi	بٱلتّناوب	
tourisme	siyàh̲a(t)	سياحة	75
touriste	sà'ih̲ / souyàh̲	سائح/سياح	75
touristique	siyàh̲iyy	سياحيّ	73
tournée	jaoula(t) / -àt	جولة/ات	69
tourner	dàra, yadoùrou	دار، يدور	43
tout, chaque	koull + *nom sing.* + -in	كلّ	39
tout à fait	tamàman	تماما	39
tout de suite	h̲àlan	حالا	
tout le monde	al-jamì^c ; koullou (a)n-nàs	ألجميع؛ كلّ ٱلنّاس	32
trace	athar / àthàr	أثر/آثار	75
tractation	mousàwama(t) / -àt III	مساومة/ات	66
tradition (populaire, en vigueur)	taqlìd / taqàlìd II ; sounna(t) / sounan	تقليد/تقاليد؛ سنّة/سنن	77
traduire	tarjama, youtarjimou	ترجم، يترجم	Ex. 1
train	qit̲àr / -àt	قطار/ات	33
trait (avoir ~ à)	ta^{c}allaqa, yata^{c}allaqou bi- V	تعلّق، يتعلّق بـ	69
traiter avec	ta^{c}àmala, yata^{c}àmalou ma^{c}a VI	تعامل، يتعامل مع	60
trajet (voyage)	safra(t) / -àt	سفرة/ات	27
tranquille	hàdì'	هادئ	
transmettre	ballagha, youballighou II	بلّغ، يبلّغ	71
transporter	naqala, yanqoulou	نقل، ينقل	73
travail	^{c}amal / a^{c}màl	عمل/أعمال	60
travailler	^{c}amila, ya^{c}malou	عمل، يعمل	60
travailler avec	ta^{c}àmala, yata^{c}àmalou ma^{c}a VI	تعامل، يتعامل مع	60
travers (à)	^{c}abra	عبر	57
traversée	ikhtiràq VIII	إختراق	73
très	jiddan	جدّا	18
trésor caché	kanz / kounoùz	كنز/كنوز	58
trésor en réserve	dhakhìra(t) / dhakhà'ir	ذخيرة/ذخائر	58
tribunal	mah̲kama(t) / mah̲àkim	محكمة/محاكم	
triste	h̲azìn	حزين	
triste (être ~)	h̲azina, yah̲zanou	حزن، يحزن	

troupeau	qatìᶜ / qoutᶜàn	قطيع/قطعان	67
trouver	wajada, yajidou	وجد، يجد	6
trouver par hasard	ᶜathara, yaᶜthourou ᶜalà	عثر، يعثر على	65
tué	qatìl / qatlà	قتل، قتلى	68
tuer	qatala, yaqtoulou	قتل، يقتل	
tunique	qamìs / qoumsàn	قميص/قمصان	74
Tunis (la ville de ~)	madìnat Toùnis	مدينة تونس	53
Tunisie	Toùnis	تونس	53
un	wàhid	واحد	
un (l'~ à l'autre)	baᶜdouhoumà lil-baᶜdi	بعضهما للبعض	43
une	ihdà	إحدى	36
unique	wahìd	وحيد	42
universitaire	jàmiᶜiyy	جامعيّ	38
université	jàmiᶜa(t) / -àt	جامعة/ات	33
urgences	tawàrì'	طوارئ	76
urgent	ᶜàjil	عاجل	76
urine	baoul	بول	61
usine	masnaᶜ / masàniᶜ	مصنع/مصانع	
utile	moufìd IV	مفيد	
utiliser	istaᶜmala, yastaᶜmilou X, istakhdama, yastakhdimou X	إستعمل، يستعمل إستخدم،يستخدم	
vacances	ᶜoutla(t) / -àt, ᶜoutal	عطلة/ات، عطل	75
vacant	chàghir	شاغر	73
vache	baqara(t) / baqar *(coll.)*	بقرة/بقر	48
vain (vide)	fàrigh	فارغ	67
valeur	qìma(t) / qiyam	قيمة/قيم	55
valise	haqìba(t) / haqà'ib	حقيبة/حقائب	54
valoir	sàwà, yousàwì III	ساوى، يساوي	74
vaste	wàsiᶜ	واسع	52
venant	qàdim (-oùna)	قادم/ون	26
vendeur	bà'iᶜ / -oùna, bà'a(t)	بائع/ون، باعة	41
vendre	bàᶜa, yabìᶜou	باع، يبيع	74
vendredi	yaoumou (a)l-joumouᶜati	يوم ٱلجمعة	28
venir	jà'a, yajì'ou	جاء، يجيء	38
venir (à ~)	mouqbil IV	مقبل	53
vent	rìh / riyàh	ريح/رياح	
ventre	batn / boutoùn	بطن/بطون	57
ver	doùda(t) / doùd *(coll.)*	دودة/دود	71

verdir	ikhdarra, yakhdarrou IX	إخضرّ، يخضرّ	67
véritable	haqìqiyy	حقيقيّ	
verre (à boire)	ka's / kou'oùs kìsàn	كأس/كؤوس، كيسان	
verre (matière)	zoujàj	زجاج	
vers (poésie)	bayt / abyàt	بيت/أبيات	77
vers *(préposition)*	ilà	إلى	11
vert(e)	akhdar, khadrà'	أخضر/خضراء	66
vestige	athar / àthàr	أثر/آثار	75
vêtement	malbas / malàbis ; thaoub / thiyàb	ملبس/ملابس؛ ثوب/ثياب	26, 55
vexer (se ~)	imta^{c}ada, yamta^{c}idou VIII	إمتعض، يمتعض	
viande	lahm / louhoùm	لحم/لحوم	30
victime de (être ~)	ta^{c}arrada, yata^{c}arradou li- V	تعرّض، يتعرّض لـــ	
victoire	nasr	نصر	72
victorieux	mansoùr	منصور	44
vide	khàlin ; fàrigh	خال؛ فارغ	41
vieux	qadìm	قديم	16
vieux (homme d'âge mûr, aux cheveux blancs)	chà'ib	شائب	61
vif (être ~)	ihtadama, yahtadimou VIII	إحتدم، يحتدم	59
village	qarya(t) / qouran *(irrég.)*	قرية/قرىً	33
ville	madìna(t) / moudoun	مدينة/مدن	16
violent	^{c}anìf	عنيف	59
visa	ta'chìra(t) / -àt II	تأشيرة/ات	73
visage	wajh / woujoùh ; soùra(t) / souwar	وجه/وجوه؛ صورة/صور	60
visite	ziyàra(t) / -àt	زيارة/ات	22
visiter	zàra, yazoùrou	زار، يزور	47
vite	bi-sour^{c}atin	بسرعة	54
vitesse	sour^{c}a(t) / -àt	سرعة/ات	61
vitrine	wàjiha(t) / -àt	واجهة/ات	41
vivant	hayy	حيّ	
vivre	^{c}àcha, yà^{c}ìchou	عاش، يعيش	
voici...	hà + *pronom isolé*	هـــا...	54
voie	tarìq / tourouq, tourouqàt	طريق/طرق،طرقات	72
voir	ra'à, yarà	رأى، يرى	32
voir (assister à)	chàhada, youchàhidou III	شاهد، يشاهد	45
voir (fait de ~, d'assister à)	mouchàhada(t) III	مشاهدة	69

voisin	jàr / jìràn	جار/جيران	15
voisinage	jiwàr III	جوار	57
voiture	sayyàra(t) / -àt	سيّارة/ات	20
voix	saout / aswàt	صوت/أصوات	29
vol (aérien)	rihla(t) / -àt	رحلة/ات	53
vol (larcin)	sariqa(t) / -àt	سرقة/ات	64
voler (dérober)	saraqa, yasriqou	سرق، يسرق	64
voleur	liss / lousoùs	لصّ/ لصوص	68
volonté	iràda(t) / -àt IV	إرادة/ات	71
volontiers	bi-housni (a)r-ridà	بحسن ٱلرّضى	
volontiers (bien ~)	^{c}alà (a)r-ra'si wa (a)l-^{c}ayni	على ٱلرّأس وٱلعين	65
vouloir	aràda, youridou IV	أراد، يريد	43
vous *(fém.)*	antounna, -kounna	أنتنّ- ـــكنّ	37, 45
vous deux *(masc., fém.)*	antoumà, -koumà	أنتما -ـــكما	37
voyage	safar / asfàr	سفر/أسفار	26
voyage (trajet)	safra(t) / -àt	سفرة/ات	27
voyage d'affaires	safratou a^{c}màlin	سفرة أعمال	73
voyager	sàfara, yousàfirou III	سافر، يسافر	57
voyageur	mousàfir (-oùna) III	مسافر/ون	26
vrai	sahìh	صحيح	38
vrai (c'est ~ !)	sahìh(oun) !	صحيح!،	38
	hadhà sahìhoun !	هذا صحيح!	
vraiment	haqìqatan, haqqan	حقيقة، حقّا	
y a-t-il ?	hal hounàka ?	هل هناك؟	29
zéro	sifr / asfàr	صفر/أصفار	
zone	mintaqa(t) / manàtiq	منطقة/مناطق	48

Aubin Imprimeur
LIGUGÉ, POITIERS

Achevé d'imprimer en décembre 2005
N° d'édition 2326 / N° d'impression P 69498
Dépôt légal décembre 2005 / Imprimé en France